近代日本の預言者

内村鑑三、一八六一―一九三〇年

J・F・ハウズ◉著
堤 稔子◉訳

教文館

献辞

筆者と共に長い道のりを歩んでくれた心優しき友

深津文雄

波多野和夫

中沢洽樹

小沢三郎

品川力

そして愛妻リン

を記念して

本書を捧ぐ

Originally published as

Japan's Modern Prophet: Uchimura Kanzô, 1861–1930

by John F. Howes

日本語版に添えて

鈴木　範久

本書の著者ハウズさんは、確かフルブライト奨学金制度による日本への最初の留学生として一九五二年に来日、その翌日には東京大学総長室で矢内原忠雄総長から研究の助言を受けたように聞いている。矢内原総長からは前田陽一氏および前田護郎氏をアドヴァイザーとして紹介されたという。さっそく最善にして最強の研究環境を与えられたと言ってよい。当時はまだ矢内原総長をはじめ多くの内村門下生が健在だった。ハウズさんは直接内村と接した多くの人々からの話を通じて内村理解を深めたにちがいない。

ハウズさんとの私の初対面がいつであるかは定かでないが、遅くともその数年後であっただろう。そうとすると知り合ってから早くも半世紀以上もの歳月が流れていることになる。それでいて不思議にも最初に受けた温顔にして人柄の暖かな印象は今に至るまで少しも変わらない。我が家で受ける外国からの長距離電話はそれほど多くない。それも大半はハウズさんからの電話であった。電話があると、まず日本かカナダかを確認してから会話に入る。話題は当然、内村に関する内容であるが、時折「今日本にいるから会いたい」という知らせもあった。会う場所は日本で常宿にしていた六本木の国際文化会館が多かった。当方から会館へ電話するときも部屋番号を告げなくても「ハウズさんにお願いします」だけで充分だった。

内村鑑三を研究対象にしながら、外国人学者にしては珍しく学位論文の取得に長年月を費やした人であった。論文の原稿をほぼまとめたころ、東京大学教養学部の講師として一年間来日、その原稿を用いて駒場の教室で講義が行われた。当時すでに立教大学に赴任していた私にもぜひ出席してほしいとの要請があった。確か平川祐弘氏が助手として教材の配布を手伝っていた。出席していた学生は数人だったが前方の席で熱心に質問していた学生が、のちに内村鑑三に関する大きな論文をまとめた太田雄三さんだった。ただしハウズさんの講義のある木曜日は隔週で私の方の教授会の開催される日でもあった。折しも大学紛争が生じ始めたときであり出席は二、三回にとどまった。そのうち大学紛争が激化し、残念ながら出席はまったく不可能になってしまった。

そのときハウズさんの原稿を読んだ第一印象は、比較思想史的、心理学的に内村の生涯に実に深く切り込み、それでいて当時入手可能な資料を駆使した大論文であるとの思いであった。何よりも内村鑑三という人間に対するアプローチの間合いがよい。私どもの容易にまねできないと感じた点は、内村を温かく理解しつつ冷静な姿勢の保持である。題名どおり「預言者」としての内村の思想を英文でもって広く世界に的確に紹介した論文であると思った。それ以後も完成と刊行までの間にさらに長い時間がかかった。その間に新しい『内村鑑三全集』の刊行をはじめ、新資料の発見や新研究の発表もみられた。本論文にはそれらを充分に用いる時間的余裕こそなかったが、目配りだけは常に続けられ一定の補強もなされた。

そのうち教授をつとめていたカナダのブリティッシュ・コロンビア大学において内村論文は学位として認められた。ハウズさんは論文の日本の出版社による刊行を希望、私も二、三の出版社に交渉したが英文の大作のため交渉は難航した。やがてブリティッシュ・コロンビア大学出版会（UBC Press）からの刊行がきまる。しばらくして来日したハウズさんから著作に掲げる内村関係の写真の提供を依頼された。前述の滞在先の国際文化会館で会って若干の写真を渡した。そのときは奥さんのリンさんも同行していた。なかなか恰幅のよい奥さんで国際文化会館前の急な坂道を登る困難さの話が出たように記憶している。まもなくして*Japan's Modern Prophet: Uchimura Kanzô, 1861–1930* と題した待望の英文著作は刊行され、それによりカナダにおいてプライズも与えられた。そうなると次は日本語による訳書の刊行である。しかし、その前には訳者が必要になる。ハウズさんはブリティッシュ・コロンビア大学を定年後、桜美林大学に教授として赴任。その同僚の堤稔子教授が幸いにも翻訳を引き受けてくださった。こうして数年前に翻訳はほぼ終了した。

日本語訳の出来上がった本書の刊行につき、改めてハウズさんは、九〇歳を過ぎたうえに不自由な足をかかえながら来日、やはり国際文化会館で訳者の堤稔子氏、旧知の今井館事務局の福島穆氏も交えて日本語版刊行の話し合いが行われた。実はそのとき私はＮＨＫの教育テレビ「こころの時代」において内村鑑三につき連続出演をしていた最中であった。当時、ハウズさんはアメリカの大学で日本人留学生たちを対象に内村の「後世への最大遺物」に関する集中講義を毎年担当していて受講者に強い影響を与えていた。このことを担当のディレクターに話すと「ぜひお話をうかがいたい」とのことで、急遽国際文化会館の庭園でハウズさんのインタビューが行われた。それは二〇一三年五月一九日の第二回目の中に組み込まれて放送（以後三回再放送）されたから視聴された方もあるかもしれない。

日本語訳書の刊行は、その後、教文館の渡部満社長の御理解により刊行の話がまとまった。長くかかったがここにようやく実現をみる。それまでには訳者の堤稔子氏はもとより、櫻井智恵氏、今井館の福島穆氏および知久雅之氏をはじめとする皆さん、武藤陽一氏、田村光三氏、教文館出版部の奈良部朋子さんら多くの人々の御協力があった。また御子息のクリスチャン氏の御尽力もあった。それにつけても刊行をもっとも喜ぶべき人として亡きミセス・ハウズことリンさんを想起せずにはいられない。この無念さに関してハウズさんは本書にある「緒言と謝辞」の最後において、短いながらも痛切な言葉を添えている。しかし天にあってにこやかに本書の刊行を祝福しているだろう。

二〇一五年一一月二日記す

日本語版への序

J・F・ハウズ

このたび、私の著書の日本語版が多くの方々のご協力をいただき出版されることになり、大変嬉しく存じます。

本書の英語版が出版される前から、私の友人たちは、日本の読者のために是非日本語版を出版するようにと示唆してくれておりました。幸い、桜美林大学名誉教授でカナダ文学がご専門である堤稔子氏が本文の翻訳をお引き受けくださり、出版の実現に大きく寄与してくれました。彼女の熱心なボランティア的な働きがなければ、本書の日本語版の出版は不可能でありました。さらに櫻井智恵氏は多くの語彙、脚注などにつき、詳細で面倒な仕事を注意深くお引き受けくださいました。鈴木範久氏は翻訳原稿にお目を通してくださり、教文館に出版の斡旋の労をお取りくださいました。

二〇一三年に私は日本に行く機会を得ましたが、その際に鈴木範久氏と会い、教文館社長渡部満氏に紹介していただき、出版の了解を得ました。また、ＮＰＯ法人今井館教友会は、内村鑑三の諸著作を収集、国内外に向けてその遺産の普及に大きな貢献をしている団体ですが、この日本語版出版に際し、同会関係者の方々に多大なご協力をいただきました。記して謝意を表します。

二〇一五年一一月一八日　カナダ　バンクーバーにて

緒言と謝辞

　完成までに五〇年も費やす書物はまずなかろうが、本書にはそれだけの歳月がかかった。その間、筆者は多くの機関と個人から多大な援助を受けた。研究調査の仕組みに興奮を覚えている青年たちから種々の専門分野で積んだ長い経験に基づく英知の持ち主に至るまで、これらすべての方々、そして筆者を育ててくれた両親はじめ家族に感謝の意を表したい。

　物心ついた時からの筆者の生い立ちが、本書のテーマに至る素地を作ってくれた。内村の研究はこの生い立ちと筆者の受けた教育、大学院の学生として積んださらなる経験、そしてその後ブリティッシュ・コロンビア大学で教鞭をとりながら続けた体験から生まれている。

　筆者の家族はアジアにおけるキリスト教の発展を重要視していた。母方の家族は三世代に渡りインドで宣教師として生涯を捧げた。母方の曾祖父はラホールに大学を設立している。彼の息子に当たる筆者の祖父はその地で生まれ、彼と結婚した祖母は現地に三〇年以上暮らして、母もそこで生まれた。これら女性たちはシカゴ郊外の我が家で互いにヒンディー語で会話をし、宣教師仲間の友達がしばしば訪ねてきた。宣教師たちは一年間の休暇で帰国する折は大陸横断鉄道の途上、シカゴで列車を乗り換えるついでに我が家を訪れた。彼らの会話を聞いているとアジアの国々の状況が生で伝わってくる。宣教師になることは良いことで必要なこと、筆者にとって自然の選択であるように思われた。

　第二次世界大戦勃発と共に従軍した筆者は、海軍の東洋言語学校で日本語を学び、戦後は東京で連合軍の仕事に従事した。宣教師としてではなかったが、アジアに来て安堵感を覚えた。宣教師の友人エゴン・ヘッセルが日本人牧師から頼まれて彼の教会の聖歌隊長をしてくれないかと筆者に伝えた時、その気持ちはさらに強まった。長年聖歌隊で歌っていたしパイプオルガンも弾けたので、その依頼は嬉しかった。軍隊の仕事から解放されて日本人に個人として会える良いチャンスでもあった。キリスト教関係の仕事への参加を日本人クリスチャンから頼まれる方が、自分から彼らに押し付けるよりもずっと良いように思われた。ヘッセルは筆者をその教会の牧師、深津文雄に紹介した。

深津は聖歌隊がクリスマスとイースターにバッハのカンタータを歌って欲しいと願っていた。会員わずか三〇人、唯一の楽器が足踏みオルガンという状況下で、これはかなりの難問だった。東京では照明と暖房と両方を賄う電力が不足していたので、木曜の夜の練習は蠟燭の光の下で行われた。我々は何とか任務を果たし、この経験を通して筆者は深津と日本のクリスチャンに大いに敬意を払うに至った。

次に不思議なことが起こった。深津は戦時中からこの教会（上富坂教会）を担当し、彼の考えで教会運営を行っていた。一方ヘッセルは戦前この教会を育てたミッションボードの代表を務めていた。各々、その立場上の利害関係を持っていたので、部外者の筆者はそれぞれの相談相手になった。深津はある事柄に対して宣教師が無理解だとこぼし、ヘッセルは日本人牧師が別の事柄について誤解している点を長々と説明した。筆者は双方の言い分を個別に聞き、大竹満洲子が加わって両者の違いを説明してくれた。大竹はニューヨークのユニオン神学校で学び、その後日本の国立大学で人文系初の女性専任教員になった人物である。こうした人脈関係から筆者は伝道における協力関係の難しさを知り、同時に日本側の見解の方へ傾いて行った。

この経験に影響されて筆者は一九五一年、コロンビア大学東アジア研究所での研究課題を思案した。キリスト教を西洋文化と区別した日本人クリスチャンの研究をしたいと、ユニオン神学校の日本人学生、中沢治樹に相談すると、内村を提案してくれた。中沢はその後旧約を専門とする日本の有数の聖書学者になっている。

コロンビア大学の教授たちは筆者が率先して課題を見つけたことは評価したが、指導に関してはほとんど何もできない状況だった。英語で書かれた学術的文献で内村に触れているのはジョージ・サンソム著『西洋世界と日本』(1)の脚注のみで、内村の著作を「日本におけるキリスト教の研究にとって重要な文献」としているが(2)、それ以上の情報も手引きもなかった。

サー・ジョージ・サンソムと面談したが、それ以上の進展はなかった。コロンビア大学で日本語を教えていた角田柳作は、内村が彼の同郷人だと言って筆者の研究を励まされた。筆者の見解を常に受け入れ、忍耐強く指導したヒュー・ボートンは、内村の最初の簡単な伝記の作成を助けてくれたし、東アジア図書館の甲斐美和は黙々とその作業を手伝った。一九五三年に内村の最初の日本語の伝記が図書館に届いた時、彼女はほんの数日後にそれを筆者の机の上に置いてくれた。

内村を紹介する論文で修士課程の必修課題を満たし、このテーマに終止符を打つつもりで、日本留学第一回フルブライト奨学金に応募した。予定した研究課題は、組合教会の指導者海老名弾正、長老派教会の神学者植村正久、それに内村鑑三、この三人の伝記の比較研究により日本のキリスト教の全体像を描くことであった。これを目指して日本で一年間研究を続けたが、その後の成り行きで計画を変更することになる。

きっかけは特定の個人の学識に触れたことだった。退任まで東京大学でアメリカ研究の主任教授をしていた高木八尺と、東京大学学長、矢内原忠雄である。矢内原は前田陽一と前田護郎を筆者のアドバイザーに任命した。全員、世界的に有名な学者である。松本重治は国際文化会館を準備中だった。戦前の指導的国際人新渡戸稲造のもとで教育を受けたこうした人物はじめその他の人々は、この会館を米国外交政策協会や英王室国際問題研究所（チャタム・ハウス）、あるいはカナダ国際関係研究所の日本版にしたいと考えていた。彼らはみな、洗練された見識を持って国際主義に献身する人物であった。そして彼ら、および筆者が会ったその他大勢の人々も、その考えが内村の影響によるところが大きいと考えていた。この人物像は筆者が以前の研究から描いていた内村の印象とは大きく異なっていた。自分が間違っているのか、それとも業績においても人格の高潔さにおいても偉大な彼らが間違っているのか。結局、筆者は上記三人のキリスト教指導者の比較研究は止めて、博士論文は内村に集中することにした。

日本滞在の三年間に、家永三郎が思想史に必要な資料の綿密な分析方法を手ほどきしてくれた。家永はその後、文部省と対立して有名になる。東京大学宗教学研究科の岸本英夫と井門富二夫とは、彼らの共著書の翻訳と翻案を通して知り合った。井門は筆者をプロテスタント史学会に紹介し、会長の小沢三郎ほか鈴木俊郎、高橋正雄、波多野和夫ら多くの会員が筆者の研究に指針を与えた。書店経営者で目録編纂者の品川力は新しい資料を探してくれた。京都大学で過ごした半年間に源了圓に紹介され、オーテス・ケーリとの長い付き合いも始まった。ジョージ・デ・ヴォスは筆者の考えを整理するのを助け、エリク・エリクソン著『青年ルター』(3)を紹介してくれた。研究成果をまとめ始めてみると、一九〇四―〇五年の日露戦争までの内村を辿れば博士論文に十分であることが明らかになった。コロンビア大学教授陣の若手世代に属するハーシェル・ウェッブとウィリアム・ドバリーが、博士課程終了までの必修条件をクリアする指導に当たった。両氏に感謝の意を表したい。

一九六五年、論文の口頭弁護が終わって間もなく、コロンビア大学東アジア研究所は論文を受理し、出版に回すことになった。同時に二人の審査員は、未知の人物の生涯の前半のみを紹介するのは学識上好ましくないので、後半を概観した一章を追加することを提案した。確かにこの方が最初の案よりも良いように思われた。不安定な心理状態にあった半生の後に到来する内村の非常に重要な成熟した生涯は筆者に感銘を与えていた。それを典拠に基づいて詳述するにはさらなる研究を重ねさえすればよかったが、内村の偉大さは事実、一回の人生の中でいくつもの異なったキャリアが結合していたことにある。結局、短い不完全なものを出すよりは、元の論文を拡大する道を選んだ。

この計画の変更には時間がかかった。成熟した内村はあらゆる面で、若き日の内村よりも困難な問題を提示する。資料は幅広く、著作の九〇パーセントは彼が平和主義者に転向した後に書かれている。それを研究した二次資料はほぼ皆無で、すべてをゼロから始めねばならなかったが、関連したテーマに関心を持つに至った学者たちの実り多い協力のお陰で進めることができた。

東京大学客員教授として過ごした一年間に、平川祐弘と太田雄三の知己を得た。日本文化と西洋文化の比較研究に共通した関心を持つ人物である。太田はその後一年間ブリティッシュ・コロンビア大学の研究員をしているし、平川は同大学の客員教授を務めている。平川は本書の初稿に多くの貴重な提案をし、ユージン・ラングストンとハーシェル・ウェッブは有益な意見を述べてくれた。馬場伸也は筆者と共編で『日本における平和主義――キリスト教と社会主義の伝統』(4)を出版し、この共同作業を通じて筆者は内村の思想のこうした面を、他の作家の類似した作品の文脈の中で扱うことができた。

本書の研究に対して多くの団体から援助を受けた。フルブライト委員会からは最初に留学生として、次に客員教授として、二度にわたり給付を受けた。フルブライト事務局の西村巖、マキ・ユキコ、ジェイン・ボウルズには、通常の任務をはるかに超えて、一方ならぬお世話になった。カナダ・カウンシルは太田雄三の研究助手としてのバンクーバー滞在を可能にしたし、ジャパン・ファウンデーションのお陰で筆者は一年間日本に滞在し、馬場との共編書を完成することができた。ブリティッシュ・コロンビア大学と同大学内アジア研究センターの大平記念基金の援助により、本書の初稿のデジタル化が可能になったが、これは一九八〇年代には革命的な技術であった。この作業の助手を務めたリチャード・クリアリーとジョージ・オオシロは、若手の伝記研究家としての才能を惜しみなく発揮してくれた。ブリティッシュ・コロンビア大学アジア図書館の日本語司書、権並恒治は新しい資料を探し、筆者の質問に答えてくれた。

ブリティッシュ・コロンビア大学および他大学の同僚たちの支持も大歓迎であった。フランク・ラングドンは本書の最初の部分についてコメントしてくれた。宗教学部のキース・クリフォード、チャールズ・アンダーソン、およびジョーウゼフ・リチャードソンは、内村が例証する宗教生活と教えの活力を理解するのを助けてくれた。旧約聖書の専門家であるE・ジョン・ハムリンとリチャード・J・グレアムは本文の大部分について意見を述べてくれた。シリル・パウルズは日本と世界の宣教運動史研究に関するカナダ人専門家としての視点から原稿全体についてコメントしてくれた。波多野和夫は、本書の本文全体を精査していた筆者のゼミに休暇中の貴重な時間を割いて出席し、意見を述べてくれた。そしてゼミの学生たちは専門家でない立場から洞察力に富む見解を提供してくれた。

本書の執筆中に家族は増え、筆者はブリティッシュ・コロンビア大学における日本研究の発展に貢献する喜びを味わっていた。一方、妻のリンは本書のテーマに関する筆者の熱意に対して適度の懐疑心を抱きつつ耐えていたが、それが本書の改善に大いに役立った。

以上は一九八七年三月七日に書き終わった内容である。その後何年間も、理由は教職に就いている者にしかわからないだろうが、原稿は冬眠状態のまま放置されていた。二〇〇〇年の秋になって突然、後輩同僚ダレル・アレンが、筆者の出版した別の本の脚注を辿って本書の原稿の存在を知り、全体を読みたいと依頼してきた。これがきっかけとなり、原稿を出版に向けて短縮・凝縮することになった。

二〇〇一年の夏、以前から原稿に関心を表明していた次の諸氏が現物を読み、筆者と意見を交換した。彼らとアレンに感謝の意を述べたい。シー・トゥー・スカイ大学副学長兼歴史学教授ケネス・コウツ、イエール大学神学部D・ウィリス・ジェイムズ記念講座名誉教授チャールズ・N・フォーマン、アジア史の諸相の専門家でブリティッシュ・コロンビア大学アジア研究科初代学科長、ブリティッシュ・コロンビア大学出版局の設立者でもあるウィリアム・J・ホランド、マギル大学日本史教授太田雄三、ワシントン大学ヘンリー・M・ジャクソン国際学部長ケネス・パイル、ピッツバーグ大学日本語・日本文学科のトマス・ライマー。バート・ベナードは本書の序論を入念に吟味してくれた。全員が原稿を即座に完成して出版に漕ぎつけるよう励まし、よりよい仕上がりになるよう様々な提案をしてくれた。

最終段階でブリティッシュ・コロンビア大学出版局の匿名の読者から、本書の読者を増やすのに役立つような提案が寄せられた。読者の一人が提案した用語解説を加えることになり、シリル・パウルズとチャールズ・フォーマンに手伝ってもらった。一九世紀および二〇世紀の教会史に関する彼らの学識のお陰で、部外者が内村を理解するのに必要な背景を提供することができた。日本における内村研究の第一人者鈴木範久は筆者の多くの質問に答え、ご自身が収集した沢山の写真を見せてくださった。ブリティッシュ・コロンビア大学出版局のスタッフ、特にダーシー・カレンは出版に伴うあらゆる問題を即座に能率よく解決してくれた。

長年にわたり多くの方々に助けられたが、本書に表明した考えはすべて筆者独自のものである。

皮肉にも原稿が出版に回された直後、四七年連れ添った妻リンが突然、思いがけなく他界した。半世紀にわたり、内村の重要性に寄せる筆者の熱意を我慢しつつ励ましながら、彼女は終章の出版されるほんの数か月前に世を去ってしまったのである。

凡例

一　本書は、John F. Howes, *Japan's Modern Prophet: Uchimura Kanzô, 1861–1930* の訳である。翻訳にあたって、日本の読者には不要と思われる本文の文章、日本地図、注、用語解説は、著者の了解を得て省略した。そのため、章によっては脚注番号が原書とずれている。固有名詞、西暦、日付などにあった錯誤については特に明示せず、適宜修正した。

二　聖書の引用は、著作物からの引用を除き、一九五四年版口語訳聖書（日本聖書協会発行）を用いた。

三　著者が頻繁に使う Christian の訳語は、「キリスト者」の選択肢もあるが、内村自身がその著作に「クリスチャン」を使用しているので、これに従うことにした。

四　内村著作の引用にあるルビや圏点は、引用元に準じる。なお、本書の中で『全集』と紹介されているものは、断り書きの無い場合はすべて岩波書店版『内村鑑三全集』第二版（一九八〇―八四年）を示す。

五　注では、一部の書名に略号を用いた。例えば、「全三・一四二―四四」は、「『内村鑑三全集』第二版（岩波書店）第三巻、一四二―一四四ページ」を指す。書名略号は以下の通り。

『内村鑑三全集』第二版（岩波書店）＝全
『聖書之研究』＝研
山本泰次郎編『内村鑑三信仰著作全集』（教文館）＝山・信
山本泰次郎編『内村鑑三聖書注解全集』（教文館）＝山・注
山本泰次郎編『内村鑑三日記書簡全集』（教文館）＝山・日
Japan Christian Intelligencer ＝ *JCI*

近代日本の預言者　内村鑑三、一八六一―一九三〇年

目次

第二部――神との契約

第三部――自己否定

装丁　熊谷博人

序章

クリスチャンの著述家内村鑑三の言動は、日本人として忠実に生きながら異国の神の戒律に従うことがいかに困難であるかを鮮やかに物語っている。彼が生まれた一八六一年は、幕府の崩壊と共に日本の社会が西洋社会の大きな影響を受ける明治維新の数年前、没した一九三〇年は軍国主義者主導で日本が第二次世界大戦の破滅への道を歩み出した満州事変の前年である。内村が生きた時代は、特に社会倫理の領域において、また個人が国家への忠誠を保つか自己の良心に忠実に従うかの選択において、活気に満ちていると同時に混乱した時期でもあった。一貫して日本社会を批判する一方、日本人として最大限の博識をもってキリスト教と聖書を解釈した点で、内村は評価されている。

本書は、教師兼著述家としての内村の精神的放浪の旅を研究・紹介する。幼時から宗教に関心を持っていた内村は、自分のように「異教徒」として生まれた者にとってキリスト教信仰がどのような意味を持つか、という問題にその生来の関心を向けた。そして、宣教師を送り出した国々のキリスト者に、回心が彼の生涯にどのような影響を及ぼしたかを知らせたいと願った。彼の最も広く読まれている著書『余は如何にして基督信徒となりし乎』は欧米の読者を対象に書かれたもので、三年にわたるアメリカ留学生活を終えるまでの彼の生涯を綴っている。その後については、信頼する友人宛の手紙に残された記録から、彼が信仰を実践して生きようと絶えず努力していた足跡を知ることができる。本書はこうした自伝的文書から明らかになる事実に加え、彼の手紙を保存し、師への反応を記した多くの弟子たちの残した記録を、資料として用いた。著述家としての長く卓越した生涯において、内村は日本の社会で身近に起こっている多くの事象について意見を述べている。こうした言及は本書では紹介するに留め、その分析は他の方に任せたい。紹介することにより彼の関心の広さを示し、今後の研究の方向を示唆したい。

内村が日本で有名になったのは、祖国愛と神への愛の間に揺れる内なる緊張感を鮮明に分析したからである。英語で書かれた自叙伝『余は如何にして基督信徒となりし乎』に、彼は自分の家族、幼年時代、公務員をめざした教育、キリスト教への改宗、その後の米国留学について述べている。アメリカのキリスト者が取った行為から、自分が信仰における対等の兄弟としては決して受け入れられないことを確信するが、改宗した以上、信仰を捨てるわけにはいかない。彼は日本に帰国する。この自伝の最後には、「もう一つの書『余は如何にして基督信徒として働きし乎』」を書こうと約束している。(1) 結局、続編は書かれなかったので、その仕事は後の者たちに残された。

* * *

内村が生きた時代は日本が急速に変化していた時期で、特に個人の価値、あるいは社会と個人、神と個人、といった関係に対する日本人の態度が大きく変化していた。二つの関連ある出来事が内村に直接影響を及ぼしている。

第一は、日本が他の国々と正式な外交関係を結んだことである。内村の生まれる八年前に、アメリカ海軍のペリー提督が日本政府に圧力をかけて合衆国との外交開始に踏み切らせた。日本の支配者は二世紀余も、島国という地理的条件を利用して外国との交渉を絶っていた。この間、輸送手段は進歩し、世界の他の地域では人や物の移動が活発になっていた。外交関係の処理の仕方も改善され、国際貿易にまつわる摩擦も減少していた。日本の領土内に合衆国の代表を常駐させるという協約は、一見、些細で無害に思われたが、実は日本と外国との全く新しい関係が始まる前兆であった。若き内村鑑三は、日本が外交関係の転換に伴う著しい変化を遂げていた時期に成長したのである。

外交関係の開始と共に、内村の人生を左右する第二の出来事が起こった。世界の主要な国々のキリスト教徒たちが、キリスト教を知らぬ国、あるいはこれを疑いの目で見ている国へ、彼らの信仰の恩恵を広めようとした運動である。多くの教派が「ボード」(伝道委員会)と呼ばれる組織を作り、宣教師になろうと志願する人々を選抜して訓練した。こうしたミッション・ボードから選ばれた者たちは世界中で伝道し、学校で教え、医療を行った。彼らは列車や汽船など、物資の移動を促進していたのと同じ輸送手段を使って、本国と任地の間を簡単に移動した。内村は少年のころ、伝道に携わる宣教師を初めて見ているし、後に一人の宣教師（M・C・ハリス）から洗礼を受けた。彼は自分が誓った誓約を真剣に受け止め、個々の宣教師たちに彼の気に食わぬ弱点を認めた後でも、その態度は変わらなかった。彼は宣教師の敵として知られるようになり、その著作において、宣教師に対しあからさまな批判の言葉を浴びせている。

日本の国際化の中で成功したいとする野心とキリスト教の神に献身しようとする願いとの間の相克が、内村に執筆を促す創造的緊張感を作り出していた。彼は近代日本が、彼の理想に即した仁愛に富む国家として行動することを願った。クリスチャンの為政者がなすべきだと彼が考えていた任務を日本の指導者たちが果たさなかったとき、内村は彼らを厳しく非難した。内村自身がキリスト教界の指導者として成し遂げた業績をキリスト教の宣教師たちが正当に評価していないと考えたとき、宣教師たちを非難した。常に辛らつで、権力の座にありながら神の高い水準を無視していると思われる人々すべてに非難の言葉を浴びせた。しかも英語でも日本語でも、極めて効果的な表現を使って批判を行った。

内村が語学力を培ったのは、外国人と交渉できる人間を訓練する必要に迫られた日本政府の政策の一環であった。内村の父は高崎藩の有能な行政官であったが、明治維新による変化の結果、その地位を失った。語学の才能のあった内村は英語のレッスンに通い、その結果、新設の官立校、札幌農学校への入学募集に応じ、ほとんどすべての授業を英語で受けた。その後、米国に三年留学する。現地では一流の知識人に会い、彼に愛情を注ぎ面倒を見てくれた人々の庇護の下で仕事をし、勉学に励んだ。帰国した時は、英語で書き出版できる能力を備えていた。こうした能力を持つ日本人は稀で、彼の世代でその技術に熟達した三人の一人に数えられる。英語に熟達していたばかりでなく、英語で強調に使う斜体や太字を日本語に応用したシステムを利用してもいた（一六二ページの図参照）。本書において内村の日本語の出版物から引用する際、強調に使われた特別な表示は斜体で表した。

このように、内村の専門は言語であった。一九三〇年に没するまでの四〇年間、彼は文筆家として生計を立てた。本業を模索していた一八九三年から一八九七年の間、彼は八冊の本を書き、九冊目を書き始めていた。うち二冊は英語で書かれ、その後和訳された。同じ時期に、彼は八編の主要な評論を書いた。その最後のものは、一八九四―九五年、日清戦争を始めたのは中国人の境遇をよくするためだと主張しながら、いざ勝利すると台湾の割譲を迫るという日本政府の偽善を批判したものだった。この評論はセンセーションを巻き起こし、当時の最大級の新聞『万朝報』から職を提供された。一八九七年、この新聞のスタッフに加わり、記事の執筆と編集を同時に行うが、このやり方はその後、彼のキャリアのパターンとなる。新聞に勤めた六年間に、彼は三つの雑誌を創設した。その中で最も強力な雑誌『聖書之研究』の編集・執筆に専心するため、一九〇三年、新聞社を辞めている。この雑誌を彼は聖書の研究に捧げ、死ぬまで続けた。一九二六年から一九二八年の間は、宣教師やその支持者たちを対象にした英語の月刊誌 *Japan Christian Intelligencer* を編集・出版し、中味の多くを執筆もした。本を書く暇はなく、二〇世紀に彼の名で出版された数多くの本は、主としてこうした雑誌から取って再版したものである。

活字になったこうした言葉を通して、内村は教えた。当初、彼のような教育背景を持つ者を求めていた新設の学校で教える職を得たが、どれもうまくいかず、中でも有名なのが、惨憺たる結果に終わった第一高等中学校

(旧制一高)での事件である。教育勅語奉戴式で天皇宸書の勅語に最敬礼をするよう求められたとき、内村の中で国家への忠誠と神への忠誠がぶつかり合った。同じ内容の文書でも状況が異なれば、米国の「忠誠の誓い」のようなものに見えるだろう。天皇宸書のこの文書は日本人が当然のことと認めている事柄を言い換えたに過ぎないが、内村は偶像の前に頭を下げることを拒んだ。頭をちょっと前に傾けただけで、最敬礼はしなかった。彼の取った行動は論争の渦を巻き起こし、賞賛・非難、双方の論評が何千と書かれた。同時に、官立学校で教える可能性は絶たれた。近代日本史を振り返るとき、官僚政府の要求に従わず、主義を守り通した最も心を動かされる事件である。教師を職業とする道は閉ざされた。内村は苦闘の末、文筆を通して教える決心をする。

京都在住の四年間、一八九三年から一八九七年の間に内村が出版した本は次の通り。(一)クリストファー・コロンブスを紹介し、日本の読者に世界史論を提示したもの、(二)キリスト教福音主義の理論を解説したもの、(三)キリスト教への改宗によりもたらされる問題について熟考したもの、および(四)外国人の旅行記を通してしか知られていない日本事情についての様々な疑問に対し、日本人として英語で答えたもの。この中には、没後七〇年経った現在もペーパーバックで販売されているものもある。その筆頭は『余は如何にして基督信徒となりし乎』。彼の改宗および、それにもかかわらず彼がアメリカ人に受け入れられるに至らなかった状況を描く*How I Became a Christian* の邦訳版である。著作を通して深い個人的なキリスト教信仰の最善の部分を伝えようとした内村の狙いは、何世代にもわたり成功した。

読者は内村が論じるテーマとその論じ方に引かれて彼に近づく。読者のほとんどは、個人としてのアイデンティティを求める青年時代に彼を見出している。彼らの内部では相反する力が互いに逆方向に引っ張り合う。内村の伝統を受け継ぐ指導者の中には、高潔かつ強力な人々がいるのを彼らは知る。内村の教え自体に対する反応は様々だった。若い「求道者」の中には、自分の生活をすべて神の意思に合わせるよう努力せよと強調する内村の教えに付いて行けず、別の活路を求める者もいれば、同じ教えに生涯、身を委ねる拠り所を見出す者もいる。

どちらのケースも、最初に内村の改宗の物語を読んでいる。内村の下に留まる者たちの信仰は次第に成熟し、内村思想の全盛期を反映するパウロ書簡の膨大な解説を評価できるまでになる。内村を師と仰ぐ者はすべて、彼の思想の核心が明晰な日本語で表現されていることを知る。彼の文章には、英文法の論理的な部分と漢字の持つ装飾的な部分とがうまく結び合わされている。日本語の文章にありがちな、誰が誰に何をしたかはっきり分からない、といった曖昧さはない。読者は内容を理解しつつ、内村の議論の進め方の優雅さに感嘆する。キリスト教の神にすべてを委ねる一方で文化の相違に悩む状況を、これほどの説得力をもって提示できる著者は稀である。しかも、これは西洋の著名な学者が書いたものの邦訳ではなく、読者と同じ背景を持つ日本人の作品なのだ。読者は著者に気を許せる。「日本人」なので、安心できる。

こうした点こそ、内村の没後二〇年を経て筆者が来日したときに強く印象付けられた事柄であった。すでに内村の略伝を書き終え、大学院生対象のフルブライト・プログラム第一期生として来日したのだが、日米双方の学生の親睦のために開かれた社交の場において、日本の多くの指導者たちに会った。筆者が内村を研究していると知ると、内村に対する所信を熱心に述べてくれた。死ぬほど退屈だ、学者ぶっている、褒められ過ぎだ、などと貶す人もいれば、福沢諭吉と並べて、人間の状況に対する鋭い洞察力をその著作において示した熱心で献身的な教師、と賛辞を惜しまない人もいる。様々な見解があるという事実よりも、彼らすべてに共通する点が印象的だった。内村についての見解を述べた人たちは一様に彼の作品を読んでいて、それぞれの生活に照らして内村の言葉を吟味していたのである。現時点で内村に同意するにせよ、しないにせよ、彼らの人生のある時期に大いに影響を受けているのであった。二〇世紀半ばまでは、多くの日本人が内村の言葉から人生に対するインスピレーションを受けていたと結論づけられる。

では、彼らは内村の中に何を見出したのか。この問いに答える前に、彼の略伝を続けよう。教育勅語への最敬礼を拒んで解任され、臨時の仕事をいくつか試みた後、彼は執筆を業とすることに決めた。その結果次々と書かれた作品はすでに列挙した。そしてそれにより、内村は東京に招かれ、当時日本の最大級の新聞『万朝報』の編集者となる。四〇歳を過ぎて初めて、自らの才能を役立てることのできる、しかも価値あるキャリアを約束する職業にありついた。だが六年後の一九〇三年、仲間のコラムニストたちを伴い、突然新聞社を辞める。政府はロシアを叩こうと決意し、内村が勤務する新聞社にも政府の計画を支持するよう迫った。内村とコラムニストたちは同意せず、絶対平和主義を唱えて辞任する。これが内村の二つの勇敢な行為の二番目のものである。政府が反対分子の口を断固封じようとしている中で、この新しい平和主義者たちは並ならぬ勇気を要した。彼らのうち、幸徳秋水は八年後、国民に非常に人気のあった明治天皇の暗殺を計画したという罪を着せられ、処刑された。

仲間たちは社会主義を奨励する方向に進むが、内村は別の進路を選ぶ。三年前に聖書研究専門の月刊誌をみずから創刊していたが、これに専心することにした。彼のその後の著作は大部分、この雑誌に掲載されたものであり、日本人が単独で聖書研究の分野に貢献した業績では最大のものである。特に重要なのが、旧約聖書の研究である。彼の雑誌を読んだ人たちは彼と共に教会論、すなわち無教会主義を展開し、これが彼を有名にした。

読者が内村の著作の中に見出したものを検討しよう。最も注目を引いたのは、まだ時間にゆとりがあった若いころ、特定のテーマについて書いた単行本である。中でも最も影響力のあったのは自伝的な三冊、なかんずく『余は如何にして基督信徒となりし乎』であった。こうした著作は真面目な改宗者の体験を語っている。自分の体験を分かち合うことにより、読者を助けられると考えた。二番目によく読まれた『後世への最大遺物』のテーマは、個人が死に際し、未来の世代に残せるものは何か。自分の人生を振り返ったときに誇れるような職業を選ぶよう、若者に促す。後の世代に何を残したいか、と問いかけ、どんな仕事に就くかよりも、就いた仕事をいかに成し遂げるかが重要だ、「勇ましい高尚なる生涯」を残せ、と結ぶ。[2] このように、彼の最も影響力のある著作の一つは、職業の選択、その選択の結果、そして職業への献身について述べている。

二つ目の範疇に入る著作は、一八九七年、『万朝報』に移ってから大半の勢力を注いだ作品である。本来、日本語の新聞であったが、彼はその英語部分の編集者になった。これには説明を要する。当時、港町はそれぞれ地元の英字新聞を発行していた。記者たちは、祖国の利害関係から世界情勢を見ている外国人の気に入るような記事を書いていた。読者は日本人が国際問題をどのように考えているかを知る機会はなかった。ところが当時、世界情勢に関するアジア人と西洋人の見解は大きく異なっていた。内村は、日本が文化面で長年師と仰いできた中国の独立が弱まり、インドの諸王国が英国に服従し、東南アジアの富がフランスに乗っ取られ、フィリピンがスペインから米国の管理下に移るのを見守っていた。彼はコラムにしばしば、理想を掲げる西洋列強が他国への侵略をいかに正当化できるか、という耳ざわりな問題を提起した。こうした事態を憂慮したのは内村一人ではない。内村が最初の記事を書いた六週間後、日本政府は同じ狙いを持つ全面英字の新聞（*The Japan Times*）を発行し始めた。(3) 一世紀以上を経た現在も、その新聞は継続している。内村の新聞記事は、西洋人に日本の立場を知らせたいと考えていた日本人の必要に応えたのである。

内村は徐々に他の事柄にも精力を費やし始めた。一八九八年、評論雑誌を発刊するが、支持者たちが互いに意見を異にしたので、二年で潰れてしまった。貪欲な鉱山会社が銅の廃石により、一つの村の農業を台無しにするのを許した政府の政策に抵抗してこれを叩いたのであった。共同で始めたこの雑誌が廃刊となった二か月後の一九〇〇年、彼は単独で雑誌『聖書之研究』を創刊する。発言の方法は定着した。政府の不当な政策に暴言を浴びせるよりもむしろ、個人を回心させ、正しい社会を築く手助けをすることにしたのである。読者は強力な社会批判者を失うが、内面生活における力強い指導者を得ることになった。

視点を集約させた特殊分野の月刊誌の購読者数は日本の最大級の新聞に比べると遥かに少なく、二万人程度だったであろう。数で劣る分は献身的熱意で補われた。内村はこの雑誌を毎月、弟子たちに送る手紙と考え、読者もそれに応えた。彼は膨大な量の文通を保ち続けた。雑誌のこうした形式は個々の読者の信仰を徐々に深める効果はあったが、このために彼には本を書くゆとりがなかった。出版された書籍のほとんどは、一九二〇年代に行った多くの講演シリーズのために彼が準備した詳細なメモを活字にしたものである。テーマは聖書のテキストの研究であった。

売れ行きはよくなかったが、こうした本を忠実に読んだ読者たちがその後、それぞれのキャリアにおいて内村の主義を効果的に育んでいった。彼らの中の指導者たちは、内村と共に歩んだ経験に基づいて、一九四七年の新憲法に支えられた、より自由な社会制度を作り出したのである。戦争で大敗を喫した後、日本人は内村の考えを受け入れるに至った。彼の著作に活気づけられ、やる気を起こした。第二次世界大戦直後、内村の本はペーパーバックで大量に売れた。

一九六二年にペーパーバックで出ている日本のノンフィクション作家の中で、内村の本の題名は最も数が多かった。また、全世界のあらゆるジャンルの作家の中でも、彼はかなり上位だった。トップは予想通り、五人の日本人小説家で、内村よりも多くの題名が出ている。三人のロシア作家、レオ・トルストイ、アントン・チェーホフとマクシム・ゴーリキ、フランスのモーパッサンとアンドレ・ジッド、ドイツのヘルマン・ヘッセ、アメリカのエラリー・クイーン、それに政治哲学者マルクスとレーニンも上位にある。(4) 戦後日本の読書習慣の比較研究をする際に役立つ魅力的なリストだが、ここでは内村がどんな作家と並んで人気があったかを示すために列挙した。筆者が内村とその作品に対する惜しみない賛辞を最初に聞いたのは、内村の研究調査を始めたときにインタビューに応じた日本の有力な年配の指導者たちであった。ペーパーバックで出ている内村の著作の数から、彼が日本の一般読者にかなり関心を持たれていることもわかった。

四〇年後、内村は一般読者の意識からは後退するが、総括的な研究の対象に形を変え、彼の著作の選集への需要は続いている。『内村全集』の最初の決定版——二〇巻、一七〇〇〇ページ——は第二次世界大戦前に出版された。その後、三つの出版社が少なくとも五種類の選集を出している。そのうちの一社、最初の『全集』を出した岩波書店は一九八一年と一九八五年の間に、四〇巻、二一〇〇〇ページの改訂された二つ目の全集を出した。

別の出版社が出している三つ目の全集はテーマごとに編集され、キリスト者の生活指針として使うのに便利である。

これに加えて、三一年余にわたって発行された内村の聖書研究雑誌三五七冊が製本・再版された。二〇〇一年には内村の手紙や日記から抜粋してその日常生活を細かく解説した一二巻が出た。研究を助けるこうしたすばらしい解説書は、紫式部の『源氏物語』や松尾芭蕉の俳句、場合によっては夏目漱石の小説も含めた、日本の伝統的文学の最も偉大な作品に対する解説書のように、複雑かつ細部に渡っているとの評価もある。(5)

内村は外国でも研究されている。彼の作品のほとんどすべてが韓国語に訳されている。韓国では『内村鑑三研究』という雑誌も出ていて、当時、内村に関心が持たれていたことを示している。台湾の出版社は少なくとも内村の作品二点を中国語に訳出した。内村が英語で書いた作品はヨーロッパの数か国語に訳され、二〇世紀初頭に出版された。このように多くの言語で入手可能な日本人作家は稀である。

＊　＊　＊

内村の本の読者が同世代および次世代の人々だったことは疑う余地がないだろう。では、キリスト教を知らぬ国で、なぜ彼があのように多くの人に読まれたのであろうか。この問いに簡単に答えることはできないし、問題を細かく分析するには別の研究を待たねばならない。そのような研究の方向を示す三つのポイントをかいつまんで説明しよう。

第一は統計の数字。「キリスト教徒」と称する人の数が非常に少ないため、日本ではキリスト教は重要ではない、ということは、ごく簡単なガイドブックからもわかる。キリスト教の何らかのグループに属する人は、人口のせいぜい一パーセント。しかし、教会員の数はこの場合、よい指針にはならない。

こうした数字とは対照的に、聖書を読む日本人の数は少なくない。現代の古典として受け入れている。一九四五年から一九六三年までの間に売られた聖書の数は、抜粋版も含め、人口の三分の一に上る。(6) これは一家族に一冊をかなり上回る。教養ある日本人の読者の中には、聖書の全般的な内容を知っている人もかなりいると考えてよいだろう。だからと言って、必ずしも信仰の基礎として受け入れているわけではない。聖書を読んだ結果、組織化されたキリスト教を受け入れるよりもむしろ、拒絶するケースのほうが多い。しかし、拒絶する前に、キリスト教が現代人に投げかける問題を意識する。

このような文脈で調べてみると、内村の作品は新しい意味合いを持ってくる。聖書の注解者として内村は、聖書への関心が示している需要に応える一方、こうした関心を奨励した。彼の注釈の方法は中国や日本の古典に対する伝統的なやり方に似ていて、彼が引き出す道徳的結論は日本の伝統的社会で提起される問題に答えるものだった。その結果、キリスト教に対する彼の解釈は同胞の多くにとって意味あるものだった。

同時に、内村はキリスト教の中で日本人が当惑するような異質のものの多くを拒絶した。キリスト教に種々の宗派があるのは正当化できないと思った。宣教師はしばしば、改宗者がキリスト教を受け入れることよりも自分の宗派に加わることに関心があるように思えた。日本人がキリスト教についてあまり知らなかった初期のころはこの問題は持ち上がらず、新しい宗教をもたらした人たちの物珍しさが変化を求めていた日本人を引き付けた。時が経つにつれ、二つの問題が出てきた。教会の組織に対する宣教師たちの考えと、日本の教会における宣教師の役割である。

最も不可解だったのが、個々の宗派への所属に固執することである。彼らの祖国では、キリスト教自体ではなく、キリスト教に対する特定の解釈によって地元の社会での個人の位置が決まっていた。英国教会（聖公会）、メソジスト派、会衆派、その他多くの宗派の宣教師たちがそれぞれ、自分を送り出した国々の特定のグループを代表していた。日本という全く異質の社会で生活してきた者にとっては、改宗という大問題に比べれば、宗派の違いはほとんど関係なかった。内村は宗派というものを、聖書の解釈の違いに端を発してようやく勝ち得たものではなく、それぞれの国の世俗的な歴史を反映しているものと見なした。彼らの教えの中で、二〇〇〇年間の歴史的累積ではなく、イエスの考えを実際に代表しているものはあるのか、と彼は問う。宣教師たちは内村の解釈に同意しなかった。彼らはキリスト教の中の微妙な違いから自分の宗派が生まれたことを知っていた。そして「自分たちの」グループに入った改宗者の数でその成功を計った。日本社会全般におけるキリスト教について考えるとき、キリスト教社会内での分裂は、折角キリスト教の教えに引き付けられた日本人を混乱させるばかりであったことがわかる。

キリスト教徒になったそもそもの最初から、内村は抵抗した。洗礼を受けてから四年も経たぬうちに、彼は仲間のキリスト教徒のグループの先に立ち、教会を建てるためのローンの見返りとして彼ら全員の名前を自分の宗派の改宗者のリストに載せるよう要求した宣教師に反対した。この小さなグループのメンバーたちはかなりの犠牲を払って、一年以内にローンを完済している。こうして、宣教師を送り出した国々の宗派間の対立から独立を宣言したのである。内村の考えは変わらなかった。彼はさらに、宗派にこだわらないことが日本のキリスト教の特徴であると主張した。

（一）聖書の知識、（二）宗派を無視すること、（三）日本人と日本の社会を尊重すること——この三点が、キリスト教に対する内村の解釈を特徴づけている。彼の弟子たちにとっても、この三点は他国で発展したキリスト教と日本のキリスト教を区別するものであった。その結果、彼らはこれを「日本の」キリスト教と呼んだ。

内村は日本の近代史の中で最も活気に満ちた時期を生き抜いたが、彼の周囲で起こっている世俗的な出来事には直接影響を及ぼしていない。彼の時代に起こった主な歴史的動向を知りたい場合は、一般の歴史書を参照されたい。執筆で身を立てる技術を習得してから、内村は日本の社会との接触から次第に身を引いていった。四半世紀以上にわたり、「近代日本の預言者」ともいうべき立場で、時代の出来事に対しては傍観者の態度を取った。旧約時代の預言者のように、来るべき神の審判を早めることになるかも知れぬ自国民の不信仰と罪を深く憂慮していた。偉大な老作家として尊敬されるに至ったが、彼の警告の言葉がようやくその意図する効果をもたらしたのは、第二次世界大戦後のことであった。

内村の弟子の一人のケースを検討しよう。日本におけるアメリカ研究の最初の教授、高木八尺。東京大学で寄附講座を持っていた。高木は長年にわたり、余暇に内村の聖書の解釈を読み続けていた。同時に、日本が再び軍国主義者に乗っ取られるのを防ぎ、国際親交国に円滑に戻れるよう促す民間の機関を設立するため奔走した。(7) こうした活動によって、高木は戦後の新憲法の下で日本に新しい民主的な制度を形作るのに貢献した内村の弟子たちの一人に数えられる。その他の弟子たちに関する研究は始まったばかりだ。(8)

＊　＊　＊

内村の著作は日本の歴史にしっかり根付いているが、内村という人間をよく知るためには、国外の二つの非常に異なるグループの人たちと比べてみるとよい。日本人で彼と比較できそうな人はほとんどいない。特定のグループの代表として彼を検討するには、日本と近代世界の限界を超えて、彼と同様のことを試みた数少ない歴史上の人物を探さねばならない。超越的倫理の立場に立ち、自分の属する社会を情け容赦なく批判する個人は時たま現れるものだ。内村はそのような個人の一人で、彼と同類のグループの人たちを探そうとすれば、異なった時代背景の中で彼と同様の理想を掲げた人々の生涯を検討しなければならない。その中には旧約時代の預言者たち、ダンテ、ルター、キエルケゴール、カーライル、ガンディーなどがいるだろう。内村はこれら一人一人に共感を示しているし、彼の伝記を調べてみると、彼が他の日本人よりもむしろこのような人々にずっと類似していたとの結論に達する。彼は日本人の中では隔絶して孤独な存在であり、時代の精神と関心事を真理の探究に組み込んだ、稀有の天才である。内村が賞賛していた人たちも、それぞれの属する社会に根ざしつつ、神と同胞の前で自らの正当性を訴えた。

歴史上の偉人に類似した点を持つ一方で、内村は一九世紀・二〇世紀にキリスト教が世界中に広まる中で登場した指導者としても卓越した人材であった。キリスト教はこれを受け入れた社会を変化させたが、同時にキリスト教自体も変貌した。キリスト教の持つ活力はヨーロッパと北アメリカから他へ移って行った。韓国ではキリスト教が最大の宗教である。一九九七年、ギャロップ調査が確認した韓国の一九九五年の国勢調査によると、韓国人の約三〇パーセントがキリスト教徒と答えている。これは仏教徒の数より五〇パーセント多い。これに脱落したキリスト教徒の数を加えると、キリスト教の影響を受けた人の数は過半数を超える。[9] ナイジェリアでは聖公会の会員数が英国と西ヨーロッパの会員数より多い。[10] こうした改宗者の中でも思索的な人たちは、内村の言葉の中に自らの体験を見出すであろう。こうした国々での目覚ましい展開は、本書の範囲を超えたテーマである。ここでは、内村が主として同胞の日本人および日本にキリスト教を持ち込んだ国々の読者を対象に書いてはいるが、同時に世界中の新しいキリスト教改宗者に共通の問題を提起している、と述べるに留めておこう。内村は、キリスト教を新たに受け入れ、その特性を変貌させている他の国々の指導者たちと並ぶ場所を占めているのである。

＊　＊　＊

一九五一年、友人たちとたまたま交わした会話に端を発した本書は、内村についてあらゆる言語で書かれた研究書の中でも最も包括的なものである。一九八二年脱稿の草稿を短縮し、その後出版された研究書は詳しく網羅していない。その作業は今後の研究者に委ねよう。

本書は内村の生涯の中で彼の仕事に大きな変化をもたらした三回の劇的な転換に基づいて構成されている。第一は、明治政府が神の意思を遂行する道具として行動することは不可能だ、との結論に内村が達したことである。一八九一年、中央政府はすべての生徒が国家の目的とする考え方に同意すべきとの要求を出すが、これに従うのをためらった後、この結論に達したのであった。政府は彼をはじめその他の教師たちに、天皇が署名した文書の前で最敬礼をするよう要求したのである。彼は少し頭を下げただけで、最敬礼はしなかった。十分に敬意を表してないと見られ、保守主義者たちはキリスト教徒が伝統的な仕来たりを覆そうとしていると確信した。非難ごうごうの中、彼は官立学校での教職を辞さねばならなかった。

第二は一二年後に彼が取った行動で、第一の行動から派生している。地上で神の意思を行う役割を日本が果たせるのは、キリストを徹底的に信じる指導者の下で以外ありえないと確信して、彼は一九〇〇年、聖書研究専門の月刊誌を創刊する。この雑誌および講演を通して、こうした役割を果たすことのできる人材を生み出そうと願った。同時に、宗教に関心を持ち、それを生活に結び付けようとしている利発な若者たちを弟子として受け入れ始めた。次いで一九〇三年、編集者として影響力があり、国際関係についての指導的権威であった彼は、日本政府がロシアを攻撃しようと準備しているまさにそのとき、平和主義者に転向したことを公に宣言している。

一九一八年、第一次世界大戦の大虐殺の結果、内村はキリストが再び地上に戻ってすべての個人と団体に審判を下す終末が近づいたと確信し、執筆に専心する平穏な生活に突如として終止符を打った。しばらくの間、日本中を回って多数の聴衆の前でキリストの再臨について講演を行った。キリストの再臨が間近だという信念は一二年後に没するまで彼の思想の重要な部分を占めていたが、それを信じた人々がその信念の論理に従って終末の年を予言したりすると、正気を疑われる危険があることに気づく。再臨については以前よりゆとりのある見方をするに至り、少数の弟子たちと個別に交流する編集者から、広範囲に注目される講演者へと転向した。大手町の大日本私立衛生会講堂で毎週、講演会を開催し、かなり高い入場料を徴収して、聖書の各書について彼が達した結論を聴衆と分かち合った。講演の中で、彼は過去三〇年間にわたり日本のキリスト教の本質について教え、書いたことを修正し、発展させた。彼の解釈は「無教会」と呼ばれるようになった。この三文字は、キリスト教の信仰に教会組織は重要でないという内村の信念を反映している。この言葉の使い方が徐々に変化していった過程を研究することにより、内村が日本史に、そして世界史に残した功績を理解することができる。

第一部

拒絶

第一章　明治のサムライ教育

一九〇三年一〇月一二日、正午を知らせる汽笛が鳴ると、横須賀の造船所の労働者たちは道具を納め、くつろいで弁当を食べ始めた。仲間から離れて考え事をしたいと思っている男が一人、仕事場のデッキに残り、弁当を包んできた新聞紙を用心深く広げた。この新聞は自由主義を貫き極めて人気の高かった『万朝報』である。昼休みに読もうと持ってきたのだが、中味の大胆な見解は仲間たちには受け入れられないと分かっていた。見出しを追っているうちに、彼は突然、「火花が眼を射たような衝撃」を感じた。(1)

第一面に、彼の好きなコラムニスト三人の辞任が発表され、理由を説明する三人の手紙が載っていた。ロシアに対する好戦的な政府の政策を支持することにした『万朝報』の決定に同意できないというのである。間もなく戦争が起こることを誰もが予期していた。

この若い労働者は荒畑寒村。六〇年近く経てもなお彼はこの瞬間を自分の人生の転換期と記憶していた。新聞を読んで行動を起こさねばと決意し、日本における社会主義運動の先駆者の一人となった。『万朝報』の発表に影響された者は他にも多い。この事件は近代日本思想史の転換期の一つともなった。

三人のコラムニストは幸徳傳次郎（秋水）、堺（枯川）利彦、そして内村鑑三。三人がしばしば載せていた記事により、『万朝報』は情熱的ながら品位ある姿勢を保ち、他ページのよりセンセーショナルな内容の効果もあって、日本一の発行部数を誇っていた。三人の辞任により、同紙は種々の面で打撃を蒙ることになる。

三人が行動を起こした動機ははっきりしていた。戦争に向かって興奮状態が高まる中、三人は共に反戦を決意していた。『万朝報』の社主（黒岩涙香）は、三人のリベラルな信条には同意しながらも、対露関係といった問題では政府の政策に反対できないと考えた。コラムニストたちは自説を曲げるよりは辞任する道を選んだ。彼らの勇気ある行動は後世に正しく評価されている。

三人の行動は同時に、キリスト教の影響を受けた日本人の間で分裂が起こる前触れでもあったことが後に明らかになる。コラムニストたちは従来、社会改革に関心を持つ読者と個人的な信条の問題に関心を持つ読者を共に引き付けていたが、今や幸徳と堺はキリスト教を離れ、社会運動の指導者となった。幸徳は一〇年も経たないうちに、天皇暗殺の陰謀の廉で絞首刑となり、堺は政府の弾圧が激化する中、社会主義への関心を呼び覚ます努力を続け、荒畑も後に彼と行動を共にする。

内村は『万朝報』の事務所で机を並べていた頃は幸徳や堺の社会改革計画に同調していたが、辞任後は社会改革の試みは止め、個人の改善に専心、彼の著作を読み、彼の忠告を聴いた者たちがやがて社会改革の担い手になることを期待した。経済格差が革命を不可避なものとすると論じる者たちとは距離を置いていた。友人に昼食会を提案したとき、No "socialists,"（「『社会主義者』はお断りだ[2]」）と彼はきっぱり述べている。それまで内村の記事に満足していた者も、社会を即座に変えたいと思う者は内村から離れなければならなかった。

内村がこのとき取った非戦主義の行動は彼の名を日本史に残すことになるが、ここで問題にしたいのはその行動の社会的意義ではなく、内村自身にとっての重要性である。自力をフルに活用できる職業の頂点にありながら、このようなよい仕事と安定した収入は二度と得られぬことを承知の上で、意図的に、自信をもって、辞任の手紙を書いている。短い手紙の書き出しはこうだ。「小生は日露開戦に同意することを以て日本国の滅亡に同意することゝ確信致し候」。ひとたび国民が参戦を決定すれば、「情《じやう》として」反対はしないが、公事に関する解説者として自らの所信をはっきりと述べなければ、職業の信用を傷つけることになる。従って社会問題の解説からは一時的に身を引きたい、というのである。[3]

内村は四〇歳台に入ったばかりだった。士族の家に生まれた彼は、維新前夜の戦いの一部をつぶさに観察し、維新が彼の生涯に及ぼした多大な影響を生涯意識していた。日本に脅威となっている西洋列強と日本との間を取り持つ役目を果たすための教育を受け、キリスト教に改宗し、米国に留学。帰国後、「教育勅語」拝礼をためらい、国中に名を轟かせたが、この無鉄砲な行為の故に彼は第一高等中学校嘱託教員のポストを失い、著述家という不安定な仕事に就かざるを得なかった。その後『万朝報』の英文欄主筆という現職が転がり込んだのは、政府を痛烈に批判する能力が評価されたためだった。彼がはっきりと述べる意見に多くの読者は敬服していた。だが『万朝報』を辞した今、彼は世論を先導する役目の現職を離れ、政治・経済界の中心から隔絶された第二のキャリアに移行することになったのである。

＊　＊　＊

内村は子供時代、気難しく物怖じする少年だったと自らを振り返っているが、(4) 内気な性格は彼の成長期に家族が置かれていた立場と直接関係があるようだ。彼の性格の三つの特質が、思春期と青年期に再び現れる。三つはベクトル図表のような三角形を成し、時によっていずれかが優勢になりつつ、それぞれが彼の人格方程式の重要な部分を占め続ける。三つの特質とは、愛情への願望、重苦しいほどの責任感、そして周囲を支配しなければ気がすまぬ性質。この最後の特質は、二つの形で表れている。時には特定できぬ恐怖心となり、時には傲慢な野心となって。野心は恐怖心を克服するためのもので、成功し続ければ自分は強くなり、自信を持てるようになると考え、未開地の開拓者が自分の縄張りを限定し、周囲の動植物に呑み込まれぬよう絶えず見張りを続けるのと同様のやり方で、自分の守備範囲を支配し続けた。

同様の特質を持つ者は多いが、内村の場合は程度も持続期間も並外れていた。その原因は特定できないが、遺伝的なものもあろうし、彼の育った社会、家族、そして彼の受けた教育もかなりの影響を及ぼしていると見てよいだろう。まず家族背景から考察する。

内村の少年時代の大きな出来事といえば、一八六八年の「維新」後、日本の社会の諸勢力を再編成した複雑な変化であった。何世代もの間分散していた権力が、国の政府の下で中央集権化されたのである。この出来事が実際に日本史を理解する上で要となるか否かについては、歴史家が議論するところである。いずれにせよ、この変化を体験した個人にとっては、生涯で最も重要な出来事であった。旧体制で特権を持っていた士族に属する者は、慣れ親しんできた快適な生活の終焉を嘆いた。出来事そのものが決定的であったのと同時に、それをもたらした原因も明らかで、西洋諸国が日本の開港を迫ったためであった。中央集権化への動きは、日本の主権に対する脅威に対抗するために起こったもので、維新後の新政府は結局、西洋の拡張政策から日本を守っている。従って愛国心の強い日本人は、個人の生活がいかに影響されようと、明治維新を良いことだったと考えるしかなかった。変化を大いに悲しみながらも、その結果生じる敵意は維新をもたらした問題の原因、つまり諸悪の根源である外国人に向けられた。

徳川慶喜の大政奉還の提案に対抗して尊皇派が一方的に王政復古の宣言を出すと、両者が衝突して内乱が起こった。内村が七歳の誕生日を迎えた数か月後、双方の軍隊が激しく攻め合いながら彼の家のそばを通り抜けて行った。子供時代の最も重要な出来事に偶然関わったのである。一九二〇年代生まれのアメリカ人が「大恐慌の子ら」と呼ばれたように、内村も「維新の子」として成長したと言ってよいだろう。

内村の家族は武士階級だった。社会の最上位の階級である。維新により武士の支配は終わり、内村家も他の士族同様、破滅した。武士階級は人口の約五パーセント、元来、武勇を元に形成されていたが、その後世代を経るうちに、防御の務めに加えて行政や学問の分野でも任務を担うに至った。自治権を持つ「藩」が三〇〇あり、幕府の下で国家を形成していた。武士は自分の藩の大名の下で役割を担い、銘々その地位と能力と責任を意識しつつ務めを果たしていた。

維新後八年間、新制度が旧制度に取って代わるなか、武士はその機能を失い、不要になって政府の援助も断たれた。才能に恵まれた一握りの武士は、卓越した訓練と経験を生かして新体制でも良い地位を得たが、変化に順応できず、ずたずたになった旧体制にしがみつき、時代遅れの生活を忠実に続けていれば何らかの形で報われると信じる者もいた。内村の父親はこの後者に属する。

内村の生い立った世界を構成していたのは家族だった。両親、弟妹、遠い親戚の者たちが、人間関係における行動を彼に教えてくれた。こうした技術を学んでいたちょうどそのころ、外国の干渉の脅威がもたらした変化が、家族という彼の小世界を壊し始めていた。

内村の周囲に起こった最も特徴ある変化は、男性が男らしく振舞わなくなったことであろう。妻子が安心して暮らせる扶養義務を果たせなくなったのである。父方の祖父は、内村四歳の年に死ぬまで家族と共に暮らしていた。内村が覚えている祖父、長成は武士を戯画化したような存在で、御用済みの世界で全く役に立たぬ軍人だった。「彼は竹の弓、雉の羽の矢、五〇ポンド火縄銃を帯び、重々しい甲冑に身を固めた時」ほど幸福なことはなかった。(5) 母方の祖父は内村が生まれる二〇年前、比較的若くして世を去っていたが、成人してから内村は彼を「根っからの正直者」(6)と記している。上役から公金を高利で貸し付けるよう頼まれたとき、通常はさらに高利で部下に貸し付けるところ、彼は自腹を切って金利を払っているからだ。祖父が正直者で酒も全く嗜まない人物であったことを内村は誇りにしていた。しかし貧困の度合いが増すにつれ、祖父たちの正直さはむしろ男らしさの欠如とも映ったであろう。

少年時代も成人してからも、内村は父宜之の性格をうまく表現することはできなかった。自伝『余は如何にして基督信徒となりし乎』においては学者・教師としての父の能力を評価しているが、他の資料によれば、内村は成長するにつれ、父を無力な人間と考えるようになったようだ。だが若いころの宜之は未来を嘱望されていた。武士階級の中で内村家の位は「馬回り」。ささやかながら世襲の給付金があり、贅沢はできないが快適に暮らすことはできた。宜之の父の能力を基準に見ると、この給付金（五十石）の金額は固定されていたとはいえ、彼の社会への貢献度に相応するものであった。宜之自身の初期の職業上の記録をみると、その父よりはずっと能力があったことが分かる。中でも軍事関係の知識が豊富で、早くから自藩の軍隊の近代化を推奨している。世襲の階位制度には柔軟性があり、有能な人物は行政組織の中で世襲の階位より上位に進むことができた。内村の誕生時、宜之はおよそ三〇歳。後に東京となる首都江戸で、大名の私設秘書のような任務（右筆《ゆうひつ》）に就いていた。多くの面で自治権を持つそれぞれの藩が江戸に構えた拠点は中央政府との交渉に当たる大使館のような役目を果たし、江戸詰め藩士は藩の中でも優秀な要員であった。宜之の主君、高崎藩主大河内輝聲は、内村の父を高く買っていた。内村五歳のとき、宜之はかなり責任の重い四つの任務を与えられていたが、長くは続かず、七か月後に解任され、高崎に戻って閑職に就かされた。解任の理由は明らかでないが、宜之が藩の軍隊の近代化を進言した結果ではないかと思われる。旧体制の中で既得権を持っていた藩士たちの反感を買ったのではないか。ともあれ、家族は首都の喧騒から静かな田舎の町に移り、明治維新の数か月後まで滞在した。

その後、再び運が向いてきた。維新直後の混乱の中で、新政府は旧大名と政治上の責任を分かち合うことになる。その一環として、トップの役人は中央政府が選び、補佐役の選択は大名に委ねられた。大河内輝聲は宜之を高崎藩の地域の補佐役に抜擢した。続く数年間、宜之はさらに高い地位へと数回昇進し、その間に縁起を担いで改名した。彼の移動に伴い、家族も引越した。高崎から石巻への引越しは内村にとって楽しい思い出になっている。旅は一二日間かかった。家族五人は数台の駕籠に分乗し、召使や父の部下の役人を引き連れていたので、かなり大掛かりな一行であった。駕籠から手を伸ばし、沿道の栗の実を取って食べたと内村は述懐している。(7) 小学生の年齢の子供にとって、なんとも楽しい旅だった。

内村の父はしばらくの間、石巻県少参事として一地域を完全に任されていた。彼の人生で最も華々しい時期である。後年、内村はこの時期を振り返り、「うまく進もうと思えば」数年後に新設された爵位制度で父は少なくとも男爵にはなっていたかもしれないと述べている。[8] だがそうは問屋が卸さなかった。父の仕事が定着する前に、大河内は彼に戻るよう懇請し、断ることもできたかも知れないが、父は忠誠心から懇請に応じた。高崎に戻ってからも高崎藩少参事として地位は変わらなかったが、仕事の内容は能力を発揮できる機会のあるものではなかった。間もなく廃藩置県により宜之は失脚し、一八七二年には引退した。四〇歳そこそこで彼のキャリアは終わる。内村はまだ一一歳であった。宜之はその後しばらく農業を試み、次いで退職金の残りで東京に家を購入する。内村二〇歳代の七年間、宜之は大河内の東京の家の手伝いをするが、それ以外は家計を支える仕事は何もしていない。自宅に留まり、「書を読み歌を詠み、碁を打ち」、鑑三の感化でクリスチャンになるまでは「酒を飲み」過ごした。[9]

青年時代の内村にとって、父の人生は失敗に見えたであろう。宜之は藩主大河内への忠誠心を貫いて、能力を発揮できるポストからそうでないポストに移るという、自らのキャリアに不利な選択をしている。彼が尊ぶ武士の規範を忠実に守ったわけだが、潜在的能力と倫理的清廉さだけでは家族を養うことはできない。旧体制の下で高く評価された主君への忠誠心も、今や残酷な茶番劇になる。一八八〇年代、大河内が宜之に与えられる仕事はなく、感動的な忠誠心に報いるものは何もなかった。内村は宜之が孔子の『四書五経』のほとんど各節をそらんじることができた」と誇らしげに述べているが、[10] これが収入につながらないことは幼い鑑三にも分かったであろう。

内村がまだ一〇代のころ、父は彼に依存し始め、一六歳の彼を家長にした。若くして引退するのは日本の社会の特徴で、この年齢での引退は珍しくなかったかも知れないが、宜之の父は死ぬまで息子に家督を譲っていない。翌年、内村が官費生として政府の給付金を受け始めると、その大部分は家族に回された。数年後、内村は父をキリスト教に改宗させている。後年、内村は宜之が改宗にかなり抵抗したと回想しているが、そのように考える理由として彼が挙げている根拠は弱く、父は息子に説得されて聖書を読み始めるとすぐに譲歩したようだ。内村は父の改宗の数か月後、札幌農学校を卒業して官職に就いているが、その頃から父に対し、保護者的態度を取るようになった。クリスチャン仲間の級友に彼は次のような英語の手紙を書いている。「暇があったら、どうぞ父を訪ね、これから書くことを父に伝えてください。そして機会があったら、彼のために祈ってください」[11]。こうした態度は、自分の求める支えと訓練を父がもはや提供してくれていないと内村が無意識に気づいていたことを示している。

内村の幼年期、身近の女性は母と母方の祖母であった。祖母は内村が生まれる二〇年も前に夫に先立たれていたが、内村の記憶にあるのは馬のように働く人だった。「彼女は働くために生まれた。彼女にとっては生くるは働くなり（vivere est labore）であって、四〇年間、かよわい女性が働ける限り働いた」[12]。母も祖母そっくりで、「彼女の母からこの仕事狂を受けついだ。彼女は働いてさえいれば人生のどんな苦労も悲しみも忘れる。母は、生活が苦しいおかげで、憂うつになどなっていられない人種の一人である。その小さい家族は彼女の王国であり、どんな女王もかなわぬほどにこの王国を治めた」[13]。表面は強靭で有能な女性に見えたかも知れないが、実は片目が生まれつき見えなかったこともあり[14]、内心は不安定で、頼り甲斐のある人を求めていたようでもある。仏教のある教義に対して迷信深く、内村が成人すると、保護者への願望を彼に求めるようになった。晩年、精神病院で過ごした彼女のことを思い出すと、内村はしばしば、自らの精神状態も不安になった。祖母も母も、子供時代の内村に対し、また家族の他の男性たちに対しても、豊かな愛情を表現したとは思えないし、内村に父や祖父たちを尊敬するよう教え込んだとも思えない。家族の男性たちが責任を果たさないので、女性たちと長男が次第に責任を取らねばと考えるようになる。祖母も母も女性らしい優雅さや愛情を示すゆとりはなく、内村はその欠如が寂しかった。

その反動からか、彼は幼時から、こうした環境に対処するために身近にある宗教的要素を取り入れていた。彼の敬虔さは父親譲りではない。父はクリスチャンになる前は「異教の神々をどれもこれもすっかり馬鹿にして」

いて、ある時、寺の賽銭箱にびた銭を放り込んで、仏像に嘲笑いながら言ったことがある。「いま争っている訴訟にとにかく勝たせてくれたら、こんな銭をもう一つやろう」と。この行為は「余の宗教的経験のどんな時期をとっても全く考えられない芸当だった」と内村は記している。(15)

父親とは対照的に、内村は宗教をまじめに考えていた。仏教の僧侶の真似をするのが好きで、父に止められると次に神道に関心を寄せ、(16)神主の真似をして遊んだ。仲間の子供たちの前で祝詞を上げていると、遊びだということを忘れることもしばしばあった。(17)『余は如何にして基督信徒となりし乎』の中にも、神々によってそれぞれ相反する決まりを守らねばならないので悩み、うっかり違反して怒りを蒙るのを恐れ、寺院を避けて遠回りした経験が面白く描かれている。神々が彼に危害を加えることができるとまじめに信じていたし、少年なりの用心深さにより神々の友情を確保できると考えた。内村は自分の恐怖心を仲間にも投影し、その対処法を自分が一番よく知っているのだと、仲間に対して親分気取りで接した。

彼の弟妹については、折り合いが悪かったこと以外、あまり知られていない。弟三人、妹一人（達三郎、道治、順也、宣子、ほかに夭折の弟一人）いて、弟たちはみな教師になった。二人は国内のミッション・スクールで、一人はアメリカで。妹は内村の著作を通して内村家に引き付けられた銀行員と結婚した。内村は長男で家長という地位から弟妹を支配する権限を持っていたが、彼のやかましく口を出さずにいられぬやり方は、必要以上に彼らの反感を買っていたようだ。内村没後四半世紀経ても、弟の一人は内村のことを口にする人には誰にも会おうとしなかったという。(18)すぐ下の弟、達三郎とは後の二人よりは親密で、内村の大学卒業後短期間、彼は生活費を節約するために兄と同居しているし、その後著述家になって、兄の雑誌の編集に協力した。だが長続きはせず、二〇世紀初頭、両親が亡くなる頃は、完全に仲違いしていた。達三郎は父の時も母の時も埋葬には立ち会わず、内村はすべて独りで行わねばならなかった。いずれの埋葬に際しても彼は弟が陰で自分の悪口を言っていると考えていた。

内村が早くから弟妹の生活に口を出し、やがて両親に対しても責任を負うことになったので、弟妹たちは彼を煙ったがり、苛立っていたと見てよいだろう。彼が身近な者たちのために取った行動は慎重すぎて、合意よりも離反を招いた。鑑三が育った内村家は、子供に最善の基盤を与える優雅さと暖かさを欠いていたと結論付けざるを得ない。

にもかかわらず、種々の点で家庭は彼の必要なものを提供してくれた。後年、内村が愛情深い夫となり、父となっているところを見ると、愛情の表現法は子供の頃、家庭で学んだに違いない。後、彼を成功へと駆り立てた野心も、その成功を可能にした言語習得の才能も、両親の遺伝、もしくは両親との生活から得たものであった。父親は自らの失敗を意識していて、自身が挫折した官職に息子が就いて成功するよう促した。母を養う必要から、成功への野心は直ちに実現させねばならなかった。父は自分の失敗の体験を糧に、家に留まって内村に成功の秘訣を教える教師の役割を果たし、学問への情熱と日本文化の伝統の知識を息子に伝授した。西洋がもたらした諸勢力の前で無力であった彼の体験は、西洋の知識こそ家族の、そして国の安全を手に入れる鍵なのだと説得する強力な証拠となった。「気難しく物怖じする子供」だった内村は、外国人の技術、とりわけ外国の言語を通して自らの責任を果たし、ひとかどの者になりたいと願った。学ぶことは好きだったし、言語習得の才能があることも分かってきた。

＊　＊　＊

英語を習得するために、内村は特別な教育を受けた。それは同時に、国の指導者となる地位への準備であり、一般の日本人の価値観から彼を引き離すものであった。内村自身は気づいていなかったが、彼個人の決断は新政府の役人たちが立案した国策と一致していた。彼らは日本が西洋に立ち遅れている事実を認めて西洋から新しい知識を求め、そのために西洋の言語に堪能な人材を必要としていたのである。役人たちは、こうした語学力が西洋から輸入する機械類と程度の差こそあれ本質的には同類の道具だと考えていたが、それは間違いだった。日本語と西洋の言語の違いはあまりにも大きいので、これを本当にマスターすると、人間が変わってしまうからだ。英語が流暢になった日本人は、日本語が流暢になる西洋人と同様、語学習得の過程で自分が変化していることに気づく。内村は新しい武器の入手に乗り出すが、この武器をいざマスターしてみると、逆に自分がその武器にマスターされてしまっていることに遅ればせながら気づくのであった。

彼が最初に英語を学んだのは、家族が東京に移る前、高崎にいる時だった。一八六九年、大名の大河内輝聲はすでに西洋のワインを嗜み、和英辞書を所有していたが、[19] これはかなり西洋通の象徴であった。その後間もなく、彼は英語学校を開く。ここで一八七二年、内村は新しい言語の神秘を知る。翌年、彼は東京の私立有馬学校英語科で勉強を続け、一八七四年、一三歳の年に、官立の東京外国語学校に入学許可された。この時点から、彼は日本の社会が提供しうる最高の語学訓練を受けることになる。

東京外国語学校およびそこから発展した東京英語学校（後の東京大学予備門）で、内村はその後国の重要な役割を担うことになる人材と出会った。後に総理大臣になる加藤高明は、内村の一年前に入学していた。内村のクラスには、後に国際的有名人となり、また彼の個人的友人としても重要な役割を果たすことになる二人の少年がいた。著名な学者、国際公務員、そして日本を外国に広く紹介した新渡戸稲造と、植物学者として有名になった宮部金吾である。青年時代、彼らは内村の親友であった。他の学生同様、彼らはみな、国の指導者になる道を歩み、内村もその一人として同じ抱負を分かち合った。

この学校で内村は外国人にも初めて個人的に接した。彼の世代の日本人にとって、外国人は異質の人種で交流はなかったが、ここで彼は何人も間近に見ることができ、異なったタイプの人たちに出会った。一人は極東の港町にはびこっていた作業員のような無能な男で、算術の教師として雇われていた。熱心な学生が分数の質問をすると、彼は手を上げて「分数？　そんなことは判らないさ」と答えた。[20] Ｍ・Ｍ・スコットという別の教師は、ケンタッキー州から英語を教えにやってきていた。英作文の授業が好評で、彼の名は後々まで崇められていた。日曜日には内村は時々築地の外人居留地まで散歩し、別のグループの人々、つまり宣教師たちを観察することができた。「美しい女の人が歌を歌い、長いひげを生やした背の高い男の人がいかにも風変わりな格好で腕を振り、身体を曲げながら高壇の上でどなり叫ぶのを聞いた」と後年、彼は回想している(21)。

一三歳ですでに出会ったこうした個々の外国人は、その後の人生で彼が理解しようと試み続ける外国人の典型であった。宣教師は宣教しに来た国の言葉も習慣も知らず、その国の人々に十分な敬意を払わないケースの象徴であった。分数のできない作業員教師は、一部の西洋人の訓練と能力の欠如の象徴であった。内村はその後出会った宣教師や教師たちにも、彼らの言動に不釣合いな毒舌を浴びせ、彼らは内村を無礼な人間だと感じた。尊敬できない人たちを叱責する反面、尊敬できる外国人には優秀な人間として一目置いた。その筆頭はスコットであろう。内村の外国人に対するこうした態度は本書の重要なテーマであり、学生時代に端を発する彼の個人的体験に根ざしている。

この学校で学生たちは、将来西洋の要人と仕事をする上で重要な道具を手に入れた。英語を話す人間と最大限の接触を持ち、多くの授業を英語で受け、卒業までには英語の表現力が一通り身についていた。この道具をマスターすれば、キャリアでの成功が保証された。大部分の学生は内村同様、官職を求め、彼らが受けた訓練は非常に価値あるものだったので、政府の多くの部署で引っ張りだこだった。その一つの開拓使は、北海道に新設した農学校の学生募集のため、東京に人員を送って勧誘に当たらせた。この男（開拓使御用係堀誠太郎）は米国留学の経験があり、農学校設立を助けるためにやってきたアメリカ人の通訳をしていた。北国の厳しさも文明の利器で対処できるし、給付金も高額だと説得したので、学生たちは全員入学を希望したが、親の許可を得られたのは三人だけだった。新渡戸、宮部、そして内村である。

内村は特に給付金に引かれた。家長になっていたので、責任が重くのしかかっていた。前年、胸膜炎で学校を休みがちだったが、家族への重責もその引き金になっていたのかも知れない。札幌で農業技術を学ぶことは、内村が父親と分かち合っていた政界への野心を挫くものであったかもしれないが、経済的には助かるはずだった。

一八七七年、内村は東京を出帆し、大勢の仲間と共に札幌に向かったが、その地で予想外の影響を受けることになる。彼らの生活に変化をもたらした三つの要因があった。まず互いに協力して農学校を発展させた二人の強力な人物の存在、次にその二人が教育に織り込もうと決めた倫理的内容、そして一人が強力に促進し、もう一人が大目に見た新しい信仰。この二人はウィリアム・S・クラークと黒田清隆であった。二人がこの学校で演じた役割が分かれば、内村に起こった変化を容易に理解できる。

黒田は薩摩藩出身で、早くから軍事的指導力を発揮していた。薩摩は他のいくつかの藩と共に、徳川政府を倒す計画を立て、率先して軍事行動を起こした。黒田は函館での最後の戦いの指揮官であった。徳川の残党は西洋艦隊の侵入を防ぐために幕府が建設した海岸の近代的砦（五稜郭）に立てこもっていた。黒田はこの砦を破り、敗軍の将（榎本武揚）の命を助けるという当時としては稀な寛大な処置を取った。北海道でのこの体験から、彼は現地の問題に関心を持つに至ったようだ。戦いが終わった一二か月後、ほとんど未開の森林であったこの地域を任された。彼は三〇歳。外遊の後、北海道の組織的発展計画を作成する。

計画を立てるに当たって、黒田はいかにして日本の青年たちに北海道で仕事をする技術を身につけさせようかと熟慮した。これに先立つ一八七二年、彼は東京に男子の学校（開拓使仮学校）を創立していたが、うまくいかなかった。最初のグループの学生は勉強しなかったので、腹を立てて追い出した。次の学生は選抜され、もっと真面目に勉強するようにと躾を強化して訓練したが、これも失望に終わった。東京の環境では北海道で働けるような人間を育てることはできないと考え、新天地の中心となる札幌に学校を再建しようと決心した。現地に落ち着くと、学生たちはもっと実りある勉学にいそしみ、教師たちの能力を上回るようになった。今や高等教育を受けるに足る準備のできた学生たちのために、日本人教師に代わって「三人のアメリカ人」(22)を捜してくれるよう、黒田は外務省に依頼した。

駐米公使吉田清成は、アマーストのマサチューセッツ州立農業大学学長に、彼自身と他の数名で来日するよう懇請した。アマースト大学も州立農大も、すでに何人かの日本人学生を教育していた。日本政府の使節団はどちらの学校も訪問し、学長たちに会っていたので、農大が第一級のもので全国的に認められていることは日本で知られていた。吉田がこの学校に向かったのはまさに適切で、学長のウィリアム・S・クラークが彼の要望を受け入れてくれたのを喜んだ。

クラークの帰国後の言動を考えると、彼が日本にどれほど貢献したかを評価するのは困難である。日本は彼を甘やかした。一年足らずで州立農大へ戻った時、学校管理の業務は退屈なものだった。学生を長期にわたる航海に連れ出して船上で訓練し、学位を取ってニューヨークの埠頭に戻す「洋上大学」の設立を考案するが、その資金調達のために自身のみならず隣人たちの財産を浪費し、一〇年も経たぬうちに世を去った。誰にも悲しまれることなく、彼自身も自分の生涯の最も偉大な業績は日本に残したと信じて。マサチューセッツ農大はその草創期に最も偉大な貢献をした個人としてクラークを認めているが、第二次世界大戦直後、日本の役人たちがクラークの墓参りをしようとボストンから訪れてきた時、学長は墓を捜すのに苦労した。(23)

クラークの名を知るアメリカ人はほとんどいない。彼は母国よりも日本に最も大きな貢献を残した。例えば彼が「大志を抱け」と「青年たち」を鼓舞したことなどは、アメリカ人には奮起を促すよりも無味乾燥との印象を与えるであろう。思い上がった意気込みに過ぎず、アメリカではもはや尊重されない表現であった。

とはいえ、吉田公使が当時捜しうる最適の人を選んだことは確かだ。アメリカとドイツの大学に学んで彼の世代としては最高の専門的訓練を受け、州立農大でその指導力を発揮していた彼は、まさに日本が求めていた人材だった。個人的にも、まさに黒田が望んでいたような人物だった。長身で威厳があり、南北戦争で地元の義勇軍の指揮をした軍事経験は日本で尊ばれるものだった。

日本人にもアメリカ人仲間にもはっきり目に見えていなかった彼の別の特徴も、日本で重要性を発揮する。一八四九年、アマースト大学の学生時代、信仰復興運動のさなか、クラークは深い宗教的回心をしていて、[24]同僚たちには並外れて敬虔だと思われていたわけではないが、日本で宣教活動をしていた多くのニューイングランド出身の宣教師たちと同じ関心を分かち合っていた。クラーク夫人はハワイで初期に伝道した宣教師の娘で、ポリネシア人との混血だったようだ。[25]敬虔な信仰心を持ち、宣教活動の成果も知っている彼が、農学校で日本の青年たちを教える機会を利用して伝道も行いたいと考えたのは当然であろう。そのことは吉田には言わなかったし、彼自身、当初は考えていなかったかもしれない。

クラークが吉田の依頼に応じた条件を見ると、彼が自分の能力をどれだけ評価し、また日本の政府がどれほど彼を望んでいたかが分かる。まず助手を二人連れて行き、自分は一年で戻るが二人は留まること。彼が新しい学校の「校長」[26]になること。日本の公式文書には校長の下の「教頭」となっているが、開拓使は彼が事実上の校長であるかのように、彼の意向に従った。彼の年俸は七二〇〇ドル、助手たちはそれぞれその半分弱。これはかなり高額で、クラークの俸給はマサチューセッツ州知事の俸給の約五割増し、助手たちのはアマースト大学の学長の給料とほぼ同じだった。[27]交渉の途中で日本の役人たちは、それほどの出費をする価値があるのかと心配になり、個人的友人を通してクラークに、一年で十分成果が上がると考えているかどうか問い合わせたところ、二年かけて教え込むことを一年間でやって見せると、彼特有の自信を持って答えている。[28]

クラークと二人の助手は一八七七年夏、東京に着いた。学生を選抜した後、黒田と新任の教師たち、学生たち——その中には、平行して設立が予定されていた女子学校の生徒も含まれていた——が一緒に船で北海道に向かった。船上で黒田はクラークを観察し、彼を気に入った。船上で起こったある事件の結果、黒田はクラークに農業のほか倫理も教えるよう依頼することにした。しばしば逸話として語られているその事件とは、次のようなものである。ある日、黒田とクラークが会話中、女子学生の方がよい寝台を与えられていると言って男子学生が苦情を述べているのを耳にし、黒田はこの学生たちも以前彼が東京で追放した学生たちと変わりないと判断して彼らを送り返そうとした。部下の説得でようやく思い留まったものの、彼らに対する倫理的教育について悩み続けた。黒田の才能は教育よりも軍事戦略や行政管理の分野にあり、倫理面での教育は以前に失敗していたので自信がなく、その任務も付加するようクラークに依頼したのである。クラークが聖書に基づいて教育するという条件なら引き受けると言うと、黒田は当然拒否した。政府の政策は日本古来の倫理を強調して教えることであり、役人たちは聖書が日本の伝統と対立すると考えていた。クラークは黒田の依頼を断り続けたが、札幌で入学式直前に黒田が折れたのでようやく承諾した。(29)

日本側にはこの逸話をもっと劇的に語る記述もいろいろある。二人の元軍人は真っ向から対立するわけだが、結果的にクラークが日本の発展に大いに貢献しているので、日本側の主張の敗北はあまり遺憾に思われていない。この事件は些細なことに思われるかも知れないし、細かい点では確かに間違っているだろうが、両者がとった姿勢はおおむね正確で、(30)黒田のような立場の人間が置かれた窮境を窺い知ることができる。東京の学生に対して黒田が行った訓戒は失敗した。一方、黒田はクラークが尊敬に足る人物で、その判断力は信頼できると考えた。キリスト教を教えることをクラークに許した結果、黒田自身には制御できず、理解もできない勢力を解放することになる。ある記述によると、黒田は妻を殺害したので、新政府にとって不都合なものを遠ざけるために、開拓使の任務に追放されたという。(31)真偽のほどは不明だが、黒田は旧体制の下で成長しているので、学生たちが新しい環境下でまったく異質の倫理世界に晒された場合、どんな動揺が起こるか思いも及ばなかった。クラークも自分の取った行動が心理的にどんな影響を及ぼすか理解していなかったし、学生たち自身、ずっと後までその影響を把握していない。

札幌での実験で最も記憶に残っているのはクラークの強力な個性だが、これに劣らず従来の思想体系に変化をもたらす原動力となったものが校内にあった。黒田とクラークは協力して特別な授業内容を組み、西洋で公職に

札幌農学校の時計台。歴史的記念物として保存されている。時計を所持する者が少なかった当時，時計台の鐘は全ての人に時間を知らせた。時計台は19世紀後期のニューイングランドでは各地に見られたが，日本では最初のものであった。この時計台は，初期の西洋の影響の象徴として札幌に保存されている。

就く者が知っているべき知識を教えて、もはや役に立たなくなった武士社会の倫理を捨てさせようと努めた。クラークがキリスト教を導入しなくとも、学生たちは後に洗脳と呼ばれるようになるような体験をしたのである。

内村の札幌生活の描写から、現地の環境と新しい教育が若き内村に及ぼした影響を知ることができる。彼は黒田とクラークが学校を創設した翌年の一八七七年、二人の友人、新渡戸と宮部はじめ他の一行と共に札幌入りした。札幌の最寄の港、小樽港で下船し、馬に乗って一日かけて札幌に着いた。そこはアメリカのフロンティアの町を特徴づけている碁盤の目模様に設計された未開地の町だった。

その数年後の札幌の町を示す木版画が残っている。立派な二階建ての家がいくつもあり、最も目立つのは時計台のある建物だった。建物が立ち並ぶ広い敷地は土塀で囲まれ、回りには雲が描かれている。雲は伝統的木版画では周囲の空き地を隠すための常套手段であった。もう一つの目立つ建物は北海道開拓使本庁舎で、その塔の上からは周囲の山々がよく見えた。あとは町民の低い家々と競馬場ぐらいで、他には何もなかった。人口は三〇〇〇人だったが、たった二家族から一〇年足らずでこの数に達したと知れば注目に値する数字である。学校からさほど遠くない所から森が続いていた。内村たちが到着した当時はもっと田舎で、町の建物の多くも時計台も、その後出来たものだった。ある時、内村は寮の窓からシギを撃っているし、[32] 狩りで黒田が撃った獲物を取りに走ったこともある。[33] ある春の晩には飢えたクマが学校からさほど遠くない距離の開拓者の家を襲い、小さな子供をさらって逃げ去った。数少ない住民たちは互いに交わる以外、他の人間との接触はなかった。

この小さなフロンティアの町で、学校はさらに小さな社会を構成し、学生たちは塀の外の世界とは物理的にも知的にもほとんど関係のない生活をしていた。彼らの木製の塔は他校の象牙の塔よりもさらに遠く彼らを隔離し、遥か彼方の魅惑的な世界へ彼らを運んでくれるように思われた。

内村たちは東京を立つ前に政府から制服を一式供与されていたが、布地もカットも完全に洋風だった。それぞれ踵の高さが異なる靴が三足、下着も夜着も揃っていた。何人かの学生が夏の制服を着ている写真が残っているが、新調であるにもかかわらず皺になっている。見かけや着心地はともかく、制服はエリートのしるしであった。ある学生は卒業の数日前、風呂に行くのに和服を着たが、めったになかったことなのでわざわざ日記に記したほどだ。

洋服を着た学生たちはアメリカの大学生と同じような部屋で生活した。[34] 一五フィート（約五メートル）の壁に囲まれた部屋は二人の学生に十分な空間を与え、銘々に洋風ベッドと机、椅子、ランプが備えられ、小さなストーブを二人で管理し分かち合った。衣服も寝具も学習も洋風だったが、食事は完全に洋風ではなく、昼食は和風だった。[35] しかしそれ以外は当時の西洋の未開地の学生と同じ食事をする習慣を学んだ。朝食は肉と厚いトーストにバターと砂糖をつけたもの、夕食はスープ、肉か魚のシチュー、朝のよりもさらに厚く切ったパンで、肉は周囲の森の鹿が多かった。鹿肉四分の一を一〇〇個注文していることから、腐る前に使えた分量と入手可能な分量の目安がつく。

こうした詳細を見ると、学生生活を支配していたのは完全に米国のフロンティアの物質的環境であったことが分かる。最初は少々の不便はあったろうが、学生はすぐに順応した。だがこの場合、米国と違っていたのは、西洋の物質文化のみならず、その価値観も導入しようと試みる決意が伴ったことである。

まず学生たちは金銭に対する中産階級の態度を受け入れるよう教えられた。金銭が武士階級の家族を苦しめていたことは黒田もクラークも知っていた。内村家と同じような苦労を味わっていた家族は多い。維新前、常に給付金を受けていた武士階級は、維新後、従来の地位へのプライドと実用的な能力の欠如から、金を蓄えたり使ったりする術を学ぶことができなかった。札幌で学生たちは給付金を渡され、それをうまく管理する方法を学んだ。衣食住以外に学生一人当たり一六円が支給されたが、この額は政府が学生の食費として毎月学校に割り当てている額の二倍になるのに対し、彼らが買わなければならないものは石鹼、切手、文房具ぐらいのものだった。さらに学生は学校の実験農場で働くと時給を受け、自分が耕した畑の収穫から得られる利益は自分のものになった。また、学業優秀者には年額最高二二円まで現金が支給された。

金を儲けても学生はそれを自由に使えるわけではなかった。すべて学生一人一人の通帳に預金され、校外を散歩する時の小遣いとして日曜ごとに一人二〇銭ずつ与えられた。別に必要に応じて学校当局に認められれば引き出せたが、残りは卒業時に受け取った。

内村は金を管理する方法をよく学んだ。上記の収入源から彼の実入りは月額平均二二円になり、高価な図書を購入しながらも両親にかなりの仕送りをすることができた。札幌での体験から、その後の彼の生活を特徴づける中産階級の価値観を確信するに至った。宗教思想家としての彼は、健全な金銭感覚および中産階級の一員としての自覚との間に矛盾を感じることはなかった。

金銭に対するこのような態度に加えて、学生たちは戸外の活動を楽しむことと手を使って働くことを学んだ。クラークは時折、寮を訪れ、学生たちを机から引き離して、体操や教練、保健衛生などを教えることもあった。農場での実習は戸外で労働する満足感を植えつけた。札幌の卒業生は福沢諭吉の有名な言葉を借りると、単なる「飯を食う辞書」ではなかった。その後の生活で内村はハイキング、サイクリング、水泳を楽しんだが、札幌時代に端を発したと思われる。

＊　＊　＊

札幌で学んだ金銭に対する態度と運動の習慣は内村に多大な影響を及ぼしたが、彼のその後の生活を形成するのにさらに大きな影響を与えたのは、現地で身につけた宗教上の信念であった。初めて教室に入ったとき、銘々の机の上に英語の聖書が置いてあり、これが倫理の授業の教科書となった。黒田から倫理を教えるよう頼まれる以前にクラークが横浜で受取っていた三〇冊の一部である。彼は聖書を教えたいという熱意と共に、先見の明も持ち合わせていたのである。学生たちにキリスト教を受け入れるよう勧めたのみならず、自らもキリスト教的美徳と思われることを実行して見せた。例えばタバコと酒を持参してきたが、倫理を教える任務を引き受けてから、どちらも公衆の面前で破棄した。彼の存在により、学内の小さな西洋世界には、キリスト教を受け入れ、さらに克己心をもってそれを唱道する習慣が加わり、彼が去った後も他の外人教師たちは同様の影響を及ぼし続けた。

このような雰囲気の中で内村の人柄は変わった。自信に満ち、能力があり、支配的である反面、依頼心が強く孤独であるという入学前から持っていた性格が、新しい環境で強化されたのである。入学当時、彼はまだ一六歳。当然、ホームシックになった。特に問題となったのは、すべて自分の責任で行わねばならぬことへの恐怖心と、愛情への願望。自由に操れない外国語を使い、規律の厳しい修道院のような環境で生活する中で、どちらの要素も深刻化していく。

札幌に到着直後、彼は二つの誓約書に署名を求められた。二つとも一九世紀アメリカのプロテスタントと日本の政府が共通して分かち合っていた伝統に即していて、道徳的に価値あるとされる特定の行為を実行する、もしくは拒否する、という誓約を個人が行うものであった。理論的には誓約書に署名することによって誘惑に抵抗しやすくなるのだが、署名がしばしば繰り返されたところを見ると、誓約書によって個人がいつまでも改善され続けるのはむずかしかったのであろう。

内村は二つの誓約書のうち一つには直ちに署名した。クラークが去った後、若い教師たちが作成したもので、タバコと酒を断つ誓約だった。どちらの習慣もなかったので、内村はためらいなく署名に応じた。父の飲酒が乏しい家計をさらに締め付けていたので、米人教師たち同様、酒には強い反感を持っていたと思われる。したがってこの第一の誓約は従来の信念を再確認したに過ぎない。

第二の誓約はこれほど無害ではなかった。クラーク自身が帰国直前に作成したもので、「イエスを信ずる者の誓約」と呼ばれた。クラークが関係していたニューヨーク州ブルックリンの独立教会の誓約を元に作られたようだ。内容は次のようなものだった。「ここに署名する者は……キリストの命に従って彼を告白することと、……彼の忠実な弟子となることと彼の教えの文字と精神とに厳密に一致して生きることとを、このときよりのち、神に対しまた相互に対して、厳粛に誓約する、そして適当な機会のある場合には我々は、試問を受けて受洗し、会員となるために、いずれかの福音主義教会に出頭することを約する」[36]。これに署名すれば、内村が従来信じてきたものに完全に背を向けることになる。署名を拒む理由は沢山あった。

まず第一に、署名することは愛国心の欠如と思われた。四年前まで二〇〇年にわたって、キリスト教は禁止されていた。一六世紀、日本の支配者たちは、当時成功していたカトリックの宣教師たちの後に外国の武力攻撃が控えていると確信し、自己防衛のためにキリスト教禁止令を出した。一時期アメリカで共産主義が危険視されたのと同じように、キリスト教は危険だと思われたのである。内村がためらったもう一つの理由は、彼がクリスチャンになると家族の武士階級の地位が決定的な打撃を受けると思ったことだった。内村家は一七世紀初頭までは農民だったが、先祖の一人が島原の乱で射撃手として手柄を立てて憧れの武士の地位を得たのであった。[37]

家族や国家に絡むこうした理由に加え、内村にはためらう個人的な理由もあった。民間宗教に根ざした従来の信心から、署名する気になれなかったのである。彼の生活は日本人の身近にある神々や精霊の要求に応じて営まれてきたので、その効き目を信じている限り、彼らを見捨てた場合の災いを恐れた。

誓約に署名すれば神々の不興を買うが、未来の利益は約束される。誓約書の最後の段落には、信じる者たちが構成する新しい集団の内容が明記されている。「相互の援助と奨励のために我々はここに『イエスを信ずる者』の名のもとに一団体を構成する、そして我々は生活を共にする間、聖書あるいは他の宗教的書籍や文書閲読のため、話し合いのため、祈祷会のため、毎週一回以上集会に出席することを固く約する、そして我々は衷心より願う、聖霊の我々の心における明白なる臨在が我々の愛を活気づけ、我々の信仰を強め、救いをもたらす真理の知識に我々を導きいたらんことを」。[38]過去を捨てることにより失われるものに代わって、埋め合わせもある。内村は札幌に親密な集団を欲していた。自分が受けている特別な教育によって、仲間の普通の学生たちから隔絶されていることを早くも感じていたのであろう。以前、武士階級に対して感じていたアイデンティティ意識に代わる新しい兄弟愛をクリスチャン仲間に見出せれば、それは願ってもないことだ。それにも増して、キリスト教が彼にとっても人類にとっても未来を約束する信仰となる可能性に、野心家の彼は早くも気づいていたのであろう。

当時の内村に作用した複雑な動機を知るのは不可能だが、かなりの葛藤の末の決断であったことと、最終的に折れるまでは、拒絶したグループのリーダーだったことは明らかである。彼が後に回想している最終決断の理由は、若者の基準からすると受け入れやすいものだった。それは一級上の二年生による「鞭攻めならぬ宗教攻め」だった。[39]当時アメリカの大学では、新入生は入門儀式として上級生から鞭で打たれた。初年度の学生は全員、クラークの魔力の虜となって署名し、内村たちが到着した日の夜、すでに洗礼を受けていた。彼らは続いて「新入生宗教週間」に相手を改宗させようとした。内村研究家で洞察力の鋭い有馬龍夫によると、内村の挙げた理由は説得力がないという。[40] 他の文献もその見解を支持していて、次の記述の裏づけとなっている。

まず、この小世界で学生の慣行を調停する役目を果たしていた上級生は、新入生に選択の余地を与えなかったと思われる。上級生は洗礼を受けた直後で、自身がまだ安定した状態になく、多様性に対処できなかったので、クリスチャンにならない学生がいると、すでに署名した学生の信仰が脅されると考えた。こうした熱心な伝道の標的になると、新入生いじめをされていると勘違いしてしまう。内村は宗教攻めに耐えていたが、二人目の親友が屈服した時、ついに折れた。新渡戸は東京を立つ前、すでにキリスト教に深く感化されていて、九月に札幌に着いた直後に署名した。宮部は熟慮の末、三か月後に屈したので、内村は一人取り残されそうになった。署名を拒めば二人の友情を失ってしまう。内村が胸膜炎の病歴を持つにもかかわらず札幌に行けるよう東京の役人たちを説得してくれたのは、この二人の友だった。[41] 二人の支えなしに、彼は一人ではやっていけない。二人と共に行動し、二人の愛情を受け続けたいという願望が、愛国心から来る慎重さを上回った。彼は宮部の翌日、署名した。数日以内に彼のクラスで屈服した残りの者も署名し、全部で七人になった。

六か月後の一八七八年六月、アメリカ人宣教師M・C・ハリスが内村と他の六人に洗礼を授けた。函館のメソジスト監督教会から来たハリスは、七人の青年に洗礼を与えるために札幌までわざわざやってきた。二八歳の彼は温厚でやさしく寛大で、青年たちの兄のような存在だった。内村は終生ハリスへの愛情を保ち、ハリス夫人にはさらに深い恩を感じている。彼女は彼をよく理解し、一番困っている時にいつも助けてくれた。実際的な援助も多く、彼の英語の文体を直し、彼が初めて英語で出版した論文の出版社を捜してくれたこともあった。また彼が深刻に考えすぎている時は、何と大げさに見えることかと悟らせてくれた。彼女に叱られても彼は感謝している。[42] 彼女の死に際して書いた追悼文に、内村は彼女の唯一の欠点は「日本を愛し過ぎたこと」[43]、そして彼自身に

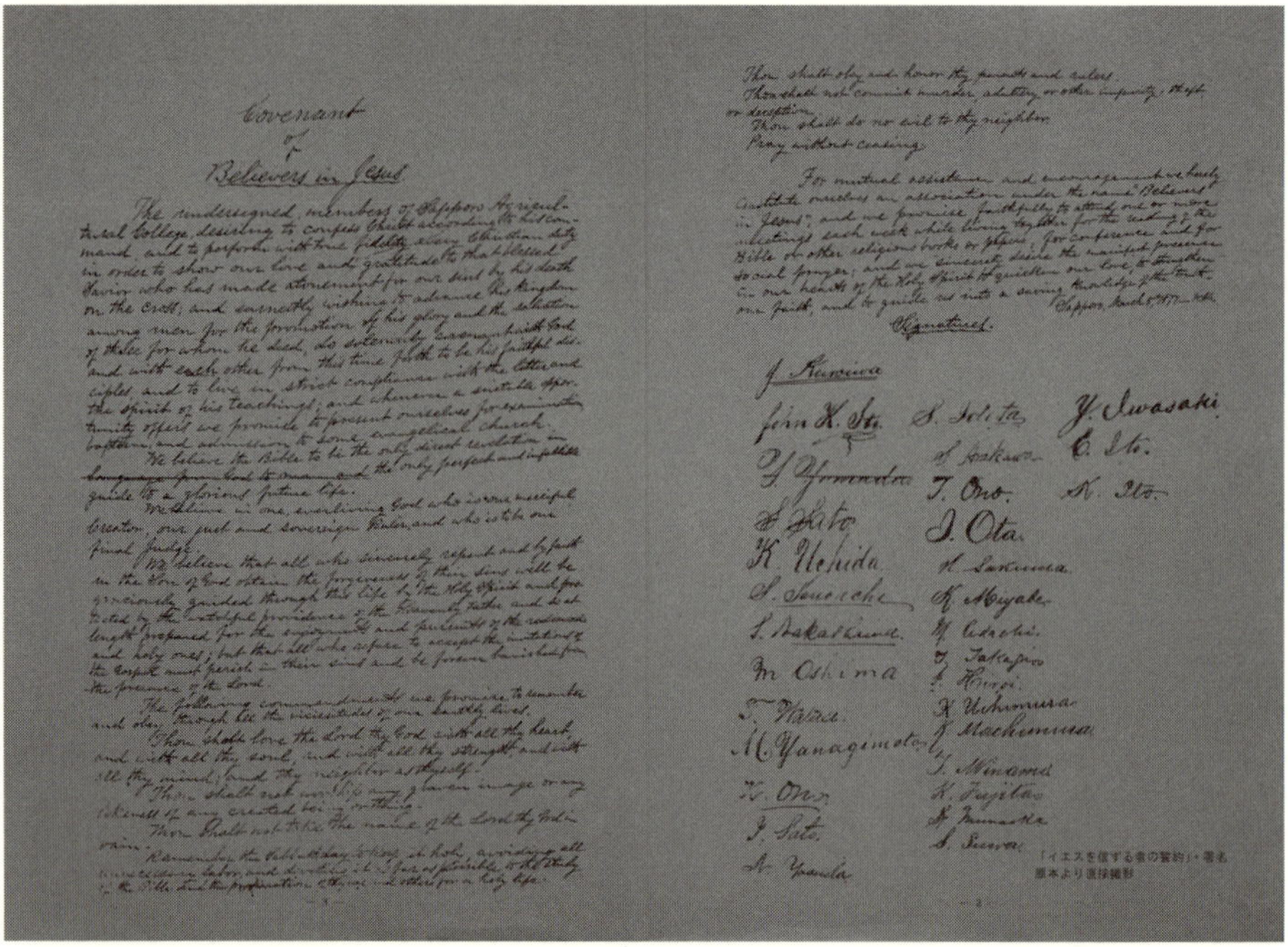

「イエスを信ずる者の誓約」。16歳の内村は1877年，ためらいつつこれに署名した。内村の名は2列目の下から6番目にある。当時太田姓であった新渡戸の名は内村の上6番目に，両者の生涯の友，宮部の名は太田の下2番目，内村の上4番目にある。

対する最大の恩恵は「友人として[44]」であったと述べている。ハリス夫妻は内村が出会った外国人の中で、彼自身にとって、そして彼を通して日本人にとって、偉大な精神的指導者兼恩人として伝えられている最初の人たちである。

七人の駆け出しのクリスチャンは早速、新しい信者の会の結成に取りかかった。愛を促進し、信仰を強め、「救いをもたらす真理の知識」をめざして相互に導き合うという誓約を具体化したいと願った[45]。内村の回想によると、洗礼を受けた後、銘々はウェブスター辞典から洗礼名を選んだ。文学志向の新渡戸はパウロの著作を賞賛していたのでパウロ、宮部はフランシス、内村はヨナタンを選んだ。「友情の徳を強く主張していて、ダビデに対するヨナタンの愛が大変気に入っている」

からだった。[46] 友人を必要としていた時期に、内村は新しい信仰を通して友人を得た、というより従来の友人関係を保ち続けることができた。

共に洗礼を受けた青年たちは直ちに、使徒時代のような教会を作り、銘々が順番に牧師の役割を果たした。日曜日、当番に当たった者は部屋を掃除し、床に毛布を敷き、説教壇代わりのメリケン粉の空き樽を持ち込み、毛布で覆いをかけた。他のメンバーは説教壇の前に坐り、牧師は椅子に坐った。礼拝は祈祷、聖書の朗読、短い説教、メンバーの証しで構成されていた。やがて新渡戸の提案で、礼拝出席を奨励するために茶菓が追加された。宗教的な人間でも精神と胃袋は密接なつながりがあると彼は知っていたのである。

この教会が種々の面で新しい改宗者たちの生活に不足していたものを補ったことは明らかだ。まず第一に時間。改宗してから、彼らは安息日遵守を含め、ニューイングランド清教徒主義の厳格な規律を守った。ふつうなら日曜日にしていたような事がもはやできない。長い礼拝は時間的空白を部分的に埋め、余ったエネルギーを消費するのに役立った。その他、日曜の夕方は上級生と共に行う聖書研究があり、水曜の夜には祈祷会があった。

教会は七人を緊密に結びつける一方、他の学生からは切り離した。上級生のクリスチャン仲間とさえ、心から打ち解け合うことはできなかった。聖書研究会や祈祷会では上級生と一緒になったが、会が終わると自分たちだけで短時間話し合い、床に就いた。

教会はこのように、メンバーたちの宗教上の目的と少なくとも同程度に、社会的目的を果たした。一〇代後半の他の学生同様、小さな「内輪」グループに安住の場所を求めたのである。教会の中で彼らは自らの体験を互いに分かち合い、社会の諸勢力に立ち向かう活力を得ていた。

この小さなグループのメンバーたちは、少なくとも内村にとっては、時が経つにつれ、血を分け合った兄弟以上に親密な間柄になった。内村は友情を重視して洗礼名を選んだわけだが、この仲間たちの手紙や回想を見ても、彼が生涯、仲間を頼りにしていたことが分かる。中でも親密だったのは新渡戸と宮部だった。夏の間、三人は毎朝五時に起床し、教室に行って聖書を二章か三章読んだ。この方法で彼らはモーセ五書をほとんど読み通した。[47] ルームメートを定期的に変えるという規則に反して、内村は卒業まで宮部と同室だった。宮部の性格は内村の性格と補い合うもので、物静かで学究的、深く安定した信仰を保ち、気むずかしい内村にも対処できた。互いに議論はしなかったし、同室で暮らした間、内村を怒らせたことは一度もなかったと宮部は後年、回想している。

宮部は卒業後、東京と米国で勉学を続け、帰国後、札幌農学校の後身、北海道帝国大学で教鞭を取った。内村は彼の最も偉大な業績であるパウロの「ローマ人への手紙」の研究〔『羅馬《ロマ》書の研究』〕を宮部に献じているし、死を目前にした病床にあって彼の名を呼び求めている。[48] 宮部は内村が友人たちに、特に彼に頼っていたことを知っていた。[49] 二人にとって思い出深い札幌でこの物静かな学者肌の友人が傍らにいたことは、内村に肉体的にも精神的にも安心できる環境を提供していた。内村が宮部に宛てた手紙が約二〇〇通現存するが、伝記資料の中でも最も緊密な関係を示している。

新渡戸は常に内村に近い存在ではあったが、宮部のように内村の心の支えになることはできなかった。文学に魅せられた彼は本をむさぼり読み、その結果懐疑的になって、学生時代は神経過敏でいらいらしていた。後には成熟して国内でも海外でも重要な地位に就き、その任務を冷静に遂行しているが。彼自身が安定していなかったので、内村に精神的支えを提供することはできなかったが、二〇世紀初頭、実際面で内村を援助している。東京の第一高等学校校長として彼が内村に紹介した多くの学生の何人かは、その後、彼と内村の忠実な弟子になっている。

教会の他のメンバーたちも、宮部と新渡戸ほどではないが、内村の心の友であった。何人かは札幌で二度の夏を共に過ごし、キャンプをしたり土地測量をしたりした。彼らが保存していた内村からの手紙を見ると、内村が彼らに頼り続けていたことが分かる。

友人たちの支えを絶えず必要としながら、若き日の内村は彼らに対し、彼の支配欲の表れである指導権をもってしか対応することができなかった。彼の新しい小世界を構成していた仲間の六人は、彼がリーダーでなければ気がすまないと同じぐらい、リーダーを求めていたようだ。その後、さらに従順に従う弟子たちが札幌の友人に取って代わるが、こうして彼は常に、彼をリーダーと仰ぎ、彼の決定に従う者たちに取り巻かれていた。他人に命令は下したが、彼に示された愛情に報いることはなかったようだ。彼らの多くは内村からもらった手紙を保存していたが、彼の方は彼らの返信を保存していない。

リーダーでいなければ気が済まぬ性格に促されて、内村は仲間との競争に並ならぬ成果を発揮した。すべてに一番の成績を取らないと安心していられなかった。複雑な内容の課題について書く場合は特に、問題の「真髄」に達する能力を持っていた。自分の専門からかけ離れた分野においても注意深く耳を傾け、聞いたり読んだりしたものを自分のものにこなした(50)。試験の一週間前にあらゆる資料を準備し、何マイルも歩きながら質問を作り、自分で答えた。教師が質問を黒板に書くやいなや、彼は必死になって答えを書き始めた。通常、他の学生の二倍書き、ほぼ常に最高点を取った。宮部は植物学に特別な興味を持っていたので、この科目では内村を負かしていそうなものだが、彼が最善を尽くしても、成績が発表されると彼は九三・六点、内村は一〇〇点だった(51)。約五〇年後、新渡戸も同様の体験を若い助手に語っている(52)。

卒業時まで、内村はあらゆる科目で、四年間すべて一〇〇点だった操行を含め、最高の平均点を維持した。この学校に漲っていた軍隊的な厳しい制度を考えるとき、これは信じがたい快挙である。そこから浮かび上がる青年像は、以前、神社や寺院の決まりを忠実に守っていたのと同様の注意深さを学校の規則に向けて、すべてをきちんと守ろうと神経質になっている姿である。内村は抑えの利かない癇癪の持ち主だったので、操行満点というのは自然に得られたものではなく、意識的に制御した結果であった。宮部の回想によると、ある時、内村は宮部が勉強している部屋に飛び込んできて土製の急須を摑み、「これをぶち壊していいか？」と聞き、承諾を得て実行した。急須を床に叩きつけるとすっきりして、注意深く破片を箒で掃き集めたという(53)。

新しい仲間に対して彼が覚えた競争心は生涯続いた。後になっても彼はしばしば仲間のその後のキャリアを比較した。仲間と共に誓いを立て、内村が指導権を握っていた札幌時代の継続である。

札幌の小さな教会が内村にとって余分なエネルギー発散の場となり、新しい家族の元になったことを論じるに当たって、特記すべき重要な要素がある。キリスト教に付随する清教徒主義の倫理観の中に、学生たちは日本古来の伝統に近いものを見出した。筆頭はおそらく、清教徒主義と日本の儒教社会双方の特徴である「してよいこと」と「してはいけないこと」を細かく定めた決まりであろう。双方が分かち合った多くの価値観の中でも、最も顕著なのは「忠誠心」。違いは忠誠心の対象およびその対象との関係であった。大名から武士に与えられる好意と権威を求めてきた者は、少なくとも表面では、キリスト教の神に同様のものを求めるようになった。一度この神に忠誠心を向けると、清教徒倫理の厳しい規則は、特定の行動規範を必要としている者たちには歓迎された。クラークが青年たちに残したキリスト教の中に、内村は従来の規範と少なくとも同程度に有効な新しい規範を見出した。

教会は青年たちの心の支えになったが、それだけではない。幅広い読書と頻繁に行われた話し合いにより、彼らは新しい信仰や神について、普通の青年たちよりも多くを学んだ。内村は札幌を去る前すでに、新約聖書に文字通り精通していたし、彼も仲間たちもハリスや西洋人の友だちからもらった信仰関係の古典的書籍や一般向けの作品を幅広く読んでいた。

教会を通して青年たちは聖書やキリスト教関係の著作に生涯、関心を持つに至ったが、新しい信仰の歴史的伝統について知る機会はほとんどなかった。日本の若いクリスチャンが通常、宣教師やその他の西洋人と直接接触することで得られるものを、彼らは知らなかった。ハリスは札幌に住んでいたわけではなく、函館から山道を越えて時たま訪問するだけだったし、校内の米人教師たちも学生の教会のことを知っていたに違いないが、そのメンバーを他の学生と別扱いしてはいなかったようだ。新米のクリスチャンたちは食前の感謝の習慣も、洗礼を受けてから一年後まで知らなかった。旅行の途中、内村と宮部は大勢の日本人クリスチャンに会った折、食前の感謝をせずに食べ始めようとしたところを制止された。箸を取り上げてまさに食べようとしたところを止められたのだ。目の前の魚を突こうとしていたその時のバツの悪さを、ほぼ二〇年後に内村はまだ鮮明に覚えている。札幌滞在中、教会のメンバーたちは、何世紀もかかって積み上げられた西洋のキリスト教の伝統について、抽象的にしか知らなかった。内村はその後、日本のキリスト教には伝統は必要ないと考えた。これは少なくとも部分的には、西洋のキリスト教の伝統が重要でないと感じた自らの体験によるものであろう。

学生たちが外国人教師の授業と読書から学んだことはすべて、英語というまだ習得不十分な言語の媒介を通して入ってきていた。内村もその他の学生たちもやがて言語の専門家としてキャリアを開始するが、その段階でも一つ一つの単語を注意深く読み、話し続けていたに違いない。ある意味では、英語の読書と米人教師との会話はすべて、上級英語の練習の役目を果たしていた。翻訳者は職業柄、個々の単語に異常なほどの敬意を払う。母語で作文する時よりもはるかに多くの時間を割いて、的確な訳語や表現を求める。個々の単語に注意を集中させる必要から、札幌時代に受けた影響は強化され、欽定訳聖書の表現が彼の英語の文体のみならず、彼の中の西洋的なものをも形作る一助となった。

言語表現に集中した札幌時代の体験は、修道院的訓練、ないしは洗脳に近いものだった。学生たちは自分たちの小さな社会以外の現実に触れることなく、絶えず外国語に頼らねばならぬ緊張感を伴う一種の精神的温室で暮らしていた。深く永続的な心理的変化を生み出すには理想的な状況である。意識的自己開発が最優先され、それを追求すればするほど、一般の日本人とはかけ離れた存在になっていった。

内村にとって最も重要な体験は、誓約書に署名したことである。自己改善を感傷的に夢見るような気持ちでは受け入れられなかった。誓約書の単語一つ一つを丁寧に読み、個々の意味を確かめた上で全体を考えねばならなかったし、署名は自分の人間を変えるものだと認めざるを得なかった。彼は「新しい人間」になり、新しい身分に相応しい見解を持って訓練を受けることになるが、この役割は概して気に入るものであった。不吉な予感はしばし消え、満足感を覚えた。新しい兄弟たちは新しい選民、世界の中で選ばれた者に思われ、特別な訓練を受けている彼らは日本の社会で、武士の伝統的役割をよりよく果たすことができると考えられた。三年次の終わりに彼は書いている。「宇宙の創造主、広く偉大で力ある神に永遠の望みを抱く我々は、選ばれた世代ではないか」[54]。

内村は当然、彼の新しい世界の言語である英語で書いた。「自分たちは心の奥底にある感情や思考は英語でしか書けないと感じた」と宮部は七〇年以上後に書いている[55]。誓約書署名に完全に屈した結果、自分が分裂した人間になっていたことを、内村はいわゆる不敬事件の後に初めて悟った。改宗によって生まれ変わり、不敬事件の後、彼は再び赤子に戻ったように感じた。そして第一次世界大戦後にようやく、英語習得の結果自分の生涯に生じた忠誠心の分裂問題を解決できたと感じた。

しかしこれはずっと後のことで、彼は今、教育課程を終え、新しく身につけた技術を使って、北海道開発の任務を負う技術者として出発する。それぞれのキャリアを開始したことで、小さな教会の居心地のよいグループは解散された。

第二章　駆け出しの官吏

一八八一年六月、卒業と同時に札幌農学校の仲間のグループは解散した。学生たちは四年間の過程を終え、それぞれ新しい任地へ向かった。卒業式に列席した一人が日記に記したところによると、昼過ぎ早々、新卒の四五人全員がおよそ三〇〇人の観客の前で兵式操練を披露し、続いて卒業者が一人一人スピーチをして卒業証書を受取った。拍手は五分間鳴り止まなかった。次に卒業生総代の内村が告別演説を行って式は終わった。彼は恩師たちに謝辞を述べ、下級生を励まし、最後に同級生に向かって次のように話した。四年間の苦労は多かったが、行く手に立ちはだかる困難に比べれば取るに足らない。自分たちは北海道の発展のために生き、かつ死ぬ覚悟を固めよう。彼の雄弁さに聴衆は目を潤ませ、彼が席に戻ると会場は静まり返った(1)。

内村は北海道に留まろうと本心から願ってはいたが、滞在は結局、短期間に終わっている。卒業するとまず、彼は札幌で水産業の専門家としてのキャリアを歩み始めた。子供の頃から魚に魅せられていたと後年回想しているし、卒業演説のテーマに漁業を選んでいる。着任早々、北海道の水産業の開発をすべて任されることになった。

責任が増したのと対照的に、収入の方は減少した。学生時代、衣食住が支給された上に供与されていた給付金をやや上回る程度の収入から生活費をすべて賄わねばならなかったからである。教会のメンバーの何人かと共同で家を借り、節約のために辛い自炊をするが、小さな教会の独立を維持しつつ忠実に守っていくためには新たな経費がかかる。学生時代、二つに分かれていた上級生と下級生のグループは一つにまとまり、地域社会で活発な伝道活動を開始した。会員は増え、会衆は会堂を建てたいと願うようになる。その頃は宣教師たちも彼らの熱意に引かれて関心を示すようになり、新しい信徒たちの熱心な信仰を賞賛してはいたが、いざ会堂を建てるとなると、宗派間の争いが表面化する。新しい教会のメンバーたちは二つの宗派の宣教師から洗礼を受けていた。札幌に宣教師を滞在させていた監督教会（聖公会）と、函館に宣教師を置いていたメソジスト監督教会（一九三九年以降はメソジスト教会と改称）である。函館には、内村たちに洗礼を授けたハリスの後任として別の宣教師が来ていた。内村たちはハリスの後任に会堂建築のための借金を頼み、彼は不承不承、四〇〇ドルという高額の貸与に同意した。会堂建築に着手する一方、教会員たちは、いかなる宗派とも関係を持たないと宣言する会規を作る。ハリスの後任はしばらく考えた後、借金の全額返済を要求してきた。

借金返済要求の手紙は元旦の日曜日に届き、次の日曜に予定されていた献堂式の最終準備を行っているさなか、最悪のタイミングだった。教会員たちは実はメソジスト監督教会の会員名簿から彼らの名前を外して欲しいとの要望を出していたので、これを受け入れたとの返信を期待していたのである。借金返済の要求を彼からの挑戦と受け止め、可及的速やかに返済しようとの決意を固めた。会衆は総勢五〇人ほど。最高でも月収約一五ドル（約一七円）だったから、一年以内に借金を全部返済できたのは並ならぬ努力の賜物であった。

彼らの借金返済のための苦闘は日本における教会の〝独立宣言〟として有名になった。日本中の若い教会員たちは宣教師の援助を断ち切りたいと願っていたが、これほど短期間に目的を達成した例はない。日本が外国の政治的支配を恐れていたのと同様、日本のクリスチャンは信仰上の面で支配を受けるのを恐れた。金銭的に縛られると、何よりもまず自由が脅かされる。改宗者は概して経済的にゆとりがないので、神の国の到来を促進するために他人の金を使うことは理に適っていると考えた。しかし受取った金には義理が付きまとう。日本の伝統的社会通念からすると、自立心の強い人間が金銭を受取れば、それがいかに無償で与えられようと、必然的に義理を感じる。その結果、自尊心を失い、理不尽な敵意を抱く。

資金の提供が宗派間の争いにつながると、援助を受ければ伝道が促進されるという議論も意味がなくなる。日本人にとって、宗派は西洋の歴史の産物であった。西洋の歴史に端を発する議論に巻き込まれると、自身の信仰が弱まってしまう。札幌のクリスチャンは少人数で決意が固く、西洋の宗派的考え方に影響されていなかったので、他の地域では出来なかったことを達成できたのである。もっとも、内村は借金返済の彼の分け前を払うために衣服を質に入れねばならなかったという(2)。

〝独立宣言〟に彼らが挙げたいくつかの点から、この問題に対する彼らの見解が見えてくる。まず第一に、同じ学校の卒業生が互いに対立する二つの宗派に分かれるのは「不可」であること。さらに、札幌のような小さな地域社会に競争し合う二つの教会があるのは「愚策」であること。次により普遍的な問題に目を転じて、厳格な信仰箇条と複雑な礼拝式次第に対する不快感を表明し、最後に「外国人の扶助を借らずして、我國に福音を傳播するは、我が國人の義務なりと知りたること」としている(3)。ここに未来の論争の要点が列挙されている。宗派は日本の社会や伝統にそぐわない、宗派の導入と結びついた金銭は外国による支配の危険を増加させる、と彼らは考えた。

内村は教会独立運動の先頭に立ち、会員と協力して教会会規を作成した。同時に彼は、就いたばかりの職業に対する熱意を失っていった。最初は仕事を楽しんでいた。北部や東部の海岸地帯へ調査旅行に行き、各地で漁民から話を聞き、漁獲方法や漁獲高を観察した。途中の景色の美しさに感嘆する手紙も残っている。「波がうねり、風がヒューヒューと音を立て、森がこだまし、滝が雷鳴を轟かせる。王者のような鮭、美しい貝。……力強く美しく、愛情に溢れた優雅な風景(4)」。内村は生涯、人跡未踏の自然を愛したが、彼はこれを北海道での体験によるものと考えていた。

自然との接触は楽しんだが、人間との付き合いには嫌気が差していた。調査旅行の途上で会った人々は「堕落し低俗で残忍とさえ言えるような連中」だった(5)。旅行から戻ると早速、報告書を書くが、上司はそれを役立てる術を知らなかった。その結果、彼の「現在の公式のポスト」は「忌まわしく重苦しく不満足で堕落したもの」になってしまった。「今はやることがない。我々札幌県のクリスチャンの官吏たちは、周囲にとって大きな躓きの石となっている。秋には東京に帰って将来を考えよう。何もせずに三〇円もらうのは高すぎる」(6)。

こうして一年半もしないうちに内村は辞任した。上司は北海道に留まるという彼の契約条件に固執しようとはしなかった。おそらく彼の気持ちを察し、契約に固執しても、彼も彼らも満足できないことを悟ったのであろう。東京に着くや否や、内村は大晦日の三日前に、教会堂の借金の最後の支払いを済ませた。小さな教会の会衆は借金返済の約束を守り、独立を維持した。これを達成できた誇りと、四〇〇ドルを「無利子で」貸してくれたミッション・ボードへの感謝の念を、内村は後に表明している(7)。

振り返ってみると、借金から解放されたこの喜びには不可解な皮肉が付きまとった。内村は小さな教会を神学的にも財政的にもその後四世代後までも変わらぬ立場に導いたが、こうして西洋の影響を食い止めながら、長年英語を学び、その後米国に暮らした結果、彼自身は同胞と気楽に付き合えなくなっている。この不満の兆候は表面的には、専門職に就いたばかりの人間が一般に感じるものに類似しているが、奥底では異なる。就職したばかりの時は不満を覚えても、通常はやがて、ある程度満足するようになるものだ。一八八二年一二月、内村は自分が何に悩んでいるのか分かりかねていた。落ち着かぬ衝動に身を任せて東京に来てみると、友人たちはすでに有名になり始めていた。

彼が戻ってきた東京には驚くことが山ほどあった。以前との違いの大部分は、西洋からの借り物が急速に増えている結果であった。一八七七年、彼が札幌に旅立った時は、中央政府が九州に起こった反乱を武力で鎮圧している最中だったが、今や平和が戻り、日本を西洋風に作り変えようとエネルギーを注いでいるさなかだった。鉄道馬車が新橋と日本橋間を往復し始め、一年余のうちに鹿鳴館で社交ダンスのレッスンや慈善バザーが始まった。バザーでは和服や洋服を着た婦人たちが会場を埋め、ある時は地域の病院のために八〇〇〇円の収益を上げていた。

西洋の影響による変化の中でも、日本のクリスチャンたちの行動は最も自信に満ちていた。その数はわずか五〇〇〇人程度だったが、数年間で三〇パーセント増加し、この率は以後も変わらぬか、さらに増加する見通しだった。一八八三年初頭、数箇所で若者の間に宗教熱が高まった。キリスト教主義の学校の学生たちが特に影響を受けた。時には罪の意識で何日間も呻き、神の臨在を求めた。内村はこうしたリバイバリズムを懐疑の目で見ていたが、他の人々には大いなる発展の兆しと映った。内村が喜ばしく感じたのはむしろ、政府の役人の中にキリスト教を認める人々が出てきたことだった。外遊から帰国した伊藤博文は、キリスト教および西洋の科学が日本に益となると考えて奨励したという。「彼はキリスト教が日本中に早く伝道されるよう切望している。有望だ。有望だ」と内村は友人に報じている。(8)

日本のクリスチャンの自信のほどは、一八八三年五月に開かれた第三回全国基督教信徒大親睦会で表明されている。第一次世界大戦後まで日本のプロテスタントを特徴づけることになる意見を述べたり書いたりしていた日本人指導者たちが、すべて一堂に会した。牧師、教師、出版者、編集者一人一人が、多忙な日課の中から時間を割いて出席した。みな、各所で引っ張りだこの人たちであった。最も有名なのが、すでに同志社を立てていた新島襄（一八四三―九〇）である。講演の中で彼は、一〇年のうちに日本中がクリスチャンになり、一八九〇年帝国議会が発足するときは、議員の半分はクリスチャンだろうと予言した。出席者の中には内村のほか、日本の初期のキリスト教史に残る有名な人物が二人いた。植村正久（一八五八―一九二五）と海老名弾正（一八五六―一九三七）である。植村は徳川の家臣（直参）の息子だったが、会議の一五年前にはミッション・スクールの授業料を払うために豚の世話をしていた。海老名は安中教会からやってきていた。新島の自信に満ちた見解に対し、植村は疑いの眼差しを海老名に向け、海老名もうなずき返したという。(9) こうした意見の違いは程度の差であって、信念の違いではない。植村も海老名も、大会全体に漲っていた熱意は分かち合っていた。

内村は進んでこのグループに仲間入りした。彼の講演は「空の鳥、野の百合」と題し、科学者たちは狭量な専

1883年の第3回全国基督教信徒大親睦会におけるキリスト教界の指導者たち。札幌教会の代表として出席した内村は2列目の真ん中に，新島襄は彼の左〔向かって右〕に立っている。内村の前の列の左手には精巧な頭飾りを付けた朝鮮からの来賓が，右手には津田仙が座り，来賓の左3人目，ストローハットを膝に置いているのが海老名弾正。津田の後ろ3列目には下膨れの植村正久が視線を右に向けて立ち，彼の右隣にカイゼル髭姿の小崎弘道が写っている。

門分野を超えて、彼らの研究対象である自然界の中に神の業を見出すべきであると促した[10]。この講演は会報に出版され、彼の名は首都で知られるようになった。大会で撮影された記念写真の中で、内村は新島の右側、主賓である韓国人クリスチャンの後ろに立っている。主賓はキリスト教青年運動の国際代表で、日本のクリスチャンの長老、津田仙（一八三七―一九〇九）と並んで坐っている。

　その後間もなく、津田は内村を自分の立てた学校の教師にした。学農社と呼ばれ、近代的農業知識を教えながらキリスト教の信仰を奨励するのが狙いであった。この学校で教えながら、内村は学外でのキリスト教活動を続けた。新しいキリスト教主義の出版社を創設する資金を集め、聖書研究者の全国組織のメンバーを募った。

＊　＊　＊

東京に戻った内村は、自分が支配してきた札幌の仲間から離れ、新しい人間関係の中で精神的安定を保たねばならなかった。東京の教会には札幌の教会のような温かさはないし、官職を辞したことで未来を約束されたキャリアからも切り離された。家族も彼と苦難を共にした。家族の要求は相変わらず彼の上に重くのしかかり、はっきりした進路を早急に決めねばならなかった。学農社の仕事はほんの一時の穴埋めでしかなく、自分の能力に見合うポストが必要だった。その能力をはっきり突き止められれば！　友人もなく先の見通しも立たず、内村は動揺していた。新進の植物学者の宮部や思索的な英文学研究者の新渡戸から手紙が来ると、自分が疎外され、職業上も背後に取り残された気がして、彼は益々不安になった。

宮部も新渡戸もすでに、明治政府から選ばれ、成功のエスカレーターに乗っていて、間もなく官費留学が予定されていた。外国留学は若い知識人たちの憧れだったので、彼らは喜んでいた。

宮部は卒業前から抜擢され、東京大学で勉学を続けた後、留学することになっていたので、内村より先に東京に出ていた。一八八三年春、内村が基督信徒大会の準備に熱中していた頃、宮部は婚約を発表した。遠縁に当たるクリスチャンの女性で、ミッション・スクール出身、英語が堪能で、キリスト教界の指導者たちとも気楽に付き合う間柄だった。結婚の日取りは宮部が留学から戻るまで延期されることになっていた。

宮部は札幌に残っているクリスチャンの兄弟たちに彼の婚約を知らせる役目を内村に頼んだ。内村は失望を隠し、真面目なふりをして手紙を書いた。「僕らの友人たちが未来の伴侶を探している時は噂が駆け回るものだが、十分に満たされた器はこのような重大問題に関して極度に静まり返っている。他人の密かな動きに皆が注意を払っているとき、彼の振舞いがすべて平和で科学的であるとき」(11)、宮部はすでに決断していたと。重大な事柄を軽薄に扱ったとして宮部は後に内村を叱責しているが、彼の婚約発表がいかに内村を脅かすものだったか、彼には想像もつかなかった。その後間もなく、宮部は札幌に戻って追加研究をしてから米国に旅立った。一方、新渡戸が札幌から戻ってきて、彼の宗教的懐疑心がやや気がかりになったものの、内村は慰められた。

こうして内村は、卒業後二年も経たぬうちに、最も緊密な親友であり競争相手でもあった二人が自分を置き去りにして着々と前進していく姿を見守った。宮部の気持ちは永久に彼から遠ざかってしまうであろうし、少なくともしばらくの間は彼も新渡戸も大洋を隔てた彼方に滞在する。内村の内面的安定は脅かされ、心身症の症状が現れる。胃の具合が悪くなり、一八八三年末には「心臓の動悸が激しい」と書いている。(12) 心臓の具合が悪くなる前にも、彼は苦痛を除去しようと、六月には熱海、三か月後には伊香保へと、湯治に出かけている。

熱海からも伊香保からも、内村は宮部宛に長い手紙を書いている。いずれの手紙にも、彼が宮部の愛情を求める気持ちと将来を決められぬもどかしさが表明されている。「愛する友よ、父や母さえ、僕のことを君ほどよく知ってはいない」。続いて詩篇一三三篇からおそらく無意識に借用したと思われる言い回しを使う。「なんじ我と共にいませば、われ妻は要らず。なんじの祈り、汝の助言、汝の慰め、この世で得らるる何物にも勝る」。新渡戸を話題にした後、「僕らをクリスチャンの三人組にしようではないか」と結んでいる。(13)

伊香保から出した二〇〇〇語の手紙は、彼の書簡の中で最も長い。書き出しは熱海の手紙と同じ調子である。「汝の文を受けしとき我を満たしし喜び、我のみ知る。わが想像、わが心情、わが知性、わが全身が、汝に吸い込まれたり。われ夜更けに喜びと涙、祈りと懇願をもて汝に文をしたためし折、周囲の者わが正気を疑へり」。(14) この調子でしばらく続けた後、新渡戸と宮部の友情により満たされた気持ちになると述べる。「富なく、知性弱く、健康すぐれず、信仰も揺らぐ。されど、僅少なれども友には恵まる。われ満ち足れり。われ乏しきことあらじ」。(15)

こうした愛情の表現の後、内村は早速、悩んでいる問題、すなわち自分が選ぶべき職業について語り始める。候補は生物学と水産学と牧師。こうした特定の職業にも増して重要なのが、職業選択の基準、つまり、「神と人

札幌農学校卒業の2年後，東京で再会した（左から右へ）新渡戸，宮部，内村。

類のために、いかにして自分を最大限に役立てられるか」であった。[16] 癇癪持ちには向かないと宮部に言われたので植物学は除外。最も可能性の高いのは水産学だが、彼の健康に負担がかかる。牧師になるには「神経質すぎて性格が荒く、雄弁に欠け、感受性に乏しい」ので不可能だ。候補を挙げ、どれにも向かないと気づいて、彼は絶望に陥る。「将来を考える度に僕は涙する」[17]。唯一残された道は神を待ち望むこと。「労しつつ待つことを学べ」というロングフェローの助言に従って、神の指示があるまで待とう、と結んでいる。[18]

この二通の手紙から、卒業以来、内村にとって状況がすっかり逆転してしまったことが窺える。グループのリーダー格から転落し、愛情、決断、彼自身の存在に関してすら、グループに助けを求める立場になってしまった。彼は「三人組」の一人になりたいと願っているが、他の二人はそれぞれ自立していて、仲間を必要としているのは自分だけだということを彼は認める。

湯治に行った熱海でも伊香保でも、内村は極度に落ち込んでいた。友人の温かさと愛情を切望していたが、面と向かって話すよりは手紙に書いたほうが親しく表現できた。内村が宮部に手紙を書いていた頃、新渡戸は同じ伊香保の別の宿に泊まっていた。内村は新渡戸にも自分の問題を相談したに違いないが、宮部に宛てて書いたほど詳細に語ってはいないだろう。深い精神的問題を即座に解決せねばならぬ必要に迫られている場合によくあるように、内村も何者かが現れ、何かが起こることを期待しつつ、じっと我慢した。待つことを学ぼうと決心した。

しかしこの長い手紙の最後の部分に、最新の出来事を示す新たな話題をさりげなく出している。宮部の婚約者に触れた後、次のように結んでいる。「君の愛する人に、僕の兄のような気持ちを伝えてくれ。彼女がよければ、僕を訪ねるように言ってくれ。今、女性の友人が三人いるので、彼女と楽に話せる(19)」。

女性の友人が出来たというのは、新渡戸と共に安中を訪ねたことに由来する。内村は子供時代、高崎で過ごしたことがあるので、この辺りは懐かしい場所だった。キリスト教徒にとって、安中は別の意味で重要な場所である。大名の城があり、教育が進んでいるなど、様々な利点があったが、安中出身の新島襄は徳川末期に米国へ行き、後、同志社の最も有望な学生である海老名弾正を学生伝道者として安中へ送り込んだ。海老名は卒業後、安中教会牧師に就任している。内村はおそらく五月の基督信徒大会でこの教会のことを耳にしたのであろう。安中教会は栄え、他の模範になっていた。受洗希望者が多く、日曜ごとに一五〇人から二〇〇人が新装成る洋風の教会に群がり(20)、新しい会則を念入りに作成中だった(21)。

内村はこの教会に札幌時代の生活の面影を見た。「彼らは温かく、愛情に溢れ、兄弟のようで、何よりもまず行動的だ。首都のいわゆる『兄弟たち』の冷たい無関心に晒された後、温かくすばらしいクリスチャンのグループと交わるのは楽しかった(22)」。このグループの中に浅田タケという名の若い女性がいて、内村は間もなく、自分が彼女を熱烈に恋しているのに気づく。

そんなわけで、宮部に対する深い愛情を表明する手紙の最後には、自分も近々、婚約するかもしれないことを仄めかしている。彼は実際、婚約したが、宮部と違って、職業上の訓練を終える前に結婚してしまった。

伊香保の宿に数日間滞在した後、内村は東京に戻った。帰京してみると、津田が学農社を閉鎖していたので、内村は新しい職場を探さねばならなかった。彼は官職に戻り、農林通商省の水産部に入った。続く一〇か月間の彼の業績は、彼の実力とかなりの満足度を示している。彼の任務の一つは「チェンバレン博士の新日英辞典に挿入される日本の魚類のカタログ」を準備することだった(23)。一八八四年に彼が出した六点の研究論文は、彼がいくつかの重要な専門分野に同時に関心を寄せていたことを示している。仕事の一環として、彼はサケとニシンとタラの研究をまとめ、別に未出版のまま放置したカタログもあるが、もしこれが他の研究者の手に入っていたら、日本の水産学を大いに前進させていたことだろう。彼は後にこれを大したものと思わず、弟子の一人に記念品として与えてしまったようだ(24)。札幌でアワビの研究をしながら書かれたこのような論文は、日本の水産学の重要な先駆者的業績である。

内村は宮部のような科学者としての地位をたやすく得られたであろうが、伊香保で宮部宛に書いた手紙にあるように、科学者になる資格はないと思い込んでいた。何かに駆られて、彼は落ち着きなく職業探究を続ける。結局、将来について優柔不断のまま、早まった決断をして浅田タケと結婚するが、七か月しか続かず、離婚の後ろめたさから、追われるように米国へ留学した。

タケに関する記述はほとんどすべて、内村が初恋の人を紹介する熱のこもった通知と、その後の幻滅を示す彼自身の言葉に基づいている。偏った見方はあるにせよ、大筋は実情のようだ。タケはクリスチャンで、新島から洗礼を受けていた。同志社で学んだ後、横浜の学校に転校している。国文学の素養があり、語学も内村と英語で文通できる程度の能力がある彼女は、内村も気に入りそうなタイプだった。

しかし、両親、特に母親が猛反対した。彼女はタケの受けた教育に不信感を抱き、嫁には向かないと考えた。

独占欲が強かったので、息子が好いている女性を受け入れる気になれなかったのかも知れない。宮部も新渡戸も結婚に反対したが、あれほど頼っていた親友の助言も彼を引き止めることはできなかった。五か月間熟慮し、二人の親友や両親と何度も相談した結果、両親はついに折れ、彼は結婚に踏み切った。

決心はしたものの、まだ迷っていたことは、一八八四年二月一八日付、宮部宛の手紙に表れている。（一）彼女の「極端な無邪気さ、もしくはむこうみずなところ」が気になる。「愛は盲目」なので、無邪気に見えるのかも知れない。(25)（二）結婚しないことにしたと彼女に告げた時の彼女の涙に濡れた頰を見たとき、気を変えた。(26)（三）彼女のことは「妹」のような気がしている。(27)したがって、彼が彼女と結婚すれば、宮部の妹にもなる。（四）「彼女とは少なくとも一年以上、別居するつもり」だが、(28)彼女の両親は彼女を養うことができず、自分の母は家事手伝いが欲しいので、すぐに結婚しようと思う。（五）この選択は自分のキャリアにとっても重要だ。「妻をうまく使えばキャリアにプラスになる。使えなければ、大きな邪魔になる」。(29)三週間後の三月一四日付、彼の日記には、英国の献身的な刑務所改革者ジョン・ハワードの伝記を「涙して」読んだとある。(30)これは二週間後に結婚を控えた二三歳の若者らしくない反応だ。彼は罠にかけられたように感じていたのかも知れない。気を変えるにはもう遅すぎた。三月二八日、二人はM・C・ハリスの司式で結婚式を挙げた。

式に列席していた二四歳の米人女性が印象を残している。新婦は「ぽっちゃりした感じのいい二〇歳の女性」、新郎は「今まで会った中で最も知的で面白い日本人青年の一人」だった。ハリスが二人を夫婦として発表したとき、「新婦がくすくすと笑ったように思った人もいた」が、彼女はクリスチャンだし、「きっと幸せなクリスチャン・ホームを築くと思う」と結んでいる。(31)

新郎の内村は幸せだったようだが、三日後には宮部に「タケの『生来の燃えやすさ』を抑えるのにかなりの精力を費やさねばならない」と打ち明けている。(32)二か月後、研究のため内村は単身、札幌に赴いた。友人にタケのことをとても幸せそうに語っているが、家に帰ってみると、タケと彼の母との間がうまくいっていなかった。彼が母親の肩を持つと、タケは彼の叱責を素直に受取らず、数か月後に彼は「四人か五人の証言により、自分を助け、慰め、共に働く者と思っていた彼女は悪党で、羊の皮を着たオオカミだと分かった」と確信するに至った。(33)結局、彼女を彼女の兄に引き取ってもらうことにしたが、一説によると、彼女が去った後、内村は顔を伏せて泣いたという。(34)

その後、内村と縒りを戻すことを諦めてから、タケは再婚して実家の近くに落ち着いた。内村家を去ったとき、タケは妊娠していて、数か月後に生まれた赤子はタケの兄が引き取り、やがて彼の養女となった。成人してから、この娘は内村の精神的な弟子の一人になっている。彼の手紙には、牧者として、また父として、彼女の成長に関心を持っていた様子が表れている。

内村はタケにとって、不可解な存在だったに違いない。彼の自意識の強い宗教性と使命感は、大げさに見えたことだろう。妻が一人で東京に残り、義母といっしょに暮らした六週間の間に嫁姑の関係は悪化し、内村にとってどちらの側に付くか、選択が困難になっていた。

結婚が将来のキャリアにマイナスになると内村が考えたのも確かだ。ハワードの伝記を読んで流した涙も、結婚してしまうと、ハワードのように他人のために輝かしく犠牲を払う可能性がなくなってしまうことに気づいたからではないか。宮部にタケから「離れて生活するつもりだ」と書き送ったとき、彼は宮部のような状況を願っていたのではないか。すなわち、親が認めた婚約者を持ち、キャリアの準備が終わった時点で結婚が待っているという状況を。

妻の犯した〝罪〟を内村はいともたやすく信じてしまった。結婚以来、彼を悩まし、自分のせいだと感じていた不安が、人物の名前も証言の内容も定かでない「四人か五人の証言」により確実なものになってしまった。彼女の不実を仄めかすような言い方をしているが、彼女が書いたかもしれない手紙に漠然と言及している以外、証拠となるものは何もない。(35)初対面の時は、彼女の熱意と温かさは魅力だった。結婚してみると、同じ特徴が彼を脅かすものとなり、母親が当初から彼女に対して抱いていた疑念は確かなものとなった。タケがたまたま口にした言葉を誇張して受取ってしまっていたことに、彼自身が気づいていなかった可能性もある。一つ確実なのは離婚の傷が完全に癒えることはなかったことで、自らの人生の出来事をしばしば引き合いに出す中で、離婚についてはほとんど触れていない。

一八八四年秋にタケが去った後、内村の先行きは暗かった。一つの決断が失敗に終わり、次の決断で失敗を繰り返すのを避けるために、友人の忠告を入れて「しばらく日本を離れ、米国で息抜きをする」ことにした。(36) 離婚により、今後よい職業に就ける可能性はさらに縮まった。キリスト教界の多くの人々はタケに対する彼の強引な態度を計りかねた。彼女との縒りを戻すよりも逃避する道を選んだため、彼らの同情を失った。通常なら仲間に祝福されて渡米していただろうが、今は彼らの非難を避けるために行くので、前途に対しても不安を抱いていた。

内村は我を通して結婚したので、子供時代に教えられた倫理の最も重要な原則、つまり親に従う、というルールを破ってしまった。親が同意したのは彼が執拗に頑張ったからだと気づき、日本の伝統である孝行の義務にも、神の意思に従うクリスチャンの義務にも、違反してしまったと考えるようになった。

内村は速やかに行動した。宮部に離婚の報告をしてから一週間余り経った頃、アメリカの友人から紹介状を受取り、貯金をはたいた上におそらく借金もして渡航の切符を購入し、宮部からタケとの結婚祝いにもらった短歌集を詰め込んで、米国に向け出帆した。このとき神は彼を精神的探究のため「荒野に」導き、その旅は一〇年も一五年も続くことになったと、彼は後年振り返っている。(37) 野心と誤謬が混ざり合って、内村は結果的に再び宮部を出し抜いた。苦い体験ではあったが宮部よりも先に結婚の果実を味わい、今また宮部よりも先に渡米することになった。新渡戸はすでに数か月前に出発していた。

＊　＊　＊

内村の場合は逃避旅行であったが、彼にとっての避難所は当時の日本人にとっては夢を実現できる活気に満ちた国。船上の誰もが希望に溢れ、見送りに来た人々も同行したいと願っていた。

内村は羨望の的であったろう。彼は他の船客よりも遠くまで、汽車でユタ州オグデン経由、大陸を横断してフィラデルフィア郊外のエルウィンまで行くことになっていた。現地では知的障害を持つ子供を収容する病院付属学校の寄宿舎で働く仕事がみつかった。食事に呼ばれたり講演を頼まれることもしばしばあった。彼が会った人々はかなり裕福で、外国に関心を持ち、その地の人々が抱える問題にも興味を示していた。内村が働いていた病院の院長アイザック・カーリンは彼に個人的な関心を持ち、一八八五年夏には首都ワシントンへ彼を伴い、全米慈善矯正会年会に一緒に出席している。カーリンはこの会議の立役者の一人で、彼の紹介で内村は一週間、この分野の専門家たちと交わり、大学院生が喜ぶような貴重な体験をした。内村は会議で簡単なスピーチをし、カーリンと共にホワイトハウスを訪れ、クリーヴランド大統領と「手ヲ握リ大ニ渡米ノ志ヲ感ズ」と記している(38)。スミソニアン協会の会長や政府の水産関係の専門家とも会っている。カーリンはこうして内村のために骨折ってくれた。

ワシントンから戻った後、内村はエルウィンを去る。精神的不安から、再び身体的不調が現れていたのだ。マサチューセッツ州グロースターに向かう途中、ニューヨーク市に数時間立ち寄ってブルックリン橋などを見物し、ブルーベリーの実る季節のさなかにグロースターに着いた。夏風に吹かれるまま、彼はブルーベリーを「唇の黒くなるまでに」食べた(39)。

避暑地グロースターで二週間過ごした後、彼はボストンを経てアマーストに向かった。その後米国滞在中、彼は時たまボストンとエルウィンを訪れる以外、アマーストもしくは近くのハートフォードで過ごしている。エルウィンからメリーランド州まで足を伸ばして州知事に会ったこともある。

当時の普通の日本人にとっては、内村のような体験は刺激的なもので、帰国後もしばしば思い出の対象となったであろうが、彼の場合はそうではなかった。米国滞在は彼の記憶の中にしまい込まれ、自身の過去の精神的動揺期として残っているに過ぎなかった。

内村が訪れた中で重要な場所が三箇所あり、また彼が出会った中で四人の人が彼の成長を決定的に助けた。その場所とはエルウィン、グロースター、アマースト。四人の人物はそれぞれの場所との関連で紹介する。

内村は東京に住むアメリカ人の友人から紹介状をもらってエルウィンに行った。彼の結婚式の印象を日記に記した若い女性の兄弟である。その友人はフィラデルフィアに住む知り合いに内村のことを依頼する手紙を書き、その人が内村をカーリンに紹介してくれたのである。内村は到着時、極度に落ち込んでいた様子が、家族に到着を知らせた手紙に窺える。父に対して自分を卑下した「児《じ》」という表現を使い、かつての官吏や多忙な教会員から、悔悛し怯えている罪人に変わってしまったような印象だ。一方、アメリカ人はまたもや卓越した文化の担い手と映り、彼はその前にひれ伏す新参者になり下がっている。

「余が病院勤務に入ったのは、マルティン・ルーテルをエルフルト僧院へ逐いやったとやや同じ目的をもってであった」と内村は一〇年後に書いている。[40] 動機としては真実であろう。エルウィン時代の内村は神の怒りを恐れ、肉の思いを征服することによりそれを避けようと願っていた。傍目には彼の内面的動揺はわからなかったであろう。彼の仕事は簡単で、「一日おきに夜の見張りをし、一日三時間、最重度の障害児に歩行・梯子上り・亜鈴の使い方を教えること」だった。[41] 自らに課した苦行として、子供に食事を養ったり口を拭いてやるという、もっと格の低い仕事も引き受けたが、余暇はたっぷりあり、読書をしたり、周囲に不幸な実例がたくさんある人間の肉体的弱さについて考えることができた。

内村は本をむさぼり読んだ。寮母の一人が「読ミ過ギマス」[42] と親切に忠告してくれると、彼は読書のしすぎがあるとは信じられないと反論し、文化的レベルの低いアメリカ人の実例として彼女の言葉を引き合いに出している。本が彼の唯一の友だと言いながら、彼は同じ手紙の中に食事への招待をしばしば受けていると書いている。

彼が会ったアメリカ人は喜んで彼を迎えようとしていたので、彼が後に修道院の生活のようだったと言っているのを聞いたら驚いたことだろう。カーリンは内村が自分を友人として考えてくれることを望んだであろうが、内村の方は彼を尊敬してはいたが友人関係ではなく、教師に対する生徒の、あるいは父に対する息子の関係と心得ていた。カーリンは内村のアメリカの親の一人になっている。医者で社会福祉と精神障害者の治療に関わる人で、一八六二年、リンカン大統領から、当時首都に群がってきていた逃亡奴隷のためのコロニーをワシントンの近くに作るよう依頼されるが、天然痘が流行して計画は頓挫した。その後も彼は首都に留まり、コロンビア特別区の衛生管理委員会の長を務め、南北戦争直後にエルウィンの病院に移った。

カーリンは精神科医だったので、内村を悩ましていた心の問題を即座に感じ取っていたようだ。内村の後の回想によると、カーリンは精神の健康は部分的には肉体の健康に依存するとの信念を持ち、肉体面の面倒を見るのを引き受けてくれる一方、精神面は内村が自由に取り組めるように計らってくれた。内村にとってカーリンは、人道精神と信頼を具現した人物だった。彼が到着するとすぐ、カーリンから自分専用の鍵を渡されて半信半疑だったと後に回想している。またある時、カーリンは内村に五〇〇〇ドルの債券を託し、フィラデルフィアのブローカーの事務所に届けさせた。内村はこの出来事を覚えていて、後にアメリカの指導者が弟子に寄せる信頼について エッセイを書いている。

エルウィンで最初、内村は大変落ち込んでいて、日本を去るきっかけとなった自分の失敗をしばしば口にしていた。ボルティモアにいる新渡戸への手紙には、自分が「神に対し、両親に対し、そして君に対しても」罪を犯してしまったと述べ[43]、「過ちを犯すのが人間なら、自分はその最たる者だ[44]」と付け加えている。別れた妻や安中の彼女の家族からの手紙は、読んだ後に焼き捨ててしまった。

カーリンの治療法は徐々に功を奏し、内村のうつ状態は改善された。同時に、結婚前に悩んでいたことが再び頭をもたげ、エルウィンで彼が自らに課した肉体的苦行は効果のないことに気づく。彼の場合、一瞬なりとも宗教的開眼を体験するには、それに先立って肉体労働でもなく、感情の熱狂でもなく、長期にわたる理性的訓練が常に必要であった。

そのような訓練の材料を内村は旧約聖書に見出した。彼の友人宣教師ハリス牧師は、彼が離婚した直後、ホセア書を勧めた。ホセア書ではイスラエルの不信心は姦淫罪に例えられ、最後に放浪した妻がホセアと和解するとき、罪を犯したイスラエルも夫である神と和解する。内村の場合、和解は受け入れられなかったが、ハリスの提案がきっかけとなって旧約聖書を初めて通読することになった。預言者たちに彼は特に注目した。彼らは個人の問題、および個人が神と国家に対して担う責任に、新しい光を当ててくれた。個人的な責任感が国家への責任感へと発展する。内村は現代世界に、今の日本に、預言者が現れないかと考え始める。この展開の種が蒔かれたのはエルウィン時代だが、果実は一〇年後にようやく実った。

明治時代の日本の指導者たちは一般に、個人のキャリアよりも国家の目的の方を優先させて考えたようだ。他のどこの国よりも、また歴史のいつの時期よりも、その傾向が強かった。日本の立場と指導者たちの忠誠心とがあいまってこのような態度を生み出していた。自分をこのような指導者の一人と考えていた内村は、日本に対して同様の義務感を持っていた。米国での体験はこうした態度に拍車をかけた。このテーマは彼の著作の中には直接触れられていないので、米国での彼の体験を理解するには、この時期から残存する僅かな資料を基に、現地での彼の成長過程を調べる必要がある。

内村がこの時期に友人に宛てた手紙にも後に外国人に宛てた手紙にも、他者の受容というテーマがしばしば出てくる。最も顕著な例は、彼が「中国人」と間違えられて侮辱を感じた時のことである。一八八五年にも中国人に対して優越感を持つ日本人はいたかも知れないが、客観的な出来事によりそれが確かになったのは一〇年後の日清戦争後であって、内村の場合は別の意味があった。

内村や友人たちが間違えられた中国人は、安い労働力として本国から連れて来られたクーリーで、内村は洗濯屋と間違えられたのだった。「電車に同乗していた身なりの立派な一紳士が、自分の胡麻塩髭をとかすのに余の櫛を貸してくれと言った。そして異教国の我々がそういう場合に適当と考えるお礼のかわりに、こう言いながら櫛を返した、『ところでジョンおまえは何処で洗濯屋をしているのかね』と」[45]。内村は中国人と間違えられたこと自体に対して、あるいはこのような質問をされたことに対して異議を唱えているわけではない。彼が反対していたのは、中国人という身分が意味するもの、すなわち、東洋人の顔をしている者は誰でも、いかに身なりや振舞いが立派であろうと、卑しい身分の者と見られることだった。こうした態度は彼の受けたあらゆる教育、彼の祖国が自己改善を目指して行っているあらゆる努力に対する侮辱であった。西洋のルールをどんなに学んでも、所詮は実力を認められず、正当な扱いを受ける見込みはないからである。差別がもたらすこのような幻滅感は、ガンディー他インド人などの例でも周知のことだが、内村も一八八五年、初めてこうした差別に気づいて挫折感を覚え、この問題と生涯、取り組むことになる。

しかし、内村が差別と感じ取ったものは、このように低い身分と見られることだけではなかった。一人の人間としてより、象徴として扱われることにも反対したのである。外国伝道協会が改宗者に対して取る態度がその例であった。彼を含め、米国に滞在する外国人の改宗者たちは一からげに集められ、伝道集会に連れ回されて、改宗の体験を語らされた。このような要求に応じた者たちを彼は後に「馴らされた犀ども」と呼んでいる[46]。サーカスの動物たちが芸をするのと同じだからである。内村がアマースト滞在中、同様の現象を示す記事が地域の新聞に載った。内村が出席していた教会の行事の知らせだが、以下のような項目があった。「女子青年伝道協会が夕食会を開き、小物、自家製の菓子、その他の販売を行う。アトラクションの一つに日本の結婚式がある」[47]。内村は結婚式には特に複雑な思いがあったので、このようなショーには苦痛を覚えたことだろう。

「差別」という言葉の定義はむずかしいが、上記のように外国人に不安感を抱かせる行為は、必ずしも軽蔑から生じているのではなく、共に恩恵に浴し、学び、愛情を表現したいという気持ちから出ている場合もある。一九世紀、世界中に出かけていった宣教師たちの主な動機も同様だった。しかし、このような扱いに対して、敏感な相手は自分が受け入れられていないと感じることもある。飼い慣らされた犀たちや「日本の結婚式」を演じた人たちは、主催者が本当に気遣っている相手には求めないような役目を演じさせられていると感じていたかもしれない。こうした役目を相手に求める人たちは、東洋人をすべてクーリー扱いする人と同様、優越感を持っていると思われてしまうのである。

フィラデルフィアの裕福な慈善家と付き合っていても、内村は自分が心から受け入れられていないことを感じ取っていたようだ。彼らの富を見ただけで、自分の不安定な財政状況を考えてしまう。実家の貧困を映し出す鏡になってしまう。どこの国でも、金持ちは海外からの客に関心を寄せる財力があり、慈善家たちは必要があれば莫大な援助を与えることができる。しかし、その豊かさと寛大さで、援助される相手をうんざりさせてしまう。内村は、フィラデルフィアの善良なクリスチャンたちを見ていると、自分の貧困を痛感してしまうと述べている。カーリンが彼にクリーヴランド大統領との面会を提案したとき、内村がまず考えたのは、日本製の粗末な洋服では不適当ではないかということだった。内村がフィラデルフィアで最初に会い、カーリンを紹介してもらったウィスター・モリスは、大金持ちだった。一八八五年、エルウィンを去るに当たって内村が将来の進路を模索していたとき、モリス夫妻は医学部の費用を全額出そうと申し出てくれた。内村は「彼らは過度な親切で私を縛り付ける」[48]、彼らからお金はもらいたくない、と述べている。はっきりと表明してはいないが、彼は見返りとして求められるものを恐れたのであった。

こうした体験は将来を決めかねている不安感を助長し、国を救おうとした預言者たちに自らを重ね合わせる傾向に拍車をかけたと思われる。米国での体験から、内村は自分が日本人以外の何者でもないことを学んだ。同時に、日本人が本当にアメリカ人と同等になれるのだろうかという疑念も強まった。

エルウィン滞在五か月後の一八八五年春までに、内村のうつ状態はかなり改善し、ふたたび将来の職業について考えられるようになった。勉学を続けることにするが、志望校と志望学科でまたもや悩む。この時点で、海老名や内村の別れた妻が学んだ同志社の設立者である精力的な新島襄が登場する。彼は米国旅行の途上、ボルティモアに新渡戸を訪ね、内村の問題を耳にして、彼と会うために「早速電報を打った」[49]。新島の訪問はまさに神の摂理と思われた。内村はフィラデルフィアで新島に会い、その後夏中、文通で連絡を取り合った。何人ものアメリカ人から受けた助言が失敗に終わっている中で、日本人のみが彼を助けられたことが、文通の内容から分かる。

新島は内村よりも一八歳ほど年上。マサチューセッツ州アンドヴァーのフィリップス・アカデミー卒業後アマースト大学に学び、学長のジュリアス・シーリーと知り合いになって、京都に日本のアマースト大学を建てたいとの野心を抱くに至った。野心は実現したが、健康を損ない、休養のために米国旅行をしていたのである。内村が困っていると聞き、自らの疲労を押して内村に会い、理解と忍耐強さをもって対応してくれた。日本人がキリスト教に改宗し、米国に生活する上で抱える問題を彼はよく理解していたし、内村の離婚の細かい経緯もおそらく心得ていて、内村の支えになる最適の人物だった。精神的支えになるのみならず、内村をアマースト大学に紹介し、奨学金を取ってくれるという実際面の援助もしてくれた。

新島宛ての手紙を見ると、内村が全面的に彼に頼っていたことが分かる。英語が乱れているのは、心が動揺していたためであろう。最初の手紙は会見の一か月後に書かれた。その間に彼はワシントンを訪れ、現地に滞在中、別れた妻の兄に手紙を書いているが、その中で自身の離婚を最も的確に説明している。彼の視点から事実を検討した上で、この問題は決着がついたときっぱり述べているのである。これを書くにはかなりの苦痛が伴ったであろう。五日後に新島宛に書いた手紙の最後には次の言葉がある「頭がひどく混乱していて、英語も下手で全体に混乱しています。家から来る手紙にはがっかりします。悪女が両親を困らせているのです」[50]。二か月間彼の気持ちは様々な可能性の間に揺れている。彼の手紙のレトリックには聖アウグスティヌスもしくは聖パウロを思わせるものがある。

将来について思い巡らしていますが、はっきりした結論には至っていません。自分の意思に従えば、また過ちを犯すかもしれません。自分が性格的にも信仰の上でも不十分で欠けが多いことを考えると、牧師のような高尚な任務に就くのはためらってしまいますが、その一方で、私の心を満足させるものは神の永遠の愛に応える以外ないと教え込まれています。福音を宣べ伝えられなければ、私はなんと哀れな人間でしょう。しかし、かくも惨めな人間ゆえ、自分の願いを叶えることはできません。そこで、理性で考えて霊の法則に従い、肉の思いでは罪の法則に従ってしまいます。この罪の肉体から、誰が私を救い出すことができるでしょうか。(51)

新島は早速返事を出して助言した。内村が自己を責めつつ、あれこれ悩んでいるので、身体を壊しはしないかと心配した。「迷いに身を任せているのはいい気持ちかもしれないが、度を越すと重大な破局的結果をもたらす。ヨブ記やエレミヤ記をしばらく忘れて、ダニエル記や使徒行伝のパウロの伝道でも読んだらどうだろうか(52)」。カーリンも内村の精神的悩みは彼の健康を脅かしていると考え、海岸の避暑地グロースターへの旅行を勧めたのであった。

エルウィンでの内村は、離婚の後ろめたさを克服するために、苦行と絶え間ない読書に耽っていた。今や自分の使命、特に今すぐ取るべき進路を決めねばならぬ必要に駆られて、知人が誰もいないグロースターに赴き、気分転換をしながら一人で考えた。ブルーベリーで肉体を元気付け、彼はようやく落ち着いて未来を考えることができた。キャリアを思い巡らしながら、その後実際に生涯の職業となる著述を始めている。自らの経験の深みから倫理問題を考察し、英語で論文を書いた。ハリス夫人の援助で出版され、その印税で二週間のグロースター滞在費が賄えた。

その論文の題は「『大和魂』の道徳的特徴(53)」。内村がこのような状況にあっても力を振り絞って英語で出版するに足る作品が書けたという事実は、彼の底力とばねの強さを示している。知人のいない場所で、これまで骨折って習得してきた英語という道具を使い、彼は数週間自分を養えるだけの創造的資質があることを発見したのであった。

その頃彼が新島と父親に宛てた手紙を見ると、内村が将来を決めるに至った状況が分かる。新島に対しては選択を迫られた悩める魂だったが、父親に対しては国の将来を背負っているような口ぶりである。例えばグロースター滞在中に自己分析をし、過去の様々な要素が一つにまとまったと述べ、旅の様子、グラント前大統領の葬儀などに触れた後、国際問題を論じている。アフガニスタン国境では英国とロシアが対立し、ロシアと中国との関係が間もなく決裂するという噂もあり、いずれにしても中央アジアで間もなく戦争が起こりそうな雲行きだと述べている。

不遠我国モ其害ニ会□《ス》ルカト思ヘバ実ニ身振ヒスルバカリニ御座候、大君ハ□〔王〕政復古ノ時ニ会シ高崎藩ノ興亡ニ心○ヲ痛メラレ、□〔鑑〕三ハ世界一変ノ時ニ会スルヲ得ルカ、内村腕力ナシ、□〔知〕識ナシ、故ニ偏ニ心ヲ磨キ「クルップ」砲モ挫ク能ハズ□鎗モ近ク能ハザル正義ノ鋒ヲ取リ、一国ノ為メニ尽シ□〔度〕存居候、若シ兵艦ト砲烟ノ間ニ事ヲ決スルニ至□〔ラバ〕我国ノ如キハ灯ノ如キモノニテ、一風ノ下ニ吹消サ□憂国ノ士ハ考ヘザルベカラズ[54]

この箇所を読むと、七歳の内村が維新当時、国の危機と同時に、危機に直面した父親の無力さを強く印象付けられたことが分かる。父親が彼に助けを求めたことさえ彼は覚えていた。内村が責任感を覚え、それを軽減する方法を模索したのも無理はない。

維新当時の特定の出来事を内村がこの時期に思い出しているのも意味がある。内村は離婚に対して、両親と家の伝統に反して罪を犯したという意識をもって反応していた。父への手紙と同じ頃書いてハリス夫人に送った論文には、次のような一節がある。「日本人にとって子供の親に対する関係ほど重要な関係はない。親不孝は日本では不道徳と同義である」[55]。彼は家族とその意味するものをすべて再び受け入れたが、父親も祖国も、絶え間なく襲い掛かり早急に対処せねばならぬ危機に直面して無力であった。彼が会ったアメリカ人の態度から、日本人の彼はたとえクリスチャンであっても所詮はアジア人、彼らの仲間ではなく、中国人やアフガニスタン人と同じであることが分かった。中国人やアフガニスタン人と同じように西洋人の下で苦しい目に合わされぬよう、日本人は用心しなければならない。内村は自分の国を見張り、国を守る重責を負う。エルウィンで旧約聖書を読み、この世の英雄は自国のためにそのような責任を取った預言者たちであることを学んでいた。神に忠実である限り、神は預言者たちを助けた。内村が「正義の槍」で日本を守ろうと考えているのと同じ方法で、予言者たちは自分の国を守ったのであった。

この時点で初めて内村の感情の三角形は新しい平衡状態を取り戻した。自分の家族に居場所を見つけ、伝統に従ったとき、情緒的満足感を覚えたのである。彼の重荷になっていた責任ははっきりしてきた。自分の国と自分の世代を救うこと。この尊い使命のために、彼は自由に野心を追求できた。その任務を遂行できるか否かに対する不安に対処するため、彼は新しい槍を求める。それは旧・新約聖書の宗教だった。新しい任務に就くには準備が必要と考え、新島の勧めを受け入れて、アマーストへ行くことにした。「新しい決意を持ってグロースターを後にしました。私の魂の最大の重荷はグロースター湾に投げ込まれ、二度と振り返ることはありません」と新島に書き送っている[56]。

この二週間、ブルーベリーを食べている間に、内村の自己探求は終わった。ここで他に何が起こったかは定かでない。劇的な啓示もしくは使命感がぱっと閃き、すべてがはっきりしたのかも知れない。彼には様々な苦労があったが、多くは以前にもしばしば体験したものと似たような兆候を示していた。だが自ら献身すべき職業や国の存在に関わるような問題と取り組むのは初めてだった。オーテス・ケーリの言葉を借りれば、グロースターでの体験は内村の「決意の夏」の核心を成していた[57]。内村は最終的決断をした。その後の生涯は、この決断に照らして考えなければ理解できない。

内村はすぐにアマーストに行った。学長のジュリアス・H・シーリーは彼を待っていた。内村はシーリーを精神的父と考えるようになる。同時代人はシーリーをずば抜けた偉人と見ていたし、八〇年後のアマースト大学学長も彼を最も偉大な先駆者の一人と見なしていた[58]。

シーリーは「巨漢で黄褐色の顎鬚を生やし、どこへ行っても目立つ存在だった[59]」。内村もこうした特徴を、畏敬の念を持って記しているが、彼にとってもっと重要だったのは、彼のまなざしと最初の挨拶に込められていた温かさだった。「予をして彼を師と仰がんよりは友として交はらんとするの念を起さしめたり[60]」。シーリーの方もその後二年間に若い内村に対して心からの敬意を抱くようになり、後に次のように述べたという。「内村氏は私が今まで接した人の中で最もすばらしい知性の持ち主だ[61]」。

第一級の学者たちに毎日接し、自身も優れた頭脳の持ち主だった人物からこのような賛辞を受けたのは光栄である。シーリーは独創的な考えの持ち主ではなかったが、記憶力は抜群だった。一八七二年、インドへ旅する途上、彼は日本史の本を読み、日本に立ち寄った。一四年後、日本史についてたまたま質問されたとき、彼は細部に至るまで答えられ、内村は驚異をもって耳を傾けた。

このような知性の持ち主だったが、シーリーはアマーストにやってきた若者たちを有能な人間に育て上げることに主力を注いだ。宗教上の問題に悩んでいる者たちには特別に配慮して面倒を見、愛情を注いだ。五年前に妻を亡くし、老境に入りつつあった彼は、勉学心に燃えた若者たちと接するのを楽しんだ。内村は誰よりも頻繁に彼を訪ねている。

内村はシーリーに会っては激励を受け、新しい自信と決意を抱くのだった。イエスがすでに人類の罪を、特に内村の罪を、身代わりになって引き受けているという贖罪の教義は真実だと信じた。自分の決断の結果がどうであれ、もはや恐れることはないという確信を得た。進路を決め、自信をもって歩み始めた。シーリーの導きによるものである。後年、彼は次のように回想している。「先生は一日私を呼んで教へて呉れた。内村、君は君の衷《うち》をのみ見るから可《いけ》ない。君は君の外を見なければいけない。何故己に省みる事を止《や》めて十字架の上に君の罪を贖《あがな》ひ給ひしイエスを仰ぎ瞻《み》ないのか。君の為《な》す所は、小児が植木を鉢に植えて其成長を確定《たしか》めんと欲して毎日其根を抜いて見ると同然である」(62)。シーリーは直感的に内村の問題の核心を突いたのであった。彼はまた、内村が日本から携えてきた摑み所のない野心を確信に変える火花を提供したのであった。

アマースト大学と周囲の環境は強烈に清教徒的であった。学長もその他の人たちも、その長所と短所を体現していた。シーリーは通常毎朝、自ら指導して一年生に徒手体操をさせ(63)、夕方はファースト・チャーチの委員会に出席して、教会員の一人が「ビリアードをし」、「彼が教会員になっているのは金銭上の利益のためだ」といった報告を聞く(64)。教会の用事でアマーストを離れることもあった。彼はまた、内村がアマーストで過ごした最後の年に行われた有名なアンドヴァー異端裁判を行った三人の判事の一人だった。異端問題や社会に不安を抱かせるような個人の振舞いの問題が起こると、シーリーは調停役を務めた。アンドヴァー神学校の教会史担当教授が出版した見解を一部の人たちがリベラル過ぎると考えたとき、三人の判事のうち、シーリーだけが無罪の票を投じた(65)。アマーストのシーリーの同僚たちは、この点では彼に同意したと思われるが、通常は厳格な戒律を守る社会の中で教育に当たっていた。

地元の社会の考え方に同感の人たちにとっては、アマーストは勉学に適したすばらしい環境だった。内村は立派な教師たちに恵まれ、知的視野を広げた。学科の中では、言語と歴史に特に関心を持った。ドイツ語を二年間学び、ゲーテの『ファウスト』を原書で楽しめるようになったし、ギリシャ語とヘブル語も学んで、夏休みにはヨハネによる福音書やユダヤの著作の選集を原書で読めるまでになった。四〇年後、彼は自分の英語の参考書の欄外にギリシャ語で書き込みをしている。歴史はもともと好きだったし予備知識があったので、授業は楽だったと後に回想している。世界史のテキスト二冊は入学前にそれぞれ八回と一〇回読んであった。アマーストではより多くの事実と歴史に対する特定のアプローチ、つまり歴史は神の意思の表れで、歴史学はその意志を学ぶ学問だということを教わった。内村は特に伝記に興味を持つようになった。偉人の経験から学べるからである。

アマースト大学で彼は生まれて初めて、科目を落とすという経験をした。それは哲学の授業で、多くの日本人と同様、彼も知識の理論と論理にはお手上げだった。抽象的な学問は彼の最も不得意とするところだった。彼にとって知識は実用的なもの、自分の問題に即座に答えてくれるものでなければならなかった。科学と歴史はこの世の神の業を示すもの、言語は神が人間に語りかける言葉を読む手段であるが、ロックの哲学を学ぶのは時間の浪費以外の何ものでもなかった。

アマーストの知的環境について内村が後に述べているのは大体、以上に尽きるが、当時の思潮の影響を必然的に受けていたことは間違いない。それは間もなく廃れようとしているものであったが。晩年のエマソンは一八七九年、シーリーが学長に就任した直後にアマースト大学で講演しているし、大学から通りの反対側に住んでいた華奢で孤独な自然詩人エミリー・ディキンソンは内村が入学した翌年の春に亡くなり、シーリーが名誉棺側付添人を務めている。

アマースト大学生の内村。

内村の後の著作から判断すると、彼はアマーストでのほとんどすべての時間を本と教授たちと共に過ごしている。仲間の学生についての言及はほとんどない。僅かな例外の場合は、謙遜の態度を見せている。その中で、彼と生涯文通を続けた学生が一人いた。アルフレッド・L・ストラザーズである。

ストラザーズはアマースト大学卒業後、内村と共に神学校に進学し、その後ミネアポリスの教会の牧師になった。内村が彼に宛てた手紙には深い尊敬の念が表れていて、内村の帰国直後の状況を鋭く洞察する手がかりとなる。

内村はアマーストに二年間在学して理学士号を与えられ、ハートフォード神学校に進学するが、学生たちの職業意識と多くの授業内容が彼に直接関係ないものであることに失望した。説教や牧師の職務を収入と結びつけて話題にすることは、高尚であるべき牧師職を裏切るものに思われたし、授業内容も牧師の職務のテクニックを強調していたので、自国を救おうと必死になっている者にとっては無意味であった。キリスト教の重要性が他の学生たちが受け止めているようなものであるならば、内村が求めているものを提供することはできない。

彼は偉大なキリスト教徒の伝記を読むことにした。二〇年後、内村は宣教師デイヴィッド・リヴィングストンの伝記をこの時期に読んだことを思い出している。「三昼夜を以て大冊五百頁余の者を読み了つた、読み了つて余は泣いた、余も斯《か》かる人となるべしと、余は其時決心した」[66]。この伝記を読んだ直後に彼は不眠症になる。宣教師になってインドか中国へ行くことも考えたが、カーリンと相談した末、日本に帰ることにした。彼はニューヨークから出帆し、パナマ地峡を通り、サンフランシスコでハリス夫妻に会い、バンクーバーに立ち寄り、一八八八年五月に東京に着いた。

内村は帰国の旅について、アメリカ人の友人デイヴィッド・C・ベル宛ての手紙の中で語っている。その後、内村の死の直前まで四〇年以上も続く文通の第一信であった。ベルとは内村が首都ワシントンを訪問したとき、市電の前身である鉄道馬車の中で初めて出会い、その後米国滞在中、一度だけ会っていた。長年の後、ベルが日本を訪問したときに数日間内村と再会しているが、それ以外は生涯続いた文通のみで友情が保たれていた。ベルは内村の手紙を保存していたので、内村の伝記の最も貴重な資料の一部になっている。内村が日本人の友人に宛てたものは親しく砕けたものだが、ベル宛てのものは自分の成し遂げた業績や読んだ本に関するレポートのようで、両者はたがいに補い合う。

ベルは内村が世話になった最後のアメリカ人で、アメリカの持つ最良の伝統を代表する人物だった。内村より二〇歳年上の彼はミネアポリスの銀行家。ストラザーズの教会の会員で日曜学校の教師でもあった。ベルは信仰や伝道の問題に個人的に関心を持っていて、キリスト教関係の本や論文の中で自分が読んでよかったと思うものを内村に送り、内村はその度に礼状を出している。少なくとも一度は、送られたものに深い感動を示している。それによって内村の考え方が形作られたというより、すでに持っていた考え方が確認できた。ベルは彼の精神的指導者というよりむしろ、思いやりのある友人兼助言者の役割を果たした。

これまで紹介してきたアメリカ人――ハリス牧師夫妻、カーリン、シーリー、ストラザーズ、ベル――および日本人の級友たちが、内村に最も影響を及ぼした人物だと彼は感じていた。内村が二〇世紀初頭に会ったドイツ人一人とイギリス人一人を除けば、全員、彼と同年代か年上の人たちで、彼はこの人たちに特別な尊敬の念と温かい気持ちを抱いていた。その他、彼が長年好意を持ち続けたのは、世紀の変わり目頃から彼の周囲に集まり始めた弟子たちである。

新島とベルは内村より半世代年上である。新島は内村が帰国して五年ほどで亡くなっているので、二人の関係が長く続く可能性は絶たれたわけだが、どのみち、いっしょに仕事をすることはできなかったであろう。新島は内村の過去を知りすぎていたし、内村が重要だと考えていた多くの問題について意見が合わなかった。ベルとは絶えず文通を続けていたが、内村はその著作の中に彼について詳しく述べることはしていない。従ってこの二人は日本で記憶されている内村伝説の中には出てこない。

ハリス夫人、カーリン院長、およびシーリー学長の場合は異なる。この三人は内村の著作の中にも弟子たちが書いたものの中にもしばしば登場する。三人とも内村より一五歳ほど年上で、内村が危機に直面していたときに親身になって面倒を見てくれた。内村の方も少なくともある期間、彼らを親として慕った。常に温かく理解をもって彼を元気づけたハリス夫人は、実の母親が決して達成できなかった位置を占めていたし、カーリンとシーリーは、父親に対してのみ表明するような温かい気持ちを持って言及されている。特にシーリーは、実父宜之が彼に示したのと同様の愛情と共に、宜之が彼に与えたよりも遥かに大きな精神的な力を与えてくれた。

しかし、こうした人物は現実には常に遠くにあった。ハリス夫人にはそれほど頻繁に会っていないし、会うのはいつも頼みごとがあるときに、彼の方から頼んで会っている。カーリンの近くで生活したのはほんの五か月間で、それも彼が色々な問題で心を悩ましている時であったし、シーリーは多忙な学長で地域社会の指導者だった。しかも一九〇九年までに全員世を去っている。三人とも、内村を訓練する立場にあった人物ではなく、内村の記憶の中には、彼の抱負に共感を持ってくれた慈悲深い人物として存在している。彼は自分の特定の必要を満たすために代理の親を注意深く選び、彼らは常に彼を支え、助けてくれた。

三人ともアメリカ人の特定のタイプ、リチャード・ホフスタターが「お上品な改革者たち」と呼ぶ人たちだった。(67) 活気に溢れた一八世紀米国清教徒主義の後継者で、プロテスタント主義の農村社会倫理を信奉し、時代の主流となる思潮からは急速に離れつつあった。その知性や業績は個人的には尊敬されていたが、社会を導く力としては影響力を失っていた。彼らは高貴な伝統を忠実に守り、この伝統に戻れば世界の問題は解決されると信じていた。聖書を熱心に研究している者にとって、彼らを旧約聖書の忠実なイスラエル人と結び付けることは困難ではなかったであろう。

これがまさに内村がその後行ったことである。米国について彼が好ましくないと感じたものは、この理想に反するものであった。この理想に根ざした生活を、彼はエルウィンとアマーストで見たと信じていた。その範を示してくれた人たちが世を去って久しくなってもなお、彼は理想に忠実に従って生きている人たちが米国にはまだ残っていると信じ続けた。その人たちの精神的後継者が伝統を守り続けていると確信できる限り、彼が愛情を注ぎ安心を求められる場所が、日本には根付いていないが、米国にはあった。そのお蔭で彼は強められ、神の前に立つことができた。その後継者さえいなくなったと分かったとき、彼はグロースター時代に体験したのと少なくとも同程度に深刻な危機に直面する。第一次世界大戦中になってようやく、その幻滅に立ち向かうことができた。だが一八八八年に帰国した当時は、彼の最大関心事はキリスト者としての理想をいかにして異教国の日本で実現するかという問題だった。

＊　＊　＊

帰国すると、内村はまるで夢から目覚めたように感じた。「二週間ほど私はいわば恍惚状態にあって、かつては自分もその一人だった周囲の奇妙な人間どもに唖然としていました。日本の生活に自分を再順応させるのに大変苦労し、それはとても辛い経験でした」。友人が思っているほど自分は変わっていないと説得しても無駄だった。「友人たちは自分が何年も米国で暮らしていたので愛国心を失ってしまったと思っていますが、ありがたいことに、私は日本人として日本を去り、日本人として戻ってきたのです(68)」。

一八八四年に内村が日本を出て以来、日本人は自信を取り戻し、西洋から入ってくるものを疑いの目で見るようになっていた。鹿鳴館で内外の高官たちが睦まじくダンスをすることも、もはやなかったし、一八八七年、政府が西洋諸国との条約を日本にとって満足のいく形に修正するのに失敗してからは、鹿鳴館の建物は別の目的に使われるようになっていた。この変化に表れた日本人の自己充足の精神に、内村は賛同した。「我々は日本の政治家が作った法律で自国を治め、神の助けによってのみ自分たちを変化させることができるのではないでしょうか。日本はキリスト教を持たねばならないし、持つようになります。しかし日本の土地に植えられ、日本の川の水を与えられ、日本の懐で育まれ、日本の着物を着せられたキリスト教でなければなりません(69)」。

勧められたポストの中から、彼は最も自主的にやれそうなものを選んだ。それは一八八八年秋、クリスチャンその他の日本人が新潟に新しく開いた学校北越学館の仮教頭職であった。キリスト教主義ではあるが、宣教師が開いた学校の欠点と考えられるものに縛られない学校を目指していたのである。宣教師は学校を伝道の道具にしていると彼らは考えた。伝道を主目的とする学校と、キリスト教主義ではあるが伝道のために存在するわけではない学校との区別は難しい。後援者たちが地域の宣教師を無報酬で英語教師として受け入れることに同意したとき、問題は手ごわいものになった。宣教師たちは日本の社会との接触点が新たに出来たことを喜んだ。学校で伝道を行ってよいと言われたのか、彼らが伝道を当然のことと考えていたのかは定かでないが、この問題についてはっきり取り決めがなされていなかったことが、異議を唱える者たちとの間に衝突を招いた。

争いの二人の主役はH・スカッダー博士（一八二二―九五）という人物と内村である。スカッダーは長年インドで伝道を行った人だが、インドでは日本よりも宣教師主導で教会が発展していた。その体験から、スカッダーは内村のような能力と信念を持った日本の「土着の改宗者」と付き合う術を知らなかった。内村が日蓮宗の信徒を講演者として招いた時、意見の対立が起こった。内村は、学生たちがキリスト教と取り組む前に、日本の伝統の中の最善のものを学ばせたいと考えた。学校の創立者たちは宣教師の肩を持ち、内村は辞任して東京に戻った。こうして彼の帰国後最初のポストは、外国人が日本人を尊重しないという彼の疑念を確固たるものにした。同時に、可能な限り外国からの援助は受けまいという彼の決意を固くした。

東京に戻った内村は、非常勤の仕事しか見つからなかった。小さな私立学校で教え、水産学の諸問題を研究し、時たま講演を行なった。再婚もした。妻の加寿子はタケほどの教育も外部への関心もなかったが、内村には満足のいく相手だったようだ。

一八八九年初頭、新憲法発布にまつわる祝典が東京で催された。内村のような日本の「新しい」人間には、日本のためにも外国人から見る日本のイメージのためにも大いなる前進と映った。日本は今や世界の先進国並みの政治形態を持ち、先進国の仲間入りをすることができるのだ。クリスチャンは特に喜んだ。憲法は信仰の自由をはっきりと保証しているように思われたからである。

この達成感も、同時に起こった悲劇によって半減した。新憲法が発効したその日、西洋風で有能な文部大臣、森有礼が暗殺されたのである。暗殺の理由はすぐには判明しなかった。内村は、翌年開会予定の新しい帝国議会がもたらす民主政治の責任を取るには、日本人はまだ準備ができていないと結論付けた。

森の暗殺は、森や内村のような「新しい」人間に反対する理不尽な暴動の始まりであった。森は英語が堪能だった。彼自身はクリスチャンではなかったかも知れないが、西洋人やクリスチャンと親しくしていて、外交官として米国に滞在中は、アマースト大学学長などその筋の専門家に、日本の倫理教育の基礎に何を用いるべきか、といった問題について助言を求めていた。彼は急速な変化の提唱者として際立っていたが、暗殺者の前に倒れた。多くの点で森に似ていた内村は、同様の暴力に晒されるのを恐れた。

森の暗殺から数か月後、また内村をその後窮地に陥れることになる教育勅語発布の一年余前に当たる一八八九年一一月、内村はある講演をしているが、それは日本国の大いなる象徴に対して彼が取っていた態度が、いかに当時の典型的なものであったかを示している。その時の彼の言葉は、後の不敬事件から連想される反逆者のイメージとは対照的なため、今でも記憶されている。彼は東洋英和女学校で学生に講演をしたのだが、聴衆の一人の回想によると、内村のテーマは、神が日本に与えられている恵みの証拠についてであった。まず演壇を飾る菊の花は日本の美しい植物の標本であると述べ、次に窓の外を見て、くっきり晴れ上がった一一月の地平線に浮かぶ富士山の頂上を指し、最後に皇室は「日本人の大きな誇りである」と結んでいる。(70) 不敬事件が起こるまでは、彼の忠誠心を疑う者はいなかった。

翌年秋、彼は日本で最も格の高い第一高等中学校に職を得た。この学校の卒業生の大部分は東京帝国大学に進学した。高等学校教師の望み得る最高のポストである。嘱託教員となった彼の収入は、札幌で官吏をしていた時の二倍以上だった。彼は学校の近くに小さな家を借り、母親から離れて妻と二人で暮らすことが出来た。学生たちは能力があり操行もよかったので、内村は喜んだ。週四時間講義をし、五時間学習指導をした。カウンセリングも担当したようだ。学生たちは彼の自宅へ自由に出入りできた。「自宅で歴史を教え始めようと思っている。キリスト教国であるヨーロッパの歴史を媒介に、僕を救われたイエスの生涯と精神を学生たちに伝える機会が多くなると思う」と彼はストラザーズ宛に書いている。(71)

第一高等中学校で教え始めた頃、内村は講義の材料を多く含んでいる歴史書を購入した。トマス・カーライルの『オリヴァー・クロムウェルの書簡と講演　解説付』である。一八九一年一月の不敬事件までに五巻中の半分までしか読んでなかったが、カーライルに喚起された道徳的清廉の精神を捉えていた。事件の前夜、彼は宮部宛の手紙に、札幌の教会から退会したいと書いている。自分の行動が他の教会員に迷惑をかけることになるのを恐れていたようだ。

教育勅語は明治天皇の側近によって起草され、儒教に基づく伝統的倫理原則を打ち出したものである。青少年が外国の考えに晒されて影響を受け、自国への忠誠心を忘れるのを恐れて、この勅語が学校における修身教育の基礎になるよう意図された。勅語は日本人が当然のことと考えていた道徳的規範を強調し、伝統的価値観に従って「天壌無窮の皇運を扶翼すべし」と教えた。(72)国民一人一人が伝統的倫理規範を忠実に守れば、強力な国家を築けるというのである。

勅語の本文は一八九〇年末に公けにされていたが、一月初め、学生と教師たちの前で発表されることはなかった。当局者は御真影に続き、勅語も一つの象徴として扱われるよう意図していた。教育勅語の写しと御真影を見る度に、学生たちは彼らに対する皇室の配慮を思い起こし、感謝と尊敬の念を持ってそれに応えるようにと考えた。高等中学校に配布された勅語の写しは畏怖の念をそそるものだった。金糸の施された特別な厚紙に書かれ、最後に睦仁という天皇直筆の署名があった。この宸署が高等中学校に配られた写しの価値を高めていた。勅語は巻かれて紫色のリボンで結ばれ、特製の漆塗りの箱に保管されていた。

内村は集会場に入りながら、一つの疑問を抱いていた。クリスチャンが天皇の書いたものを敬うのは道徳的に悪いことなのだろうか。日本国民として成すべきことは何か、そしてクリスチャンはどの時点で究極の忠誠心の対象と礼儀との区別をつけねばならぬのか。勅語が読まれている間、最敬礼をすることはその後、礼拝にも似た国民的儀式になったので、内村が早くもこの問題を察知した先見の明には賞賛を覚えるが、当時はまだ先例がなかった。地方の学校は勅語に大いなる敬意を払っていたが、ある資料によると、東京帝国大学の学長加藤弘之（一八七〇―一九三九）は勅語を読んだ後、学生をその回りに集めて直接見ることを許したという。第一高等中学校は東京帝国大学の予備校のようなものだったので、内村は同様の状況を期待していたのかも知れない。彼とクリスチャンの同僚たちは、日本でよく行われていた敬礼の意味が気になっていた。同時に、日本の場合と聖書の背景になっている国々の場合の敬礼の意味については意見を異にし、敬礼が要求されるか否かについても見当がつかなかった。

内村はこの問題を宮部にさえも相談していない。事件の前日、宮部に宛てて札幌の教会から退会したい旨を伝えた手紙の中にも、その理由は説明せず、「軽々しい理由ではない」とのみ述べている。(73) 翌朝、校長の木下広次（一八五一―一九一〇）は不在だった。本来なら彼が式を司り、彼はクリスチャンに同情的だったので、直接対決で気まずい思いをさせぬよう、配慮してくれたかも知れない。木下の代役を務めた教頭の久原躬弦《くはらみつる》（一八五五―一九一九）には、木下のような配慮はなかった。

事の詳細は、資料によって異なる。官報によれば、部屋の片方にある壇上のテーブルの上に勅語の写しが置かれ、真上には天皇と皇后の御真影が飾られていた。一方の端には国旗があった。久原が勅語を奉読し、続いて列席者全員が、学生は五人ずつ、教員は二人ずつのグループになって前進し、勅語の宸署を拝した。(74) 内村の行動については触れていない。

内村は二か月近く経ってから、ミネアポリスの友人、デイヴィッド・ベル宛に事件を報告している。式の中で学生と教師は「勅語の宸署に敬礼するよう」命じられた。その敬礼は「我々が仏教や神道の儀式で先祖の遺宝の前で行うのと同様のもの」だが、「私は前に立ち、敬礼しなかった」と述べている。(75)

内村の記憶にあるのはこうした劇的な拒絶の姿勢だが、実際には一瞬ためらい、頭をちょっと傾けたようだ。敬意を表する相手に対しては通常、腰から下まで曲げて最敬礼をする。官報の中に「拝した」とあるのは、この最敬礼を意味する。目撃者の記憶が正しければ、内村は少しだけ頭を下げた。実際には少し頭を下げながら、全然下げなかったと記憶していたのかも知れない。彼に対する最初の非難が、敬礼をしなかったのではなく、頭の下げ方が足りなかったというものなので、この解釈は正しいと思う。彼はまだ揺れていた。

最初は僅かに頭を下げ、後に深く頭を下げるのに同意したことに象徴される内村の優柔不断な態度を見ると、両者の分岐点は定かでない。日本における敬礼が、聖書の世界の敬礼と同じ意味を持つのか否か、内村には分かりかねた。事実、彼の行為の影響で政府は言い回しをもっと世俗的なものに変更している。(76)さらに重要なことに、日本の社会で効果的な仕事をするには極力、問題となりそうな接触を避けねばならぬことに、内村は直感的に気づいた。この点で彼は当時のリベラルな指導者たちと同意見で、絶対的な基準と相対的な必要との間の緊張関係から、将来の仕事のパターンを決めていった。

不決断の結果生じたこの不敬という行為は、忽ち強情な信念の象徴となった。内村の最も有名な行為であったし、理不尽な権威に対する正当な抵抗の数少ない例の一つとして日本史に名を残している。日本の社会は内部の軋轢が大きいので、誰かが劇的な行為によって忠誠の問題に異論を唱えなければ、国民を目覚めさせることはできない。数は少ないが説得力のある少数派が、有無を言わせず進路を決める政府の政策に反対していて、賛同者も増える見通しだった。忠誠に条件を付けた内村の行為を、保守主義者たちは伝統から逸脱する危険なものと見なした。内村は彼らの懲らしめの対象となり、独立した思想に付きものと彼らが考えていた反逆精神の象徴になっていく。

悲惨な太平洋戦争の後、日本人は一九四五年以来、過去に民主主義を実践した個人の先例を探し求めた。内村の行為は今では、政府の命令よりも自身の主義を尊重した、忠実かつ良心的な市民の象徴となっている。そのような議論に異論を挟む必要はない。第二次世界大戦後、民主主義を取り入れた日本は、はっきりと意見を述べる個人が必要だった。例えば家永三郎は歴史家の発言の自由をめぐって文部省に反対し続ける過程で、こうした必要性に気づいていたのである。

様々な議論のあるこの不敬事件を考察すると、一つの点が明らかになる。事件を通して内村は自分の立場をはっきり宣言し、その責任を取る心構えができた。この時点で若き鑑三は姿を消し、代わって成熟した内村が現代社会における究極的忠誠心の問題への解答を模索し続ける。一九〇三年、個人の信念対国の権威の問題をめぐって、彼の名は再び紙面を賑わす。この時、内村はすでに強力な評論家になっていて、新聞の社説を書き、政府の権威主義に反対することで有名だった。ここに至るまでに、本人は長期にわたって熱心な自己反省を繰り返し、家族は忍耐強く貧困に耐えねばならなかった。

第三章　著述家の誕生

一八九一年一月、〝不敬事件〟直後に内村がまず行わなければならなかったのは、学校との関係を調整することだった。敬礼に対する彼のためらいに注目した人たちは、即座に彼を非難し始めた。次の週、内村は同僚の何人かと会い、「天皇が勅語を与えたのは敬礼してもらうためではなく、日常生活で守ってもらうためだったと思う」という彼の見解を説明し、理解してもらえたと考えた。(1) しかし校長の木下広次は納得せず、最敬礼をするようにと忠告した。彼は内村の立場も彼自身の立場も憂慮していた。内村が最敬礼をしなければ、校長の責任になる。内村の行為の後、帝国議会の議員の中には、教師たちを抑制することができなければ、高等中学校はすべて閉鎖すべきだと促す者もいた。内村は決心がつかず、組合教会の牧師、横井時雄（一八五七—一九二七）ら多くのクリスチャンの助言を仰いだ。

内村は突然、肺炎に罹り、他人が代わって弁明しなければならなかった。続く数週間、多くの新聞が事件を報道し、内村の行為は国中で批評の的となった。友人や同僚の勧めで内村は自分の決意を再考することになり、最終的に敬礼は宗教的儀式ではないと確信して、公式に最敬礼をすることにした。同僚は彼の名義で弁明書を公表し、植村正久も彼の弁護をした。植村は一八八三年、信徒大会の記念写真にも写っていた人物だが、今は重要なキリスト教雑誌の編集者になっていた。内村を弁護する植村の記事が強力だったので、警察は掲載された号を発売禁止にした。だが植村の尽力も徒労に終わった。雑誌が出る前に内村の友人たちは、病床に伏して何も知らない彼の名義で辞表を提出してしまったのである。(2)

しかし辞任ですべてが終わったわけではない。夫の看病と面会者への対応に疲れ果てた妻の加寿子が、内村が回復し始めた頃同じ病気に罹り、三か月後の四月に帰らぬ人となる。彼女の死後一年半、内村は寂しさを紛らわすために地方を旅行したり、東京でクリスチャンの友人が捜してくれる臨時の仕事をしたりして過ごした。

地方への旅でまず最初に訪れたのは札幌。歩いて行ったという説もあり、[3] それによると途中で宿を断られるのを恐れて偽名を使ったが、その名が地元の凶悪犯の名に似ていたので、彼の試みは失敗に終わったという。

札幌には二か月足らず滞在して一時帰京、再び弟の達三郎が住む新潟県高田に二か月滞在し、ベル宛てに次のように書き送っている。「今の自分はまるで、家に雷が落ちた後、意識は不思議にはっきりしていて、廃墟を悲しみ、どう修復しようかと途方に暮れているような気分です」[4]。大きな計画は立てていない、なぜなら「友人に重荷になっているし、現在なすべきことは、まず自分の足で立てるようになることですから」と続ける。[5] 翌年の夏は千葉の海岸（竹岡）へ旅し、現地で出会った人たちと共に教会を建てた。

東京滞在中は友人たち、特に横井時雄が、原稿書きや聖書講義の仕事を時折探してくれた。一八九二年三月には大阪で開かれた組合教会の大会に出席している。徐々にではあるが希望が戻ってきた。「米と大根の粗食に甘んじつつ、魂の炎は燃えている。……自分が無駄に生きてきたのではないと信じられるようになった」と宮部宛てに書いている。[6]

教師の仕事に再び戻れそうな状況が訪れた。一八九二年九月、大阪の教会が維持している小さな学校（泰西学館）の校長職を引き受けたのである。しかし、彼が大いに熱意を示したこの仕事は実は到底成功の見込みのないものだった。少数の生徒たちが学費を賄うために品物を訪問販売する始末。理事会は以前からすでに諦めていたのだ。一月にささやかな卒業式が挙行され、五人の卒業生を出したが、二か月後、学校は破産する。内村はその後、ベルに打ち明けている。自分はいつも理事会との間に問題を起こしているが、大阪では自分が「ただ試しに」招聘されたに過ぎないと知って、辞めざるを得なかったのだと。[7]

内村は次に、学生の頃ボストンで知り合った別の日本人の紹介で、熊本（英学校）に臨時教員の職を得た。一八九三年四月に赴任するが、秋には京都に戻り、著述家としてのキャリアを開始する予定だった。教師として生計を立てることは、その後二度となかった。

キリスト教関係の団体に頼って生計を立てることも二度となかった。〝不敬事件〟後の二年間、彼が得ていた様々な職は、組合教会の牧師たちの配慮によるものだった。全員、彼の長年の知己である。この牧師たちの多くは熊本バンドと呼ばれるグループに属し、学生時代の一八七六年、熊本でL・L・ジェーンズの感化により改宗している。うち何人かはキリスト教会の中でもリベラルな派の指導者で、札幌の教会とは他宗派よりも密接な関係にあった。彼らのリベラルな神学を内村は気に入っていた。札幌の教会の牧師が按手礼を受けられたのも彼らの尽力によるものだった。だが同じリベラルな姿勢が事柄によっては無軌道とも受取られ、内村はこの点には賛同できず、一八九三年、京都に戻ると、自立して自らを支えようと決心したのである。

＊＊＊

このように見てくると、内村は第一高等中学校を辞任してからの二年間、臨時の職を転々としながら自己憐憫に陥っていたように思われるかも知れないが、実際には彼の最も切実な問題のうちの二つを解決する術を見出していた。一つは自分と理想を異にする社会と、いかにして共存していくかという基本的な問題。宸書への最敬礼をためらった時点では、社会が自分に同調してくれるものとの甘い期待感があったかも知れないが、そのような幻想からは目覚めた。とにかく生計を立てる手段を見出さねばならない。同時に、使命感を持つ彼は、自分の考えに賛成してくれない社会で良心の呵責なしに生きていくことのできる方法を見出さねばならなかった。結果がはっきりと表れるのは一九〇三年になってからだが、その一〇年前に結論はすでに出ていた。真空状態で仕事をするわけにはいかないので、対話のできる仲間を作り、彼らの尊敬を勝ち得なければならない。いかに正しい主義を持っていても、生計も立てられず、周囲の人々に影響を及ぼすこともできなければ、その主義は意味がないと彼は気づいた。沈黙の殉教者になるわけにはいかなかった。

彼の到達した結論は、〝不敬事件〟後の二つの経験から生まれた。彼の立場を理解するにはまず二つの問いに答える必要がある。第一に、彼の行為は社会にとってどんな意味があったのか。第二に、彼の行為が招いた窮境に、彼の性格がどれだけ影響していたのか。

彼が敬礼を躊躇した瞬間から、彼の行為は新しい価値観の進入が伝統的な価値観に与える脅威の象徴となった。彼自身はこうした脅威を部分的に代表するに過ぎなかったのだが。一世紀以上経った現在から見ると、日本の伝統的倫理観とキリスト教的価値観とは、昔の日本人が考えたほど相反するものではないことが分かるのだが、当時は保守的な考えの人々が尊重していたあらゆるものに対する非常に危険な脅威と目されていた。

キリスト教の信仰自体は脅威でなくとも、その後に続く政治的結果は避けられなかった。政治的変化を望む意志を最もはっきりと表明していた者の多くはクリスチャンだったし、〝不敬事件〟の六か月前に開会したばかりの新しい帝国議会には、多くのクリスチャンが選出されていた。

大部分の日本人は憲法も帝国議会も大いに誇りにしていた。日本が世界の列強と同等になった具体的な証拠だからである。自由主義者たちは日本がこの法的枠組みの中で西洋をモデルにした民主主義を発展させられるよう願ったが、彼らにとっては進歩と達成を象徴する同じものが、保守主義者には過去から加速度的に離脱していく恐ろしい新段階を示すものであった。それは憲法がもたらすであろう変化への憂慮から生じた恐怖で、内村の〝不敬事件〟と同日、森有礼暗殺事件を引き起こしている。

帝国議会は無事に開会されたが、不安を持つ者も多かった。最初の六週間は、天皇に任命された官僚と国民から選出された議員が協調していたので、この不安も事実無根と思われたが、〝不敬事件〟当日、両者の協調は崩れた。内村の行為の数時間後、大蔵卿（松方正義）は議会が提出した予算修正案を受理しないと警告したのであ

る。(8)

　内村の行為が知れ渡るにつれ、国民は議会が潜在的に社会に対する危険を孕んでいることに気づき始めた。危険を感じている人々にとって内村の行為は、議会の反対派の表明した態度に由来する当然の結果と映ったかも知れない。

　内村はキリスト教が社会に投げかける脅威の象徴となったわけだが、同時に彼自身、保守派の格好のスケープゴートにされる性格を持っていた。彼の取った行動自体はあのような注目を引き付ける性格のものではなかったし、噂も学校の中だけで収まったはずだ。ところが彼は教師仲間にも学生の中にも敵がいて、彼を困らせる機会を待ち構えていた。理想を掲げて実行しようと固執する彼の態度は、取り澄ましてよそよそしく見えた。真偽のほどは疑わしいが、彼と同僚との関係を端的に示す話がある。ある時、彼は大勢の同僚や学生といっしょに泊りがけで外出した。宿屋で夜が更け、会話が女の話になった。教師たちの話に学生たちが熱心に耳を傾けていると、突然誰かが内村の不在に気づき、こんな話を内村が聞いたら何と言うだろうかと大声で言った。大部屋の片隅で一人の同僚と日本の詩について議論していた内村は、すべて拝聴しましたと冷ややかで辛らつな返答をしたので、会はお開きになってしまった。(9)

　内村は自ら自尊心を保ち、学生にもよい模範を示すためには、理想を掲げなければならないと信じていた。既成の倫理観を支持する彼の姿勢に安堵する学生もいたが、彼の叱責で恥をかく者もいて、仕返しをしようと機会を窺っていた。

　〝不敬事件〟はこの機会を提供した。事件の噂が校外に広がると、本来なら内村の宿屋での発言を支持するような人々さえ彼を非難した。最敬礼を拒否することで、日本の社会を固めている唯一の要素に疑問を投げかけたと思われた。彼を批判する者たちの抱く不安感へのスケープゴートにされ、彼自身もその不安の多くを分かち合っていたので、容易に自己弁明ができなかった。

一八九二年に大阪へ移ってから、彼は再度非難の的となるが、この時の彼はすでに自己弁明の方法を弁えていた。一一月、井上哲次郎が一連の論文を書き、キリスト教は日本の伝統的信条と相容れないと主張した。井上は信望のある人物だった。彼自身、新しいタイプの人間で、留学してドイツ哲学を修めた後、母校東京帝国大学の教授となっていた。帰国後、日本を改造しようと試みた一部の留学生とは違い、彼はその正反対のこと、つまり、留学経験を基に日本の伝統的倫理を、正確には日本の国家が正統的なものにしようと考えていた倫理を支持した。井上の論文は最初、六種類の仏教関係の雑誌に掲載され(10)、その後『教育と宗教の衝突』と題する一冊の本にまとめられた。キリスト教に反対する保守派の基本的立場を述べたものである。「耶蘇教徒の不敬は其教旨を実行するによって生ずるものなれば、……耶蘇教は非国家主義にして共同愛国を重んぜず、其徒は己れの主君も如何なる国の主君も皆之れを同一視し、隠然宇宙主義を取る、是故に到底勅語の精神と相和すること能はず(11)」。

井上の著作は紙上での大論争を引き起こした。さらに多くの仏教関係の雑誌が彼の論文を再掲載し、キリスト教関係の主要な雑誌がこれに反論した。論争の終焉までにどれほどの紙が消費されたことか。書籍二一冊、論文二二〇点分にも上ったことからも、保守派の感じた憂慮の度合いが分かる。翌年、日清戦争が始まるまで、論争は続いた。

内村はこの論争に論文一点のみ残している。「文学博士井上哲次郎君に対する公開状」と題され、井上の論文を最初に掲載した雑誌に載った(12)。内村はまず自分に向けられた暴虐な非難を論駁し、続いて次のように議論している。歴史を論じるに当たってはあらゆる視点を公平に吟味すべきところ、君は一つの視点しか提示していない。教育勅語は尊重されるべきだと君は言うが、結果は尊重に値するだろうか。公衆道徳は改善したか、また学生は以前よりも真面目になったか。君はクリスチャンを批判するが、クリスチャンも君と同じ愛国心から行動していることに気づかないのか。最後に、西洋哲学の専門家として、君はスペンサー、ミル、ルソーらの作品を賞賛しているが、こうした作品はキリスト教と同様の脅威を日本の正統的政治に与えてはいないというのか。

内村の議論は井上の痛いところを突いていた。西洋哲学の作品はキリスト教の影響を受けているので、これを盾にキリスト教を論駁することはできない。井上は反論しなかったが、彼の意見が信念ではなく、政治的圧力に促されたものではないか、という内村の鋭い示唆に、彼はひるんだであろう。「私は彼の挑戦を受け、過去三年間に蓄積された鬱憤を晴らしました」と内村はベル宛てに書いている。(13)

この論争の最も興味ある点は、内村がその後、議論を続けなかったことと、クリスチャンの究極的忠誠の対象という主要問題を議論しなかったことである。彼は井上に対し、クリスチャンも井上と同様、良心的に行動していることを理解して欲しいと述べるに留まり、その行動が異なる結果に至る可能性については触れていない。高い理想を掲げ、善意から行動している人々の行き着く結論がしばしば異なることに、内村は苛立ちを感じていた。今回の論争では、井上と彼自身との不一致を最小限に留めたかった。一つの解決法は、自分の動機を弁護し、井上に対しては、彼の学問的手段を論理的に使えば内村同様、国家を超えた究極的忠誠の対象があるという結論に達するであろうと指摘することであった。

しかし、国家を超えた忠誠の対象があることを示唆するだけで、当時は反逆罪に問われかねなかった。国家は全面的忠誠を要求するが、クリスチャンは良心の呵責なしにこれを実行することはできず、それぞれ独自の方法で問題を解決せねばならなかった。一八九一年および一八九三年、クリスチャンの指導者はほぼ全員、内村を支持した。国家と宗教の問題に対してその後彼らが示した姿勢を見ると、これがいかに難題だったか分かる。熊本バンドのメンバーの例が最も顕著だ。内村が最初の妻タケと出会った教会の牧師、海老名弾正、〝不敬事件〟後、真っ先に内村を援助した一人の横井時雄。共に熊本で学生時代、米人L・L・ジェーンズの感化でキリスト教に改宗し、同志社の草創期に新島の力となっているが、その後政府の規制が厳しくなると、海老名、横井らクリスチャンの指導者たちは屈服する。(14) キリスト教を離れ、世俗的ポストに就いた者も多く、牧師に留まって成功した者も究極的忠誠の問題には触れなかった。

日本のプロテスタント史上、もう一つの重要なグループは植村正久の弟子たちである。熊本バンドのメンバーほど妥協はしなかったが、はっきりと反対することもしなかった。社会問題に触れないことで正統性を保ち、個人の信仰と長老派教会を範とした厳格な教会組織によって支えられた。

どちらのグループも、究極的忠誠心の問題を良心の問題として提起することはなかった。内村も同じ問題に直面したが、組織によって守られることがない代わりに煩わしさもなかった。その後、可能な時は問題に立ち向かい、不可能な時は二分された忠誠心による心の痛みについて述べた。〝不敬事件〟の時のように保守主義者の信念を脅かすようなことは二度となかった。相手を思いやる協調の姿勢は、井上に宛てた手紙の最後の段落に表れている。「日本は足下の国にして又余の国なり、偽善と諂媚《てんび》とは何処に存するとも共に力を合せて排除すべきなり(15)」。

井上に対する答弁を引用したのは、内村の基本姿勢を例証しているからである。主流の考えに真っ向から反対すると結局対話が途切れてしまうことを、内村は経験から学んだ。彼は常に、できるだけ多くの聴衆に語りかけようと努めてきた。こうすることにより、彼の考え方と同時に率直さも評価していた多くの人々に対して正直に語ることができた。一〇年後、戦争が道徳に反する行為であると痛感して社会活動への積極的参加から身を引くことにした時点で初めて、彼は一般大衆向けの著述を止めた。井上に対する自己弁護において相違点よりも類似点を強調したが、これがその後の彼の著作のパターンとなり、その枠内で彼は気楽に成熟した創造力を発揮することができた。彼の存命中、井上の方が右翼から反逆者として非難されている(16)。

〝不敬事件〟後の同じ二年間に、内村は女性に対して愛情を示し、妻に敬意を表すという、幸せな結婚生活に不可欠な行為をようやく身につけた。米国留学から帰国した翌年、彼は二度目の妻加寿子と結婚していた。彼が当時ストラザーズに語ったところによると、彼女は幼馴染みで、正規の教育は受けていないが、家が貧しかったのと相次いで六人の継母に育てられたことにより鍛えられ、キリストの誠実な弟子の妻として必要な条件をすべて備えていて、内村が愛情と敬意を抱かざるを得ない人物だった。[17] 妻への配慮を実際に示す一つの例は、姑との摩擦を避けるために、できるだけ早く別の家を建てることだった。タケと違って加寿子はクリスチャンではなかったが、死の数週間前に洗礼を受けている。

加寿子はよい妻だったようだが、内村は彼女が死んで初めてそれが分かった。ストラザーズに彼女の死を知らせた手紙の中で、彼は次のように書いている。「一人の女性は世界の歴史の中で大して重要ではないが、男が忠実な妻を失うのは全世界を失うのと同じだ」[18]。妻を失った痛みを感じながらも、まず世界的視野から考えている。まるで妻の死ごときは彼の苦痛を表明するに足るだけの出来事ではないかのように。彼が文通していた別の米人、デイヴィッド・ベルに対しては、加寿子との結婚も最初のタケとの結婚のことも話していない。しかし、その後弟子が集まり、過去の話もするようになると、加寿子のことも語り、明治の教育史が正しく語られる暁には、加寿子の墓は重要な歴史記念物になるだろうと述べている。彼は加寿子を政府の誤った政策の犠牲者と考えていた。

大阪に移った後、内村は三回目の結婚をした。新婦の父は著名な弓道家で判事だった。一説によると、内村を女婿に迎えたのは彼に敵が多かったからだという。娘の静子は内村より一三歳年下だった。加寿子の時と違って、静子に対しては最初から温かい愛情を表明している。熊本の借家の家主は内村が庭で静子を愛撫するという日本ではあまり目にしない光景を目撃したという。「庭は広々としていて、あらゆる種類の亜熱帯植物が植えられています」と内村はベル宛てに書いている。[19] その植物と九州の暖かい春風が、内村の心を長く締め付けていた束縛を緩めたのであろう。京都に戻ってからも、どちらの両親とも離れて暮らし、結婚生活三年後、内村の妹が結婚した後になって初めて、若夫婦は内村の両親と一緒に暮らすことになった。

加寿子は〝不敬事件〟との関連でしばしば出てくるが、静子の記述はほとんどない。表には出ず、内村の考える日本人クリスチャンとして理想的な妻で、家族のために奉仕することにより夫の仕事を助けた。晩年、彼は外では学者ぶって説教好きだったが、親しい者と共に過ごす家庭内では快く愛情を受け、また与えた。静子がいつ

新婚の内村と静，1892年。

もそばにいて、彼はようやく実りあるキャリアに船出することが出来た。京都で暮らした三年間は内村の実り多い時期だった。英語で書かれた二冊を含む八冊の本を出版し、長いものも含む論文多数を書いている。

　京都は著述家にとって魅力的な場所である。山河と過去の栄光の記念物は内省を促す雰囲気をかもし出し、商業の中心地から地理的に離れ、産業革命の影響から隔離されている。他の都市では物価が急上昇していたが、京都では比較的安く暮らせた。過度な仕事と孤独と貧困が内村の京都生活を特徴付けていたが、幸せな家庭生活への満足感と新しい希望の温もりがあるので、こうした逆境も以前ほど耐え難いものではなかった。

　家庭生活の喜びを味わうことはできたが、仕事関係の幅広い交流のない著述家特有の孤独感には悩まされた。教育者と交わることもなく、ＹＭＣＡで数人の学生に教える以外は教師の仕事もなく、教会に規則正しく出席もせず、諸宗派の雑誌に寄稿する回数も以前より減少し、世俗的な雑誌への寄稿が増えた。京都に大勢いた宣教師たちに会うことも滅多になく、時たま英語で書いたものを彼らに見せることはあったが、彼らの反応にはしばしば失望し、冷淡な扱いを受けたことを死ぬまで恨んでいた。

京都の外国人に親しめなかった内村は、米国で親切にされた日々を思い出していた。カーリンとシーリーは世を去り、その知らせを受けて益々次のような感を深める。「極東のこの地で私が懐かしく思い出すのは、貴国で豊かに経験した開放的で温情豊かな友情です。こちらでは互いに相手を警戒しなければならないのです」[20]。米国の友人たちから来た手紙を見ても、彼が忘れられていなかったことが分かる。「全米知的障害者療護施設医療従事者協会の名誉会員」に選ばれた知らせが郵便で届けられたときの喜びを彼は特記している[21]。しかし米国もそこに住む友人も遥か彼方の存在だった。京都で独り寂しく加茂川の水を眺めて瞑想している事実は変わらなかった[22]。

貧困が孤独の苦しみに拍車をかけ、彼の行動を制限した。貯金もない。〝不敬事件〟直後、一家は東京で扉の代わりに筵が使われているような家に引越さねばならなかったという。静子と結婚した時、新妻は夫が式服を借りねばならず、書物の山と机代わりの古ぼけたスーツケース以外、何も所有していないことにショックを受けた。札幌の仲間の一人で同志社に教職を得て京都に移っていた大島正健（一八五九―一九三八）は、月に一度ほど内村を自宅に呼んですき焼きをご馳走したと回想している。彼は食後、詫びの言葉を述べながら、鍋を口に近づけて残り汁を飲んだ[23]。札幌の首席卒業者の姿は見る影もない。その後一〇年。当時新入生に新しい信仰を強制した上級生の一人の食卓で、彼はありがたく食事を頂いているのだ。

貧困に輪をかけたのが、いまだに残る負債。渡米の折の借金も、一八九〇年と一八九一年の病気で借りた金も、返し終わっていない。京都での生活費も加わり、一八九五年までの負債額は四〇〇ドル[24]。彼が書けても書けなくても、八人家族を養わねばならなかった。

財政負担の重荷から絶望に陥ることもあった。ストラザーズがゆとりある教区の牧師職に落ち着いた時、内村は書き送っている。「三〇〇年後にこの地上のこの国に生まれ変わって来たいものだ。そうしたら牧師館か大統領の邸宅と馬車と赤ん坊までもらえただろうに！　アルフレッド、君の幸運に『邪悪な羨望』（ミルトンの言葉）を抱き、つい辛く当たってしまうよ[25]」。

作品が売れ出すと、原稿一ページに付き一五銭ずつ受取るようになった。[26] この数字にページの総数を掛けて計算すると、彼が著述を専業とした最初の二年間の収入は、月額およそ二〇円を少し上回る程度。札幌農学校で支給されていた額を若干下回る。『余は如何にして基督信徒となりし乎』（英語版 *How I Became a Christian*）を執筆しながら、この本で得た印税で神戸の近くの海辺に家を買い、そこに引きこもって著述に専念できる日を夢見ていた、と後に回想しているのも無理はない。この本の初版の売れ行きは悪く、印税はほとんど入らなかったが、他の本が少しずつ売れ出し、一八九五年、京都の出版社はその後の出版を見越して月額二五円の先払いに同意した。ようやく最低限の必要を満たす収入が保証され、「ほぼ独立した人間」になったと彼は記している。[27]

＊　＊　＊

かくして内村の京都生活には希望という新しい要素が加わった。静子との間に女の子が生まれ、彼が聖書の中の理想的女性として尊敬していた人物に因んでルツ子と名づけられた。自らの価値にも自信を持ち始め、キリスト教の分野で出版することは、「日本で私のような力量を持つ人間（謙遜して言っているのですが）にとっての時間の価値を考えると」半ば慈善事業に等しい、とベル宛てに書いている。[28] 創造力が漲り、新しい変化が間近に迫っているという不安ながら爽快な感覚を彼は覚えたようだ。その変化がよりよい方向に向かうよう、全力を集中させた。

内なる強制力に駆られて内村は書き続けた。「海外で見聞したこと、そして経験から抱くに至った信念について書きたい衝動に駆られています」とベル宛てに書いている。[29] この企画にすべてを賭けた今、成功しなければならない。精神的満足とそれを分かち合える妻を探し求めた苦闘の体験を綴る彼の言葉には特別な力がこもり、その結果彼の著作には誠実さと信念が溢れている。ある意味では、貧しいために他の資料を求められなかったので、自らの体験を主材料にして書かざるを得なかった。

一八九三年、内村は自分の蔵書をおよそ一〇〇冊と見ている。三年後には一五〇冊。この数少ない書物を彼は繰り返し読み、種々の目的に使った。新聞も同様であった。アメリカから送られてくる出版物を「単に読むだけでなく、研究している」とストラザーズに書き送っていた(30)。

内村のように外国の文献に慣れ親しみながら、その後入手の手段を絶たれた人間が覚える知的閉塞感の度合いを計り知るのは困難である。こうした文献の欠如も彼の孤独感を深め、自らの体験に頼らざるを得なくさせていた。自身の体験を語れば、痛烈にならざるを得ない。この痛烈さが彼の作品の魅力となった。彼の世代の大きなディレンマの一つを自ら体現していたので、それを題材にした彼の作品は同じディレンマに苦しむ読者を引き付けた。自身の苦しい経験から、内村は同様の苦しみを味わっている他の人々に語りかける能力を身につけたのである。

＊　＊　＊

以下は内村が京都を離れる前に完成した主要作品のリストである。英訳すると全部で約四〇万語に上るであろう。各項目の後に記した日付は脱稿した月を示す。この日付は序文から取った。太字で記した二つの日付は、内村に影響を及ぼした歴史上の出来事である。

一八九三年から一八九六年までに出版された内村の主要作品

『基督信徒の慰』＊　一八九三年一月
『コロムブスの功績』＊＊　一八九三年二月
『求安録』＊　一八九三年六月

『路得記』	一八九三年七月
How I Became a Christian ＊＊	一八九三年一一月
『伝道之精神』	一八九四年一月
『地人論』＊＊＊	一八九四年四月
「後世への最大遺物」＊＊	一八九四年七月
日清戦争始まる	**一八九四年七月二五日**
"Justification of the Corean War"	一八九四年八月
「流竄録」	一八九四年八月
Japan and the Japanese ＊	一八九四年九月
（一九〇八年 *Representative Men of Japan* として再版）	
下関条約により日清戦争終結	**一八九五年四月一七日**
「農夫アモスの言葉」	一八九五年六月
「時勢の観察」	一八九六年八月

＊　一九六二年の時点でペーパーバックあり。
＊＊　一九六二年と、一九八一年にもペーパーバックあり。
＊＊＊　内村はこれを *Religion of Geography*（地理の宗教）と訳したこともあり（全集〈一九八〇―八〇〉三六―三八三）、*Spirit of Geography*（地理の精神）と訳したこともある（同三六―三九〇）。筆者は原作に最も近い *The Earth and Man*（地人論）を選んだ。

作品のテーマは四種に分類される。嘆き、弁明、勧告、幻滅。まずキリスト教への改宗に伴う苦痛を嘆くもの。

人に理解されぬ悩みを訴え、自伝的。自らの青年時代の経験しか題材にできない駆け出しの作家の処女作のようである。自分が書かずにいられぬものが読者の注目を引き、感銘を与えるようにと必死に願いながら、原稿用紙に言葉を並べる。次に外国人向けに英語で書かれたものは、内村自身および日本の事情を外国人に理解してもらえるような表現で弁明している。その一つ『余は如何にして基督信徒となりし乎』が邦訳で日本の古典になっていることを考える時、その重要性はさらに増し加わる。三番目のグループは世界史について書かれたもので、日本人が世界を視野にその役目を果たすよう勧告し、四番目は日清戦争後、内村が政府に対して抱いた幻滅感を表している。下関条約で日本が要求している条件は、日本人がまだ世界の中でその役割を果たす準備ができていないことを示していると彼は信じた。日本が賠償として中国の領土を求めていることが初めて明らかになったのである。幻滅をテーマにした最後のもの、すなわち下関条約の中味を論じた記事により、内村は一夜にして日本の最も有能な作家の一人と認められた。

嘆きをテーマにした作品は『基督信徒の慰』と『求安録』。共に一八九三年前半に書き上げられた。内村の最も初期の作品である。読者をキリスト教に改宗させるための伝道書として書かれたのだが、読者がまず感銘を受けるのはむしろ、解決できぬディレンマの記述に溢れている熱烈な感情である。ヨブにも似た絶望の表現が相手をキリスト教に引き付けるだろうか。改宗すれば平安な生活が得られると説く代わりに、価値観の混乱を予感させるような書き方である。この作品の一〇年後に出現する「私小説」を思わせるもので、私小説の作品やその著者を研究すると、内村の作品が「自然主義者」と呼ばれるこうした作家たちに影響を及ぼした可能性も考えられる。直接の影響でなくとも、少なくとも自然主義の作家たちが、内村を促したものと同じ刺激に反応したと言えるだろう。内村の作品を論じる前に、私小説の歴史と若手作家への影響を概観しよう。

二〇世紀初頭、小説のジャンルに新しい変化が訪れた。中でも主人公の性格が変わったのである。一九世紀末までの主人公は能動的で有能な人物だった。社会に業績を残し、それによりある程度、自らの願望に沿って社会を形づくった。尾崎紅葉の『金色夜叉』に登場する貫一を読者は好まぬかも知れないが、足蹴にされ泣き伏すお宮を熱海の海岸に残して立ち去ることにより、貫一が能動的に自我を追求したことは認めるだろう。彼は可能な範囲で周囲の世界を自分の思い通りに形成している。読者は彼を自分と区別して見ることができる。

私小説と呼ばれる新しい作品の主人公は、はっきりした性格を持たず、社会で有能な人物でもない。インテリ青年の問題に心を奪われ、本屋と若気の情事の世界をさ迷い歩き、自己憐憫に陥り、自立できない。社会に何も貢献できず、社会を疎む。名前さえ出てこない。全く受動的なため、読者は主人公を作者と同一視するか、もしくは主人公の悩みを自分の問題と結びつけて考える以外に選択肢は残されていない。主人公は作者が記す行動を通して読者に紹介される人物ではなく、作者もしくは読者の延長線上にある人物なのである。

私小説の作家たちはある意味で、散文創作を倫理面から分類する伝統に反発した。高尚な散文は勧善懲悪をモットーとし、上品な作家や読者はこれにしか関心がなかった。それ以外の作品はまともな読者には省みられず、時たま関心を引くだけだった。

私小説の作家たちはこうした倫理観を分かち合う上流社会の出身だった。青年時代、不撓不屈の努力による翻訳を通して西洋の文学作品に出会うが、こうした作品は芸術的で読者を楽しませる一方、道徳的問題には関わりがないように思われた。同時に、一九世紀の伝統すべてが彼らに個人として自立するよう促しているが、その方法は示唆していない。他の日本人はその方法を示すこともできないし、それを見出す必要性も認めていない。個人として行動しようと願っていた者たちは内村の作品の中に、独立を促し、日本で独立した行動を取ればどのような結果が生まれるかを論じる議論を見出したのであった。

＊＊＊

『基督信徒の慰』[31]は、高い理想に従って生きようとするために苦しんでいる人々に対し、キリスト教が与える慰めについて書かれたものだが、同時に著者の誠実さを弁明してもいる。すなわち、もっと気楽に構えて誘惑に身を任せてはどうかと友人に勧められ、彼自身の中の弱さもそれに引かれるが、自分は大きな自己犠牲により神に忠実に従っているというのである。内村の議論の進め方は、まず最初に人間に襲い掛かる多くの災難を列挙する。一人称で書かれているので、読者は著者が自らの体験を語っているように感じる。個々の災難がもたらす苦痛を描いた後、信仰が提示する解決法を記す。六つの災難それぞれに対し、一つの論文が当てられている。六つは互いに関連がなく、思わぬ時に著者に降りかかったように見えるので、読者は運命が、あるいは神を信じている場合は神が、災難を命じたと判断するしかない。

災難は二つのグループに分類され、それぞれ三種類に細分化されている。第一のグループは著者が相次いで体験した、愛する者たちとの別離を扱う。妻が死に、愛する国からも教会からも拒絶される。第二のグループは職業上の失敗を扱う。失敗の結果、著者は貧困に陥り、ついには不治の病と思われるものに冒される。それぞれの災難には慰めもある。妻の死により、自分の中に力があると気づき、彼女の精神的美しさを明らかにしたいと願う。同胞から拒絶されると、世界文学に慰めを求める。世界文学を通して世界人（Weltmann）になり、視野の広がりを喜びながらも、最終的には自分を追放した日本人と再び結合されるようにと祈る。教会から拒絶されることにより、宗教上の問題に自力で解答を見出さねばならず、他人の異なった見解に対して寛容になることを学ぶ。

職業上の失敗からは、主義を曲げて妥協していればうまくいっていただろうと考えると同時に、世界の偉人たちは妥協しなかったからこそ成功したのだと気づかされる。自分は良心に従ってのみ行動しようと決意し、自分の働きによってよりよい世界を築く「善のための力」になったように感じる。貧困からは、自分が相対的に恵まれていること、そして明日を思い煩ってはならないことを学ぶ。重病からは、神が最も愛する者に最も大きな苦しみを与えることに気づかされ、こうして苦しむ者に対し、神は未来の生活を約束して慰めを与えることを学ぶ。

ここには苦痛よりも慰めの方に多くの紙面を割いたが、論文自体はほとんどすべて苦痛の描写と著者が思いつく救済の選択肢の説明に徹し、信仰がもたらす慰めについて述べている箇所は短く、説得力に乏しい。

最初と最後の論文は明らかに死をテーマにしている一方、その他の論文はそれほど明確ではないが、個人対社会の問題を取り上げている。よりよい世界のビジョンを持つ善良な人間が、その理想に基本的には敵意を抱く国家において、いかにして理想を実現することができようか、おそらくできまい、と結論づける。読者に超越的なキリスト教倫理を勧める一方で、この倫理を受け入れた場合、この世で幸福と満足を得ることは無理だと言っているようにも取れる。

『基督信徒の慰』が個人と周囲の人々との人間関係を論じているのに対し、『求安録』[32]は個人と神との関係を分析したものである。神の意志を無視することは罪で、罪のテーマが全編に漲り、冒頭から強調される。「人は罪を犯すべからざるものにして罪を犯すものなり、彼は清浄たるべき義務と力とを有しながら清浄ならざるものなり、彼は天使となり得るの資格を供へながら屢〻禽獣と迄下落するものなり」[33]。

本文は二部に分かれている。第一部は個人が罪から逃れようとする不毛の試みを扱う。解決策はすべて合理的な姿勢を示し、感受性の強い知的な青年なら考えつくものである。まず、過度の感情の高まりにより、もしくは神経質なほど高尚な気分になることにより、罪を払いのけようとする試みについて述べる。一つの可能性として、罪人が熱狂に身を任せ、その体験の中で神を見出し、神により罪が許されたと実感する宗教的リバイバルを考察するが、彼自身の体験から、そのような確信が得られても長続きはしないことが分かっている。ゆっくりと時間をかけて徐々に罪の支配から遠ざかっていく以外に、真の解決法はない。リバイバルの試みが失敗した後、内村はソーシャルワークを試みるが、さらなる失望を体験する。効果的なソーシャルワークは強い信仰の結果生まれるものであって、信仰に至る手段にはなり得ない。困っている人を助けようとするだけで自分の罪から解放されるわけではない。次に勉学を取り上げる。人文学、科学、神学を順番に試みるが、解答は得られない。人文学では人間の幸福について学べるが、悲惨さについて学ぶことの方が多い。科学は当時流行の進化論などで人間の起源を扱うが、人類の未来については何も教えてくれない。神学はソーシャルワーク同様、信仰を持って取り組む人にしか約束を与えないので、これまた失敗。有能な牧師になるには持って生まれた特別な才能がなければだめだ。その才能がなければ、どんなに訓練を積んでも、自分も弟子たちも救うことはできない。

罪を避ける方法として以上、合理的で主として学問的な手段を考察した後、著者はすべて無視することにし、まず「ホーム」を築き、そこに平和を求めようと試みる。英語を片仮名で表したこの「ホーム」という言葉は、結婚の婉曲表現であった。しかし、幸せな結婚は容易に得られるものではないことを知る。努力して獲得するものではなく、与えられるものなのだ。次に快楽主義をとり、気分を楽にして罪を楽しむことにする。英国の哲学者ジェレミー・ベンサムとハーバート・スペンサーの影響だと彼は考える。しかし、快楽主義を奨めているかに見えるこの哲学者たちの伝記をよく読むと、彼らは自らの体験の中でそれを実践しているわけではなく、善良で真面目な生活を送っていたことが分かる。彼らの議論は頭では信じられるが、自分の経験からも哲学者たちの経験から見ても、快楽主義が解決策とはならないとの結論に達する。最後に罪の概念自体を受け入れぬ楽観主義を試すことにするが、神学的立場に戻り、そのような試みが失敗に終わるのは初めから分かりきったことだと結論付ける。罪は現に存在する。それ以外の結論は不可能だ。罪が存在するからこそ、その反対の善を人間は理解できるのだから。

挫折と幻滅に至る個々のケースの経験を述べた長い部分に続き、内村は未来に目を転じる。いかにして罪から逃れるか。唯一の逃げ道は罪の存在を認め、罪からの救出を願うこと、そして罪からの救出を願うことは善良になりたいと願うこと。それはすなわち、唯一の善である神のようになりたいと願うことになる。我々の成し得る最大の善は神に頼ること。日本人の倫理観の基になっている儒教の最高の徳は孝と仁だが、いずれも神の善から出ている。原始状態の人間はほぼ全面的に神に依存していた。この点、アダムとエバは現代人よりも優れていた。彼らの不従順により彼らと子孫が悪と罪による内部亀裂に晒されるまでは。聖書には信仰が人間を救うという福音がある。「信仰は信ずべき事を懼れず躊躇せずして信ずるを言ふなり」[34]。信仰は信仰の対象に絶対的信頼を寄せることである。しかし内村はそれを達成できない。「我は我が罪の確《たし》かに赦《ゆる》されし証拠《しょうこ》を要《え》す」と彼は述べる[35]。

ここに人間の状況のアイロニーが潜む。罪の許しの証拠をいかに求めても、自力で得られるものではない。神に全面的に頼ることによってのみ、人間の切望する許しの保証は受けられるのである。一度自分が許されたと感じると、他人を許せるようになる。キリストの贖罪により人間の許しは保証され、それによって各人、他の人々を許すことができるのである。しかし神の下に自らを投げ出さぬ限り、この真理は理解できない。かくして信仰によってのみ我々は信仰の奥義を理解できるのである。

キリストの贖罪は、個々の人間が他人の犯した悪に対して提供する部分的償いの最も極端な模範である。リンカンの暗殺による死は程度こそ違え、種類においてはキリストの贖罪にも似た償いの例である。他人を許す人は誰でもある程度、許された人の身代わりになって罪の償いをしている。このような償いは通常、善行の形を取る。罪の償いを信じることは倫理の最終段階であり、宗教の始まりである。しかしすべてにおいて、我々は神に全面的に頼らねばならぬと内村は締めくくる。

＊＊＊

この二つの作品の持ついくつかの特徴には、私小説を先取りしたと思わせるものがある。いずれにおいても、後に続くページの内容と作者との関係が混乱状態にあることが冒頭に紹介される。『基督信徒の慰』の序文によると、この作品は自叙伝ではなく、「著者は苦しめる基督《キリスト》信徒を代表し」、キリスト教の原理をもって自らを慰めようと努めているという[36]。にもかかわらず、本論は一人称で書かれ、自伝の印象を与える。具体的事実の詳細が欠けているだけだ。『求安録』は一人称で書かれてはいないが、著者の体験がかなり織り込まれていることが冒頭に示唆され、罪のもたらす結果を容赦なく追及する点、個人的体験の産物であることを示している。同様の問題に悩んでいる読者は、あたかも自分が内村に直接語りかけていて、内村の言葉はまさに自分自身の状況を語っているように感じるであろう。

いずれの作品においても、内村は高い教育を受けながら社会的に成熟していない読者を対象にし、その内容は、彼らが倫理問題を高い理想主義の立場から、もしくは暗い絶望状態から見るであろうことを前提にしている。理想に身を捧げながらも成熟する過程で経験せざるを得ない現実に対し、妥協もしくは順応しようとする気構えが彼らにはない。読者に罪についての知識があることも前提になっている。罪について憂慮してはいるが、罪が通常、よいことをしようとする結果、もしくは少なくともそれ自体は悪くない欲望を満たそうとする結果もたらされるものであることを、彼らは理解していない。実際、個人が成長する過程でどのようにして罪を犯すに至るかという問題は取り上げられていないし、ある特定の罪の行為が楽しいものである可能性も認められていない。

読者が生活から大して学んでいないことが前提になっている一方、書物からは大いに学んでいることが期待されている。内村の文体ははっきりした構文で分かりやすいが、難しい漢字を使っているのでかなりの国語力が要求される。彼の引喩や引用も西洋の歴史、言語、文学の知識を前提にしている。ウィリアム・ペン、宣教師デイヴィッド・リヴィングストン、一九世紀アメリカの財界人で慈善家のジョージ・ピーボディー、社会事業の先駆者ジョン・ハワード、エリザベス・フライ、スティーヴン・ジラードなどの名がさりげなく登場する。ミルトンの『楽園喪失』、シェイクスピアの『ハムレット』、ゲーテの『ファウスト』、ロウエルの『サー・ローンファルのヴィジョン』、カーライルの『クロムウェル』など西洋の古典、その他、今は本国でもほとんど忘れられている英詩人トマス・フッドやジョン・ゲイなどからの引用もある。大部分の引用は和訳されているが、原文のままのものも多く、彼の思考経路に付いていくには、並ならぬ忍耐力もしくはかなりの背景知識を集中させねばならない。加えて、読者は聖書の知識があり、キリスト教および教会を生活の一部として受け入れていることが前提になっている。かくして内村の作品は、内村同様エリート教育を受け、自らを日本的であると同時に西洋的でもあると考えているグループのメンバーを対象に書かれたのである。

しかし、内村自身の生涯が示しているように、日本的で同時に西洋的という状況に安住するのはた易いことではない。最も困難な問題の一つは、倫理問題を決定する基礎をどこに置くかであった。政府の解釈は次第に、日本的解決法が西洋的解決法とは異なるばかりでなく優れていると考えるようになっていった。内村が導入したキリスト教的基準は文化の壁を超越するもので、個人はただ良心に従いさえすればよいのだと説いている。内村と同じ姿勢を取った他の日本人の多くは、西洋と西洋人の方が明らかに優れているとしてその選択を正当化したが、内村は伝統的倫理の最善のものを自然に達成するものとして推奨した。

内村の議論中の一つの要素は、儒教と仏教を外来のものとして却下することであった。彼の世代の多くの日本人同様、内村も仏教についてはあまりよいことを言っていないし、儒教については、中国が外敵の脅威に対処できなかった元凶であると考えていた。日本人の動物的情欲を十分に抑えられなかった「支那《しな》或は印度《いんど》の微弱《びじやく》なる道徳律《だうとくりつ》」を批判し、[37] 仏教は勤勉により社会を改善すべきであるのに、現状維持を奨励しているとして厳しく非難した。

内村は儒教を外来のものとして拒絶したが、新儒教（Neo-Confucianism）として到来し徳川時代に日本の倫理に取り込まれたものの多くは日本のものとして受け入れた。キリスト教はこの枠内に自然に収まるものと捉えられたので、幼時から学んだ原則を良心的に守れば、クリスチャンになるために新たに必要なものはほとんどなかった。内村の弁明の概略を示すために、二つの考え方に対する彼の姿勢を検討しよう。

仏教に対する彼の批判に表れているように、内村は勤勉と逆境の中で大きな目的を達成できる能力を高く評価していた。別の作品中に内村は、彼が最も賞賛する過去の経済的指導者として、大名の上杉鷹山（一七五一―一八二二）と農民哲学者の二宮尊徳（金次郎、一七八七―一八五六）を挙げている。両者とも、通常誰もが持つ技術を最大限に活用することにより、個人が達成できる事柄を実地に示した。両者とも極貧を克服し、強力な個性と倹約と実践心理学の応用により、荒地から豊かな収穫を上げることに成功した。世襲制の影響もあって、日本の社会は各世代のメンバーが生得権に相応しい人間になる必要性を特に強調した。大名の地位を相続した上杉も、無から出発した二宮も、それぞれ類似した手段により顕著な業績を達成している。

　内村が生きた時代の多くの日本人は、貧しく才能もなく、意欲的な手と心意気以外、持てるものは皆無に等しいと考えていたが、ひたむきな勤勉には必ずよい結果が伴うと信じていた。目に見えるものすべてを錯覚とする仏教の考え方は、分別ある判断に基づき物質的成果を得ようとする努力を挫くものと多くの人々は考えた。内村の解釈によるキリスト教は、日本の伝統と同様に資源の最大限利用を強調した。いずれの伝統においても、既成の倫理観に良心的に従う努力をすれば、個人はより勤勉かつ有能になれた。キリスト教はすべての人間により多くを達成するよう促し、また個人をより急速に成熟させ、より早い時期に理想を達成させた点で、日本の伝統よりも優れていると内村は見ていた。

　ここで「理想を達成させる」と英訳したのは「正義に達する」という日本語である。正義もしくは義は元来、すべての行動の基礎となる不変の原理で、内村はこれを英語の「正しい」という意味に用いた。努力の行き着く所が正義でない限り、それは間違った努力であって中止させねばならない。キリスト教の原理に促されて働く場合は、日本の伝統的な原理により働く場合よりも個人をよりよく正義に到達させられるので、キリスト教は日本人をよりよい国民にすることができると彼は考えた。

　キリスト教の「信仰」の概念はまた、伝統的な善よりも進んだものと見られた。それは「信ずべき事を懼れず、躊躇せずして信ずる」(38)という、個人にとっての道徳的至上命令である。信仰の本質を示すために、内村は「信仰」の語源を分析した。「信」は真実と信頼との関係、つまり信頼は真実に依存する。人間は真実の心をもって神を見なければならない。各人が真実の心を持たぬ限り、神を信頼することも、神の真実を認識することもできない。

神を信じ、神に対して誠実な態度を取る義務は、家来と主人との間の伝統的絆とは異なる。封建制下の絆では、両者は相互の責任により互いに依存し合うが、キリスト教では人間の立場が異なり、母に対する赤子の関係で、我々は愛を受ける存在である。

内村はキリスト教に対するこの新しい概念を、伝統的倫理において最も含蓄の多いいくつかの言語表現と関連づけて分析している。まず、信じることは道徳的至上命令の「義務」から派生する。義務という概念は、社会を構成する個人間の特定の義務と並んで、日常の道徳的枠組み中の根本原理を形成している。次に信仰は、純粋で虚偽のない絶対的誠実さを基礎としたものでなければならず、ここでも内村は伝統的規範に訴えている。信仰は義務であり、完全な誠実さを要求するが、我々が同情を受け入れることができる時に初めて、それが生活の中で効力を発揮する。同情を受けることに対して、自立心の強い人間は魅力を感じないだろう。しかし、この解釈によって内村はキリスト教と日本の伝統的価値観との差異を最小限に留めた。同情を受け入れるにはなお、大きな信仰が必要だったが、これを受け入れることはすなわち、伝統により備えられたものを完成させることであった。変化が時代の風潮であった当時、内村はキリスト教を、伝統的規範の文脈の中でよりよい方向に向かう変化と見なしていた。この点、使徒パウロを思わせる。いずれの場合も、古い伝統からの改宗者が、その伝統の最高の理想を新たに達成させるものとしてキリスト教を擁護しているのである。

『基督信徒の慰』も『求安録』も共に内村が日本のキリスト教のために展開した弁明の一部ではあるが、それ以上に、日本のクリスチャンが直面していた実存的問題を例証するものでもある。信仰を真剣に考えている人々が、キリスト教に対して誤った敵意を抱いている社会の中でいかに生きていくかを学ばねばならぬことを、内村は身をもって体験していた。彼は自分の信仰を真面目に考えざるを得ず、その結果、精神的に大きな苦痛を味わった。その様を彼は詳細に語る。最初はキリスト教の牧師の中で権威ある人々を頼ったが、彼らに全面的信頼を置くことはできなかった。彼らは彼の問題を理解してくれないように思われたし、彼らの権威を疑った彼を

「ユニテリアン」とか「狂人《きやうじん》」呼ばわりした。[39] 絶望の深みから、彼は次に神に向かって、一五世紀の宗教作家トマス・ア・ケンピスの言葉を借り、「爾のみ余に語《かた》れよ」と呼びかける。[40] しかし神に解答を願うことは結局、最終的には自分で決断しなければならないことに気づき、恐ろしいほどの責任感と、大成功かそれとも完全な失敗に終わるかの不測の未来への恐怖感を覚える。彼の倫理的規範から外れると、信仰の大いなる約束が危険に晒されると思われ、神の意志に完全に頼り、彼の良心がその意思を反映する状態においてのみ、安全が得られるとの結論に達する。

二つの作品のいずれにおいても内村は、「個人は一人で立たねばならぬ」との同じ結論に達する。『基督信徒の慰』において、それぞれの災難から立ち直るのは個人の主導に頼った結果であるし、『求安録』では、罪と闘うことができるのは結局、個人だけだと分かる。他人の援助を受けてはならないのである。

＊　＊　＊

内村はこのような結論に達しているが、彼が挙げる証拠を辿ると、次のような非常に異なる結論に達する可能性もある。日本の社会の現実では、真面目な個人は成功を望めない。理想を達成しようとしても、その試みは社会によりことごとく挫かれてしまう。周囲の状況が変化して初めて成功できるのである。幸いなことに、時はやがてよい方向に向いてくれる。絶望の深みから内村は自らを慰めて言う。「我の貧《ひん》は永久迄続《えいきうまでつゞ》くべきにあらず、世《よ》の風潮《ふうてう》の変《かは》り来《きたり》て『我等《われら》の時代《じだい》』とならん時は我《われ》の飢餲《きかつ》より脱《だつ》する時なり」。[41] この引用の含まれている箇所が、自らの理想の故に社会から憎まれていると感じている人たちに対して唯一の解答を与えている。単独では彼らは何も成し遂げられない。彼らは外的勢力の虜になっていて、受身のまま留まらねばならぬと考えている。内村の言葉をこのように言い換えると、疎外の定義に似たものになる。疎外感を覚える者は、自分の力の及ばぬ環境に捕らえられていると感じ、その結果、自らの小さな世界に閉じこもってしまう。『基督信徒の慰』も『求安録』

も、日本の伝統を達成するものとして西洋流の新しい生き方を勧めてはいるが、著者の経験を語ることにより、積極的な生き方を奨励するのと同程度に効果的に、諦めて身を任せるようにと忠言しているようにも見える。読者から見ると、内村は彼が推奨する伝統と外来文化との調和を図ったまさにその結果、自らが不安定な状態に陥っているのを感じていたように思われる。彼が採用した形式は聖アウグスティヌスの『告白録』を思わせるが、結論を見ると、アウグスティヌスが最後に到達した平安はない。解決策のない苦境の描写は、同様の問題に悩む他の者たちを引きつけるものであった。

内村の訴えが文学的にどのような性格のものか、引用で示そう。『基督信徒の慰』の冒頭の箇所は、初めて死を目撃した者に襲いかかる強烈な喪失感を描く。

我《われ》は死《し》に就《つい》ては生理学《せいりがく》より学《まな》べり、之を詩人《しじん》の哀歌《あいか》に読《よ》めり、之を伝記者《でんきしや》の記録《きろく》に見《み》たり、時《とき》には死躰《したい》を動物学実《どうぶつがくじつ》験室《けんしつ》に解剖《かいぼう》し、生死《せいし》の理由《りいう》を研究《けんきう》せり、時《とき》には死《し》と死後《しご》の有様《ありさま》に就《つい》て高壇《かうだん》より公衆《こうしゆう》に向《むかつ》て余《よ》の思想《しさう》を演《の》べたり、人の死《し》するを聞《き》くや、或は聖経《せいけう》の章句《しやうく》を引用《いんよう》し、或は英雄《えいゆう》の死《し》に際《さい》する時《とき》の状《さま》を語《かたつ》て、死者《ししや》を悲《かなし》む者《もの》を慰《なぐさ》めんとし、若《も》し余の言《ことば》に依《より》て気力《きりよく》を回復《くわいふく》せざるものある時《とき》は余は心窃《こゝろひそ》かに其人の信仰薄《しんかううす》きを歎《たん》じ理解《りかい》の鈍《にぶ》きを責《せめ》たり、余は知《し》れり死《し》は生《せい》を有《いう》するものゝ避《さ》くべからざる事にして、生物界連続《せいぶつかいれんぞく》の必要《ひつえう》なるを、且《か》つ思《おも》へらく古昔《いにしへ》の英雄《えいゆう》或は勇《いさ》み或は感謝《かんしや》しつゝ世《よ》を去《さ》れり、余も何《なん》ぞ均《ひと》しく為し能《あた》はざらんやと、殊《こと》に宗教《しうけう》の助《たすけ》あり、復活《ふくゝわつ》の望《のぞみ》あり、若《も》し余の愛《あい》するものゝ死《し》する時《とき》には余は其枕辺《まくらべ》に立《た》ち、讃美《さんび》の歌《うた》を唱《とな》へ、聖書《せいしよ》を朗読《ろうどく》し、曾《かつ》て彼《かれ》をしてその父母《ふぼ》の安否《あんぴ》を問《と》はんが為《た》め一時郷里《けうり》に帰省《きせい》せしむる時讃美《さんび》と祈祷《きたう》とを以て彼《かれ》の旅出《たびで》を送《おく》りし時、暫時《ざんじ》の離別《りべつ》も苦《くる》しけれ共又遭《あ》ふ時の悦《よろこび》を楽《たのし》み、涙《なみだ》を隠《かく》し愁懼《しうく》を包《つゝ》み、潔《いさぎ》よく彼《かれ》の門出《かどで》を送《おく》りし如く彼の遠逝《ゑんせい》を送《おく》らんのみと。

嗚呼《あゝ》余は死《し》の学理《がくり》を知《しれ》り、又心霊上《しんれいじやう》其価値《かち》を了《さと》れり、然《しか》れ共其深《ふか》さ、痛《いた》さ、悲《かなし》さ、苦《くるし》さは其寒冷《かんれい》なる手《て》が余の愛《あい》するものゝ身《み》に来《きた》り、余の連夜熱血《れんやねつけつ》を灌《そゝ》ぎて捧《さゝ》げし祈祷《きたう》をも省《かへり》みず、余の全心全力《ぜんしんぜんりよく》を擲《なげう》ち余の命《いのち》を捨《す》てゝも彼《かれ》を救《すく》はんとする誠心《まごころ》をも省《かへり》みず、無慙《むざん》にも無慈悲《むじひ》にも余の生命《いのち》より貴《たふと》きものを余の手《て》より取《と》り去《さ》りし時始《はじ》めて予察《よさつ》する

を得《え》たり。(42)

後の箇所で教会から「追放」された時を回想するに当たり、内村は次の言葉でその章を書き始める。

人《ひと》は集合《しふごふ》する動物《どうぶつ》なり (gregarious animal)、単独《たんどく》は彼の性《せい》にあらず、白鷺《しろさぎ》の如く独《ひと》り曠野《くわうげん》に巣《す》を結《むす》び、痛切《つうせつ》なる悲《ひ》声《せい》、聞《き》くものをして戦慄《せんりつ》せしむる動物《どうぶつ》あり、翻魚《まんぼう》の如く大洋中《たいやうちう》箇々に棲息《せいそく》し唯寂寥《たゞせきりやう》を破《やぶ》らん為めにか空《そら》に向《むかつ》て飛揚《ひよう》を試《こゝろ》むる奇性魚《きせいぎよ》あり、又は狸《たぬき》の如く好《この》んで日光《につくわう》を避《さ》け、古木《こぼく》の下《した》或は陰鬱《いんうつ》たる岩石《がんせき》の間《あひだ》に小穴《こあな》を穿《うが》ち、生《うま》れて、生《う》んで、死《し》する、動物《どうぶつ》あり、然《さ》れども人は水産上国家《すいさんじやうこつか》の大富源《たいふうげん》なる鰊《にしん》、鱈《たら》、鯖魚《さば》の如く、南米《なんべい》の糞山《ふんざん》を作《つく》る海鳥《かいちやう》の如く、ロツキー山を攀《よ》じ登《のぼ》る山羊《やぎ》の如く、集合動物《しふごふどうぶつ》にして、古人《こじん》の言《い》ひし如く単独《たんどく》を歓《よろこ》ぶ人《ひと》は神《かみ》にあらざれば野獣《やじう》なり。(43)

そして『求安録』には罪から逃れようとする者のディレンマを描く。

利慾《りよく》に依らず、必要《ひつえう》に逼《〔せ〕》まるに非ずして、靄然《あいぜん》たる貴公子《きこうし》の余裕《よいう》を以て他を愛するの念慮《ねんりよ》より我は自己《じこ》を忘《わす》るゝに至り、勝《かち》て誇らず、敗《やぶ》れて絶望せず、働《はた》らきつゝ休《やす》み、休みつゝ働らき、生涯《しやうがい》を楽《たのし》みつゝ之を神と国との為に消費《しやうひ》する我が理想的《りさうてき》の人物と我をなさしむる道は此広き宇宙間《うちうかん》に存在《そんざい》せざるか、嗚呼《〔あゝ〕》我の一生は苦痛《くつう》の一生にして、彼のアラビヤ物語《ものがたり》にある、世の中てふ絶壁《ぜつぺき》の中間《ちうかん》に命てふ一茎《いつけい》の根《ね》に縋《す》がりつき、下に死てふ大蛇《だいじや》が口を開きて我の落来《おちく》るを待ち居れば、年月てふ鼠《ねずみ》が細《ほそ》き危《あやふ》き命てふ茎《くき》の根元《ねもと》を噛《か》みつゝあり、此危険なる境遇《きやうぐう》にたゞ妻子てふ草《くさ》の茂《しげ》るありて恐怖《きやうふ》の中に些少の甘味《かんみ》を呈《てい》すると云ふ有様は永遠《えいゑん》の希望《きぼう》を有する我の享《う》くべきものなるか。(44)

同書の最後の箇所にはテニソンの詩『イン・メモリアム』から引用して神への最終的依存を描写する。

然らば我は何なるか、
夜暗《よくら》くして泣《な》く赤児《あかご》、
光《ひかり》ほしさに泣く赤児、
泣くよりほかに言語《ことば》なし。(45)

クラーク、ハリス、シーリーらの時代まで続いたジョナサン・エドワーズの伝統に従うと、この引用は究極的に楽観主義を反映している。この言葉を信じて唱える者は、神に心から依存する度合いが強いほど、それに比例して自らの叫びが神に聞かれると信じていた。しかし、同じ言葉もそのような伝統を知らない人々には、自らの泣き声を聞いてくれる神などいないと感じる悲しみを雄弁に語るものと思われるかもしれない。『基督信徒の慰』も『求安録』も、読者次第で内村の伝道の目的に添うか、それとも究極的に絶望感を与えるという逆効果をもたらすか、二重の可能性があった。

＊　＊　＊

後に私小説を書くようになる作家の多くは、こうした内村の作品を読み、彼の影響を受けていた。その一人、正宗白鳥は、内村との関係を詳細に綴ったものを残している。その記録は、内村の言葉が六十数年間にわたって彼の思想に刺激を与え続けたことを示している。(46) 正宗は自分の若い頃、『基督信徒の慰』や『求安録』のような作品は他になかったと回想する。前者は読者に激しく迫り、まるで小説のように感じられた。(47) 後者は半世紀後に振り返ってみると、内村の最も重要な作品になっていたという。正宗が内村の中に、自分の頼れる師を見出したのは間違いない。彼は洗礼を受けたが、私小説を書き始めた頃は教会に出席しなくなっていた。

正宗が実際に小説を書き始めてみると、彼の作品はキリスト教を離れ、意味のない個人主義に走っているとの印象を与えた。主人公の一人は、たとえ愛されていても以前よりいっそう孤独で絶望的になり、「イズムも本も酒も女も、自分の能力にさえ、興味の持てない」倦怠感から、迫害されたいと願うようになる。[48] 見合い結婚で妻を迎えた別の主人公は、彼女が人形でしかないと気付く。正宗は個人主義を人間の理想として追求したが、人類への関心に没頭するあまり、彼の最も身近な人への愛情を失ってしまったようだ。三か月前に初対面で嫁いできた彼自身の新妻は、小説中の妻を人形と描いた夫についてどう思ったであろうか。

正宗は作品の中で実存主義的ヒューマニストとも言える立場をとっていたので、一九六二年、彼の死に際し、彼が自らをクリスチャンと考えていたと知って驚いた読者は多かった。[49] 歴史的遠近感をもって見ると、彼の行動はそれほど驚くべきことではない。彼の作品に見られる道徳的基準の欠如は、道徳的文学論を論破した当時の西洋小説の影響によるものであろう。正宗は彼の小説には道徳的要素を望まなかったかもしれないが、個人的には倫理的な決定を下すための確固たる基礎を求めていた。彼を初めとして将来私小説を書くことになる作家たちは、内村の中に彼らの必要に応える二つの要素を見出した。一つは彼らのような人々が社会から受ける苦痛を描く文学的技術、第二はそうした苦痛にもかかわらず、ひたすら自力のみに頼って正しい生活を送ろうとする試み。いずれにおいても彼らは内村の達成した所にまで到達していない。内村を強力な信仰に導いた同じ社会的圧力を受けながら、彼よりも年下で彼ほどの信仰を持たぬ者たちは、先の見えぬ無為な内省に陥るしかなかった。

内村の作品は私小説の先駆けになったと述べたが、それ故に伝道のための作品として失敗したわけではない。内村の忠実な弟子となった多くの者たちが、『基督信徒の慰』と『求安録』を読んで信仰に導かれたと述べているし、正宗はこの二冊の本を通して、一つの信仰を否定し、別の特別な信仰を肯定するよう促されたと回想している。クリスチャンたちは、教育を受けたエリートたちと同様のハンディキャップのもとに苦しみ、信仰心の最も篤い者さえ時たま、信仰の故に他の日本人と気楽に付き合えないと嘆くこともあった。『基督信徒の慰』は特に、このような人たちが言いたいと思っていることの多くを代弁している。

これらの作品を伝記の資料として見ると、〝不敬事件〟後の絶望が内村をどれほど無力な赤子の状態に戻してしまったかが分かる。結論を書き終えて初めて、彼は絶望による束縛から解放されたようだ。そして今や、彼の問題のそもそもの元凶と思われる外国人に向かって、彼はようやく語りかけることができるようになった。

第四章　自己と祖国の弁明

内村はクリスチャンが日本で生活する上での困難な状況を描いた二冊の本（『基督信徒の慰』および『求安録』）と同時期に、西洋の読者向けに英語で二冊の本を書いている。一冊目の『余は如何にして基督信徒となりし乎』は一八九三年一一月に、二冊目の『日本及日本人』は日清戦争が始まり、西洋が日本に関心を向け始めた一八九四年九月に書き上げた。

『余は如何にして基督信徒となりし乎』(1)は、キリスト教が改宗者の心に引き起こす激しい変動に西洋のクリスチャンは同情すべきだと訴えている。五三〇〇〇語に上るこの作品は、率直な自叙伝として読者の心を打つ。副題の「余の日記より」はこの印象をいっそう強める。日付入り日記からの直接引用で構成され、これに付則説明と内容に関連する主題についてのエッセイが加えられている。『余は如何にして基督信徒となりし乎』は、本書の中で内村の誕生から米国留学より帰国するまでを記述した部分の主要資料になっている。家族の背景と子供時代、キリスト教への改宗、札幌の学生教会、東京での不安定な一年、米国到着、知的障害児療護院での仕事、アマースト大学およびハートフォード神学校での生活、そして帰国時に感じた「キリスト教国」の印象を記した箇所である。

作品中のエッセイには、著者の誠実さに読者が心を打たれ、彼に対する同情を禁じ得ないような文体を使用した箇所が多い。内村が米国に到着し、予期していた楽園でないことを知った時の幻滅を描いた段落もある。「おお、天よ、余は破れた！　余は欺かれた！　余は平和ならざるもののために真に平和なるものを捨てたのである！　余の旧い信仰に立ち帰るには余は今は余りに生長し過ぎている、余の新しい信仰に黙従することは不可能である。おお、祝福された無知が慕わしい！　それは余のお祖母さんを満足させたものより以外の信仰を余に知らせずにおいたかもしれない。それは彼女を勤勉、忍耐、真実ならしめ、そして彼女が最後の息を引き取ったとき一点の悔恨も彼女の顔を曇らせなかった。彼女のは平和であった、余のは疑惑である」（鈴木俊郎訳[2]）。

哀れみを求める箇所もあれば、思いがけぬ風刺が突き刺す箇所もある。例えば、キリスト教国特有の冒瀆に初めて出くわしたときのショックを次のように描く。

しかり、少くともある意味のヘブル語法はアメリカでの普通の語法であることを知った。まず第一に誰でも一つヘブル名前をもっている、馬でさえそこでは洗礼名をつけられている。我々は極度の畏懼《いく》と尊敬の念なしにはけっして発音しなかった言葉が、労働者、御者《ぎょしゃ》、靴磨き、その他のよりりっぱな職業の人々の唇《くちびる》に上る。わずかな立腹にも一々何かの宗教的誓言がともなう。ホテルの談話室《パーラー》で我々は外見立派な一紳士に新しい大統領当選者（クリーブランドであった）をどう思うかと質問した、彼の力をこめた答は強烈にヘブル的であった。『By G－（－様にかけて）』と彼は言った、『あいつは悪魔だ。』紳士は後で頑固《がんこ》な共和党員であることがわかった。我々は移民列車で『東部』に向かって出発した、汽車が急停車して我々がほとんど座席から投げ出されそうになったとき、同乗客の一人は彼の立腹をまた別のヘブル語で表現した、『J－Ch－（イー・キー）』と。（同上[3]）

その後、内村は当時東海岸に流行していた人種差別を彼がどのように理解したか、そして東洋人がひとからげにされ日雇い労働者を意味する「中国人」とみなされてどんなに傷つくかを実例で示している。

若い日本人技師の一団がブルックリン橋の調査に行った。橋脚の下で吊牽《つりづな》の一本一本の構造と張力が論議されていた時であった、シルクハットをかぶり眼鏡をかけ整った身なりの一アメリカ人紳士が彼らに近づいた。『やあ、ジョン』と彼は日本人科学者たちに割り込んだ、『こういうものはシナから来た君たちには恐しく不思議に見えるに違いあるまい、どうだい。』日本人のうちの一人が無礼な質問をきめつけて言った、『アイルランドから来たあなたにもご同様に違いない』と。紳士は怒って言った、『とんでもない、僕はアイルランド人ではない』と。『では同様に我々はシナ人ではない』というのが柔《やさ》しい返事であった。それは見事な一撃であった、シルクハット紳士はふくれてしまった。彼はアイルランド人と呼ばれるのを好まなかったのである。（同上）(4)

このような箇所を通して読者は内村の関心事に引き込まれ、彼の率直さを信じる。引き込まれないためには本を閉じてしまうしかない。この本を読み通した人は、最終的に著者に同意してしまう。その結果、内村の伝記作家は長年、その内容を事実と受取ってきた。伝記に値する人物で自らの青年時代についてこれほど説得力をもった記述を残した例はあまりないが、この資料にのみ依存すると誤解を招く。特に内村の渡米の動機を論じる際に不十分である。内村がアメリカに渡った理由を追究すると、この本の邦訳が日本人には評判がよく、原書が意図した米国の読者には人気がなかった理由がわかる。同時に、彼の伝記の事実も明らかになる。

別の資料を調べると、彼の渡米の動機に関係のある二つの重要な点、すなわち結婚とキリスト教への改宗に関して、『余は如何にして基督信徒となりし乎』の内容が修正される。その資料によると、この二つの事実は彼の生涯で中枢をなす出来事であったと思われる。内村が後に生涯のこの部分を率直に書くことができなかったという事実は、西洋文化から受けた影響について深いアンビヴァレンスを持っていたことを反映している。彼は自分の改宗も結婚も西洋の侵入の結果と考えていたが、この西洋の侵入が彼を同胞から引き離した。西洋の影響によって形成された人間に自分が本当になりたいのか、彼は自信がなかった。このアンビヴァレンスが彼の作品に鋭い切れ味を与え、読者を引き付けるか、もしくは反発させた。この本が読者に与えた影響を検討するには、まず最初に西洋の侵入とこの二つの事件との絡み合いを内村がどのように見ていたかを理解することが必要である。

内村はこの二つの出来事が起こった時期について書くに当たり、自分は周囲の力の前に無力な犠牲者であって、自分の取った行動には何の責任もない、と思われるように事実を並べている。しかし同じ本の別の箇所から、強い責任感を反映する動機もあったことが窺われる。

前章で扱った二つの日本語の作品、および同じ頃書かれたもう一つの作品である彼の最初の聖書解説書『路得記』を読むと、二つの事件が内村にかくも大きな苦痛を与えた理由が判明し、補足的洞察が得られる。内村は一九〇〇年、聖書研究の専門家になるが、それ以前に解説書の形式で書かれた彼の作品は、実際は別の目的に使われていた。『路得記』はキリスト教界に対し、彼の離婚とタケとの和解拒否を自己弁明しているように読める。

内村は『余は如何にして基督信徒となりし乎』と三つの日本語の作品を一二か月以内に書き上げている。書き終わった時点で、心の病からようやく抜け出しつつある患者のように、あやふやなカタルシスにも似た気分を味わったようだ。ベル宛ての手紙に彼は打ち明ける。「今年は自分の個人的経験について多くを書いてしまい、少なくともしばらくの間はもう自分を曝け出すものは何もありません」(5)。

内村の生涯で、結婚とその後の離婚ほど彼に苦痛を与えたものは他になく、読者は著者がこのような個人的問題について細々と記述することは期待しないだろう。同じ作品の中で、動機や罪の問題といった別の個人的問題への関心は示しているが。離婚は大きな問題だったが、それについて述べるよりも、内村は札幌農学校入学から渡米までの期間に自分が行なったあらゆる決断を、外力に対する反応と解釈して記述している。クリスチャンになったのは級友に勧められたからであったし、ホセアの言葉を借りて、札幌から東京へおびき寄せられたと述べ、「心の中の真空状態」は埋められねばならず(6)、そのために彼は渡米することにしたのだと言う。

この方法を使えば、改宗についても離婚についても責任回避ができる。しかし、渡米のための現実の旅について書き始めると、外力への責任転嫁は消え、自分の動機に鋭い関心を向ける。「人となるため、そして次に愛国者となるために」(7)彼は出発する。ペンシルベニアに着くと、「マルティン・ルッターをエルフルト僧院に追いやったとやや同じ目的」、つまり「来るべき怒りからの避難所」を求めて、[8] 知的障害児療護院の看護人として病院勤めを始める。目に見えぬ力に翻弄される無力の人間という比喩に代わって、罪の意識から来る率直な懸念が現れている。

内村はなぜ、罪に追い詰められていると感じたのであろうか。クリスチャンの告白文学はこのような状況を当然のことと受け止めているので、読者は内村の経験もありふれた現象のもう一つの例として受け入れがちである。しかし、深層心理が示すところによると、罪の意識がもっと特定の関心事を覆い隠す役割を果たすこともあるという。『余は如何にして基督信徒となりし乎』の中には、内村がそのような感じを抱く特定の原因は見当たらない。自らの純粋さを汚すのではないかという青年時代の不安も、キリスト教への改宗にまつわる懸念も、読者から見ると悪い行為ではなく、小心のなせるところと思われるが、彼自身はそのように軽く見ることはできなかったようだ。こうした問題はかなり大きな不安の原因として尾を引き、その後タケとの離婚が重なって、深刻な精神的危機に彼を追い込む。こうした危機に直接言及している箇所がないので、主として上記三冊の日本語の作品に時折出てくる言葉に頼らざるを得ない。それによると、彼の罪の意識は、母親を選ぶべきか、それともタケを選ぶべきか、二つの忠誠心の対立から生まれたものであることがわかる。

彼がグロースターでブルーベリーを食べながら書いた日本人の性格に関する英語の論文には、結婚に際し父母の元を離れなければならないことは、日本人の良心に緊張状態を生み出すとある。また帰国後書いた『路得記』には、姑に対する嫁の義務がより深く追究されている。この本の大部分は単に聖書の話を解説付きで紹介しているだけだが、ある箇所でこれを「女大学」と呼び、日本にとって特別に意味があることを指摘している。[9]「女大学」という表現は日本の読者に、日本社会を特徴づけていた倫理原則全体を想起させる。嫁姑間の摩擦を減らすためのものだったが、これらの原則は簡単な解決法を推奨することにおいて一致していた。すなわち、嫁は将来、自分が姑になったときの満足感を期待して、今は服従すべきだ、というのである。

このような伝統に照らしてみると、女性に対して一九世紀末のリベラルなプロテスタント平等主義が抱いていた理想は、西洋の理想のその他の部分には不都合を感じなかった多くの日本人に懸念を抱かせた。内村のように一八八〇年代、西洋化をあらゆる点で受け入れた者たちは、一八九〇年代になって西洋化への反動が起こったとき、こうした女性観が西洋文化の中で最も非難される要素の一つになっていることに気づく。日本人牧師、田村直臣（一八五八―一九三四）は西洋化の最盛期に書いた日本語の著書の中で、アメリカ人の女性に対する態度は日本人のものよりも優れているとして推奨し、当時は異論を唱える者はなかったが、一〇年後、同じ材料を使って英語で *The Japanese Bride*（日本の花嫁）(10) を出すと、仲間の長老派の牧師は怒り、彼を追放した。

良心的な日本人は、母と嫁のどちらかを選ばなければならない場合、選択の余地はなかった。少なくとも日常の摩擦の緊張を逃れる手段として、若い男女が心中するという民間伝統もあった。母の側に付けば「義理」を尊ぶことになり、妻の側に付けば「人情」に溺れることになる。社会は人情を選ぶ者を、利己的な欲望のために親への義務を捨てた者と見なした。

内村は姑ナオミに対するルツの忠誠心に、日本の伝統的態度の先例を見出した。この発見は同じ問題に悩む多くのクリスチャンを安堵させたことだろう。同時に内村はキリスト教界に対し、タケに対する彼の非妥協的態度を弁護することができた。彼の著作、およびその後似通った状況下で彼が取った行動から見ると、彼自身にとって問題は未解決のままであったのではないかと思われる。まず第一に、離婚の原因は嫁姑の不仲だけでなく、真偽の程はわからないが、タケの不貞もあったことを彼は知っていた。伝統的倫理観は、結婚が家族にとって益になっている限り、当事者間で時折羽目を外しても自然のこととして大目に見ていた。

しかしこの点で、内村の中の現代的・西洋的・キリスト教的要素は納得しなかった。彼は両親の反対を押し切ってタケに結婚してくれるよう頼んだのだが、母からタケを守る勇気はなかった。キリスト教に改宗した結果、良心に従う責任を感じていたが、後から振り返ってみると、これを実行していたとは言い切れなかった。ともあれ、結婚に失敗した上、タケとの和解を拒んだため、仲間のクリスチャンからの尊敬を失い、海外へ追いやられたのである。

離婚がきっかけとなって祖国に奉仕するという神への責任を果たせなくなったと考えた内村が重い罪悪感を覚えていたことも、作品の各所から窺える。彼は絶望し、息子として母の膝元に、ないしは夫として妻に、慰めを求める。渡米に際し、「まず人となるため」と言っているが[11]、「人」には「大人」と「有能な男」という二つの意味が含まれていた可能性がある。しかしこれも叶わぬ願いで、『余は如何にして基督信徒となりし乎』の次のページには、日本の愛国心の象徴と、保護を求める子供じみた願望とが混ぜ合わせになって出てくる。「永遠の雪を白く戴いて厳然と西空に懸かるかなたの秀峰――あれは彼女の純潔な眉、国民の心の鼓舞者ではないか。峰をめぐる松に蔽われた山々、その麓に横たわる黄金の畑――あれは余に乳を含ませた胸、余を取り上げた膝ではないか」[12]。

内村が米国へ旅立ったとき、彼にとって母はいまだに彼を保護してくれるものの象徴で、彼の目指す「人」の前に立ちはだかっていたのではないか。渡米により彼は彼女から引き離され、自立せねばならなかった。『路得記』中の別の箇所には、現代女性が家事と無関係な新しい趣味や技術に関心を持っていることを指摘し、彼女は「洋琴《やうきん》を弾《だん》ずるを知《し》ると雖《いへど》も其良夫《そのをつと》を慰《なぐさ》むるを知《し》らず」と述べている[13]。タケは、彼が母に対して彼女を守ることができなくなるようなことを無意識にしていたのである。一つ屋根の下で母とタケが彼に仕えていたわけだが、母のほうが妻よりも彼の欲する支えを提供できたのであろう。

このような実例をみると、自分の罪は母が代表する社会の要求と彼の良心が代表する新しい信仰とを調和させることができなかった結果であると確信する内村が、『路得記』の中で伝統的な価値観にのみ合致する解決法を捻出していることがわかる。伝統的価値観を満たすことのできるルツの例は、存命中の夫を持つケースには触れていない。ルツも姑も寡婦だったので、本人同士のことさえ考えればよかったが、内村の方程式では嫁にも姑にも夫が存在していた。

聖書のホセア書には、不貞の問題について別の解答が与えられている。すなわち、夫は不実の妻に対し、積極的に和解を求めている。内村は上記の文を書いていたとき、ホセアの例は知っていた。彼に洗礼を授け、結婚させ、その後友人になっていたM・C・ハリスは彼にこの例を示し、タケとの和解を奨めていた。しかし内村は同じホセア書の別の箇所にある誘惑の例（この場合は男性が女性を誘惑するのだが）(14)を証拠に、神は彼を米国へ導いていると考えた。和解が成功すれば、それが引き金となって母との意見の対立が強まったであろう。彼はおそらく無意識に女性の立場から判断し、男性として責任を取ることはしなかった。

『路得記』その他の著作で内村は伝統と母親を優先する解決法を取っているが、心の底では母と彼がタケを不当に扱ったことを認めていた。『路得記』において彼は、強者が弱者を労わる点でキリスト教倫理のほうが日本の伝統的倫理よりも優れていると擁護している。彼の母はもっと理解を示すべきであったと読者は直感する。別の箇所には、内村がタケに苦痛を与えたこと、そして結婚に見当違いの希望を託していたと認めるに至ったことが示されている。『基督信徒の慰』の中に、彼は仲間のクリスチャンに見捨てられたとのみ書き、その理由は述べていないが、実はタケとの和解を拒んだためと思われる。当時、「余の位置《ゐち》は可憐《かれん》の婦女子《ふぢよし》がその頼《たの》みに頼《たの》みし良人《をつと》に貞操《みさを》を立《た》てむが為め頻《しき》りに良人《をつと》を頌揚《ほめあげ》たる後《のち》或《あ》る差少《させう》の誤解《ごかい》より此最愛《さいあい》の良人《をつと》に離縁《りえん》されし時の如く(15)」と述べているし、『求安録』には家庭（ホーム）が彼の罪悪感に対する解決法になるかも知れないと示唆して、このような結論に至った経緯を示すために、次の詩を引用している。「されど汝、黒き瞳と麗しき声の乙女を受け入れよ、汝の悲しみを忘れ、陰気な思いは捨てよ(16)」。数行先には「我の平安を求むる所にあらずして平安を与ふる処なり(17)」と簡潔に結んでいる。

内村は自分が結婚に失敗したのは、一部には、新妻を理解してやれず、十分に支えてやることもできなかったためであったと気づく。その後再婚した妻たちとは両親と別居して衝突を避けたことから見て、彼がこの問題をどれほど重視していたかがわかる。
約三〇年後、内村はキリストが伝道の初期にシモン・ペテロの姑を癒した奇跡を解説するに当たり、狂喜せんばかりの態度を取っている。(18) その女性はイエス・キリストとは関係のない人物だが、イエスが嵐を静めた奇跡の記述のすぐ前にこの奇跡が挿入されていることには、「我等は此小なるが如《ごと》くに見ゆる奇蹟の内に、深き大なる意味を発見せねばならぬのである……其意味を探るのが我等の義務又歓喜《よろこび》である」という意味があると彼は述べている。この奇跡は実際、家事の重要性を示しているし、イエスがカナで水を葡萄酒に変えた奇跡は結婚を祝福している。主婦が「神の前に……特に貴くある理由は、彼女自身は己の貴尊《とうとき》を思はず、世も亦全体に彼女の貴尊を認めざるが故である。……炊事も愛を要し、裁縫も愛を要す。愛なき食物に味はなし、愛なき着物《きもの》に温味《あたゝかみ》なし。味なき冷たき社会の根柢に於て味と熱とを供する者は家庭であって、其源は主婦である」。イエスはこのことを知っていて、シモンの姑を癒すことにより、主婦の働きを祝福した。「事は小事に非ずして大事である。初代の基督信者がイエスの此奇蹟を重要視した理由は此に在ったと信ずる」(19)。タケはまさにこの家事を疎かにしたのであった。

　内村にこうした強烈な内省を余儀なくさせた主要な出来事は離婚であったが、キリスト教国に到着し、自分の期待が外れたとき、キリスト教への改宗という、離婚よりも前に彼が行なったもう一つの決断そのものが果たして賢明であったか否かを疑い始めた。アメリカ人に受け入れられないと知ったとき、改宗により大部分の日本人から隔絶されながら、より大きなキリスト教の共同体にも入れてもらえないと知ったのである。彼は献身的だったので、仲間の多くが行なったように改宗を忘れて信仰を捨ててしまうことはできなかったが、自分の改宗が「不幸」であったことは指摘している。(20) ある時、彼がアメリカで体験した二度目の改宗について原稿を書いたことがあるが、「汝、われを欺きたり」と英語で神に対する抗議書を付け、落胆して焼き捨ててしまったと、内村は後に回想している。(21)『余は如何にして基督信徒となりし乎』の中で最初の改宗を振り返ったときは、彼の敏感な良心に若干咎めを感じるほど事実を誇張し、上級生から「誓約書に署名することを強制された……。余の名は一つか二つおいて最後にあったと思う」と記している。[22]

本書の第一章で彼の生涯の出来事を記す際に使った級友たちの証言に基づくと、内村の記述は一つの重要な点で食い違っている。彼が署名に反対する仲間を先導し、地元の神社に出かけたことは仲間も証言している。そこで「余は枯れた雑草のうえにひれふし、いきなり祈り出した、そのとき以来かつて余が基督教の神に捧げたいかなる祈りにも劣らない真剣で純粋な祈りであった」と彼は回想する。彼が反対派のリーダーだったことは級友の証言と一致するが、最後から二人目か三人目に署名したことと、仲間が署名したことで自分は「ひとり依然としてはなはだ憎むべき偶像崇拝者、度しがたい木石礼拝者[23]」として取り残されてしまうと恐れたことは一致しない。彼の名は実際は署名者のリストの真ん中あたりにあり、宮部が署名した翌日に載っている。[24] 内村は署名もせず、その後クリスチャンにもならなかった級友たちと、かなり共通した仲間意識を持っていたと思われるが、遠慮がちに自分の名前は一つか二つおいて最後にあった「と思う」と述べることで、この決断に彼の野心的動機が重要な役割を担っていたことを暗黙に認めていると見ることもできよう。

渡米して彼が感じた罪の意識は、彼が故意に祖国を見捨て、彼の新しい神に対して罪を犯したという恐れから出たものであることは間違いない。キリスト教への改宗により同胞の信仰を捨て、恋愛結婚により親孝行という基本的原理に背いて伝統的倫理を愚弄したのであった。しかし、一度結婚しながら、タケの和解の要望に対して非妥協的態度を取ることも、新しい信仰の下で罪になると彼は信じていたようだ。自らの体験を題材にした書物をすべて書き終えた時点で、彼は日本文化の要求を満たし、自分の良心もある程度満足させられる解決法を見出していた。この中に、内村が自分の抱える問題を直接、率直に論じた本はないが、『余は如何にして基督信徒となりし乎』ではこうした微妙な問題を他の本よりは直接扱っている。同時期に書かれた日本語の本と合わせて使えば、内村が西洋の侵入の結果をどのように解釈していたかがわかる。それは彼の未解決の葛藤の原因であり、西洋を攻撃する理由でもあった。西洋と西洋人は多くの点で彼を傷つけた。その西洋化の体験を率直に描写しようと試みる彼の苦悩に満ちた言葉に、刺激を受ける読者もいれば、苛立ちを覚える者もいた。

辛らつさは時を経てもその効果を失うことはなかった。一九四五年の終戦直後、岩波書店が新しい内村全集を出そうとしたとき、占領政府は危うく『余は如何にして基督信徒となりし乎』を入れることを許可しないところだった。検閲者の目には反米的に見えたのである。[25]

＊　＊　＊

内村の二冊目の英語の作品『日本及日本人』[26]には、著者が次第に自信を取り戻している様子が窺える。『余は如何にして基督信徒となりし乎』は、キリスト教への改宗者の窮状、ひいては苦悩する日本人全体に対する同情を求めているのに対し、『日本及日本人』は内村自身の由緒ある背景を西洋の読者に提示する。六章から成り、日本の過去の指導者たちが西洋の偉大な指導者同様、徳の高い人物であったという論旨で書かれた。この指導者たちがキリスト教を知っていたならば、西洋史のいかなる人物にも匹敵する大人物になっていたであろうとの含みである。

序章には日本の国土と人間が紹介される。内村は地理が人間の行動に影響を及ぼすと信じていた。ヨーロッパが山により多くの小国に分かれているのと同様、日本も山により多くの政治単位に分かれ、そのため両者の住民は身長の差以外、似通っていると彼は考える。

続く五章では、それぞれ特定のタイプを代表する五人の偉人を扱う。各章の最初には、その章の人物のタイプが日本社会に持つ重要性を論じる。上杉鷹山は荒地から実り豊かな大地を取り戻した封建時代の理想的領主、二宮尊徳（金次郎）は勤勉と廉直により経済開発の責任ある地位にまで上った封建時代の理想的庶民である。

西郷隆盛（一八二七―七七）は日本の政治家を代表する。彼は日本を近代化への軌道に乗せた人物と内村は考える。人柄は謙遜で率直、クロムウェルのごときピューリタン、維新戦争の有能なリーダー、同時に慈悲深く、維新戦争では東京を戦火から救った。唯一の欠点は部下の意見を取り入れ過ぎたことで、一八七七年の謀反に関わり、失脚する。私利私欲を捨てて国家のために働くことにより、日本をルターのドイツ、クロムウェルの英国、ワシントンの米国のごとき「道徳的基盤に立つ国」にした[27]。

中江藤樹（一六〇八―四八）は倫理の教師を代表する。学者肌のサムライで、学問を修めた後は有望な出世の道を断り、郷里に戻って母親の面倒を見た。教師としての彼は現代の教師を遥かに凌ぐ。小さなグループしか教えず、生徒一人一人の名前を覚えていた[28]。彼の道徳的清廉さは郷里の地域全体に影響を及ぼし、死後三〇〇年経ってもインスピレーションを与え続けている。

内村が挙げる最後の人物は日蓮上人、一三世紀の偉大な仏教預言者である。内村は二つの点で彼をルターと比較する。第一は宗教団体の罪悪に対する懸念、第二は信仰の源泉として一冊の本のみを採用したこと。ルターが聖書を唯一の拠り所としたように、日蓮は法華経を採用した。『立正安国論』において日蓮は彼の宗教的信念に立ち、国の指導者たちに対して、彼らが正しい生活をしなければ日本は滅びると警告した。要するに日蓮は「しんそこ誠実な人間、もっとも正直な人間、日本人のなかで、このうえなく勇敢な人間」であった[29]。その数ページ後に、内村は次の言葉でこの章を締め括る。「闘争好きを除いた日蓮、これが私どもの理想とする宗教者であります[30]」。これを書き終わりながら、彼はおそらく、新潟の学校で日蓮をカリキュラムに入れようとしたとき宣教師たちと議論が起こり、結果的に辞任に追い込まれたことを思い出していたであろう。

内村がここで紹介した人物については、その後の研究でもっと優れた伝記が出ているが、日本を日本人以外の人に解説する書物の系譜では重要な場所を占めている。『日本及日本人』は長年、主題の五人の人物に関して英語で書かれた最善の資料だった。例えば姉崎正治（一八七三―一九四九）の日蓮に関する作品より二〇年前であるし、R・C・アームストロングの二宮尊徳伝よりも一五年前である。

『日本及日本人』も『余は如何にして基督信徒となりし乎』も日本を外国に紹介する歴史の中で重要な文献であるが、その重要性は紹介されている中味よりもむしろ、内村と当時の日本人について明らかにされる内容にある。日本についての事実を西洋人に向かって語り始めたとき、内村はこれを語り終えれば外国人は日本人を同等の者として扱ってくれるだろうと期待した。日本と西洋の間を取り持つ仲介者の立場を取り、西洋は日本を尊敬していないが、西洋の言語と西洋の知識を使うことにより、相手が日本人を尊敬してくれるようになることを願った。

近代日本の発展段階で、日本を外国に「説明」する試みは主要な課題であった。一九二〇年代から一九三〇年代、実情を説明するのは次第に困難になり、事実を正当化しようと試みる者は大きな苦痛を味わった。その試みは確実に新渡戸の死を早めた。彼は一九三三年、カナダのバンフで開かれた太平洋問題調査会会議に出席し、満洲での日本軍の行動について日本の政策を弁護しなければならず、帰国途上、ブリティッシュ・コロンビア州のビクトリアで帰らぬ人となった。日本の軍部は、国の外交政策を弁護する穏健主義者たちを嘲り始めていた。

新渡戸は日本文化を紹介する作品により西洋で知名度を上げた多くの作家の一人である。彼の『武士道』は今も売れ行きがよく、しばしば引用される。岡倉天心の『茶の本』、同じく二つの文化の仲介者となったラフカディオ・ハーンの作品なども同様である。内村のこの種の作品はこうした作品ほど知られていないが、他よりも早い時期に出ている。最初の英文エッセイ「大和魂の道徳的特徴」（"The Moral Traits of the Yamato-Damashii"）は一八八五年、『日本及日本人』はハーンの最初の本と同じく一八九四年に書かれた。『武士道』の五年前、『茶の本』の一二年前である。

一八九〇年代、西洋の言語で書かれた多くの旅行記は、日本を小人と箱庭のような風景のお伽の国として描いた。日本人にとってさらに腹立たしく思われたのは、主要な港町で英字新聞が発行され、編集者は自らの見聞を正確に理解することより、辛らつな批判を特技とするような外国人で、一九〇〇年にはそのような新聞が一〇種ほど出ていた。

その頃は英語を十分習得した日本人も増え、外国人に対して英語で反論することができるようになっていた。少なくとも日本の主要な雑誌の一つが一八九四年、英語版を出版し始め、一八九七年、政府は同じ目的のために『ジャパン・タイムズ』のスポンサーになったようだ。内村自身も一八九七年、東京に呼ばれ、主要な邦字新聞『万朝報』の英文欄の主筆になったし、片山潜（一八五九―一九三三）さえ、『労働世界』を創刊するに当たり、英語のページを計画した。

自国を弁護するという重責を果たせるだけの十分な教育を受けた者たちは、困難な状況に直面した。彼らは西洋人が日本人は彼らと同等になれるはずはないと考えていることに傷ついていた。『余は如何にして基督信徒となりし乎』の中にはこのような考えに対する内村の反応を示す箇所が多々あるし、その後の作品にはさらに多く出てくる。ある時、アメリカ人の牧師から、アメリカの教会を注意深く研究して帰国後同様の教会を日本で建てるようにと言われ、内村は、アメリカ人の模範となるような、真に独立した教会を建てる、と返答した。牧師は呆れて彼の妻に向かい、「汝は今此日本の青年が何んと言ひしかを聞きしか」と言った。[31] 後年、三〇年前の京都時代を振り返った回想によると、著述家として自立しようと苦闘していた内村に対し、たまたま訪ねてきたアマースト時代の級友は、彼にオリジナルな作品が書けるとは信じられず、「何を翻訳しつゝある乎」と尋ねた。「余は自分の思想を著はしつゝある」と答えると、「本当に《インディード》！」とただ驚いていたという。[32] ドイツの著名な東洋学研究家オスカー・ナホドが『日本及日本人』の一九〇八年版を「日本語の作品の英訳」としてリストに載せているが、[33] 内村がこれを知っていたら苛立ちを覚えていたことだろう。彼の友人や東洋学の専門家がこの有様では、西洋の一般の読者から何が期待できたろうか。

外国から十分な尊敬を受けていないことを示すこのような実例に苛立ちを覚える一方、日本が真により多くの尊敬を受けるに値するか否かの疑念もあり、内村や新渡戸のような敏感な人々は日本を弁護するのにいっそう苦心していた。当時、西洋人が高度の教育を受けた日本人に対してさえ本質的に優越感を持っていたということは、一世紀後の現在では忘れられがちである。そのような状況下で良心的に平等を主張することは不可能に思われた。『求安録』の記述をみると、内村は日本人が体質的に西洋人ほど酒類の影響をコントロールできないと考えていたことがわかる。また、彼が後に取り上げるテーマの多くを概説している初期の作品の中で、「我々が強壮なコサック人や筋力たくましいスコットランド人と戦場で互角に戦うことができるかどうかは疑わしい」と述べている箇所もある。(34) 日露戦争の勝利でこのような疑念は多少薄らぎはしたが、体格の差からくる劣等感を完全に追い払うことはできなかった。内村は『日本及日本人』の序論で蒙古人種を劣った人種と仮定し、当時、アジア人が西洋人との平等を主張するには、結局精神的卓越に拠らねばならぬと考えた。理論上は、技術的改善を望めばその実現は可能であった。しかし、人間の肉体的構造は易々と変えられるものではなく、少なくとも大人になってから骨格の大きさを調整することは無理な話だった。

このような悲観的事実が作用して、自国の伝統を弁護しようとする人々の言葉は辛らつになっていった。彼らは日本に関する特定の事実を美化せねばならず、日本のあまり芳しくない面を外国人に知らせた人を自国に対する裏切り者と感じた。日本長老派教会が『日本の花嫁』の著者を追放したのは、少なくとも部分的にはこのような背景からであった。

＊　＊　＊

内村は『日本及日本人』を書き上げる一年近く前に『余は如何にして基督信徒となりし乎』を書き上げていたが、後者の出版社を捜すのに苦労し、前者の一年後にようやく出版することができた。原稿を外国人の友人に見せたとき、出版が難しそうだということを即座に感じた。「馴らされた犀」が語る改宗の物語を知りたがっている人々が喜んで読んでくれるものと期待していたが、京都で彼が原稿を見せた宣教師は彼がアメリカについて述べた内容が気に入らず、アメリカの出版社も同様の反応を見せた。結局、日本の出版社から出し、その後プロテスタントの作品を手がけているシカゴの出版社が米国版を出した。

米国版は批評界の受けはよかったが、売れ行きは失敗だった。ウェスタン・リザーヴ大学の学長は熱賛して評する。「すばらしい本だ。人生の危機に対処する人間の研究。強力な頭脳の持ち主と親しく知り合うことは、なんたる満足！」[35]少なくとも六つの書評が出て、すべて好評だった。「本書はユニーク。風変わりで面白く、強力で独創的な考えや表現に溢れている」[36]。「本物できびきびと活気がある。聞く耳を持つ者には激励のラッパの響き」[37]。「比較宗教学、外国伝道に携わる宣教師、それにキリスト教弁証学にも貢献する文献で、大いに価値がある」[38]。「キリスト教世界と異教世界の関係を示すもので、異教の側からこれほど面白く価値ある本が出たのは初めてだ」[39]。売り上げはこのような書評の期待には応えなかった。米国でも日本でも再版されることはなかった。一世紀後、アメリカ人が自国に対する批判をそれほど気にしなくなった時代から見ると、有名なアレクシス・ド・トクヴィルやチャールズ・ディケンズの旅行記のように、日常生活に魅力ある光を投げかけてくれる名著なのだが。

一八九〇年代、英語の世界が内村のメッセージを受け取る準備ができていなかったのに対し、西ヨーロッパはその一〇年後に内村の本を歓迎した。米国版が一冊、ドイツの神学者ウィルヘルム・グンデルトの手に渡り、彼はこの本を読んだ後、日本に来て数年間内村の近くに住み、内村と共同作業をした。彼は『余は如何にして基督信徒となりし乎』をドイツ語に訳して出版にまで漕ぎ着け、再版も出た。その後デンマーク、スウェーデン、フィンランド、フランスでも訳本が出ている。フランス語版は多分、海賊版だった。フランスの政治家、老ジョルジュ・クレマンソーが読み、いつか「余は日本に往いて著者に会ふて意見を交換せんと欲す」[40]と評したのはおそらくこの版だったと思われる。内村の死の三〇年後、驚くほど大勢のドイツ人年配学者たちが内村の作品と彼から受けた影響を覚えていた。

『日本及日本人』は、この本が対象にしていた英語圏の国々で読まれることはなかった。日本で二度出版され、二度目は『代表的日本人』の題で出ている。後者で内村は初版の中にある辛らつな表現の多くを削除した。ドイツ語訳が、おそらくグンデルトの好意で出ている。日本でもドイツでも、新渡戸の『武士道』とは対照的に、ささやかな成功しか収めていない。『武士道』は出版から七年間で九か国語に翻訳され、英語版も少なくとも一〇回再版された。岡倉の『茶の本』は一九二六年までに一二版まで出ている。

その後『余は如何にして基督信徒となりし乎』と『日本及日本人』は日本語に訳され、日本の中で大勢の読者に読まれるようになった。邦訳においても第二次世界大戦前は、同じく邦訳された『武士道』や『茶の本』ほど影響力がなかったが、今日では引用数から見て、他の二冊と同じ程度には覚えられている。

英語で書かれた内村の本の内容はいずれも『基督信徒の慰』および『求安録』と同様、未解決の葛藤を抱えている。しかし類似点はここで終わる。二つの日本語の作品には神への信仰以外、絶望への解決策はない。そのため、信仰を持たぬ読者は、個人にのみ意味を見出す自然主義の作家が提示するような解決法に引かれたであろう。英語の作品においては緊張感の対象がはっきりしていて、当時の内村の場合、それは米国と英国であった。特にアメリカ人が持つ偏見を嘲笑し、アメリカ人の態度に疑問を投げかけた。ブルックリン橋の出来事はアメリカ人の人種観に一杯食わせている。日本の伝統的政治形態を賞賛して、民主主義形態に疑問を投げかける。上杉鷹山が「存命中に成し遂げたことは、我々が憲法に基づいて永遠に取り組んでも達成できないでしょう」[41]とか、「投票箱のなかには、およそ圧制政治と名のつくものは全然入る余地がない、などと考えるのは軽率です」[42]などの表現もある。中江藤樹の夫婦間の幸せを語りながら、西洋人が偉人の妻たちに異常な関心を持つ様子を漫画的に描く。中江の妻に言及するのは、西洋人が「とりわけ、妻との関係で人を判断するように思われる」からだと彼は述べる。[43]

こうした些細な辛辣さが、本来内村の生涯や日本人に最も大きな関心を寄せる宣教師たちを傷つけた。ニューイングランドの静かな村に暮らす彼らは日本人を助けようと献身してきたにもかかわらず、自分たちが歓迎した日本からの訪問者がなぜ、彼らの大切にしているものをあれほど嘲笑するのか理解できなかった。人種偏見と入り混じった恩着せがましさに対する内村の批判に同意した人たちも、「異教徒」といった敬虔なステレオタイプを内村が使うことにはうんざりしていた。内村は英語世界が彼を誤解したと信じ、後年、この本が売れなかったのはそのためとしている。アングロサクソン人に理解されなかったという彼の見方は正しいが、彼自身も自分の作品を、好意的に同意しようと特に努めてくれる少数の人々以外に対して、もう少し魅力的にしようと努力すべきであった。書評を書いた六人すべてが『余は如何にして基督信徒となりし乎』を高く評価したのは、彼らが劣等感に起因する攻撃を大目に見ることのできるという、いつの時代にも稀な能力を持ち合わせていたことを示すもので、この能力は二一世紀のアングロサクソン世界では次第に行き渡っている。

二一世紀初頭、アングロサクソン人は以前ほど自信を持たず、同時に自己弁護もしていない。ガンディーの作品により、彼らは宣教師たちが改宗させようと試みた最も敏感な個人の多くを、一九世紀プロテスタント白人優越主義がいかに傷つけたかを知った。同時に、好意的な批判は受け入れるべきであることに英米人は気づいた。今では『余は如何にして基督信徒となりし乎』の中に興味ある事実を多く発見するであろう。

二〇世紀初頭、内村の本を歓迎したドイツ人はじめその他の人々は、宣教事業および改宗者に対してより広い態度を取っていた。彼らは内村同様、英米の宣教活動の主力となっていた福音カルヴァン主義に多くの面で不満を抱いていた。ドイツ人も同様に苛立ちを覚えていたアメリカ人の態度を、内村は嘲った。その結果、彼らは気を許して内村の風刺を楽しむことができたのである。

内村の英語の本を邦訳で読んだ読者は当然、内村がなぜアングロサクソン世界に対して、一方ではへつらいながら他方では説教するような態度を取ったのか、つぶさに理解することはできなかった。内村自身が西洋化していたので、そのために苦しんでいたことは容易に感じ取っていたようだが。彼らは西洋によって自身の生活がかき乱され、祖国が脅かされていると信じていたので、彼らの怒りの捌け口になる武器を内村から提供され、歓迎した。米国で医学を勉強したある医師はその後、自分のクラスで「アメリカ人を攻撃するよい材料」を『余は如何にして基督信徒となりし乎』が提供してくれたと喜んだ。(44) 西洋の読者が内村の個人的体験と考えた数々の場面が、日本人読者には彼らの多くが懸念する人種偏見の実例と映った。最もよい例は、内村がアマーストを最初に訪問した際に直面した場面である。彼は責任者との面会を緊張して待っていた。入学を許されるだろうか。入学許可を待つ者に共通の緊張感だが、日本人にとっては西洋に受け入れられるか否かも意味する。通常の入学基準に、人種背景の基準が加わる。また、西洋の女性に対する態度にも内村が懸念を示していることが読者にはわかる。「レディーズ・ファースト」にまつわる問題は、西洋について考える際、あるいは西洋への旅行を考える時に、二〇世紀の日本人を悩ませた。内村の読者のほとんどは彼の離婚を知らなかったが、ルツに対する彼の解釈、および西洋の態度を攻撃する彼の辛辣な表現の中に、西洋に対して彼ら自身が抱いている見解が間違っていないという確証を見出した。最後に、内村を外国に引き寄せた「真空状態」といった比喩の中に、読者は確固たる心理的・精神的拠り所を奪われる結果となった自らの西洋文化との接触体験が反映されているのを見た。彼らはまた、その力により無力のまま、自らが危険な知的領域に引き込まれていくのを感じていた。

したがって、内村が西洋に対して自身の立場と日本の過去を弁明するために書いたこれらの作品が、自国で最も熱心な読者を見出したのは不思議ではない。二冊とも、もともと日本語で書かれた彼の他の作品と共に重要な位置を占めている。読者は西洋に対して感じている苛立ちを表現する手段としてこれを読み続けたが、著者の方はこれを書き終えると、より積極的な目的に向かうことができた。すなわち、日本と日本人が世界史に果たすべく運命づけられている役割について書くことである。

＊　＊　＊

内村の次の作品には自信が増し、以前の絶望に代わって、個人にも国家にも価値を認める新しい感覚が出てきた。今や個人が歴史に影響を及ぼすことは可能と見られている。これは『基督信徒の慰』および『求安録』への一種の解答であった。英語で書かれた『余は如何にして基督信徒となりし乎』や『日本及日本人』を特徴づけていた西洋諸国に対する不安定な気持ちに代わり、日本の目的についてのはっきりした意識が表れている。

自国が立ち遅れていると意識している国々にとって、自国が世界史に積極的に貢献できるよう願うことは大いに必要なことであると同時に、挫折の原因にもなりうる。近代化政策を取ることになり国の努力目標が定められたとき、国家の野心のために個人の欲望の多くを犠牲にせねばならぬ年月は長く、遅々として進まない。理想のために欠乏に耐えても、達成の日は目に見えて近づくわけではない。進歩の兆しが僅かに見えても、見知らぬ非友好的な未来に向かっているとしか思えない。最も安易な反応は過去の偉大さの栄光に浸ることである。過去は二度と戻らないが、あたかも再生できるかのように振舞うことで、困難な現在に親近感を持ち込むことができる。日本は回顧を選ばず、一貫して前向きであった。必要に迫られて同様の発展を試みたあらゆる国家の中で、日本は達成すべき目標を最もよく把握していた。世界における日本の地位についての議論は最も高揚した表現で語られ、世界史における日本の「使命」に集中した。

内村が京都で最初に関心を向けた積極的役割は、日本の持つべきそのような使命であった。歴史を探ってみると、先例はたくさんあった。日本社会は長年、機能に重点を置いてきたからである。一人一人の個人が秩序正しく役割を持つという考えは、そのような役割を割り当てる歴史観を前提とする。新儒教の哲学に支えられ、厳格に中央集権化された政治形態は、少なくとも理論的には社会にそのような性格を与えた。社会全体の中で個人は銘々自分の役割、つまり「職分」を持っていた。「天職」と呼ばれる場合もあり、この表現は後にキリスト教の「召命」や「使命」の訳語として使われた。従ってすべての個人にそれぞれ特定の場所を割り当てていた日本の社会は、クリスチャンが神から定められた役割を表すのに使っていたものと似た言語表現を持っていたのである。

一九世紀は西洋世界も国際社会における各国の役割に大きな関心を持っていた時代で、内村は英語の読書を通してこの関心を知っていた。彼の次の作品『地人論』は、西洋の著者が自国の役割を分析するのに使ったのと同じテクニックを使い、同じ手段を日本に当てはめて、国家の使命に対し個人が果たすべき責任を考察している。この作品は当時の西洋の思想から直接影響を受けていて、序論に紹介されている参考文献を見ると、彼の議論の根拠がわかる。

内村に影響を与えた国家の役割に関する理論の元祖は、ドイツの地理学者カール・リッター（一七七九―一八五九）である。彼は地球を「神の計画のもと人間のために創られ、人間の生活を左右する単一有機体」と考えた[45]。彼には二人の弟子がいて、彼の後を継ぎ、その理論をさらに精巧なものに作り上げた。一人は英国の歴史家ヘンリー・バックル（一八二一―六二）、もう一人はスイス人アーノルド・ギヨー（一八〇七―八四）。バックルが唱えた歴史の「法則」は、人類が最も完全に発達した段階をヨーロッパに見る。彼の著作は東西に幅広く受け入れられた。西では西洋人の前提が確認されたとして、東では東洋人の劣等感を確認するもの、あるいは西洋の模倣を促進するものとして。ギヨーは友人ルイス・アガシの勧めで、牧師になるための準備を中断してリッターの下に学んだ。米国のプリンストン大学に移り、一八四九年、ボストンで一二回の連続講義を行い、これが後に彼の最も重要な著作『地球と人間』にまとめられる。内村はこれをモデルに使い、本の題も同じものを使った。

ギヨーの講義は三つのテーマを論じる。最初の八章は地理学の基礎になっているものを扱い、次の三章にはそれぞれの大陸を論じ、最後の章には、歴史が彼のアジアと呼ぶ中東から始まり、北と西へ向かって前進していく様子を描く。この最後の部分で、ギヨーはリッターを一歩進め、人類の進歩がヨーロッパから大西洋を渡って北米まで継続するとして、次のように結論づける。

> アジアとヨーロッパと北アメリカは、人類の歴史の三つの大きな段階を表している。アジアは人間が幼児期を過ご

し、法の権威の下、主君に依存することを学んだ揺りかご期。ヨーロッパは青年期の人間が訓練を受けた学校で、体力も知力も付き、成人して自由と道徳的責任を学んだ段階。アメリカは壮年期の人間の活動の場、過去に学んだすべてを応用して実行し、身につけた力をすべて行動に移し、なお修行を続けて、完全な自己開発と幸福の獲得は造物主の法則に喜んで従うことによってのみ可能だと学ぶ段階。[46]

ギヨーの論旨は米国で好評だった。彼の講義を直接聞いた何人かは熱烈な反応を示す手紙を書いていて、その中味は講義をまとめた英訳版が出版されたとき、前付けの前に宣伝用に掲載された。手紙の執筆者の中には、ギヨーの友人で当時はハーバードの名教授アガシ、アガシの同僚で歴史家のジョージ・ティックナー、それにチャールズ・サムナーがいた。サムナーは黒人問題に関心を持ち、優秀な国は「創造の序列で劣った国」に対して相応の敬意を払うべきとするギヨーの配慮を好ましく思っていた。[47] この人たちの手紙は総じて、ギヨーの言葉が当時の学問的水準とも世論とも合致していたことを裏付けている。

同時にギヨーの作品は、一九世紀のアメリカ人が自国の使命に自信を持てずにいる様子も示している。英国が依然として国際関係を支配していたので、米国の数少ない知的エリートたちは、自国もやがて歴史に大きな役割を演じる時が来るとの確証が欲しかった。[48] 米国が英国と共に大洋を制覇し、「あらゆる国に文明社会の活力溢れる原理を」植えつける運命を担っているとギヨーが述べるのを聞いて、彼らは喜んだであろう。これは偉大な使命である。これに感動したアマーストの教授が内村にこの本を紹介したのかも知れない。

しかし、内村は米国の将来について喜びながらも、ギヨーが暗に示した日本に対する展望は気に入るはずはなかった。ギヨーの本の地図製作者をギヨーは褒めているが、日本地図から四国が欠けている。敏感な内村青年は、日本人も「ほぼ間違いなく劣勢の烙印を押されている」[49] 人種に分類されているのではないかとの不安を避けることができなかったであろう。しかしよく考えてみると、そのような不安は根拠のないことがわかる。日本にも使命がある。内村はギヨーの本の題をそのまま和訳して自著の題名に使っているが、ギヨーの論理をもう一歩進め、進歩は米国で終わらず、さらに前進し続けて日本まで来るだろうと考える。日本の使命は東洋の伝統的文化とキリスト教文明の最善のものを混ぜ合わせ、その結果生まれる新しくより優れた生活様式を世界中に広めることで、日本は東と西との仲介者になる。

『地人論』の中の内村の議論は次の通りである。[50] 地球上の物理的特徴が、そこの住民の歴史に果たす役割を決定する。その結果、人間は地理の中に「造主の手に成れる預言書」を見出す。[51] 地球上で、地理が人間の発展を形作ってきた。作られた境界線の中で、民族は個人と同じように発展する。一つの例外は、人間が年取って死ぬのに対し、種族は発展し続けることである。

人類の歴史はアジアに始まり、東と西に移動した。西では人間は神の姿に似せて創られ、他の人間との間に満足な関係を保つためには、神との間に正しい関係を保たなければならないことを発見した。ヨーロッパは山によって多くの小国に分かれ、住民はそれぞれ孤立して発展したので、神に頼らざるを得なかった。その結果、人間は互いに独立し、この独立心が社会に対する西洋の最大の貢献であった。

人類のもう一つの流れは東に向かい、インドでは生活が楽だったので、人間は自然の豊かさのとりこになった。生存のために闘う必要がなく、インド人は哲学的・神学的思索への関心を発展させた。中国では人間を互いに隔てる高い山々がなかったので、統一された文化が発展した。中国人は神を通してのみ互いに交わることは学ばず、人間同士が自由に混ざり合った。その結果、人間関係にのみ配慮する社会が発展した。中国の個人はヨーロッパ人のように強い個性を発展させるのではなく、互いに依存し合った。

二つの流れは今や日本で合体した。ペリー提督が日本人に対し、他国と西洋的国際関係を結ぶよう説得したとき、彼は花婿である西洋と花嫁である東洋を結ぶ仲人の役目を果たした。日本は長年にわたり、東洋の文化を吸収し、改良してきたが、今や西洋文化の物質面を取り入れ、西洋の精神面も一部、新しい憲法に取り入れた。

「パミール高原の東西に於て正反対の方角に向ひ分離流出せし両文明は太平洋中に於て相会し、二者の配合に因りて胚胎せし新文明は我より出て再び東西両洋に普からんとす」。[52] 内村のような日本の「新しい人間」の観点から見ると、この解釈は理に叶っている。日本の偉人はキリスト教を知らないこと以外、キリスト教世界の偉人と肩を並べる。山の多い日本の地形はヨーロッパとよく似た特徴を持っている。この地形により、日本人は世界の指導者になるのに必要な特徴を培ってきた。近代化により日本はすでに、西洋諸国の持つその他の特徴も備えている。

内村は西洋の学問の成果を通してこの役割を発見しているが、その基礎は又もや、自国の先例に置いて築き上げている。日本人は伝統的に、既知の世界に自らが占める位置に関心を向けてきたが、明治以前の彼らの世界は異なったものだった。当時の国際関係における日本の地位への関心は、中国との比較においてなされた。内村は日本が大陸へ新しい文明の担い手として向かう役割を仄めかすものとして、平賀源内（一七二八―七九）の次の和歌を引用する〔訳者注　平賀の作とするのは内村の記憶違いで、本来は本居宣長の作〕。

さし出づる朝日の本の光より
高麗《こま》もろこしも春をしるさん[53]

日本は今や、日本の伝統と西洋の「科学的」歴史が日本に託した任務を引き受ける準備ができていた。

内村の作品は多くの日本人が望んでいたことを活字にして表現したが、同時に後の軍部の歯止めの利かぬ行動に理論的根拠を与えもした。岩波書店は一九四二年、『地人論』の文庫本の初版を出したが、当時の検閲官は大東亜に対する日本軍のもくろみを支持するものを必死に求めていたので、内村のキリスト教のメッセージは見逃したようだ。内村にとってはもちろん、このメッセージのほうが中心だったのだが。

この本の最後の数行は、日本の未来に対する夢とその実現の間に立ちはだかる重大な障害がたった一つだけあることを示している。国家の目的達成のために国民一人一人が個人的に国を助けなければ、日本はその定められた任務を引き受けることはできない。内村は「吾人の義務は今の時にあり、此所にあり、吾人にして今此の時と所に処して能く吾人の天職を尽すにあらざれば」[54]国の使命を果たすことはできない、と結んでいる。

＊　＊　＊

一九世紀の西洋人は、個人が自国の目的達成のために最大限役立つためには偉人の伝記を読むとよいと信じていた。内村は自己のアイデンティティ探求の過程で伝記をむさぼり読んでいたが、今や著述家として、歴史に貢献するために身を捧げる方法を模索している人々に刺激を与えることを願いつつ、コロンブスの伝記を書くことにした。一八九二年はコロンブスのアメリカ発見四〇〇周年を記す行事が数々行われていたので、彼の伝記を出版するには相応しい年だった。

この本の結論の冒頭に内村はコロンブスへの熱烈な賛辞を送る。

歴史家は千四百九十二年十月十二日コロムブス西大陸発見の日を以て中古時代の終結と認め近世時代の創始となせり……宗教上の迷信、思想の束縛、封建時代は彼と共に死し、合理的宗教、自由思想、立憲政治は彼と共に生れたり、……若し英傑は宇宙の共有物なりとせばコロムブスは其最も貴重なるものなり。[55]

彼の業績は時代の大きな希望に応えた。[56]彼は「最も恵まれしものにして真正の巨人なり、彼は人類の歴史に一大新方向を与へ彼の事業は地球運転の度数と共に発達するものなり、余輩発見の四百年期に際して此張大を見る……余輩此巨大人物を学んで彼の如く宏壮に、彼の如く忍耐に、彼の如く熱心に、彼の如く深遠ならん事を祈て

コロムブスの功績

歴史家は千四百九十二年十月十二日コロムブス西大陸發見の日を以て中古時代の終結と認め近世時代の創始となせり、コロムブスは千四百四十六年（?）に生れ千五百六年に死せり、即ち彼は中古時代に生れて近世時代に入て死せり、人類は彼に依て中古を脱し近世に進入せり、宗教上の迷信、思想の束縛、封建時代は彼と共に死し、合理的宗教、自由思想、立憲政治は彼と共に生れたり、シーザルは羅馬帝國を建立しシヤーレマンは佛獨伊三國の基礎を定めたり、コロムブスはルーテルに優りコロムウエル、ワシントンに秀で新世界を發見すると同時に全地球を改造せり、若し英傑は宇宙の共有物なりとせばコロムブスは其最も貴重なるものなり。

十五世紀の希望は如何、金星已に東天に登り五更夜已に終らんとする時に拂曉を待つ番兵の希望なり

Columbus' Achievements

"Historians recognize Columbus' discoveries as the end of the Middle Ages and the beginning of the modern period. Columbus was born in 1416 (?) and died in 1506. That is, he was born in the Middle Ages and died in the modern period. Humankind through him left the Middle Ages and proceeded into modernity. Religious superstition, restrained thought, feudalism: all died with him. Rational religion, free thought, constitutional government: all were born with him. Caesar founded the Roman Empire and established the basis of France, Germany, and Italy. Columbus exceeded the achievement of Luther, excelled Cromwell and Washington, and discovered the New World. At the same time he formed anew the whole globe: **If there are in fact great men, then Columbus is the greatest among them.**

What was the hope of the fifteenth century? *It was the hope of the sentinels who await the dawn as Venus climbs the eastern sky to end the night.*"

『コロムブスの功績』

内村は英文でイタリックや太字が強調のために使われるのを参考にして，和文にも同様の工夫をした。例文中の傍点と小さい丸印は強調で，傍線は西洋の固有名詞をカタカナ書きにしたものを表す（『コロムブスと彼の功績』全集〈1980–80〉1, 312）。

止まざるなり」[57]。

『地人論』においてもこの伝記においても、内村は読者に行動せよと勧める。彼は教訓的目的をもって歴史を書いた。過去の英雄の生涯は彼自身を形成するのに役立ったので、偉大な指導者の生涯、およびそれに倣おうとする人々を待ち受ける運命を描くことで、読者が同様の進路を取るよう励まされることを願った。『地人論』も『コロムブスと彼の功績』も西洋史研究の第一級の作品で、日本人が書いた一般の西洋入門書とは一線を画する。ジョージ・サンソム卿は当時の日本が伝記にはあまり関心を持っていなかったと指摘しているが[58]、内村も新渡戸もかなり関心を持っていた。内村は『コロムブス』以外にも短い伝記をたくさん書いているし、彼も新渡戸もカーライルの伝記を賞賛し、新渡戸はカーライルの解釈に関して日本における先駆者的役割を果たした。その後、内村は歴史の学問的分野よりも善人を教育することの方に大きな関心を持つようになった。彼の最も野心的な歴史書は中東に関するもので『興国史談』と題されたが、未完に終わっている。

善人の教育への関心から、内村は個人の職業選択という特殊な分野にも手を伸ばす。この範疇の最初の作品は牧師を志す個人向けのもの、もう一つは西洋で教育を受けた、若く野心的な人々全般を対象にしたものだった。職業を選択できる数少ない個人が教育を終えると、前途には無限の可能性があるように思われる。内村は彼自身が苦労して獲得した体験を使って、こうした若者たちに助言を与えたいと願った。

二つの作品のうち最初のもの、一八九四年に書き上げた『伝道之精神』[59]は、牧師になる六つの動機を吟味する。自活するため、名声を得るため、教会を建てるため、国に奉仕するため、神に仕えるため、そして同胞に奉仕するため。このうち、最後の動機のみ、彼は妥当なものと認めた。貧乏人の物質的必要とすべての人の精神的必要のために奉仕する、これが目的である場合にのみ、若者は牧師になってよいと。

この作品には興味ある洞察が多く含まれている。例えば、神への奉仕を扱った箇所で、この目的がいかにたやすく自分自身の欲望を正当化する手段になりうるかを指摘する。神に忠実に仕える方法を知るには、神と面と向かって相対する必要がある。神は目に見えないので、自分の欲望を追求しながら神に仕えていると錯覚してしまう。優れた洞察にもかかわらず、この本の売れ行きははかばかしくなかった。文体はむずかしく、せいぜい数少ない献身的な日本人クリスチャンにしか魅力がなかったであろう。内村が心を痛めていた問題を容赦なく追及するので、うんざりする読者も多かったことだろう。

『伝道之精神』は対象読者の範囲が狭すぎたのであまり売れなかったが、『後世への最大遺物』[60]として出版されたもう一つの作品は、職業選択という同じテーマをより広い視野から扱ったので人気があった。この本は一八九四年、箱根で開かれた基督教青年会第六回夏期学校で内村が行なった二つの講話で構成されている。聴衆は芝生の上でくつろいで聞き、内村はこの機会に睡眠不足を補ってもよいと前置きしたが、「アムビション（野心）」という大いに興味を引くテーマだったので、眠る者はほとんどいなかった。『伝道之精神』では野心を職業選択の動機の観点から見ているが、この講話では選択の結果の観点から見た。人は死んだとき、何を残したいか。

内村はまず、野心はそれ自体、悪いものではなく、金もそれ自体は悪い対象物ではない、と話し始める。キリスト教世界は金持ちを必要としているが、金持ちは金を貯める方法と同時に、それを賢く使う方法も学ばねばならぬ。金の次に、もう一つ可能性のある遺物は事業。これを行う人の中に、内村は技術者と宣教師を挙げる。彼らの使命は金持ちが貯めた資本を使うことである。

三つ目の職業は、社会の共通の益のために他人に影響を及ぼすことのできる著述業。ここに内村は一節を設け、彼自身の役割に関して次第に自信を得ている様子を窺わせる。「文学は我々が此世界に戦争する時に方《あた》つて、今日戦争することは出来ないから未来に戦争しやうといふのが文学であります。夫故に文学者が机の前に立ちます時には即ちルーテルがウオルムの会議に立つた時、ポウロがアグリツパ王の前に立つた時クロムウエルが剣を抜いてダンバーの戦場に臨んだ時と同じことであります。此社会、此国を改良しやう、此世界の敵、悪魔を平げ様と云ふ戦争をするのでありますと[61]。

しかし、こうした職業のいずれにも少数の人しか就けない。われわれすべてに可能で同時に後世に最大の遺物となるものは何か。それは「勇ましい高尚なる生涯」である。[62] このような生涯を送れば、「兎に角反対があればある程面白い」。[63]『後世への最大遺物』はもともと講話の形を取っていたので、内村の他の作品よりも砕けて口語的である。内村はユーモアを交えて聴衆に語りかけ、聴衆も拍手と笑いで応えたことが、本文から窺える。

内村は特に青年に受けるスタイルを把握したようだ。聴衆は維新前の旧体制を知らない世代だろうが、多くは士族出身で、自己追求と金儲けは最も避けるべきことと教えられて育ったはずである。いずれを強調する職業も疑いの目で見られていた。英語から訳さなければならなかった言葉の中でも「野心」という単語は自己追求の響きがある。そのため、内村は講話の中で「アムビション」と原語を使ったのであろう。金を貯めようとする欲望は、個人的野心を社会福祉のための大目的に集中させる限り価値あるものと保証する内村の言葉が、聴衆の中でためらいを見せる者たちへの解答となった。「勇ましい高尚なる生涯」をもって社会福祉に奉仕しようと努力しながら行えば、野心と金儲け本能を満足させてもよいのだと彼らは結論づけた。

歴史と職業選択に関するこれらの作品を総合すると、内村が今や絶望を表明するためではなく、人にインスピレーションを与えるために筆の力を使うことを学んだことがわかる。以前、敵対する社会の要求に応え、あるいは自らの良心の呵責から、服従を強いられた様を描いたのと同じく効果的に、人間の人格の気高さを描出してみせた。彼の講話を聞いていた青年たちは、大いなる変化がまさに生まれつつあるのを感じた。それは彼らを押しつぶすか、それとも成功させるかの大変化だった。コロンブスの解釈において、内村は彼らに対し、このような大変化が差し迫る時代に、一人の男が独力でどれほど達成しうるかを示した。

『後世への最大遺物』はその後も好評で、販売数は『余は如何にして基督信徒となりし乎』に次いで多い。これは別に驚くべきことではなく、戦後、数巻から成るカーライル著作集が出版されたことからもわかるように、偉人の理想は今でも日本で生き続けている。[64]

箱根の山を下りながら、内村は深い満足感を味わっていたことだろう。一八九四年前半、彼は前年の強烈に主観的だった状態から立ち直った。彼の作品はささやかな成功を収め、未来に向けてさらなる成功が見込まれた。歴史への関心を役立たせ、箱根では効果的な講演者としての技術を完成させた。箱根での経験は事実、進路を模索中の多くの優秀な青年たちと彼らに関心あるテーマについて語り合うという、その後の彼のキャリアを予見するものだった。正宗白鳥は「自分の生き方」を見出すために内村に引かれた、と後年回想している。[65] 内村はこうしてこの時点でその後のキャリアを予見していたわけだが、実際に着手するのは七年後で、その間、様々な出来事が彼を別の方向へ押しやった。

＊　＊　＊

内村が箱根で講演を行なった数週間後の一八九四年七月、日清戦争が始まった。朝鮮の支配をめぐって、日本が中国を攻撃したのである。一か月も経たぬうちに、内村が外国の非難に対して日本を弁護した英語の論評が、リベラルな見解を表明する主要雑誌の一つ『国民の友』に載った。内村が全国的に認められるに至った連載の最初の論評である。

内村は同年初夏、初めて『国民の友』に記事を書いた。主筆の徳富蘇峰（一八六三―一九五七）は「新しい」人間で自由主義者、同志社で新島の最初の学生の一人だった。徳富の『国民の友』は井上哲次郎との議論の際、内村の肩を持ち、仏教を批判する多くの記事を載せている。

内村と徳富は東京外国語学校で共に学んでいるが、その後親しく付き合う仲ではなかったようだ。徳富が保存していた内村からの数通の手紙は事務的なもので、温かみはない。二人は親しい友人ではなかったが、『国民の友』は内村が一八九七年、東京に移るまでに彼の論評や詩を一二ばかり載せている。

これらの作品は、内村を預言者とする日本で広く受け入れられている見解を裏付ける最初の資料である。西洋の著述家たちはこのような評価を受け入れることはできなかった。その一人、国際キリスト教大学教授ハワード・R・バークルは、内村の作品が預言に欠かせぬ要素の一つ、「社会正義を強く一貫して強調すること」に欠けているので、この評価は正しくないと結論づけた。[66] 日本の著者たちは、内村を預言者と呼ぶ根拠を特定していない。おそらく、彼の散文の調子とその生涯の種々の活動により、彼が預言者のように見えたことから判断したのであろう。だが一八九四年から一八九六年にかけての彼の著作からは、彼が自身を預言者と考えていたこと、および社会正義に明らかに配慮していたことが窺える。その配慮は日清戦争の意味を解釈した結果出てきたものであった。

日本は朝鮮に対する中国の支配権を争うために戦争を始めた。朝鮮は伝統的に宗主国中国の広い傘下でかなりの自治権を保っていたが、時折日本が中国に取って代わろうと関心を示した時期もあった。この関心は明治維新直後、特に一八七六年以降、米国がペリー提督を通して日本に取ったのと同じ態度を日本が朝鮮に対して取るようになると、国内で重要な役割を果たすに至った。中国は日本の動きに警戒を示し、朝鮮に対する支配を強化して、一八九四年までにほぼ成功した。その年の初め、朝鮮に反乱が起こり、朝鮮政府はその鎮定を中国に依頼した。中国が軍隊を派遣したとき、日本も部分的には条約に基づき、軍隊を送った。どちらの側も引かなかったので、戦争が勃発した。

日本が宣戦布告を出したのは八月一日だったが、最初の戦闘は一週間前の七月二五日に始まっていた。その日、日本軍は仁川沖二五マイルの海上で、多数の中国艦艇に対して発砲した。日本の勝利が続いた後、一八九五年四月、下関会議で中国は敗北を認めた。条約で日本は台湾と遼東半島を手に入れ、中国の宗主権放棄による朝鮮の独立を認め、賠償金を受取った。この戦争は九か月間で終わった。多くの点で、三年後に三か月間で終わり、ジョン・ヘイをして「すばらしき小戦争」[67] と呼ばしめた米西戦争を思わせる。

中国との戦いは国内では好評で、その後日本がアジアへ進出していく歴史の中で、ほぼ全国民に支持された最初の戦いだったと通常考えられている。しかし、アーネスト・ヤングはこれが必ずしも正しい評価ではないことを示した(68)。政府の責任ある役人に相談することなく、比較的階位の低い軍人が決めてしまった戦争で、戦争の勝利が同胞に与えた影響を見たとき、数こそ少ないが一部の日本人は幻滅したという。内村はその一人だった。

開戦後、内村が最初に書いた論評は英文の「日清戦争に対する義(69)」。一二日後に「日清戦争の義」として再び掲載された。その調子は彼が何かに深く影響されたことを示している。断片的な言及から推測すると、次のような一連の状況が浮かび上がる。正式な宣戦布告なしに日本が戦争を始めたとき、おそらく日本に在住する外国人の誰かが英字新聞の中で、この企てはさらに野心的な拡張政策に発展するだろうと推測した。日本政府はこれに対し、内村の使命感にも似た言葉で反応したようだ。すなわち、この戦争は朝鮮や中国が日本の例に倣って近代化できるように助けるための義戦であると。内村はこの解釈を使って、日本の動機を不当に疑った外国人に応えるために英語の論評を書いた。しかし仮に疑われたという事実がなかったとすれば、内村が自国の行動を「正当化」しようと願ったことは、このような弁明によって自分を納得させなければならない戦争に関して、彼がためらいを持っていたことを窺わせる。彼の動機が何であったにせよ、この作品は彼には珍しく混乱した状態を示している。

彼はまず、義戦の弁護から始める。近代国家はそのようなものの存在を疑うが、旧約聖書時代にはあった。日本は今、異教国が現在でも正義の戦いを行うことができることを示すであろうと彼は述べる。

内村は次に、戦争勃発の状況を説明する。日本は長年、朝鮮をめぐって中国が日本に浴びせてきた侮辱に耐えてきたが、もはや我慢できない。侮辱への報復と同時に、長年苦痛に耐えてきた朝鮮人を助けるために行動を起こしたのだ。朝鮮の「独立が危険に晒されている。世界の最も遅れた国が、相手を麻痺させるようなとぐろを巻いて締め付け、光と文明がすぐそこまで来ているのに、野蛮と非人間性をもって支配している。隣人の神聖な権利により、我々は朝鮮のために強力に干渉せざるを得ない(70)」。

内村は次に外国人を相手に、中国の二枚舌の前で、彼らならどのように行動しただろうかと問う。中国の取った行動を考えれば、誰が戦争を始めようと同じではないか。日本が戦い始めたのは、日本がすでにヨーロッパ諸国よりもずっと我慢強く忍耐してきた上、一番近い隣国が援助を必要としていたからだ。

次いで内村は論点を変え、『地人論』で概略を示した理論に基づいて議論する。進歩している小国が停滞している大国を打ち負かすとき、歴史は前進するではないか。今回の戦いは地球のこちら側に住む六億の住民の「政治の自由、宗教の自由、教育の自由、通商の自由」を意味するものであったと歴史は記録するであろう。「このような意味を持つ戦争において、人類の友は日本とその目的とするところに神の祝福あれと願わずにいられようか」(71)。この場合、日本の人道主義は、最も啓蒙的な国が最高のレベルに達したときに似ているではないか。この戦いは光栄あるもので、「我々は単独で最後まで闘いたい」(72)。

歴史の前進を助けようとする日本の熱烈な願いは利己主義と取られるかも知れない、と内村は続ける。戦争終結における日本の要求を見れば、人道主義的配慮のみが日本の動機であったことが判明するであろう。「日本が物質的利益を何一つ受けないことは明らかだ。我々の狙いは中国に屈辱を与えることではなく、中国が自国の価値と義務に目覚め、アジア再建のために我々と友好的に協力してくれることであるゆえ、賠償金は日本が戦争に費やした実費を超えることは断じてない」(73)。この記事を書いた後、内村は『日本及日本人』の出版の準備に取りかかった。日本の偉人について書かれたこの本に、戦争は特別な意義をもたらしたであろう。

戦争を「正当化」して書いたこの論文ほど内村の評判を落とした作品はない。一〇年後、日露戦争前夜に内村が書いた非戦論の作品には、日本で書かれたこの種の作品の中で最も腹蔵なく表現された意見が入っている。こうした後の反戦論評と日清戦争を熱烈に支持した論評との間の辻褄を合わせるのはむずかしい。

戦争「弁明」の論評がどのような意義を持つかは、内村の個人的成長に照らし合わせて考えると理解し易くなる。一八九四年夏、内村は一年以上続いた精力的な活動を終え、七冊の著書と二点の長い論文を書き上げた。

『国民の友』に短い論評を出版したことで、彼の名はようやく知られるようになり、職業上のつながりもできた。

同時に、内村は自国に対して重大な責任を感じるに至った。歴史書を読み、神の業は国家とそこに住む個人を通してなされるとの確信を得た。憲法その他、西洋から取り入れたものにより、日本は神に意図された役割を果たせる立場になり、他の近代国家と同等になった。もし日本が戦争において中国や朝鮮に対し気高く振舞わず、日本の動機を疑う西洋人の批判が正しかったとなれば、列強と肩を並べるチャンスを失い、近代化の努力は水泡に帰す。内村は西洋の批判者が間違っているよう望んだ。彼の願望と政府が自己弁護のためにたまたま発言した言葉に促されて、内村は外国人に対し、日本の立場を弁護することになったのである。

内村が西洋から認められることと神の意思を表明することとを混同させたことで、事態はさらに複雑なものとなった。西洋の承認と関係なく、日本が神の意思を表す道具となることは可能であった。内村は日本の行動が、頑固な保守主義に対する小さな進歩的勢力の戦いを示すものであるとしているが、この議論は西洋に向けられても有効だったはずである。しかしここにおいて内村は、心理的必要から、神の意思を表していると思われる諸国の行動を神と同一視してしまった。彼自身にも何故か理解できないまま、内村は西洋から認められることと神から認められることを混同していたので、彼自身および自国が西洋諸国の目に好ましいものと映るようにしなければならなかった。その結果、日本の行動が正しいと西洋から認められない限り、内村はクリスチャンであり同時に日本人であるという自己のアイデンティティを失うことになった。そのため、信念と同時に必死の願望から、彼は筆を取った。彼の預言に反する政府のその後の行動は、悲嘆に暮れ、同時に恐怖におののく人間の激しい怒りを生み出すのみだった。

世界は今や、日本政府が中国を攻撃する理由として挙げたものが実は偽りであったことを知る。下関条約で日本代表団が要求し、獲得したものは、戦争が日本に「物質的利益は何ももたらさない」とした内村の自信を嘲るものだった。代表団の行動により、内村は彼の論評の対象読者だった西洋人に対しても、その邦訳を読んだ日本人に対しても、恥をかかされたとベル宛てに書いている。

彼の楽観主義が政府に否定されたことで、自分についてのイメージが脅かされたわけだが、この懸念が彼の内から湧き上がり、痛烈な風刺の形で表れるのは一年後のことであった。最初は調子を抑えて書いている。「農夫アモスの言」は一見、聖書の注解書だが、『路得記』の場合と同様、実際は社会批判で、正道を逸脱したイスラエルに対する旧約預言者アモスのメッセージを、当時の日本の状況と平行させて考察する。「西方亜細亜に於ける昔時の猶太亜人は東方亜細亜に於ける今日の日本人の如く、彼等は特種の歴史と国風とに誇り、異邦の民を見るに常に劣等人種の念慮を以てし、曰ふ我等は神国の民なり、列国亡ぶるに至るも我国の危殆《きたい》に陥るの虞《おそれ》なしと、彼等は常に隣邦の腐敗残虐を算《かぞ》へ上げ、其厄運に遭ふを以て天罰の然らしむる所となせり」[74]。ユダヤ人は自分たちが正しいと誇っていたが、アモスは彼らも罪を犯せば罰されると指摘した。自国が矮小で敵に囲まれていることをアモスは知っていたし、自国の自由が住民の心の清さに依存していることも知っていた。「余輩は重複す、農夫亜麼士の言は西方亜細亜に於ける紀元前九世紀の作なりと、其十九世紀に於ける東方亜細亜に何の関係を有する乎は余輩の全く知る所にあらず」[75]。

この穏やかな風刺に続いて、内村は偉大な国になるための必要条件を論じる二つの論文を書いた。「何故に大文学は出ざるや」と「如何にして大文学を得んや」。偉大な文学が生み出されないのは、我々が偉大な理想を持たぬからで、仮にそのような理想を持つ人が現われても、その人を受け入れることができないからだ。偉大な文学を生み出すためには、我々は強い個人にならねばならぬ。いかなる文学も、作者の個性以上のものにはなれないからだ。

こうした穏やかな調子は数か月後、毒舌批評に代わる。「時勢の観察」は痛烈な風刺である。この時点で調子が変わった理由は不明だが、『国民の友』の夏季特別号に長い記事を書くよう徳富から頼まれ、内村は思いつくあらゆる方法を駆使して周囲の見せかけのものを嘲笑することにした。英訳すれば一二〇〇〇語にも上るこの論評を、内村は一週間で書き上げたと後に回想している。

この論評で内村は二つの点を強調する。ほとんどのスペースを割り当てた第一の点は、偉大になるために必要な倫理的基準が日本にないこと。政府の指導者たちは、正しい私生活を送る必要はないと考えているが、この見解が愚かであることはどこの歴史を見ても明らかだ。日本人は自己の狭量な利益のみ追求する。政党も新聞も原則を持たず、政府は理想を掲げるべきだと考える内村のような人々を、皮肉をもってあしらう。最初の公言とは裏腹に、「故に戦勝て……全国民挙て戦勝会に忙はしく、ビールを傾くる何万本、牛を屠《ほふ》る何百頭、支那兵を倒すに野猪狩を為すが如きの念を以てせり……日本国民若し仁義の民たらば何故に同胞支那人の名誉を重んぜざる、何故に隣邦朝鮮国の誘導に勉めざる」(76)。彼らの行動を批判する者はなく、ユダヤの預言者のような人はいない。

それどころか、日本中が自己礼賛の輝きにぬくぬくと浸っている。日本人が誇る美徳は実は美徳ではなく、たとえ美徳であったとしても外からの要因により得られたものである。彼らが批判するのはただ一つ、政府に方向性がないこと。「方針の定らざるは国民と其政治家の中に存する道徳念の欠乏に源因す、義にまさりて利を愛する者、天理にまさりて国を愛する者に大方針のあるべき筈なし」(77)。

内村が強調する第二の点は、個人の教育に対する批判である。倫理的信念を持たぬ人間が出てくるのは、教育の結果である。社会は知識人や政府の要職に就く人たちに対し、現代の問題解決のために頭を使うような訓練をしていない。こうした不十分な教育にもかかわらず、よりよい世界へのビジョンを抱く個人も現れるが、大企業や政府の支配者は、そのような個人が夢を実現できるような手段を与えず、却って物質的安定により彼らを買収し、従順な隷属状態に置いてしまう。

最後に日本の重要性を宣伝する者の奢った誇りを日本の矮小さと対照させ、「悲歎は思想の狭隘なるにあり、欲望の拘制せらるゝにあり、理想の低きにあり、目的の卑しきにあり」といった表現を多用してこの論評は終わる(78)。個人は卑しい目標に阻まれ、偏狭な基準でさらに視野を狭めてしまう。「彼等は日本的倫理を称す……世に英国的数理なるものありや……宇宙の理なればこそ是を理と称ふなれ、理に翳《かざ》すに日本なる形容詞を以てす、此事已《すで》に狭を示し小を表はす(79)」。

叙し来り叙し去れば日本の誇るべき者は何物か、吾人の有するものにして世界の有せざるものあるなく、吾人の有せざる者にして世界の有する者多し、日本は猶太《ユダヤ》印度《インド》の如く大宗教を世界に供せず、日本は希臘の如く大文学を有せず、日本は羅馬の如き大法典を編みし事なし、日本は西班牙《スペイン》の如き大探見家を生まず、日本は和蘭《オランダ》の如く人権自由の為めに戦はず、日本は白露《ペルー》の如き高山を有せず、日本に露西亜の如き大平原なし、嗚呼吾人は何を以てか誇らむ、東山の美妓を以てか、東海の八方美人を以てか(80)。

内村はベル宛ての二通の手紙で「時勢の観察」に触れているが、まずこの作品が「聖書とトマス・カーライルに刺激されて」書かれたこと(81)、そしてこれが「エレミヤ流の悲嘆書」であることを指摘している(82)。内村がこの表現を使ったのは重要だ。彼が預言者と考えられるなら、最も類似しているのはエレミヤだから。

内村はエルウィン知的障害児療護院で働いていたとき、初めてエレミヤ書を読んでいるが、その後新島からの手紙で、もっと軽いものを読むようにと忠告されている。内村は後に個人としても預言者としてもエレミヤに自らを置き換えているので、エレミヤの伝記を見ると内村が自身をどのように考えていたかがわかる。一般に預言書は、著者自身についてはほとんど記していない。エレミヤはその最たる例外で、彼の「告白」には彼の背景と彼が自身をどのように見ていたかを示すものが多く含まれている。エレミヤの家系は世襲の祭司の階級だったが、政変で首都から追放されていた。内村自身の体験も類似したものと思われたであろう。不安定な生活をしていた一八八五年、内村はエレミヤと共に、預言をすることは過度な重荷になると感じていたであろう。若きエレミヤは言う。「ああ、わが主なる神よ、わたしは語る言葉を知りません。私は若者にすぎませんから(83)」。その後、この自信の欠如は、語ろうとする燃えるような情熱に代わるが、それは次のエレミヤの言葉を思わせる。「主の名を口にすまい、もうその名によって語るまい、と思っても、主の言葉は、私の心の中、骨の中に閉じこめられて、火のように燃え上がります。押さえつけておこうとして、わたしは疲れ果てました。私の負けです[84]」。エルウィンでの体験から八年後、内村はまさにこの同じ箇所を『伝道之精神』の巻頭句に使っている。

エレミヤのその後の生涯も内村のものと類似している。エレミヤが預言を始めると、彼の兄弟たちは町の人々と共謀して彼を追放する。内村はエレミヤ書を初めて読んでから一七年後、弟たちから疎外された体験を語るに当たり、エレミヤのこの体験を仄めかしている。彼が長年、自身とエレミヤを重ね合わせ続けたことから、彼が普通の青年よりも長期にわたって英雄と自身を同一視する必要に迫られていたこと、そしてこの特定の預言者の手本が彼を引き付け続けたことがわかる。その原因は個人体験の類似を超えたもので、エレミヤが「民族の預言者」として知られていたことも大きな要因だった。

アマーストで内村は聖書史教授トマス・P・フィールドから三学期間、個人授業を受けた。内村はフィールドについて温かい言葉をもって語っている。聖書以外の科目により多くの関心を寄せていた大部分の学生から無視されていたこの教授も、敬虔で熱心な青年、内村を特別な愛情をもって見守っていたようだ。内村がフィールドから社会における預言者の役割を学んだことは間違いない。フィールドの授業には次の点が含まれていたであろう。預言者は社会に道徳的生活の必要性を想起させるため、神から召命を受けたと信じていたこと、彼の言葉は社会において政治論評の役割を果たしていたこと、そして彼は新興諸国が弱体化したイスラエルを脅かしていた時期に現れたこと。預言者たちはイスラエルの中で政治的反対勢力として立ち上がり、国を救う唯一の道はイスラエル人の倫理改善にあると考えた。『余は如何にして基督信徒となりし乎』において内村は、エルウィン時代、エレミヤの「北からの災い[85]」を当時の日本のロシアに対する懸念と結び付けて考えていたと述べている。

帰国後間もないころ、内村はストラザーズ宛ての手紙に、現代世界における預言の可能性について書いている。

「預言者は予告者ではなく、真理の説教者なのだ。啓示の時代は去っていない。……日本も日本の預言者と日本の使命に関する啓示を必要としている」(86)。若き鑑三も成人した内村も、預言者になる召命を神から受けていると感じていた。彼個人の救いに対する関心はエレミヤのものと似ているし、危機に直面している自国に奉仕しようとする野心を抱いていたので、エレミヤに手本を見出すのはたやすいことだったであろう。「時勢の観察」を書きながら、彼は一歩進んで預言者の役割を果たすことができた。日本の限られた地平線上にかかる原則に基づき、反体制勢力のために声を大にして語ることができた。彼がこの任務を果たし続ける限り、内村の立場を「預言者」と表現することは、古代イスラエルの預言者と区別すれば、妥当であろう。

内村は社会正義のために発言していないと主張するバークル教授は、彼が預言者であったとする解釈を否定し、むしろニューイングランドの超絶主義者になぞらえられるとしている。超絶主義者たちは社会と無関係に個人主義を推奨し、特に社会改革に対しては、神が行うもの以外、無関心だったという。内村の立場に関するバークルの意見は、内村の死の数年前、外国人のために英語で書かれた論文のほんの一部に根ざしたものである。確かにこの論文は内村が称賛していたエマソンやソローの作品に非常によく似ているが、彼が日本語で書いた多くの作品に表れている態度とは異なる。日本語の作品を見れば、彼が一貫して社会正義に関心を持っていたことがわかる。外国人向けの論文では、社会正義への関心は特別な形で取り上げられなければならない。社会正義の目的は、日本を同等に扱って欲しいという訴えになる。一八九三年から一九〇三年にかけて書かれた英語の作品では、このような訴えを行っているが、一九二〇年までに、外国人に影響を及ぼすことができるという期待は断念し、代わって外国人の偏狭さに対する穏やかな風刺が現れた。この風刺の態度が超絶主義者に類似していたのである。彼らは社会に積極的に関わる必要から解放され、ウォールデン池のほとりやコンコードに引退した。

内村も後、一九〇三年から一九一八年まで、日本社会から身を引いた。これも超絶主義者と似ていると思われるであろう。内村に従って郊外に移った青年たちは、そうは考えなかった。彼らにとっては郊外に移ってからも、内村の意見は一八九六年に彼が最初に宣言した預言的メッセージの継続であった。その評価は今でも変わっていない。「時勢の考察」により内村は重要な社会批評家としてマークされた。発売初日に一五〇〇〇部が売れ、購入希望者が殺到したので、二日目までに値段が三倍半に上がってしまったと、内村はベル宛てに書いている。(87)「日清戦争の義」において内村は、日本人を弁護する預言者として、日本の行動が彼の弁明の正しさを証明すると確信して語ったが、「時勢の観察」においては、彼の期待に沿って行動しなかった日本人を預言者の怒りをもって叱責している。

鋭い批判能力が買われて、内村は東京から招聘を受ける。成功していた新聞『万朝報』の出版者が、内村をコラムニストに迎え、外国人や日本政府を批判するのにその才能を役立ててもらうことになったのである。内村を英文主筆として、この新聞は当時、最も成功した新聞になった。時代の政治論評家であったイスラエルの預言者に自らを重ね合わせ、預言者風に書いているうちに、内村は自らも政治論評家になっているのに気づいた。喜ばしいことに、収入も増えた。「時勢の観察」の執筆に費やしたのと同じ一週間で、彼は五〇円受取った。この額は京都の出版者が彼の二か月間の執筆に対して支払ったのと同額、名古屋で学校を経営する宣教師が彼を名物教師として迎えたときに支払っていた月給とほぼ同額であった。

第五章　新たな出発

一八九七年一月、五年ぶりに東京へ戻った内村は、もはやのんびりと内省に耽っている暇はなく、ジャーナリズムの世界で絶えず新しいアイディアの刺激を受けていた。どのアイディアもその瞬間は他の何よりも重要に思われ、当座の企画を即時中断して、より差し迫った題材を取り上げねばならぬこともしばしばあった。日々仕事に集中して文通の暇もなく、『全集』には東京に戻ってからの三年間に五通の手紙しか収録されていない。

この時期に内村は、彼の目標を示すような著書も伝記の資料になるような手紙も書いていないが、内村研究者たちは彼が『万朝報』で執筆をしていた五年間に、最も重要な著作のいくつかを残していると考えている。東京に移ってからの内村は、直ちに社会改革を行おうと考える自由主義の政治家たちと同じ姿勢を取ったので、一九〇三年、彼が新聞界から引退したときは、その理想を裏切ったと見なされた。記録に基づくと、この評価は疑わしい。内村は確かに『万朝報』で部分的には満足していた。借金に悩まされ、世間に認められたいと必死になっていた彼にとって、収入と名声が得られるのは喜ばしいことだった。しかし、ジャーナリズムの世界に入るべきであったか否かは、最初から疑問だった。『万朝報』に就職した一年後、彼は一時的に退職し、その後五年間は新聞ともう一つの企画に半分ずつ時間を割き、一九〇三年、非戦論を唱えて新聞界を完全に離れている。

内村は『万朝報』に執筆した論評において、風刺と皮肉を駆使して外国人も日本人も同様に非難した。本章では社会批評家としての彼の名声の根拠となるこうした作品を分析し、続く第二部・第三部では、その後の生涯で彼が主要な関心を向けた数々のテーマを扱う。それは、長い目で見れば否定的な批判よりもより効果的な、個人の倫理的価値観の啓発に関わるテーマで、こうしたテーマを扱う企画から十分な収入が得られるめどがつき、一九〇三年、新聞を離れる決心がついたのであった。

一九〇三年までの六年間、内村は多くの任務をこなした。それを列挙すれば、彼が何を書いていたか、またなぜ文通の時間がなかったかがわかる。『万朝報』の専任スタッフとして、彼はほとんどすべて英語で、平均二日に一回ずつ論評を書いた。時折、警句的な論評を日本語で書き、キリスト教関係の雑誌にも短い記事を書いていた。一八九七年一一月、長男祐之誕生。祐之はピッチャーとしての名声を学生野球史上に残し、後、日本精神医学界の重鎮になっている。

一八九八年初め、内村はキリスト教文学史上重要な作家たちについて講演をした。五月には『万朝報』の専任職を辞し、時折論評を載せる一方、他の出版事業に力を注いだ。最初の試みは『東京独立雑誌』である。彼はその編集を二年間続け、一九〇〇年これを廃刊する。次に新刊雑誌『聖書之研究』にほぼすべての精力を注ぎ、一九三〇年に没するまでその編集と出版に従事した。(1)

一九〇一年三月、内村は雑誌『無教会』を創刊、一年半続けるが、「無教会」という表現が固有名詞として使われたのはこれが最初である。この表現については後述する。『無教会』を創刊して四か月後、内村は『万朝報』の多くの執筆者と共に社会改革を目指す「理想団」を結成、さらに仲間を増やし、社会主義の理想を反映する記事を書いた。一九〇三年六月、彼は非戦論者に転じたと発表。翌月、東京帝国大学の有名な教授たちは、政府に対しロシアを攻撃するよう促す宣言を出した。これは便宜主義に基づいたもので、特に外交政策においては好機を利用すべきであると説いた。内村と『万朝報』の同僚たちは非戦論を唱え続けたが、好戦的愛国主義が高まる中、社主が政府の政策を支持せざるを得なくなり、主筆たちはこれに抵抗して辞任した。

こうして簡単にまとめてみると、内村は少なくともしばらくの間は『万朝報』の仕事と仕事がらみの人脈に満足していたことがわかる。彼が入社した頃、『万朝報』は新聞界の驚異だった。その評価は設立者黒岩涙香（周六）の精力的な能力に拠るところが大きい。彼は人柄と理想がうまく溶け合った人物で、それが内村やその同志を引き付けた。彼はまた、広い読者層に訴える新聞の体裁（フォーマット）を開発する鋭いビジネス感覚も持ち合わせていた。黒岩の兄は札幌で内村にクリスチャンになるよう圧力をかけた上級生の一人だった。黒岩自身も英語の探偵小説を和訳し、東京の名だたる新聞の主筆を務めていたが、支配人と意見が合わず、辞任した。新設の『万朝報』はレイアウトも編集方針も魅力的だったので、ほとんどの新聞が必要としていた財政補助を受けずにすんだ。主な魅力は一面の凄みのある暴露記事と、三面の一般庶民や彼らにまつわる出来事を扱った温かみのある記事だった。日本の新聞界で標準的に使われるようになった「三面記事」は、この発案に由来する。赤みがかった紙を使ったのも、新聞売り場で目立ち、当時のアメリカのイエロー・ジャーナリズムに似た効果があった。

黒岩はこの成功だけに満足せず、新聞のレベルを上げるために、献身的で才能あるコラムニストを加えた。内村のほか、幸徳傳次郎（秋水）と堺利彦（枯川）が歴史に残る論評を書いた。三人ともやがて辞任するが、在任中に黒岩の思いつきの正しさを充分証明している。『万朝報』の発行部数は伸び続け、暴露記事と三面記事と説得力ある信念の配合により、黒岩は「明治ジャーナリズムの天才」になった。[2]

この有能なリーダーの下で働く内村の仕事環境は性に合ったもので、主題も使用言語も自由に選ぶことができた。社会主義者であった二人の同僚を通して、社会主義運動の指導者たちを個人的に知り、尊敬するようになったし、彼らも内村を賞賛し、その後の数々の企画において彼の支持を求めた。こうした要望に応えて彼が書いたものには、彼らに対する尊敬の念が表れている。内村が同世代の多くの人々を無差別に批判しているのとは対照的だ。一九〇一年、幸徳の『帝国主義』の序文に彼は「余《よ》は君《きみ》の如《ごと》き士《し》を友《とも》として有《も》つを名誉《めいよ》とし」と書いている。[3]また堺の出している『家庭雑誌』に一九〇三年、彼は次のように書いている。「若し日本国に家庭雑誌を出《だ》す権利《けんり》と義務《ぎむ》と責任《せきにん》とを有《も》つて居る人がありとすれば其人は余の友人堺枯川君であると思《おも》ふ、君は性質《せいしつ》が温和《をんわ》で、友誼《いうぎ》に篤《あつ》く、善《ぜん》を視《み》る眼《め》を有《も》つて居て、悪《あく》を視る眼を有つて居らない[4]」。さらに、安部磯雄（一八六五—一九四九）、木下尚江（一八六九—一九三七）、石川三四郎（一八七六—一九五六）が共同で出していた『新紀元』に、内村は熱のこもった調子で次のように書いている。「諄々此主義の深所を吾人に教へられんとす、余は自身社会主義者にあらずと雖も、斯かる紳士的の事業に対しては深き同情を表せざらんと欲するも得ず(5)」。内村は、たとえその主義には賛同できなくとも、こうした主義を持つ人々に好意を持っていた。

内村は社会主義者たちに個人的関心を寄せていたが、これは当時のクリスチャンと社会主義者たちの間の好意的な関係を反映するものでもある。最初に社会主義の理想を紹介したのはキリスト教の宣教師たちだった。一九世紀末、社会主義者たちは巡回伝道運動を行い、地方の教会で温かく迎えられた。社会主義雑誌の購読者にはクリスチャンが多かったし、幸徳と堺が『万朝報』辞任後創刊した『平民新聞』の読者欄には、多くのクリスチャンが投書していた。社会主義者たちもクリスチャンの著述家たちに似た書き方をした。キリスト教の預言者を思わせる終末論的調子が彼らの記事にしばしば混入されていたのである。一九〇三年まで二つの運動は、よほど鑑識眼のある少数の者以外には、同じものの二つの面でないまでも、少なくとも互いに補い合うものと思われたであろう。その後、クリスチャンは社会改革を強調するのを止め、筋金入りの社会主義者たちの仕事は政府の監視の強化で挫折した。

一九〇三年まで内村と共に働いた幸徳と堺は、産業化する日本社会への不平等感を彼に伝えた。内村は社会主義の物質主義や力の行使は受け入れられなかったが、彼らを通して社会主義者の闘争の対象である悪への理解を深めた。

『万朝報』の同僚たちは内村の知的視野を広げ、さらに心理的支えも与えた。札幌を後にしてから初めて、内村は自分と同等の知的背景と献身的態度と清廉さを持ち合わせた日本人と日々接することができた。彼らと交わる時間が多かったことが、手紙を書く暇のない一因だった。机を並べる同僚たちと自分の考えや懸念を分かち合うことができたので、この短い時期だけは、文通を通して遠くの友人に支えを求める必要はなかったのである。

多忙で満足な仕事がある上に、内村は初めて十分な収入も得た。彼の給料の額については資料により異なるが、年収一〇〇〇円から一二〇〇円だったようだ。京都時代の四倍である。人力車を雇い、「毎朝ココアを一杯」飲むことができるようになったが、それ以外は「質素で安価な日本式」生活をしていた。(6) 収入は増えても、長年の借金返済と社会的地位上昇に伴う財政的出費のため、あまりゆとりはなかった。収入が減少するような見通しがあると、彼の大きな企画は危機に瀕する。彼の財政的不安の最も辛い記憶は、彼が『聖書之研究』の責任を一手に引き受けた時点に遡る。

内村は健全なビジネス感覚を持ち合わせていたので、財政的に最も切迫した時期にも新宿の家を維持することができた。郊外が徐々に西へ押しやられ、気に入りの散歩道が次第に開発されていく中で、彼は終生その家に留まった。

気の合う仲間と快適な生活環境に支えられて、内村はかつて京都で初めて取り上げたテーマを再び続けることができた。外国人に対しては日本人の見解を理解させようと努め、日本人に対しては自ら掲げる理想に見合った生活をしていないと叱責した。彼の著作にはムラがあった。締め切りに追われて「再考」という賢明な忠告に従う暇がなく、他新聞からの過度な反応に挑発されてしっぺ返しをした。以前と同様の態度を繰り返し表明しても、夏空に遠のく雷鳴のように効果は薄れてきた。

外国人を対象にした内村の著作には、一九世紀末の国際関係に対する日本の態度が反映されている。この国際関係は日本人にとって安心できるものではなかった。ボーア戦争も米西戦争も中国の分割計画も、西洋が弱者を犠牲にして拡張していく状況を反映しているように思われる一方、義和団の乱は無思慮な抵抗がいかに愚かであるかを証明していた。

日本の見解を西洋人に説明する必要があると感じていたのは『万朝報』だけではなかった。内村が『万朝報』に就職してから二か月も経たぬうちに、英字新聞『ジャパン・タイムズ』が発刊された。日本の見解を直接外国人に提示するために、日本人の社主たちは政府の助成金を受けた。従来、日本語を読めない人たちは、条約で許可された港で日本人以外の人が発行する新聞を読んでいたが、それはヨーロッパ中心の世界観に基づくものだった。

英語でニュースを読む機会が増えたのと同時に、外国人は日本国内で前よりも自由に動くことができるようになった。一八九八年、日本と条約を結んでいた西洋諸国の人々は、港町を出てどこにでも居住できる権利を獲得し、以前のように監視下に置かれることはなくなった。英国は日本に同盟締結を申し出た。これは喜ばしい招きであったが、英国からのあらゆる申し出を疑いの目で見て育った者たちには、危険を孕むものとも受取られた。そのような脅威の可能性に直面した『万朝報』の新設英文欄の主筆は、彼の任務を真剣に考えていた。まず手始めに彼の哲学を紹介する論評を書いた。「公平であるよう祈る(7)」と断りながら、公平であるがゆえに、主な対象読者である外国人には同意してもらえないかも知れないと述べている。

実際は必ずしも常に同意を得られなかったわけではない。彼の論評の多くは西洋文化を率直に評価している。英語、特に日本語に厳密な同義語がない「ホーム」とか「ジェントルマン」といった単語を賞賛する(8)。宣教師についても、S・K・ブラウン（一八一〇―八〇）、ジェイムズ・C・ヘップバーン（通称ヘボン、一八一五―一九一一）、グイド・フェルベック（一八三〇―九八）らの長期にわたる無私の奉仕を評価する。当時、他界したばかりのフェルベックについて、次のように書いている。「金銭や賞賛を得るためではなく、彼自身と神のみが知る目的のために、四〇年間絶え間なく、おごらず高ぶらず奉仕を続けた。彼が日本に来て宣教した教義に加え、この人物には常に、我々が羨み、あやかりたいと願う精力が漲っていた(9)」。しかし、内村が最高の賛辞を与えたのはビクトリア女王、「理想的なイギリス女性、最も献身的な妻で母、平和の愛好者であらゆる善行の促進者」だった(10)。

しかし、この雄弁から内村は何を得たか。港町新聞の編集者は、内村が英国人を雇ってビクトリア女王についての記事を書かせたと暗に仄めかした。この侮辱により内村は、外国人に日本と日本人の実情を正しく伝えねばならぬとの信念をさらに強めた。日本をよく知っている人さえ、彼らが目にするものをしばしば誤って解釈した。一八七八年、誰も伴わずに単独で日本中を旅行したイザベラ・バードは、多くの鋭い観察報告を家族に書き送っているが、その彼女でさえ、「イグサの生い茂る石狩平野の沼沢地を『広大な水田』と描写している」[11]。札幌は石狩平野にあり、ミス・バードが北海道を訪問したのは内村が札幌に住んでいたときだったので、内村は水田などなかったことを知っていた。

日本の地理に関する西洋人の誤りを正すことよりもさらに重要な任務は、日本の知的風土について正しい印象を伝えることだった。彼は外国人が次のことなども知っておくべきだと書いている。福沢諭吉は品行方正な人物だったが、編集者であった彼の女婿はニュースを操作して、自分に有利になるように株式市場を混乱させた。伊藤博文も似たり寄ったりで、「専制帝国主義派の知ったかぶり屋。立憲主義の擁護は口先だけ、浅はかでうぬぼれが強く、国民は長いこと飽き飽きしている[12]」。

三番目の範疇に入る最も数の多い記事は、西洋人が自国で最高とされるマナー基準を日本では守っていないと叱責するもの。外国人は日本と日本人に対する敬意を欠いていると内村は述べる。彼らは退屈しのぎに、意味なく日本へ旅行する。日本に着くと、召使いを信用せず、感情に身を任せ、堕落の実例を探し求めて、自分たちの置かれた「希望ある状況に対し、神に感謝する[13]」。次いで失礼にも、日本について苦情を述べる。しかし、日本は別に彼らに来てくれと頼んだわけではない。「外国人と交わらなくとも、我々は満足していたのだ[14]」。

加えて、外国人がもたらす信仰は皮相的だと内村は考える。キリスト教への改宗者は彼らの考えに力を見出せず、たちまち信仰を失う。西洋人の他民族に対する敬意の欠如は、彼らの皮相な信仰とあいまって、偽善的態度となる。プロイセンの王子ハインリッヒはヴィルヘルム皇帝を「神聖なる皇帝陛下」と呼んで神を冒瀆した[15]。そのような指導者を持つ国々から来ている宣教師は恥ずべきである。

こうして簡略に説明すると、内村の批判は実際以上に厳しく見えるかも知れないが、彼が対象にした読者が彼を無視したり、彼に反発したりした理由はわかるであろう。故国を遠く離れていた彼らは、自国や教会に心の拠り所を求めていた。国や教会という、彼らが高く評価していた象徴に対して内村が疑問を投げかけたので、理不尽な反応を招いたのであった。内村の側から見れば、彼の見解は理に叶ったものである。外国人が日本を好まぬなら、帰国すればよい。留まるなら、客として相応の振舞いをし、主人に敬意を表すべきだ。筆者は同胞と共に、外国人の敬意を切望する。(16) 黙っていては得られないので、これを要求するのが筆者の任務と心得ている、と彼は述べた。

しかし、無償で与えられるべきものに対して繰り返し要求を出し、それが報われないことほど、要求者をうんざりさせるものはない。内村は彼がいかに努力しても無駄であることを即座に悟ったようだ。大部分が日本語で書かれている『万朝報』をわざわざ買って、自分たちに対する痛撃を読もうとする外国人などほとんどいないし、買った人は苛立ちを覚えた。このような状況では、内村の「西洋に告げたい」とする願望は、たとえ善意から発したものであっても、「西洋を叱責する」ものに成り下がる。仲間の多くと同様、内村も徐々に、日本人に敬意を払う「良い」外国人と敬意を払わない「悪い」外国人のステレオタイプに頼るようになる。彼の見るところ、大部分の外国人は後者に属するが、西洋の最善の代表者はイスラエルの忠実な僕のごとく、ピューリタンの伝統を忠実に守る者たちだった。内村にとって、ピューリタニズムは最後まで、西洋世界の規範であった。友人ベルのようなこのグループの代表に内村は個人的に頼り、日本全体もベル、シーリー、カーリンのような人々のお蔭でキリスト教を理解できたと考える。この人たちは要求されるまでもなく、すでに日本人を尊敬していた。その他の人々に影響を及ぼすことは無理だと気づき、内村はむしろ日本人を対象に仕事をすべきだと考えるに至った。

彼は次第に日本人対象に書くようになる。外国人に対する批判と同じ辛辣さで日本人を批判し、特に近代化していると思い込んでいる人たちのうぬぼれと政治家の不誠実さを攻撃した。

最も西洋化していると考えている人々の中にはクリスチャンもいた。内村は彼らがつまらぬ高い地位にこだわる態度を攻撃する。彼らは国会議員中のクリスチャンの数や、金持ちのクリスチャンの数が多いと喜ぶ。「彼等は彼等の教祖は貧家の子なりし事を全く忘却せしが如し」[17]。さらに悪いことに、彼らは浅はかで一貫性がない。彼らはキリスト教が流行していたので入信し、困難な事態に直面すると信仰を捨ててしまう。

内村は仲間のクリスチャンを非難したが、彼の攻撃の最大の対象は寡頭政治の支配者たちだった。彼らはほぼ全員、薩摩・長州・土佐・肥前の出身。官僚政治を支配し、彼らの権力がたやすく崩されないよう、新憲法を作成した。反対党は声を大にして叫んだが、たとえ専断的な方法をとったにせよ、日本を外国の侵入から守り、今や概して平和で繁栄している国に君臨する彼らを相手にしては、大した成果を上げることはできなかった。内村ほか『万朝報』のスタッフを含む反対派には苦情を述べることしかできず、苦情の対象は通常、過去三〇年間日本を支配してきた政界の大物たちだった。その中には札幌農学校を設立した黒田清隆も含まれる。彼は内村の「時勢の観察」が評論界を騒がせていたころ、短期間ながら総理大臣を務めた。この論評の著者が二〇年前、札幌で狩りの手伝いをしてくれた少年だとは気づかなかったであろう。

一八九七年、内村が好感を持つ政府の指導者は誰一人としていなかった。公共の利益を口にしながらその義務から尻込みしていると思われたからである。彼らは他人の善意の動機を自らの利得のために利用した。「利用《りよう》せよ、利用《りよう》せよ、宗教《しうけう》を利用《りよう》せよ、愛国心《あいこくしん》を利用《りよう》せよ、勤王心《きんのうしん》を利用《りよう》せよと、余輩《よはい》は甚《はなは》だ此語《このご》を憎《にく》む、是《こ》れ薩摩的《さつまてき》或《あるひ》は肥後的《ひごてき》、或《あるひ》は長州的《ちやうしうてき》の日本語《にほんご》なるべし」[18]。内村は、何年経っても「長州」と聞くとうたた寝からはっと目覚めたという[19]。元老の命令に従った国会議員たちを風刺して、内村は日比谷の議会を上野動物園に喩える。上野のほうがよい見本がある。特にライオンがよい。ここに風刺の材料がある。ライオンは獅子とも呼ばれ、志士と同音。獅子の何人かは首尾よく国会に議席を獲得した。上野に輸入されたライオンの子が成長し、「其鬣《そのたてがみ》を立《たて》て牙《きば》を閃《ひらめ》かす時《とき》は東都《とうと》第《だい》一の偉観《ゐくわん》ならん、彼等《かれら》に比対《ひたい》するの動物日比谷《どうぶつひゞや》に在《あ》るなし、獅子《しゝ》は吼《ほゆ》れども政治家《せいぢか》（或《あるひ》は代議士《ぎし》と称《しょう》す、年俸《ねんぽう》二千円《えん》を貪《むさぼ》る動物《どうぶつ》なり）は黙《もく》す、獅子《しし》は怒《いか》れども政治家《せいぢか》は従《したが》ふ、上野《うへの》に咆哮《はうかう》の音《おと》は聞《きこ》ゆれども日比谷《ひゞや》に反対《はんたい》の声《こゑ》は揚《あが》らず……日本議会《にほんぎくわい》に曾《かつ》て獅子《しし》の現《あら》はれしことなく、此処《このところ》には只狐狸《たゞこり》の輩《はい》が兢々《きよう〱》として尾《を》を掉《ふ》るあるのみ[20]」。

内村はこのような文を書くとき、彼の怒りの対象となる人物の写真を目の前に置いていたようだ。大隈重信の苗字は大熊と同じ発音。大隈は内村が動物園記事の別の部分で彼を風刺している箇所を読んだ後、著者はご飯を食べる前にその上に涙をこぼしただろうと述べたという。内村の筆力には誰もが感嘆し、槍玉に挙がった者も彼の能力には一目置いた。

献身的な反対派のために役立つ才気に溢れた言葉ではあったが、以前、内村をかき立てた炎は下火になった。何のために書いているのか。外国人に訴えても何の効果もないことを『万朝報』の体験で学んだが、自国の政府の支配者からも同様の結果しか得られぬように思われた。日本を少しでもよくするようなことをしたいと彼は考える。早急の効果が期待できないと知ったためか、執筆の技術は上がっているのに、彼の論評は辛辣味が薄れてあら捜しになり、その結果、預言にも伝道にも役立たなくなった。

＊　＊　＊

こうした中で内村はアマーストで初めて抱いた志に立ち返ったようだ。つまり日本人の生活に聖書を導入する仕事を始めることにしたのである。一般の新聞でこれを行うことは無理なため、彼は一八九八年、『万朝報』を一時退社し、聖書関係の著作を出版する手段を模索した。一九〇三年に『万朝報』を二度目に退社したときは、すでにその手段を見出していた。

内村は自分の書く論評に次第に興味を失っていたが、荒畑や正宗のような敏感な青年読者の信頼を受け、それを保持する能力は失っていなかった。党派の利害関係よりも公共の利益を優先させ、主義に根ざした個人の立場をはっきり主張する出版物が数少なかった当時、内村と彼の社会主義者の友人の著作はそのような作品の大部分を占め、彼の声は高らかに鳴り響いた。従って、彼自身は興味を失っていても、他の人々には刺激を与え続けていたのである。

一八九八年春、内村は月三回発行の『東京独立雑誌』を創刊する。「独立」というのは北米の評論誌によく使われる名前で、モデルはニューヨークで隔週に出ていた『インディペンデント』誌だったのかも知れない。宗教と時事問題を強調していて、会衆派教会内の改革への関心を反映している。『東京独立雑誌』の創刊号には、アメリカの『インディペンデント』誌に類似した目的が表明されている。「社会、政治、文学、科学、教育、并に、宗教上の諸問題を正直に、自由に大胆に評論討議す。確信にあらざれば語らず、独特の思想を含有せざる寄書は載せず、熟読せざる書は評せず」[21]。『東京独立雑誌』は真面目な責任ある評論しか載せなかった。黒岩の新聞の体裁を借用したが、色のついた紙は使わず、スキャンダルも扱わなかった。

内村は仕事を手伝ってもらうために、異なった分野の人々を大勢集めた。弟の達三郎と札幌時代の友人一人はクリスチャン。西川光二郎（一八七六―一九四〇）と児玉花外（一八七四―一九四三）は制度の改革に特に関心を持ち、その後社会主義者として名を成した。仏教の僧侶も一人いたし、山縣五十雄の兄に当たる実業家が最初の一か月、実務を手伝った。いずれも有能で、内村同様、独立した人間だった。こうした人物を集めることができたのは、彼がかなりの組織力を持っていた証しである。

一年間共同作業をした後、内村はある女子学校（私立女子独立学校）の管理職の一部を引き受けることになった。内村の仕事を賞賛していた婦人が一二年間経営していた学校で、彼女の死に際し、遺言により彼女の息子と内村が相続することになった。この学校の人員構成は「四名の無給教師と二名の薄給教師と十有七名の若き純清なる労働者」[22]、最後の一七人は午前中家事に従事し、午後、正規の学習をした生徒である。これを女子独立学校と名づけた創立者は、内村の『路得記』に記された女性の地位に対する姿勢に共感を覚えたようだ。

この学校を管理する合間に、内村は編集の技術を磨いた。毎月三日が校正、五日が出版、七日が新しい記事の原稿の締め切りで、彼の日課はこれに応じて規則正しくなった。夜更けと早朝に資料を集め、それから執筆を始めた。書き終わると部屋は紙屑で一杯になり、時には「小関ケ原の観あり」であった。[23] 内村にとって書くことは常に大激戦で、最後は決定的勝利に終わる。関が原という日本史上最も決定的な戦いに例えているのは適切な表現だ。執筆で疲れ果て、午後は長い散歩でリラックスし、夕食後、次の準備に取りかかる。この集中した生活の中で、時間は生産的な労働の周期にはめ込まれていた。内村はこのスケジュールを三〇年以上も維持した。常にいくつかの記事を書き溜めておいて、病気になっても出版が遅れないように計らった。現に出版が遅れたことは一度もない。宣教師フェルベックの持続的精力を内村は賞賛していたが、彼もある意味でそのような精力を維持したのである。

一九〇〇年、内村は数えで四〇歳を迎えた。世紀の変わり目にこの年齢になった彼は、時の経過に思いを巡らせ、自らの可能性と同時に限界も素直に意識する。四〇歳で自らが覚える活力と期待感について述べ、日本における早期引退の習慣と対比させて、この悪習は日本人が受ける「漢学」の悪影響だと考える。[24] 彼の七〇歳の父親がよい例で、すでに四半世紀も息子に頼って生活していた。

内村は自信に満ちて未来に向かっていたが、相変わらず自分自身のものと呼べる小さな領域、すなわち彼の自宅と学校のある新宿の敷地内に魅力を感じていた。彼はこのエリアを「小独立国」と呼び、酒にもタバコにも汚されず、上品な会話と伝統的な遊びが新年の祝賀に特別な温かみを添えてくれると喜ぶ。[25] ここで彼はようやく、この世の中で彼が欲しいままに完全に支配できる小さな世界を手にし、その安定した生活が気に入っていた。

一九〇〇年末、意見の不一致から『東京独立雑誌』は廃刊になる。原因は明らかでないが、達三郎が兄を非難したのが発端のようだ。内村はスタッフの他のメンバーにも苦情を述べるチャンスを与え、彼自らもそれに答えることにした。結局、彼らを説得することができず、出版は停止する。同時に学校の管理職も辞任した。

内村と達三郎との不仲はこの時に遡るようだ。達三郎はその後もクリスチャンとしてトマス・ア・ケンピスの『キリストに倣いて』やアウグスティヌスの『告白録』の翻訳を出版したりしているが、兄の出版事業に協力することはなかった。

その後内村は、同世代で同等の能力を持つ者と共に仕事をすることは二度となかった。同世代の仲間に対しては尊敬と畏怖さえ覚えていたようで、管理上の責任や真の協調に伴う支配権を行使することはできなかった。『東京独立雑誌』の廃刊で内村の「小独立国」での幸せは減少したが、次に取るべき行動を素早く決めているところを見ると、彼が完全に平静さを失っていたわけではないことがわかる。一時、長野での伝道を考えるが、それは断念し、長年の夢であった「一般向けの聖書の解説」を書くことにした[26]。一八九七年、『万朝報』のスタッフに加わった直後に彼はベル宛てに次のように書いている。「自分は福音伝道を指導する仕事を直ちに始めるべきだと考えることがしばしばあります」[27]。彼が聖書の研究に転じたことで『東京独立雑誌』の読者は驚いたかも知れないが、彼自身はかなり前から夢見ていた企画だった。

主な障害は財政問題。内村は二度と借金の重荷を背負いたくなかったが、夢の実現のためには必要だった。弁護士はそのまま雇い続け[28]、特集記事を書く客員主筆として『万朝報』に戻る。できる限り節約して、汽車も通常固執してきた二等に代わって三等に乗った。夜行列車で「純然《じゅんぜん》なる平民《へいみん》」である同乗客の身体に「揉まれ」ながら午前四時半に到着したこともある[29]。

『聖書之研究』を準備していた夏の間、内村は不安と迷いを覚えていたが、創刊号には平静な自信が表れている。『万朝報』や『東京独立雑誌』に彼が載せた序文とは対照的に、彼が抱負とする卓越した編集基準は発表せず、その後、彼の作品の特徴となる積極的な目的への方向転換を考察している。「彼なる者〔東京独立雑誌〕は殺さんが為めに起り、是なる者〔聖書之研究〕は活《いか》さんが為めに生れたり、彼なる者は傷けんが為めに剣を揮《ふる》ひ、是なる者は癒さんが為めに薬を投ぜんと欲す」[30]。発刊を知らせるパンフレットの中で内村はやや地味な表現を使い、聖書は世界の書物であって、論語よりも重要だ。従って、「若し日本国が其文明を何処までも進めやうと思へば其国民に是非々々此書を精究致させなければなりません」と訴える。(31)

その後の歴史は内村の自信の正しさを証明している。彼は死ぬまでに『聖書之研究』を三五七巻出版した。販売部数は数か月間の例外を除き、最後まで常に、『東京独立雑誌』が廃刊時に誇っていた二三〇〇部を超えた。この例外には意味がある。一九〇五年の一定期間、雑誌の名前が『聖書之研究』から『新希望』に変更され、この期間だけ販売部数が落ちた。このことは、読者が編集者の名声と同時に雑誌の内容にも引きつけられていたことを物語る。キリスト教自体は一般に関心を持たれなかったが、キリスト教の主要な古典である聖書には手堅い需要があった。

『聖書之研究』が長期間続いたのは、正宗が内村に引きつけられた理由として挙げているものと等しく、倫理問題を一貫して追究したためであろう。多くの個人が成長の段階で少なくとも一時期、『聖書之研究』を読んでいるし、廃刊になるまでずっと読み続けた小さなグループもある。このグループは内村の忠実な弟子たちで、内村を師と仰いで尊敬した。

師弟関係は何世代もの間、日本の倫理教育の理想的手段であった。内村が日本の教育を弁護したとき、中江藤樹が弟子一人一人の名前を知っていたと指摘したのは、このような関係を指していた。内村はこのような「師」の現代版となった。一九〇〇年までに彼は、独自の信念を持つ正しい人間として知られるようになった。

一九〇三年、内村は『万朝報』を最終的に退社して『聖書之研究』に全精力を注ぐが、それまでに同誌上で三つのテーマ、すなわちクリスチャンの人格、クリスチャンに適したキリスト教の形、そしてクリスチャンと社会との関係を定期的に取り上げている。その一つ一つを以下、詳細に論じ、それが同時に彼が新聞界から身を引く決断をした理由の説明にもなるようにと願う。

内村によると、クリスチャンはまず教養があり、勉強好きであることが必要であると言う。一九〇〇年に書い

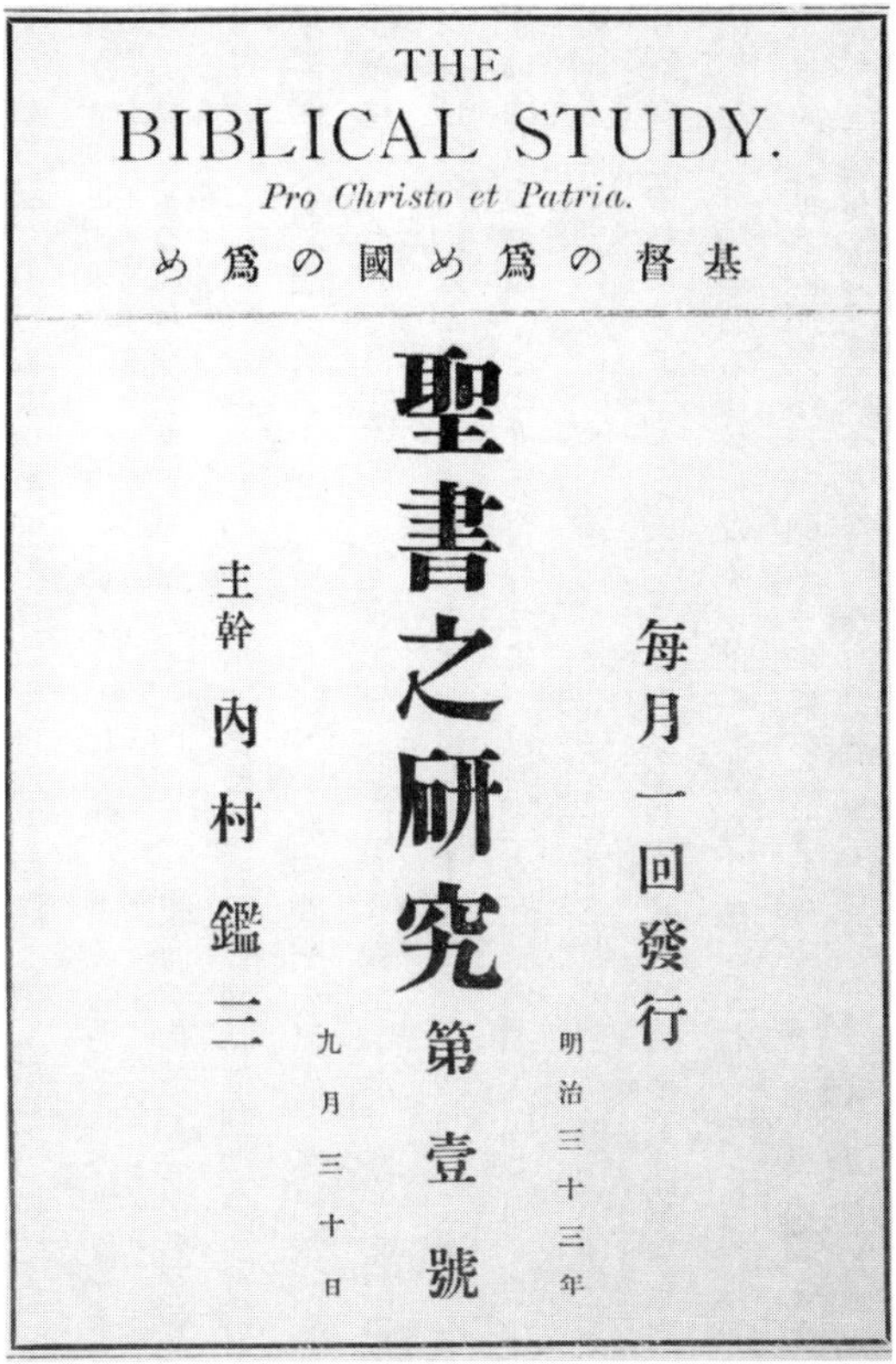
THE
BIBLICAL STUDY.
Pro Christo et Patria.
基督の爲め國の爲め

聖書之研究　第壹號

毎月一回發行

明治三十三年九月三十日

主幹　内村鑑三

『聖書之研究』第1号の表紙,

たものの中に、勉強は天国で時間を過ごすのに役立つとまで述べている。[32]別に学者でなければならないという意味ではない。読書が好きで、自己修養を目指せばよいのである。男性は社会での積極的な活動に備えて勉強するが、女性は男性の補助が主要な役割と心得るべきである。女性にも読み書きの能力は必要だが、主な訓練は家政学の分野で受けるべきで、社会の悪を減らそうと絶えず活動していると、家庭での第一の義務が疎かになることをわきまえているべきだ。男性も女性も真理を求め、生活の中で実践すべきであるが、もしできなければ主義を曲げるよりは孤独を選ぶ方がよい。

　こうした指示の多くは江戸時代の「師」が弟子たちに与えたものと類似しているが、以前はなかった問題、すなわち個々の日本人に影響を及ぼす日本と西洋との関係についても、内村は長々と述べている。これは内村自身が一九世紀末から二〇世紀初頭にかけて思いめぐらしていた問題である。外国人の日本に対する態度を変えさせようとする試みを断念したことで、西洋との関係の問題はある程度解決されたが、より深い意味では未解決のままだった。西洋は彼の心の中で常に脅威であると同時に刺激の源泉であり続けた。

　外国人の問題に対処する一つの方法は、この問題を無視して日本の過去に専心することである。内村はこれを試みたが、それでも問題から逃避することはできなかった。たとえば日光への旅を記述しながら、かつてボストン在住の外国人が日光を褒めたとき、自分はまだ一度も訪ねたことがないと認めざるを得ず、恥をかいたことを思い出している。その埋め合わせに、日光への旅は外国人によって安っぽくなってしまったと考えるが、問題は外国人だけではない。東照宮に着き、ここに祀られている徳川家康とジョージ・ワシントンを比較して、家康より遥かに勝れたワシントンは、マウント・バーノンの質素で優雅な墓で十分記念されているではないかと考える。内村は西洋の影響で複雑になる以前の簡素な生活に憧れるが、それはすでに不可能になっている。なぜなら「丁度亜米利加人の用ふる馬四頭牽《ひ》きの鋤《すき》の様なもので地下三四尺の深さまでを掘り返す」ように西洋の信仰が彼の思考を掘り返してしまったからだ。[33] 完全に変えられてしまったので、「外面は欧羅巴で内部は支那である」同胞と語り合うことができない。その結果、クリスチャンは絶えず挫折感を味わう。「丁度小供が柱に頭を打付《ぶつ》けて其柱を叱て撲《な》ぐるやうに、是は打付かつた小児の悪いので動かない柱の悪いのではない」[34]。

　外国との接触により日本人の生活に入り込んだと内村が感じていた緊張感は未解決のままだったが、この緊張感を最もよく例証するのは、一九〇二年、彼がペリー上陸の地、久里浜を訪れた時であろう。その地で彼は、神がペリーを通して、アジアへのキリスト教伝道の重責を日本に課したと認識し、この共同責任の一部を彼自身のものと考えて祈った。「余は余の力弱きを知ると雖《いえど》も亦爾に頼て大事を為し得るを信ず、余は爾の伝道師たらんことを求《ねが》ふ、余は東洋全躰を余の祈祷の区域となすべし、……余は此国の天職を思ふ毎に其滅亡を聞くこともあるも未だ之を信ずること能はず[35]」。しかし、西洋の干渉を記念するまさにこの地に来たとき、内村は日本が滅亡するかも知れない可能性を考える。そのような可能性を「考えられぬこと」として直ちに打ち消してはいるが。西洋に言及するときは常に、彼の読者の多くが感じていたものに類似した不安と懸念を示す表現を避けられなかった。

内村の強力な人格に引きつけられて遠方からはるばるやってきた者もいた。その一人の人力車夫は、『万朝報』の紙面で内村のことを知り、山越えの一五〇マイル（二四〇キロ）の道のりを人力車を引きながら上京して内村にサービスを申し出た。彼は内村がやがて総理大臣になると期待していた。クリスチャンと知ってがっかりし、去って行きかけたが、結局キリスト教に改宗し、その後、郷里でキリスト教関係の書店を開き、内村の最後の病床に駆けつけて看病した。もう一人は内村が新潟の学校に勤めていたときの使用人で、〝不敬事件〟直後は内村家の手伝いをし、『東京独立新聞』廃刊後の不安定な数か月間、「地獄に仏」のように北海道から来てくれた[36]。その後、郷里に戻り、村人の間で「キリストの忠実なる僕《しもべ》」として生涯を全うした[37]。この二人は西洋が日本に及ぼす影響に関心を持つような人間ではなかったが、内村の人柄に引きつけられ、師事したいと思った。伝統と刷新の相反する引力をより切実に感じていた都会の人間が内村の下に集まったのは、特に驚くべきことではなかったのである。

現代の日本人にとって理想的な生活を学びに内村の下に集まったこのような人々に、内村はキリストの生涯を手本として示した。一八九九年、内村は次のように書いている。「基督の神なる理由は彼の完全なる生涯にあり……即ち絶対的無私無慾の生涯、是れ神の生涯にあらずして何ぞ、余輩は科学的に彼の行為に対し疑問を懐くことあるも、倫理的に彼の生涯を批難する能はず[38]」。内村は読者にキリストに倣うようにと説き、そのために聖書の購読を勧める。日本のクリスチャンに最も適したキリスト教の形式は聖書の中にあると信じたからだ。

日本に特に適したキリスト教を表現するのに内村が創案した言葉は「無教会」、つまり「教会のないキリスト教」もしくは「教会不必要主義」("we-need-no-church principle")。内村は英語の表現に後者の定義を使ったが、内村の遺産として現在、海外で最もよく知られているのは「無教会」という表現である。「無教会」は日本でも、内村が残したものとして最もよく知られているものの一つである。[39]

　無教会運動が注目を引いたために、無教会ははっきりと定義されたものと考えられがちだが、創始者の意図とも、彼の死後何十年も経った現在の現実とも、これほどかけ離れたものはない。内村は一八九二年、仲間のクリスチャンから見捨てられたと感じたとき、彼自身の状況を描写する形容詞としてこの言葉を初めて使い、「余《よ》は無《む》教会《けうくわい》となりたり」と述べた。[40] 八年後、『宗教座談』と題する著書の中で再び形容詞として使っている。日本のキリスト教についての彼の考えを系統立てて述べ、「私は実に此世に於ては無教会信者の一人で御座いまして」[41]と書いている。翌年、彼は『無教会』という名の雑誌を創刊、この言葉の定義に近いものを与えたが、「無」に付随する否定的意味が付きまとう。無教会は何かを倒そうとするものではない、「『無教会《むきやうくわい》』は教会《きやうくわい》の無い者の教会であります……『無教会』の無の字は『ナイ』と訓《よ》むべきものでありまして、『無《む》にする』とか、『無視《むし》する』とか云ふ意味《いみ》ではありません」と述べる。[42] 彼は教会が重要でないことを示そうとしたのだが、教会に反対していると恐れられていることに早くから気づいていたようだ。

　事実、内村は当時もその後も、教会や無教会について入念に定義しようとはしなかった。『全集』の中で「教会の研究」の見出しの下に収録されているものは〇・五パーセントにも満たない。彼自身は大した関心を寄せていなかったが、時の流れと共に「無教会」は、彼が歴史に残した最も重要な貢献と思われるようになった。その一つの理由は、他のクリスチャンが信じていたものの多くを脅かすものと思われたからである。教会の中で庇護されている者にとって、教会がないという考え、あるいは教会を持たぬキリスト教を想像するだけでも、自分たちが最も大切にしているものが攻撃されていると感じてしまう。そのような人は日本人であれ外国人であれ、内村の作品の中に、無教会がキリスト教信仰を脅かすものとの疑念を支持する証拠を見出すことができる。一九一

内村40歳，1901年，札幌にて。『聖書之研究』を発刊し，「無教会」の思想を展開し始めた頃。

三年、内村は「教会者と預言者」と題する論評の最初の段落に次のように書いている。「教会者、之を英語でecclesiastic《エクレジヤスチック》と謂《〔い〕》ふ、余輩が此世に在りて何より嫌ふ者は是れである……教会者は信者を治めんと欲する者である、……教会者は政治家である、……教会者は傲慢《がうまん》なる狼である」[43]。一方、預言者は、形式のために信仰を犠牲にする危険から絶えず守ってくれる者だと彼は指摘する。内村は気づいていなかったかも知れないが、一般のクリスチャンにとって、信仰は自分を導いてくれた牧師個人、並びに信仰に実体を与えている教会組織と不可分の関係にある。その教会に対する攻撃は、改宗者にとって脅威である。日本の教会のメンバーも外国人宣教師も、内村の姿勢を脅威とみていたグループに属していた。

こうした心理的要因が互いに交錯していたことは、本書の後の章の各所でさらに行う無教会の分析によって示される。一九〇〇年に内村が『聖書之研究』を創刊したときは、単に聖書の注解を行い、その内容に日本人の生活と結びつく意味を与えることだけを考えていた。

1901年，足尾銅山鉱毒事件：政府の無関心に辛辣な叱責を浴びせる内村を描いた新聞の戯画。

内村が三つ目に考察したのは、日本のクリスチャンの社会的役割。一九〇〇年から一九〇三年、内村は『聖書之研究』に大部分の時間を費やしていたが、財政的必要から『万朝報』に客員主筆として戻り、社会改革に関心を持つ仲間に再び加わった。彼の記事の一つに、銅山の廃物が川から水田に流れ込み汚染された農地を視察し、その状況を詳細に記述したものがある。政府に再三抗議しても、銅山の所有者がコネを使って政府の介入を未然に阻止したためか、改善されない。庶民の権利を無視したこの目に余る態度に内村がいかに心を痛めていたかが、その論調でわかる。銅山汚染に関するこのたった一つの記事の結果、被害者の農民に二〇〇〇件以上の金銭や物資が送られた。三か月後、五〇〇〇人が七月の暑さを押して、内村ほか二名の戸外演説会に駆けつけた。彼らは三人の指導者が献身している社会改革のための新しい会を立ち上げようとしていたのである。その会は「理想団」と呼ばれることになった。

黒岩ほか『万朝報』の社員は内村と共にこの会を作り、内村は弟子たちに地方の支部を作らせた。一九〇三年までの二年間、彼は社会の悪習を改善して、彼の言う「理想的な日本」を目指そうとする人々の先頭に立った。

内村がこの二年間に書いた論評により、歴史家は彼の社会改革者としての役割に注目した。ある『全集』の編集者の一人はこのような論評を日付順に並べた。この順番を辿ると、内村の考え方の推移の跡を知ることができるが、どれが『万朝報』に載り、どれが『聖書之研究』に載ったのかはわからない。掲載誌別に見ると、日刊新聞のコラムの字数制限が歴然とする。『万朝報』に載った五三点の論評のうち、英訳して一〇〇〇語を超えるものは三点しかない。対照的に、同時期に『聖書之研究』に載った一六点のうち、一〇〇〇語を超えるものは一三点もある。内村が注意深く論考したもののほとんどは『聖書之研究』に載っているわけである。

中味を分析してみると、この印象が正しいことがわかる。内村が非戦論を最初に発表したのは『万朝報』の短い論評だったが、その他の論評はチップ制度や酒類の禁止といった雑題を扱っている。唯一大きなものとして「余の従事しつつある社会改良事業」があるが、これは守勢に立ったもので、彼が以前に試み、失敗に終わった改革計画について述べ、聖書の教えを通して個人を作り変えることのみが真の改革だと結論づける。「理想団」に対する彼の態度も同様の信念を表していて、会の発足から三か月後に書いた論評で、会の目的は改革された個人の行為から生じる社会改革であるべきだと述べている。また理想団に入会した彼の弟子に、たとえ非キリスト教徒が交じっていてもビールや酒で会が汚されることがないようにと書き送っている。『万朝報』の仲間から彼の社会改革の姿勢を分析するようにと要求され、特定の倫理的禁止問題として改革を解釈したものと思われる。

彼が清廉さに固執する態度を軽くあしらう読者もいるだろうが、一九〇三年初めに『聖書之研究』に載ったいくつかの論評の調子をみると、内村がなぜそのように清廉さに拘ったかがわかる。連載として書かれたわけではないが、どれも個人の信念と国家の救済との関係について述べていて、これにかなりの紙面を割いているところをみると、このテーマが彼の思考の中で重要な位置を占めていたことがわかる。

総括すると、彼の論旨は次のようになる。歴史をみると、正義は常に勝利する。キリスト教は人間が正しく行動することを可能にする。日本人はキリスト教を採用していない。従って日本人は正しくなれない。キリスト教を信じることなく、キリスト教文化の果実だけを導入しようとする。日本のクリスチャンは非キリスト教徒の同胞が成功できるはずはないと知っているので、日本が神を通して正義を知り、神の計画の下で責任を果たすことは到底望めないと考える。「日本国は支那の四億余万と印度の二億五千余万と其他大陸の億兆を救ふために造られたものであります、……世界は日本国に向て革命を要求して居ます、……今は微々たる少数であります、然しながら此少数の中に日本国の希望は存して居ります、……日本国をして、西洋と東洋とを繋ぐに至らしむる者は実に彼等であります」。(44) この責任を双肩に担う少数のクリスチャンは、キリスト教と社会主義の違いを認めるべきだ。クリスチャン一人一人が国家救済の一翼を担うために、純粋な信仰を維持しなければならない。内村は、最初の結婚の直前に手本として魅力を感じた刑務所改革者ジョン・ハワード同様、クリスチャンにとって社会改革は「道楽（hobby）」に過ぎないと考えた。(45)

こうしたテーマは以前にも出てきたが、ここにおいて内村は特に差し迫った調子で繰り返している。「時勢の観察」の預言者的態度にも似ているが、非難に代わって希望ある論調になった。キリスト教を信じる者が最後まで忠実であれば、希望がないわけではない。『地人論』の中で未来に向かっておぼろげに描いた日本の使命を果たす責任が、今や日本の数少ないクリスチャンの肩にかかっているのだ。一人一人のクリスチャンが重大な責任を担っているので、汚れを避けるよう、特に注意しなくてはならない。内村の不安は、イスラエルに残った忠実な信徒に対するイザヤの不安を思わせる。内村はこの類似点を意識していたようだ。こうした一連の論評が載った『聖書之研究』の同じ号の別の箇所に、別の著者によるイザヤ書の背景資料が載っている。

キリスト教と社会との関係について内村が書いた最後の論評は六月に載った。月末には『万朝報』に非戦主義を発表し、九月には『聖書之研究』に「平和の福音――絶対的非戦主義」を載せた。数日後、戦争に向かって流されていく世論を批判する一連の論評を『万朝報』に発表し始め、仮に自分が外務大臣だったら、日本の武器をすべて、直ちに破壊するだろうと締め括った。平和にそれほど関心を持たぬ者たちは、『万朝報』の論評により政府が検閲を強化しなければならなくなると考えたであろう。彼らは黒岩に圧力をかけたのかも知れない。理由は何であれ、黒岩は『万朝報』の立場を政府の立場に合致させ、内村は幸徳と堺と共に辞任した。

内村は『万朝報』の同僚の影響で積極的な社会改革と社会主義に引きつけられた。黒岩にも敬意を払い、一九〇二年、彼の論文を多数、『聖書之研究』に載せている。霊魂の不滅、神の存在、真理の探究の難しさなどについて書かれたものだった。内村はまた、同僚たちを人間として尊敬するのみならず、彼らの目に映る問題に心から関心を持つに至った。キリスト教的解決法の可能性について問われ、社会主義と彼の信仰との関わりについて真剣に取り組まねばならなかった。他のクリスチャンの誰よりも厳しくこの問題を追究した結果、社会主義は彼の信仰の純粋さを脅かすものとの結論に達し、背を向けることになる。『万朝報』の方針も彼のキリスト教の信念を脅かすものと気づき、辞任したのだった。『聖書之研究』の論文によると、遅くとも一九〇三年初めまでに彼はこの決断に至っていたが、この雑誌を読んでいなかった『万朝報』の読者は何も知らなかったのである。

一九〇三年に書かれたこれらの論文は、実り多かった一八九三年に次ぐ創造的進展を見せている。一八九三年には彼のそれまでの人生に起こったいまいましい出来事がほとばしり出るように表現されている。一九〇三年に書いたものの数はずっと少ない。新しいテーマを導入するより、焦点を絞った。しかし、一九〇三年の作品はそれなりに一〇年前の作品と同様に重要で、分裂した忠誠心を持つ日本のクリスチャンに可能な選択肢を挙げ、それぞれを実際に採用した場合の結果を示す。一九〇三年に内村は、心の中で互いに対立する二つの勢力のうち一つを選ばねばならぬ場合、政府の命令よりは良心の示すところに従うべきだと指摘している。

『万朝報』を通してより広い世界と接触できたが、彼はその状態を維持しようとはしなかった。新聞界から身を引いた彼は、社会から隔離された生活を始める。戦争が始まると、クリスチャンとして非戦主義を取る忠誠心と、それに反する日本と日本人に対する忠誠心との関係を、苦痛を持って考察する。この主題について何度も書き、最終的にはクリスチャンの青年に対し、兵役に志願して戦場で死ぬようにと勧める。そうすれば、兵役に対する倫理的懸念の結果、誰か他人を身代わりに死なせる可能性を防げるからだ。さらに、もし彼らが戦死すれば、非戦主義の信念の故に二重に哀れな彼らの死は、キリストがすべての人の罪を贖ったように、同胞の罪をある程度贖うことになるであろうから。この考え方によると、クリスチャンは他の者たちと共に兵役に従事することができるので、政府の弾圧も同時に免れることができる。実際はこの数行に記したほど単純ではなく、内村の後の人生を記すときにもっと詳しく述べるが[46]、ここでこの問題に触れたのは、開戦により真っ向から対立することになった二つの勢力に対して忠誠心を維持することの困難さを示すためである。

内村は次第に彼の家庭と雑誌と弟子から成る「小独立国」に引きこもるようになった。彼が好んだより広い世界とは完全に疎遠になった。しかし、他に選択肢はなかった。当時の選挙法の下で、内村には選挙権がなかった。「自由投票」に関心を持つ会の会合で講演を頼まれたとき、「政治的には一人前の人間として認められない者であります」と認めざるを得なかった[47]。民主政治を推奨し、日本がその理想に向かって進んでいるのを誇りにしていたが、個人的には著作による以外、社会に変化をもたらす術がなかった。自分が信じていないことを書くのは信念を裏切ることになる。戦争勃発後、信じていることを書けば、弟子の命に関わり、同胞の日本人と実りある対話を続けることはできない。そこで目前の問題は避け、長い目で見た変化を求めて働くことにした。弟子たちを育て上げ、社会情勢が好転してから、価値ある変化がもたらされることを願って。

合理的一貫性を求めれば、内村が別の反応を示してくれればよかったのにと考えるかも知れない。孤独な戦いを続けてくれればよかったと願うだろう。しかし、彼が置かれた立場で、何を表明できただろうか。事実、彼は少なくとも同世代人と同じぐらいはっきりと、一貫性を持って意見を述べている。荒畑に刺激を与えた彼の著作は今日でも、率直な散文を学ぶテキストとして存在する。しかし、一旦戦争が始まると、内村は政府に真っ向から反対することもできず、政府にへつらって自らの才能を汚すこともできなかった。神への忠誠心は、国が間違っていると彼に告げる。もし彼が異なった環境で育っていたら、別の反応を見せたかも知れない。しかし、旧体制の崩壊という、彼の子供時代を特徴づけた状況から、彼はキリスト教に導かれ、キリスト教のみが彼を支えることができると悟った。一九〇三年一月、彼は次のように書いている。「基督教のみが人と国とに自覚の感を起すからであるに相違ありません、『我は何なる乎』なる人生の最大問題に解決を与ふる者は基督教のみであります」(48)。キリスト教なしに、彼は自分の望む人間として存在できない。キリスト教を捨てて日本を選ぶことはできない。神と人の前で彼にアイデンティティを与える、その同じキリスト教により、彼は社会から疎外された。日本人の中で暮らしながら、「余《よ》は陣《ぢん》を敵地《てきち》に張《は》るの心《こゝろ》を以《もつ》て彼等《かれら》の中《うち》に棲息《せいそく》する者《もの》である」と彼はその二年前に書いている(49)。彼は国の政策を絶えず批判していたが、国の発展の主流からかけ離れて残りの人生を終えたわけではない。それどころか、その死に際し、彼は日本のインテリ世界で尊敬されるメンバーとしての名声をほしいままにしていた。続く各章では「敵地」での彼の生活の描写を続け、やがて第一次世界大戦直後から日本の思想家の中で尊敬される地位を得ることになる様々な出来事を記述しよう。

第二部

神との契約

第六章　ルターに導かれて

曇り空の一九一七年一〇月三一日、内村は講演をするために都心へ向かった。『万朝報』辞任から一四年、彼は再び歴史に名を残そうとしている。携えているのは講演のメモとルターの胸像。ルターがヴィッテンベルクの教会の扉にローマ・カトリック教会に対する九五カ条の抗議書を大胆にも貼り付けた、かの有名な行為の四〇〇周年を記念するための講演だった。ルターの行為は四世紀後もなお、宗教改革の始まりとして広く記念されていた。歩きながら内村は立ち止まり、「帽子を脱して神に祈り且《かつ》誓うた『神よ願はくは今夜の集会をして汝の栄を顕はさしめ給へ、之を以て恵に充《み》ちたるものたらしめ給へ、汝若し此願を聴き給はゞそは汝が余をして書斎を出でゝ市中の講壇に立たしめ給はんとの証徴なる事を信ず』」(1)。

会場から溢れるほどの一五〇〇人を超す期待に満ちた群集が内村の到着を待っていた。彼はルターの胸像を掲げ、今日の司会者はルターであると紹介して、一五一七年一〇月三一日はキリスト降誕以来、歴史上最も重要な日であると宣言した。その日、ルターはパウロが体験したユダヤの律法の束縛からの解放を再確認した。「近世哲学と近世思想、近世科学と近世文学、代議政体と新国家其他近代人が享有する凡《すべて》の制度文物は」ルターの九五カ条の教義から始まる(2)。内村の言葉は講演というよりも偉大な音楽のようだったと一人の弟子は振り返る(3)。聴衆は熱烈な反応を示した。内村はこの成功を、神が彼の誓いを聞き入れた証拠と受け止めた。

彼は一連の講演を準備し、数か月後、中田重治らと共に、大勢の聴衆に向かって、差し迫るキリストの再臨についての講演を開始した。同時に、終末が近づいていると予告していた西日本のいくつものグループと文通した。

本章では一九〇三年から一四年後、ルター講演に続いて再臨思想を取り入れるに至るまでの内村の伝記と作品について述べる。『万朝報』を辞任し、聖書の研究と教授に専心する生活を始めた時点で、彼の職業模索は終わった。キリスト教伝道者としてはっきりした目的を持ち、常に信念に支えられて、実り多い日課をこなす生活に落ち着いた。自身の信仰についても深く思いめぐらした。

一九一四年、第一次世界大戦勃発直前、内村は宗教、すなわちキリスト教の役割を次のように説明している。

宗教《しうけう》は此世《このよ》の事《こと》ではない、彼世《かのよ》の事《こと》である、肉《にく》の事《こと》ではない、霊《れい》の事《こと》である、人《ひと》の事《こと》ではない　神《かみ》の事《こと》である、純《じゆん》宗教《しうけう》の立場《たちば》より見《み》て此世《このよ》と此世《このよ》の事《こと》とは什麼《どう》でも可《よ》い事《こと》である、宗教《しうけう》は現世《げんせ》に対《むか》つて言《い》ふ「我《わ》れ汝《なんぢ》と何《なん》の干与《かゝはり》あらん乎《や》」と。

然《しか》れども此世《このよ》に何《なん》の負《お》ふ所《ところ》なく、又此世《またこのよ》より何《なん》の求《もと》むる所《ところ》なき宗教《しうけう》は此世《このよ》と何《なん》の関係《くわんけい》もない者《もの》ではない、宗教《しうけう》は此《この》世《よ》に拠《よつ》て立《た》つ者《もの》ではないが、然《しか》し此世《このよ》は宗教《しうけう》に依《よ》らずしては立《た》つことの可能《でき》る者《もの》でない、純清《きよ》き宗教《しうけう》に根柢《こんてい》を据《す》えざる国家《こくか》と社会《しやくわい》とは有《あつ》て実《じつ》は無《な》き者《もの》である、此世《このよ》が要求《えうきう》する最大《さいだい》の者《もの》は政治《せいぢ》でも無《な》ければ実業《じつげふ》でもない　人《ひと》の生命《いのち》は其《その》宗教《しうけう》である、此世《このよ》に宗教《しうけう》が絶《た》えて其生命《そのいのち》は失《う》するのである。(4)

聖書を研究し、その教えに従おうと努力した結果得られたこの結論が、内村の安定した職業選択の背後にあった。聖書に絶えず注意を払い、それを現代に関連づけて実行すれば、自分も支えられ、社会にも貢献できると考えて、生産的な日課を確立した。

一九〇三年から一九一七年までの伝記上の主な出来事を見ると、内村がどれほど周囲の世界から精神的にかけ離れて生活していたかがわかる。彼の母は一九〇四年、精神病院で死去、父は一九〇七年に世を去った。同年、家族は角筈から柏木の家に引越し、その後内村は死ぬまでその家に留まった。一九〇八年、『聖書之研究』は一〇〇号を出す。翌年、内村に洗礼を授けた牧師の妻、フローラ・ベスト・ハリスが死去。その葬儀への出席が、過去五年間で初めて公衆の前に姿を見せた時だったと自ら述べている。二年後、五〇歳の誕生日を迎えた一九一一年、彼は札幌の宮部宛てに、まだ頭は禿げていないが「白毛《シラガ》は凡そ三十本位ひあるのみに有之候」と語っている。(5)

第一次世界大戦に時たま言及する以外、内村はこの期間、国際関係にも社会組織や都市がもたらす問題、個人間の身分の格差などに、ほとんど何の関心も示さず、聖書を通して熟考した人と人との単純な基本的関係、および個人と神との関係を強調した。

このような生活をしながら、内村は周囲の世界に直接関与するのを拒否して、敵地の中に自らの陣営を守り続けた。防御されたこの陣営から出てくるようにと神の命令を受けて初めて、彼は社会の中心に戻っている。彼の社会への復帰を詳しく述べる前に、復帰前の彼の生活と作品を論じよう。

＊　＊　＊

内村は近所で「聖書の先生」として知られるようになった。「先生と弟子」という日本の伝統的教育に根ざしたこの呼び名を、内村は気に入っていた。先生としての役割が定着するにつれ、『聖書之研究』には彼の家庭に関する情報も載り始め、遠方の読者も「弟子」の気分を味わうことができた。内村が『聖書之研究』に記述したものや、後に彼の弟子が回想しているものを総合すると、内村家は仕事場を兼ねていて、先生は家族と共に住み、家で仕事をしていた。先生の名声が広まると、雑誌編集のスタッフを雇い、彼らも内村家で仕事をし、家族のメンバーとして扱われたので、より広いスペースが必要になった。弟子は先生を訪ねる権利があり、遠方から来る者には食事と宿を提供していた。

内村の活動の最盛期、内村家はこうした種々の役割を果たしていた。内村が女子独立学校の校長を勤めたときは、学校の敷地内の校宅に引越し、辞任した後も数年間住み続けた。この平屋の写真を見ると、一八フィート×二五フィート（約三間×四間）の広さだったようだ。二〇世紀の最初の三年間彼が開いた夏期学校には、この学校の教室が使われた。

内村は弟子の集会にも自宅を開放した。玄関と居間と書斎の襖を取り払うとおよそ三〇〇平方フィート（約一六畳）の広さになり、日曜の朝の聖書研究に集まる二五人を詰め込むことができた。一九〇七年ごろには出席者の人数が増え、角筈の家は手狭になった。ルツ子はティーンに入り、祐之も間もなくその年齢になる。地方からの訪問者は増え、『聖書之研究』のスタッフも増えて、部屋が足りなくなった。

内村は角筈に近く、その後開通する山手線のすぐ外側、大久保駅から半マイル（八〇〇メートル）、新宿駅から一マイル弱（一キロ半）の柏木に移った。高い木々に囲まれた牧歌的な環境にずっしりと建つ家が、内村の残る生涯、彼の活動の中心となった。閑静な郊外は次第に都市化し、一九一六年には電気とガスが引かれて便利になるが、新築の建物が密集し、火事の危険も増した。

内村は窓から野原を見渡せる二階の書斎で仕事をした。和服で椅子に坐り、机に向かっている一九〇九年の写真がある。背後には窓、左手には観音開きの扉が開いたままの書棚。彼は大きな本を広げて身をかがめ、一心に調べものをしている。机の上には別に開いたままの本が多数、雑然と置かれている。このような姿を弟子に見せることは滅多になく、弟子たちは母屋に隣接した今井館で先生に会っていた。今井館は内村から受けた影響への恩返しに神戸の香料商今井樟太郎が建ててくれたホールである。数年後に増築され、半分は畳で後の半分は板の間とバルコニー。集会と出版関係のスタッフの仕事場として使われた。この建物は数回増築を繰り返し、最後には内村の講堂として使われた。弟子たちは彼の死後七〇年以上経った現在でもこれを使っている。

出版社は「聖書之研究社」と呼ばれ、内村の財政を支えると同時に弟子たちには内村一族への帰属感を与えた。長年にわたり、主要な雑誌三種、内村の記事を一つ載せた小冊子を多数、それに小さい雑誌を二種出版し、全体

書斎の内村，1909 年。

として成功していた。ベストセラーとまではいかなくとも、しばしば再版される本も多数あり、これを内村は「手堅い多年生出版物」と呼んだ。

『聖書之研究』の広告を見ると、こうした出版物の経歴がわかる。『基督信徒の慰』が最も人気が高く、一九二三年までに二〇版まで出た。次が『求安録』で一八版。『聖書之研究』に掲載されたものの論文集や講演集もしばしば再版されたし、一九一八年に内村が行ったキリストの再臨に関する一連の講演も、五年後には四版まで出た。

聖書之研究社は以前に出た書籍や小冊子の再版を行ったが、編集者たちが主力を注いだのは雑誌『聖書之研究』であった。この雑誌は弟子に送る「月刊書簡」だと内村はベル宛てに書いている(6)。読者に向かって「月毎に机に対して筆を執る時、私は神と共に語るやうにも感じ、又友と相対して語るやうにも感じます、爾うして印刷成つて之を送出した後には、数千本の親展を友人に送つたやう」な気分であると述べたこともある(7)。

『聖書之研究』の体裁は変わっていない。一五×

二五センチほどのクリーム色の紙に印刷されていた。号によっては写真入り光沢紙を最初に折り込んだものもあるが、イラストはない。表紙と裏表紙の裏面には広告が載った。広告のほとんどは内村の著作で、例外として他のクリスチャンの著作もあった。

『聖書之研究』の各号には、読者にインスピレーションを与え教育する内容のものと読者との通信が載っている。最初の数ページには、通常一段落の長さの警句があり、信仰体験の本質を捉えたものや季節についてコメントしたものがある。一九一三年以降の各号には、そのような内容のものが英語で一つずつ入っている。しばしばベルを念頭に置いて書いたと内村は彼宛てに書いている(8)。このような英語の警句を一巻にまとめた『神と共に』は内村の思想の核心を成し、一九二二年、西洋の読者の手に入るようになった。この作品は、しばしば再版されている日本語の作品に比べ、あまり知られていない。

『聖書之研究』の中心となる記事は冒頭の警句に即したもので、ほとんどを内村が執筆した。聖書の一部について書いたもの、教義上の問題やキリスト教文化を考察したもの、またそれほど頻繁ではないが、キリスト教の信仰を個人の生活や国際問題に関連させて考えたものもあった。他のクリスチャンの著者も同様の作品を提供した。西洋の作品から引用したものの和訳が各号の最後に載った。記事の内容は問題点に決定的解決を与えるような学問的なものではないが、資料は丁寧に扱い、しかも読者に興味を持たせるものだった。毎号をむさぼり読んだ多くの読者は、キリスト教の基礎をよく理解することができた。

各号の最後は通信欄で、読者からの手紙と内村の近況報告が載った。内村に年賀状を送った者の名と要旨も載った。内村家の周辺に洪水警報が出たことを新聞で知った読者から安否を問う手紙が来ると、雑誌の紙面を借りて全員にまとめて礼を述べた。一定期間、内村は一つの号に問題を載せ、次号に模範解答を載せた。時たま、彼が啓発された本を紹介してもいる。

過去一年間を振り返ったこともある。例えば一九一四年の活動について、次のように書いている。『聖書之研究』を一二巻出し、原稿を七〇〇ページ以上書き、一〇〇〇ページ以上の論評を本にまとめる準備をし、講演を五〇回行い、手紙を四〇〇通から五〇〇通書き、五〇〇〇ページほどの読書をし、春には金沢に旅行し、秋には日光を訪れた。

旅行に出ればほとんど常に講演をし、弟子たちと会合を開いた。旅行の数か月後、旅行そのもの、講演の内容、聴衆、観光その他の活動を含む詳細な旅行記が『聖書之研究』に載った。内村は地方の弟子に案内されて、観光を楽しんだ。

聖書之研究社の精力の大半は『聖書之研究』に注がれたが、一時期、他の雑誌も出版した。最も重要なのが、一九二六年から一九二八年まで発行された英文誌の『ジャパン・クリスチャン・インテリジェンサー』（*The Japan Christian Intelligencer*）。本書の第一四章に詳しく述べるが、西洋に対する内村の成熟した態度が窺える。もう一つの重要な出版物は月刊雑誌『無教会』。一八号まで出た後、一九〇二年に廃刊となった。

雑誌『無教会』は二二センチ×三〇センチの用紙に八ページ、未製本の形で発行された。発行人欄には「孤獨者の友人、……家庭宗教美文の小册子」とある。読者から寄付を募り、寄付金額をまとめて発表した。内村はこの雑誌の主要な役割を「『紙上の教会』……即ち私共行くべき教會を有たざる者」と考えた。[9] 教会の会員が交わるように、読者同士で経験を分かち合うことができた。『無教会』は『聖書之研究』と互いに補い合うものだった。本書の五章に述べた無教会に関する記述は大部分、短命だったこの雑誌『無教会』から取ったものである。読者は内村が望んだような反応を示さなかったので、内村は二つの雑誌を一つにまとめることにした。

『聖書之研究』の一九一三年一〇月号を例に見ると、編集されている様々な項目の要素がいかに関連し合っているかがわかる。全五二ページの中に警句が七つ、記事が四二、通信が三点ある。警句のうち三つは教会に関するもの、三つは聖書に関するもの、一つは個人が天職を捜す方法（「天よりの声ありて汝に示されず、……又思考を凝らして之れを発見する能はず、……今日従事しつゝある職業に由つて汝に示さるゝ」[10]）、死への最善の備え（自分の仕事を忠実に行うこと)、イエス・キリストの性質、そして神の愛と人間の愛を対比させたもの。巻頭の記事に内村は「ヘブル人への手紙」一一章にパウロが分析するアブラハムの信仰を論じ、次に弟子の一人が「ルカによる福音書」一六章にイエスが予告する、天国に行ける貧しい人と地獄に落ちることになる富める人について述べ、さらに内村の二つの記事がユダヤ文化――「レビ記」と「申命記」に定められた祭りと農業――を取り上げる。この月の通信欄には弟子が寄稿したいくつかの詩が載り、最後に新築成った今井館の献堂講演会の予告が出ている。

寄稿された詩の一つは「蚊帳の歌」。内村は次の注を付けている。夏、二週間ほど病気で寝込み、「柏木名物の蚊軍を防ぐに足」らない「祖先より承継した古き蚊帳」を処分する決心をした。捨てたその日の郵便で、田舎の宿屋を経営している女性の弟子から新しい蚊帳が送られた。その弟子は夢で内村に会い、贈り物をすることにしたのだと説明している。この話を聞いた別の弟子が「義人」内村と、「悪魔の使者の心地して、われを賎むか刺しに刺す」蚊の大群とを対比して詩を作った。(11)

本書の後の章に引用する内村の言葉を見ると、日本の読者がキリスト教の敬虔さに引き付けられるように書かれていることがわかる。内村の著作は一九世紀に北米やイギリスで人気のあった聖書注解雑誌に類似している。いずれもキリスト教的自己改善法に関心を持つ探究心旺盛なインテリ読者を想定したものだった。こうした聖書研究に対する態度は共通だが、社会環境は日本と西洋では異なっている。先生に対する弟子の態度は、例えばイギリスの『エクスポジター』誌の編集者に対する読者の気持ちよりも遥かに敬虔で個人的で熱烈なものだった。キリスト教関係の仕事のほとんどが援助金を必要としていた日本で内村が独立生計を立てることができたのは、独学という日本の伝統の中で聖書の注解を提供したからである。

『聖書之研究』の出版により獲得した財政的・精神的独立は、彼の最も大切な財産となった。内村が弟と一緒に出していた東京『独立雑誌』の廃刊により、七〇〇円の負債が生じたが、これは職人の三年分の賃金に相当する。彼はこれを引き受け、数か月で完済した。(12) 一九一八年、彼は友人宛てに次のように書いている。「人生最大の快楽は人に物を施す事にこれあり候。その次ぎの快楽は借金を返す事にこれあり候」[13]。

支払不能の恐怖を内村は忘れられず、健全なビジネスの原則を持つようになっていた。『聖書之研究』の購読料の前払いをしばしば要求したし、弟子が自分の雑誌を発行しようと考えていたとき、購読の予約金は現金で要求するようにと説得した。「伝道上最も不愉快なる部分」は財政面だと考えていたからである[14]。

内村は香料商の今井のように充分ゆとりのある日本人からは彼の事業に対する贈り物を受取ったが、少数の例外を除き、外国人からの贈り物は拒絶した。ある時、アメリカ人から贈られた五〇ドルを彼は二回返したが、友人たちから「奥さんの小遣いに」と説得されてようやく受取った。外国人から財政的に支配されるのを恐れ続けていたのである。そのような懸念はとうに去っていたのだが。

弟子からの贈り物は、彼がその弟子のために提供したものの相応のものの場合は受取った。日本社会以外から入ってくるお金は、彼がそれに見合うものを到底返せないという理由で、脅威と見なした。従って、彼が『聖書之研究』に二度目に英語で載せたものが次の詩であるのは偶然ではない。

独　立

金にも優《まさ》り、　名誉にも優り、　知識にも優り、　生命《いのち》にも優る、　嗚呼汝独立よ！
噫《あゝ》王《わう》等よ、　噫公《きみ》等よ、　噫監督等よ、　噫博士等よ、　汝等は圧制家である。
独り真理と偕《とも》に在り、　独り良心と偕に在り、　独り神と偕に在り、　独りキリストと偕に在りて、　我は自由である[15]。

一九二八年、キリスト教入信以来の五〇年を振り返ったときも、同様の考えを示している。「私は信仰の初めより独立を決心した。……三度餓死の決心を為した。……独立に由つて私は人生の興味を知り、神の有難さを解し、彼が実際に活きてゐまして彼に倚頼《よりたの》む者を奇蹟的に助け給ふ事を実験した……餓死の決心は今や誇り話として残る。その当時は随分悽《すご》かつた」[16]。

著述業により、彼は聖書の調査・研究を続けることができた。家族は今井館に隣接した家で生活していた。家族も「聖書の先生」を取り巻く伝統の一部になっている。

内村の周囲に集まってくる人々は、内村家で暮らす人々にも関心を持った。家族のメンバーは、最後までいっしょに暮らした両親、妻静子、子供の祐之と一七歳で死去したルツ子、女中一人か二人、聖書之研究社の社員、友人からもらった猫一匹、それに後から加わったローラという名のオウム。

内村の母については、一九〇四年、彼女の死去の短い通知が『聖書之研究』に載った以外、読者には何も知らされていない。その後、内村が彼女に言及しているのは、彼女の死の一周年に当たり、タケとの間に生まれた娘信子宛てに彼が送った走り書きだけである。一方、彼の父は『聖書之研究』にしばしば登場する。彼が父について書いた記事は、孝養の規範に則り、温かみに溢れたものである。一九〇五年撮影の祖父・息子・孫三代の写真中の祖父は、和服で正装し、白く長い顎鬚を生やしている。父の死の直後に書いた記事の中で内村は、儒教で息子を鍛えた父が晩年は熱心なクリスチャンで非戦論者になったと述べている。父は豊かな常識の持ち主で、社会主義は儒教とキリスト教と日本の倫理に反する呪いであるとして斥けていた。「儒教に反《そむ》き基督教に反き日本道徳に反く者であると曰ふた……余は余の為すことに就て彼の反対を受くることを何よりも恐れた、又彼に賛成されることは全天下の賛成を得るよりも嬉しかつた、彼れのみは遠慮なく余を叱つて呉れた」[17]。内村は以前に書いた記事の中で、自らの誕生と精神的父たちを結びつけ、自分は父を失ったが、天の父のお蔭で孤児にはならなかった。生みの父と天の父がいて、天の父を知っているので、自分の父も失っていない、と述べている[18]。父の死に言及するとき、キリスト教の教義と信仰を日本の伝統的孝養の義務と合わせて考えることができた。

妻の静子は一家を切り回していた。夫より一五歳近く年下で、一八歳で嫁いできた彼女は、内村に献身的に仕

内村と父と息子の祐之，1905年。

えた。引退後の祐之が語ったところによると、彼女は高等教育は受けていなかったが、夫の奇癖に見事に対応できたという。夫婦は互いに補い合う力を持っていた。(19) 弟子の書いたものの中に静子への言及がいくつかあるが、物静かに自信を持って振舞う彼女の姿を裏付ける。例えば、弟子の一人と祐之に桃を剝いて与えながら、暑い八月の日でも勉強を怠らないようにと注意している。家族のために己を捨てて奉仕する静子は、日本の伝統的女性像の最善のものを体現していた。

二人の子供の成長は、弟子の経験の中で重要な要素となっていた。祐之が祖父の横に立ち、カメラをじっと見つめている五歳のときの写真がある。彼はお母さん子で、父に対してはおずおずと遠慮がちだったと回想している。父のほうも遠慮していて、息子の養育にはあまり関わらなかったし、祐之も父がドイツ語教育をする獨協中学校に彼を入れたがっていたこと以外、覚えていない。内村自身はドイツ語を苦労してやっと読める程度だったが、精神的な事柄については英語で書かれたものよりもドイツ語のもののほうが勝れていると評価していた。父は息子に特に教えることはしなかったが、人格、正義、博愛、精神の自由を尊重することを父から学んだと祐之は回想している。

内村家に出入りしていた若い弟子たちのほうが、父よりも大きな影響を祐之に与えた。後、有名な小説家になる小山内薫は、祐之を負ぶってくれた。志賀直哉は学習院の制服姿で家の中を歩き回っていた。

第一高等学校在学中に祐之は野球を始め、エースのピッチャーになった。彼が後にこの世界で有名になったのは、技術と共に倫理的原則をきちんと守ったからだった。タバコも酒もやらず、日曜の試合には出なかった。関東大震災直後、彼が二六歳のとき、酒を勧められたが、彼はその正体を知らなかった。

内村は息子の倫理観と運動能力を喜ばしく思っていた。しかし、祐之が成長するにつれ、内村家は大人になりつつある彼に適切な助言を与えられる環境でないことに気づいた。内村の兄弟は仲たがいしていたので、親戚との交流もない。祖母の死後は父方の叔父たちに会っていないし、いとこが内村家を訪ねたのは一度しかない。腹違いの姉、浅田信子は母親の家族に育てられていて、彼女が一七歳か一八歳のとき、祐之は彼女に初めて会っているが、彼女の訪問に幼い祐之があまりにも興奮したので、家族は彼女を帰らせてしまった。『聖書之研究』は一九〇七年に信子の手紙を載せているし、彼女も父から沢山の手紙をもらっているが、祐之には彼女が何度も訪ねてきた記憶はなく、彼が大学に入るころは彼女は結婚していた。

従って、祐之には経験を分かち合える成人女性の親戚はなかった。内村は恐らくフローラ・ベスト・ハリスが彼自身の人生に果たした役割を思い出し、大学生になった祐之の相談相手になる女性を捜して、弟子であった有名な教育者に「小母さん」として接してくれるよう頼んだ。彼女は「肉親も及ばぬ骨折り」以上の多くのことを彼のためにしてくれ、結婚相手まで探してくれた。(20)

内村の家族，1910年：
祐之，内村，ルツ子，静，
家事見習いのキヨ。

内村は祐之の個人的な生活に介入するのをためらったが、彼が医者になる決心をしたときは即座に同意した。エルウィンの病院時代から医学には興味を持っていたが、父子共に医術に関心を持った直接のきっかけは、一七歳のルツ子を結核で亡くしたことである。

ルツ子の病気と死については後の章で述べるので、ここでは彼女が内村家の中で、意志は強いが温かく愛情豊かな存在であったと記すに留めておこう。一九〇二年の写真では、八歳の彼女が母の隣にすまし顔をして立っている。葬儀の折、父親は彼女について、好き嫌いが激しく、仲間との交わりを楽しみ、恐れを知らない娘だったと回想している。日曜学校で教師が子供たちに祈らせようとしたとき、彼女はそれを「同盟を作り全然之を排斥」したとある。[21]その後、彼女は飼い猫を可愛がり、祖父母を大切にした。学校を卒業すると、家で『聖書之研究』の郵送をするなど、父の仕事の手伝いをした。

最も忠実であった弟子の一人は、内村家の事務所や家庭で働いていた多くの人々を覚えていて、男性五人、主婦三人、女子学生一人、女中が一人いたという。その中には例の人力車引きもいた。事務所で働いていた別の弟子は、内村の口述する手紙を書き、校正を行い、郵送用の宛名を書き、書籍を整理し、家族の外出時には留守番をしたと記憶している。留守番のときはオウムのローラの世話もし、あるときは、「彼には一番の御馳走……新しいトウモロコシ」を買ってきて食べさせるように先生から頼まれた。[22]

この多忙な事業に君臨するのは内村自身である。一九一二年に描かれた横顔の肖像画で、五一歳の彼は髪はまだ黒く、額に少し皺があるだけで、両端が垂れ下がった口ひげが唇を覆っている。ある青年は、初対面の彼を「鷲の様」と記憶している。[23]その後岩波書店を創業する岩波茂雄は「あの怖ろしい鋭い風貌」を覚えていたし、正宗白鳥は「聴衆を圧迫するような偉力を放っていた。鼻高く眼底に威力のひそんでいるらしいところ……」と述べている。志賀直哉は「内村先生は……その円の中の一人として坐っていられたが、その鋭い感じの顔は……私にもすぐそれとわかった」と書いているし、野上弥生子（一八八五―一九八五）は「眼光が炯《けい》々として、下半面が突起し、大きな口と、その上に盛りあがった髭《ひげ》がそれをなおも強調した顔、とにかく一度見たら忘れられない顔であり……あの顔で怒ったら、さぞかしもの凄《すご》く怖《こわ》いであろうと考えた」と記している。[24]これら新進の作家たちは全員、内村が作り出す第一印象について一致している。彼の容貌と著作をニーチェ、シュヴァイツァー、カーライルなどに喩える者もいた。

肌の色は黒っぽく、やや高い声は大聴衆にもよく通って聞こえた。胃を壊しやすく、歯も弱かったが、循環器系はよかった。六〇歳代でも血圧は九〇と一一〇の間で、死んだときの脳の重さは平均より一〇〇グラム重かった。内村の講演を聴いたり彼に公の場で会ったりした人は一様に、彼の健康、カリスマ性、迫力、そして能力に深い感銘を覚えた。

内村家で日常の仕事をしながら親しく付き合っていた人々が覚えている彼の印象は少々異なっていた。例えば彼らは内村の不器用さに気づいていた。いっしょに仕事をしていた弟子は、彼が小包に紐をかけるのに二〇分もかかったと記しているし、別の弟子は彼がペンを人差し指と中指の間に挟み、まるで紙の上に掘り込むようにゆっくりと書いていたと回想している。

物事がうまくいかないと苛立ち、短気を起こしたが、面白いことがあると笑いが「お腹の底から出ても肩で一回転するので」、レシプロエンジンのはずみ車のようだった。[25] 内村は早寝早起きだった。四〇歳の夏、彼は四時半に起き、日課の初めにサイクリングをし、冷水を浴びている。

彼の食欲は最後まで衰えず、何でも食べ、伝統的な日本の食事にはあまりなかった砂糖と脂肪分の多い食物を取っていた。彼としばしば食事を共にしていた弟子の一人は、旅行のとき「先生はご自分でジャムの缶を開けて、スプーンでそれを掬い上げ、半分ほどペロリと平らげられた」と驚いて記録している。[26] カレーライスも好物で、弟子の一人相馬黒光が経営していた新宿中村屋をしばしば訪れた。季節ごとに弟子たちから送られるリンゴやイチゴも楽しんだ。

祐之は彼の父が趣味を持たなかったと述べているが、他の人間にとっての趣味が内村には直ちに仕事の一部になってしまったと言ったほう

1912 年，51 歳の内村，札幌へ講演旅行。

が当たっているだろう。六〇歳代になって医者からもっとペースを落とすようにと促され、昔関心を持っていた天文学を始めた。弟子にこの話題を伝えた結果、幾晩も会合が開かれ、二〇人から三〇人の聴衆が集まった。

内村は音痴だったが、プロテスタント教会の讃美歌は好きで、できる限り歌うようにしていた。一九世紀アメリカの福音主義的伝統のもの、特に「神によりていつくしめる」（讃美歌四〇三番）、「千歳の岩よ」（二六〇番）、「泉のほとりに咲き出でたる」（四六四番）が愛唱歌だった。

散歩を楽しみ、弟子と会話を楽しみながら歩いたり、独りで出かけたりした。一九〇一年の『万朝報』に、講演会場に行くために二つの峠を越え九マイル（約一五キロ）歩いたハイキングの描写記事がある。考えを集中させるのに散歩を利用したこともある。特に池や湖の周りを歩くのを好んだし、原稿に必死になって考えを集中させたいときは、自宅の庭を歩き回った。散歩は彼をリラックスさせたし、彼の存在の核心をなしていた仕事も捗った。家のデザインから他人との人間関係に至るまであらゆるものが、彼の本業の仕事の質を高めていた。

＊　＊　＊

一九一四年までに内村と彼の家族は読者の関心の的になっていたので、聖書之研究社は家族の絵葉書を販売し始めた。内村が書斎で仕事をしているところ、書斎の書籍の山と老猫とオウムのローラのそばに立っている姿を写したものなどもあった。弟子たちは彼の著作を通して内村家のメンバーになった気分がしていたが、絵葉書はその印象をさらに強化するものだった。

内村をよく知る人たちは、彼が自分にも他人にも厳しいが、自分と異なる信仰を持つ人に対しても寛大な態度を取り、仕事は努力に報いるものと確信していて、こうした特質はすべて西洋的価値観に基づいたものと信じていた。

日本の社会は、社会の構成員、特に指導者から多くを要求するが、内村は永遠の生命という最も貴い奥義に至る道を教えている自分に対して、聞き手も相応のものを返すべきだと考えていた。四〇歳のとき、「演説は如何なる場合に於ても再び之を繰返す事の出来ぬ者に取ては実に迷惑千万なりき」と述べている。[27] 彼は、とりとめのない質問には取り合わなかった。一九〇一年、内村の東北旅行の途上、一人の学生が内村に社会主義についての意見を尋ねた。「君はどう思うか」と聞かれ、「私は少しも知りません」と答えると、内村は声を荒げ、「少しも知らぬことをたずねるのか、初歩から言ったら大変なことではないか、そんな質問をするものではない」と答えている。[28]

別のテーマについての質問ならこうまであしらわれずにすんだかも知れないが、内村は当時、社会主義者のレトリックを否定する合理的な議論を思案中だった。ともあれ、彼の原則ははっきりしている。彼の意見を聞きたい者は、時間と知力を使って準備して来なければならない。彼の聖書講義に出席するには、通常、少なくとも一年間『聖書之研究』を購読していなければならなかった。内村の死後、ある弟子が回想しているところによると、「一年位の準備は當然あるべきである。……先生が……其教が如何に價高きものであるか……教えた。それで私等は却つて悦びと希望とを懐いて一年を待つた」。ようやくグループに参加する許可がもらえると、毎週、聖書の箇所を暗記してこなければならないと知らされる。聖書研究会の席で、先生は厳かに、しかもリラックスしている。「講堂の中は非常に靜肅であった。殆森嚴と云ふべき程であつた。開講の前でも誰一人私語する者はない。靜かに入つて來靜かに待つて居る。先生は大抵お宅の臺所から出て、一度會衆の眞中を通り拔けて叉外に出て行かれるのが常であつたが、其時の顔は實際こわい顔であつた。……講義が始まると先生の顔は前とはまるで變つて、實に嬉しさうで優しくなつた。話をする事が嬉しくて堪らないと云ふ風に見えた。私等は日曜毎に恩恵の數々を『押しいれ、搖り入れ、溢るゝまでに懐の中に入れられ』て歸つた」[29]。これを書き残した弟子が、最後に「ルカによる福音書」から一字たがわず引用して印象記を終えているのは、聖句の暗誦を義務づけられた効果であろう。

先生の教示を尊重しないかに見える弟子は災難だった。止むに止まれぬ事情で聖書の暗誦が終わってから到着し、「七十余の座席はほとんどぎっしりつまり、先生のすぐ前が一つ空いていた。入口から入る私の方を、黙って大きな眼で見ておられる……勇気を出してその席についた。先生のお話がはじまった。すぐうしろの所にストーブがある。遅刻した恥しさと、後頭部がストーブに暖められたため、一時間中まっ赤な顔で息をフーフーさせながらお話をうかがった[30]」。

内村は彼の厳しい要求を経験に照らして擁護していた。もちろん厳しいが、効果があると。教会は弱い信者を甘やかして助けようとするが、それでは信者は弱いままだ。「独立信者」を育てたいなら、「慈母」ではなく、「厳父」の方法で臨まなければならない[31]。「高価な」キリスト教のみがクリスチャンとしての責任を担うのに充分な強さを与えることができる。「安価な」キリスト教では「外国宣教師に附き、其補給を仰ぎながら神学校に入り、神学書を読みて学び得し基督教、是れ安価なる基督教である、縦し之に神学博士の称号が伴ふと雖も、以て霊魂を救ひ、神と人との間に立ちて永遠に二者の合一を計ることの出来ない、浅薄なる無能の基督教である」。高価なキリスト教は、求道の苦しみ、大きな不安、多くの涙、時折神に対して抱く恨みや疑いの気持ち、十字架上のキリストの叫びにも似た散発的な叫びなどの結果、到達できるものである。このような信仰は宣教師からは得られない[32]。弟子入りの厳しい条件によってのみ、以後直面する数々の困難に対処する準備ができるのだ。内村が以前の著作で述べているように、このような教育を授けることができるのは、相手に力を与える精神に満ち溢れている教師なのだ。

このような教育を受けるには犠牲を払わねばならない。その上に、弟子は受ける教育に対して先生に忠誠を誓わなければならない。ここで内村は、危険な領域に足を踏み入れていることに気づく。日本の伝統に従って弟子が先生の思想に基本的に忠実になれば、その思想の単なる鸚鵡返しに陥る可能性がある。先生の思想を保つよう奨励する一方で独創性を促進する方法はないか。多くの実例の中から、内村の援助を得て出版社を立ち上げた伝道師のケースを見よう。この伝道師がある著作で、内村が推進している類の教え方を嘲るような書き方をした。内村は直ちに彼と絶縁する。これは財政援助の問題ではなく、正しくあるべきことの信念の問題であった。

本件では内村は葉書一枚で取決めを解除したが、通常は面と向かって話し合う方法を選び、多くの場合、和解に終わっている。和解が成立しない場合は通常、それぞれが独自の方法を取ることで決着した。取引は書面よりも口頭で行うのを好んだ。事柄が重要な場合は、要点を前もって箇条書きにし、直接交渉した。個人同士のこうした関係にも正式の手続きを取っているのは、彼がその関係とそれにまつわる適切な手続きを重要視していた証拠である。

内村は訓練が厳しいという評判だったが、彼が他宗教の信者の多くを尊敬し、彼らの信仰のある部分を支持していると知って驚いた者もいた。内村が最も重要視したのは誠実さ、すなわち自らが告白する宗教上の考えを実践しているか否かであった。彼は誠実な信仰を持つ人はすべて尊敬し、そのような人が世界の人口に占める比率は極めて少ないと認めていた。

『聖書之研究』はしばしば法然、親鸞など仏教の聖人の詩を載せた。時折、こうした聖人たちの伝統を引く指導的僧侶たちが内村の事業に出資してくれた。キリスト教の中でも使徒の伝統の長所を認め、仮に彼がどこかの教会に属するとすれば、ローマ・カトリック教会を考えるだろうと述べている。キリストから任命を受けた使徒から次々と個人を通して聖職叙任されるという精神的伝統の理想に最も近い形を取っていると考えたからである。仏教に対してもキリスト教に対してもこのような態度を取っていたので、とかく排他的な日本のプロテスタント信者の多くと異なっていた。

内村は他人を尊重したので、彼らの信仰を変えようとはしなかった。「余の耐えられぬ事」と題する記事の中で、彼は自分のやり方を論じた。多くのクリスチャンは他のグループからメンバーを取るのを美徳としているが、その行為は政治における「ナショナリストや帝国主義者」の行為と変わらない。仏教や天理教を信じるのは悪いことではない。悪いのは妬み、盗み、殺し、争い、誹り。こうした悪徳から解放されるように助けてやれば足りるところを、悪を放置したままで他人の宗教を変えようとするのは間違いだ。私は私の信仰の基礎について質問する人に答えることによって伝道する。私の信仰を分かち合う人と信仰について議論する。時折、公の場で自分の信仰について話すこともある。「些少《いさゝ》かなりとも真理の発展に貢献せんがためである……我は強ひて其採用を人に迫るべきではない、……之を神と時とに委《ゆだ》ね置けば、それで事は足りるのである」。私のところに来て仲間になりたいと言えば喜んで迎えるが、「我の勉むべきことは、彼の我が如く成らんことに非ずして、寧ろ我の如くならざらんことである」(33)。内村は彼の考えを尊敬する人々に対し、その考えを自分のものにできるように教えた。真の信仰は訓練を必要とするので、彼の持つような信仰に必要な訓練を教えるのだと結んでいる。

彼に従いたいと願う者たちには厳しくし、他の信仰を持つ人々には寛大であったのに加え、内村は彼の使命が困難で重要であると確信していることを示した。「伝道は言語の伝達にあらず、精神の傾注なり、自己《おのれ》を虚《むなし》うして他人を充たすことなり　伝道に勝《(ま)》さる辛労の業あるなし」(34)。学者よりもプロの作家のほうがこれを行う資質を持っている。ブラウニング、カーライル、ホイットマンは「彼等は堅き心と一本の筆の外に何の頼る所あらざりし、而かも真理を広く世界に伝へて万人の心に歓喜を供せり、近世に於ける昔時の預言者の継承者は教会の勢力を後循《〔うしろだて〕》に取りて高壇より叫ぶ説教者にあらず、神と自己とより外に頼む所なき独立の文士なり」と述べている(35)。

内村にとって自分の仕事は刺激的で価値あるものであったが、周囲の社会に大きな変化をもたらすことができると安易に考えていたわけではない。彼の耳に低く小さく囁く声に励まされて、自分の仕事は継続し、彼が成し遂げようと思っていたことが一〇〇年後に初めて人々に理解されるだろうと考えていた。

キリスト教の伝道者は徳川時代の寡黙で誠実な学者、伊藤仁斎のように「独立心と威厳」を持って単独で働かなければならない。このような仕事に集中するには田舎の生活がよい環境を与えてくれる。東京のような都会は環境を汚染し、「人は市《まち》を作《つく》り神は村《むら》を造《つく》り給《たま》へり」という西洋の格言の正しさを証明する(36)。田舎で働く人は自分が宣教する福音から真の力を得られると信じているので、自らの無力さを恐れない。自分が弱いと思うのは、内なる「キリストの能力」を感じるからだ(37)。権力の中心から離れた地盤で働いているので、権力者と関わらずにすむ。単独で働いているので、国民を貧困に陥れるような日露戦争には賛成しないのだ、と内村は一九一一年に述べている。クリスチャンとして、政治家を甘やかしたり戦争を擁護するようなことはしなかった。お偉方に会って信仰の喪失を招くようなこともしなかった。外国の宣教師の援助を仰いで日本におけるキリスト教の伝播を妨げるようなことはしなかったし、時勢におもねって平和を賞賛するようなこともなかった(38)。

隔離された状態で、内村は自分の理想とする人間観に基づいて行動していると信じていた。理想の人間とは「勇者たるを要す、真理と正義のために情と闘ひ、慾と闘ひ、友と闘ひ、家と闘ひ、国と闘ひ、世と闘ふ者たるを要す、……我は完全なる紳士を求めず、峻厳なる戦士を需む、我が理想の人は世と相対して独り陣を張る者なり、終生の孤立に堪え得る者なり(39)」。一九〇一年にも彼は敵地に陣営を張る比喩を使っているが、五年後の今回は周囲の社会から疎外された状態を表現するためではなく、人間と社会を新たに理解しようとする個人に必要なスタンスを定義するのに使っている。強靭な人間は、周囲の人々と基本的に対立する状況に慣れなければならない。

内村はこうした半ば部外者の役割に終始満足してはいたが、支払うべき代価の大きいことも認めていた。自国にも新しい文化の源泉である西洋にも根を持たず、敵地に生活しているという比喩は、内村の仲間のインテリ日本人の多くが感じていた空疎な気持ちと類似したものである。内村は「故郷と人格」と題する記事の中でこの問題を論じている。彼にとって高崎の家は今や何の意味もなく、故郷があるとすれば、自然美によって彼の人格が形成された北海道。こうしたアイデンティティの欠如を、ドイツ人が自国の文化に対して抱いている感情と対比させる。日本は今や、自国を熱愛する英雄を生み出していない。「北海道《ほくかいだう》を出《で》てからは何処《どこ》へ行《い》つても一日《にち》も落《おち》着《つ》いた心《こゝろ》にはなれぬ　もう東京《とうきやう》にも彼是《かれこれ》二十年近《ねんちか》く居《ゐ》るが未《いま》だに爰《こゝ》はホームではない　戦場《せんぢやう》だ　外国《ぐわいこく》にでも俘囚《ふしう》になつてゐる様《やう》な心持《こゝろもち》がする」(40)。軍隊の比喩が再び登場するが、今回は自らの選択と成功の故に囚われの身となっているのであって、囚われているというのは主要なテーマではない。自分の使命と仕事の喜びに自信を持っているからである。

弟子たちは内村の厳格さ、他人の考えに対する寛大さ、それに彼の強い使命感に感銘を覚えていたが、彼らの見る先生の本質は西洋化された人間、もしくは彼らの言葉を借りれば「現代」人だった。部外者はこの表現を聞いて驚く。彼の伝記を読む西洋人の目にも、内村は本質的に彼らの文化とは異質の、純粋に日本的な文化を反映していると映るだろう。これには日本の若い人たちも同意してくれるだろう。西洋文化の側から見ると内村に日本的なものを感じ、日本文化の側から見ると西洋的なものを感じ、そのあいまいな状況が、内村に根無し草的気分を与えているのがわかる。同時に、これが弟子たちに魅力となっているのも説明がつく。彼らにとって、内村は新しい独立した西洋的思想家であり、同時に確実に日本人であった。

家の中では内村は和服姿で伝統的な日本の先生の装いをしていたが、公の場では別の思想への忠誠を宣言するかのように正式の洋服スタイルで現れた。彼が西洋と接触していたので、弟子たちもそれにあやかることができた。『聖書之研究』一九一一年一一月号には、内村の作品のデンマーク語の翻訳者が机に向かっている写真が載っている(41)。他に翻訳者の家の周辺を写したものや、『余は如何にして基督信徒となりし乎』と『日本及日本人』のデンマーク語版の写真もある。このようなものを通して弟子たちは、内村のように西洋で尊敬される人間になりたいと願った。

弟子の中には、内村の行動の中で風変わりに見えるものはすべて西洋的なものと見なす者もいた。ある日、内村は書留を出すのに、普段と違って未経験な助手を郵便局に送った。領収書を受取らずに帰ってきた助手は内村に厳しく叱りつけられ、「西洋式の叱り方」を学んだと、ある種のプライドを持って反省している(42)。周囲の者たちにとって内村は、倫理的信念と同時に新しい未知の生活様式を具体的に示している人物だった。

ルツ子は一五歳の一九〇九年クリスマス・イブの日記に、内村家の特徴である敬虔さ、書生たちを含む大家族、異国的な習慣などをまとめて書き記している。彼女は誰よりも早く起きて「メリー・クリスマス」を言うつもりだったが弟に出し抜かれ、来年こそはと誓う。両親からはコートと黒塗りの下駄、祐之からは赤い小銭入れと小型手帳を贈られ、世界には充分な食物も得られぬ人が大勢いる中でこのような幸せを与えられたことを神に感謝する。友人からも衣服や髪を結ぶリボンをもらい、京都からは母方の祖父母が訪ねてきた。父のためにキャンディーを買いに行き、途中で友人宛ての絵葉書を投函する。家に帰ってみると弟子の妻が田舎から泊まりに来ていた。六時半きっかりに家中の者が集まり、讃美歌を歌い、聖書の朗読を聞き、共に祈り、内村の短い話を聞く。夕食には鰻を食べ、その後、銘々がプレゼントの包みをくじ引きで当て、祝会は一〇時半に終わる。「今日は實に樂しい日で御座いました」と締め括っている。(43)

以上が内村先生と家族である。『聖書之研究』を通して毎月、弟子全員宛ての手紙を出し、彼らから来る手紙に返信を書いた。次章では弟子たちについて書くことにする。

第七章　弟子たち

内村の弟子は増え、急速に変化しつつある世界で生きる術を学ぼうと、雑誌を通して、あるいは直接内村家を訪ねて、師の教えを乞うた。変化の向かう方向を内村先生はよく知っているように思われたからである。弟子の多くはやがて内村思想をはっきりと表明する後継者となり、第二次世界大戦後はその思想に基づいて多くの機関を設立した。彼らを初めとする多くの弟子たちは現代生活に対処する方法を学ぶことに高い価値を認め、そのような伝統の範疇に内村を当てはめて見ていた。弟子たちがキリスト教福音主義を日本の伝統の中にどのように位置づけていたかを理解することが、弟子たちを評価する手がかりとなる。すなわち、弟子が内村の門を叩いた経緯、その動機、彼らに接した内村の態度、そして成熟した弟子が内村から恩恵を受けると同時に彼の事業に寄与したことなどである。

内村と弟子たちとの関係は基本的に、日本の伝統的な師弟関係に根ざしたものだった。一九〇二年の夏期学校の後、ある弟子は、内村と弟子たちとの関係が一八五〇年代に吉田松陰（一八三〇―五九）と彼の下に集まった弟子たちとの関係に類似していると述べている。松陰の松下村塾は日本を近代化させた初期の指導者を生み出した。内村はこの類似性を否定してはいないが、松陰が忠義と孝行という儒教の理想を尊重したのに対し、彼と弟子との関係は兄弟主義というキリスト教の理想に基づいていると述べて両者を区別している。(1)

『聖書之研究』の創刊に当たり、内村は弟子との関係を入念に考察し、その考えは生涯変わらなかった。創刊号の八ページに「基督教と師弟の関係」と題する論文の最初の部分を載せ、「マタイによる福音書」一三章八節、

「汝等の師は一人なり、即ちキリストなり、汝等は皆兄弟なり」を引用し、「世に師弟の関係なるものあり、然れども基督教に曾《かつ》て是れあるなし、基督教に於ては師は唯一なり、神なる基督即ち是のみ、他は皆な兄弟の関係にして師弟の関係に非ず」と続ける。(2) 一〇年後、彼はこの表現を次のように言い換える。「我は我たり、我は我主イエスキリストの弟子なり　彼の弟子の弟子にあらざるなり、我は他の弟子に由りて多く学ぶ所あらん、然れども我は主に就ては直《ただち》に主より学ぶなり」(3)。

一九二九年、内村が病床にあり、高弟が彼の遺訓について悩んでいたとき、内村は二九年前と同じ「マタイによる福音書」を引用して次のように述べた。

師を仰いで之に従ふ、それが人生の凡てゞある。そして斯かる者が実は人間の内に在りやう筈がない。人間の内に老若智愚の差別はあるが、彼等の間に「師」即ち完全のありやう筈がない。故に人を師と仰いで何人も失望せざるを得ない、又人に師と仰がるゝ程の不幸の他にありやう筈がない。其点に於て如何《いか》なる大教師と雖《いえど》も然らざるはなしである。パウロ然り、ヨハネ然りであり、ルーテル、カルビン、ウエスレー亦《また》師とするに足らず、亦師として仰いではならないのである。聖書に於ては師と弟子との間に天地の相違がある。キリストは師、弟子等は兄弟。(4)

内村が師弟関係の定義を拡大させたのは、彼と弟子にとって問題が極めて重大な局面を迎えた時だけであって、最初にプロの伝道者になっている彼と弟子たちとの師弟関係は、彼の心の中でははっきりしていた。

弟子同士の関係を血のつながった兄弟の関係と結びつけていることについては、補足説明が必要である。内村は肉親の兄弟との関係が悪化するにつれ、血縁関係よりも友人を優先するようになった。友人は人生の過程で次第にできるもので、やがて家族よりも緊密になっていく。「世に最も親密なる関係は親子でもなければ、兄弟でもなければ、夫婦でもなければ、師弟でもなければ、君臣でもなければ、同政党員でもなければ、同教会員でもない、世に最も深い関係は友人の関係である、すべての関係が友人の関係となるまでは永久の関係となることは出来ない。父子もたがひに友人となりて最も親密なる父子となるのである……我等は夫婦たるよりも先づ友人でなくてはならない」(5)。

再定義されたこの関係を総合すると、伝統的な儒教の世界観に根ざした価値観からの一八〇度転換である。人間が師となる可能性を退けることは、師があらゆる善を体現するものと見なす社会観に反するし、儒教の家族関係を友人関係に従属させることは、伝統的制度を根本から覆す。日本で理解され、教えられていた儒教の思想に基づくと、友人同士の絆を除けば、個人の関係はすべて上下関係であった。この原則に則った行動が日本の社会に潤滑油を与えていた。こうした伝統的理想を再定義した内村の考えは、不敬事件と同程度に、社会に対して挑戦的なものだった。互いに人間として尊敬し合う友人関係が基本になれば、社会は変わらざるを得ない。

個人関係に関する内村のこうした新しい定義に内在する革命的要素については、内村も弟子たちもあまり気づいていなかったようだ。もともと肉親関係の緊張した状態、および彼と弟子との関係を考察する過程で生まれてきた考えであった。内村も弟子たちも共に、キリスト教的友人関係を全く異質の伝統社会に取り込もうとする矛盾に引き裂かれる思いであったろう。内村の死後四半世紀経っても、彼の主要な弟子の一人が西洋人を弟子に迎えようとしたとき、二人の関係を表すのに英語の「フレンド」を使っている(6)。内村が模索していたのは、日本社会に伝統的に普及していた儒教的関係に代わって、二〇世紀の社会に通用する新しい個人関係の概念であった。

＊　＊　＊

内村の考えが基本的に革命的であったことを内村自身さえ充分に認識していなかったとすれば、弟子たちがそれに気づいていなかったのは当然である。彼らは思春期末期の若者が一般に感じる複雑な情緒的衝動に駆られて内村の門を叩いた者たちで、内村との初対面を詳細に覚えている。彼らは全員、一八八九年から一八九〇年、明治憲法が制定され教育勅語が発布されて、明治後期の保守体制が確立された後に成長していた。明治中期、あらゆることが可能と思われた時代に育っている親の世代とは異なり、彼らは口を塞がれ、政府の教育政策によって教化されたナショナリズムを当然のことと考えていた。

こうした日本独特の知的構造を除けば、内村を頼ってきた弟子たちは、熱烈ながら形の定まらぬ宗教的関心を持つどこの学生にも類似していた。山本泰次郎は商工省の若い役人。彼の叔父は有名なカトリック教徒で天皇にフランス語を教えていた。ポスターに惹かれて内村の講演を聴き、「自分を救えるのはこの人だけだ」との確信を得て帰宅した。[7] 志賀直哉は父からもらった自転車を売ってしまい、父にどう報告しようかと困って友人に告白すると、内村の弟子であったその友人は内村に相談するように勧めてくれた。[8] 品川力の父は内村の弟子だった。どもり癖に悩み、父に認められたいと必死になっていた品川は、内村の話を初めて聞きに行き、その凄みのある(ferocious) 顔つきと身振りを研究した。[9]

このように様々な動機から、大勢の人々が弟子になった。第二次世界大戦後、内村の弟子の多くが国の重要なポストを占めたので、すべての弟子がこうした有名人同様、エリート教育を受けて後年、権威ある地位に就いたと思われがちであるが、事実はやや異なる。エリート・グループのメンバーのほとんどは第一高等学校の学生だった。かつて内村が教え、不敬事件を起こした学校である。小説家夏目漱石（一八六九―一九一六）も内村の親友の新渡戸稲造もここで教えていて、新渡戸は宗教に関心のある学生を内村の元に送ってきた。彼らは新渡戸・内村双方の弟子になっていた。他に学習院と内村の母校札幌農学校の後身、北海道帝国大学の学生も来ていた。

こうしたグループの中には後に小説家となり、若き日の内村との出会いを自叙伝に書き残している者もいる。正宗白鳥（一八七九―一九六二）、志賀直哉、武者小路実篤（一八八五―一九七六）、国木田独歩（一八七一―一九〇八）、長与善郎（一八八八―一九六一）、有島武郎、小山内薫らである。彼らはまず最初に内村の文体と個人的倫理観に引かれたようである。後述の有島と小山内以外は特に取り上げないが、彼らと内村との関係、および内村が作家としての彼らに及ぼした影響をさらに調べれば、現代日本におけるキリスト教の影響を裏付ける面白い文献を加えることができるであろう(10)。

こうした作家の多くはすぐに内村の下を離れて行った。他の大学生の多くは内村の下に留まり、官吏、学者、内村式の個人伝道者などになった。第一次世界大戦当時、彼らは三〇代に入り、内村が大聴衆を前に講演会を続けていた生涯最後の一〇年間、彼の力になっていた。

＊　＊　＊

内村の日曜の会合にはこうした知的エリートたちも来ていたが、大部分の弟子はこれとは異なった背景を持っていた。その中には『聖書之研究』の定期購読者も全員入っている。購読者数は一定ではなく、二〇〇〇をやや下回った頃から次第に増加して五〇〇〇を超えるまでになった。一冊の雑誌を二人以上で読んだ可能性もある。購読者たちが著述家として書き残したものは多くないが、『聖書之研究』はじめ内村の回想や出版されている書簡を丁寧に調べると、かなりの事実が判明する。以下の分析はこうした資料に基づいたものである。

内村と次に挙げる五人の弟子との関係を通して、彼が弟子に及ぼした影響を見てみよう。彼らの体験は典型的なもので、以下の各章でも重要な役割を演じている。東北出身の斎藤宗次郎は一世紀の三分の二を内村の範に倣って生き抜いた。同郷の熱心な信者高橋ツサ子のフラストレーションは、キリスト教を真面目に受け入れた女性がどれほど大きな問題に直面しなければならないかを示している。日本アルプスの麓、穂高村で塾の教師をしていた井口喜源治は、田舎で内村の思想を唱道した。石原兵永は内村の書生を務め、内村の死に際しては弟子の中でも最も重要な役割を果たした。ドイツ人宣教師兼教師のヴィルヘルム・グンデルトは、内村が互いに尊敬と愛情を分かち合って共同作業をした唯一人の外国人である。この五人の弟子たちの経験は、内村の思想がいかに根を下ろし、広まっていったかを示している。

斎藤宗次郎は九一歳の死に至るまで六〇年余、内村から伝授されたキリスト教の教訓と世俗的英知を意識しつつ、それに従って生きた。彼は内村よりも一五歳年下で、[11]花巻に住んでいた。小学校で修身の時間に聖書を読んでキリスト教を教えたので、天職と思っていた教職を辞めさせられ、書籍と新聞を扱う仕事を行っていたが、内村が世を去る四年前の一九二六年、東京に移り、娘、多祈子の家族と一緒に暮らした。

斎藤宗次郎は禅寺に生まれた。兄が学校で英語を習い、彼にアルファベットを教えてくれたが、文部省が英語を必修から外したため、彼も兄もそれ以上は学べなかった。その結果、宗次郎はキリスト教信仰の問題に関心を持ちながら、西洋で学ぶ術を持たなかった。二二歳のときにアメリカ人宣教師から米国で神学を学ぶよう勧められたが断ることにしたのは、英語に自信がなかったからではないかと思われる。一九〇二年、内村が農学校卒業以来、初めて札幌を訪れたとき、斎藤は同行している。

翌年、斎藤は米人宣教師から洗礼を受けた。宣教師の教会の名簿に彼の名を載せないという条件で受洗の決心をしたのだった。信仰により聖別された生活をしたいと願ったが、教会と関わることは望まなかった。宣教師が実際は彼の名を登録してしまったと知って抗議し、日本人および米国人の牧師四人と対立する。ちょうど夏休みを利用して伝道に来ていた小山内薫が彼を訪ね、小山内の精神的支えにより、彼は宣教師が引き起こした「危機」を脱することができた。

内村は斎藤の相談相手兼指導者になった。一九〇三年、内村は夜行列車で斎藤を訪ね、兵役についての相談に乗った。翌年、斎藤が結核を発病した折は、米国から輸入した缶詰のコンパウンド・オクシジン（化合酸素）を見つけて彼に贈っている。斎藤はやがて治癒したが、この贈り物のお蔭でもあったと考えていた。その後、斎藤が長女と仕事と家と土地をすべて一気に失ったとき、内村は彼に送金し、斎藤は花巻城内にある士族屋敷（札幌でクラーク先生の薫陶を受けた佐藤昌介氏――内村の一年先輩で後の北大総長――が持っておられたもの）を譲り受け、ここに住んで、周りに野菜を作り、イチゴも育てた。また、常にわが道を行く斎藤に対し、もっと身なりに注意を払うようにと説き、擦り切れた着物を着ているると、まるで「社会主義者のよう」に見えると苦情を呈している。[12]

斎藤は彼の町の『聖書之研究』読者の中で指導的立場にある人物だったので、身なりをもっときちんとすべきだと内村は考えたのである。同時に、内村は斎藤が栽培したイチゴが大のお気に入りだった（voraciously consumed）。札幌からの帰途、イチゴをもらい、それを東京大学のドイツ人教授に届けたこともあった。その教授はイチゴが大変気に入り、「天皇陛下も未だ之を召上がらざるならん」と述べて、駐日ドイツ大使に進呈するために内村の家までわざわざ買いに来た。[13] 斎藤にとってこれほどの褒め言葉はない。内村が斎藤に宛てた手紙は出版されているものだけでも平均毎月一通ずつ三〇年間に及ぶ。斎藤がしばしば上京し、また日本各地で内村を補佐していたことは、後の章で述べる。

内村に助けられていた斎藤はまた、意志が強く献身的な高橋ツサ子を内村に代わって援助し、調停役を務めた。彼女の経験は、道徳的改善を熱心に望む女性が伝統的な日本社会と衝突した場合、どのような結果を招くかを例証している。

高橋は造り酒屋の一人娘で家業を継ぐことになっていた。一六歳のとき、寡婦であった彼女の母が愛人を家に連れてきたことから、彼女は家を清め、社会を改革しようと誓う。彼女の学校の教師は内村の受け売りと思われる言葉を使って彼女に助言した。「正義が……最後には勝利するのです」と。高橋は三〇〇マイル（五〇〇キロ）の道のりを歩いて東京に行き、内村の下で徳行を学ぼうと出発するが、途中で捕まり、母の元へ戻されてしまう。[14] 家に帰った高橋は斎藤と内村との関係を知り、斎藤の下で聖書の勉強を始めた。日に六回も斎藤を訪ねて助力を求めたこともある。

二年後、斎藤は高橋に東京までの汽車賃を貸し、内村宛ての紹介状を持たせた。しかし、母の承諾を得ずに上京したので、内村は彼女を送り返した。家族の了解を得て戻ってくれれば彼女に適当な仕事を見つけよう、と斎藤宛てに書いている。斎藤は母にむりやり同意させたようで、高橋は再び上京したが、東京に着くとほぼ同時に、彼女が親の同意を得ずに出て行ったのですぐ戻るようにとの広告が『万朝報』に出た。内村は彼女が彼を頼っていることは喜んだが、法的に家族の保護下にある未成年を受け入れることはできないので、彼女を送り返した。欠点は多いが「日本の旧き家庭は之を重んぜざるを得ない」との結論だった。(15)

彼女の家族は切羽詰って、彼女の結婚相手を捜した。彼女は正式には今西家の戸主で、婿を取らなければならない。候補者は大勢いたが、酒と婚外交渉を厳禁する彼女の基準に合う者はいなかった。一説によると、家族は彼女の同意なしに候補者を選び、結婚式の準備を進めた。彼女は式場に来て、花婿の前に大胆に進み、ひれ伏してきっぱりと言った。「私はこの結婚には反対です。あなたには申訳ないが、直ちにこの席から引きとっていただきたい、私は今西家の相続人です」(16)。詳細は疑わしいが、彼女が成人に達した時の家族の懸念は窺われる。

一九〇六年、もはや母の承諾を必要としない年齢になったがとにかく承諾は得た上で、高橋は内村家に来て一八か月間働いた。彼女が女中という低い身分と辛い仕事、午前四時から午後七時までの長時間労働、住み込みで月額二円の給料、という条件に同意した後に初めて、内村は彼女を受け入れた。

内村家に隣接した今井館が完成すると、高橋は再び上京し、三か月間滞在した。心臓の具合が悪くなったが、一九一一年、再び東京に来て、教職に備えるために、以前に受けた裁縫のレッスンを再び続けた。数か月後、病状が悪化し、家に帰って間もなく死去した。

内村は夜行列車で駆けつけ、彼女の葬儀で説教をした。キリスト教の葬式の後、棺が墓地に向かって運び出されると、葬列は寺へ向かった。二度目の葬儀の読経の間、クリスチャンの友人たちは「夕暮の雪中に」一時間立っていた。(17) 葬儀は故人の信仰に従うべきで、家の宗教に従うべきではない、と内村は後に書いている。高橋の葬儀の後、内村は急いで帰宅し、衰弱しつつあるルツ子の病床を訪ねた。衰弱がひどく、高橋の死を伝えられる状態ではなかったが、ルツ子は高橋宛てにクリスマス・プレゼントを送ってくれるよう、親に頼んでいる。

一九〇二年から一〇年間の手紙の中で、高橋に言及している箇所は六〇以上あり、内村が彼女の問題にどれほど心を砕いていたかがわかる。一九〇九年に彼女が三回目に家に戻ったころには、内村は熟慮の末、彼女の問題に対する態度を決めていた。斎藤と高橋と彼女の母それぞれに宛てた三通の手紙の中に彼の結論を示している。斎藤には友人の役割を助言し、日本の社会は家族の権利よりも個人の権利を優先させるところまで進歩していないので、彼女は家系を継続させる責任があり、結婚によって他の家族に入ることはできない。友人は彼女にその義務を果たすよう勧めるべきだ。彼女はすでに大人なので、自分で問題を解決しなければならない。友人は彼女を慰められるだけだ。信仰の立場からすれば、彼女が自分の気性に合った新しい環境を求めるよりは、現状で最善を尽くすように励ましたほうがよい。

内村は次に高橋に対しては、自分の足でしっかり立つようにと励ます。あなたはもう大人で、今西家の跡取りだから、自分の権威を用いればよい。「正当の道を践み、争ふべきを争ふは決して悪魔の道に非ず」。家族の財産目録を作り、自分で管理しなさい。実印を手元から離してはならない。助言を求めるのはよいが、決断は誰にも頼らず、自らしなさい。「余は卿の独立独行のために卿の味方となるべし」。神の恵みはあなたの内にあり、徐々に現れてくる。「主義に忠なる人、是れ義人なり、而かも亦完全を此世に望むべからず、……自身不完全なるに完全を人に要求すべからざるなり(18)」。最後に彼女の母に対しては、家の利益を増進させるようにと彼女に述べたことを繰り返し、さらに助力を申し出る。後の手紙には、彼女のような大胆な女性に対して日本の家が引き起こす問題を憂慮する態度が示されている。心配はしているが、解決法は提供できない。日本の家の価値観は旧約聖書の価値観に類似していると次第に信じるに至り、それは守らねばならぬものと考えたからである。その制度の枠内でのみ、女性は活躍できるのだと彼は述べる。

井口喜源治は、地方の先生として斎藤や高橋のような人々に内村の思想を伝えていた。井口の体験は、内村の影響が地方に及んでいたことをさらに物語っている。井口は穂高村で生まれ育った。村の小学校から松本の（旧制）中学校に進み、卒業後、地元の小学校で教えた。彼の幼馴染みの相馬愛蔵は早稲田に進学し、クリスチャンになって、内村と知り合う。大学では養蚕業を活性化させるための勉学をし、ミッション・スクール出身の女性、良（歌人黒光）と結婚して、穂高の家に彼女のための洋間を増築した。彼女は足踏みオルガンと西洋画を持参したので、村にモダンで異国風の要素が加わった。相馬夫妻は穂高にキリスト教とキリスト教的改革熱をもたらした。井口は相馬夫妻が結成した酒類と売春を廃止する団体に入り、村の長老たちが計画した売春宿設立案に反対した結果、教職を失った。一八九八年、相馬の援助を得て、井口は研成義塾を設立する。

熱心な井口は一年中同じ薄汚れた着物を着て、鐘を鳴らし、昼間は英語から代数まで通常の学科の授業をし、放課後は聖書と論語と『レ・ミゼラブル』を教え、夕方は祈祷会を開いた。授業料からの収入は月額二〇円、職人とほぼ同額だった。経費を賄うために家族の土地を一部売り、残った土地を耕し、養蚕を行った。内村の訪問を何度も快く受けている。このような生活を死ぬまで四〇年間続けた。彼の名が知られるようになり、政府が補助金を出そうとしたが、彼は独立を維持するために断った。一九二八年、彼の塾の三〇周年には、八〇〇人以上の人が集まった。

相馬夫妻はこれよりずっと以前に東京へ移り、新宿に中村屋ベーカリーを創業した。その製品と上品で機知に富むオーナーがかもし出すサロン風の雰囲気で店は有名になる。夫妻の娘の一人は亡命してきたインド独立運動の指導者ビハリ・ボースと結婚し、彼の助力で作ることになったカレーライスはこの店の特色になっている。相馬夫妻は井口の最も有名な弟子、荻原守衛（一八七九―一九一〇）が彫刻家として成功する手助けもした。

荻原守衛（碌山）は一八七九年、農家に生まれた。井口の研成義塾に学び、相馬の禁酒グループに参加。アメリカの禁酒運動のリーダー、フランシス・ウィラードについて話し、メンバーを啓発した。一七歳のとき病気のため農業を辞めざるを得ず、内村の『求安録』と雑誌『独立』を読み、内村訳のベン・ジョンソンの詩を書き写して長時間を過ごした。健康の理由で兵役は逃れ、上京する。内村に会って一九〇〇年の夏期学校に出席。翌年、洗礼を受け、相馬の援助を得てニューヨークで絵画を学び、パリでロダンに師事して彫刻の勉強をする。当時全盛期にあったロダンはこの若い日本人の弟子に親切の限りを示し、弟子の作品が成熟して賞を取るまでになる成長を大いに関心を持って見守った。一九〇八年、碌山はイタリア・ギリシャ・エジプトを旅行して帰国した。

日本に帰ると相馬家の近くにアトリエを開き、一連の作品を制作するが、その作品はロダンの筋肉組織に対する理解と奈良や京都の木製の伝統的彫刻に見られる顔の表情の壮大な力強さの影響を見せている。日本政府が現代日本の彫刻のハイライトとして彼の彫像の一つをロンドンに送る準備をしていた一九一〇年、碌山は結核のため死去した。穂高の小さな赤いレンガ造りの美術館が現在、碌山の作品の大部分を展示している。彼の死後四〇年、長野県中の小学生の寄付により実現した美術館である。穂高の人々は彼の信仰に因み、教会をかたどってこの美術館を建てた。彼の最高傑作はおそらく、一二世紀の僧侶、文覚の等身大の胸像であろう。文覚は武士階級の出身だったので、源頼朝の不肖の息子頼家に対し、不愉快でも真実を述べることができた。頼家は二〇歳になる前に将軍職に就いたが、大いに貶されるべき人物であった。[19] 碌山の描く文覚は胸が厚く痩せこけた道徳的巨人で、目は義憤に燃え、あらゆる時代の勇敢な道徳的廉直――それに最も近い例は内村だった――に対する作者の賞賛を示している。碌山の経験は、内村の思想と行動が地方にも浸透し、さらにより広い社会に広まった例の典型であろう。井口のもう一人の弟子はシアトルに移住し、学問的業績で注目すべき平林家の元祖となって、井口が打ち立てた伝統を北米で継続した。

生涯のほとんどを地方で暮らした以上の弟子たちと違って、石原兵永は子供のころ東京に出てそのまま留まった。[20] 栃木県生まれ。兄が内村の魅力の虜となり、学校で教えていたが農業に転じた。その後、弟の兵永を内村に会わせ、兵永は一〇代で内村家に住み込む。夏休み、仲間が帰省しても彼は留まり、留守番をして雑用をこなした。内村は彼に怠けるなと警告した。「自分も書生として一生懸命働かされたので、怠ける書生は大嫌いだ」。兵永は徐々に自分を内村と結びつけ、内村の二度目の妻、加寿子の墓参りにも同行した。不敬事件後の彼女の苦労を思って涙を流し、天国で会うときにいろいろ話を聞くのを楽しみにしていた。青山学院で英語を勉強しながら、何年間か内村家で働いた。その後、小学校で教え、内村の手伝いをし、内村が没した一九三〇年には研究会と『聖書之研究』の責任を負っていた。

最後に挙げる弟子は青い目をしていたので、まさしく日本人の見るステレオタイプの西洋人だったが、それは見かけだけだった。ヴィルヘルム・グンデルトは態度も能力もステレオタイプには全然当てはまらない。グンデルトは内村に対し、個人的にも仕事の上でも、いかなる学者も羨むような友情を与えた。

グンデルトの父は若い頃、インドで宣教師として働き、聖書のマラヤーラム語訳やマラヤーラム語／英語の辞書を出版した。後、出版社を経営して宣教雑誌を出版している。ヴィルヘルムは父が六六歳のときに生まれた。語学の才能があり、キリスト教の伝道に敬虔な関心を寄せていた。青年時代に内村の英語版『余は如何にして基督信徒となりし乎』と出会い、父の出版社を説得して一九〇四年、この本のドイツ語訳を出版した。

グンデルトは一九〇六年、ボランティアとして内村の仕事を手伝うために、教会史教授の娘であった彼の妻と共に東京に来た。グンデルトは第一高等学校でドイツ語を教え、内村と親しく付き合って、その友情は長年続いた。内村が柏木に家を建てると、グンデルトも近くに家を建てた。内村の著作を見ると、グンデルトの存在が彼にとっていかに大切なものであったかがわかる。

グンデルトは内村の弟子にならなければならないことをいち早く悟り、弟子として正式に受け入れられた。八か国語に堪能でドイツ敬虔主義の伝統に浸っていた彼は内村に対し、他のいかなる西洋人からも得られぬ洗練された友情を提供した。内村の友情を受けた西洋人でこれに最も近いのは英国の著者J・W・ロバートソン＝スコットだが、この人が内村と共に過ごしたのはほんの数日だったし、彼は自称不可知論者だった。これに対し、グンデルトは内村より二〇歳も年下だったが、シーリーやカーリンが内村を引き付けたのと同様の要素を多く持ち合わせていた。

内村は一九〇七年、グンデルトに紹介されたキェルケゴールの作品に、自分の考えに似た教会観を認めた[21]。『余は如何にして基督信徒となりし乎』のドイツ語版の印税を使い、彼はグンデルトを伴って千葉県鯛之浦の日蓮生誕地を訪れている。友人宛ての手紙には、彼の外国人嫌いがアメリカ人に限られていることを発見したと書き、彼の記事には、おそらくグンデルトも同意する、あるいはグンデルトに促されたと思われる、アメリカ人宣教師への態度が表れている。グンデルトは『聖書之研究』に一八世紀ドイツのキリスト教指導者ツィンツェンドルフの伝記を寄稿した。彼はまた日本語を急速に修得し、『平家物語』の最初の数ページを学生の前で暗誦して驚かせた。一九一〇年、グンデルトは独立して伝道するために東京を離れ、彼の家を内村に貸した。この家は一九一三年、今井館が増築されるまで、講堂として使われた。

グンデルトが三〇歳のときに第一高等学校の快適な職場を辞したのは、彼が本当に伝道をしたいのなら田舎に移るべきだという内村の提案によるものだったようだ。最初の数か月間、内村はグンデルトを各地の『聖書之研究』読者に紹介した。彼の紹介状はグンデルトに対する信頼を表明し、当時の日本人が一般に感じていた外国人の訪問に対する不安を鎮めようと努めている。「食物も自身用意可仕候間其辺も御心配に及び申さず候、唯寝る所と伝道の機会とを御与へ下され候はゞ物足り申候」。「予て御承知の事とは存居候得共同氏は純粋の無教会信者に有之、西洋人とは申しながら在来の宣教師とは全く趣を異にし直接間接に小生の事業を助け呉れ候事は非常のものに御座候[22]」。

数か月後、グンデルト夫妻は新潟に落ち着き、内村は現地に彼らを訪ねている。以後、両者はめったに会うことはなかったが、時折、相手に言及している言葉を見ると、互いに尊敬し合っていたことがわかる。グンデルト夫妻が上京すると、内村は新潟在住の友人の消息がわかるし、石原は、書簡や書を通して感心していたグンデルトが実際に話す日本語を聞くことができた。内村は、師が通常、気に入りの弟子を援助するのと同じ方法で、グンデルトがキャリアを始めるのを助けることができたと信じていた。一〇年後、内村は次のように書いている。

「氏と氏の家族とに由て余と余の家族とは独逸《ドイツ》国民の美的半面を知らせられた」[23]。

グンデルトは第一次世界大戦が始まるまで田舎の伝道を続け、日本が連合側に付いたので敵性外国人となったが、中学校で教え続けた。一九二七年、彼は東京のドイツ政府文化会館館長になり、一九三六年、帰国してハンブルグ大学の日本学教授となった。短期間学長も務め、一九四五年に引退している。日本の文学と宗教への理解に貢献したとして、彼の業績は日本でも公式に認められ、一九六二年、東京大学から名誉博士号を授与された。

＊　＊　＊

以上の五人は多くの点でそれぞれ異なるが、内村と個人的な関係を結んでいた点で共通している。出発点は本人または知人が内村の作品を読んだことだった。書籍を通しての個人的接触から、その後の友人関係が開花したのである。その関係は当事者たちに大きな満足感と精神的支えをもたらしたが、彼らの宗教的必要のすべてを満たすことはできなかった。それぞれが同世代もしくは同じ地域に住む人々の中から、自分と同じ関心を分かち合う人を捜さねばならなかった。この必要を満たすために、内村は近隣の弟子たち同士でグループを作るようにと勧めた。

メンバーは日本社会の様々な階層の出身で、内村が地方で講演をする折にはいっしょに集まった。こうした会合を通して弟子たちは内村に対する恩を返すことができ、先生と弟子たちは互いに助け合った。

『聖書之研究』に出てくる名前から、内村の読者を大まかに摑むことができる。二〇世紀の最初の一〇年間、内村は年賀状を送った人たちの名前を載せていた。『聖書之研究』の一〇〇号目と二〇〇号目出版に際しては、読者からの感謝の手紙を載せ、筆者の職業も紹介している。次の分析は、一九七二—七三年、ブリティッシュ・コロンビア大学で研究をしていた太田雄三が作成した統計に基づいたものである。

この分析の基になる名前の数は『聖書之研究』の発行部数の約一〇パーセントだが、誌上に意見を述べるのは最も献身的な読者と推定できる。住んでいる場所は様々で、日本はじめ当時日本の植民地であった朝鮮と台湾、中国、米国、メキシコ、ヨーロッパ。内村の長年の友人デイヴィッド・C・ベルほか数名以外は全員日本人、日本の植民地の住人、もしくは日本からの移住者だった。大部分が地方の出身者だが、約三分の二は関東と近畿地方に分布していた。

読者には男性が圧倒的に多かったが（一九〇八年八六パーセント、一九一七年九二パーセント）、内村の日曜の聖書研究会出席者は女性が一七パーセントを占めていた。日本のクリスチャン人口は男性が圧倒的に多かったが、内村の読者の場合はさらに多い。内村はこの比率に高い価値を認め、その理由を彼の説教に表明される変幻自在なキリスト教に帰したようだ。

読者の大部分は教師と伝道者（一九〇八年五三パーセント、一九一七年三二パーセント）、農業に従事する者と商業に従事する者がほぼ同比率（一九〇八年二九パーセント、一九一七年四六パーセント）、それに兵役に服している者（一九〇八年五パーセント、一九一七年三パーセント）。『聖書之研究』一〇〇号目と二〇〇号目出版の間の九年間に、教師と伝道者の比率は約半分から三分の一に減少し、農業・商業従事者は三分の一以下から半分近くまで増えている。一九一七年までに官吏と医師は一〇パーセントに増えていて、都市の住人に内村への関心が高まったことを反映している。内村の晩年の講演に対する大反響にもこの傾向が表れている。東京在住者の約二五パーセントは学生だった。以上の読者たちは『聖書之研究』とその編集者に対し、最後まで忠実な態度を保ち、八〇パーセント以上が創刊号から読んでいた。

読者の経済的階層に関する僅かな情報を基にみると、彼らは快適な暮らしをしてはいたが金持ちではなかった。雑誌の値段は一九〇七年には一〇銭、一九二七年には三〇銭になっていた。一〇銭は地方の町に住む家族が読み物に当てた一か月の予算の一〇分の一で、コーヒー七杯分、うどん一〇杯分に当たる。(24) 決して安価ではなかったが、中産階級の読者には充分手の届く値段だった。一九一六年、内村が受取った年賀状の中で最も評価しているのは、行商の男が自作の詩を載せて送ったものだった。[25]内村の読者は主として地方に住む広い社会階層から出ていることがわかる。彼らは正しい生活を志しつつ「地の塩」の役割を果たしている、ごく普通の人たちであった。

同じ地域に住むメンバー同士を結びつけようと試みた唯一の組織は「教友会」である。兄弟との関係が悪化した際、内村が他の人間関係を求めたことは前述した。内村が「教友会」の概念を述べた記事に、彼が描いた組織の形が示されている。

会員になるためには次の条件が要求された。少なくとも一年間「基督教的生涯を送らんと努めし者に限る」こと。自活できない者は組織の中で責任ある地位には就けない。少なくとも月に一回（できれば毎週日曜日に）集まり、祈り、讃美歌を歌い、感謝を捧げ、互いの安否を問うこと。会を代表する個人の指示に従うこと。東京支部がすべてのグループの活動を統括すること。会合に出席するほか、会員はタバコとアルコールを慎み、日曜日を信仰と道徳と自己修養に捧げ、毎週、他の者を助けるために献金をすること。[26]

「所謂教勢拡張」のための手段ではなく、[27]自らをクリスチャンと考える者たちが一堂に会する友愛の集いである、[28]と内村は手紙の中で強調する。今井館の用途の一つは、「教友会」の会員を上京の際に宿泊させることだった。一六名から出発して全部で一四のグループが結成されるまでになった。その一つのハワイ支部には五名の会員がいた。一九一七年、東京支部は一二八名を数えた。

東京以外のグループは、東京の仲間のように毎週、内村と接することはできなかった。地方のグループはやがてしぼみ、内村が訪問するときに集まるだけになった。教会組織を極端に嫌っていた個人は、他の会員と規則的に会合を持つことも精神的な浪費と考えたのであろう。「教友会」がやがて一種の教会になるのではないかと最初から危惧を持つ者もいた。読者は徐々に、組織のないことが彼らの信仰の特徴であると考えるようになった。何らかの組織を必要とする考えと教会組織に対する嫌悪感との相克が、何十年間も弟子たちに付きまとう。

＊　＊　＊

内村はすべての弟子のために設立した「教友会」とは別に、東京で定期的に会っていた弟子たちに多くのグループ作るよう奨励した。その一つの若い成人グループは他者への奉仕に献身し、内村の死後四〇年経ても継続していた。もう一つ、おそらく最も重要なものに、「柏会」というグループがあった。その名は内村家が柏木にあったことと、第一高等学校の校章に柏の葉があしらわれていたことに由来する。このグループのメンバーは全員、第一高等学校に学んでいて、週に一度、内村の下に集まり、世俗的な主題について語り合った。メンバーは最初の一〇人から二五人に増え、個人的に固く結ばれた友人になった。この中から伝道者藤井武と塚本虎二が出ているし、都市行政の専門家前田多門（一八八四―一九六二）、外交官鶴見祐輔（一八八五―一九七三）、アメリカ研究の専門家高木八尺、一九四七年憲法下で第二代最高裁判所長官を務めた田中耕太郎（一八九〇―一九七四）、経済学者で東大学長も勤めた矢内原忠雄もメンバーだった。彼らは一九五〇年代にそのキャリアの最盛期を迎え、新生日本の多くの機関を設立した。

内村はこのグループの潜在能力を認め、彼らを励ます自身の行為を「毒蛇の卵を温めること」に喩えた。彼の激励がどんな結果を生み出すか不安だったからだ。[29] 弟子の独立行為は一九一六年、あるメンバーが神社で結婚式を挙げたときに体験している。他のメンバーも大半は花婿の肩を持ったので、内村はグループを解散させた。再建の願いに対して内村は、メンバーが会合において従来の黙祷に代わり声を出して祈ることを条件に許可した。同意した者たちは弟子として留まり、別の組織「エマオ会」を結成した。

内村から直接指導を受けながら、もしくは指導は受けずに、定期的に集まったこのようなグループに加えて、内村は折にふれ多くの会合を開いて様々な弟子と接する機会を持った。一九〇〇―〇二年と一九一七年の夏期学校では、参加者は日常の生活から数日間離れ、集中的に勉強と礼拝を行った。

もっと頻繁に、特に第一次世界大戦前後、行われたのは内村の地方講演旅行である。彼に関心を持ち、彼の経費を払ってくれる所があれば、どこにでも出かけた。彼は自分の接する人々の独自性を尊重し、彼らの支えとなっている伝統文化の要素を乱すことにためらいを感じていたので、このような旅行においてしばしば、伝道の基礎をどこに置くべきか悩んでいた。町の公園を散歩しながらお経を読んでいる婦人の姿を汽車の窓から眺め、このような善人を新しい信仰でかき乱すべきかと考える。(30)目的地に着くと、いくつかの講演、多くの話し合い、それに観光を含むプログラムが待っていた。

こうした講演旅行のほとんどは講演者にとっても聴衆にとっても楽しいものだったが、最初は必ずしもそうではなかった。一九〇四年、新潟の小さな村に住む弟子、木村孝三郎が、相続した土地の売却代金一〇〇〇円を内村に送り、地元で個人的に伝道を始めた。そのグループに講演をするために内村が到着すると、近所の人々が反対したので、内村は東京に戻り、予定していた講演を牧会書簡として送った。続く数年間に多くの若いメンバーは村を離れたが、何人かは留まり、近隣も徐々に不承不承、彼らを受け入れるようになった。こうしたケースはむしろ例外で、全般的には内村は意気揚々と講演旅行の報告を行っている。

彼が最も楽しみにしていた地域は、彼にとって次第に故郷のようになっていた札幌である。二〇年余りの間に六回訪れ、最後の一九二八年には幼い孫娘たちと共に一か月以上過ごしている。札幌の弟子は彼を地元の成功者として、また彼がその設立を助けた札幌独立教会の援助者として、常に彼を歓迎した。時代の流れと共に、この教会も他の教会同様、苦しい試練を体験していた。今は北海道帝国大学の教授になっていた多くの旧友から心からの歓迎を受け、孫娘を訪ねる喜びもあって、札幌旅行は別格だった。

通常の講演旅行をより的確に表している例として、鳴浜と明石を訪ねた二つの旅行を紹介しよう。千葉県九十九里海岸、鳴浜村（現九十九里町）への旅行を通して、一九一四年に彼の最も重要な聴衆であった人々と彼との関係を窺い知ることができる。

鳴浜のグループのリーダーは旧家の出で、地域の政治に重要な役割を果たしていた。彼の妹はしばらくの間、内村の家に住んでいた。鳴浜での一連の家庭集会の様子はロバートソン＝スコットの *The Foundations of Japan*（『日本の真髄』）に描写されている。ロバートソン＝スコットは日本に来て間もなく、内村に連れられて鳴浜を訪れた。彼の言葉には内村への尊敬の念が表れ、その後両者の間に続いた文通の基調となっている。ロバートソン＝スコットは村のリーダーの家に広い部屋を借りた。供え物はなかったが神棚は大切に保たれ、近くにはルターの彫像が置かれていた。内村は肘掛け椅子に坐って、女性たちを前列に、畳の上に坐っている三〇人のグループに語りかけ、「山上の垂訓」に根ざしてクリスチャンとしての生活をするようにと勧めた。

聴衆の多くは彼らに地代を払っている小作人とはかけ離れた地域から来ているのだと、内村はロバートソン＝スコットに語った。「真のキリスト教は田舎の地域にとって、道徳的浴場となるだろう。……自分の村で封建領主のような暮らしをしている地主にとって、労働の神聖さを強調する素朴な福音は知的革命となり」、彼らに「人間に対する新しい概念を与えるだろう」。彼らはもはや「自分の栄光を求めたり、貧しい人々のへつらいを喜んだりしないだろう。キリスト教の顕著な影響は……婦人に対する態度に最もよく表れている。……だから、あなたたちの改革者の何人かの書棚で埃をかぶっている昔の本（聖書）の中に、彼らの目的そのものを達成させる力があるのだ」(31)。

翌年、内村は明石へ旅行した。松ノ木に囲まれ、遠くに淡路島を望む明石公会堂が会場となり、約六〇人が東は東京、西は山口から参加した。会は一〇時半に祈祷と講演で始まり、その後全員が丘の上の人丸神社に登った。美しい景色とこの神社に祀られている歌人、柿本人麻呂の霊に動かされ、内村は短歌を詠む。

人丸や
歌は歌なり人心

主義も理想も
あつたものに非ず

「歌聖は驚いたであらうか怒《おこ》つたであらうか、我は知らない、然し講演終つて我が緊縮《ひきしま》りし心が、人丸山の風景に緩《ゆる》みし時に斯《（か）》く感ぜし事丈《（だ）》けは事実である」と彼は加えている。[32]

昼食弁当の後、全員会場に戻って記念写真を撮り、再び集合して祈りと話し合いに二時間を過ごした。「キリストが臨在し、松風の響きと岸に寄せる波の音が楽しい音楽を奏でていた」。夕日が沈み、会衆の半分は帰宅、残る半分は夕食を共にし、続いて内村と旧友たちがしばし話し合う。九時、帰途に着くころには満月に近い月光が波打ち際に踊り、その美しさに促されて内村は、蓮月尼（一七九一―一八七五）の歌を口ずさむ。まさに「一日の天国」であった。[33]

次の岡山は彼の訪問を祝して記念の爪楊枝を作るなど、大げさな出迎えをしたが、内村が好んだのは明石が示したような、抑制された真面目な熱意であった。鳴浜や明石への旅行は、著作だけでは足りない個人的接触を気楽に持てる機会を提供し、内村自身も普段の日課から一時的に解放されるのを楽しんだ。

最後にもう一つ、『聖書之研究』を通して著者と読者が重要な歴史感覚を分かち合った会合を紹介しよう。『聖書之研究』の第一〇〇号は一九〇八年に出た。本書前章で弟子の分析に使った統計の根拠にもなった号である。記念祝典の予告は一か月前に出て、創刊号からの購読者は氏名と住所を送ることになった。先着の二〇名が今井館に無料で宿泊できる。予定されたプログラムは六月五日が今井館の献堂式、六日が購読者全員の総会、七日が一年以上購読しているすべての読者対象の講演会となっていた。

六月五日、斎藤が花巻から上京して家の周りを片付け、大久保駅から客を案内した。今井館の献堂式ではグンデルト夫人が足踏みオルガンで讃美歌の伴奏を弾き、今井樟太郎（一八七〇―一九〇六）の夫人と友人が話をした後、お茶会があった。夕方は斎藤が祈祷会を開いた。

　翌朝、斎藤は早起きして、内村が一〇一号の校正を行うのを手伝った。午後の第一〇〇号出版記念祝賀会には九〇名が参加。内村は謝辞を述べるためにこの会を計画したのだが、同時に彼自身の喜びと満足感を表明した。彼も聴衆もこの機会が信仰を深めるものであることを認め、共に祈った。記念撮影の後、全員が赤飯とお茶で祝い、祈祷会でその日の活動を終えた。

　翌日曜日の朝は、代表者たちが片づけをして朝食を準備し、その後、内村が「ヘブル人への手紙」一三章八―九節（「イエス・キリストは、きのうも、きょうも、いつまでも変ることがない。さまざまな違った教によって、迷わされてはならない」）について講演をした。午後は井口喜源治とグンデルトが彼らの信仰について語り、全員で祈った後、内村が非戦論について話した。後に内村は非戦主義を真の信仰を見分ける「試金石《しきんせき》」と呼んでいる。(34) 喜びの三日間を締め括る言葉は内村が述べ、全員が新しい目的に燃えて帰宅した。

　こうして見ると、内村は現代の通信手段によって師弟関係の輪を広げることができたのだとわかる。その手段によって彼は最初の親密さを維持することができた。彼の雑誌は彼の考えの結論を述べていたので、弟子たちに対する個人的書簡の役割を果たし、多くの手紙は雑誌の内容を補った。時折の地方旅行は弟子の家で弟子たちと親しく知り合う機会を与え、弟子たちは上京の折、今井館に宿泊して内村家に出入りするメンバーと知り合うことができた。こうして弟子たちは信仰による大家族の一員と感じることができたのである。

　印刷技術と郵便制度のお蔭で実現できたこの新しいやり方は、伝統的な師弟関係の枠内で内村の思想を広め、多くの弟子を作り出すことを可能にした。弟子たちはひたすら感謝していた。師弟関係のステレオタイプにはない別の関係も生まれた。つまり、弟子が師を助けることも可能なのである。通常、弟子は師から受けるだけだが、内村は弟子からも多くを返してもらった。独立して伝道を行う者は自分の良心に頼るしかない。彼らの迷いは司教にも教会上層部にも分からない。頼る術がなく、彼らは本来なら自分に頼る立場の弟子に頼ることになる。内村の作品を見ると、彼が一方的に弟子を助けるだけでなく、それ以上の関係が弟子たちとの間にあったことがわかる。先生と弟子は緊密な家族のように、互いに助言し、支え合っていたのである。

二〇世紀の最初の二〇年間、柏会の才気煥発なメンバーたちはまだ若過ぎて、内村を助けることは大してできなかった。斎藤のような人物は内村に年齢も近く、内村は斎藤ほか何人かに対しては、牧師としての職業的関心に加え、信仰における兄弟としての個人的援助も与えていた。内村が聞いてもらいたいことがあれば、彼らに話した。斎藤宛てのある手紙に内村は『聖書之研究』の名前を変えるべきかと相談し、六日後にグンデルトの助言を入れて変えないことにしたと知らせている。二人とも内村の事業に関する重要な決定に参加していたのである。『聖書之研究』が足尾銅山に汚染された渡良瀬川の氾濫で被害を受けた人々への援助を呼びかけたとき、二〇〇〇以上の贈り物が届いた。内村が憂慮を表明すると、即座に援助が来るのである。

最後に青木義雄との文通を通して、内村と弟子との相互援助関係の例を見よう。青木は栃木県の銀行に勤めていた。一九一〇年、内村は青木の家の近くで社会主義者たちが開いていた「内村研究会」に懸念を抱き、これを青木に知らせた。研究会のメンバーたちは内村を偽善者で庶民の友ではないと決めつけていた。内村が金時計を所持している、家を建て替えた、近隣の町の金持ちの婦人を慰めた、というのが理由になっていた。この情報を彼らは青木から得たという。彼らは「実に完全（？）なる『研究』と申す」べきものに基づいて行動した、さぞかし「興味ありし研究会なりしならんと存候、呵々」と内村は結論づけた。[35] 内村はこのような中傷にも関わらねばならなかったのである。おそらく、別の弟子が「研究会」を論じた新聞記事を見て内村に知らせ、内村は情報源とされる青木に確認したのであろう。過去にも同様の中傷で特定の個人が疑われ、内村が確認しなければならなかっことがある。彼は結局笑い飛ばしているが、その背後には助けを求める気持ちが隠されていた。

四年後、青木は自分の遭遇した災難を内村に伝え、内村は次のように返信している。「万事を神に委ね給へ……万一神が君を無一物に為し給ふことがあるとも、其時は多分君が神に最も近くなる時であらふ……僕は君が万障を排して一度柏木を訪ふことを勧める、近日内に是非一度来たまへ……或ひは僕から君を訪ふても宜しい、君の都合を電報を以てなりと言ひて来たまへ、直ぐに行く。今日まで君を導き来り給ひし神は此際決して君を棄て給はない、其事を忘れ給ふな。僕は祈祷を以て君の背後に立つ[36]」。

それから一一年後の一九二五年、青木は銀行の経営者になっていた。内村は妻の父の遺産三〇〇〇円を使って青木から土地を買い、現金を提供した。栃木県下、一ヘクタールの内村学田である。

内村はクリスチャンの指導者たちとうまく協調できずに悩んでいたとき、再び斎藤の助けを求めた。「余は過ぐる二ケ月間教会信者の頭株と聖書改訳事業に従事して、大不快を感じ候、其極昨日断然断はり申候、教会信者の為す所に我等無教会信者の解す能はざる所多し、是れが彼等と共同事業の最終なるべし[37]」。一つの顕著な例外を除き、この予言は的中した。彼の最も初期の信仰の友人たちが今や日本の教会のリーダーになっている。その友人から切り離され、内村は自分の弟子に頼ることになった。

内村の仕事は出版だけでなく、多くの弟子たちとの交流に依存していた。この相互扶助が敵地の陣営内での恐怖感を軽減し、これにより、師弟共々信仰を保つことができた。彼らの信仰そのものを理解することで、二〇世紀初期における内村の評価を終わることにしよう。

第八章　キリスト教と聖書

内村の弟子になりたいと願う者はすでに師の評判を知っていて、大部分はその著作を読んでいた。この点、自分の管轄下の信者以外ほとんど知らない宣教師やその他の伝道者とは異なっていた。宣教師たちが新しい人と知り合うのは困難だったが、内村の場合は彼の有名な著作に引きつけられた読者が彼の門を叩くので、初対面で具体的な質問をすることができた。彼のグループに仲間入りしようとする者は、彼がキリスト教信仰を勧める意味をその場で学び始めるのだった。

弟子入り希望者は、内村がキリスト教を人間生活の基本と考え、容易に理解できるものと見なしていることを知る。神学の理論づけがなくとも分かるのだと内村は強調した。神学が役立つと考えるのは神学者だけで、一般のクリスチャンは詩人同様、人生の本質さえ見ていればよい。イエス・キリストが田舎の少年だったこと、最大の預言者エレミヤが田舎の庶民だったことを考え、自信を持つのだと彼は説く。新参者が第二に気づくのは、内村が「宗教」と「キリスト教」を同義に使っていることである。事実、彼の『宗教座談』はキリスト教のみを扱い、キリスト教は「事実であります、議論ではありません、信仰の事実なくして宗教は議論することの出来るものではありません」[1]と述べる。信者の人生経験は宗教の有効性を物語る。「誰か神を見た者がある乎《か》」といった解答不能な問いに対して、「誰か電気を見た者がある乎」と問い返す。信者は神に啓発されて、電気が暗闇を払いのけるように迷信を払いのける。[2]宗教は事実、人間を他の人間や書物にではなく、直接、神に結びつける。宗教は人間を高潔にし、善をなそうとする新しい視野を開くと同時に、それを実行する力を与えてくれる。この世を超越して神の問題、罪の許し、永遠の生命を見据えるとき、宗教は徐々に身近なものとなる。宗教は個人が心の奥底に感じている精神的必要に応えてくれる。現代医学のようにはっきり予告はできないが、宗教はイエスの時代と同様、今でも病気を癒してくれる。宗教は個人の生活の中で積極的に重要な役割を果たしているので、宗教療法は将来、心理学の一分野として組織化されるだろう。

こうした全般的な特質の範囲内で、内村は様々な機会にキリスト教に関する多くの定義を設けている。クリスチャンは神とその独り子イエス・キリストを信じ、父なる神に助けられ、他の信者の支えを受けて、神の聖なる意志に沿って生きようとする努力を分かち合う(3)。ここで鍵になる言葉は「努力」。キリスト教は人間の外にあって客観的に定義されるものではなく、人間の内に存在し、ある特定の生き方をしようと心から願う結果生れるものである。次に、キリスト教はクリスチャンの行動における信仰の果実である、という定義もある。「強き神が弱き我に顕はれ給ひしもの、是れ我が基督教なり(4)」。広げて解釈すれば、信仰は信者の言動の中に現れる神の特質を総合したものである。経験は信仰を高める。さらに、キリスト教は聖書に書いてあること、と特定する定義もある。信仰の細かい点が気になるのは、聖書の研究が足りないためである。信仰だけでなく、知識からも信じることができるように聖書を読むのだ。教会的ではなく、福音的にならねばならない。以上、種々の定義を特徴づけているのは、その無作為的要素である。入念に構成された信条の表明は、内村にとっては重要でなかったようである。

以下、内村の信仰の詳細、その源泉となる聖書、そして信仰と生活との関係について述べよう。資料の多くは一種の混成画に組み込まれ、資料となる記事それぞれの本質をまとめて記述した。雑誌編集者として、また後には講演者として多忙だった内村は、彼の信仰を体系化する暇がなく、あるいはその気もなかったようだ。同時に、最後まで留まった購読者は長年にわたり、独自の体系を立てていた。『聖書之研究』に出てくる様々な考えを抜き出し、忠実な購読者が徐々に形成していったと思われる方法で、その考えをまとめてみよう。

＊＊＊

『聖書之研究』を通して読者は、神と御子イエスへの信仰の基礎を聖書に求めること、そしてその信仰は独立した判断基準を与えてくれることを知る。また信仰により社会を客観的に見ることができ、社会の悪を非難する一方、よい点は活用できると知って、まず、信仰の詳細を研究し始める。

他の伝道者を渡り歩いてきた多くの求道者は、上記の内容が信仰箇条に触れていないことに気づく。大部分の教会には信仰箇条があって、入信の際はこれを受け入れなければならない。求道者は通常、まず信仰への関心を示し、定められたカリキュラムに従ってキリスト教の勉強を始める。内村の所ではそのような必要はない。信仰箇条は個人的に話す場合はよいが、伝道の道具として、あるいは教会員になる基準として使うのはよくないと内村は述べる。単に他者を喜ばせるために肯定する場合もあるかも知れない。信条の重要性は個人の信仰を明確にすることにあるので、当然、その人の経験から形成されなければならない。

信仰箇条を受け入れるという条件を充たす目的だけのために自分の信仰を妥協させるのはよくないが、自分の信仰を率直に告白することは他人に対して説得力がある。そのような目的のために、信者は自分の信念を発表する機会を歓迎すべきだ。また、絶えず真理を探究し続けることにより信仰が定義され、表明されるので、信者の集いには定期的に出席し、『聖書之研究』の購読を続けるべきである。

弟子入りを希望する者との議論に入る前に、内村はまず自分の作品から何を学んだかを尋ね、彼らが継続して研究に献身する意志があるか否かを試した。入門書としては『宗教座談』と題する彼の短い著作を最適と考えた。『聖書之研究』創刊の数か月前に出た本で、これを読んで彼の門を叩いた者もいたかも知れない。(5)

『宗教座談』はキリスト教信仰の様々な面、すなわち教会、真理、聖書、祈祷、奇跡、霊魂、復活、永遠の生命、天国、についてのエッセイ集である。内村はまず、彼が教会とはいかなる関係もないことを宣言する。教会は伝道ではなく、社会的体裁を強調するのだと彼は述べる。キリスト教のメッセージの中核となる真理はキリストの人間観、すなわちすべての人間が罪人であること、イエスは神の子であること、そしてイエス・キリストが我々の罪を贖ったこと。聖書はそれを所持し、あるいは読む人にご利益のあるお守りではなく、神の業でもない。神の影響下で神の意思を他の人々に伝えるために人間が書いたもので、人間のために神が成した行為を描いている。祈祷は我々の精神的な父なる神との対話で、神への感謝を表したり、自分や他人に対する助けを求めたりするものである。奇跡は、神にとってはごく自然の現象であること、そして功績のある多くの先人たちがこれを信じていたことを理解すれば、我々の信仰を脅かすものにはならない。霊魂はその人の「目」、あるいは個性の核心、と表現するのが最適である。人間の持つ責任感が、霊魂の存在を最もよく証明している。復活の信仰はキリスト教思想の中でも最も大胆なものである。我々は神の力を信じ、その力を心の中に感じ、人生経験の背後にそれを認めるので信じることができる。神は生命が最高の形を取ったもので、霊魂は人間の生命が最高の形を取ったものである。適切な食物が与えられれば、霊魂は死滅することはない。その食物は人間の思想と神の愛から生じるものである。キリストは生きていて、我々も彼に従うことによって生きる。我々一人一人が小さなキリストになる。霊魂は、生命が地上で生きているのと同様に、ただし悪者抜きで、天国で生き続ける。天国の住人はこの世の基準で「善人」とされた者ではなく、自分が救われたとの実感を強く持っている人たちである。

以上が膨大な『内村全集』の中で僅か九〇ページを占めるに過ぎない『宗教座談』の要約である。内村に弟子入りを志す者は最低限知っているべき内容であり、その上でさらに研鑽を積むのであった。内村が関わった三つのテーマは、神の性格、聖書に述べられている福音、それに信仰と行いとの関係であった。

新参者の多くはまず神の性格について知ろうとする。内村によると、神は理解ある父のような存在で、その本質は素朴さと忍耐強さと平和である。(6) 人間はとりわけ自然を観察することにより、その本質を理解できる。(7) 神は我々の肉体を癒し、日ごとの糧を与えるが、(8) それ以上に我々の霊魂を心にかける。(9) 神が与える最大の賜物は神ご自身。[10] 我々は黙想と祈祷と聖書の研究を通して神の性格を知ることができる。[11] 神はキリストにおいて人間となり、我々は人間を通して神に仕える。[12] 子が親を愛する以上に親が子を愛するごとく、人間が神を愛する以上に神は人間を愛する。[13] 人は誰でも神のようになれる。[14]

祈りは我々を神に結びつける。神は我々の必要を知っているから、我々は神に心を開きさえすればよい。我々は神の目的に従えばよい。[15] 神は必ずしも常に我々の祈りに応えるわけではないが、神に従って生きる手段を与えられる。[16] 祈りが聞かれるか否かは、神が親としての役割をどのように見ているかにかかっている。[17] 世俗的に最も成功している人でも、神との関係における役割を心得ていることを示すために、頻繁に祈る。[18]

以上の要約で分かるように、神の性格の本質は神と人間との関係であると内村は考えていた。聖書に描かれるイエス・キリストは、聖なる神と人間との関係を具体的に表している。父と息子というこの比喩を使えば、イエスは信者の兄になる。

第二のテーマである福音は、上に記した神と人間との関係を詳しく述べたものである。新約聖書の四福音書は、地上におけるイエスの生涯を語ると同時に、神と個々の信者とその隣人たちとの相関関係について述べている。[19] イエスの生涯の物語は、クリスチャンの行動に必要な精神的モデルである。ここに描かれている神の愛は、単なる感情ではなく、正義である。人を愛せることと愛することから得られる幸せは、単に神から愛を受けるだけの喜びよりもはるかに大きい。[20] 私欲を捨てて愛することのできる人は、至福を味わうことができる。悪行は神が罰すると知っているので、復讐心を抱くこともない。我々の最大の幸せは他の人々をキリストに紹介すること、[21] しかも、もし可能ならば匿名で。[22] 神と同じ方法ですべての人を愛することは人間には不可能であるから、少数の個人的友人との関係において普遍的愛を表明しなければならない。[23] 個々の信者は他人を愛せるようになる前に、聖霊を受けなければならない。与えることは受けるよりも幸いであるが、まず最初に人から受ける謙虚さを持たねばならない。[24]

イエスの地上の生活を描く福音は神の究極的愛を教えるが、それはイエス以前から存在し、現在も人間の生活を支配している律法の枠内で可能なものである。律法は一般に、人間ではなく神から出ている。[25] 自然法はあらゆるものに公平に適用されるが、神の律法は地上でも天国でも常に神を愛する人々に適用される。[26] イエスは律法を「成就する」ため、すなわち律法に憐れみを導入するために現れた。[27]

新約聖書が伝える「純」福音によると、人間は神の恵みにより、旧約聖書の倫理を詳細に守ることなく、厳しい律法を遵守することができる。[28] ルターが世界史に残した偉大な貢献は、律法の束縛と福音による解放との関係について使徒パウロが洞察した見解を再発見したことである。[29] 従ってイエスの役割は、人間に対する神の憐れみを示す存在として、個々の信者と神との間の調停を行うことであった。

第三のテーマ、信仰と行いについては、信仰を優先させる。人間には、イエスの生涯を通して示されたものが人間に対する神の意思の表れであると信じる自由がある。[30] その結果、キリストの救いの恵みに対する信仰は道徳的行為よりも重要になるが、行為はさらに信仰を深めるのを助ける。[31] 哲学は宗教に代わることはできない。哲学が人生を説明するのに対し、宗教は人生そのものだから。[32] 人間は遠い将来を見通すことはできず、明日を知るのみである。あの世の暁において信者は長い将来を知る。[33] 救いを得るには、ただ信じさえすればよい。だから、救いのために何をなすべきかと煩うことはない。[34] 国のため、その他、艱難の中で慰めを求めるなど、つまらぬ動機からイエスを信じる者は、最後にはキリストを見捨てるであろう。[35] 十字架を見上げつつ罪について考え、生ぬい愛は慎みなさい。[36] クリスチャンが求める「たった一つの信仰」は、一つの信条を守ることではなく、イエスこそわが主と認めることによってのみ達成できる。[37] 信仰が足りないと悩んだりせず、本当の信仰は神から与えられることを悟りなさい。[38] 神は愛で、罪人に恵みをもって対処されるのだから、人間は信仰により、神の恵みを受けることができる。[39] 我々はイエスの復活によって救われているので、その事実だけを考えればよい。[40] 外的な印に根ざした信仰は弱い。強い信仰を持つ者は信仰のみに頼り、経験によりそれを正当化しようとはしない。[41] 聖書に論じられている「自由」は、我々が神の意思である善を行うことを可能にする。哲学が提供する、より次元の低い自由をもってしては、これを成すことはできない。[42] 行いは信仰から自然に出てくる。[43] 信仰のない愛は、汚れていない限り充分であるが、汚れてしまうと信仰が必要になる。[44] 同じ信仰から行動する者同士でなければ、真の宗教的グループを作ることはできない。[45]

かくして信仰は行いよりも重要ではあるが、行いも重要でないわけではない。クリスチャンをしばしば悩ませる行為は罪、すなわち神の意思に反する行為をすることである。最大の罪は、偉大な知識と堕落した意志とが結合する結果生じる。盲人を癒したイエスを、知識を利用して批判したパリサイ人のように。[46] 神の救いを認めるとき、我々は罪を犯さなくなる。[47] 救いは神が我々を助け、逃れる道を探してくださる過程である。[48] 一度救われれば、我々の信仰が我々の行いに影響を及ぼす。

クリスチャンの行いの中で最高のものは伝道である。自分と同じ幸福感を他人にも与えるために、信仰を分かち合うことである。しかし、自分の信念を他人に押し付けることによって、信仰の価値を下げてはならない。「福音を安く売る勿れ、福音を安く買ふ勿れ。真理の価値は払ひし代価に由て定まる。多く払ひし者は多く之を貴び、少なく払ひし者は少なく之を貴ぶ[49]」。「基督教を無能ならしむる者にして所謂 promiscuous preaching 見さかいなき、やたらの伝道の如きはない。福音は神のものである。……之を安売りしてはならない。……昔のイスラエル人が神の契約の櫃《はこ》を扱ひしが如くに、敬虔《つゝしみ》と恐惶《おそれおのゝき》とを以て扱はなければならない。斯く云ひて我等は不信者と背教者とを憎みて彼等を罪に定むるのではない。彼等は彼等として愛し、時と機会とを見て彼等を教へ導くべきである[50]」。

最も困難なのは背教者の扱い方である。彼らはイエスに身を捧げるが、自分の必要に対して信仰が充分でないと悟り、クリスチャンとしての行いを悟らずに、結局、信仰を断念してしまう。「背教者は大抵は安く福音を買ひ求めし者である」。「彼等は背教を以て誇りとし、今は真珠以上の宝石を握れりと自信する。……我等は彼等を憎まない。時に彼等の為に祈る。然れども彼等に復〔ふたたび〕び福音を説かない。彼等を彼等が選みし不信に委ぬる。そして不信の必然の結果たる耐え難き寂寥《せきれう》が彼等を再び父の懐《ふところ》に追返《おひかへ》す其時を待つ」(51)（「豚に真珠」）。

伝道の難しさは、他人をクリスチャンにすることがいかに難しいかを示している。伝道者は相手の質問にできる限り答えた後、相手がキリスト教を選ぶまで待つしかない。(52)信仰は行いよりも重要で、行いには厳しい限界がある。よい伝道者は求道者との話し合いをいつ止めるべきか、悟らなければならない。また、キリスト教と呼ばれるものの中で信仰と関係のない要素は重要でないことも悟らねばならない。

内村は他の宣教者と違い、儀式にはほとんど何の注意も払わなかった。カトリックは七つの秘跡、プロテスタントも通常、洗礼と聖餐という二つの聖礼典を持つが、新渡戸夫妻が属していたクエーカーのように、礼典を持たない宗派もある。内村は教会が一般に礼典を重んじ、入信に必要な条件としていることは承知していた。しかし、彼にとって洗礼式は主として個人の信仰を反映するもので、証しとして価値あるものと認めていたが、(53)信者自身に対して果たす有益な目的はないと考えた。当然、受洗した人間に変化をもたらす魔法の行為とは考えていない。(54)洗礼に使う水はただの水に過ぎない。洗礼によって信者は義とされると監督派は言うが、(55)これは洗礼式の意味を誤解していると内村は述べる。洗礼はある意味で古い肉体が埋められる葬式で、そこからイエスを信じる新しい霊の人が生れるのである。(56)問題は、クリスチャンの仲間入りをしてしまうと、とかく気が緩み、クリスチャンとして我々一人一人が「小キリスト」になる義務を怠ることだ。(57)パウロは洗礼が相対的に重要でないことを認め、さりげなく扱っている。(58)

洗礼式の重要性については基本的に異なった考えを持っていたが、内村は彼自身の場合、洗礼によっていかに大きな影響を受けたかを強調している。受洗から五〇年後、内村は回想する。信仰生活の苦しみを知らない牧師や信者は受洗者に祝辞を述べるが、「彼等は何を言ふ乎《か》を知らないのである。何故に『同情を表します』と言はないの乎」。改宗者がまず直面するのは栄光ではなく「恥辱である。十字架の恥辱である。……不孝の子として父母肉親の者に嫌はれ、国賊として国人に斥けられ、異端の徒として教会より逐はる」[59]。

　早い時期に洗礼を受けて信仰生活のレールに乗せられた自らの体験から、内村は弟子の中で洗礼を望む者には受けさせた。最もよく知られている例は娘ルツ子の場合で、彼女は結核が悪化し弱りつつあるときに洗礼を受けたが、この儀式が一長一短であるという内村の信念は変わらなかった。儀式とは関係なく、クリスチャンとしての内なる経験を養うことを強調した。彼が洗礼を授けた数少ない人々は、彼らがキリスト教を理解する過程で洗礼は重要な出来事だったと考え、彼の行為に感謝している。

　信仰における儀式を重要視しなかったと同様に、権威についても内村は言及していない。宗教に関して、内村は個人の良心の権威しか認めなかった。人は神と個人的関係を結んでいて、信仰の深まりは自身の経験から判断する。内村の解釈においては、質問に答えたり、正しい行いを促したりする権威を持つ聖職者が不在のため、個人に残された手段はただ一つ、聖書を勉強することであって、内村の弟子たちは、聖書研究の役割がクリスチャンの信仰の成長にとって、信仰そのものに次ぐ重要なものであることを知るのであった。

＊　＊　＊

　内村の膨大な注釈の分析は専門家に譲ることにして、ここでは聖書に関する彼の著述が弟子たちに及ぼした影響を、三つの問題に即して論じよう。第一は、内村の世界で聖書が果たした役割と、一世紀後の西洋世界で聖書が果たしている役割との違い。第二は聖書の研究と信者の経験との関係についての内村の見解。第三は聖書の研究に関して彼の同時代人を悩ましていた問題に対する内村の対処法の実例。

　まず第一に、内村はいわゆる「キリスト教世界」とは共通項を持たぬ国の人間に対して聖書を解釈しなければならなかった。その上、キリスト教国においても、現代科学の発展により、聖書の解釈・果たす役割が内村の時代から変化している。

西洋のキリスト教世界では伝統的に、聖書が神の言葉であることは疑う余地のないものとみなされ、実証的な歴史上の真理とは別の範疇に入ると考えられていた。宗教改革によってもたらされた変化に付随して聖書に対する態度もいくつか変化する。ルターは聖書に対してカトリック教会よりも大きな権威を与えた。教会が権威と伝統に依存していたのに対し、ルターは信徒自身が聖書を解釈することを奨励した。同時に、合理主義の精神から聖書の権威に挑戦する者も出てきた。聖書を個人の信仰の礎に据えながらも、その内容に疑問を挟んだのである。

一九世紀末になると、聖書考古学の技術が聖書を歴史として吟味する手段を提供した。その結果、聖書の記述の多くは歴史上の事実と一致したが、そうでないものもあった。ダーウィンの『種の起源』は「創世記」の最初の三章の天地創造物語に戦いを挑んだ。新約聖書に登場する奇跡は通常の人間の経験に反するので、福音書の歴史的信頼性を疑わせた。一九二〇年代アメリカの「モダニスト」（現代主義者）と「ファンダメンタリスト」（原理主義者）の間の辛辣な議論は内村の生涯の最後の一〇年間に起こり、彼はじめアジアのクリスチャンに影響を及ぼした。

問題は聖書を現代の知識に照らして解釈することにあった。聖書はどこまで霊感による神の言葉なのか。この論争が巻き起こした強烈な感情は、一九二五年のスコープス裁判で頂点に達した（訳者注　一九二五年、テネシー州の高校教師J・スコープスが、進化論を学校教育の場で教えることを禁じた州法に反して進化論を教えたため裁判になり、敗訴した）。当時、聖書を文字通り解釈する人々は学校が聖書の創造物語を科学的事実として受け入れることを強制しようとした。この見解は一世紀近く経た後も北米の一部の特徴として残っている。

聖書は現在もキリスト教諸国で尊重され、霊感や慰めの源としてホテルの客室などにも常備され、公けの厳粛な宣誓にも使われているが、何世紀にもわたって享受した権威はもはや保持していない。内村の聖書研究の背景を調べるには、聖書に対する昔日の尊敬を衰退させたこのような状況を踏まえて注意深く行う必要がある。

内村が使った参考資料はほとんどすべて英語の原書で、聖書に大きな比重を置きながらも、それが徐々に薄れていた社会の産物であった。日本では、古典に記述された歴史的事実を科学に照らして証明しようと悩むことはなかった。一般に入手可能な古典の中に聖書と同様の歴史性を要求するものはない。仏教の経典は歴史に左右されないヒンズー教インドの伝統から出ていて、西洋科学の伝統を脅かすものではない。儒教の普遍的な考えが歴史に触れるのは付随的で、中国人は自国の歴史を別個に、高度に発達した伝統の元に保存している。

これとは対照的に、日本の伝統は自国の古典の研究を重視していた。古典自体が中国の歴史学の枠組みの中に置かれ、それゆえに歴史的文献に敬意が払われた。文献の中に世界の始まりの説明を求めることから日本の伝統は形成され、同様に西洋のキリスト教の伝統も形成された。西洋の伝統の中の偉大な古典としての聖書は、こうした日本の環境に容易に導入された。聖書が日本の古典の仲間入りをすることができたのは、歴史に対する日本人の態度、および聖書を背景にした西洋の文学作品に拠るところが大きい。

内村は日本の伝統のこうした面を利用して聖書の普遍的価値を強調した。彼が『聖書之研究』を創刊したころ、日本人は聖書を容易に入手することができた。聖書協会や宣教師たちの努力による助成金で聖書の販売は促進され、次第に読み易い邦訳も出て、関心を持つ読者にキリスト教の基礎を提供した。聖書に関心を持つ者は牧師を煩わすことなく、内村の注釈に頼ることができた。聖書に興味を持って新約聖書から読み始めると、最初のページのほとんど片仮名の系図を読み通すのにかなりの忍耐を要した。聖書を学ぶには時間と努力と決意が必要だった。

＊　＊　＊

このような状況下で、内村の『聖書之研究』は読者に対し、西洋の聖書関係の雑誌とは異なる役割を果たした。北米の雑誌は教会の説教や学校での学習を補うもので、その基本的な妥当性を弁護する必要はなかったが、対照的に日本の読者は外国の全く異質の社会背景に関する作品として『聖書之研究』に接した。

『聖書之研究』創刊号の巻頭に、内村はこの雑誌の意図を宣言する。

余輩の目的は聖書を広義的に解し、其伝ふる教義を吾人今日の実際的生涯に適用し、以て基督教の人生観を我邦人の中に吹入せんとするにあり……聖書は過去の記録なれども実は今日の書なり、死せる書の如くに見ゆれども実は最も活ける書なり、是れに歴史あり、然れども是れ過去の出来事を伝へんが為めにあらずして、人類の進歩歴史に於ける神の直接の行為を示さんが為めなり……聖書は人類の有する最も貴重なる書として存するなり、聖書は神に関する唯一の教科書なり、之を識るは歴史と天然と文学との泉源に達する事なり。(60)

四年後、内村は「ヨブ記」に関する小冊子を出し、このような著作を通じて読者が独自に聖書の意味を求めるようにと願った。「然れども聖書に隠れたる神の聖旨を探ぐるに方ては我儕何人と雖《いえど》も、上よりの独創的見解に接するの特権を有す(61)」。

こうした表現は内村の聖書注解書の至るところに繰り返されている。内村がクリスチャンになった理由の一つは、キリスト教が西洋文明の源泉であると信じたからであった。日本は近代化の一部としてこの伝統を接木すべきであると考え、この信念が常に彼を駆り立てた。変化が必要だと信じてはいたが、同時に日本の伝統の中にも気高く尊敬に値するものが多くあると考えた。第一次世界大戦後、西洋と北米の信者はキリスト教の精神的生得権を放棄するかに見えたが、その中で内村は、たとえ元祖の国で枯れてしまっても、真の信仰を生かし続ける忠実なグループが日本の僅かなクリスチャンの中にいると考えた。彼は日本の過去を尊重し、日本がキリスト教を生かし続ける器の役割を充分果たせると信じていたが、キリスト教文明は世界中の国の政策と個人の良心を形成すべきであり、またやがてそうなるであろうという信念は変わらなかった。この信念において、同胞、特に彼と同様の愛国心から日本文化が西洋文化よりも優れていると主張する人々と彼とは異なっていた。

内村は上記『聖書之研究』の目的を述べた箇所で、日本を国際的キリスト教世界の視野に立って擁護する一方、「ヨブ記」の注解書においては、聖書は個人の生活の道しるべであるべきだとする立場を取っている。各人が聖書の中に、自分に対する神の意思を見出すことができる。個人が決定できると強調する点において、聖書の解釈を聖職者に任せている多くの教会と異なる。ルターは個人が聖書を祈りのうちに解釈することにより、自身の祭司になり得ると主張した。印刷術の発展により聖書の購入が容易になり、聖書を自身で判断した個人は、ローマ・カトリック教会内の改革を求める人々の味方になった。日本には思想の表現の自由を妨げるような強力な教会がなかったので、ルターの基本的姿勢は新しい信仰を導入するのに役立った。このテーマは内村の著作にしばしば登場する。

このような背景のもと、内村の解釈する聖書は、西洋と全く異なった伝統の中に置かれ、日本の伝統の中で育った人々に対して日本人を含め、万人が共通して関心を持つテーマを提供した。個人による聖書の解釈という強力な伝統と連携して、内村はキリスト教の解釈を定義した教会会議や権威筋を無視した。判断の基準は聖書の言葉そのものと、それがいかに信者の経験に当てはまるか、ということであった。この意味で内村の聖書観は「実験的」もしくは「実存的」と呼ぶことができる。

内村思想の鍵となるこうした面を、教会史家土肥昭夫は、批評に重点を置くその先駆者的伝記『内村鑑三』において分析する。土肥は二〇世紀半ば、西洋の聖書研究の伝統の中で教育を受けながら、同時に内村の聖書注解の影響も受けた学者として執筆している。彼は内村の方法が、特に日本人の経験に適合していると考える。内村の著述に関する以下の総括の一部は、土肥の分析に基づくものである。

土肥はまず、内村にとって聖書は「神の言」であったが、それは極めて特別な点、すなわち神の性格、人間、罪、および救いに限って言えることであったと指摘する。(63) このように内村はその他の歴史的資料と競合する多くの内容を最初から除外しているので、聖書を文字通り解釈する人々を悩ます多くの問題に関わらずにすんだ。直解主義者は聖書を信仰と事実との両面から分析しようと試みるので悩むのだと内村は言う。こうして当時西洋で行われていた論争に巻き込まれる危険を避けると同時に、聖書は経験を映し出す鏡であるという彼の主要な議論を受け入れ易いものにしたのである。

我々は自分の生活と結びつけて聖書を研究するので、聖書を書いた人々の体験も考えながら読まねばならぬと内村は述べる。聖書の著者の体験を強調することで、高等批評が提示する多くの疑問は問題にならなくなる。例えば著者の特定において、誰が「ヨハネによる福音書」を書いたか、という問題についても、その言葉が一人の人間の精神的経験を反映し、別の人の心に影響を及ぼせば、それでよいのである。[64] さらに、高等批評が生み出すものは学者の仕事であって、信仰を促すことはできない。「学究の達する所は蓋然《プロバビリチー》である、信仰《フェイス》ではない、故に批評に由て神の存在に関はる信仰は否定されない[65]」。

内村が書いたキリストの伝記（後述）を見ても、彼は四福音書それぞれの著者について無関心だったことがわかる。キリストの人格と行為についてのみ書き、イエスの生涯の歴史的事実には関わっていない。聖書がキリストをどのように表現しているか一句ごとに吟味し、その範囲内で判断している。

内村の聖書研究は通常、聖書に書かれている福音の真理と内村自身の経験という、二つの焦点を持った楕円形を成していた。経験を強調した結果、内村は聖書の言葉を文字通り受取った人々とも、比喩的に解釈した人々とも、意見を異にした。聖書の言葉は特別な意味においてのみ真実である。すなわち、聖書の言葉はすべてを総合して聖書全体を貫いている神の聖なる意思を提示していて、「其紙とインキとの中に匿れて居る真理を発掘して始めて聖書が神の言辞となる」[66]。

その後、内村は聖書全体を神の言葉として弁護するために、「五十余人の著者に由り千五百余年の長きに亘《わた》り」関わっている聖書の信仰を強調した[67]。種々の著作が一つの福音を構成しているので、全部を系統的に、注意深く読まねばならない。退屈だと思われるような箇所にも大きな意味がある。聖書のいかなる箇所も削除されてはならないが、いかなる箇所も合理的な解釈が必要であるかのように機械的に解釈されてはならない。経験が信仰の基礎を与えてくれる。

経験を強調する点、内村の聖書の解釈は「実験的」であることを示している。内村は「実験」という言葉が好きだった。一九世紀末、初めて英語の experiment から訳された言葉で、科学実験などにも使われる。

内村は自然科学を学んだ背景もあり、聖書研究にも理論的ではなく実験的なアプローチをしている。従って、彼の信仰は「実験の信仰」であって、「理論の信仰」ではない。「自然を知るためには自然に近づく。同様に、キリストを知るためには我々の魂の中に宿る生けるキリストに近づくのだ。科学の道はまた宗教の道でもあり、信仰は実験」である。このように宗教は科学に似ているが、宗教の問題と取り組んだ場合の実験の性格は、科学の場合とは異なり、道徳的実験である。避けて通れぬ良心の命令により、人間は内省して、自分が神を捨て、暗黒を楽しんでいることに気づく。その結果、自分のような罪人を救出してくれる救い主を探し、ついには病める良心を癒してくれる人を求めてキリストに近づく。(68)

聖書に描かれた救いの歴史は内村にとっては彼自身の実験から出てきたもので、彼の一部になっている。この「回心の経験」は内部から湧き出てきたものである。同様に、読者は自分自身の道徳的実験を通して初めて聖書の真理を知るのである。キリスト教の真理は、儀式や言葉や教理を通して表明するのは不可能である。唯一可能なのは、事実として実験されることである。

内村の道徳的実験は、彼の書いた「ヨブ記」の注解書に最もよく表明されている。ヨブの疑いは、彼が神の声を聞く時にようやく晴れる。ヨブの経験を理解するには、読者は自らをヨブの立場に置き、ヨブの苦しみを耐え抜いて理解にまで到達しなければならない。

＊　＊　＊

土肥は、内村が聖書を日本人の目と心で解釈することにより、日本の古典として誇れるものにしていると結論づける。この解釈に基づけば、内村はルターの見解をさらに発展させたことになる。ルターの洞察力により、聖書は同胞のドイツ人にとって生きたものになった。内村は同じ方法で、聖書を日本に定着させた。読者自身の特定の体験に照らして読めば、常にあらゆる時代に通用する真理があると信じて聖書を探究した。土肥は内村がこの作業に成功したことを証明している。

日本の読者は自らの体験を通して聖書を日本にとっても意味あるものにした、と内村は結論づける。彼は主目的には成功したが、西洋の聖書解釈における諸問題には関わっていない。彼の無関心とは対照的に、日本の教会員の中には、このような論争に即座に加わる者もいた。一九二〇年代、日本で最も多く話題になったのは、聖書がどこまで歴史的事実を描いているかという問題であった。北米の神学界と政界を騒がせていたので、多くの日本人にとっても重要な問題に思われた。

内村はこの問題が彼の信仰を脅かすものではないと考え、特に関わろうとはしなかった。彼が時たまこの問題に触れる場合は、以前に述べた言葉を繰り返すだけであった。すなわち、聖書全体は神と人間との関係について述べているが、聖書の個々の部分は、誤りを免れない人間の知性と手によって表現されている。こうした人間の弱さが、神の「言葉」を理解する能力を制限する。聖書はすべて人間によって書かれているので、通常の常識では考えられない箇所があっても、その結果、聖書に示された神観の信用を傷つけることにはならないし、聖書が神の考えを表明しているとの主張を論駁するものでもない。

内村が黙々とこの信念を保ち続けた背後には、一つの基本的な信仰の要素があった。彼は聖書の元のテキストを書いた人々も、それを編集して聖書にまとめた人々も、深い責任感から行動している、すなわち、「聖書は真面目な人に由て真面目に書かれたる書」、と信じていた。立派な動機から書かれ、科学的には正確でないにせよ、「支那、日本、埃及《エジプト》、バビロンの古書に記《か》いてあるやうな事実と全く離れたる事」は含まれていない。(69)こうして人間に可能な範囲内で、聖書はその目的を果たしている。聖書のテキストに関する特定の疑問に対して内村が取った態度は、科学的正確さだけが聖書の研究を支配してはならぬ、という信念に根ざしていた。

内村の論法を示す例を二つ挙げよう。いずれも聖書を真剣に受け止めている人々を大いに悩ませていた問題である。一つは「創世記」の最初に出てくる天地創造、もう一つはイエスが行った奇跡である。

「創世記」の最初の数章は、一九世紀後半の科学の発見と直接食い違うものと思われた。ダーウィンの『種の起源』（一八五九）は聖書の創造物語と直接対立した。二〇世紀初めまでに、大部分の学者たちはダーウィンの説に賛成していたが、北米の大衆雑誌はダーウィンの説がきっかけとなった相反する見解に多くの紙面を割き続けた。

内村は論争に加わらず、当時関心を集めていた科学対聖書という二つの分野の相反する解釈を無視した。彼の著作にはこの問題に関する疑念はなく、一九二八年になっても、若いころ読んだダーウィンは彼の信仰を強めるだけだったと述べている[70]。聖書の説は書かれた当時としては合理的かつ科学的で、執筆者たちは当然ダーウィンの先駆者だった。これに対して『古事記』に記された日本の創造神話は、聖書よりも後の時代に書かれたにも関わらず、低レベルの理解しか示していない、と内村は『聖書之研究』創刊直後に述べている[71]。

日本人対象にはこの問題に多くの時間を費やす必要はなかったが、アメリカの友人ベル宛てにはもっと具体的に語る必要があった。ベルはダーウィン説の受容を拒み、「創世記」を歴史として読み続けた。内村は彼宛てに書いている。「進化論は創造問題を解く一つの試みで、真理を知的に探究する限り、このような試みは避けることができません。周知のように、ダーウィン自身は決して無神論者ではありませんでした」[72]。後の手紙に内村はさらに続ける。「自分自身にとって進化論は「自分の頭を冷静に保つ助けとなり、宗教に過度に熱中するのを防いでくれます。……ダーウィンは、自然界を誠実かつ熱心に観察することを私に教えてくれました。私は六二歳の今、自然の子であり、信仰の子でもあると信じています。キリストを通してすべてのものが私のものであるように、ダーウィンと彼の進化説もキリストにおいて私のものであります。私はそれを神に仕えるために用います」[73]。内村にとって、ダーウィン説は信仰と対立するものではなく、過度の信仰を抑制するものであった。

第二の問題、イエスの行った奇跡の中でも最も信じがたい、波を静めた奇跡（マタイ八・二六―二七、マルコ四・三七―三九）は、内村にとって特に困難な問題だった。これは癒しの奇跡とは本質的に異なると彼は考える。癒しの奇跡は、強い個性を持つ個人が病人に近づく時に起こりうるし、他にも同様の奇跡がある。しかし、人間が自然現象を変える事ができるという考えには戸惑いを覚える。信じるとすれば、信仰によるしかない。確かに、神とイエスが他のすべての奇跡を行うことができたとすれば、この奇跡にも問題はないはずだ[74]、と内村は結論づけている。

このような解答は日本人には受け入れやすいと内村は信じていた。日本の社会には何世紀にもわたり聖書に付随してきた文化的重荷はない。例えば聖書が裁判所の証言で中心的役割を果たすことはない。日本には聖書にこうした関連性がないので、内村はその内容の新鮮な魅力を強調することができた。日本の社会は超自然の分野の真実を厳しく追究することにこだわらないので、彼は聖書の中に、科学的証明や歴史的事実に触れることなく、詩的あるいは象徴的に表現されている真理を認めることができたのである。

第九章　組織と個人

内村が教えたキリスト教信仰と聖書に対する態度には、一つのはっきりした共通点があった。彼は信仰に強く立ち、クリスチャンとしての奉仕に献身する信者を育てようと努めていた。クリスチャンとしての生活経験が信仰の核心を成すのであれば、その経験は既成の制度に左右されることなく自立できる、より強力で有能な人間を育てるようなものでなければならない。

自立した生活をするにはまず第一に、クリスチャンとしての充実した生活により自身の能力を最大限に活用したいと願わなければならない。二〇世紀初頭、内村は西洋の偉大なキリスト教芸術を研究することにより、若者はそのような芸術を生み出した理想的な人間のようになりたいと願う気持ちになるだろうと書いている。充実した生活はラファエロやミケランジェロの偉大な作品同様、芸術作品であると述べ、次のように締め括る。

人に各々其野心《アンビション》があります、大政治家となるの野心、大文学者となるの野心、大美術家となるの野心があります、然かし何故に歓ばしき人となるの野心がありません乎、……是れは才気充ち満ちたる青年男女が全力を注いで獲得《くわくとく》する価値《ねうち》のある芸術《げいじゅつ》ではありません乎、倫理学は審美学の一章でありまして、其最上位に位ひする者であります、倫理学は活きたる「マドチ」〔ナ〕、活きたる「モーゼ」を画《えが》き又刻《きざ》まんための学科であります、是に優さりて面白き、是に優りて真面目なる、亦是に優さりて、有益なる学科はありません。（1）

このように、クリスチャンの生活に捧げられた偉大な芸術作品は、若いクリスチャンを鼓舞する。同時に、人生で重要なのは生まれではなく、業績であることを強調する。イエスが弟子に選んだのは、身分の賎しい漁夫であった。

充実した生活は神の賜物であり、神の子となり得る手段であるゆえに重要である。キリストの生涯と贖罪は生命の価値を示している。人間は神聖なものを宿す器として尊ばれねばならない。神の賜物である自立心を養うには信仰が必要であり、この信仰を持つためには我々自身の中に持つべきものがある。今日の日本には宗教が欠けているので、自立した個人が存在しなくなった。

信仰を深め、はっきりと自立する術はユダヤ人から学ぶべきである。我を知り、相手一人一人の重要性を認めて初めて、他人と気楽に交わることができる。これに対し、個人よりもグループが強調されると個性が弱められる。個人をグループのために犠牲にする社会は、個人の重要性を理解していない。個人は独りで立つ時、神に最も近づくことができる。神と個人が一つになると、グループよりも強力になる。「大運動会はすべて民衆の集会に於て始らずして、信者個々の密室に於て始つた。世界改造の実力は一人の霊魂が神の霊に接する所に於て在る。集会々々と称して、多数の勢力を待つて事を為さんとするは聖書的でない又基督教的でない。……我れ神と偕に在りて我れ一人は全世界よりも強くある。斯《か》く云ふは決して誇大的妄想でない。真面目《まじめ》なる事実である」(2)。人間の中に宿る神の閃きにより、人は独りで働くことができ、神と共に社会に対して独特な貢献ができる。

このような個人は都会を嫌い、田舎の自然な生活に身を置く。「所謂文明は都会文明である。人が集合して相扶《たす》けて、最大限度に地上の生命を楽まんとする努力である。そして夫《そ》れが凡《すべ》ての患難《なやみ》を生じ、競争を起し、戦争を産んだのである」。これとは対照的に、「天然を通うして天然の神に近づかんとする信仰の人は……都会を離れて田舎に住まんとする。己が葡萄樹の下に坐し、己が無花果樹の下に居る事は彼の理想である」(3)。彼らにとって、宗教と科学は対立するものではない。むしろ現代科学の発展により、奇跡も科学の正常な部分として気楽に受け入れられるようになった。個人は社会への依存から解放され、現代科学と同時に深い宗教的信仰をたやすく受け入れることができる。春に咲く花に自然美を愛で、偉大な文学から受けるインスピレーションを珍重する。

若者がこのような境地に達するには長い年月がかかる。キリスト教を味わい、その価値を判断するには人生経験が不足していることを弁えつつ、若い頃から神への奉仕に身を捧げるべきである。経験の果実を速く得るには読書が役立つが、読書の効果が出るまでに時間がかかる。

こうしたことを理解するには経験を積むしかないが、信仰における経験は簡単には得られない。イエスの荒野での経験はそれを物語り、信者がある時期に体験せねばならぬことを予告する。その時、「彼は何となく不安に感ずる。人生が濾《つま》らなくなる。恐れる。戦慄《をのゝ》く。真暗《まつくら》になる。其時種々《いろ〳〵》の囁《さゝやき》が心の耳に聞《きこ》える。実に彼に取り永生の危機である。私は偉人の伝記を読み、事の茲に至る時、彼の将来に就て大なる疑懼〔ぎく〕を懐〔いだ〕かざるを得ない」[4]。

信仰生活を始める若者は、まずイエスの体験した誘惑を、自らの場合と照らし合わせて考えなければならない。イエスは三〇歳まで待って伝道を始めた。伝道をするのに充分成熟する年齢である。「神の命を待つて起つ。準備は充分なるを要す。福音の真髄を解し、悪魔を先づ己が心の衷に征服し、然る後救世の途に就く」[5]。この間、神の賜物を通してのみすべてを行うべきこと、またその賜物を得るには絶えず努力しなければならないことを承知すべきである。こうした長い試練と訓練に耐え抜いた者が預言者——信仰により神の永遠の真理のためにあらゆるものに立ち向かえる者——になることができる。この自立し、解放された個人と相対するものが「教会者」で[6]、そのような役割は避けなければならない。教会者のみならず、教会者が代表する組織、すなわち西洋に発展し、ついには信者が神と直接接触するのを妨げている教会組織全体を避けなければならない。

組織としての教会に対する内村の態度は、組織一般に対する彼の強い確信を反映している。内村にとって、組織は個人を超えた事柄を管理する仕組みであるが、やがて独り歩きし始め、創設者亡き後も継続する。社会の大部分の組織は個人の利益のために役立っているが、場合によっては個人の権利を侵害するものもある。内村は組織一般の本質についての議論は展開していないが、彼が部分的にしばしば表明している見解から、組織に対する彼の姿勢を拾ってみよう。

最悪なのは個人の自発的な信仰を制限する停滞した組織。一般社会の官僚や政治家同様、宗教界のリーダーたちも一般の信者の要求を知らず、自己の利益のみ追求する。

教会は信仰よりも教会の存続を優先させ、教会員の精神生活に害を与えている。教会は自己保存のために存在するのではなく、同じ信仰を分かち合う個人のグループから自然に湧き出てくるものでなければならない。現代の教会は信者を教会に依存させ過ぎる。日本の教会は真に日本のものではなく、外国の教会の支部に過ぎない。日本人の魂を救えないのは当然だ。さらに、日本の教会は西洋の教会の限界を超えて、世俗的な組織と手を結ぶ。

このような批判から、内村は「政治家、実業家、学者」から援助を受けている救世軍を支持するのを拒んだ。(7) 彼は渡良瀬川を汚染し流域の田んぼに害を与えた足尾銅山の古河市兵衛から援助を受けた日本の組合教会も批判し、アメリカの会衆派教会の会員は教会のリーダーたちがロックフェラー財団から援助を受けようとしたとき、強硬に反対したと述べている。(8)

もちろん、教会の良い点は評価すべきである、と内村は別の箇所で述べている。例えば日本の初代メソジスト教会監督本多庸一は、調停役としてすべてのクリスチャンのために尽くしたが、このような人は例外である。彼の能力は教会全体の力を反映するものではない。教会は潰れかかっていて、新しい宗教改革は必至であり、早急に着手せねばならぬ。プロテスタントの精神を再燃させるためには、人間の手に成る宗教界の権威を排除しなければならない。クエーカー派の創始者であるジョージ・フォックスはこの必要を最もよく理解していた。我々は「純乎たるプロテスタント主義を今日此国に於て発輝」されるのを願いながら生きている。(9)

内村は教会に対する彼の態度を象徴し、彼のグループの呼び名ともなる「無教会」という表現を徐々に使い始めた。無教会は、モーセがイスラエル人をエジプトから導き出すときに与えた命令の精神に則って進歩的である、と内村は述べる。教会に属さぬ我々は同様の気持ちで、プロテスタントという半分死にかけている信者のグループを離れ、プロテスタント主義のより完璧な形式を取る最新の教会を建てるために、恐れることなく突き進んでいる。この教会は「制度を設けて人が他の人を治めんとする教会でない、霊を以て人々互に相愛し相励し相援くる教会である、其一致と和合とは見えざる所に存して見ゆる所にない、故に其腐敗する危険は毫《すこし》も無い、是れが真のキリストの体《からだ》である　真の聖　公　会《ホーリーカソリックチャーチ》である」(10)。他のクリスチャンや教会のグループには喜んで協力する。

このような観点から見ると、内村の会は教会とも考えられるが、内村は新約聖書のエクレシア、すなわち信者の家族、と同列に考えた(11)。真の愛で結ばれた人々である。

愛の至高

愛に恐怖なし、最上の道徳なればなり。

愛に疑惑なし、最大の真理なればなり。

愛に束縛なし、真箇《まこと》の自由なればなり。

愛に由て立て抵抗の要なし、弁争の要なし、又教会の要なきなり(12)。


このような家族愛の理想に根ざすクリスチャンの組織は、地上に神の国を建てようとしながら結局、福音をこの世に妥協させてしまった過去の歴史を繰り返すのを防ぐことができるだろう。我々は孤軍奮闘するのではない。西洋には「無教会主義の予言者」であるキェルケゴールのような人々もいて、我々の考えに同意してくれる(13)。

内村と弟子たちは内村の仕事が日本に住む外国人に嫌われていると考えていたが、このことは二〇世紀初頭の日本人に対する西洋の態度を知っている者には驚きではなかった。確かに、多くの外国人は理解できないまま内村を批判していた。中でも宣教師たちは気分を害していた。キリスト教が伝えられてから五〇年しか経っていない日本では、何世紀もの歴史のあるイギリス人から学ぶ以外に方法はない、とする聖公会宣教師の言葉を引用して、内村は次のように反論する。

これはイギリス人のいわゆる「謙遜」の良い例だ。我々がパウロの忠告どおりにキリストから直に学べば、外国の注解は必要ない。哲学者カントは、自分の考えが評価されるのは一世紀後だろうと言っているが、私の考えもそうなるだろう。一〇〇年経てば、不必要な文化的添加物のない素朴な個人的信仰の価値が、至る所で認められるであろう。現在の日本の教会には日本に先例のない、西洋史独特の西洋的考えが多くあり過ぎて、日本的とは言えない。

内村は組織としての教会やそれに代わるべきものについては多く言及しているが、無教会を特に定義しようとする試みはしていない。ある時点では「超教会」と同義に使っている(14)。

内村が『聖書之研究』の最初のページに毎月載せた一段落の警句の中には、停滞し硬直している組織に関するものも多い。論理的分析というよりも詩人的洞察で、そのために読者は興味をそそられ、引き込まれるが、合理的な信念を養われることはない。内村を含め、特に分析する必要を感じた者はいなかったようだ。彼の信仰も弟子たちの信仰も、聖書の熟読と内村の解釈に基づいたもので、それだけで充分だった。彼の弟子たちは強力な個人的絆で結ばれたグループに入ることになる。大部分の者にとって、内村の言葉は彼らを超絶的宗教体験の世界に引き込んだ。神とその独り子イエスの本質、福音、聖書および聖書と現代生活との関係、個々の信者たち、こうしたものすべてに関わる問題は世界の至る所であらゆる人間に関わる問題であり、地域や時代を超えて人々を結びつけていることを弟子たちは知った。師によりこうした普遍的テーマにつながったと弟子たちは考えた。

しかしながら、内村の考えに接して「世界人」になったものの、弟子たちは時代と社会の問題に無関心ではいられなかった。内村自身も、弟子の高橋ツサ子も、こうした問題を避けることはできなかった。内村は彼女に、信仰を保ちながらも日本人としての責任を果たすようにと忠告している。他の弟子に対しても同様な忠告をしている。日本の個人と社会との関係の主要な要素を調べることは、彼の信仰自体に次いで、彼の教えのもう一つの主要な要素として重要である。

キリスト教の本質に関する彼の考えを列挙した『宗教座談』出版から三年後の一九〇三年、内村は「青年に告ぐ」と題する小論の中で、キリスト教と社会との関係について述べ、キリスト教の浅薄な解釈を避けるようにと次のように促している。

一、日本の独立を保証する宗教。日本には東洋的愛国主義者が多い。彼らはキリスト教の力で国を救いたいと願っている。キリスト教にそのような力があることは確かだが、彼らが願うような方法で救う力はない。キリスト教はまず、精神の病を癒す。各個人に対して「汝は罪人の首である」と告げる。真のキリスト教は救う前にまず死なせる。自分の国よりも自分の精神について心を砕く修道士のような隠者にする。東洋的愛国主義者は、このような状態を嫌う。彼らはまず国政を整え、組織を改革しようと願う。そして、キリスト教が直ちに彼らの目的を果たすことができないと、信仰を失う。もしくは、信仰を失わぬまでも、国家を管理できる国家主義的キリスト教を提案する。それは組織と印刷物と法律から成るもので、人類を救ったり復活させたりすることはできない。このような国家主義的宗教を信じるならば、信仰を保つことは不可能である。

二、慈善もしくは社会改革のキリスト教。キリスト教が慈善と社会改革を擁護するのは当然で、キリスト教の行う業の中に良くないものはない。さらに、キリスト教そのものが果てしない善の源泉である。しかし、善行がキリスト教の主要な特徴と考えることは、善行すなわちキリスト教と考えるのと同じであり、これは浅薄なキリスト教だ。キリスト教は信仰であって、行いではない。キリスト教を行いと見なすのは、原因と結果の混同である。情緒的な宗教は人間を第一に考え、人間の福祉のために神と真理を利用しようとするが、この誤解は神と人間の性格を理解できないことに起因する。神の愛は時には貧しい人に食物を与え、時には与えないが、それは神の愛によるものではない。現世における幸福を基準に神の愛を計る者は、キリスト教の神を捨てる。特定の例を挙げれば、社会主義者、功利主義者、それに「新神学者」がそれである。

三、哲学的キリスト教。キリスト教は非論理的な宗教ではないが、神の啓示による宗教は人間の知性だけで理解できるものではない。哲学を通して信仰に達し、その哲学が変わると信仰を捨ててしまうクリスチャンが日本にも大勢いる。

四、教会的もしくは儀式的キリスト教。このキリスト教の浅薄さは一目瞭然である。教会はキリスト教を覆う殻、そのために行う業は、死体に行うも同然だ。にも関わらず、この無益なもののために働き続ける人は、今日でも大勢いる。(15)

内村が挙げるこうした要素は、日本の初期のキリスト教について示すところが多い。内村自身、最初はキリスト教への改宗と自国の救済とを結びつけていた。また、フィラデルフィアの知的障害児療護院で、彼は慈善的キリスト教に出会っていた。この二つのタイプに彼が反対するのは経験から来ている。哲学的キリスト教も教会的キリスト教も、彼の人生経験の中にあった。前記四点すべてについて、彼は個人的経験から語ることができたし、それは日本人の多くが体験していることでもあった。

キリスト教に対する以上四項目のどれ一つを否定しても、内村は日本のキリスト教の大部分のリーダーと決別することになった。特に社会の不公平さを軽減しようとする組織を切り離すことにおいて、意見を異にした。信仰と行いを切り離そうとする内村の試みは、宗教的組織の場合は成功しても、個人を社会から完全に切り離すことは不可能である。日本のクリスチャンは皆、すべての日本人同様、避けることのできない社会的責任がある。内村が特に関心を持つ二つの分野が、彼の著述の中に頻繁に出てくる。一つは日本の宗教的伝統、もう一つは個人と国策との関係である。それぞれを個別に論じよう。

キリスト教への改宗者が彼らを取り巻く社会の宗教的信条に対して取った態度は、最初から思想家たちの関心を捉えた。イエス自身も使徒パウロも、斬新と見える彼らの教えは実は従来の経験からごく自然に有機的に派生したものだと説明した。二者と共に、例えば二人の属するユダヤ人社会のユダヤ的性格を強調している。キリスト教の考えは当初、日本社会の本質と相容れないものと思われた。一〇代で改宗した内村も困難な体験をしている。彼は日本が独立を保つためにはキリスト教に依るしかないと信じて改宗し、親の反対を押し切ってクリスチャンの女性と結婚した。彼の不敬事件が注目されたのは、クリスチャンが日本社会の根本を覆えそうとしているとの嫌疑を裏付けるものと思われたからである。キリスト教への改宗者は全員、同様の偏見と戦わねばならなかったが、特にクリスチャン全体のスケープゴートにされた内村の場合は、前途に多くの難問が予想された。聖書の歴史に関する知識と日本人クリスチャンとしての経験により、彼はその難問をさらに追究することができた。

内村はまた、日本人クリスチャンは日本の伝統に果たしてきた従来の宗教思想の役割も認めるべきだと考えていた。その鍵となるのは、他人の信条を尊重すべきとする概念である。個人の信仰を変えようとするな。それはその人の信仰を盗むことになり、所有物を盗む試みよりも悪質である。キリストに倣って異教徒と自由に交流せよ、と彼は説く。他人の個性と誠実な信仰を尊重することが、日本の種々の宗教に対する内村の態度の基本にあった。日本の伝統的宗教は通常、神道、儒教、仏教に分類される。三者はそれぞれ異なるが、二〇世紀初頭において、所属する信徒数は定まっていない。中東や東南アジアのように、宗教が言語的あるいは社会的差異に対応しているような状況は日本には皆無である。日本人は全員、三つの伝統を含む背景を分かち合っていて、日本人が伝統を尊重する場合は三者すべての伝統を対象にする。

日本の宗教の中で、西洋人が最も日本的と見なしていた神道については、内村はほとんど関心を示していない。外国人に対し、日本の価値ある伝統として弁護しているが、神道自体についてはよく知らないと述べている。たまに神道に言及する場合は、仏教、儒教と並列して、それぞれが日本の思想に深い影響を及ぼしたと信じる、と述べている。

中国の儒教は早くから日本に入ってきていて、一七世紀初頭、徳川幕府が公式に取り入れた。一九世紀末から二〇世紀初頭の日本では蔑視され、内村もその無気力な社会的影響に対して同様の態度を取っていた。日清戦争を弁護した論評「朝鮮戦争の正当性」では、中国の弱さの原因を進歩的思想に無関心な儒教思想に帰している。明治政府の元老たちの欠陥も儒教的考えと結び付け、クリスチャンはこれを一掃せねばならぬと述べていた。

これとは対照的に、内村は徳川時代の日本的儒学の伝統には敬意を払い、特に儒者を賞賛していた。政治家が孔子の教えを濫用するのは嫌ったが、儒学の教えそのものは賞賛していた。我々は儒者から学ばねばならぬ、彼らがいかにして学び、教え、自立していて威厳があったかを。儒者が中国の古典に接したように、我々も聖書に接しようではないか、我々は福音的儒者になろうではないか、と彼は述べる。こうした表現の本意を明らかにするために、徳川時代の儒者の何人かを紹介しよう。

伊藤仁斎は内村が最も賞賛する人物である。その温和な物腰、自立心、気取らぬ態度が気に入っていた。二宮尊徳は儒者ではなかったが、儒学の教えの最善の要素を体現する人物だった。[16]「我日本《わがにほん》は満洲《まんしふ》を獲《う》るよりも露国《ろこく》に勝《か》つよりも此《こ》の二宮先生《にのみやせんせい》を有《いう》すると云《い》ふに於《おい》て至大《しだい》の光栄《こうえい》となすべき」。晩年、内村は日本の儒学思想の主要な徳業の一つである親孝行を、はっきりキリスト教と結び付けている。彼の晩年の傑作である四福音書の優れた研究『キリスト伝研究（ガリラヤの道）』の中に「罪の源泉」と題する講演が収録されているが、その中で「最大の罪は孝行の欠如」であり、この「罪の源泉」はキリスト教によって避けることができる、親を敬う点でキリスト教と儒学思想の孝行は同じ精神を分かち合うが、キリスト教はこの孝行をより深く掘り下げる、汝の父母を敬えとする聖書の十戒の第五の戒めは「人の神に対する義務として教へらる」と述べている。[17]

このように儒学思想に言及している箇所では、新しい信仰に熱心な余り、古い道徳観を捨てることのないようにと促してもいる。『キリスト伝研究（ガリラヤの道）』の別の箇所では、「純潔なる儒教と公正なる神道とはキリストの福音の善き準備であった。伊藤仁斎、中江藤樹、本居宣長《もとをりのりなが》（一七三〇―一八〇一）、平田篤胤（一七七六―一八四三）等は日本に於て幾分にてもバプテスマのヨハネの役目を務めた者である」(18)と述べている。伊藤と中江は徳川時代の儒学者、本居と平田は太平洋戦争終結まで政府が国の宗教として推進していた国家神道に至る運動を展開した人たちである。内村はこの四人の学者を、キリストの道を備えたヨハネが演じた役割と結び付けている。ヨハネがイスラエルに対して行ったように、四人の学者たちは日本に対してキリスト教の道を開いたので、彼らを尊敬すべきだと内村は考える。

　内村と弟子たちは、儒教が過去三〇〇年間、日本の倫理的伝統を形成してきたこと、また仏教も一千年以上にわたって影響を及ぼしてきたことも心得ていた。しかしバプテスマのヨハネの役割を果たした前述の神道および儒教の場合とは異なり、「仏教、殊に浄土門の仏教は、阿弥陀《あみだ》の慈悲を唱ふる事余りに切なりしが為に却《かえつ》て神の義に基くキリストの福音を正解する上に於て多くの妨害を為した」と批判する。(19)しかし、儒教の場合と同様、非難する点よりも推奨する点のほうが多い。

　内村の世界で、仏教は実際以上に強力であったように見える。過去三〇〇年間、各家族は最寄りの寺の一員として記帳されていたので、すべての日本人が仏教徒であった。政府の主導によるこの制度のもとで、各地域の信徒の支持は政治力となった。信徒全員が敬虔な仏教徒であったように見えるが、徳川政権が導入したこの政策は信仰の強要ではなく、抜け目のない政治的目標を果たすためのものであって、この制度の結果、仏教界の経済的その他世俗的権力は大幅に弱まった。寺の台帳が政府の厳格な人口統制の基本になり、個人が別の寺へ所属を移すのは困難であった。かくして個人の信仰から発展した寺という組織は、政府の抑圧の道具と化した。仏教の組織と仏教の信仰を弱めた一方で、政府は儒教への支持を増加させた。その結果、内村が尊敬していた中江藤樹のような人物が生れる環境が整ったのである。

明治維新により徳川政権が倒されると寺の台帳制度は弱まり、個人の移動は自由になった。地方から都市へ移住するにつれ、所属する寺との関係は薄れ、家族の墓地に眠る先祖との関係も希薄になる。儒教が尊重した親孝行の義務から郷里の墓地との縁は切れず、自身の遺骨もしばしば同じ墓地に返り、埋葬の儀式は僧侶が営む。仏教の昔日の活力を留める記念物は顕著に残っているが、多くの人々、特に西洋文化に興味を持つ人々にとっては、仏教は過去との沈滞した繫がりに過ぎなかった。

仏教が葬式と埋葬を独占する慣わしは日本の初期のキリスト教改宗者を悩ませた実際問題で、しばしば話題になっている。キリスト教徒の死は時には遺族にとって不都合な問題を引き起こした。故人がキリスト教の信仰から棺のままの埋葬を指示している場合、一千年も続いてきた火葬の習慣に反する。また仮に故人が火葬に同意していても、寺の側で異なった宗教の者の埋葬を拒むかも知れない。少なくとも気の毒な高橋ツサ子の場合、親族はキリスト教主義の葬儀の後、仏教の葬儀を行った。

内村の仏教に対する態度は弟子たちも分かち合っていた。彼らは葬式を仏教の僧侶が独占するのを認めず、内村もこれを拒絶するものと予期していたが、内村の反応に驚く。葬式は遺族ではなく、本人の意思に添うものでなければならない。クリスチャンはキリスト教式で、その他の者はそれぞれの意志に基づいて行われるべきだと内村は考える。二人目の妻の墓を死後三〇年ぶりに彼女の父と兄と共に訪れたとき、内村は日記に記している。「我等の『ヤソ』たる事は我等が仏寺に墓参することを少しも妨げない」[20]。寺を出るとき、墓守に敬意を表し、小さな贈り物を渡した。

内村はパウロが偶像に備えられた食物について言及する「コリント人への第一の手紙」八章を論じた際はさらに具体的に述べている。偶像に捧げられた食物をクリスチャンは食べてよいか、という議論であるが、神殿は通常、これを消費用に売りさばいていた。パウロによると、このような食物を食べること自体は信仰を危険に陥れるものではないが、一つだけ例外がある。すなわち、もし誰かが見ていて、その結果、仲間のクリスチャンの信仰が動揺するような恐れがあれば、クリスチャンはこれを食べてはならない、というのである。パウロの出した答えは他者に対する彼の「愛情」もしくは「配慮」を示していると内村は指摘する。個人はクリスチャンとして他者を愛するという広いコンテクストの中で決断する自由がある。「之に類する機会は日本に於ては極めて頻繁《ひんぱん》である、或は仏教の法事に招かれて饗応に預かり或は仏葬式に会葬して焼香を為すが如き之である、此の如き場合に死者に好意を表せんが為め又遺族の心を慰めんが為には我等は良心問題を設けずして之に応ずべきである、然しながら若し其時或は座に我を敵視する僧侶ありて我が信仰を試験せんが為に我を窮境に入れ以て降服を強《し》ゐんと欲するか、或は信仰弱き兄弟にして其事の為に大なる苦痛を感ずるものあらん乎、即ち之に応ずべからずである」[21]。したがって、個人の生活に仏教が関わる場合の態度は明瞭である。自身や仲間の信仰を弱めるような場合を除き、クリスチャンは故人と遺族を尊重してその場に相応しい行動を取るべきだというのである。

キリスト教以外の習慣に対するこうした一般的態度に加え、内村は有名な仏教の思想家を何人か尊敬していた。法然や親鸞の作品は普遍的真理を表現しているとして賞賛し、次のように述べる。「我等の心霊の友はウェスレーなるよりも寧《むし》ろ法然なり、ムーデーなるよりも寧ろ親鸞なり、宗教の同じきは信念の傾向の同じきに如かず、我等がイエスを仰ぎ奉る心は　法然　親鸞が弥陀仏《みだぶつ》に依頼《よりたの》みし心に似て、英米の基督信徒がキリストを信ずるの心に類せず、我等は勿論《もちろん》イエスを去て釈迦に就かんと欲する者に非ず、然れども神が我等日本人に賜ひし特殊の宗教心を以て我等の主イエスキリストを崇め奉らんと欲す」[22]。

前述の引用には内村のもう一つの思想が示されている。すなわち、日本の偉大な精神的指導者は、日本人独特の表現で普遍的真理を語っている、という内村の信念である。一八世紀のイギリス人、メソジスト派の創立者ジョン・ウェスレーも、一九世紀アメリカの伝道者ドワイト・L・ムーディーも、それぞれキリスト教世界に大きな貢献をしているが、いずれも日本とは極めて異なる社会の言葉で語っている、と内村は強調する。日本人がどんなに彼らに魅力を感じても、所詮は異国の着物を着て日本にやってきた人たちである。それに対して法然も親鸞も、我々に身近な日本の大衆的信仰心の言葉で、直接日本人に語りかけてくれる。

法然とその弟子親鸞は、阿弥陀、つまり憐みと慈悲を具現した仏陀への素朴な絶対的信仰を強調する解釈の先駆者であった。もう一人のリーダー日蓮上人は刷新された仏教が政府を支配する必要を予言し、厳格な禅宗の指導者たちは個人が一心に瞑想し続けることにより救いを求めるよう教えた。厳しい日蓮や禅僧に従う余暇も献身の意欲もない一般の信者には、阿弥陀信仰の方がわかりやすく、自身の恐怖感を訴え、確かな慰めを得て、生き生きとした信仰に辿り着くことができた。阿弥陀信仰は日本中に行き渡り、一六世紀までに最強の政治・宗教的勢力になっていた。現在も日本に最も広く行き渡った宗教的伝統である。

内村はこのような伝統の中で育った。彼は若い頃、母親の過度な信仰心を嘲っていたが、阿弥陀信仰の中には同意する要素が多かった。その教えの中にはメソジスト主義に類似したものも多い。阿弥陀信仰の信者は「信仰におけるわが兄弟姉妹」と彼は英文記事の中で述べている。「信仰の対象を変えれば、彼らは私のようになり、私は彼らのようになる」[23]。二か月後、彼は日本語で繰り返す。「余はイエスを信ずる、阿弥陀仏を信じない」[24]。日本の仏教徒に愛情と尊敬と共感を示してはいたが、彼らの考え方をすべて受け入れていたわけではなかった。

晩年の最高傑作の一つである「ローマ人への手紙」の注解書『羅馬書の研究』の中に、内村が二つの信仰を比較した箇所がある。仏教に関する見解以外は後の章で詳述する。内村は述べる。阿弥陀信仰の救済説はキリスト教の救済説と似ているように思われるが、これは誤解を招く。「神の義は、その福音の中に啓示され、信仰に始まり信仰に至らせる」(「ローマ人への手紙」一章一七節)というパウロの言葉を引用して、内村は仏教とキリスト教の根本的な違いを説明する。阿弥陀信仰では慈悲深い仏陀の慈悲にすがりさえすれば救われるが、キリスト教ではもっと多くが要求される。人間は「義」を意識し、神の慈悲を受ける前に神の前で「義とされ」なければならない。

ユダヤ人が律法を本来の意図と無関係に、細部にわたり文字通りに守ろうとする点をパウロが憂慮している箇所については、内村はただひたすら神を信じ、神に頼ればよいのだと述べ、さらに続ける。法然の『選択集』によると、業による救いは険しく骨の折れる困難な道だが、信仰による救いはたやすく、「舟子のあやつる船に己の身を任する如きものである」という。(25)

「ローマ人への手紙」一二章二節を論じる際に、内村は再び阿弥陀信仰に言及する。この箇所でパウロはクリスチャンに対し、「この世に倣わず」、「心を新たにして」自分が変えられるようにと忠告している。ここで使われている動詞の「倣う」と「新たにする」は元のギリシャ語では能動態と受動態の中動態であることを内村は指摘する。日本語には能動態と受動態しかなく、それぞれが阿弥陀信仰の救済説の両極端である自力と他力に結びつく。ギリシャ語の中動態は、実行する意思はあるが能力がない状態を表すので、自力と他力の中間を指す。パウロが使っている表現では、信者がこの世に倣うのを止めようとする意思はあるが、それを実行することができない。その結果、神に身を委ねて「新たに作り変えて」もらう。このように、信仰を持つ個人の意志は神の介在によって実現される。パウロがはっきりと区別しているのは、仏に絶対的に依存する阿弥陀信仰のような他力信仰と、救いのために自分で努力しようとするキリスト教の自力信仰の違いである。

内村は明言していないが、神の前に人間を「義」とするのは正しいことを行おうとする意志である。内村がここまで言及していないのは、彼の思想の中で仏教の果たした役割が大して重要でなかったためであろう。キリスト教のテキストを分析する際に役立つ場合にのみ言及している。系統的なものではないが、こうした散発的な発言により、仏教の僧侶は彼に敬意を表し、そのうち何人かは彼がその後行った「ローマ人への手紙」に関する系統的な講義に出席している。

内村の仏教への言及に暗黙に示されているのは、他人の宗教的関心を基本的に尊重していたことである。この態度はまた、彼が仏教関係者から尊敬されるゆえんでもあった。日露戦争のとき、前線近くの兵士が従軍僧侶から『聖書之研究』を渡される。内村のキリスト教に関する記事に感銘を受け、内村への礼状に、捕虜になったロシア兵の信心深さを畏怖の念をもって描写している。また、ある寺は、内村が法然の詩をしばしば引用しているので、献金を送ってきた。一九〇二年に内村はすでに、一二ほどの寺から年賀状を受取っている。

内村は彼が他宗教の人々を尊重するのは、彼が札幌で友人と独立教会を立ち上げたときに出会った一人の僧侶の影響だと考えている。若い僧侶たちがこの教会を非難したとき、年配の僧侶が自粛を促した。どんな宗教を信じる場合でも信者は真剣にすべてを捧げているのだから、嘲笑ってはならぬ、と彼は戒めたのである。内村は同時に、若いカナダ人宣教師の教師のことも思い出している。その人物は寺のそばを通るとき、寺を建てた人々とそこで仏を拝んでいる人々に敬意を表し、脱帽していた。信心深い人は、キリスト教徒であれ仏教徒であれ、他人の信仰を尊重する点で一致していると内村は考えていた。

日本の伝統的宗教に折に触れては言及する中で、内村はこのように日本のクリスチャンに対して、日本の伝統が彼らの信仰に大きな影響を及ぼしていることを認めるようにと忠告している。キリスト教の中で日本人にとっては先例がないように思われることの多くは、実はすでに日本の信仰の中に存在していた。「信仰の性質は之を源信（九四二―一〇一七）、法然、親鸞と共にし、伝道の方法は之を仁斎（一六二七―一七〇五）、藤樹、〔貝原〕益軒（一六三〇―一七一四）等に習ひ、以て外国人に頼ることなくして、此国に在りてキリストを信じて彼の福音を伝ふべきである」[26]。キリスト教を信じるのが最善だが、次善の策は異教徒として誠実に生きること、というのが彼の所信であった。

内村が社会の伝統的信仰を尊重した背後には、いくつかの仮定があった。その一つは彼の世代の日本人が、日本は他の国々と大いに異なっていると信じていたことである。内村もこの考えに同感だった。日本の宗教の中であらゆる国、あらゆる時代に最も広く語りかけることのできるのはキリスト教だと信じてはいたが、自国への愛から、日本への関心を第一に置いていた。彼はまた、すべての人々を広く愛していては、身近な人々に効果的な影響を及ぼすことはできないと考えた。人はすべて特定の地域と繋がって成長し、自分の文化にしっかりと根ざして初めて、国際主義者として活動することができると信じていたのである。

人間はナショナルとインターナショナルという二つの性格を持つという内村の考えを分かち合っていた同時代の日本人は、日本人であることの意味を確実に悟っていた。一八九〇年代以降、日本の社会は次第に国防に重点を置き始めた。内村のいわゆる「不敬事件」は彼の批判者の目には、日本を超えた神を信じるキリスト教徒の本質的に売国奴的性格を象徴するものと映った。内村の行動に促されて、教育者や道徳主義者たちはすべての日本人に強力な国家アイデンティティを育むことを奨励した。数々の外交的勝利が、このような政策の価値を象徴した。日清戦争と日露戦争での勝利、義和団の乱鎮圧により認められた軍事国家の地位、日英同盟の締結、シベリア遠征など、軍事・外交における成功は、国のアイデンティティ意識を高め、国際的にも日本が列強の仲間入りをするきっかけとなった。

国を超越した神を信じるクリスチャンは、こうした流れに抵抗した。クリスチャンとしての国際主義を真剣に考えれば、日本社会と対立する。一九〇三年、内村が非戦論の立場を取った背景には、このような事情があった。当時、内村にとって非戦論は当然と思われたが、日本は勝利の喜びに沸いていた。数年後、そのような状態は消え、キリスト教主義に根ざして非戦論を唱えても、反逆罪に問われることはなくなった。しかし、内村の仲間の非戦論者たちが次第に左傾し、ついには幸徳秋水が天皇の暗殺未遂の廉で処刑されると、大部分の思慮深い人々は政府に同意した。クリスチャンは政府に真っ向から反対するのを止め、社会改革に対する以前の関心は封じられた。

クリスチャンとしての信仰と主戦論との対立が解決されぬ問題であることは洋の東西を問わず歴史が証明しているところで日本も例外ではなく、内村も次第にその事実を認めている。彼は信仰と国家の関係という、潜在的に反逆罪に問われかねないテーマについて書き続けるが、自分のレトリックを妥当な範囲内に収めていた。二〇世紀の最初の一〇年間、こうした関連の問題について筋の通った論評をいくつか書いているが、すべて、忠実なクリスチャンが日本社会で占めるべき位置について述べ、キリスト教の信仰のみが個人に自己の存在感を与えると同時に、日本の信者を国家主義の悪から守ってくれると説いている。

キリスト教の信仰は日本人に自己と国と両方のアイデンティティ意識を与えると内村は論じ、さらに続ける。この考えは意外に思われるかも知れない。ほとんどの社会は理想を掲げ、それをベースに国のアイデンティティを築くから。キリスト教のみが、さらに自己認識に至る愛を信じさせてくれる。クリスチャンの指導者がいなければ、いかなる国も生き残ることはできない。国は神との関係を理解することにより、その使命を理解し、真に国際的になって、他の国々の必要を考慮することができる。日本の近代化は、キリスト教を育んだ核心となる考えを取り入れることなく、キリスト教文明を真似ようと試みた。真の科学、代議政体、近代教育はすべて、キリスト教が強力な地域で発展した。同様の結果を達成するためには、我々はクリスチャンにならねばならぬ。以上のような内村の記事は、日本政府が四半世紀にわたって拒絶してきたテーマを繰り返している。

この実用的な議論は、日本にとって神の助けが絶対に必要だという内村の信念によって強められていた。一九〇三年、ロシアとの衝突が迫っているとき、内村は国の安全のために祈った。「神様、私共は荏弱《よわ》き罪人であります、……爾うして此心の存する間は私共はアナタに一つの事を祈て止みません、即ち此日本国の救はれん事であります、……夫れ故に神様、私共はアナタが必ず此日本国を救ひ給ふと固く信じて私共の事業に就きます、私共はモハヤ此国の滅亡に就ては考へまいと決心致しました、勿論私共アナタを信ずる者は此国が先天的に滅びない特権を有つて居るとは信じません、然しながらアナタが私共に『求めよ然らば与へられん』と告げられましたから、私共はアナタの御約束を信じ、私共に生命のあらん限り、此日本国の救済をアナタに求めまして終にアナタに是非共此国を救ふていたゞく決心であります」[27]。内村の言葉には、旧約のアブラハム、イサク、ヤコブの神が日本の神になり、日本を守るという信仰が表れている。

日本が偉大な国家になることを願う当時の時代思潮を内村も分かち合っていたが、その反対の議論、つまり日本は耐え忍んで身分相応に生きるべき、とする論評も二点ある。一つは『デンマルク国の話――信仰と樹木とをもって国を救いし話』。小国デンマークをモデルに選び、一八六四年、デンマークがドイツとオーストリアに敗北した後、敬虔な工兵士官エンリコ・ダルガスがユトランドを活性化した実話を紹介する。講和条約によりデンマークは、南部最良の地シュレスウィヒとホルスタインを失い、国の経済は弱体化した。ダルガスは過度な森林伐採により荒地と化していたユトランドを豊かな農地と森林に変え、戦争で失った地域から以前得ていたよりも多くの富を国にもたらした。この実例から学ぶべき教訓は、戦争に負けても良い結果が得られる可能性、自然の偉大な回復力、そして信仰は具体的な結果を生み出すことができること、と内村は締め括っている。

大部分の日本人と同様、内村も軍人は特に立派な愛国主義者だと考えていた。絶対服従の美徳を備えている彼らは、神の命令にも絶対に従うだろう。「そして軍人が福音の戦士と化せし時に、最も有力なる平和の使者と成るのである」[28]。政治家の愛国心は内村を引きつけない。キリスト教の神の要求に従うどころか、日本の必要に合わせるためにキリスト教を作り変え、「日本化された」キリスト教と呼ぶ。狭い愛国主義のために信仰を利用しようとすれば、信仰は必然的に世俗化する。すべての国に対する神の計画に自国を協力させることのできるクリスチャンを生み出すことはできない、と彼は考える。

内村によれば、このようなクリスチャンを生み出す力を提供できるのは、ユダヤ教からキリスト教へと伝えられた伝統だけである。クリスチャンは普遍的倫理観を持っているので、自国を客観的に観察することができる。自国民が神の教えに従って生きているか否か見ることができる。この基盤に立って自分の社会を批判することで、預言者は〝愛国者の模範〟となった。「愛国を預言者に学んで国は根本的に救はれ、民は徹底的に潔められた」[29]。旧約聖書は愛国主義の真の広がりを示す。すなわち、単に自国を愛し、自国の野心を受け入れるのみならず、同時に、正義を捨てるリーダーを厳しく批判する義務も伴う愛国主義である。

このように、愛国心を持つクリスチャンの信仰が最終的に生み出す結果は、自国の行為に対する責任である。

忠実なクリスチャンは自己の信念をはっきりと述べなければならい。そうすれば、真の愛国主義は必然的に伝道になる。信仰だけでは充分ではない。自分のためにも国のためにも、信者はすべて伝道者にならなければならない。常にうまくいくとは限らない。成功する前に何度も失敗を繰り返すので、忍耐が必要だ。伝道は基本的に、自分の経験を語ることだと分かるだろう。最高の伝道は深い個人的信仰から出てくる。だから、クリスチャンは自分の信仰を強めて伝道に備えるのである。

　議論は一巡した。内村は弟子たちに聖書の研究に根ざした生活を教えた。そのような生活により、彼らは社会的制約から解放される一方、日本の過去の偉大さへの敬意を維持することができる。神の究極的権威を認めること以外、彼らの愛国心を制約するものはないので、模範的愛国主義者になることができる。このような状態になるための最上の準備は自己の信念を養うことであると知っているので、彼らは自分たちの信仰を他の者たちに推奨する。この議論の背後には、他国のクリスチャン同様日本のクリスチャンも、信仰の基本的違いから日本の社会的規範と対立せざるを得なくなることはない、という内村の確信があった。

　内村がこのような考えを展開していたころ、多くの日本人は日本を他国と区別している宗教的・社会的信条を「武士道」という概念でまとめようと試みた。内村の友人、新渡戸稲造は、この表現に特別な意味を持たせて傑作『武士道』を英語で書き(30)、邦訳も含め多くの言語に訳されて、版を重ねている。日本の近代化はいかにして成功したか、という外国人も日本人も関心を持っていた問いに、自信に満ちた言葉で答え、成功の源泉を日本の伝統的道徳と宗教に帰している。内村は新渡戸の分析を受け入れ、それを基に述べる。「武士道の台木《だいき》に基督教を接《つ》いだ物、其物は世界最善の産物」であるだろう(31)。この言葉に表れた楽観的見解は若い弟子たちに、日本の伝統の最善のものを補って完全なものにし、キリスト教の福音を新たに作り出そうとする意気込みを与えた。

　本書六章から九章までは二〇世紀初期、内村がいかにして伝統の枠の中で新しい思想を導入する塾の発展に成功したかを述べてきた。彼は引退するまでこの事業に専心し、出版と教育を続けることもできたのだが、この平静な日課は続かなかった。第一次世界大戦を取り巻く様々な出来事により、内村は再び脚光を浴びることになる。

第一〇章　最後のチャンス

一九一七年秋、内村の生活は一変する。私塾での静かな生活は終わり、毎週、大会場を埋め尽くす聴衆の前で講演をする有名人になった。弟子たちはこの変化に驚き、その理由を計りかねた。変化以上に気がかりなのは、キリストの再臨という彼の講演の内容である。弟子たちは彼に思い留まるようにと説得したが、無駄だった。

この変化はその後ずっと、弟子たちにも内村の伝記作者たちにも謎であった。思索的文書解説を特徴としていた彼が突然、終末論を唱え始めた理由を理解するには調査が必要だ。この変化による彼の活動の本質を論じるのは次章に譲り、本章では内村自身および書生たちの記述に基づき、この決断に至る背景となった内村の生涯の出来事を詳述する。

内村は一九〇四年の作品ですでに千年至福説に言及し、その七年後、『聖書之研究』の中で、キリストの速やかな再臨を議論している。これはアメリカ人A・J・ゴードンの『見よ、彼は来たる』(*Ecce Venit or Behold He Cometh*)に基づくものであった。翌月、彼は地上で生身のキリストに会える希望を持っていると述べているが、後年、何を根拠にキリストの再臨が迫っていると信じたのか思い出せず、娘ルツ子の死、アメリカ人の親友デイヴィッド・C・ベルの影響、そして第一次世界大戦の出来事によるものではないかと考えた。

内村の人生をよく知る者は別の要因にも思い至る。彼が突然方向転換したのは五七歳のときであった。人生のこの段階になると、地上に許された生涯において充分なことを成し遂げてきたかと自問する人が多い。内村はまた、二人の偉大な福音伝道者の魔力に捕らえられていた。一人は同時代の日本人伝道者中田重治、もう一人はドイツの宗教改革者マルティン・ルター。一九一七年夏、東京で起こった出来事は、彼に新たな献身を促した。内村の方向転換の背景として、これらの要因を一つ一つ考察しよう。

内村が最初にキリストの再臨を真剣に考えたのは一九一二年、ルツ子が次第に衰弱していくのを見守ったときであった。一八歳の誕生日を目前にした彼女の死に、家族全員、意気消沈した。彼女は半年間衰弱し続け、医者は診断に苦労したが、後年、医者になった彼女の弟の祐之は、病名を単に「結核」と呼んでいる。

当時、結核は今のエイズに似通った目で見られ、家族以外には口にしない病気だった。ルツ子に関する内村の発言も、お決まりのものだった。『聖書之研究』一〇月号にはルツ子がしばらく前から病気だったと報じている。一一月号には、人は早晩死ぬもので、早く死ねばそれだけ早く天の父の元に行く、とあり、一二月号のクリスマス・メッセージには、神により内村家にもたらされた良いことすべてを列挙している。数日後、田舎にいる斎藤宛ての手紙には、高橋ツサ子がすでに死去しているにも関わらず、内村家が彼女に財布を送った理由を説明し、ルツ子の死期が近いことを医者に告げられたと報じている。

個人的には苦悩のどん底にありながら、家族は外面的には新年を祝う装いをしていた。ルツ子は一月一二日に息を引き取った。家族の受けた痛手は大きい。病人の回復を願う一方で、苦痛から解き放たれるようにと祈る。本人を含め、家族は五週間前から回復の見込みのないことを知っていた。死の三時間前、本人の依頼により、内村は聖餐式を行い、彼女はパンと葡萄酒を受けて「感謝、感謝」と弱々しく述べた。(1) 死の一二分前に「モー往きます」と言っているが、その直後に書いた記事に内村は彼女の言った意味を考え、彼女の満足げな表情から、この世の労苦から解放されて幸せな未来に旅立つという意味だったと結論づけている。娘のこの言葉は父の信仰を強めた。

ルツ子のこの言葉は内村の脳裏を離れず、彼はこれを何度も反芻した。「然し之に由り余自身に取り天国の門が広く明かに開かれしは事実なり、余は今や正さに前に優さるの興味と熱心とを以て黙示録を研究中なり」と彼はある弟子に書き送った。[2] ルツ子の死後一〇周年に際して内村は、自分がより広い活動と社会に対するより多くの奉仕へと駆り立てられるためには彼女の死が必要だった、だが「高価なる代価であつた」と述べている。[3] 娘の死が必要な犠牲であったと感じるのは父親にとって辛いことだが、彼の言葉はルツ子の最期が六年後の彼の方向転換を促す一因であったと彼が信じていたことを示している。

第二の要因は友人デイヴィッド・C・ベルが長年、忍耐強くキリストの再臨を提唱し続けたことである。ベルは内村にA・J・ゴードンの『見よ、彼は来たる』を贈り、敬虔派の雑誌『サンデー・スクール・タイムズ』を推奨した。この雑誌は常に再臨が間近であると述べていた。一九一六年、内村が再臨説に改心したことを告げると、ベルは内村と最初に知り合って以来三一年間、この日を祈り続けていたのだと告白する。内村はベルの穏やかな激励が彼の改心の一因であったと結論づけている。

内村が考える三番目の要因は第一次世界大戦、特に米国の参戦であった。戦争の記憶が薄れるにつれ、当時、感受性の強い人々が受けた影響を想像するのは困難になっている。一九一四年以前、大戦争はすでに過去のものになったと多くの人は信じていた。平和協会や国際間の同盟が増え、人間も人間の諸制度も改善し続けるであろうとの楽観的考えが普及していた。西洋の影響を受けていたアジア人は、西洋文化が東洋文化よりも優れているとの信念に未来を賭けていた。戦争の勃発で西洋の制度に対する西洋人の楽観主義も脅かされたが、西洋の優越を信じていたアジア人は個人的に危機感を覚え、内村もその一人だった。

戦争勃発の一か月前、内村は『宗教と現世』と題する著書を出版した。これは本質的に反戦論の小冊子で、「人《ひと》の生命《いのち》は其宗教《そのしうけう》である、此世《このよ》に宗教《しうけう》が絶《た》えて其生命《そのいのち》は失《う》するのである。……非戦《ひせん》は宗教《しうけう》の真偽《しんぎ》を試《た》めす為《ため》の唯一《ゆゐいつ》の試金石《しきんせき》である」と述べている。[4] 内村は後年、再臨を信じるに至った動機を考察するに当たり、彼が聖書を専門的に研究し始めて以来常に、戦争はいつ終わるか、という問いに悩まされ続けていたことに気づいている。

この時期、内村と共に生活し仕事をしていた助手の石原兵永は、内村が戦争勃発以前から日曜の講話の中で軍備拡張競争に言及し、これを終末の兆しと見ていたことを記憶している。[5] 戦争が始まると毎週、戦争について述べた。[6] 弟子のこうした記憶は、戦争が彼の信仰に影響を及ぼしたとする内村自身の記憶を裏付ける。

一九一七年秋までに内村が戦争に言及したものを時系列的に並べてみると、彼の決意を分析する手がかりとなる。多くは彼が英語で書いた記事の中に見られるが、日本語で書いた別の記事もあり、特に石原に強い印象を与えた。両者を合わせて見ると、全般的な絶望感が個人的決意に変化した跡が窺える。

大戦勃発の数週間後、内村は英語で次のように書いている。「終末が近づいた。預言者の言葉は成就されつつある。民は民に、国は国に敵対して立ち上がる。そして大きな地震があり、方々に飢饉や疫病が起こり、恐ろしい現象や著しい徴が天に現れる。恐ろしいことだ。しかし神を信じる者には、戦争も戦争の噂も希望の兆し、王の到来を告げるラッパの響きである。だから、信じる者は恐れない。ルターのように、信者は『静かに自信をもって』力を見出すのだ」[7]。翌月、内村は日本語で、「戦争で破壊されても、ドイツの偉大な思想家の影響が衰えることはない」と記している。

内村は一一月に『欧州の大乱と基督教』を出版するが、石原はこれを内村の戦争論義の最高傑作と考えた。大半は、欧州で相次ぐ戦乱が因果関係で次第にエスカレートしてきた様子を記している。「今度の戦争では当事者すべてに罰が下り、その結果、はるかに精神的な欧州が誕生するであろう。「殊に独立信者は歓ぶべきである、茲に西洋の基督教なる者の内容が曝露《ばくろ》されて我等は益々之に頼るの愚を教えられつゝあるのである……我等は今より後、益々人の基督教、ルーテル教会の基督教、英国聖公会の基督教、其他欧米人のすべて浅き、表面的の、偽《いつはり》の基督教を学び且《か》つ之に頼るを廃《や》めて、直《たゞち》に神の道なるイエスキリストの基督教を求め、是を我等の有《もの》となすべきである、欧州今回の大戦争は我等今日の日本の基督信者に信仰の独立を促《うなが》す雷霆《らいてい》の声であると思ふ」[8]。

内村は欧州諸国の欠陥について欧州の友人と客観的に話し合うことは不可能だと悟り、信仰と自国への忠誠との相克を体験していない国の敬虔な信者は、戦争によって孤立してしまったと確信した。彼は大戦勃発直前、ドイツの友人グンデルトとイギリスの友人ロバートソン＝スコットに会っているが、両者と熱論を交わしたようだ。文通の続いていたアメリカの友人ベル宛てに彼は書いている。「私は厳正中立を保ったため、ドイツの友人たちと何人かのイギリスの友人を失いました。偽善的なジョン・ブル主義もプロシアの軍国主義も嫌いです。国際通商のために戦う国は、チュートン族であれアングロサクソン族であれ、高貴な国とは言えません。戦争には興味がありませんし、意味のない戦争の最たるものは今回の大戦だと思いますが、ドイツ人とイギリス人の友人にこの真実を告げたら、彼らは大変怒りました(9)」。

一九一七年四月、米国参戦の数日後、内村はベルに再び打ち明ける。「アメリカも参戦し、この暗い地球に明るい場所はもはや無くなりました。アメリカはこれまで、交戦中の国々に軍需品を送って巨額の富を築いた罪に対し、自らを罰しているのだと思います。主は来たり給います。『キリスト教の』アメリカではなく、キリストご自身が来臨して、この邪悪な世界を救われるでしょう(10)」。石原によると、内村はこの時点でさらなる憂慮を示し、従来彼の厳しい基準を満たした者に制限していた日曜の講義をすべての人に公開した。彼が述べた次の言葉は二〇年後、日本が中国に侵入した時、弟子たちをひやりとさせている。「余輩預言者ならずと雖《いえど》も、世界平和を標榜《ひょうぼう》する此戦争の後に更らに此れ以上の大戦争の起るべきことを預言して憚《はばか》らないのである(11)」。

『聖書之研究』六月号で内村は信者の絶望感を明らかに意識し、見張りの者が夜の何時かと尋ねられるイザヤ書二一章一一―一二節を考察している。見張りの者は、夜明けは近づいているがまだ夜だ、とあいまいな答え方をする。「これは明らかに、悩みから一時的に解放されるが災難の夜は再び訪れる、という意味だろう(12)」。こうした昼夜の繰り返しは、最終的に平和が訪れてもそれは結局、一時的なものでしかない、ということを示している。キリスト教主要国は戦争により戦争を終わらせることができると信じている。「人類は今や戦争の罪を相互に嫁して自《みづ》から己を罰しつゝあるなり、斯《か》くして彼等は平和の朝を招きつゝ実は永久の戦乱の夜を迎へつゝあるなり、嗚呼《ああ》愚かなるエドムよ、愚かなる独逸《ドイツ》よ、愚かなる英国よ、愚かなる米国よ、汝等は使徒等と預言者等との書《ふみ》を読むこと茲《ここ》に数百千年にして未だ此単純なる理をさへ解し得ざるなり」[13]。預言者イザヤが現在生きていたら、自国を手始めに、人類すべてを裁き、糾弾するであろう。

再臨に関する内村の考えは、一九一七年夏の間にはっきりと円熟した。石原は彼の次の言葉を覚えている。「キリスト再臨の信仰と希望のほかにない。このことは内村先生にとっては、たんなる教義の問題ではなくて、自分の信仰と生涯とが立つか倒れるかの『実際的問題』であったのである」[14]。

以上、内村の方向転換の背景となった要因を検討してきたが、再臨思想そのものについて考察すると、彼は理論よりも実際面について論じている。キリストはいつでも現れる可能性がある。仲介者はもはや存在しない。日本にキリスト教を紹介した西洋のクリスチャンは、第一次世界大戦への参加により、もはや日本人を導く能力がないことを示した。彼らは仲間のクリスチャンの罪を客観的に判断することができなかった。残る可能性はただ一つ。指導者を他に見出さねばならぬ。それも速やかに。遅れは致命的だ。内村の言葉からも石原の言葉からも、内村が再臨を不可避のものとして受け入れ、現代世界の出来事がそれを予見していたと信じるに至った過程を窺い知ることができる。

こうした背景を踏まえた上で、内村の生涯における他の出来事を考察しよう。死は必ず訪れるので、信仰に忠実な人間は同胞に奉仕しつつ死への備えをなすために、いかにして残る日々を過ごすのが最善であるか、という問題に関わる出来事である。内村は数年間、職業の変更を考えていた。より多くを成し遂げねばならぬと信じて、危機感を覚えていた。将来を考えているとき、大衆講演の技術をマスターしていた二人の伝道者のことを知る。こうした一連の出来事が一九一七年夏、彼が書斎で仕事をしているときに同時に起こり、彼が行動を起こすきっかけとなった。

内村は一九一一年春、五〇歳の誕生日を迎えた。続く六年間、彼は同世代の多くの者に衝撃を与えた出来事を体験する。『万朝報』時代の同僚、幸徳秋水は一九一一年、大逆罪で絞首刑になる。内村は幸徳を友人に持つこ

1917 年，ルター講演の数週間前に，避暑地でくつろぐ内村。

とを「名誉」と考え、一九〇一年には幸徳の著書『帝国主義』に序文を書くのを「栄誉」に感じていた(15)。幸徳の死の一年後にルツ子が亡くなり、その半年後に明治天皇が崩御して、四五年の治世を終えた。かつての親友、娘、そして内村が覚えているただ一人の天皇が相次いで世を去った。

同じ時期に第一次世界大戦勃発とアメリカの参戦が、キリスト教信仰の前に立ちはだかった。この戦争は世界史上、楽観的な時代に終止符を打ったように思われる。幸徳の死から米国参戦までの間に、内村は五〇歳から五六歳になった。三〇歳、四〇歳の誕生日にも余命を意識するものだが、五〇歳となると、活動できる年月は残り少ないと実感する。五〇歳を過ぎてから、内村は『聖書之研究』に正式な自己紹介をするようになった。彼の処女作である北海道の漁業研究書の再販を出し、続いて『余は如何にして基督信徒となりし乎』の日本語版を出版した彼は、五〇歳の誕生日の記事を載せた『聖書之研究』に自身の肖像画を載せ、「白毛《シラガ》は凡そ三十本位ひあるのみに有之候」と記している。(16)六年後、息子の祐之は独立し、三月には『聖書之研究』二〇〇号の出版を祝って、人生の最良の日々をこの雑誌に投じたと記している。

子供の独立を見守る父親の常で、内村も時の経過を実感した。成人して将来に向かう子供たちを見ながら、内村は自身の若き日に思いをめぐらす。働き、経験を積んだ結果、二〇歳で夢見た多くのことを成し遂げたと考える反面、彼の希望や野心がどれほど開花したろうかと反省する。富の蓄積と年長者からの敬意を得ることには成功したが、成すべきことがまだ多く残され、その失望感で相殺されてしまう。大部分の人間は年寄りの特権を楽しむものだが、若き日の期待を忘れられず、生活をがらりと変える人も少数ながら存在する。若い頃から神に対する使命感を覚えている人は、特に不満を覚える。内村はそのような人間であると自認していた。

この六〇歳代の最初の数年間、内村は自らの業績への満足感、成功したテクニックを繰り返すことへの倦怠感、成功の陰に思わぬ失敗が隠されているのではないかとの懸念、そして自ら制御できぬ外力に促された新しい始まりへの予感を表明している。野心と失望とが入り乱れて表れるように、こうした兆候は時期においても種類においてもはっきりと区別される形で出てくるわけではない。全く関係のない話題の中の何気ないコメントにひょっと現れ、後に起こったことに照らしてみると辻褄が合ってくる。

最初、内村は満足していた。ベルはしばしば内村の生活力を憂慮し、折にふれては贈り物を送り続けたが、一九一六年、内村は「『飢餓状態』からはとうに脱出しています」ときっぱり述べ、そのような憂慮に終止符を打った。(17)五〇歳の誕生日を迎え、『聖書之研究』を中止して一年間休暇を取り、気楽な執筆のみ行おうと考えたが、二週間後、将来が心配で「寝食を忘れて」しまうほどであったため、雑誌を止めるわけにはいかないと悟った。(18)購読者の反対があったのかも知れないし、安定した生活を失うのを恐れたのかも知れない。理由は何であったにせよ、こうした体験はこの雑誌が「如何に強固なる者」であったかを示している。[19] 別の手紙の中で彼は、「神が明白に其廃刊を迫り給ふまでは」雑誌を継続することにしたと述べている。[20] 数か月後、ベル宛てに彼は報告する。「一か月の休息――誕生日の休暇――を楽しんでいます。購読者たちは募金をして七〇〇円ばかり贈ってくれました。これを肉体の回復に用いようと思っています。日本の雑誌編集者の生活では全く新しい試みですが」。[21] このような援助を受け、編集者としての自らの役割も確認することができて、『聖書之研究』二〇〇号の発行についてはさりげなく言及し、この号に載せた短い論説に、たとえ総理大臣や司教になっても、これほどの幸福感は味わえないと述べている。[22]

雑誌を廃刊して別の仕事をしようとの試みが失敗に終わったことは、二つのことを示している。まず、内村は大衆向けのジャーナリズムを通して日本人に聖書を紹介したいという若い頃の野心を達成したこと。しかし同時に、この成功の虜になってしまったこと。ベル宛ての手紙にあるように、読者が彼を必要としていて雑誌の中止を望まなかったため、彼は雑誌を止めることができなかった。

心温まる読者の支えが彼の決意を翻させたが、この決断が正しかったか否かを内村が自問していた証拠もある。彼は札幌独立教会がもはや学生の教会ではなく、日曜学校と婦人会のある普通の教会になってしまったことを残念がっていた。同じことが自分に起こり、自分は「何百人（あるいは何千人）の牧者になってしまった」とベルに語っている。簡素な結婚式を執り行い、覚え切れないほど何人もの赤ん坊の名付け親になった。「牧師になるつもりはなかったのですが、聖書の教師は専任の牧師に課せられた責任を逃れることはできません」。[23] 四〇数名の弟子とその妻子のための修養会でトイレがきれいになっているかどうかまで心配し、臨終を迎えた者を慰めて葬儀を行い、悩みや抱負を語る者に耳を傾けねばならなかった。幸い、こうした任務のすべてが重荷になったわけではないが、エジプト軍の退役将校がある日、内村家に現れてイスラム教とキリスト教の比較論議を始めたときには辟易した。

牧者としてのこうした任務を繰り返していると、時間を有効に使っているか否かが気になってくる。幸徳他社会主義者たちの処刑を悲しみ、中国伝道を考えたりメキシコの「広き自由の天地」での生活を羨んだりした。[24] カリフォルニアやヨーロッパでの伝道も考えた。旅行の途上で出会った札幌時代の級友は、広い農地と多数の家畜を所有し、仲間も同様に成功していると自慢した。内村が所有するのは両親の墓だけ、多数の家畜ではなく猫一匹。人々の日常の必要を満たすために多くの時間を費やし、自分のものはほとんど何もない。

自己の業績に満足して気を楽にすべきか、と内村は問う。大戦勃発から三週間も経たぬとき、彼は宮部金吾宛てに「僕は孤独に作られていて、独りでいる時が一番幸せだ」と書いているが、[25] 二年後、山地での修養会で行った講演ではそれほど確信がなかった。彼の言葉は二五年前に同様の状況下で話した『後世への最大遺物』の続きのような響きがある。「人の生涯の最も大切なる部分は……其終りである、……然るに大抵《たいてい》の人は……其青年時代に企《くはだ》て、其壮年時代に築いた事を其老年時代に壊《こぼ》つて了《しま》ふのである」。大部分の人間は若い時にはリベラルだが年取ると保守的になる。キリストのみがこの型にはまらない。我々はキリストの例に倣って一生若くあり続けることができる。棕櫚の日曜日、キリストは群集の賞賛を受けようとはされなかった。我々もその範に倣うのだ。「我等の奮闘時期が去りて成功時期に入らんとする時、我が同志の多く起らんとする時、社会が我が真価を認めて我に被《かふむ》らすに月桂冠を以てせんとする時、其時が我等の危険時期であつた、……我等は此時イエスに傚《なら》ひ成功を棄て失敗に就くべきである」[26]。

内村は理想の実現という個人的決意は保ち続けたが、講演では若い頃の理想よりも晩年の失敗に重点を置くようになった。彼の理想の展開を見るために、一九〇七年元旦に彼が作ったすばらしい詩を考察しよう。この詩は塚本虎二はじめ多くの弟子にインスピレーションを与えた。国を挙げて日露戦争の勝利を祝った直後に書かれたこの詩は、神の世界における日本の重要性を描いている。

初夢
恩恵の露、富士山頂に降り、滴りて其麓を霑《うるほ》し、溢れて東西の二流となり、其西なる者は海を渡り、長白山を洗ひ、崑崙山を浸《ひた》し、天山、ヒマラヤの麓に灌漑《みづそゝ》ぎ、ユダの荒野に到りて尽きぬ、其東なる者は大洋を横断し、ロツキーの麓に金像崇拝の火を滅し、ミシシピ、ハドソンの岸に神の聖殿を潔《〔きよ〕》め、大西洋の水に合して消えぬ、アルプスの嶺は之を見て曙《あけぼの》の星と共に声を放ちて謡《〔うた〕》ひ、サハラの沙漠は喜びて蕃紅《さふらん》の花の如くに咲き、斯くて水の大洋を覆ふが如くエホバを知るの智識全地に充ち、此世の王国は化してキリストの王国となれり、我れ睡眠より覚め独り大声に呼はりて曰く、アーメン、然《〔し〕》かあれ、聖旨《みこゝろ》の天に成る如く地にも成らせ給へと。[27]

このような夢は精神的帝国主義を神聖化しているように見えるが、同時に大望と責任感が表れている。世界を導く力になるためには、神の恵みを代行する人間が必要である。従来クリスチャンと考えられていた人々が神の業を成し得ぬなら、日本がその責任を負わねばならぬ。

第一次世界大戦は長引き、一〇年前に彼が書いたこの詩の言葉に付きまとうイメージは彼から離れなかった。彼が尊敬していた旧知の一人である志賀重昂は、同胞の日本人に責任を取るようにと促した。地理学者として尊敬されていた志賀は、諸国民の国民性と世界史における役割とを関連づける理論に精通していて、今やキリスト教国が成し得なかったことを日本のクリスチャンが成すべきだと促した。日本のクリスチャンの中から「西洋諸国がキリストの教えを汚してしまったこの状況の重大性に目覚める人が現れるべきだ。その人は愛と人間性と犠牲の精神を蘇らせて全世界に説くことができる。ルターやカルヴァンの遺産に匹敵する偉大な世界的業績になるだろう[28]」。内村はこの言葉の著者を賞賛し、尊敬していた。

札幌農学校で内村の二年後輩の志賀は、内村の卒業生代表演説を日記に記している。作家兼政治家として長い生涯を送った彼は、ナショナリズムの立場からキリスト教に反対したことで有名だが、キリスト教の考え方には引き付けられていた。若い頃、自立できる日本のキリスト教を認めていて、(29)内村に好意を持っていたこともあり、原則的にはその考え方に賛成だった。不敬事件直後に内村の二人目の妻が亡くなったとき、棺に付き添って内村と共に墓地まで歩いていったのは親友三人だけだったが、志賀は黙々と敬意を表しつつ馬で後から付いていった。内村の三人目の妻の父は志賀の父の下で弓道を習っている。志賀の死に際し、内村は彼が常に自分を尊敬してくれていたと書いている。

ここに列挙した事実だけを根拠に日本のクリスチャンに対する志賀の言葉が内村に影響を及ぼしたと言い切ることはできないが、内村は恐らく志賀の言葉を読んだであろうし、その言葉を読みながら、志賀が自分のことを思い出してそれを書いたと考えていたかもしれない。

＊　＊　＊

この時点で二人の人物が内村の思想に新たな重要性を帯びてくる。一人は当時人気のあった日本人伝道者中田重治、もう一人は大望と正義感に燃えてヨーロッパの宗教改革の発端を作ったマルティン・ルター。

志賀は日本のルターを求めていた。内村自身もルターのことを考えていた。憂慮すべき世界情勢の中で充分なことをしているかと自問したとき、内村は当然、キリストの再臨に備えて残る力を役立てる最善の方法を考えた。精力的な伝道者として成功していた中田は、柏木の内村の家から歩いて三分の所に住んでいた。中田の伝記には内村が一九一四年、中田の聖書学校で講演を聴いていて、中田の作品を確かに知っていたと記されているが、親しく付き合うようになったのは一九一六年以後である。同年夏、戦争が長引いて終末が近づいていると思われた頃、近所の公衆浴場で火事が起こった。中田は学生を動員してバケツリレーで内村の屋敷の延焼を防いでくれた。(30)この出来事により、二人は親しく接するようになった。

二人には共通点が多かった。中田は東北出身、祖父は財務官として大名に仕えていたが失脚し、維新の頃は私塾で教えていた。大酒飲みで、四歳の中田以外誰もいないときに、盃を手に死んだ。中田は母に負ぶわれてキリスト教伝道者の話を最初に聞き、本多庸一（一八四八―一九一二）のメソジスト教会で育った。本多はその後日本メソジスト教会初代監督に就任、日本のキリスト教指導者の一人になっている。

中田と本多の親しさを示す逸話がある。米国留学に出発する中田を本多が見送りに行ったとき、中田がオーバーを着ていないのに気づき、一二月の寒い日であったにもかかわらず、本多は自分のオーバーを弟子に与えた。米国で中田はシカゴのムーディー聖書学校で学んだ。ドワイト・ライマン・ムーディーが設立したこの学校は、キリスト教の指導者を養成していた。ムーディーは靴のセールスマンをしていたが、独学で平信徒の説教者になった。聖職叙任を受けてはいなかったが、大衆に直接語りかけ、クリスチャンの行動の基礎として、個人的信仰と自分が救われているという信念を強調した。

帰国後中田はムーディーの方法を使い、アメリカ人の友人と共に首都伝道のための「ミッション」すなわち講演会場と、伝道者養成のための「聖書学校」を開いた。米国からの援助を得て彼の事業は拡大し、学校は柏木の内村の近所に移転した。

中田は内村同様、個人的な理由から日本の伝統的道徳を尊重し、キリスト教信仰の経歴も長かった。二人とも米国で福音主義的信仰の影響を直接受け、帰国後伝道者になった。西洋的理想の影響を認めながら、日本人であることを強く意識していた。人柄も目的も似通っていた二人は協力して仕事をしたが、親しくなったのは火事の後である。それまではそれぞれ異なったやり方で伝道をしていた。中田は主として独学で、学識よりも救われているという確信を強調する環境で育った。鳴り物入りの街頭伝道や公開の集会を好んだ。内村の仕事は教養人にありがちな懐疑的傾向を示している。彼は自分が救われているという確信が持てず、この問題を絶えず問い続けた。彼は大げさな感情の表明には不信感を抱き、話し言葉よりも書き言葉を強調する小規模な研究会を好んだ。その後二人が協力し合った再臨運動に、二人が互いに補い合った面がよく表れている。この運動において中田は

再臨運動の指導者たち，1918年：内村の右〔向かって左〕に中田重治，左は中田の同僚でその後内村とH・フランシス・パーメリーとの仲介をした木村清松。

初めて広く執筆し、内村は大衆伝道のテクニックを採用した。

二人がキャリアの目標を達成するために新しい出発を必要とした点も似通っている。内村のケースはすでに詳述した。中田の場合は、一九一七年一〇月の一連の集会に見ることができる。聖書学校の講堂の外に下げられた垂れ幕は、二つのイベントを告げていた。大伝道集会と、ホーリネス教会の設立である。

集会は一週間続いた。一日目は午前中、聖書の講話で始まり、昼食後は中田の伝道生活二五年を記念する祝賀会が開かれた。三日後の午前中、中田は四人の牧師を任命し、午後には同僚が説教、夜は中田が日本最大のホールであるYMCA講堂で六〇〇〇人の聴衆に講演をした。一万枚のチラシが新聞の折り込みで配られ、一〇〇人を超える中田の弟子がパレードを行って聴衆を引き付けた。その後の集会は都心から離れた場所で開かれ、最初の二日間と三日目の午前中まで講演が続いた後、洗礼式と、ホーリネス教会の発会式が行われた。

中田は二五年前に彼が始めた伝道組織はもはやその責任を果たすことができず、より強力な管理形態が必要だと説明した。このことを除けば、この教会はジョン・ウェスレーの最初のメソジスト主義の理想に立ち返るもので、そのために彼は最初の監督になったが、カトリック教会や聖公会の司教や主教と違って、管理人のようなものだとしばしば述べていた。

ホーリネス教会設立の発表に中田が使った次の言葉は、この新しい組織が彼の精神的発展にとって重要であったことを物語る。「一九一七年一〇月三一日。ルターの九五カ条教義の四〇〇周年」。宗教改革の発端となった教義を公言することにすべてを賭けたルター同様、中田も四〇〇年後の今、全てを賭けて行動するとの意気込みを示した。日本のプロテスタント教会史を書いたチャールズ・アイグルハートによると、ホーリネス教会は設立後、他のどの教会よりも急速な成長を遂げたという(31)。中田を動機付けた様々な力が内面的に結合して、大聴衆を引き付けることになったのである。

あらゆる教会を疑惑の目で見ていた内村が中田の教会設立に協力したとは考えられないが、内村の生涯における一九一七年一〇月三一日という日付の重要性を分析してみると、予期せぬ形で協力していたことがわかる。同日、ルターの記念行事を行ったグループは他にもたくさんあった。ＹＭＣＡ講堂でも少なくとも別の集会が二つ開かれた。午後には東京のプロテスタント教会が合同でこの日を記念し、夜は内村が一五〇〇人を超える聴衆に講演をした。この講演は内村の生涯の重要な転機となった。その重要性を理解するために、ルターに対する内村の姿勢を検討しよう。

ベル宛ての最初の手紙の一つに内村は、日本でキリスト教関係のジャーナリズムの仕事をしたい旨を伝えているが、彼の計画の中にはルターが食卓を囲んで行った談話のエッセンスを弟子たちがまとめた *Tischreden*（『卓上語録』）の翻訳も含まれていた。ルターの伝記と彼の作品の批評、および弟子が和訳したルターの『キリスト者の自由』出版後の一九一六年、彼はキリスト教関係のジャーナリズムを実現させた。内村の記事には長年にわたるルターへの賞賛が表れている。『余は如何にして基督信徒となりし乎』の中には、「来たるべき神の怒り」に備えてルターが修道院に入った動機を著者自身の動機と結びつけた箇所がある。[32] 一九〇八年、『聖書之研究』中に内村は、ルターをベートーベン、カント、レンブラントと共に、最近「私の小さな書斎」に加わった友人だと述べている。ルーカス・クラナッハが画いた肖像画のルターの目は「嵐の後の静けさ」を示し、内村に「幼馴染み」を思い出させた。内村が「友人」と呼んだその四人の偉人たちの肖像画は恐らくウィルヘルム・グンデルトからの贈り物であろう。グンデルトはその後一九一〇年、東京を去り、彼の住んでいた家を内村の使用に供した。内村はこの家をルター・ホールと名づけ、仕事場として使用した。

内村は仕事を重ねるうちに、彼がベル宛ての手紙に「ルターの神秘的プロテスタント主義」と表現したものを賞賛し、そこに人間味を見出している。「イギリスやアメリカの教会が堅苦しく冷たいのは、カルヴァン主義的プロテスタンティズムによるものです。ルターは火と涙。彼の下に導かれると、温かみを覚えざるを得ません[33]」。一九一七年夏に、彼は再び記す。「ドイツの宗教改革者を愛し、賞賛せずにはいられません。ルターは今や私の一部になっています。使徒パウロを除けば、ルターほど私の魂に多くを与えてくれた人はいませんから。ルターのドイツは生き続け、彼の福音はドイツと世界を救うでしょう[34]」。

この言葉をベル宛てに書いているとき、内村は上記「私の一部」について新たに一連の論文を書いていて、続く三巻の『聖書之研究』に載っている。一〇月号に載ったルターに関する論文は、ルターの考えが現代日本に適用するか否かを論じている。この問題はルター記念講演の数か月前から彼の頭を離れなかったようだ。

一九一七年春と夏、内村はすべてが終わったと感じて気が重くなっていたに違いない。三月に彼は『聖書之研究』二〇〇号を出版し、読者からの投書を次の分類別に載せた。農民、商人、職人、教師、伝道者、女性、政府の官吏、軍人、『余は如何にして基督信徒となりし乎』を読んだオランダ人。公の集会はなく、一〇〇号発行を祝ったときの勝利感はない。弟子宛ての手紙は、雑誌の二〇〇号達成と静子との結婚二五周年について述べている[35]。その頃、祐之は大学の寮に移った。

六月初め、静子は末期を迎えている母の介護をするために京都へ行き、内村は二人の女中と書生一人と共に家に残った。通常の日課から解放され、方向転換の可能性についてじっくり考える余裕があった。その数か月前、彼は伝道の黄金時代がまさに始まろうとしている、若い有能な官吏や実業家が富と安定を捨てて説教者や聖書の教師になっている、と書いていた。

このようなことを思い巡らしながら内村は「新しい原稿」を書いた。その中には『聖書之研究』一〇、一一、一二月号に載ったルターに関するものもあった。彼がルターから受けた知的影響を列挙し、仮にルターが今の日本に生まれていたらどのように行動するであろうかと問う。その問いに答える形でルターの業績に対する彼の評価と世界における日本の位置について述べる。ルターは日本には生まれないだろう、生まれても果たすべき役割がないから。一六世紀の欧州はルターが生まれる前に一一〇〇年のキリスト教の歴史があったが、日本にはそのような遺産はない。今日の日本にルターを当てはめるのは、「腸を患っている者に脳の病気の薬を処方するようなものだろう」。従って、ルターが二〇世紀初頭の日本に生まれたとしたら、静かな書斎と聖書学校で一生を送り、欧州で彼が有名になったような業績は何も残さないだろう。もし日本人が「良心問題」を取り上げ、その問題と真正面から取り組むよう同胞に促すことに成功すれば、何世紀か後、日本にもルターが現れるかも知れない[36]。この言葉に仄めかされているように、内村自身はルターから多くを学んだと信じていたが、日本人同胞が彼ほどルターの恩恵を受けられるとは思っていなかった。華々しいジェスチャーよりも、内村流の落ち着いた学識と論理的説得のほうが当時の日本人には適しているように思われた。

一〇月一〇日付『聖書之研究』に載ったこの論文の執筆と三週間後の講演との間に、内村は気が変わった。

YMCA講堂での講演の原稿は前もって『聖書之研究』一一月号に間に合うように、恐らく一〇月二五日以前に準備された。「宗教改革の精神」と題され、人間が義とされるのは業ではなく信仰によるとするルターの主張の重要性を列挙する。インパクトの強いYMCA講堂を選び、周到に原稿を用意していることは、内村の並ならぬ関心を示す。M・C・ハリス監督に司会を頼んだが病気で断られ、別の友人は宮内庁の用事で引き受けられず、結局、ルターの小さな胸像を手に会場へ向かわざるを得なかった。

講演の日、内村はすでに『聖書之研究』一二月号のルターに関する最後の論文に着手していた。神田駅から講堂に向かいながら、街角で立ち止まって彼は祈る。この講演が成功に終われば、再臨の説教をするのが神の意思であると受け止めますと。そして熱狂的な聴衆の待つ会場へ、最後の数歩を進めていった。

再臨を信じるに至った内村の背景をまとめてみると、彼自身は娘の死と友人ベルの影響が大きかったと見ているが、別の要因もあった。米国の第一次世界大戦参戦は特に、キリスト教国が日本よりも道徳的に優れているという幻想を打ち破った。些細な理由で故意に相互殺戮の道に突き進む行為は、到底キリスト教的とは言えない。西洋人の弱みが露呈されたことに、内村はある意味で満足感も覚えた。日本人も決して欧米人に劣るわけではないとわかったからである。

さらに深い意味では、この発見は危険も孕んでいる。自分よりも精神的に優れている者がいれば、その人に自分と神との間を仲介してもらえる。シーリーがアマーストで内村を守ってくれたように、アメリカに生き残っていたピューリタニズムに保護されて内村は神との直接対決を避けることができた。こうした精神的仲介者を失った今、日本人をキリスト教に導く責任は日本のクリスチャンの肩にかかっている。日本に対して道徳と信仰を教える人はもはや存在しないことに突然気づいても、内村のような内省的な者は往年の劣等感から容易に解放されることはなく、むしろこれまで以上に努力せねばと考える。平常時なら、内村が一九一七年、ルターについて最初に書いた論文にあるように、日本がルターのような人間を出すにはキリスト教信仰の経験を何世紀も積まねばならぬと議論することができる。だが、当時は非常時だった。神は世の終わりが近づいているという徴を出しているのかも知れない。もしそうであれば、クリスチャン全員がその日が来る前にできるだけ多くの人を改宗させねばならぬ。そのために成すべきことを内村は自問したであろう。使命感に燃える内村にとって、この時期に中田と出会ったことはまさに神の摂理と映ったであろう。中田は背景も経験も目的も内村と似通っていた。彼は大衆の感情に訴え、内村の理性的なやり方よりもずっと素早く大衆を改宗させることができた。大集会が望ましいのならば、中田に貴重な助言をしてもらえる。

内村にとって最も重要な問題は彼の演じるべき役割である。人生のこの段階に至り、方向転換をするのに時は熟していると彼は見た。高度に創造的な職業を確立し、規則的な日課でそれをこなしてきた。子育てに煩わされる時期も終わった。若さは失われ、職業転換の試みも徒労に終わった。劇的な転換のモデルを、彼はルターに見出した。

しかし、ルターをあれほど賞賛しながら、ルターが後世に残した欠点も内村は認めざるを得なかった。恐らくルター講演の後で書かれ、一二月に出版された、彼のルターに関する最後の論文では、プロテスタント諸教会が互いに憎み合い非難し合っている状況の元凶をルターに帰している。まず第一に、ルターは世俗的支配者の援助を受けた。キリストはこのような行為の弊害を警戒して、これを特に拒絶した。第二に、ルターは間違った方法で聖書に依存した。信者一人一人に聖書を解釈する自由を許すことにより、各自、自分の解釈が絶対と信じて、解釈を異にする者を迫害するようになった。聖書が悪いのではなく、仲間の人間に対する愛の欠如が問題なのだ。世界が現在必要としているのは、「信仰を経過して然る後に愛に到達せる」第二の宗教改革だ。誰がこれを行うのか。「我等はルーテル以上の改革者たるべきである」[37]。新たな進路を求め、ドイツの偉大な改革者を賞賛しつつ、内村は自分の役割を見出したのである。

この論文が出たとき、内村をこうした面から見ることができる者は、弟子たちを含め、誰一人いなかった。内村自身さえ、これまで主要な決定は神から命じられたものと考えるのが常だったが、今回は自分に起こった変化を見抜けなかった。彼は重くのしかかる責任感と、責任を負い切れないのではないかという懸念との間に、ディレンマを感じていたようだ。このような場合、必要と思われる新たな方向に向かって自分の能力を試す状況を設定するのにあらゆる能力を使い果たした後、最後の決定は神に委ねるものである。内村もこのような理由から、期待に胸を膨らませた大聴衆の待つ講堂の数ブロック手前の街角に立ち、脱帽して神に祈った。

第三部

自己否定

第一一章　キリストの再臨

ルター記念講演を機に内村は生涯の最終期に入る。一九三〇年三月、彼の死により終焉するこの時期を論じるに当たり、まず、最後の日々の描写から始めよう。一九三〇年一月から彼は急速に衰弱する。数年間続けてきた日曜の講演も、もはや不可能になった。一九一七年以降、大衆伝道のテクニックを使って大聴衆に講演を行うことにした結果、集会のスタイルも弟子との関係も以前と変わっていた。都心の大ホールで一般公開された講演は一〇年以上も続いたが、今は小さな今井館に集まる弟子は比較的少数だった。弟子の半分は内村の一番弟子が開く別の集会に出席していたからである。内村が隣室で休んでいる間、今井館に残った弟子の誰かが彼に代わって講話を行っていた。

日曜ごとに集う者たちも内村自身も、互いに顔を合わせることは二度とないと悟っていた。自らの精神的蓄積を考える能力がありながらそれを分け与える体力を欠く彼は、短い論文を一本書いて未出版の原稿の中に挟み、彼の死後それを探し出すようにと若い弟子の一人、山本泰次郎に依頼した。そこに記された言葉がいかに重要であるか即座にわかるだろうとのことであった。数日後、内村が死去し、山本はその論文を見つけたが、それまで内村の精神的遺産と彼が考えていたものを大幅に変える性質のもので、その後数十年にわたり、内村の作品に関する議論の基となった。

その小論文は内村の晩年に始まった無教会の性格に関する長い議論に終止符を打つが、実際には彼の死後、問題をさらに拡大することになった。通常、日本の宗教的指導者が設立した伝統は忠実に引き継がれる。内村が体力の衰えを見せると、弟子たちは彼が余生を快適に過ごせるようにと配慮し、後継者と見られていた弟子が師の遺産である無教会の性格を明確にしようと試みた。

無教会あるいは無教会主義は内村の遺産全体を表す言葉だが、後を引き継ぐことになった指導者、塚本虎二は分析的思考に長けていて、その主義を定義しなければならなかった。この弟子と山本は約二年間議論を交わしたが、内村の最後の言葉はもはや議論の余地を残さなかった。

死後公開されたこの論文は、表面上は内村がこれまで主張してきたことすべてに反論するように見えた。無教会という言葉はキリスト教史に内村が残したものを代表する。にもかかわらず、最後の論文に彼は自分が「今日流行の無教会主義者にあらず」と述べている。(1) 彼が無教会の信者でないならば、誰がその信者なのか。悲嘆に暮れつつ、弟子たちは内村の言葉を信じて生き続けねばならなかった。

本書最後の数章では、内村が世評と異なる姿勢を取るに至った過程を論じる。ルター記念講演以後一三年間、彼は規則的に大聴衆の前で講演を行い、研究と著述の果実を味わい、新しい雑誌を別に出し、これまで築き上げてきたものを守ろうと奮闘した。その過程において、彼の信仰集団の呼び名として自ら造語した「無教会」という言葉が、最後の議論の焦点となった。

このように、内村の晩年に関する記述は重大性を帯びてくる。内村は最後の力を振り絞って、それまで培ってきた自らの考えに反する見解を述べた。同時に、彼の忠実な弟子たちが彼の偉業と理解しているものと戦っている。こうした状況は一九一七年のルター記念講演直後から始まった。

＊　＊　＊

ルター記念講演から三か月足らずの一九一八年初め、内村は書斎に籠る静かな生活を中断し、都心の大講堂で一連の講演を始めた。最初は月一回だったが間もなく週一回になり、その年のうちに彼の仕事の中心になった。

再臨の真理に対する強い信念はそれ以外の信念を上回った。一九一九年に再度方向転換するまでの時期を、弟子たちは再臨運動期と呼んでいる。

これは内村のキャリアにおける突然の断絶を意味したが、再臨運動という表現は実は当たらない。まず、彼が唱えたのは「千年至福説」、すなわち我々人間の知る今の世界がまさに終わろうとしているとの信念であった。これは通常、新しいものが伝統的な生活様式を破壊する急速な社会変化の時期に周期的に起こる現象である。現在の世界がまさに終わろうとしていると信じるのは恐ろしいことだが、同時に過去と全く異なる未来の展望に興奮を覚えるものでもある。この信念に捕らわれると、通常の活動を止めて奇妙な行動をとるようになる。

多くの宗教にみられる千年至福説の一般的な現象の中で、キリスト教の千年至福説は特別な位置を占めている。初代クリスチャンは彼らの存命中にキリストが再来すると信じた。時代の経過とともに再臨の予想は、人類に対する神の審判を伴う旧約聖書的終末論と混ざり合った。クリスチャンは神の子キリストが父の代理として再来し、人間に審判を下してそれぞれの行為に基づき報酬を与えると信じるに至った。神の審判の秤にかけて、足らぬ者は永遠の苦しみを味わい、報酬に値する者は永遠の至福を得て、相応しいと認められた友人・親族と共に永遠に生きる。こうした考えはキリスト教史の重要な部分を占めている。

日本は二〇世紀初頭までに千年至福的な瞬間を何度か経験しているが、日本のキリスト教界はこの教義に注意を払わなかった。徳川末期、農民は世の終わりが近づいたと信じて仕事を離れ、踊り歌った。内村が講演を始めたころ、日本の都市の一部の貧困層は食料品の急速な値上がりに困窮して米騒動を起こした。日本の一般のクリスチャンはこれに無関心だったが、賀川豊彦は例外で、大衆の生活改善のために尽力した。その他のクリスチャンはキリスト教信仰に基づく倫理やアイデンティティの問題を強調した。当時の社会に再臨説が当てはまるのではないかと提案したのは内村、中田他、彼らのごく少数の仲間だけだったが、彼らさえ、その根拠は個人的体験、もしくは外国の出来事にあった。内村の突然の変化も例外ではない。

危機感を覚えるほどの個人的体験を経ていない弟子たちは、内村に新しい伝道方式を思い止まらせようと試みた。彼らはイエス・キリストが間もなく歴史を終わらせると大聴衆に宣言する必要があるとは考えなかった。再臨運動を決意するに至った要因を内村が繰り返し述べているのは、読者に詳しい説明をする目的もあったが、彼自身も完全に自信を持つことができなかったためでもあろう。内村の決意の要因は前章で説明したので、本章では彼の実際の言動を考察する。再臨という一つの教義を強調することに始まった活動が、彼のキャリアに明確な変化をもたらした。都心に活動の場を移したことにより、彼は有力な講演者、また宗教界の新しい指導者になった。

以下は一九一八年一月から一九一九年五月までの一六か月間、内村の生活に起こった出来事である。背景として、同時期に起こった世界の出来事も記した。

＊　＊　＊

一九一八年一一月、第一次世界大戦が終わった。消耗戦を救ったのは米国の参戦だった。ベルサイユ講和会議は翌年六月まで続いた。内村の友人新渡戸稲造は国際連盟の事務局次長として、国際機関で活躍する最初の日本人指導者となった。

当時、西洋諸国には悲観的ムードが漂い、宗教界の指導者たちは歴史の終焉を予告した。内村はこうした動きを読者に伝えている。フィラデルフィアでもニューヨークでも大集会が開かれ、「カーネギー会堂に会衆充満し其溢れたる部分は更に他の会堂に之を収容《しゅうよう》した」(2)。

内村の運動は大衆相手の大集会に重点を置き、出席者数が記録された。弟子は大ホールを捜して満席とし、聴衆は明日の保証がない今、その場でキリスト教信仰の本質を受け入れるか否かの決断をするようにと迫られた。決心した者は信念を示すために起立を命じられた。恐怖感と連帯意識に訴えて、決意のぐらついている人々を仲間に引き入れるのが狙いであった。

集会の広告にはプログラムが発表され、その後『聖書之研究』に出席者の感想と講演の筆記録が載った。記録によると、この運動には四つの要素があった。一九一八年春には連続講演会、夏は主として宣教師と協力した旅行、秋には新たに始まった一週間ごとの連続講演会、一九一九年春には二つの大集会である。

一九一八年春の連続講演会で、内村は近隣の火事で初めて知り合った中田重治と緊密な協力関係を結んだ。ＹＭＣＡ講堂で三か月にわたって毎月開かれた集会で、二人は共に講演した。最終日には内村の「世界の平和はいかにして来たるか」と題する講演もあり、一三〇〇人の聴衆が耳を傾けた。四月から六月までの間、集会は月一回から週一回に増え、会場は賀川豊彦の伝記の著者でバプテスト宣教師ウィリアム・アクスリングの教会に移って、五〇〇人から八〇〇人が出席した。三月、四月、五月に内村は関西でも講演し、一〇月には岡山に赴いた。講演旅行の一部には中田のグループも同行した。内村の弟子の一人が一九一三年に設立した岩波書店は同年、内村の講演集を出版し、三年後までに八版を重ねた。(3)「『再臨』は今や日本のキリスト教会の重要なテーマになり、我々はすでに勝利しています」と内村はベル宛てに書いている。(4)

精力的に春を過ごした後、内村は夏には旅行でくつろいだ。まず札幌を訪ね、以前の同僚も大勢集まった集会で再臨講演を行った後、道北東部に宣教師の友人を訪ねた。八月末には外国人宣教師が避暑に行っている軽井沢に赴き、四一年前に彼に洗礼を授けたＭ・Ｃ・ハリスの司会で講演会を開いた。二夜連続でおよそ四〇〇人が集まり、演題「日本に於ける聖書教育――基督再臨を高調して」および「信仰生活の四十年――基督再臨の高調」について、いずれも英語で行った。(5)彼が西洋人の聴衆を求めたのは、彼らも再臨への関心を示していたからであった。

東京に戻り、春の活動を再開。ＹＭＣＡ講堂で毎日曜日二時から講演をし、四〇〇人から八〇〇人の聴衆を集めた。同年末にはＹＭＣＡ当局と話し合って、連続講演を翌年も続けることにした。この成功により、彼の講演会は「日本最大のバイブル・クラス」となった。(6) ＹＭＣＡ講堂を使うことができたので、専用のホールを建てるのは中止した。日曜ごとのこの集会はいつまでも続くかのように思われた。

再臨運動の最後を飾ったのは二つの大集会である。再臨信仰の国際的・超教派的広がりを示すのが狙いだった。東京の集会は一一月に三日間続き、大阪の集会は二か月後に開かれた。東京の集会の模様を見れば、双方の性格がわかる。

異なった関心を持つ様々な人々が大会の準備をした。一〇月の企画委員会には英国大使館代表はじめ数人の宣教師、数多くの日本人牧師と平信徒が参加した。日本にはほとんど先例のない企画であった。集会は毎日二回ずつ、金曜から日曜まで三日間開かれ、内村は「聖書とキリストの再臨」「地上再会の希望」「地理学的中心としてのエルサレム」および「再臨と伝道」「再臨信仰の実験」について講演した。委員会は最初、日本語の講演と英語の講演を企画したが、外国人出席者は全員、日本語がわかるので、すべて日本語に統一した。ピアノとバイオリンが伴奏用に準備され、参加者の「証し」は自らが信じるに至った経緯と信仰が生活に及ぼした影響について述べた。内村は新しい信仰により新たな精力を得たと語っている。

参加者はニューヨークで同時進行している大会に親善電報を送り、内村自身が国際電報局から送信した。二つの大会は第一次世界大戦終戦記念日（一一月一一日）の数日以内に開催され、こうして地球の両側が一つに結ばれたことは特に重要であった。

大会最終日の翌日開かれた晩餐会には、委員会の歴史感覚が表れている。準備された六〇数席の中に空席が一つあり、それはイエス・キリストのためのもので、イエスの分の食事代は貧しい人々に贈られた。外国人参加者の一人はこれを「大会の中で最も感銘深かった場面」と評している。大会の成功に指導者たちは深い畏怖の念を覚えていたが、時たま笑いを誘うような場面もあった。ある日、一人の男が講堂の入り口を見張り、歩道を行きつ戻りつしながら叫んだ。「宮崎預言者は再臨のキリストである。然し、今日は流行の風邪で寝ている」。(7)

日曜朝の講演会も大会も大成功で、当然、他のキリスト教指導者たちの注目を引いた。三月三一日、多数の名だたる牧師たちが、教会批判で有名な講演者にＹＭＣＡ講堂を使わせることに反対し、これを機に熱論が交わされて、内村は追放されることになった。これは再臨運動の予期せぬ結果として重要なため、後に詳述する。

以上の背景から、弟子たちもその後の伝記著者たちも、内村の再臨信仰への回心を彼の生涯における大きな転機と見ている。一九一七年末までの一五年間、彼は家にこもって読書と著述と少数の選りすぐられた弟子の教育に専念していたが、数か月のうちに人気ある講演者に変身し、公衆の面前にしばしば現れて、多くの人に自分のメッセージを伝えたいと必死になった。彼の力強い講演と揺るがぬ評判により、世間の注目は確固たるものとなった。

こうして年月を追って見ていくと内村は大きく変化したように思われるが、再臨運動とそれ以前の業績とを密接に結びつけるものの本質は変わっていない。再臨信仰は彼の基本的聖書研究を補うものであった。国際関係と西洋人への関心が再燃したのは、世界における日本の地位が気がかりになったからであった。効果的な伝道生活に改めて献身してみると、昔、将来の仕事を初めて決めた時の問題が再び持ち上がった。大集会の講演者という新しい役割に彼を導いた背景は前章に詳述したので、以下、彼が演じた具体的な役割について論じよう。

＊　＊　＊

内村は再臨講演で、この教義が聖書を理解する上で中心となるものだと定義した。内村の考えは次のようにまとめられよう。再臨は聖書の中で四八〇箇所以上も出てくる。聖書の最も感銘深い箇所は、再臨に照らしてみると初めてはっきりわかる。例えば「ヨブ記」一九章二四―二七節では、預言者が救い主は生きていて再び地上に現れると断言しているし、「詩篇」一篇では神の裁きが予言される。「ローマ人への手紙」八章一八―二五節ではパウロがクリスチャンの再生の希望を論じているし、「コリント人への第一の手紙」一四章、一五章は復活について述べている。キリスト自身、再臨を確信していたので、大祭司カヤパの前で審判を受けたとき、三日目に甦り、やがて再臨するという彼の言葉が批判者たちの出した有罪の証拠となった。新約聖書全体が再臨信仰から力を得ていて、これによりクリスチャンは通常できないこともできるのである。聖書全体が再臨を疑わせる余地を残していない。

聖書は神の言葉であることを認めねばならぬ。一貫性を持った統一体を成していることが何よりの証拠だ。聖書の各部が異なった著者の手に成るとすれば、テーマの一貫性と表現の美しさにいっそうの敬意を表さざるを得ない。何世紀にもわたり、イエスを含め何百何千万もの人々が聖書を神の言葉と信じてきた。聖書は全部を一体として読まねばならぬ。玄米が完全食であるように、聖書は精神的な完全食である。ただそのまま信じるだけで、神の絶大な力を認めることができる。ここで「そのまま信じる」と言っているのは、読者にインスピレーションを与える文学として読むこと、そして聖書の中の歴史を複雑な弁護や「科学的」議論を用いることなく受け入れることを意味する。

しかし、再臨信仰の重要性を評価するに当たり、聖書そのものを議論するよりもさらに効果的なのは、聖書が人々の生活に及ぼす影響を見ることである。ルターもアウグスティヌスも、その生涯において聖書が重要であったと証言している。内村自身も彼の生涯を聖書に照らして考え、自身の行動を聖書に基づいて判断したとき、聖書の力を認め、「基督の再臨は早晩必ず事実となつて現はるべきである」として、新しい仕事に着手することができた。(8) 再臨が自分にとって意味するものを理解したとき、彼は初めて聖書と人間と自然を理解した。我々自身の生活の中に、あるいは我々の周囲に奇跡を見ると、再臨のようなより大きな奇跡も信じられるようになる。このような奇跡の一つは、パレスチナのユダヤ人への返還という、到底不可能と思われていた聖書の預言が、一九一七年に実現しつつあることだ。

再臨教義はキリストの再臨を疑いないものとしているが、未知の要素を多く含んでもいる。例えばいつ、どこに再臨するか。「我等は神の定め給ひし時に必ず再臨があると信ずる、其事が今年あらうが明年あらうが、十年後にあらうが、百年後にあらうが、或ひは更らに遠く千万年の後にあらうが我等の関する所でない」。また「黙示録」の描く詩的なイメージ通りに実現するのか、神の癒しの形で起こるのか。もちろん、信仰により肉体も整えられて健康が増進されるのは確かだが、医者に掛かることも罪ではない。[9] 最後に、再臨信仰者は精神的に安定している。西洋の信者には社会の堅実なメンバーが多く、彼らはカルヴァン主義者や長老主義者など、過度な感情に身を任せることのない人たちだ。

最後の文にあるように、内村はこの教義が多くの信者を精神的に危険な状態に陥れる可能性も認めていた。聖書を読んだために陥る精神錯乱状態を内村は「聖書狂」あるいは「再臨狂」と呼んでいる。講堂の前を行進して預言者宮崎のことを叫んだ男以外にも多くの例があった。内村は「自分の失恋せる情人が再臨すべきキリストであると固く信ずる……某地の某婦人より重ねて長き書面を送り来り」と記している。[10]「ヨブ記」と「黙示録」を読んで自分を再臨のキリストと信じ、すべてを捨てて内村のところに来たいと願う人物から何通も手紙を受取った。「再臨のキリストは私の恋人《こひびと》なりと言ひ来りし婦人が二人あつた、其一人の如きは余に聖書の研究を止めて自分と自分の恋人の研究に従事せよと言ひ来つた」[11]。再臨を信じ始めた最初から内村は、この運動に軽はずみな印象を与えるような動きをしている人々と自分たちを区別し、「狂信に陥りがちな」このテーマの学問的背景を強調する必要がある、とベル宛てに書いている。[12] 不合理なものと思われ、しばしば精神病に一役買っていると見られがちだが、再臨を信じることは真面目な事実で注意深く敬意を払う必要がある。

第一次世界大戦の成り行きが内村に再臨教義の正しさを証明した。彼によると、多くのクリスチャンはキリストが今や霊となって戻り、歴史の中にその意志を働かせると感じたものの、戦争の恐怖がそのような甘い考えを打ち砕き、彼らは信仰を失った。慈悲深い神がどうして人間をかくも残酷な運命に定めるのだろうかと問いながら。これとは対照的に、内村自身の信仰は揺らぐことがない。人間の努力でこの世界がキリスト教化されるということは、聖書のどこにも書いてない。キリストの言葉をそのまま信じることは、我々の信仰を脅かすものではない。今回の戦争は「黙示録」に預言されている善と悪との最後の戦いの場、ハルマゲドンではないかも知れないが、それに類似している。戦争は恐ろしいものだが、神の言葉の成就として見れば、よい目的のために役立つ。私の信仰は揺らぐどころか、強められた。クリスチャンは、戦争により神の預言が成就されたとして感謝すべきだ。「預言は歴史観である、世は如何《いか》に成行《なりゆ》くものである乎《か》、神は如何に人類を処分し給ふ乎、……而《しか》して聖書に特別の歴史観があるのである……而かも普通の歴史とは全然趣《おもむ》きを異にする歴史である、信仰の眼を以てするにあらざれば解する能《あた》はざる歴史である、……而して此指導の任に当りし者が神の預言者である」[13]。「預言は神と信者の立場より見たる人類の歴史である」[14]。聖書倫理学も預言から発展してきた。山上の垂訓は預言である。不幸な者が幸福になると述べるのは預言的な考え方だから。

再臨教義が重要なのは、世界情勢が聖書の預言を実現しているからであり、また聖書の思想の中で大きな位置を占めているからである。しかし最も重要な面は、再臨が信者に及ぼす影響である、と内村は続ける。

> キリストの再臨は何時《いつ》ある乎判明《わか》らない。然し再臨のあるまでに我等各自の為すべき仕事がある。我等は之に勤《いそし》みつゝ再臨を待つべきである。我等は委ねられし物の少きが故に職務を怠つてはならない。物の多少ではない、心の善悪である。神を愛の父として受くる乎、又は厳しき主人として受くる乎である。そして小なる責任を忠実に果たして、大なる責任を委ねらるゝのである。……信者は再臨の遅きを見て失望しない。主は其速かに、即に不意に起るを示し給ひしと同時に、其長き年月を要する事をも予言し給うた。……イエスの弟子等が再臨の遅きに失望して終に再臨の信仰をまで抛棄《ほうき》するに至れりとの、近代の聖書学者の説は立たない。使徒等は最後までキリストの再臨を信じて疑はなかつた。[15]

教義を論じながら最後に行動を勧めるのは内村流のやり方である。信者を新たな献身に向かわせぬ限り、教義そのものだけでは意味がないと言わんばかりである。再臨信仰は、個人的にも国家的にも果たすべき「使命」を考えさせるきっかけとなった。

内村が常に使命について考えていたことは前章にも述べた。日本の役割を模索した初期の作品『地人論』、ペリー提督が上陸した久里浜海岸での祈り、一九〇七年元旦の「初夢」、いずれも、欧米に独占されている世界で日本も一役担いたいとする多くの日本人の願いを反映している。「初夢」に出てくる日本は、神の恵みを受けてそれを世界に伝える媒介として描かれている。自国が世界史の中で役割を担いたいと願うのは日本だけでなく、二〇世紀初期には広く行き渡った考えだった。内村の場合、再臨思想に転向してから日本の使命に対する考え方が変わり、その変化が日本に在住する西洋人との関係にも表れている。

内村は西洋人に苛立ちを覚えていた。再臨運動の三〇年前に新潟のミッション・スクールを辞任して以来、同時代の語学の達者な日本人に比べ、ずっと少数の西洋人にしか接していない。英語に熟達した者は日本と西洋の緩衝役を担うように訓練されていたので、西洋人と共に過ごす時間が多かったが、内村は同様の訓練を受けていながら、彼らとは違っていた。英語力は特に傑出していたにもかかわらず、西洋人に支配されるのを恐れ、保護者気取りで扱われるのを嫌って、彼らとの接触を避けていた。自己の主体性と尊厳が脅かされるのを即座に察知して、用心深く距離を置いた態度を保っていた。

ある宣教師が内村はクリスチャンでないという理由を一六項目並べ立てると、彼は「戦慄」で震えたという。[16] 宣教師の時代は終わったとする論文をアメリカで出版した折の米社会の反応を彼は『聖書之研究』に報告している。アメリカの記者は自分の意見を「盛んに内村氏の説を攻撃しつゝあり」と。そして「一層深く余輩の責任を感ずる」、読者に祈って欲しいと頼んでいる。[17] 彼が米国の第一次世界大戦参戦を嘆いた論文をアメリカの友人が英訳し、いくつかの雑誌社に送ったが、どこも取り上げなかった。断り状を送る労を取ったのはニューヨーク

『クリスチャン・ヘラルド』誌だけだった。中国にいるアメリカ人宣教師から、中国語の聖書研究雑誌を和訳して日本人に配布するよう依頼されたとき、内村はこれをアメリカ人の典型的な無礼のしるしと受取った。「余輩は堅く信じて疑はない余輩は彼等に何の劣る所はないと、余輩は彼等の友人又は兄弟たらんと欲する、彼等の被雇人たらんことを欲しない(18)」。

以上の例からわかるように、内村は西洋人から尊敬と兄弟愛を受けることを何にも増して求めていた。再臨運動における彼の行動の展開を見ると、一九一八年までに彼がこの求めていたものを一部の西洋人に見出したことがわかる。内村がその日本語力を賞賛していたアクスリングと共同で講演会を開くことになったのは、共に働く者として受け入れられた証拠であった。スイス人の宣教師が内村の家を訪ねて再臨について議論しているし、ハリス家への招待を内村は常に受け入れていた。

一九一九年春、内村は定期的に西洋人と共同で伝道を行った。伝道のような仕事の場合、宣教師と日本人伝道者が共同で行うのは当然のように思われるかも知れないが、実際にはあまり例がない。内村は長年、人種差別に抵抗していたので、このように一時的に協調したのは大きな変化である。

外国人と気楽に付き合うようになって、内村は宣教師たちを個人として見ることができるようになった。彼らの中にも個人差があり、彼と意見が合う者もいればそうでない者もいる。第一次世界大戦への米国参戦を罪と考えるアメリカ人もいた。このようなアメリカ人は内村と同じ信念を持っていたので、彼は米国を批判するのを止める一方、米国の方が道徳的に優れているという考えも変えた。当時のアメリカの偉大な指導者ウッドロウ・ウィルソンもジョン・デューイも、内村を失望させた。労働大会でウィルソンが真の平和は戦争に勝って初めて訪れると述べたのは、以前に彼が掲げた理想に反していた。内村は自分が再臨思想を信じるに至ったのはウィルソンの米国参戦決定の結果だったと、日本を訪れていたプリンストン大学教授に語っている。「教授は驚いたが、プリンストンのＯＢで学長も務めたウィルソンがそのような理由で私を再臨思想に導く媒介となったと知って快く思わなかった」[19]。デューイの民主主義の倫理面に関する講演は薄っぺらなものだった。「若し余が日本語を以て同じ事を述べたならば聴衆は大なる不平を漏したであらう、然し乍ら博士は米国現今の第一位を占むる哲学者であると云ふので今回交換教授として我国に渡来したのである」[20]。アメリカ人と接触するようになって彼らに個人的には温かみを感じるようになったが、米国もその指導者たちも日本と日本のクリスチャンを導くことはできないという考えは増すばかりだった。

しっかりしたモデルがなくなったことで、内村の将来に対する不安は増した。以前はアメリカ人の個人や指導者に苛立ちを覚えても、カーリンやシーリーを思い出して安心感を覚えていた。アメリカを偉大な国にした高遠な理想に忠実なアメリカ人は、今でも少数ながら残っている。彼らの敬虔さと信仰が、伝統の浅い日本のキリスト教と神との間の仲介役を務めている。ベルや何人かの宣教師がその伝統を続けているが、その彼らもアメリカが精神的指導力を失ったことには同感だった。一部のアメリカ人が内村に指導権を託したのは、内村と日本人が信仰を生かし続ける責任を担ったことを示している。

こうした考えがどれほど内村の動機の背後にあったかわからないが、彼が戦争に対する日本の反応を懸念していたのは事実である。ルター記念講演の一か月前に出た論文の中には、宗教改革の精神で行動した国々は最も賞賛すべき指導者を出し、世界文明に最大の貢献をしているとある。ドイツ、オランダ、スカンジナヴィア、スイス、スコットランド――みな、偉大な人物を輩出した。ラテン諸国は沈滞している。いずれの例に倣うかは明白だと結論に強調する。

嗚呼我が日本よ、汝はキリストの福音を如何せんとする乎、北欧諸邦の如くに之を迎へんとする乎、或ひは南欧諸邦の如くに之を斥けんとする乎、独逸たらんと欲する乎、伊太利たらんと欲する乎、蘇格蘭たらんと欲する乎、西班牙たらんと欲する乎、今やルーテル、カルビンの唱へし福音は汝に提供されつゝあり、而して汝の選択如何に由て汝

の永遠の運命は定まらんとす、此世界的大記念日に際して我は復又熱誠を罩めて汝の為に祈らざるを得ず。(21)

日本のために「熱心な祈り」を捧げる過程で、国家への思いは彼自身の役割に、そして彼の将来へと変化しているのがわかる。日本の使命への気遣いは、内村自身が地上で神の使命を促進するために行動せねばならぬという認識に発展する。この新しい役割は、た易く着手できるものではないし、これを以前の同僚に納得させるのも容易ではない。一九一八年夏、札幌に旅した際は、三日連続で講演をし、それぞれ三〇〇人から四〇〇人の聴衆を集めた。キリストの再臨を科学的に説明した第三夜の講演が最も困難であった。聴衆の中には札幌の学生時代からの知り合いの科学者もいた。「余は未《いま》だ曾《かつ》て斯《か》かる難題を課せられたる事はない、然し聖霊は余を助け給ひたりと信ずる、基督再臨は迷信ではない」(22)。その直後、軽井沢に赴くが、別の批判的な聴衆である外国の宣教師たちは彼の考えに同意した。

内村は強調点を変えた新しい伝道方式がこうして異なったグループから認められたので、その内容について記録を残す価値があると考えた。札幌旅行でも軽井沢旅行でも従来通り、後に出版するために旅行記をつけていたが、軽井沢の講演が成功した後は、旅行に直接関係のない内容も含めた日記を付け始めた。最初は「実験」と呼んでいたが、結局、死の六日前に病気で書けなくなるまで続けている。『全集』の二巻を占める一七六五ページの日記は、第一次世界大戦末から満州事変勃発直前までの出来事に対する一人の思索的な人間の反応を知る貴重な資料で、内村がこれを出版に値すると考えたのは正しかった。一九一八年秋、日曜の公開公演を続け、その後大集会を開く決定をしていることも、自らの仕事に新たな自信を抱いたことを示している。

内村は『聖書之研究』が時事問題についても発言すべきだと考え、「聖書と現世」と題する新しいコラムを設けた。最初の記事は国際連盟に関するもので、この新しい国際機関は個人の罪について成すべき計画を持たぬため、平和をもたらすことはできないだろうと預言している。戦争の原因が人間の心に存する限り、国際会議を行っても平和は期待できない、というのである。

穏やかな言い回しではあるが、いかに温和であれ、この発言は危険な要素を孕んでいる。内村は警察に呼ばれ、コラムが政府の政策批判だと警告された。最初は抑圧に屈し、「永遠の聖書を研究せんと欲する者が何も必しも時事に就て語るの必要はない」と諦めたが(23)、数週間後、一〇〇〇円の保証金を積み、時事問題を論じ続けた。彼が出版するものを当局が公共の利益に反すると解釈すれば、保証金は没収される。「我等は此世の事に就て論じたくはない、然れども来らんとする神の国に就て論議するに方《あたつ》て時には此世に就て語るの必要がある……故に預言研究に従事するに方て時事問題を避くることは出来ない(24)」。一五年前に内村が非戦論を公言した時に比べ、反対者に対する政府の態度がいかに変化したかを示すよい例である。保証金を払った後は、官憲から反逆のレッテルを貼られる可能性を恐れて、内村は一つ一つの言い回しに気を配るようになった。

内村は今や、預言および預言者としての自分自身について熟慮し、読者に預言者の人格と偽預言者について教えた。人格の偉大さに加え、単独で働きたいとする願望と同世代の人々を解放する能力が、預言者を識別する。このように預言者は「儀礼に重きを置く儀式家《リチユアリスト》、文字を争ふ神学者の正反対に立つ者であつて、活きたる神に最も近く立つ者である(25)」。預言者はまた次の者たちからもはっきり区別される。すなわち偽預言者、神の国を築くために軍国主義を提唱する愛国主義者、「キリストの福音を宣《の》ぶると同時に軍備拡張の必要を唱へ、……善人ならんも『誣《いつは》りて』福音を説く者である、キリストの福音の精神は彼等の取る主義精神とは其根本を異にする、人は善意を懐《いだ》けばとて偽善者たるを免かれない(26)」。彼ら自身は「悪人ではない、国家の利益のために神の正義を曲る者である(27)」。

過去において内村は、「予言に類する余の言の稍々《やや》適中しつゝあるを見て、余の故国のために甚だ悲むなり(28)」と認めてはいるが、自分が預言者であることは否定していた。しかし今や、「預言研究」に従事していると認めながら(29)、彼自身が旧約の預言者のようになっている。預言者アモスを紹介し、彼の言葉が欧州諸国、特にドイツに当てはまると述べた後、「然れども最後に汝等日本人よ、汝等に果して罪なき乎、汝等の富豪と政治家との堕落は如何、官吏社会の腐敗は如何、……同じ神は同じ罰を以て汝等にも亦臨み給ふであらう」[30]。徹夜でこれを書きながら、「旧時の憤慨」[31]はなく、彼は若返ったように見えた。

一九一九年元旦に内村は数えで五七歳になったが、年を感じていない。「否な、余の事業は今始つたやうに感ずる、今日までが長い長い間の準備であつた、而して今からが仕事《しごと》である」[32]。息子祐之が野球のピッチャーとして活躍しているのは自慢だった。祐之は父が三〇年近く前に不敬事件を起こした第一高等学校で学んでいた。祐之のチームが最初のゲームに勝つと、父親は大声で「万歳」と叫んだ[33]。祝いの食事を命じ、読者が祝辞を送ると礼状を書いた。東大の学長をしていた友人宅を訪ねると、学長の息子が父の後から付いてきて「内村投手のお父さんですか」と叫んだ[34]。

内村は思わぬところからも敬意を受けた。日本語を話す中国人実業家が内村の『求安録』に感銘を受けてクリスチャンになり、自分の教会を建てたという話を聞いた。真言宗の雑誌の記者が内村の著作に「満腔の同情」を覚え、「永き間遑々乎《こうこうこ》たりし自己の心裡に一点の燎火を与へられ、自己の奉ずる宗教と経典とに対する新しき眼の開かれたる」と感謝した[35]。なかんずく重要なのは、一九一八年秋、新しい連続講演がまさに始まろうとしていたとき、弟子たちが内村の伝道を補佐するために柏木兄弟団を組織したことである。日曜講演の後、短い結団式が行われ、八〇数名が会員になった。兄弟団は内村に献身的で有能な若者を提供し、彼らは理事会兼ビジネス・マネジャーのような役割を果たした。

このような支持を受けて、内村は満足した。北米旅行に彼を招く善意の招待も断り、長年の友人がアメリカに向けて出発しても羨むことなく見送った。

＊　＊　＊

弟子たちは団結して内村を助けたが、疑念を抱く者もいた。再臨の話に伴う感情主義に反対したのである。通常の講演会と柏木兄弟団が新しい宗派になるのではないかと心配する者もいた。内村自身も過度の感情主義を警戒し、冷静になるよう努めたが、新しい宗派が形成されるとは考えなかった。宗派は分離を促すものだが、再臨は統一に向かうと考えた。東京大会についてベルに報告したとき、彼が強調したのは多様から生れる統一のテーマだった。

東京の預言的大会はそれなりに大成功でした。スペイン風邪が大流行しているにもかかわらず、何百人もが集まりました。英米の宣教師たちも大勢参加しました。最も注目すべきは日本の兄弟姉妹がすべての費用を負担し、外国人参加者は丁重にゲストとして扱われたことで、これは日本におけるキリスト教伝道史上初の試みです。再臨信仰はすばらしいもので、国家間、宗派間の壁を取り払い、キリストにおいて我々を一つにします。教会の統合という困難な問題を見事に解決してくれるのは、再臨信仰以外にありません。教会が正式に統合される前に、同じ希望を分かち合うすべてのクリスチャンが一つにされるのです。(36)

この言葉に、内村が再臨信仰をどのように理解していたかが表れている。ドラマ的感覚に頼って、彼はこれまで蓄積してきた知識を大聴衆に感動的に提示する新しい方法を見出した。歴史に影響を及ぼすことができると考えて意気高揚した。しかし、この確信に時たま疑念が入り込む。一九一九年、彼の『全集』第一巻〔訳者注　一九一九年、東京警醒社書店から出版されたが、内村鑑三が出版社に刊行中止を申し入れたため、第一巻だけで中絶した〕の校正をしているとき、彼は日記に記している。「若し余の教会があるとすれば余の著書である」。(37) 教会の問題は再び持ち上がり、教会をめぐる問題が結局、再臨運動を終わらせることになった。

教会の問題は、短期間で廃刊となった雑誌『無教会』に端を発する。時が経つにつれ、教会は柔軟性を欠いてきた。「教会若《も》し神の教会ならん乎《か》、是れオルガニズムにしてオルガニゼーションにあらざるなり、生命の形成する有機体にして人為の構造する体制にあらざるなり、……聖霊の組織する生物……宗教家の編制する制度にあらざるなり」[38]。ところが現在、逆の現象が起こっている。だから教会は必要ない。「救はるゝと否なとは教会と教儀と儀式とに何の関係あるなし、我等は救はれんがためには単にキリストを信ずれば足る、教会は全然之を無視して可なり」[39]。危険なのは日本人が教会クリスチャンになり、教会と聖職者に付き物のあらゆる問題に悩まされることだ。「聖職者は聖職者、みな貪欲な連中だ」[40]。

内村の批判は以前より辛辣さを増しているが、まだ脅威にはなっていなかった。指導的立場にある牧師たちは内村を昔から知っていて彼の能力を評価していたし、彼の業績と彼らの教会には互いに補い合うものがあった。『聖書之研究』は教会出席を補足するものだった。内村は彼のグループに入りたいと願う人々に、所属教会にも留まっているよう促した。彼の講演は日曜の朝だったので、彼らは結局、何れかを選ばねばならなかったし、彼の講演の水準が高いので、彼のグループに入るのを諦める者も多かった。

内村が他の牧師たちに脅威を感じさせた最初の行為は、指導的牧師たちが講演をした同じ日の遅い時間に同じホールでルター記念講演を行ったことである。彼らは三〇年以上も内村の友人で同僚だったが、彼らが準備した講演計画のリストに内村は含まれていなかった。ルターの快挙を祝う彼らの行事の顔ぶれから、彼は冷淡にも見落とされていたのである。内村がこれを単なる見落としではなく侮辱と受取った証拠に、彼はまずハリスに、次に平信徒の指導者に、彼の講演会の司会を頼んでいる。二人に断られ、再度断られるのを恐れて、三人目に頼むことは断念した。内村自身はルター記念講演にすべてを賭けていて、他の牧師との関係については何も述べていないが、他の牧師たちには彼の行動が教会への挑戦と見えたかも知れない。少なくとも彼らはエキセントリックな同僚の見事に成功した伝道運動と考えたであろう。

一九一九年初めの日記に内村は、大講堂で講演をすることにした結果、彼の影響力が大いに増したと記している。『聖書之研究』の出版部数は一年で二五パーセント増え、三〇〇〇部に達した。競争者が『聖書之研究』を真似た雑誌を山口で出し始め、内村の聖書講演会の出席者は三〇〇人から六〇〇人に増えた。聖書の講演は午後に開かれ、希望者は誰でも出席できた。クリスチャンは日曜日一日中信仰に関連した活動をしていたので、内村の講演会の中には午前中、他所の礼拝に出てから来る者もいた。岩波書店は、再臨に関する内村の最初の講演集の広告に『万朝報』と『毎日新聞』の賞賛的書評を載せ、教会へ行くよりもこの講演集を読み、その後は毎週、この著者の講演を聞き続けてはどうかと勧めている。広告の内容は内村の考えに近かったので、牧師たちは内村の手が入っていたと思ったかも知れない。

最初、牧師たちは教会に対する内村の態度に反対していなかったが、彼の再臨観には即座に攻撃の矢を浴びせた。内村は彼に反対意見を書き送った日本人および外国人のキリスト教界指導者九人の名を挙げている。中でも有名なのが本郷組合教会牧師海老名弾正であった。この教会の会員には東大教授吉野作造のような知識人もいた。三〇年前、内村は海老名の安中教会を訪ね、最初の妻タケと出会っている。海老名は内村の「後世への最大遺物」講演で司会を務めているし、内村の父の葬儀を執り行ってもいる。タケとの離婚の気まずさも乗り越えて二人の友情は続き、互いに相手の能力を認め合う仲であった。しばしばキリスト教信仰について議論もしていた。その後一九一八年、海老名はついに彼の雑誌『新人』で内村と対決している。海老名は米国の第一次世界大戦参戦を賞賛した。「自由のため人道のため、世界平和のため鋒を取ったのである。……『征服』に対する『勝利なき平和』。其処に何の非難があらう」。さらに再臨信仰を「ユダヤの遺物」と特徴付けている。[41]

批判者は海老名だけではなかった。青山学院の神学教授も、内村が高く評価していた自筆の再臨論文を「不道理なり不必要なり有害なり」と片付けた。[42] 再臨に関するあくどい討論から見れば、こうした批判は過度に厳しいものではなく、そのまま収まる可能性もあった。内村は、彼が「尊敬し、共感も覚えていた」教授がこの批判により自分と不仲になったことを悲しんでいる。だが、議論はここで収まったわけではない。

毎週講堂に集まる大聴衆に刺激されて、内村の言葉には磨きがかかっていった。講演者としての内村を描写した人々は一様に、聴衆が彼の言葉を熱心に聴いていたと述べている。再臨講演で初めて内村に出会った一人の弟子が覚えているのは、「おそろしく色の黒い、頬骨の高い、険しい顔をした、痩せた長身の人」で、まさにカリスマ的存在であった。[43] 彼の講演をわざわざ聞きに来た人々は、最初から彼の言葉を受け入れる心積もりができていた。他所の教会の礼拝に出ている人々は、内村の言葉に触発された質問や疑問を自分の教会に持ち帰った。内村の言葉が教会員に影響を及ぼすので、牧師たちは苛立ちを覚えた。

聴衆が感じた不安とは、例えば再臨信仰にまつわる恐ろしい状況を内村が劇的に描く結果だった。「もしキリストが今日、ここに現れたらどうなるか」。三月九日の講演で内村は賢い乙女と愚かな乙女の例え話（「マタイによる福音書」二五章一―一三節）を初代教会と結び付けて話した。一人一人の乙女はそれぞれの教会を表し、教会は発展して花婿であるキリストの帰りを待っていた。時の経過とともに信仰の熱は冷めていった。

> 然るに夜既に更《ふ》けて暗黒其の絶頂に達し将《ま》さに明け初《そ》めんとする頃「新郎来りぬ」との声は響きて、均《ひと》しく眠れる童女等の中智き者と愚かなる者とは判然相分たるゝのである、キリスト再び来り給ふ時教会は劃然二個に区別せらる、聖霊の油を有する者と之を有せざる者と、二者は左右に区別せられ、而して前者のみが彼を迎へ得るのである、再臨を嘲る者よ、汝等之を嘲るは可なり、然れども若《も》しキリスト果して再臨して此処に立ちたらば如何、其時之をユダヤ思想なりと言ひ得る乎、其時は神学も教職も教派も何の用あるなし、唯《ただ》彼を迎へ得る乎或は迎へ得ずして周章《しうしやう》狼狽《らうばい》する乎二者其一あるのみである、故に再臨信者は曰ふ、再臨の時迄待たんと、教会の真偽は其時に至て判明するのである。[44]

三週間後の三月三〇日に始まる連続講演では、「コリント人への第一の手紙」一五章にパウロが展開する肉体復活説について述べた。ここでパウロはすべてのクリスチャンがキリストの復活を信じていると強調する。内村は問いかける。

今日の教会は如何《いかん》、我等は果してパウロの如くに言ひ得る乎、組合教会にもあれメソヂスト教会にもあれ長老教会にもあれ其教師等皆キリストの肉体復活を宣べ伝ふと言ひ得る乎、又米国にもあれ独逸《ドイツ》にもあれ日本にもあれ其信者等皆此の信仰に於て一致すと言ひ得る乎、若《も》し爾《し》か言ひ得るならば今日の如き諸教会なるもの在るべき筈なし、直《ただち》に一団とならざるを得ないのである、教会の微弱を嘆ずるを休《や》めよ、キリスト我等の罪の為に死し又葬られて三日目に甦《よみがえ》りたる事を堅く信ぜば教会は忽ち活気横溢《わういつ》するであらう。(45)

この言葉に、牧師たちはどのような反応を示しただろうか。

＊　＊　＊

この講演の翌日、ＹＭＣＡが牧師たちに支援を求めて開いた大集会で内村の名前が挙がった途端、会はばらばらになった。内村の大規模な伝道活動が教会にとって脅威になっていたこと、そしてＹＭＣＡが心ならずも内村への反対を促す媒介になったことを示す出来事である。

キリスト教青年会ＹＭＣＡはその三〇年ほど前に設立され、急速に世界中に広まった。プロテスタント教会の中で、青年たちを宣教活動に動員するためにアメリカで始まった運動である。やがて、青年たちが家を離れてから家庭を持つまでの期間、彼らの信仰を維持させようと努める組織に変化した。各支部の指導者たちは信仰を培うことを強調したが、一般には若者たちが酒やセックスの誘惑に晒されることなく活動できる場を提供する機関と目されるようになった。清潔な宿泊施設、体育館、集会室を備えた立派な建物が世界中の都市に現れた。

ＹＭＣＡの広範囲な成功は、その設立者たちが真に必要なものを認識していたことを物語る。

東京のＹＭＣＡもすばらしい設備を備えていた。大講堂は特に立派で、一五〇〇人を収容し、一九二二―二三年にアルバート・アインシュタインが東京で講演を行った際にも使われた。キリスト教界の指導者たちも、大きな講演会をここで開いていた。

ＹＭＣＡの設備が優れていたので、ＹＭＣＡの幹部は主だった牧師たちをここに招待し、ＹＭＣＡの計画を議論することにした。諸教派共通の機関であるため、教会間の競争の対象になる可能性もあった。牧師たちはそれぞれ自分の教派の教義や伝統に強いこだわりを持っていて、所属教会の若者の中に、母教会を離れてＹＭＣＡに入り、急速に信仰を失っていく例を見ていた。設備に投資するよりも、よいプログラムにお金を使うべきだったと考える牧師も多かった。加えて、ＹＭＣＡの宗教教育は教派間の違いを視野に入れていないので、どこの教会の教えとも完全に一致することはなかった。宗教教育プログラムに関して各教会の同意を取るのが困難なため、設備に力を入れる方が容易だったのである。

設備に重点を置いているとの印象を払拭するために、ＹＭＣＡの幹部は一九一九年三月、一二〇人の牧師を会合に招待した。長老派のリーダー植村正久は、その模様を彼の出している雑誌『福音新報』に記している。九〇名ほどの牧師がＹＭＣＡ側の二〇名と会った。理事の一人がＹＭＣＡの諸活動を紹介する中で内村の講演会にも触れ、牧師対象の聖書研究会を内村に依頼することも考えていると述べた。

正式な話し合いが行われ、理事長が伝道強化の呼びかけをした後、参加者は食事を共にした。食事の間に組合派のリーダー小崎弘道が、無教会の提唱者である内村をＹＭＣＡのプログラムに入れるべきかと疑問を提示した。組合派のある教会は、教会員が内村の講演を聞いた後、つぶれてしまったという事実がある。その内村にＹＭＣＡが宗教教育を依頼する一方で教会の支援を求めるのは矛盾ではないか、というのである。この時点で「まるで蜂の巣を突いたように」全員がしゃべり始めた。理事長が介入し、明らかに半数を超える内村反対の意見を尊重すると約束して初めて収まった。内村が教会をつぶしたか否かはさておき、彼が論争を引き起こしたことについては全員が一致した。客が去った後、ＹＭＣＡの幹部は、自分たちのプログラムを強化してくれた人気ある講演者を沈黙させなければならないという、思いがけぬ事態に直面した。

内村は旧友で理事の一人だった伊藤一隆からこの会合の話を聞いた。伊藤は内村を支持し、理事会で内村支持の発言をした後、彼に同情して理事を辞任した。内村は主だった弟子たちと相談した。彼らは柏会のメンバー二〇人で、全員、それぞれのキャリアの最盛期にあった。ＹＭＣＡの代表たちと和解の会合を開いた後、彼は自ら身を引くことを拒み、日曜研究会で次第に教会批判を強めていった。内村を支持した新聞は少なくとも六紙あり、その中には『時事新報』『万朝報』『東京朝日』、内村の友人山縣五十雄がソウルで出していた英字の *Seoul Press* があった。内村は中田重治と共にＹＭＣＡでキリスト教界革正大講演会を開く予定を立てた。これには一七〇〇名の参加者が予測された。

大講演会で内村はキリスト教界を改革する必要を説いた。日曜の集会では公の議論はせず、純粋な聖書研究会を行ってきたが、講演会は教会問題の背後にある状況について語る機会であった。信仰生活四〇年の経験から、日本人はキリストの教えを願っているにもかかわらず、教会も神学校もこの必要を満たしていないことがわかった、と彼は説き、さらに続ける。一教会の会員数は平均二〇人、神学校では教授の数が学生数を上回る。教会内に異端や推論が横行して、信仰熱を高めるどころか冷ましてしまう。教会の指導者たちは聖書が神の言葉であることを疑う。宣教師たちは私の信仰が教会の指導者たちの信仰よりも正しいと考えながら、それを口にはしない。これ以上の異端があるだろうか。教会はまた、世俗化している。例えば昨年、世界日曜学校会議を支援するために、教会は大隈重信（一八三八―一九二二）や渋沢栄一（一八四〇―一九三一）といった無信者の有名人からの寄付を受取っている。これが世俗化でないと言えるだろうか。「信者は何れの教会に属するも可なり、然れども願はくは異端を信ずるを罷めよ、願はくは貧しと雖も清き生涯を送れ、而して温き愛を以て一団となり以て俗化せる教会の革正に力を尽せ、之れ実に余輩の切望である」。(46) 内村は不可知論者で大きな影響力を持つ大隈や渋沢と同列に、教会の指導者何人かも特定している。これほどはっきりと自らの見解を公言したことはこれまでなかった。彼の意見に反対する者たちは行動を開始した。中田は内村がＹＭＣＡから追放されたのは、この講演の結果であったと知った。

講演会の翌日、内村は二日間の休暇を取り、妻と共に岩波書店のゲストとして箱根で過ごした。岩波は前述『内村全集』の第一巻を出したところで、その中には『基督信徒の慰』の第一八版が含まれている。この二日間は静子との結婚生活二七年で初めて取った休暇で、人生は「苦しみ多くして楽み少くある」と内村は振り返っている。(47)

この講演会からちょうど二週間後、ＹＭＣＡの代表が内村家を訪れ、一年間の契約を結んでいたにもかかわらず、内村はその日以降、ＹＭＣＡ講堂を使えないと伝えた。新しい会場を知らせるためにもう一度だけ使うことさえ不可能だった。内村と弟子たちは直ちに相談して、丸ノ内大手町の大日本私立衛生会講堂を新しい会場として確保し、六〇〇〇枚の葉書を弟子たちに送ってこれを知らせた。内村は「久しぶりに安眠した」と述べている。次の日曜日、内村は新会場で講演を行い、「福音終に丸ノ内に入る、其先鋒の名誉に与《あずか》りし者は余輩である」と勝ち誇った。(48)

専用のホールを確保した内村は遠慮なく議論に打ち込んだ。神学上の論争は個人攻撃になりがちで、動機を非難したり能力不足や不誠実を責め立てたりする。内村はこの戦いを楽しんだ。弟子に編集上の補佐を依頼する手紙に彼は書いている。「諸教会の攻撃盛にして愉快此上なく候、福音のために弁ずるは今日此時に有之候、君が独り読書に由りて君の立場を定めんと努めずして直に来て我等と戦場に立たるゝならば光明は自から君に臨むならんと存候」。(49) また英語で次のように書いている。「時は困難である、日は暗くある、教会は腐敗して居る、牧師は寝《ねむ》つて居る、然れども神に感謝す　国民は福音の光に目醒《めざ》めつゝある、神は日本国を御自身の有《もの》として要求し給ひつゝある、……教会と其雇教師《やとひけうし》の手を経ずして。……日本国は全然独立して彼女自身の子等に由りて基督教国と成りつゝある」[50]。内村は長年鬱積していたエネルギーを発散させた。辛辣な表現は、内村を日本の指導者という新しい地位に押し上げていた。

戦いを通り抜け、彼は今や従来のキリスト教思想に代わるものとはっきり認められる新しい解釈の最前線に立ち、信奉者を従えていた。会場に溢れるほどの聴衆が最初の講演会に集まった。献金は一〇六三円に上ったが、それは中流のサラリーマンの年俸に匹敵した。

人目につく活躍を始めた結果、内村の知名度は上がった。前述の一巻限りで中止となった『全集』第一巻の初版は一週間も経たぬうちに売り切れ、一か月の間に三版を重ねた。かつて不敬事件で辞めざるを得なかった第一高等学校からも講演を依頼され、弁論クラブのメンバー三〇〇人の前で「新武士道」について話した。全国的に有名な他の宗教界指導者たちと共に内務大臣との会合に招待されたこともあった。

こうした状況下で「無教会」に対する理解は具体化していった。無教会という表現は内村が一八九二年、信仰の状態を示す言葉として初めて使ったものだが、その後彼の考えを系統的に展開することはなかった。一九〇一年から一九〇二年にかけて発行された雑誌『無教会』はその定義を試みて、「教会《きやうくわい》の無い者の教会」としている[51]。雑誌が廃刊となった後も何年にもわたり、「無教会」は名詞としてよりも形容詞として使われることのほうが多く、無教会主義とか無教会信者という風に使われた。ＹＭＣＡにおける議論でも然り。プロテスタントの指導的牧師たちに対する攻撃の宣伝にこの言葉が現れたのをきっかけに、内村の考えを信じて彼を弁護するクリスチャンのグループの呼び名となった。見解よりも信者のグループを指すようになったのである。無教会のメンバーは他の小規模な教派の信者と共通する態度を多く分かち合った。内村の晩年はこのグループのメンバーとの関係を中心に推移していく。

再臨講演を始めてから一七か月後、内村は毎週何百人もの聴衆を引き付けてきた連続講演の会場を、数日間の予告で前述の新しいホール大日本私立衛生会講堂に代えた。このように実際問題に即座に対処することができるようになったことは、新しい信仰が彼の生活にもたらした変化を示している。今や彼の下には極めて有能な信奉者のグループができていた。彼がより広範囲な聴衆を求める契機となった再臨教義は依然、彼の考えの中心ではあったが、他の関心にも目を向け始めた。従来行っていたように、聖書全体を研究し、その成果を人生に当てはめるという仕事も開始した。

＊　＊　＊

最初から再臨講演に引き付けられて来た人々はその後も彼の下に留まった。ほとんどが中流のインテリ階級で、民主主義の理念に献身していた。高学歴で合理的な考え方をする人たちが内村の再臨教義を容易に信じたことは理解しがたいが、それは内村が再臨の時と場所を予告することを固く禁じ、ただ信じて、それに伴う責任を果たすよう努めるようにと説いたためでもあった。西洋の多くのクリスチャンは再臨を信じるべき根拠にこだわったが、日本の信者はこれをそれほど重要視していない。そもそもキリスト教の教義を信じること自体が、日本の社会の基準を大きく飛び越える体験だった。米国では再臨運動に続いてスコープス裁判が始まり、聖書の字句通りの解釈と合理的な解釈をめぐって米社会を二分しているが、日本では再臨運動をめぐって同様のことが起こることはなかった。ほとんどの日本人にとってこのような問題は大して重要な関心事ではなく、再臨教義の論理を未来に対する特定の予見に適用させようともしなかった。一九世紀米国のミラー派信者（Millerites、再臨説を唱えたウィリアム・ミラーの信奉者）を真似る者もいなかった。ミラー派信者は最後のラッパが鳴ったとき天に引き上げられやすいようにと、昇天用の白い衣を纏って納屋の屋根に上り、忍耐強く待っていたのである。

再臨に関連して、日本の二人のキリスト教界指導者と内村とを比較してみよう。一九二〇年代、最も有名な日本人クリスチャンは伝道者で社会改革者の賀川豊彦であった。彼の著作とスラム街の住人および労働者のための行動は広く尊敬を集めていた。ジョージ・ビクルはその著書『新しいエルサレム――賀川豊彦の思想におけるユートピア的側面』において、賀川の主要な業績は彼の存命中にこの地上に「新しいエルサレム」を建設しようと試みたことであると述べている。[52] 賀川はいわゆるポストミレナリアン（後千年至福説信奉者）に属するとビクルは考える。キリストはすでに再臨していて、至福の時代は人間の努力で徐々に到来するとの考えである。人間が注意深く合理的に社会計画を立てれば、地上に神の国を建設することができると信じて、その目的のために賀川は計り知れぬ才能を行使した。

賀川の見解はプリミレナリアン（前千年至福説信奉者）であった内村の思想の中の重要な面を一つ欠いている。それは未来のある時点ですべての人間の生涯が公平に裁かれる最後の審判の概念である。審判は不可避でその時期は予測できないので、倫理的決断一つ一つが天国のロシアンルーレットのようなものになる。最後の審判では信仰が何にも増して評価されるので、クリスチャンは社会改革よりも伝道を強調しなければならない。救われるためにはまず信じ、その信仰を保持しなければならない。内村は行いよりも信仰を強調し、賀川は行いを強調した。

中田重治の体験も内村の場合と対照的である。一年間にわたり、二人は共に大規模な伝道活動を熱心に続け、その後のキャリアの基を築いたが、二人の進路は異なった。中田はホーリネス教会を設立したが、内村は伝道の成果を組織に変えることはしなかった。自称無教会の信者たちのその後の動向に阻まれて、彼の試みは実現していない。概念から始まったものが組織化されるのは人間界の常である。[53] しかし、無教会をめぐっての組織の問題が表面化するのは一〇年後のことである。一九一九年、新しいホールを確保した内村は、聖書を一書ずつ取り上げて連続講演を行った。これをまとめたものは、聖書の個々の書について日本語で書かれた最も詳しい解説となっている。

第一二章　聖書と日本

一九一九年から一九二三年まで、内村は弟子たちが探してきた新しいホール、大日本私立衛生会講堂で講演を行った。彼の最も有名な聖書注解はここで発表され、後の「無教会」も徐々に形作られた。新会場の建物と初期の無教会の紹介に続き、講演そのものの分析を行うことにする。

大手町の大日本私立衛生会講堂は皇居の東、内務省の向かい側にあり、第二次世界大戦後は電話会社の所有となった。内村はこの建物を比類なき堂々たる「ドイツ式建築」と描写している。写真を見ると三階建て、四隅の丸い正方形で、外装は石作り、屋根の上にはドームがあり、その窓から光と空気が入る。「豪奢な」円形階段を上ると一階の入り口に到達する。(1) 講堂に大きなピアノを入れたが、これを運び込むのに八人掛かりだったという。自慢のピアノでドイツ製だった。内村はこれを旧約聖書の「詩篇」の作者たちが主を誉め称えるのに使った竪琴になぞらえた。ＹＭＣＡ講堂よりも明るく換気もよいこの大講堂で、七〇〇人が神を礼拝することができた。内村は五九歳から六三歳までの四年間を、生涯の「最高潮」と呼んでいる。(2)

こうした優雅な雰囲気の中で、内村のグループは都心での福音伝道を誇らしげに続けた。東京駅から皇居に至るこの地域で、財界のリーダーたちは国の経済を動かしていた。何世紀もの間、当局は仏寺を郊外に追いやっていたので、都心に宗教団体がやってくるとは予期していなかった。ここに場所を確保できたことは無教会の誇りであり、キリスト教が日本で栄えるだろうとの自信を強めるものだった。立派な講堂で、講演者は熱心に語り、聴衆も自ずと注意を集中させて聞いた。内村の講演は後々まで記憶に残る充実したものとなった。

新しい講堂で、内村は再び聴衆を支配することができた。再臨講演を聞きに来た大衆の中には、差し迫った運命を預言する広告に引かれ、ふらりと入ってきた者もいた。大日本私立衛生会講堂に落ち着き、聖書注解の新しい講演を始めてからは、講堂の高い使用料を払い、講演の効果を最大限に生かし、出席者の相互交流を可能にするためにも、何らかの組織を作る必要が生じた。ピアノが芸術的効果よりも敬虔な賛美を促すように、講堂の雰囲気も講演も、神のさらに大いなる栄光を称えるものであるべきだと内村は強調した。

内村の著作の人気は続き、大勢の人々が新しいホールに集まって、一九二一年までに会員制度が確立された。以後、グループへの明白な帰属意識が内村の集会の特徴となり、これが弟子たちの集会にも引き継がれているので、最初のグループの特徴は詳述に値する。

内村は聴講者の条件について強い拘りがあった。『聖書之研究』を一年以上購読していること、会費を定期的に払うこと、三か月以上欠席すると会員権を失うこと、真剣な講義に相応しい服装をすること、講演の前二時間は講演者の邪魔をしないこと、完全な静粛を守ること。講演は聴衆全員のものであり、個人的な用件で講演者の注意を奪うと、後に続く講演が聴衆全員に及ぼす効果を損なう。一〇歳以下の子供を連れてくることは「子供には迷惑、他の聴衆は注意散漫となり、講演者には大きな障害となる」。批判や嘲笑を目的とした出席は集会の進行を損なうため、新聞記者は自己修養のための出席でない限り入場禁止。最後に、「各自相応の寄附を為す積りで御出席なさい、無代価の真理は真理として存《のこ》りません、聴講無料は講師には無害でありますが聴者には有害であります、代価を払ふて聴《きか》ふと欲《おも》はないやうな講演は聴かない方が可《よ》くあります(3)」。

注文の多い条件だが、入会者をためらわせはしなかった。入会を受け付けた最初の日曜日、五六〇人が応募し、自己申告の会費は月額一〇銭から一〇円で、平均一円二〇銭(4)。最高額の一〇円はサラリーマンの月給の四分の一に当たる。弟子たちは資力もあったし、喜んで支払った。翌月発表された会員数は六五〇人、うち四二〇人が男性で、しかも半数以上は二五歳以下の青年男女で(5)、仏教の僧侶も何人かいた。ピーク時の会員数は九〇〇人。内あった。

村はこの数字を若者たちが彼の講演に引き続き魅力を感じている証拠と見て勇気づけられた。日本のクリスチャンのグループで最大ではないまでも、大きなグループの一つであったし、メンバーは洗練された献身的な人々であった。

高い会費を払っている出席者たちは、雰囲気的にも講演そのものからも満足のいく宗教体験を求めていた。内村はある時、斎藤に案内係の注意点を列挙している。席順は講演者から見て正しいものでなければならない。「前三列には、謹聴する精神と、相当の経歴と年齢と、礼儀のある人を坐らせるようにせねばならない」。一般の聴衆は「ここは私の席である」という占有的な態度をとって特定の席を独占してはならない。「活気緊張」が緩むから。全般的には入室順に前から坐る。自由に坐らせると、最前列と中央を空席にしたまま坐る者が、特に女性の中に多い。エゴイズムからにせよ、誤った謙遜からにせよ、このような習慣は認められない。要するに、すべて聴衆が講演に集中できるよう配慮されるべきである。聴衆が集中すれば、講演の効果は増進される。(6)

礼儀正しい雰囲気を保つために、内村は黒のアンサンブル、すなわちフロックコート、ベスト、ウィングカラー、フォア＝イン＝ハンド・タイ、革靴、ホンブルク・ハットの装いをしていた。毎回のプログラムで彼の前に話をする者たちは、様々な服装をしていた。(7) 時間の浪費は避けねばならなかった。若い講演者の一人が聖書の引用箇所を捜すのに三分もかかると、内村は一〇〇〇人に三分ずつ待たせることは五〇時間の浪費だと指摘した。講演は注意深く構成し、重要な内容を真ん中に、序論と結論はさらりと扱うのがよい。手の動作やユーモアを交えた話し方も効果的だと述べて、パウロが「使徒行伝」二〇章三四節で彼の経済的自立を示すのに両手を用いている例を引いている。細かい点に心を配り、感情の表現を抑えてすべてをきちんと行うように注意したことは、聴衆にも高く評価された。

内村の講演は、まず全員が支持するような内容の言葉で始まり、聴衆が頷いて同意を示すと彼は最初の言葉を翻し、一般に受け入れられている見解の弱点を指摘して、それに代わる彼自身の見解を示す。講演を聴いた者たちは、このテクニックが成功したと回想する。志賀直哉は、これにより居眠りをしていた人たちが目覚めたと述べている(8)。

聴衆が彼の言葉に一心に聴き入ると、彼は活気づけられると同時に疲れも感じた。「日曜日の講演には諸君は一生懸命である。したがって、私も全部を投げ出して諸君に与える気になる。月曜日には非常に疲れるが、何のためか判らなかった。これは注意して聴く諸君に、自分が持ってゆかれるためであることが判った。私が話をしても無関心で聞いている人に対したときは少しも疲れない(9)」。

会衆の組織はしっかりと固まってきた。メンバーは多くを提供し、強い帰属意識を持つに至った。グループは多くの点でプロテスタント教会に類似していた。午後の集会がすべて午前に取って代わられると、類似点はさらに増し加わった。午後に行われていた頃は、メンバーの中には午前は別の教会の礼拝に出席し、午後、内村の講演を聴きに来る者もいたが、今や彼らは何れかを選ばねばならなかった。内村は事実上、既成の教会と和解することを諦めたのだった。

大日本私立衛生会講堂で内村が行った聖書注解講演は、彼の生涯で最も重要なものとなった。内村は米国留学時代に聖書の研究を自らの天職と考え、著述家として出発した最初の六か月間に「ルツ記」の注解を出している。続く三七年間の著述家人生で、聖書の六六書をほぼすべて分析した。例外はすべて旧約聖書で、「ネヘミヤ記」「雅歌」「哀歌」「ヨエル書」「ミカ書」「ナホム書」「ハガイ書」「マラキ書」である。内村の聖書研究は今日でも、単独の著者の手に成る日本語聖書注解書としては最大規模のもので、その中には「創世記」「ヨブ記」「詩篇」「イザヤ書」四福音書、「ローマ人への手紙」などの詳細な分析がある。「ヨブ記」「ローマ人への手紙」および四福音書の研究は最初、大日本私立衛生会講堂の講演として準備されたものだった。

こうした長編の連続講演に先立ち、内村は一九二〇年、「ダニエル書」に関する短い連続講演を行っている。これは講演の形式を実験する機会となった。「ダニエル書」に表明されている歴史観は終末に対する新約聖書の姿勢を理解するのに重要だと彼は述べる。[10] 彼はまた、「ダニエル書」がクリスチャンの予期すべき苦しみを伝えている点で重要と考えていたと、山本泰次郎は回想する。[11]「ダニエル書」を終えるとすぐ、内村は「ヨブ記」と「ローマ人への手紙」に進むが、この二つは一九二〇年から一九二二年にかけての彼の講演の核心を成し、一九二二年から一九二五年の四年間で完成された『キリストの生涯』と共に、内村の円熟した方法を示している。以下、これら三つの作品から抜き出して評し、続いて「ホセア書」の注解の抜粋から、内村の聖書注解と若き日の体験との関係を示そう。

内村は当時世界で進められていた聖書分析の精巧なテクニックは使わず、聖書の中の人物が信仰を持って生活した体験を強調することにより、聖書を生き生きと伝えている。彼自身の体験にも言及して、聴衆がその体験を自らに適用するよう促すようなテクニックも使った。以下に詳しく紹介する内村の講演は、信仰を貫いて生きようとする人に降りかかる労苦をヨブの体験を通して示したもの、パウロが「ローマ人への手紙」で取り上げる四つの問題を検討して、信仰による新しい世界観にまつわる問題とその世界観が社会の考えと対立する場合の対処法を論じたもの、それにピラトの前に立つイエスを通して、その新しい教えの故に彼がローマ皇帝の前に被告として立たされた時に起こった出来事を検討しているものである。

この三つの例は筆者の選択で、内村が聖書の中でも特に偉大なこれらの書について行った講演をまとめるために選び出した。伝統あるキリスト教諸国以外でクリスチャンになろうとする人々に大きな影響を及ぼす問題についての内村の姿勢をよく表していると考えて選んだものである。

＊　＊　＊

「ヨブ記」は裕福で子沢山、信心深く、神に大いに喜ばれている男に降りかかった災難について述べている。サタンは忠実な僕に対する神の信頼に疑問を投げかける。物質的に恵まれ、家族も繁栄しているヨブが敬虔になれるのは当然だと言う。神はヨブを試すことに同意し、まず財産を、次に家族を、そして彼の健康まで取り去り、ついにヨブは「灰の中」に座り、素焼きのかけらで体中をかきむしるに至った（二章八節）。

三人の友人エリパズ、ビルダデ、ゾパルが訪ねてきて、ヨブの不幸の原因を議論する。ヨブは罪を犯したので、罪を告白すれば神の前に正しい者とされるのだと長々と述べる。ヨブは自らの潔白を信じ続けるが、友人の説得力の前に次第に弱気になっていく。三人の「友人」とのやり取りが、「ヨブ記」の中心を成す。

「ヨブ記」のクライマックスは一般に一九章二五節（「わたしは知る、わたしをあがなう者は生きておられる、後の日に彼は必ず地の上に立たれる」）と考えられている。ヨブがついに友人の同情を求め、彼の言葉が碑文に刻まれ、彼の無実が末代までも伝えられるようにと夢見た直後に閃いた発見であった。贖い主という概念は、キリストの降誕を預言するものと考えられている。

自分の意志を神に伝える手段を得たと確信したヨブは攻勢に出るが、議論を尽くすと、四人目の若いエリフが進み出て、神の全能を論じる。この時点で神が介入し、ヨブに人間の限界と自らの主張の高慢さを認めさせる。四二章で神は、ヨブについて虚偽の陳述をしたとして三人の友人を叱責し、ヨブを以前の豊かな状態に戻す。かくして神はヨブの正しさを認め、友人のために祈るようにとヨブに伝える。信仰の正しさを証明する力強い物語である。

内村は「ヨブ記」を次のように議論している。なぜ善人に不幸が訪れるのか、とヨブが問うのは、単なる哲学的問答ではない。不幸は彼に降りかかり、彼はその中で生き抜かねばならない。経験として読まぬ限り、ヨブを理解することはできない。神はヨブの問いには答えない。これには驚かされる。ヨブがそれを気にかけないのはさらに驚きである。彼の問いに解答は与えられないが、経験を通して彼は神を知るに至り、解答を得る必要はなくなる。今日のクリスチャンも同様の経験をすべきである。ヨブのような人間が実在したか否かは定かでないが、描写がリアルなため、読者は事実を表していると信じる。

神とサタンとの対話を見ていると、災害はすべて神から出るものなのかと問いたくなる。すべてのものが神から出ている。自然現象と思われるもの、病気さえも。その理由は神のみぞ知る。

ヨブは灰の中に座るまでに六つの不幸を経験していて、中東的なものの考えでは七つ目が予期されるが、それは彼を慰めに来た親友との精神的隔絶である。彼は疎外感を覚え、嘆きの余り生まれた日を呪う。

ヨブが完全に見捨てられたと感じている時に友人が現れ、典型的な保守主義者であるエリパズは、ユダヤの律法を守って生きるようにとヨブに勧める。彼はヨブが難問に悩まされていて律法的な態度が取れないことを理解していない。不幸は悪人にのみ降りかかるのであれば、ヨブは悪人であるに違いないと考え、信仰を新たにするようヨブに勧め、神の恵みを受ける利点を列挙する。

現代の状況に置き換えると、ヨブは教会の中で他の教会員から罪の疑いをかけられるが、それを認めない。ヨブの三人の友人に当たるのは、牧師、神学者、平信徒の代表から成る教会委員会。ヨブはなぜ罪を認めないのかと彼らは問う。ヨブは不幸が必ずしも罪の結果だとは考えていない。三人の友人もヨブ自身も、彼の不幸の原因は神が彼を試そうとしているためだとは知らない。このことから我々は、不幸により人を裁くのを止め、不幸に対する処し方によってその不幸を判断すべきであるという教訓を学ぶべきである。

ヨブはエリパズの理解力の欠如をたしなめるが、これはよくあることだ。

群の真理を固定の教条として相伝的、非実験的に丸呑《まるのみ》にし自ら信条の純正を以て誇り、人に強《し》ゆるに之を以てし、又人を批判するに之を以てし、もし人の信仰又は行為にして自分等の信条と相反する時は直《ただ》ちに彼を不信非行の罪人《つみびと》として排去せんとする、これ謂ゆるオルソドクシーである。(12)

二人目の友人ビルダデは、エリパズ同様、人間を理解していない。彼は若い神学者のように「この人情の機微をも知らずして直に我神学的断定を友の頭上に加へて得々《とく〱》たるところ正にその神学の純正を誇る若き神学者そのまゝと云ふべきである、彼の言は恰《あたか》も学舎にて学びし既成の教理を其筆記帳《ノート》を見て繰返すが如くである」[13]。ビルダデは次に、早熟の学生のように典拠や先例を引き合いに出す。ヨブを真に愛することなく、教理に訴える。ヨブはビルダデの態度がいかに馬鹿げているかを指摘し、ゾパルに対しても同様にする。このように返答しながら、ヨブは新しい信仰に彼を徐々に導く神の愛と復活の可能性を模索する。

　エリパズは二度目の議論で、再び不幸と悪行とを結びつける。彼は、悪人がしばしば幸せに暮らして安らかに死を迎え、信仰深い人がしばしば苦痛と恐怖のうちに死んでいくのは、神が人間の精神的な目を開かせるために必要な方法であるという人生教訓を無視している。ヨブは友人たちが彼に与えようとする慰めを批判する。苦痛を無視することにより一時的に苦痛から逃れるよう勧める慰めだからだ。真の慰めは、同じ信仰を持つ友が傍らにいて力を与えることを意味する。ヨブを説得しようとする友人の努力にもかかわらず、彼は友人から完全に見捨てられ、その時初めて神との真の関係に目覚める。

　ビルダデはヨブに対する二度目の攻撃で論理と雄弁の才能をひけらかし、彼がヨブの欠点と考えるものを述べ立てて、最後に成功する。一九章でヨブはついに屈服し、彼とその他の人々に憐れみを求める。その時、ヨブに何かが起こり、彼を攻撃する者たちに目を据えて、肯定の言葉を発する。「彼は心の自然の動きに追はれて贖主の観念にまで到達したのである、彼に限らず何人にても彼の場合に立ちて光明探求の心を棄てずば終《つい》に茲に至るのである、之を特殊の天啓と見ずとも人間自然の要求と見れば少しも怪むを要さない、今日基督者の中に再臨復活等の信仰を喜び受くる者多きはそれが我本来の要求に合致するからのことである、……たゞ魂の中におのづと湧き出づるものにして同時に天父より啓示さるゝものを求むる」[14]。

　「わたしをあがなう者は生きておられる」とヨブが肯定する箇所は、「ヨブ記」のクライマックスである。この時点まで、ヨブは数多くの苦痛を通して精神的経験を積み重ね、その結果、自分のために神に対して取り成しをしてくれる仲介者への強い信仰に転向することができた。人間はすべて、このような個人的トラウマを経て個々の信仰に到達せねばならない。

信仰は由来個人的のものである、社交的又は国家的又は人類的のものではない、ヨブは独り苦みて独り贖主を発見し「我れ知る……」と云ふに至つた、誰人もヨブの如くあらねばならぬ、我等は人類と共にキリストを知るのではない、一人にてキリストを知るのである、今日の人はとかく一人にて神を知らんとせず社会と共に国家と共に世界万国と共に神を知らんとする、これ大なる過誤である、かゝる謬見《びゆうけん》より出発するがために今日の信者には信仰の浅い者が多いのである[15]。

ゾパルはヨブの変化に気づかず、攻撃を続けるが、ヨブは自分を責める者たちへの愛情を表明し始める。友人らは全員、三度目の攻撃議論を続け、最後に若いエリフが、年長者たちの試みが失敗に終わったのを見て、議論に参加する。しかしヨブは神に直接話しかけたいと考え、その願いは叶えられる。「しかし約百記著者は詩人である、詩人であると共に又信仰問題の精髄に達した人である、故に最後に至つてヨブに神を示すのである、茲にヨブの切なる望は鮮かに遂げられて彼に大なる満足が臨むのである」[16]。神が現れて、ヨブが神と同等のつもりでいるのかと迫り、ヨブは神の主権を認める。言葉に表すのは簡単だが、信じるのは難しい。神の力を信じてしまえば気が楽になり、「御心のままに」と心から願うことができる。

ヨブの最初の繁栄と試練後の繁栄は表面上類似しているが、違いがある。最初、彼は豊かさを善人である結果と信じていたが、後には悪人であるにもかかわらず豊かであることに気づいた。「不信者は物の所有を以て正当の権利と考ふ、故にそれに於て薄き時は不平が堪へない、併し信者は僅少の所有物を以て満足する、これ一切自己の功に因らず全く神の恩恵に因ると思ふからである[17]」。

内村の解釈をこのようにまとめてみたが、彼は「ヨブ記」を自己発見の作品——神との関係を人間に知らせる意図を持って書かれた作品——であると同時に、偉大な文学として扱っている。自らの経験を写し出す作品としての解釈と、文学作品としての解釈の間に揺れ動いている。そして自らをヨブに重ねて見ている。ヨブが初めて仲介者の存在を感じた一六章の最後の部分に関する講演を行った日の日記に彼は記す。「自身ヨブと成つたやうな気持《きもち》がした。……自分の目にも涙が溜《たま》り、聴衆の内にも眼を拭ふ者を大分に見受けた、是は教会者又は神学者の声ではない、人間の声である、人間が身の患難と教会者の無情とに逐詰《おひつめ》られて天に仲保者あるを認むるに至りし時の声である」[18]。一か月足らずして、ヨブが贖い主への信仰を語る一九章の講演を終えた直後、内村は目まいがした。その兆候は続き、翌日の日記に彼は記す。「約百記第十九章を講じて斯んな位ゐの事は当り前である、床に就く位ゐに一生懸命にならざれば約百記が解つたと云ふ事は出来ない」[19]。

最後の数章で神が出てくる箇所を論じるときは、この作品をフィクションとして扱っているが、別の箇所では読者が著者と自らを同一視する自叙伝として見ている。内村の初期の作品『基督信徒の慰』と同種のもので、友人たちの彼に対する同情の欠如を描写する箇所はヨブの嘆きを思わせる。しかし、ヨブに関する最後の講演は初期の作品とは異なり、物語の主人公同様、内村も確信に満ちた信仰を表明している。

「ヨブ記」の講演を聴いた者たちは全員、大いに感動した。クライマックスの一九章に関する講演には、八〇〇人の聴衆が講堂を埋め尽くした。石原は講演の後、下宿に戻るが落ち着かず、静かな場所を求めて近所の神社の階段を上り、東京湾を見渡しながら瞑想に耽って、頭を垂れ、短く熱のこもった祈りを捧げたと語っている[20]。同様の反応を示した者は多い。連続講演は一九二二年、一冊の本にまとめられ、内村の生前に四版を重ねた。第二次世界大戦後は文庫本にもなり、『全集』にも収められている。

弟子たちの多くが同様の反応を示したことは、キリスト教への回心により社会から疎外されている状況を彼らに気づかせた内村の能力の偉大さを示している。回心自体、信者の決意を試す神の試練と見ることができる。物語のクライマックスで内村が示した感動を見ると、彼がなぜ時折、キリスト教に回心するために精神的に大きな犠牲を強いられたと感じていたかがわかる。

クライマックスの一九章の講演の後、四週間の休暇を取った内村は、ヨブと友人たちのその後の議論は省略して、神の現れる三八章まで飛ばすことにした。これは一九章をクライマックスとする彼の全般的解釈とも一致する。

＊　＊　＊

「ヨブ記」の講演をまとめる一方、内村はさらに大きな企画に着手した。それは彼の最大傑作と評される「ローマ人への手紙」の膨大な注釈『羅馬書の研究』である。このために彼は聖書協会に依頼して、テキストの間にメモ用の白紙ページを挿入した特別な版を作ってもらった。講演ではまず最初に、ヨブの経験はすべてのクリスチャンの経験に類似していると位置づけ、次いでパウロが新しい信仰と自分の生まれ育った信仰とを関連づけようと試みた時の体験を分析した。内村は自分をパウロと重ね合わせたと後に述べている。パウロはエペソの会堂から追い出され、内村はYMCAで宗教界の権威筋から追放された。その結果、どちらも同じ信仰の仲間と共に働くよりも、外の「異邦人」に向かって伝道する道を選んでいる(21)。

こうした心情に根ざした講演に、内村自身も聴衆も大いなる期待を寄せた。一九二一年一月に始まり、一九二三年一〇月までに二一か月間、病気や夏期休暇を除いて毎日曜日、講演は続けられた。連続講演の最初の半分は筆記者の記録がそのまま『聖書之研究』に載り、残りの六〇回については筆記者の文が内村自身のメモ付きで同じく『聖書之研究』に載った。このことから、内村も弟子たちも講演に関わるすべての記録が後世に保存されるようにと配慮していたことが分かる。

「ローマ人への手紙」は新約聖書の中でも重要な書で、四福音書と「使徒行伝」のすぐ後に位置する。パウロは使徒たちの中でも最も偉大な人物で、彼のような生まれながらのユダヤ人にも、それ以外の異邦人に対しても伝道した。ローマの信徒に宛てた彼の手紙には、彼が信仰の核心と考えていたもの、およびその信仰と信仰の母体であるユダヤ教との関わりが述べられている。あの劇的な回心以来、パウロは以前、宗教と理解していたものと、イエスこそ旧約聖書に預言されているキリスト、という彼の新しい信仰とを調和させようと努め、その過程でこの新しい啓示の意味を咀嚼しつつ、新たな信念を他の人々に宣べ伝えた。

パウロは結論で、イエスの重要性に関する二つの解釈のうちの一つを支持している。もしイエス・キリストがユダヤの伝統の中から生まれ、ユダヤ人だけに語りかける人であったら、その教えはイエス自身やパウロのような生まれながらのユダヤ人にしか通用しない。それに対して、もしイエスの言葉がすべての人に対するものであれば、イエスが語りかけた人々の中でユダヤ人はほんの少数を占めるに過ぎない。パウロは第二の解釈を支持した人々のリーダーで、彼自身、しばしば述べているように、異邦人にもユダヤ人にも同じように語りかけた。「ローマ人への手紙」はパウロがこの根本的な問題について二〇年間考え続けた結果を非常に包括的にまとめているので[22]、一九七〇年刊行の *New English Bible* はこの書の前半を「パウロによる福音書」と呼んでいる[23]。パウロの手に成るとされる手紙の中でも「最も組織的で完全、かつ重みのある」手紙である[24]。

パウロがローマの信徒に宛てて手紙を書いたのは現在のトルコに当たる場所からであった。ローマのクリスチャンに会いに行く旅行を計画しているが、今はとりあえず手紙を書こうと述べている。手紙の内容から、彼が話しかけている対象はユダヤ人クリスチャンの影響を強く受けている会衆であることがはっきり分かる。会員たちは古い習慣と新しい信仰との関係について悩んでいる。「パウロによる福音書」と呼ばれる最初の八章は、何世代もの間秘密に保たれてきた計画が今やイエス・キリストにおいてすべての人々の救いのために明らかにされた事実、そしてこの計画が道徳的・宗派的「律法」とどのように関わり合うかについて述べている。「律法」とはユダヤ人が生活の規範として定めていた規則で、これを厳密に守ることにより自分たちおよびユダヤ民族すべてが救われると信じていた。パウロは律法が人間を「救う」ことや「神の前に義とする」ことはできない、それができるのは信仰のみで、神の力がイエスを通して我々を救いに相応しい人間にしてくれる、律法が目指しながら出来ぬ類の人間にしてくれるのだ、と指摘する。第八章の最後には「他の受造物は我らを我主イエスキリストに頼れる神の愛より離らすること能はざるものなるを我は信ぜり」と彼の信念を朗々と宣言する。

パウロは次に九章から一一章において、個々のユダヤ人が構成する共同体、民族全体が神の選民と考えられていたイスラエルについて述べる。選民の意味を再解釈し、ユダヤ民族の元祖アブラハムの血を引く物理的な子孫ではなく、神のまことの精神をもって生きる人々と考えた。彼はユダヤ人を深く気遣いながらも、彼らが神の聖なる招きに見合う生活をして来なかったと信じていた。神は異邦人を救うことにより、ユダヤ人が目を開いて、回心した異邦人と同じ精神を持つに至ることを願っている。パウロ自身は経験を通してユダヤ人を超えた存在になっていると感じていたが、同胞を気遣い、彼らも神に従うようにと道を示していたのである。

パウロは次いで最後の主要テーマであるキリスト者の生活――キリストを通して神が示された新たな存在を知った上でいかに生きるか――について述べ、この世の支配者には従うようにと勧めて、ローマ政府が行っている多くのよいことを指摘する。以上で「ローマ人への手紙」の主要部分、すなわちパウロがユダヤ人クリスチャンに対して、新しい信仰と以前の信仰との関わり、新しい信仰が彼らと同胞ユダヤ人社会との関係および異邦人社会との関係に及ぼす影響、そして信者仲間同士とそれ以外の人々との間でいかに振舞うべきか、という問題を扱った箇所は終わる。パウロ自身の信念が声高に表明される部分である。

次に内村の『羅馬書の研究』を四項目に分けて、いくつかの鍵になるポイントについての彼の解釈を示そう。最も長い部分は、回心者が新しい信仰の道徳と自分が生まれ育ち、今も家族や友人の生活を支配している規則とをいかに関係づけているかをパウロが議論している第三章を扱ったものである。その後内村は第八章を使って、回心者がいかにして家族や伝統の助けなしに新しい信仰を全うする方法を学ぶかについて、解答を与えている。キリスト教の伝統の中で育っていない者がこれを学ぶ道は、聖書の研究を通して以外にない、と内村は結論づける。回心者が周囲の社会の不道徳ぶりを嘆くと、内村はパウロが九章でイスラエルの背信を嘆く箇所を大正時代の日本になぞらえる。そして最後に、一三章でパウロが世俗政府に従うようにと進めている部分を挙げ、このルールに例外はあるだろうかと尋ねる。

　こうした疑問はすべて、回心者が信仰生活において成長する過程で悩む問題だが、内村はテキストを一句一句丁寧に説明する中でごくさりげなく、そのような問題に触れている。論語に対して同様の方法を取っていた伝統的教育を受けている聴衆は、聖書のテキストの重要な箇所と自身の生活との関わりを理解することができた。

　以下に引用する抜粋は、畔上賢造の筆記したものから取った。連続講演の後半、内村の講義ノートと畔上の筆記とがいっしょに出版された部分について両者を比較してみると、内村が講演の途中でしばしば予定していた内容から脱線していることがわかる。ノートのほうが抑制され、より学問的であるが、聴衆に即座に影響を及ぼし、今でも最も心を動かされるのは、表現を凝らして強調した部分である。それゆえ、筆者は畔上の筆記から引用する。

　最初の引用は一六回目の講演「律法の能力」から取った。[25]「ローマ人への手紙」三章一九―二〇節に関するもので、次の句が含まれている。「それ律法《おきて》の言ふ所は其下にある者に示すと我等は知る、こは各人の口塞がり又世の人こぞりて神の前に罪ある者と定まらんためなり」。内村は次のように話し始める。

　律法は即ち道徳である、故に此律法に関してパウロの茲に云ふ所は広く道徳律に関しても同様である、彼はモーセ律に育てられたる人にして、且キリストの福音はモーセ律に代るものとして猶太《ユダヤ》の国より生れ出でたるが故に、彼は専らモーセ律についてのみ其論述を行《や》るのであるが、彼の此所説そのものは勿論《もちろん》原理として凡ての道徳律に適用さるべきである、……異邦にも勿論道徳律がある、或民族に於てはそれが一の形ある条文又は教となつて居り、他の民族に於てはそれが単に良心の本能的実感として不文律となつて居る、そして如何なる民族の一員にても其道徳を以ては義とせられないのである、更に一般的に云へば人と云ふ者は誰人と雖も道徳の行に由りて神の前に義たることは出来ないのである、即ち真の意味に於て救に入ることは出来ないのである、何となれば人は道徳的に完全なることを得ないからである、道徳に依て人の罪は知られるのである、道徳は「世の人こぞりて神の前に罪ある者と定まらん為」（三・一九）に神より人類に与へられたるものである、これ道徳を貶《へん》するのではない、却て其本性を明かにして其価値を定むるのである。

我等日本人は殊に道徳の窟内に育てられし民族である、……社会に於て最も濃厚なるは道徳的の空気である、（かく云ふは我民族が道徳的に優秀であると云ふ意味ではない、そは恰《あたか》も宗教的空気の濃厚なる欧米各民族が必しも宗教的に優秀でないと同様である）、従つて万事万物に対する判断の尺度は主として道徳律である、忠孝仁義は家庭教育及び学校教育の基調である、これ道徳が――たとひ表面に於てなりと――我社会の最上者である証拠である、然るに茲に「道徳は人の罪を示すものにして人を救ふものに非ず」との提言あらんか其革命的思想の提供なること云はずして明かである、もし此提言にして真なりとせんか、道徳を根柢とせる家庭教育、道徳を以て人を救はんとしつゝある学校教育及び社会教育は空しき努力の蓄積として、土台なき家屋の如く土崩瓦解し去ることであらう、即ちそは道徳本位の社会に対する霊的革命の提唱である、道徳の救世主たらぬを示して、之を以て立つ人と其社会を其根柢より改め、信仰の上に之を再建せんとするのである、果して然らばパウロの此言は道徳を基礎として立つ人と社会とに取つては軽々に看過し難き大問題の提出である。

併し基督教の主張は極めて明瞭であつて些《すこし》の疑義を挿《はさ》む余地がない、「基督教のみが道徳に依て人は救はれずと主張する教である」と或学者は云ふた、寔《まこと》に至言である、基督教は要するに最高道徳の提供であると云て福音の最大特徴を其優秀なる道徳観に置くは、これ世の誤解を避けんとしての妥協的態度である、基督教の優秀なる道徳は其附随物にして決して主体ではない、人は道徳に依て救はれぬもの故に人を救ふ所の福音は如何にしても道徳本位であり得ないのである、人は道徳的に完全なる能はず故に道徳的行為に於て神の前に義たる能はずとの主張は、救を中心義とする福音の極力主張せざるを得ざる所である、げにパウロは此主張のために幾度かの執拗《しつよう》なる迫害と讒誣《ざんぶ》中傷とに接した、彼の敵は彼の赴く所に影の如く伴ひ来つて陰に陽に彼と彼の教説とを打ち砕かんとした、しかし彼は万難を排して其主張を維持し且高調した、暗きは光に追ひ迫らんとするも光は益《ますま》す其輝を増し進んだ、彼は人を救はんがために――然り人を救はんためにこそ――此心霊の炬火を絶えず焔々《えんえん》として点じつゝあつたのである。

或る神学者は言ふ「パウロはキリストの単純なる教を化して複雑なる神学的教義となしたのである、彼もしなかりせば基督教はユダヤの山地に挙がりたる美はしき道徳教として遺つたことであらう」と、果して然《そ》うであらうか、我等は今之れについて長き論議をする時を持たない、たゞ人生の実験として見る時パウロの此主張の活ける事実そのまゝなるを認めざるを得ないのである、道徳は聖にして正しきものである、しかし之を完全に行はんとして我等は其不可能なるを発見し、その標準に照らして自己の義ならざるを実感するに至るのである、「十誡」の如き道徳律としては実に完全なるもの乍ら人は決して之に依て救はれるにあらず、却て之に審《さば》かれて律法的行為に於ては義たり得ぬ事を悟らしめらるゝのである、此時我等を襲ふものは実に罪の悶《もだ》えである、そは恰も魂の奥底より沸き出でしが如くして払はんとするも払ひ得ざる心霊の呻《うめ》きである、故に小なる理窟を以て此実感を打ち消すことは不可能である、完全に律法を守る聖浄の生活を送らんとの決心は牢乎《ろうこ》として我にあれど、同時に律法を守り得ざる我の道徳的不能の姿のあさましく映ずるを如何せん、決心と実状、理想と実際との距離は天空にきらめく星と星とのそれの如く遠くある、故に道徳は決して人を救ひの歓びに至らしむるものではない、道徳律は優秀であればある程却て人をして及び難きを感ぜしむるものである、故に人の実験上律法の行為に依て救はれざることは極めて明瞭の事実である。

然らば道徳の要は何であるか、曰《いわ》くそれは人をして罪の識認を起さしむるに在る、「そは律法によりて罪の認識あればなり」（三・二〇）とパウロは云ふた、勿論道徳の目的の一半としては人と人との間の行為の標準の挙示を見ないわけには行かない、けれども道徳の目的としては罪の認識の生起を充分に認めねばならない、基督教を知らんとして先づ「山上の垂訓」を読み、その美に打たれて之を実生活に於て実現せんと試みて其不能なるを見出すや、基督教を至難の教となして離れ去る人がある、これ基督教を単なる道徳教と思ひ過《あやま》りしためである、「山上の垂訓」は天国の律法にして救はれし者の守るべき道を示すと共に、又実に之を読む者をして己の罪を認めしめん事を目的としてゐる、……即ち道徳は人をして罪を悟らしむるに有力であつて、人を救ふには全然無力である、然り道徳の力と無力とは茲に明かである、道徳は人を罪人と定むるに於て極て有力である、しかし其他の点に於ては全く無力である、これパウロの力をこめて主張せし所、そして人の実験に於て――真面目《まじめ》に道徳を行はんとせし人の実験に於て――白日の如く明なる真理である、唯《ただ》かの道徳を浅く外部的に見、従つて自己を其外面に於てのみ眺めて浅く且軽く道徳家を以て任ぜる人々の如きは余りに軽佻《けいちょう》、あまりに浮薄、到底共に人生の根本問題を語り得ざる人等《ひとたち》である。

茲に思ふべきは我日本国の既往数十年の教育の失敗である、今や明治大正の忠君愛国を基調とせる道徳的教育の失敗に帰せしは誰人も認むる処である、ために教育は行き詰りの状態にありて、如何にかして新生面を拓《ひら》かんと苦心しつゝある有様である、げに現代の日本人ほど至れり尽せりとも云ふべき倫理的教育を受けたものはないのである、……然るに其結果は如何、今や国を挙げて腐敗と不義と荒濫の濁水に溺《おぼ》れんとするが如き状況の下にあるではないか、不良少年、不良青年と相競ふが如き不良壮年、不良老年の跋扈《ばっこ》を如何、節義地を払ひ徳操跡を隠すは現代の実状である、げに道徳的破産の淵《ふち》に瀕《ひん》せるのは現代の我社会である。

あゝ是れかの凡ての道徳的教養の結果なるか、然り是れかの凡ての道徳的教養の結果である、道徳は之を行はしむる力を本具してゐない、故に道徳だけの教養は人をして悪を避けしむる何等の力ともならぬのである、道徳は人をして罪を識認せしむるものである、故に道徳的教育の結果は人をして自己の罪を悟らしむると共に、又他人の罪をも悟識し得るに至らしむるのである、自己の罪悪をも充分に認むると共に、他人の罪悪に対して鋭き眼を向けて其指摘に没頭しつゝある現代の状態は、まことに能く道徳的教養の性質及びその結果を実証するものである、即ち道徳的教養は人を少しも道徳的に向上せしむる事はなくして、唯自己及び他に対する道徳的批判を鋭敏ならしむるまでである、洵《まこと》にパウロの断言せし通り律法によりて罪の認識が生れるのである。

倫理道徳の標準に照す時全世界は神の前に罪人と定まるのである、律法的行為に依ては一人だに義たり得ぬのである、然らば人は全く茲に行きつまつたのであるか、然り茲に人は道徳的には行きつまつたのである、換言すれば道徳を以て救はれんとする人類の企画は茲に行きつまつたのである、併し乍ら人の行きつまりは神の行きつまりではない、神は人を救はんために新局面を打開き給ふ、即ち次節以下に於て強調する如く「律法の外に神の人を義とし給ふ事」が顕はれたのである、これ即ち信仰の道である、かくて律法に於て窒死せる我等は信仰に於て甦《よみがえ》るのである、律法的には義ならざる者が信仰によりて義とせらるゝのである、茲に救ひは人に臨み歓喜の露はその霊を潤ほすのである。

この箇所において内村は、パウロの意図および彼の言葉がいかに彼自身の社会を反映しているかを分析し、次いで同じ言葉が現代日本社会にいかに当てはまるかを考察する。キリスト教に敵意を持つ社会での身の処し方を、いかにしてパウロから学ぶべきか論じる。八章においてパウロは、人間の中で神の恩寵が働いて、神と人とが一つになると述べている。日常生活からかけ離れた空論に聞こえるが、そうではないと内村は結論づける。聖書は我々の最も切実な関心事を扱っているからこそ、今でも最も広く読まれているのである。(26)

これ人間社会に於ける正義実行の問題をその深き根柢《こんてい》に於いて解くは聖書、殊に羅馬書であるからである、けだし人間相互間に於ける正義実行の問題は当然遡《さかのぼ》つて個人の正義実行の問題となり、個人の正義実行の問題はまた当然遡つて神の前に義たる道如何《いかん》の問題となるのである、何となれば神の前に義たる人にして初めて個人として正義の実行者であり得、個人として正義の実行者である者にして初めて人間相互に対する正義の実行者であり得るからである、故に如何にせば人間社会に正義が行はるべきかの問題はその究竟《くつきよう》に於ては、如何にして人は神の前に義たるべきかの問題に帰着するのである。

　故に人類間の平和問題はつまり神人間の平和問題である、人と人との間の正義の問題はつまり神と人との間の正義の問題である、……長年欧米民族を養ひ来りし聖書は彼等の感情と精神とを今尚《な》ほ支配しつゝあらぬと誰か云ひ得よう、先祖は如何、伝統は如何、彼等と雖《いえど》も自国の利益を思はないではないが、外に一種犯し難き正大の公義的精神を深く持てるは事実である、……聖書の中心問題が彼等の心の深い所を動かして居るのである、然り或意味に於て聖書は依然として彼等を支配しつゝあるのである、……この意味に於て聖書は依然として人類を支配してゐると云ひ得る、曾《かつ》て或人の言ふたことがある、「予言者イザヤが以賽亜《イザヤ》書に於て平和の予言をなせし以来二千六百年間、人類世界は依然として戦を歇《や》めないけれども、併し如何《どう》にかして戦を歇め度《た》しといふ希願と理想とを抱きつゝ来つた」と、平和は実に聖書問題である、聖書の精神は平和実現の日を見ずば已《や》まじと云ふに在る、……故に人類が最も熱心に研究せねばならぬものは聖書である。

「ローマ人への手紙」八章に関するこの箇所に、内村の注釈の核心となる要素の一つを我々は見る。最初の部分で内村は、「もし……ならば」と仮定した上で結論を述べる方法を取っているが、これは北東アジアで何世紀もの間、倫理の研究に使われていた中国の古典の修辞法である。次の段落で内村は、聖書の響きがキリスト教の伝統に育まれた指導者たちに及ぼす同様の効果を用いている。当時、世界のリーダーたちはワシントン会議で日本に領土の拡張を制限するように迫っていたが、内村は交渉に当たった西洋の代表はイザヤの預言した平和を実現するという公共の利益の立場から行動しているのだと指摘し、内村の聴衆は日本が先進国の仲間入りするためにはこうした信念が必要であると認識したであろう。

二か月後、内村は九章に移る。この章でパウロは、回心により彼が仲間のユダヤ人から離れなければならない懸念を表明する。[27] パウロは神がアブラハムの子孫を救うという約束は必ず成就されると強調するが、「子孫」が意味するのは血筋ではなく、信仰によるものである。このように述べることで、彼は従来、ユダヤ人に限定されたものと考えられていた特別な身分がすべての人に開かれる道を開いた。

内村は注釈の中で、彼自身も回心したとき、日本人同胞を気遣ったと述べている。「神の愛を味ひ、その愛に励まされて神を愛すと共に人を愛し全人類を愛するに至りし結果として、自から湧起する所の国と同胞とを愛するの心――これ即ち真個の愛国心である、……今かれらが自己中心に陥りてキリストを拒否してはるが神は必ず或方法を以て我等の愛する此民を救ひ給ふであらうと、故にわれらは喜びを以て刈り取る日の必ずいつか在るべきを思ひて今涙を以て種を蒔きつゝあるのである、……併し我民族は曾ては優秀なる宗教家と宗教信者とを数多く出した民ではないか、パウロが同胞の優逸点を数へあげしが如く、幾らも亦同胞のそれを数へ得る」。

二か月後、内村はパウロがクリスチャンにこの世の為政者に服従するようにと勧めている一三章一―七節に進む。[28] 国家に服従せよと勧めるとき、パウロは全面的に正しいのだろうか、と内村は問いかける。

されば基督者は平和の民である、世にありて革命、騒擾、叛乱を起すことを厭《いと》ふ、真の基督者にして社会の秩序を紊《みだ》したものあるを聞かない、又自ら好んで革命叛乱を起したものあるを聞かない、欧米の諸国が基督教国と称し乍《なが》ら屢々《しばしば》醜陋《しゅうろう》なる戦に従ふごときは虚偽の極である、併し茲に一の問題が起る、もし国の政府が腐敗を極めて明白に民の敵となりたる時の如き、もしくは自国が圧制国の版図に属して暴虐横恣《おうし》の下に悩む場合の如きは如何《いかん》、か丶る際には之に反抗して革命独立の旗を翻すを可とすべきではないかと、例へばクロムウエルの英国革命戦争、オレンジ公ウイリヤムのネーデルランド独立戦争、ジヨウジ・ワシントンの米国独立戦争の如きは何れも不義の跋扈《ばっこ》を抑ふるべく義のため愛のために起つたのである、故に之は義戦として称揚せらるべく、又基督教徒の当然携はるべき性質のものと認めらるべきではあるまいか、叛乱と云へば叛乱であるが之は基督教的に推奨少くとも是認せらるべき性質のものではあるまいか。

この問題に対して先づ注意すべきは斯かる場合の甚だ稀であると云ふ一事である、そして稀なる或場合には或は政権反抗が正しくあるとしても、そのため常の場合の反抗が正しいと云ふことにはならない、パウロは茲に基督者平素の心得を教へたのであれば、平素の場合に於ては政権服従を可とすると云ふ原理を述べたのである、然らば右の如き或特別の場合に於ては如何、パウロは一般の原理を述べたゞけで特別の場合には言及して居ない、けれども彼の精神のある所を見、殊に主イエスの心に訴へて見て斯かる場合に際しての最上の道をほゞ知り得ると思ふ、即ち政治の非違その極に達して民皆苦む場合の如きにも、基督者は平和的手段にのみ訴ふべきである、先づ謙遜と静和とを以て権能者に向つて抗議《プロテスト》すべきである、幾度も〳〵繰返して抗議し、其他平和を超えぬ範囲に於ては凡ての道を取るべきである、百折不撓《ふとう》の心を以て目的の貫達を祈るべきである、併し乍らその目的が達せられずとて武器に訴へての叛乱を起すべきではない、平和的手段だけに限りて成敗は悉く大能の手に任すべきである。……

然らば我等は日本の政治に対して如何に考ふべきであるか、もとより其有する種々の病弊は痛歎すべきであるが、大体より見て比較的良政であると認めねばならない、これ外国漫遊の後故国に帰りし日本人の概《おおむ》ね認むる所である、又日本に滞在せる外国人にして之を認むる人も少くない、生命財産の安全、信仰の自由、或程度までの思想の自由等は慥《たしか》に此国に存する、此国にありて我等は平和の中に福音を研究し且宣伝することを得る、もしパウロにして今日我国に生れたならば此国に於ける福音宣伝の自由と便宜との故を以て深く日本政府を徳とするであらう。

内村はこのように、極端な場合には政府に反対すべきだとしながらも、日本政府の徳性を相対的に考えるようにと聴衆に促している。太平洋戦争中、政府の行動に対して反論を唱えた指導的人物の何人かは、この日、内村の講演を聞いた人たちであった。内村の講演の数年前、世界の裏側のスイスでは、国境の彼方に第一次世界大戦の砲声を聞いた神学者カール・バルトが、同様の問題と取り組んでいる。

「ローマ人への手紙」の主要な部分に関する内村の見解をまとめてきたが、ここで彼の結論とバルトの結論を比較してみよう。内村はバルトについて知っていたし、バルトも内村の『余は如何にして基督信徒となりし乎』を読んでいた可能性が高い。バルトは大部分の人がクリスチャンと自認している国々のキリスト教思想家に大きな影響を及ぼし、内村は信仰上大きな飛躍を遂げてキリスト教を信じるに至った人々にパウロの教えがどれほど重要であるかを強調した。内村の見解は人間イエスを理解することが出発点になっていて、彼の最後の連続講演はこの主題を扱っている。

＊　＊　＊

内村はイエスの生涯について、七六回の連続講演を行った。イエスの伝道生涯の前半とその教えを取り上げた最初の四六回は、「ローマ人への手紙」に関する最終講演の翌週、一九二二年一〇月から一九二四年六月まで続き、翌年、『ガリラヤの道』として出版された。残る三〇回は、歓呼に迎えられたエルサレム入城から宗教界の権力者たちとの葛藤、そして十字架に至る、イエスの生涯の最後の五日間に当てられ、一九二五年二月から一九二六年三月まで続いて、一九二八年、『十字架の道』として出版された。この二冊は、四福音書の最も重要な要素に関する注釈書となっている。

上記二冊にまとめられた講演は、内村が福音書の理解の助けとなるやさしい手引きと考えていたものである。彼は中でも「マタイによる福音書」に重点を置いた。イエスの最大の業績と内村が見なすその「教え」を最も詳細に語っているからである。四福音書間の様々な違いを取り上げ、「調和」させようと試みることはしていない。福音書は歴史的文書ではなく、伝道の道具として書かれたものとの見解を、彼は二〇年近くも前から表明していた[29]。聖書を学ぶ者が注目すべきは福音書間の差異ではなく、四福音書全体が持つ明確な意図である。例えば、イエスは生涯で二度、生け贄の動物を売る行商人や両替人を追放して神殿を「潔めた」と記されている。ヨハネによる福音書によるとこれは伝道生涯の初めに起こっているが、他の三つの福音書では生涯の最後に起こっている。「二度であるか一度であるか能くは判明らない。然し二度と見て差支《さしつかえ》ないと思ふ[30]」。信仰の手引き書として書かれた書物は、歴史書の基準を満たす必要はないのである。

西洋の科学的方法の最も初歩的な課題である福音書間の調和についてこのような姿勢を示している内村が、科学的方法のその他の多くの要素を無視しているのは驚くに当たらない。弟子の中でも最も多作な研究者、山本泰次郎によると、内村は「その原資料の問題、各書の成立の問題、その用語、文体などの問題、三書簡相互の異同相関の問題」に言及することはほとんどなかったという。こうした問題に関心を持ってはいたが、講演の中には入れなかった。「生命線とされる高等批評をも下等批評をも、一切無視しているかの感を与え」、そのような「聖書道楽」に割く時間はないと信じているように見える。「マタイによる福音書」さえ、一―二章、一一―二〇章には触れていない。キリストの家系、処女懐胎、降誕、青年時代、宮詣でなど、別の機会には言及している箇所も扱っていない。こうした部分を省略していることは、この時点で内村が「キリストの教訓と業《わざ》とによって神の子として、また人の子としての救い主を明らかにしようとしたのである。著者は道徳的な、霊的なキリスト伝(inner biography)を書こうとしたのである。このことは山上の垂訓に関するものが一五講におよび、本巻全体の約五分の一を占めていることでも明らかである」[31]。

山本の分析は内村の意図の本質を捉えている。内村は対象の作品を科学的に評価しようとはせず、非常に特異な、しかも多くの点でごく普通の人間イエスの姿を提示しようと願った[32]。イエスを特殊の人間と見なすのは間違いだと彼は指摘する。イエスは特殊の人間などではなかった。反乱を起こすためにやって来たのではなく、彼が徹頭徹尾人間であり人道的であった結果、反乱が起こった。彼が素朴な人間として語ったために、反対勢力を身構えさせる結果となった。山上の垂訓をイエスの教えの核心と考える人が多いが、それは間違いである。イエスへの裏切り、磔刑、そして復活こそ、彼の教えの核心を成すのである。

内村によるこの解釈の精神は、『十字架の道』に収録された第二五回講演からの以下の抜粋に見ることができる[33]。

第二十五回　ピラトの前のキリスト
馬太廿七章十一―廿六節　○馬可十五章一―十五節
○路加廿三章一―廿五節
○約翰十八章廿八―四十節、同十九章一―十六節

○祭司の長と民の長老等はイエスを死刑に定め、彼を縛りて羅馬の代官ポンテオ・ピラトの所に牽《ひ》いて往《ゆ》いた。それは彼等は死刑執行の権を有せず、之を代官に求めずばならなかつたからである（約翰《ヨハネ》十八章三一節参考）。そしてイエスはピラトの前に立ちて祭司の長カヤパの前に立ちし時よりも遥に慰安を感じ給うた。彼と祭司との間に唯悪意があつたのみである。祭司等は始めよりイエスを殺さんと欲し、故にイエスは彼等に対し自己を弁明するの全然無益なるを知り給うた。然れどもピラトに対しては然らずであつた。二者の間に了解又は同情は無かつた。同時に亦《また》悪意は無かつた。カヤパはイエスの讐敵《しゅうてき》でありしに対してピラトは単《たゞ》に無《む》頓着《とんちゃく》であつた。カヤパは宗教家ピラトは政治家で

あつた。そして信仰家を悪《にく》む点に於て宗教家は遥に政治家以上である。信仰家は政治家より了解同情を望むことは出来ないが、然し宗教家が彼に対して懐くが如き悪意仇恨は之を政治家に於て見ない。カヤパに比べて見てピラトはイエスに対し遥に寛大であつた。

○イエスはピラトの前に立つた。ピラト、イエスに問ふて曰ひけるは「汝がユダヤ人の王なる乎」と。即ち「汝が噂《うわ》さに聞きしユダヤ人の王キリストなる乎」と。ピラトは初めてイエスに会ふて驚いたのである。ユダヤ人の王と云へば王たるの風采威厳を具へたる者であると思ひしに、会ふて見ればガリラヤの一平民、彼に王たるの何等の徴候が無かつた。之が噂さに聞く所謂《いわゆる》「ユダヤ人の王」である乎と思ふて、彼は安心し又一笑を禁じ得なかつたのであらう。そして彼れピラトに即座に起りし感覚は、此人の決して死に当るべき罪人にあらざる事であつた。故に如何にもして彼を釈《ゆる》さんと計つた。彼に直《ただち》に判明《わか》つた事はユダヤ人が「媢嫉《ねたみ》に由りてイエスを解《わた》したり」との事であつた（十八節）。故に政治家の立場として、如何にしてもイエスを死刑に処する事は出来なかつた。故に第一に、逾越《すぎこしのいわい》節に代官より民の願に任かせて一人の囚人を釈すの例を利用してイエスを釈さんと計つた。然るに民衆は祭司の教唆に従ひ、殺人犯のバラバを釈されんことを欲し、イエスは之を十字架に釘《つ》けよと叫びたれば、代官の此提議は無効に終つた。茲に於てかピラトは第二の方法を試みた。イエスがガリラヤ人なりしを知りしが故に、彼を当時恰《あた》かもヱルサレムに滞在中なりしガリラヤ分封の君なるヘロデの許《もと》に送つた。是れヘロデをして其管内の民の一人なるナザレのイエスを処分せしめんと欲してゞある。然るにヘロデにイエスを見るの明なく、イエスが奇跡を行はんことを求めたりしも応ぜざりしが故に直に復《ふた》たび彼をピラトの許に還へした（路加《ルカ》廿三章六―十二節）。茲に於てかピラトは第三即ち最後の策として水を取り群衆の前に手を洗ひて曰うた「此義人の前に我は罪なし、汝等自から之に当れ」と。此《か》く為《な》して彼は明白にイエスの無罪を宣告し、群衆をして自己に省みて暴挙に出づることなからしめんとした。然れども斯かる微弱なる手段の成功しやう筈《はず》はなく、群衆は益々声を励まして曰うた

　彼を十字架に釘《つ》けよ、十字架に釘けよ、其血は我等と我等の子孫に係《かゝ》はるべし

と。茲に於てか策の施すべくなくして、代官ピラトは群衆の意を納《い》れて、イエスを鞭《むちう》ちて之を十字架に釘くべく命じ、群衆の手に彼を附《わた》した。憐むべし薄志弱行の政治家ピラトに無辜《むこ》を最後まで保護するの勇気が無かつた。

○ピラトの態度たるや、責むべきと同時に憐むべきである。彼は羅馬政府の普通の官吏であつた。そして官吏の常として普通一般の凡人であつた。彼にイエスの神聖を見るの明の有りやう筈なく、又正義の為に己が身を棄てんと欲するが如き勇気も誠実もなかつた。彼が第一に欲せしものは己が身の安全であつた、そして己が安全を保証する為の長官の信任と群衆の人望とであつた。彼は公平ならんと欲するも其公平は己が地位の安全を危うせざる範囲に於ての公平であつた。ピラトは明かにイエスの無罪を認めたが、然し群衆の人望を賭《と》してまで之を主張するの勇気を持たなかつた。又群衆に「若し之を釈さば皇帝《カイザル》に忠ならず、凡て自己を王となす者は皇帝に叛《そむ》く者なり」と言はれて、彼は己が地位の危きに気が附いた（約翰《ヨハネ》十九章十二節）。高《たか》が一人の田舎者《いなかもの》である、其生命を犠牲に供したればとて、民の間に乱が起りて秩序の乱るゝの害に及ぶべくもないと。斯く見て取りしピラトは己が良心に反《そ》むきながらも、罪なきイエスに死刑を宣告して、之を其敵の手に渡したのである。

○そして寛大なるイエスは此場合に於てもまた御自身を忘れてピラトに同情し給うた。彼は祭司等に対して絶対的沈黙を守り給ひしに代へて、ピラトに対しては大に語る所があり給うた。約翰伝十八章二八節以下、同十九章十四節までに於て我等はイエス対ピラトの対話を示さるゝのである。ピラトが「我れ汝を十字架に釘くる権あり亦汝を釈す権あり」と曰ひしに対しイエスは答へて曰ひ給うた

　汝、上（神）より権を賜はらずば我に向ひて権あるなし、是故に我を汝に解《わた》しゝ者の罪最も大なり

と。茲にイエスは己が死に関するピラトの責任を明かにし給うた。彼に責任なきに非ずと雖《いえど》も、祭司等に彼れ以上の責任ありと宣《の》べ給うた。自己に死刑を宣告せし人たりとも、彼は之に責任以上の責任を帰し給はなかつた。ピラトが自己を弁護する前にイエスは彼の為に弁護し給うた。然れどもイエスは政治家ピラトより何も期待し給はなかつた。己が身の安全を第一とする政治家である。之より完全なる公平を望むを得ざることを彼は克《よ》く知り給うた。政治家は政治家、全然無用の人物に非ずと雖も、然れども神の事、義の事に就き頼むに足らざる人物である事は古今東西変りなしである。政府が任命せし公吏であるとの故を以て、正義の事に於て政治家を信頼する事の誤れるは世界周知の事実である。

○まことにピラトは幸福の政治家であり、……広き羅馬帝国内に彼れ程の政治家は何人もあつた。然れども彼等の名

は悉《ことごと》く忘れられて、彼れピラトの名のみ永く歴史に存して忘れられない。其意味に於て彼は幸福の人であつた。然し乍ら彼は不幸の政治家であつた。神の子に死刑を宣告するの立場に置かれた。是れ大政治家と雖も裁《さば》くに最も難き事件であつた。如何なる明判事と雖もピラトの立場に置かれて、其職責を全うするは実に困難である。実に千九百二十四年、米国議会が排日法案を通過せし時の大統領クーリツヂの立場の如きものであつて、署名するは罪悪、署名せざれば自己並に国民の目前の不利は明かであつて、判決に就て迷ひ、終《つい》に難きを棄《す》て易きに就いたのである。薄志弱行を責むれば責むるもの丶、亦彼等に対し一片の同情なき能《あた》はずである。まことにピラトは政治家の好《よ》き模範である。政治家と云へば総理大臣より代議士まで、又下々の官吏公職に至るまで、千中九百九十九まではピラトの類である。彼等は神を知らず、キリストを解せず、正義公平は之を口にするも、其実行の勇気に至つては小児のそれ丈《だ》けも持たざる者である。茲に於てか政治家に頼り、福音の宣伝を計り、教勢の拡張を企つる事の如何に愚なる乎が判《わか》明る。キリストに死刑を宣告せしピラトに頼みて伝道の便宜を計らんと欲して、政治家の許に走り其援助を藉《か》りて教勢を張らんとせし宗教界の多数の人達は大に己に省みる所があるであらう。
○ピラトの前のキリストに非ず、キリストの前のピラトである。ピラトはキリストを裁判《さば》かずしてキリストはピラトを裁判き給うた。歴史は明かに茲にピラトは世の凡ての政治家を代表してキリストに裁判かれし事を示す。此事を最も如実的に画きし者が有名なるムンカツキー[34]の大作である。如何なる註解と雖も之れ以上に此事を説明する者はない。[35]

内村はこのように、イエスの審判に関する研究を終えるに当たり、イエスを有罪にした世俗権力の前に彼の高い道徳的姿勢を掲げている。政治権力者に対する内村の非難は概して適切であるが、大正時代の政府に対して同じ方法で挑戦することはできなかった。内村は日本政府の検閲を恐れることはなかったが、イエスの審判はあらゆる世俗機関に対する不信感を強める結果となった。

＊　＊　＊

内村はこのほか、聖書の特定の箇所を自分の生涯と結びつけて使うことも多く、例えば受洗以来の半世紀に思いを巡らしていた一九二八年五月から六月、「ホセア書」研究について行った一〇回の講演にもこれが表れている。小預言者の中で最も偉大なホセアは、娼婦と結婚して彼女の不実に苦しみ、自らの経験を使って、不実の妻と夫との関係をイスラエルと神との関係に準えた。

連続講演を始めるに当たり、内村は自分がかつて「ホセア書」の一節により救われたと述べている。これは離婚後、彼が初めて「ホセア書」を読んだ時期を指すものと思われる。三回目の講演「家庭の不幸」は、ホセアの結婚の失敗を記す箇所を対象にしている(36)。

内村はまず、神は人々をそれぞれ異なった方法で召される、と述べる。ホセアは結婚生活を通して神に召された。テキストによると、神はホセアに娼婦を妻にするようにと命じる。我々はこれを文字通りに受け入れることはできない。ホセアは悪女を選んだことに後から気づき、これが神の召しであったと振り返る。「ホセアは誤って娼婦と結婚し、それ故に多くの苦痛を味わい、中傷に耐え、後になって初めて、これがすべて神の意図により起こったものだと理解した」。彼女の生んだ子供は誰も自分の子とは思えず、それぞれに不幸な名前を付けた。人生に「結婚の失敗」ほどの不幸はない。それは「家庭の崩壊に留まらず、人生そのものの崩壊につながる。ホセアのように感情的で執念深い人間にとっては、特に苦痛であったに違いない。恋愛に敗れて死に追いやられる若者は多い。ホセアもこの時点で死を願ったかも知れない。浮気な妻ゴメルがどんな男と交わっているのか、彼は知らなかった。彼女は不貞の剣で彼の心臓を突き刺しながら、特に悪いことをしているとは思っていなかった」。しかし神は、妻の不貞を通して彼を正気に返らせた。ホセアは自分がなぜ苦しんだのかわかった。苦しんでいるのは自分だけでなく、彼の家庭の不幸は時代の社会的・道徳的混乱を反映しているに過ぎず、自分の苦痛を嘆く前に国家の問題を嘆くべきだと。「社会道徳紊乱の主因は誤れる宗教の流行に在る。……ホセアの家庭に此悲惨事ありしはイスラエルに真の信仰が絶えたからであると、聖霊は斯く彼に示し給ひ、彼は克くその訓示《おしへ》を解した」[37]。

ホセアはまた、妻と夫との関係は人間と神との関係に似ていることも学んだ。愛がなくなれば関係も存在しなくなる。「背教は姦淫である。他神《あだしがみ》に事《つか》ふるは間夫《まぶ》に行くと同じである。そしてホセアは其妻の姦淫に由つてイスラエルの民がヱホバに背きてバールに事へし其罪の深さと恐ろしさとを知つた。○斯くてホセアは己が身の不幸に打勝つた。彼は国家的不幸の一端として之を見た。又神の御歎きを己れに実験して聖名《みな》の為に起たざるを得なくなつた。斯くて彼の不幸は彼が神に召されて其預言者と成るの機会と成つたのである」[38]。

一九二八年五月六日にこの講演が行われた時、これが内村自身の経験をどの程度反映しているかを知る者は恐らく誰一人いなかったであろう。離婚から四三年経っていたし、札幌の教会を去った後に始まり離婚で頂点に達した精神的放浪を描写するのに彼が「ホセア書」二章一四―一六節の暗示的な言葉を使ってから三三年が過ぎていた。内村の著作のどこにも離婚の記述はないので、この講演を彼自身の体験に結び付けることができたのは新渡戸稲造、宮部金吾、海老名弾正、その他当時の事情を覚えている一握りの友人だけだった。

これはまさしく内村が望んだ状況だった。にもかかわらず、彼の言葉を読んでいると、若き日の離婚の心痛が経験を通して神の業に転じていることがわかる。まず、神がホセアに娼婦と結婚するよう命じたという言葉を、内村は文字通りに受け入れることはできなかった。確かに、神がこのような進言をするとは思えないが、神がこの結婚を用いた結果を見ると、不可能ではないように思える。テキストが間違いでホセアは結婚して初めて妻の性癖を知ったとする内村の解釈を受け入れれば、内村自身が何も知らずに結婚したことと重なり合う。自分の過ちの故にホセアは「結婚の失敗」という深い苦痛を体験する。妻の行為はホセアを深く傷つけるが、彼女は恐らく「特に悪いことをしている」とは思っていないことに彼は気づく。不幸の体験のさ中にあって彼は終始、この不幸が部分的には同胞の罪の結果であると認識している。自分の悲しみを祖国の運命と結びつけることにより、個人的な不幸を克服する。この解釈は「彼が神に召され、預言者として現れるきっかけ」となるのである。

上記のような偶然の一致をわざわざ数え上げ、そこから結論を引き出すようなことはしなくてもよいのだが、この箇所については、内村が若い頃彼を批判した人々に対して弁明を行っていると見てもよい証拠がある。彼は「ホセア書」について「生涯の内に一度は」論じたいと日記に記している。[39] また『余は如何にして基督信徒となりし乎』の中では「第一に人となり、次に愛国者となる」ために「神により荒野へ導かれた」と述べている。[40]「ホセア書」論において内村は、彼が「人となり愛国者となる」ために神が離婚を用いたと見ている。タケについては、彼女が恐らく誠実に振舞ったのであろうということ以外、述べられていない。この時点で、『余は如何にして基督信徒となりし乎』中の内村に関する最も厄介な問題に直面する。すなわち、なぜ彼があのような罪悪感を覚え、米国留学期間すべてを真空状態に喩えているのか、という問題である。

講演に出席した聴衆の中に彼の体験を知る者がもっと多くいたとしたら効果は薄かったであろうが、聴衆が感じたのは、難しいテキストに関する立派な注解だということだけだった。一か月後、内村は受洗五〇周年を祝い、半年後には、死ぬまで続くことになるある論争に巻き込まれる。だがこの時点では彼は安定した状態にあり、若き日の忌まわしい体験を初めて、彼の創造的作品に導入することができた。

＊　＊　＊

以上の記述から明らかなように、内村の聖書研究は西洋諸国などで行われている聖書研究とは大きく異なっている。歴史学・言語学・考古学の研究成果を取り入れた研究は、内村がひたすら信仰に根ざして独力で切り開いたものを遥かに超えた、多くの情報を生み出してきた。西洋的聖書研究の素養のある内村の同僚たちから見ると、彼の著作は時代遅れであった。内村が三〇年来親しく付き合ってきた植村正久は、内村が重要な書物を利用していないと述べたとのことだし、[41] ある若い宣教師は一九二〇年代、先輩の宣教師から、内村の著作は重苦しく保守的だと告げられたという。[42] 当時の聖書研究の知識に通じていると自負する者たちが内村の著作を時代遅れと見なしたのは当然である。彼らの評価は正しい。内村は当時の世俗的学問が聖書の主張を支持、あるいは反論していることを記録する意図は毛頭なく、聖書のテキストの「注解」という、より一般的な昔ながらの方法、すなわち、聖書の特定の箇所から現代人の生活への意義を引き出そうとする試みを続けていたのだから。[43]これは世界中の牧師が通常、説教に使っている方法で、聖書解釈学とは異なる前提に立っている。世俗的学問の資料を参照せず、聖書そのものが個人の生活の手引きとして充分であるとの考えに立っている。テキスト上の疑問は世俗的学問の場合ほど問題にならず、研究が行き詰まると信仰に頼る。それ故、聖書の言葉は、人間と神との関係について最も重要なメッセージを伝える点で「真実」なのである。科学的・歴史的に証明することのできない真理も、神話や寓意物語では真実である。聖書が何世代にもわたって注目され続けてきたという事実そのものが、神意を示す十分な証拠である。解説者は理性に照らして、聖書という古来の英知の宝庫から自身にも聴衆にも役立つ教訓を引き出す。聖書の言葉が歴史にどのように適合するかではなく、現在、全ての人の必要にいかに応えるかを問うのである。

この直接的・実際的目的に照らしてみると、内村の聖書注解が広く受け入れられた背景がわかる。一九二〇年代には日本語訳聖書が容易に入手できるようになっていた。知識人や実業家たちは欧米で聖書が占める位置を知り、聖書を読み、英語を学び、欧米を理解し、自身の宗教的探求を進めようと願った。

彼らの多くは若き日の内村同様、相対する様々な価値観の狭間で新しいものへの好奇心を持っていた。聖書を買って読んでみても、大して役に立つと思えない。聖書に即して構成され、区切りごとにテキストと読者の関心を結び付ける内村の聖書研究は、手ごろな手引書となった。日曜学校で育った者には聞き慣れている内容かも知れないが、内村の聴衆の多くはゼロから出発していた。西洋のキリスト教の伝統に育まれた懐疑主義者が理解に苦しむような内容も、聴衆は熱心に歓迎した。

西洋の知識人の多くは、教会が現代の必要に応えていないと考えている。教会は弱体化していて、イエスの理想が要求する変容を実行することができない。ホテルの客室に常備されながらほとんど読まれていない聖書は、その魅力を失った。失意の底にあるヨブと彼を誹謗した人たちの間を取り持った若き仲介者の勇気と信念を称えてわが子をエリフと名づける母親を誰が理解できようか。一八世紀アメリカのピューリタンなら理解できた。そして、内村の作品を通して二〇世紀の日本人も理解できたのである。

最後に、内村の著作は読者に過去との決別を迫らない。内村は儒教や仏教の理想を賞賛し、キリスト教も日本の倫理的伝統の上に接木すべきものと考えた。日本の状況にも満足していた。過去を条件付きで受け入れていた読者にとっても、伝統に対するこの解釈は納得のいくものであった。このように内村の言葉は、聖書と読者の必要を結びつけた。内村の聖書注解が一般読者を引き付けた背景には特定の要素がいくつかある。

第一に、聖書の言葉の真理は各自の生活との関連で証明されるとの主張がある。内村は自身と読者を聖書の登場人物の立場に置き、すべての時代のすべての人が同じ反応をするという前提で、その人物がどのように感じるかを考えさせる。ヨブを論じるに当たり、内村は自身をヨブに置き換え、読者にも同じ体験をさせる。聖書の登場人物が強い個人として紹介されるので、読者は個人の価値と責任を強く感じる。関根正雄によると、大正時代の日本において「個人の持つ真実の意味を真に徹底的にあきらかにしたのは内村の聖書講解、ことに大手町時代の講演以外に類はない」[44]。政府主導の社会倫理に支配されている国で、このような見解は重要な選択肢を提供した。

個人と経験を強調する内村の聖書研究の方法は直感的である。例えば「ダニエル書」に関する講演の最初に彼は、最近の学問研究が聖書の内容の歴史的信憑性に疑問を投げかけている箇所が多々あるが、同時に疑いもなく歴史的事実である箇所も多い、と指摘している[45]。このように難問を認めながら、すぐ後にそれに代わる直感的な説明を加えることにより、内村は多彩な比喩的表現を欲しいままにすることができた。弟子の一人、政治学者でのち東大総長になる南原繁は、内村が学者というよりキリスト教詩人であると考えた[46]。

最後に、聖書に関する他の解釈に精通している者たちは、内村の解釈が革新的であると感じた。例えば、内村は一九〇三年に出版されたA・B・デイヴィッドソンの偉大な「ヨブ記」注解書を所有していたが(47)、著者が一八ページも割いている「ヨブ記」の執筆者と日付、その他著者が問題にしている様々な点について全く言及していない。

内村の聖書研究のこうした特徴を、読者は「日本的」と感じた。聖書が身近なものと感じられる解釈であったし、内村が日本の伝統の主要な要素を否定せず、むしろキリスト教が日本の伝統の最高の理想を達成させるものと見ていたからである。読者は自分の経験に適合する聖書解釈として受け入れることができた。

しかし、「日本的」という言葉を定義しようとすると、内在する曖昧さが表面化する。この表現は一九世紀に西洋人が西洋と異なる日本の工芸品や習慣を指摘するのに使い、日本人も日本の状況が西洋と異なる点に対して使った。その後、日本の宗教を定義するリストも現われ、美しい寺院建築、神道の自然観、荘厳な庭園などが挙げられた。日常生活における個人関係は含まれていないが、実はこの関係が日本人から見ると内村のキリスト教解釈の特徴であった。教会組織の支えがなく内村の教えを求めて来た者たちは、社会が師と弟子に委託した役割に頼った。身近な社会的パターンの気楽な雰囲気の中で外国の宗教を学ぶことができたので、新しい考え方も容易に理解できた。しかし、内村が日本的な個人的つながりを緩めると、横の関係が台頭した。その結果、内村は最終的に、自分の築いてきた遺産の多くと縁を切ることになる。

分裂の発端は、教会に対する内村の態度であった。以下、本書の最後の部分では、内村が講演の場所を都心から郊外の自宅に移した経緯を記述した後、この分裂の問題に焦点を当てる。

＊　＊　＊

聖書の講演は内村が一九三〇年に没する直前まで続けられたが、その形式は大日本私立衛生会講堂で始められ

1923 年の震災後，内村が講演会場を移した今井館。

た連続講演を踏襲したものであった。この講堂は一九二三年九月一日の関東大震災で破壊され、使用不能となる。震災は内村はじめ、これを体験した何百万の人々にとって、部外者には到底理解できぬほど大きな転換期となった。以下、震災が内村に及ぼした影響について述べよう。

内村はその夏、軽井沢で過ごしていた。小さな借家の一人住まいで、書生が一人ずつ交代で東京から来ては身の回りの世話をしていた。彼にとっては幸せな夏で、安部磯雄や尾崎行雄（一八五八―一九五四）などとの旧交を温め、くつろいだ夏だった。[48] 九月一日、帰京の準備も整い、手伝いに来ていた石原が昼食のパンを買いに出かけた時、突然道路が舟のように揺れ出し、歩くのも困難になった。石原が家に帰ってみると、内村は裸足で芝生の上に立ち、恐怖で目を大きく見開いていた。夜になると、「火の柱」のようなものが東京方向の空に立ち上り、石原はアブラハムがソドムとゴモラの方に「その地の煙が、かまどの煙のように立ちのぼる」のを見たという創世記一九章二八節を思い起こした。東京中が燃えているという噂だった(49)。

内村は翌朝、東京に戻ることにして、一番列車で出発した。途中ですれ違う列車には、たった今「地獄から這い出してきた」ような人間が溢れていた。川口まで来ると橋が壊れていて列車が進めず、乗客は歩かされた。旅行鞄や内村の重い書籍の入った箱を担いで、二人は線路の上を六時間、八マイルの道のりを歩く。帰宅してみると、家も住人たちも全員無事だった(50)。

続く数週間、内村のように難を免れた者たちは略奪を恐れた。秩序を保つために、今井館にはしばらくの間、軍隊が留まり、内村は祐之と共に夜警に加わった。余震は九日間続いた。大日本私立衛生会講堂が焼け落ちたと聞くと、内村は彼が講堂の備品に加えた立派な「大ピヤノと大オルガン」が失われたことを嘆いた(51)。平常の生活に戻った時、内村は自宅に隣接する小さな今井館で講演を続けることにした。この比較的交通の便の悪い場所にさえ押し寄せてくる大勢の人々をどのようにさばくかが、彼の残る生涯の課題となる。地震により、内村の講演を直に聴ける人の数は大きく制限されたが、彼が再臨運動を機に都心に乗り込んで以来演じてきた大きな社会的役割が減じることはなかった。彼は依然として彼の世代の偉大な著述家として尊敬され続けた。

第一三章　賢者

一九二三年の大震災から一九三〇年に没するまでの七年弱の間に内村は生涯の仕事を終え、次第に衰弱していった。この間に起こった様々な出来事は、彼の生涯を織り成してきたいくつかの糸を密かに手繰り寄せる結果となり、彼はすべてを整えて死を迎えることができた。肉体の衰えを挽回して精気を取り戻したいと夢見ていたが、その一方で最期を迎える準備を周到に整え、それをうまくやり遂げたように思える。

大震災で大日本私立衛生会講堂が破壊されたため、内村は活動を自宅および隣接する小さな今井館に限定せざるを得なくなった。この建物は一九二三年と一九二五年の二度にわたって増築されたが、日曜日の二回の集会では大日本私立衛生会講堂の一回の講演に集まった全員を収容することはできない。出席者を厳密に制限する結果となった。

今井館で内村は息子の結婚式を行い、孫の成長を見守った。日本社会の年長者に対する敬意を享受し、世界中の弟子たちから報告を寄せられる喜びに浸っていた。一九二六年にある人は彼を次のように評している。「六〇歳を少し過ぎているが老いを見せず、長身・痩せ型で筋肉質、頑丈な人との印象を与える。嫌いな人に対しては不愉快な言葉を浴びせることのできる人だ(1)」。

このように物質的にも精神的にも安定した立場に立って、内村は世界における日本の地位、恵まれない諸国の人々に対する日本の義務、日本が手本としてきた先進国との関係などを考察した。二度にわたり、日米関係改善のための討論に参加してもいる。一九二四年、合衆国政府がアジアからの移民を禁止した時と、西洋人向けの英文雑誌に二年間協力した時である。その後、彼の精神的遺産を如何にして後世に残すか、という最も切実な問題に専念した。

内村は周囲の社会に無頓着になったように見えるが、彼が社会問題をめったに話題にしなくなったのは日本の社会状況を反映したものである。少なくともその後起こった出来事に比べれば、一九二〇年代後半は比較的平穏であった。新しいものを貪欲に取り入れた明治時代の後、社会はもはや変化を求めず、伝統的信念への脅威を懸念することもなくなった。第一次世界大戦による急速な経済成長は緩み始めていた。日本とその国際的地位、将来の展望などについての考えは、社会全体の気質に左右された。楽観的な見方をする人々は、第一次世界大戦によりもたらされた目に見える経済成長、日本の列強仲間入り、政治権力の庶民への委譲などを誇らしげに指摘した。一九二八年、満二五歳以上の男子全てに選挙権が与えられている。

こうした変化を最も熱烈に受け入れた人々を、歴史家は「大正民主主義者」と呼ぶ。大正から昭和初期にかけて、自由民主主義と国際主義の信条を受け入れた人々である。高学歴の職業人――作家、外交官、外国貿易に従事する実業家、国際情勢に敏感な学者たち――であった。国のエリート教育の産物で、国際的視野から日本を見ていた。彼らは国際主義の倫理的基盤を求めて、内村の講演に殺到した。日本の優越性と国際社会における日本の役割に対する彼らの考えを満足させたいと願っていたのである。

内村は彼らの要望に答えた。続く数年間の出来事は彼らの楽観主義に疑問を投げかけ、昭和初年の経済不況は一九三一年の満洲事変の素地を作った。内村自身も取り巻きも、こうした展開を分析することはなく、時事問題を道徳的因果関係として論じている。第一回目の衆議院選挙で内村は、『万朝報』時代の同僚、斯波貞吉に投票している。候補者名簿の中で最も異論のない名前だと考えたからである。[2]

その直後、内村はハーバート・フーヴァーがカトリックのアル・スミスに勝利した合衆国大統領選を論じている。たまたま政治に触れているこうした例を除けば、彼はもっぱら身近な人々や出来事に集中して書いている。

二つの例外は、恵まれない諸国の人々の福祉に対するクリスチャンとしての関心と、米国内の出来事に対する日本人としての関心。しかし、この二つには大して精力を費やしていない。彼の関心は主として、年輪を重ねることとそれに伴う満足感に向けられた。

内村は家族との緊密な絆を以前にも増して楽しんだ。息子の祐之は医学の修行と東京住まいに終止符を打ち、結婚して子供をもうけ、ドイツに留学し、内村の母校、札幌農学校の後身、北海道帝国大学で教鞭を取り、研究に従事することになった。精神科医であった祐之は父の最後の病気を看取り、冷静な医者の目と同時に父への愛情をもって、その様子を記録している。

内村は彼の才能ある息子と共に過ごすのを大いに楽しんでいた。一九二〇年夏、十和田湖へ旅行した折、すでに六〇歳になっていた彼は湖で一緒に泳ごうと提案し、服を脱いで飛び込んだ。こうして息子との交流を楽しんだ後、祐之から精神医学専攻の決意を聞かされ、内村は大喜びした。エルウィンの知的障害児療護院で働いて以来、内村は精神病に関心を持ち続けていたし、その後、宗教体験に絡んだ異常な思考過程を目の当たりにして、精神医学の重要性をさらに認識するに至った。内村家で「魂の医師の次に、心の医師が内村家に出るのはよいことだ」と彼はしばしば祐之に語っていた[3]。

父の賛同とは裏腹に、祐之の野球のファンたちは、スター・ピッチャーがなぜ精神医学を選んだのか理解できなかった。あれほど野球の才能がありながら精神医学を選んだことが信じられなかったのである。ファンの落胆の一つは日本における精神医学の地位の低さにあると気づいて、祐之は自分の選択が「英断」であると認めた[4]。彼は一九二三年に医学部を卒業した後、家から数マイルの所にある松沢病院でキャリアを開始する。

翌年、家族は内村の講演を聴きに来ていた女性の中から祐之の妻を選んだ。美代子は内村の講演の雄弁さに引かれ、長老派の植村正久の元を去ってきた女性である。彼女と内村は馬が合った。美代子の回想は、有名な義父に対する最も客観的で内容豊かな洞察力を示している。彼はいつも「和服姿にくつろいだ」と彼女は記す[5]。家族が決めた彼女と祐之との見合い結婚は、祐之の死まで五七年間続いた。このことは、恋愛結婚に対する内村の嫌悪感を正当化しているようだ。

一九二五年三月、北大に新設された精神医学の教職を祐之が受諾した時、内村はデイヴィッド・ベル宛てに「同窓生の息子が母校の教授職に招聘された初の例です」と大喜びして書いている(6)。内村はすでに『全集』〔訳者注　一九一九年警醒社から出版され、第一巻だけで中断〕の最初の印税を奨学金基金として北大に寄付していた。祐之は着任の一か月後、新任教師に対する帝国大学の慣習に従って、海外研修のための休暇が与えられ、当時、精神医学で世界をリードしていたドイツに留学する。内村はヨーロッパの文通相手何人かに紹介状を書いた。祐之の出発を見送るに当たり、内村は彼の父が彼を見送る時に作ってくれた同じ詩を贈っている。

聞きしのみまだ見ぬ国に神しあれば
往けや我子よなに恐るべき(7)。

祐之の二年間のドイツ留学中、美代子は内村家に留まり、義父の手伝いをした。二人の共同作業の一つの結果は、『聖書之研究』に六回掲載された「卓上談話」。このコラムを思いつくきっかけとなったのは恐らく、ルターの弟子たちの手に成る *Tischreden*（『卓上語録』）であろう。内村はかつてこれを翻訳しようと考えたことがある。有名人の折々の会話を記録しようとする動機はルターの場合も内村の場合も同じで、賢者が会話の中でさりげなく披露する英知を記録したいとの考えである。美代子が編集した内村の言葉には、カレーライスやお気に入りの店で買った肉のすき焼きを好む内村の姿が浮かび上がる。政府が森有礼や内村自身の支持する国際主義を制して押し付ける国粋主義的教育政策の悪影響を嘆くものもあれば(8)、日本に笑いが少ないと指摘するものもある。「日本人は大体において笑わぬ国民である。孔孟の教えに基くか、隠世思想によるか、喫茶の習慣の結果か知ら

孫娘マーちゃん（正子）と内村，1926年。

ないが、本当の笑い、即ち横隔膜以下に発する天真の笑いをみることは少ない(9)」。

内村は美しく才能ある美代子との交流を楽しんではいたが、彼が最も感激したのは一九二五年九月、初孫娘の正子の誕生であった。「マーちゃん」は祖父の愛情を虜にした。一九二七年夏、祐之が帰国して家族が札幌に移ってからも、内村は彼ら、特にマーちゃんに会いたくて泊まりに出かけた。札幌行きの列車を見送ってから一か月も経たぬうちに、彼は札幌でマーちゃんに再会している。北大で一五〇〇人の聴衆に講演するのを始め、もっと小規模の講演会をいくつも行なうという口実だったが、本音はマーちゃんに会うためだったようだ。最後の病床に伏しながら、座布団をたたんで抱きしめ、「マーちゃん」とつぶやいていたという。
　最後の数年間、内村が安定した状況にあったという事実は、祐之とその家族を彼が誇りに感じていたことにもよく表れている。周囲の尊敬を受けつつ、彼は日本の伝統や制度を受け入れ、日本社会の一員として平穏に暮らしていた。彼が最も光栄に感じたのは、大正天皇の皇后、当時の皇太后のお言葉だった。彼女は夫君の死の二か月前に内村の作品を何冊か読み、次の和歌を作ったという。

異国《ことくに》のいかなる教《をしへ》入り来《く》るも
とかすはやがて大御国《おほみくに》ぶり。(10)

四年後、死の床で内村は、彼の提示するキリスト教なら日本に受け入れられるであろう、との皇太后の考えを漏れ聞き、喜んでいる。
　愛情豊かな家族に尊敬され、社会の支持を受けて、内村は同胞の日本人との一体感を新たに感じていた。三〇年前、内村は彼の文章を賞賛しながらも彼の意見を無視していた社会に向かって、日本人の倫理に対する彼自身の理想を掲げ続けていた。今はテーマをより慎重に選びつつ、肯定的な枠組みの中で異論を唱えた。その異論とは、彼に最も強い影響を及ぼしていた宗教の自由に関するものであった。

＊　＊　＊

　一九二七年二月初め、国会は宗教団体に対する政府の束縛を強化する法案を検討していた。当時はユダヤ人の普遍的なエホバの神に対して天照大神は局地的な神であると主張しても、検閲にかかることはなかった。一〇年後、このような主張は不敬罪と見なされることになる。内村は法案がそのような傾向を指し示していると危惧の念を持った。日露戦争の後、内村は政府の政策を二回攻撃しているが、その一つにおいて、こうした傾向に反論を唱えている（もう一つについては後述）。

この時、内村は手紙を書き、コピーを文部省、省内の宗教担当課、そして国会議員全員に送った。全部で八二七通である。中味は、先進諸国のほとんどが信教の自由を個人の権利として認めていて、日本がその理想を受け入れようと受け入れまいと、宗教に対する真の規制は不可能であり、法案の起草者は宗教を本当に研究すればこの事実が分かるであろう、というものであった。

その後、多数の教会関係者と共に、内村は聴衆が一〇〇〇人を超す公開会場で講演をした。真の自由は個人の中に存在し、勇敢な人は「福言〔ママ〕を以つて世に臨む時に法律の不備又は社会の圧迫を恐れない。……如何なる政府も社会も神に勝つことは出来ない。全宇宙が我等の後援者と成りて働く。諸君安心して進み給へ」。彼の懸念は貴族院議員を含む他の多くの人々の懸念と重なり、法案は廃案となった(11)。

内村は日本と日本の伝統および日本のクリスチャンの国家に対する考え方に関する成熟した見解に基づいて議員たちに訴えかけた。大部分の日本人は未だにクリスチャンを非日本的と見ている事実を認めながら、次のように述べる。「キリスト御自身にも強い深い愛国心があつた。モーセを初めとしてサムエル、ダビデ、ギデオン、バラク、其他真の預言者はすべて一人残らず熱烈なる愛国者であつた。精《くは》しく聖書を読んだ者で愛国者たり得ない筈〔はず〕はない。近代人の称する人類愛……少くとも夫〔そ〕れのみが……新約聖書の精神であると云ふ者の聖書知識の程度は知るべきである(12)」。

信者たちに国を愛するよう奨励する一方で、内村はキリスト教と日本の伝統的道徳規範の関係を説明するのに園芸学の比喩を使った。新渡戸が最初に『武士道』の中で使った比喩である。「武士道」という表現がその後重要になるので、内村がこの比喩を採用した経緯と新渡戸の比喩との関係は詳述に値する。日本人もその後第二次世界大戦下の敵国人も、武士道が日本の道徳の核心を成すと考えた。内村の考えはこれと共通しているが、別の意味合いであった。

キリスト教は神の道であり、武士道は日本人の道であると内村は言う。武士道はキリスト教に劣り、キリスト教とは異質のものだと考える人もいるが、内村はそうは考えない。武士道に含まれるものは、剣で人を殺す権利だけではない。武士道にはキリスト教との類似点が多くあるので、キリスト教は日本人の興味をそそるのだ。イエスと弟子との関係には、日本人に身近な要素が多い。武士道が続く限り日本は栄えるが、武士道が廃れると日本も萎んでいく。(13) 武士道をキリスト教の教えと同一視して両者を結びつけたので、内村の解釈による考えが無理なく日本的と取られたのである。

「日本的な思想」という曖昧な言葉がキリスト教思想と両立すると考えられた具体的な例を挙げよう。内村はまず、武士道は誠実さを尊重すると述べる。国学者が仏教を嫌ったのは、彼らが「率直」と呼んでいたものが仏教には欠けていたからだ。武士道には大きな勇気が必要である。キリスト教の愛の教えはこの宗教が女性的であるような印象を与えるかも知れないが、神殿を清めたキリストの行為はキリスト教の真の男性らしさを表している。士族出身の明治の日本人がクリスチャンになったのは、その教義の故ではなく、聖書の登場人物の勇敢さによるものだった。武士は恥を強く意識し、パウロ同様、恥をかくよりは死を選んだ。武士は第一次世界大戦の連合軍のように逃走する敵を殺したり餓死させたりはしない。日本人は敵を愛することはしないが、敵にも敬意を払い、敵の弱みに乗じることはしない。我々日本人は武士の倫理を持っているので、通常の倫理問題を解決するのに聖書を探る必要はない。教会が陥るような問題も、武士道の倫理で解決できる。(14)

「武士道は福音を接木《つぎき》するに最も良き台木《だいき》である」(15) とする新渡戸の比喩はこの事実を要約していて、日本の中で福音を最も効果的に伝播する手段は徳川時代の儒学者のやり方を踏襲することだ、と内村は続ける。「キリストの福音を以て立ち、聖書の研究に身を委《ゆだ》ね、其の伝播を以て業とする我等も亦書籍の人であつて、儒者と階級を同うする者ではない乎、然らば我等は何故に儒者に傚ひて我等の目的を達することが出来ない乎、……而して東洋人にキリストの福音を伝へんと欲する我等は福音的儒者として立つべきではない乎」[16]。批判者たちはもはや内村の愛国心を疑うことはなかった。

日本の伝統的理想に自身の思想を結びつけたこともあり、内村は晩年、社会的仕来りを守る努力をしている。再臨運動の準備をしていた時、内村は千年至福説を唱える伝道者として有名な木村清松（一八七四―一九五八）を訪ねた。木村は一年前に内村が木村の千年至福の考えを嘲笑したことを指摘した。「先生は急に立上り、氏が何も詫びを言はせる為にそれを言つたのではないと制するのも聞かず、……机に両手をつき、三度ほど頭を下げて丁寧に詫びをされた」。このやり取りを見守っていた弟子の塚本は、「世に勝つた人だけが、面子を棄てて人の前に頭を下げる勇気をもつ」。と結んでいる[17]。弟子から見た内村はこのように、最も厳格な伝統的倫理の模範であった。

周囲から愛され、尊敬されてはいたが、次第に疲れを覚え始めていた内村は、新しい趣味を始める。長年、天文学に興味を持ち続けてきた彼は一九二〇年、「星の友」という会を作った。最初の会合に一〇〇人以上が参加した。宗教思想を補正するものとして、哲学書も次第に多く読むようになった。カントとプラトンを比較した後、哲学を究めることは伝道者になるよりも「それ以上に貴き業」と結論づけている[18]。視覚障害者が内村の作品のいくつかを点訳するのを手伝い、弱視者と二年間協力して聖書全部を点訳した。旧約聖書の点訳は、あらゆる言語を通じてこれが最初であった。内村はまた、自分の書が注目を集めているのに気づいた。日本人は偉人の書を珍重する。角ばってずんぐりした彼の字は力強さを見せていると考えられた。良い書の前提は良い文体である、難解な文は「人を苦しめ、愛を傷つけるものである」と彼は斎藤に説明している[19]。

時が経つにつれ、内村はしばしば、老人の昔話を聞いてくれる相手を求めた。斎藤は幾度となくそのような相手をさせられた。その中で内村は、神から重要な任務を受けている故に、自分の業績は明治の近代化の大物、伊藤博文や大隈重信の偉業よりも長く記憶されるであろうと予言している。博士論文に彼の生涯と作品が分析されることもあるだろうと予言した。月曜日には自宅でくつろぎ、レコードを聞きながら家の中を行ったり来たりして、付き添う女中に昔話をしていた。

一九二四年からは休暇も多く取り、夏には弟子の経営する星野温泉宿で過ごした。軽井沢の西数マイルの場所にあるこの宿屋には礼拝堂と小さな洋館があったが、この洋館は一八八一年、合衆国元大統領グラント将軍の仙台訪問の折に建てられ、その後移転されたもので、内村はこれを臨時の書斎として使っていた。内村は宿屋に英語のきちんとした文字で"Dentistry is a work of love"（歯科学は愛の業なり）という銘刻を残してもいる。虫歯で悩んでいたためかも知れない。

七〇歳代に入ると、内村は若い頃のように飢えや挫折に駆られることもなくなった。彼の為すこと全てが賞賛を浴びた。一九二八年には彼を慕う者たちが彼の受洗五〇周年記念行事を計画してくれた。行事は六月二日の朝から始まり、内村と妻は寝室の外で呼ぶ女性の声で目覚めた。女性は彼の気に入りの讃美歌を歌い、内村が障子を開けて礼を述べると、彼女は彼に百合の花を渡した。内村は学生時代のルームメート宮部金吾に電報を送り、二人が五〇年間、「信仰の道」を共に歩んだことを感謝した。新渡戸稲造ら四人の札幌時代の級友と内村は、七年前に他界していたハリス監督の墓に詣で、墓石に花輪を捧げた。内村は「詩篇」九一篇（「いと高き者のもとにある隠れ場に住む人、全能者の陰にやどる人は主に言うであろう、『わが避け所、わが城、わが信頼しまつるわが神』と）を声高に英語で読み、グループの別のメンバーに先導されて彼らは祈った。記念写真には白髪でやや疲れ気味の新渡戸と、モーニングで正装し、口元には寄る年波の皺を刻んだ内村の姿がある。家に戻ると、内村は略式の儀式を望んでいた一一人の弟子に洗礼を授けた。

翌日曜日、内村は「ホセア書」二章について語り、午後は塚本の講義に続いて回想を述べた後、彼の死後「内村教会を建てて」彼を称えるようなことは断じてしないようにと弟子たちに注意した。仮にそのようなことをした場合は「私はどんな方法かをもって、必ずこれを破って仕舞う」と述べている。(20)

1928 年, 受洗 50 周年記念：（向かって左から）廣井勇, 伊藤一隆, 内村, 大島正健, 新渡戸稲造。

（下）向かって左から：内村と学生時代の友人 2 人, 大島正健と伊藤一隆。

二日後、一〇〇人の弟子たちが上野精養軒で内村のために記念晩餐会を開いた。精養軒は内村が最初の結婚の披露宴を開いた建物を使っていた。三年間の英国滞在から帰国したばかりのある准将は、自分は純粋な福音的信仰を、命を「賭して」広めるだろうと述べた。ドイツでルターゆかりの各地を訪ね、最近帰国した別の人物は、「内村先生の名はかの地では日本よりも有名である」と確信していた。[21] 七人の弟子がキリスト教に関する彼らの学問的研究を載せた記念論集を内村に進呈した。内村はこれを国際的に評価されるべきもの、欧米に認められたいと切望し続けている国で進呈しうる最大の賛辞である、と褒め称えている。

内村の受洗五〇周年記念行事は、退職記念パーティーのようでもあった。参加者たちは内村が過去のゆるぎない業績に満足して徐々に現役を退くものと考えていた。

弟子たちの願いとは裏腹に、内村が彼の思想の主要な構成要素をまとめ上げる作業に取り掛かると、新たな活動と最後の辛辣さが彼の生活を特徴づけることになる。受洗五〇周年記念の数か月前、彼は再臨運動に端を発し英文雑誌を別に発刊するきっかけとなった外国人との対話を完成させていた。この雑誌を廃刊にするのは容易であったが、その後の成り行きが示すように、弟子たちとの関係を無視することはできなかった。

第一四章　西洋批判

日本と外国との関係に対する懸念は内村のキャリア形成に大きな役割を果たし、『万朝報』辞任から再臨運動に至る期間を除けば、常に彼の主要な関心事であった。『万朝報』の国際問題担当者として、彼は西洋流を読者に推奨していた。その後、再び海外に関心を向けた頃には、日本人の自国に対する認識が大きく変化していた。自信を持ち、洋風すべてが優れているとは考えなくなっていて、内村も同感だった。周囲の状況を見ると、彼が以前夢見ていたことが少なくとも部分的には達成されているように思われた。彼は弟子たちに、他国の恵まれない人々を援助するよう促した。外国の友人との交際範囲も広がった。日本人の代表と自認して、自国を侮辱すると思われるような態度や行動を取る人々を非難した。英語を精力的に駆使し、最初は新鮮な気分であったが、彼の流暢な表現をもってしても外国人に認めてもらえぬとわかると、やる気をなくした。

内村は議論の初めにまず、「外国人」という表現を日本人がどのように理解しているのか説明した。日本人は世界を内国と外国に分類し、外国人は欧米人と理解していた。白人と呼ぶこともあるが、一般には一からげに「外人」と呼んだ。欧米以外の国の人々はそれぞれの国名で呼ばれ、「外人」には含まれなかった。

白色人種と有色人種とに分けてみると、白人は限りなく豊かに見えた。内村は白人と接した若い頃の苦しい体験を覚えていて、留学から帰国し、『万朝報』で日本人の見解を外国人に提示せねばならぬ職場にいながら、外国人に会おうとしなかった。『万朝報』辞任後は外国人のことはほとんど忘れ、彼らに会うことも滅多になく、たまに会っても、他のインテリ日本人同様、受身の姿勢であった。西洋の思想家の著作は従来どおり読み続け、刺激を受けていたが、英語で書くのは個人的な文通と、一九一三年以降は毎月『聖書之研究』の最初のページに載せる一段落の随想に限られていた。

生涯の最後の一〇年間は、再び西洋人と広く付き合うようになった。外国に目を向けていた他の日本人同様の国際主義者になったかのように見えるが、以下に示すように、理解の深さ、外国人との付き合いの広さ、そしてアフリカやアジアの住民の福祉に対する関心といった、いくつかの相違点がある。西洋人との経済的格差や、彼らが相手を尊重する態度を欠いていることに対して苛立ちを覚えていたが、日本人と白人との関係と同種のものがいわゆる第三世界の人々にも及んでいるという事実を理解している日本人はほとんどいなかった。内村は西洋人の思い上がりや優越感に抗議し、恵まれない国々の住民を援助する義務を日本は担っていると考えた。兄弟として交わり、宣教の精神をもって手を差し伸べることが、キリスト教信仰の一部であるとして奨励した。その反面、他人を助けようと願いながら、他所から助けを求めて彼に近づく人々に対してはよそよそしい態度を取っていた矛盾に気づいていなかった。しかし、彼のグループからの援助は、キリスト教の愛の精神を示している個人を通して必ず受益者の手に渡ると述べている。恵まれぬ人々に対するこうした援助を議論するに当たり、西洋人との関係をもっと詳しく検討する必要がある。

内村と弟子たちは、日本のほぼすべてのプロテスタント教会同様、福音伝道を信仰の必須条件と考えた。伝道グループを結成して夏期の地方伝道を行ない、伝道協会を作って中国やアフリカ伝道のための献金を集めた。伝道協会は一九二二年の特別集会において設立された。続く二回の『聖書之研究』には伝道に関する四ページの付録が付けられ、その後、協会の会合で寄付が募られた。内村はまず中国伝道から始めようと提案した。日本と中国は人種も文化も共通しているからである。にもかかわらず、精神的には日本は中国と異なり、むしろ英米の方に近いと彼は考える。英米は献身的な宣教師を中国に送っている。手始めに、中国内陸伝道会（China Inland Mission）に献金しようと内村は提案した。この会は中国人の同僚と緊密に協力して実際的な農村伝道を行なっていた英国の団体で、内村の意に添ったものだった。内村のグループの献金は、田舎で働くイギリス人医療伝道者に与えられ、内村と定期的に交わされた文通には、この寄付金が彼を補助する中国人の医者を何人か雇うのに使われたと書かれている。

仏領赤道アフリカの伝道事業に協力することになったのは、祐之がドイツでアルバート・シュヴァイツァーに会ったことから実った結果であった。シュヴァイツァーが『余は如何にし基督信徒となりし乎』を読み、内村の業績を賞賛していたと知って、祐之は喜んだ。祐之を通してシュヴァイツァーと内村は文通を始め、内村の伝道協会はシュヴァイツァーの事業に寄付をした。この協力関係は、第二次世界大戦後再び続けられ、内村の影響を受けた日本人の医者たちがアフリカで奉仕した。

アフリカへの援助により、内村のグループは世界の関心を集めたが、アジアでは朝鮮人への援助を通してアジアとも関係ができた。日本は一九一〇年に朝鮮を併合しているので朝鮮人は外国人ではなかったはずだが、日本人は朝鮮人を同胞と考えてはいなかった。政府のエリート官僚が朝鮮を統治し、朝鮮人も時たま下級のポストを与えられたが、実権はなかった。一九一九年に起こった消極的抵抗運動は日本政府の統治の不徹底さに対する警告となり、運動家たちに対する残酷な仕打ちと名ばかりの和解のジェスチャーは朝鮮人の憎悪を増やすばかりだった。

こうした中で、内村は朝鮮人の気持ちを理解し、彼らに同情した数少ない日本人の一人だった。日記に彼はしばしば朝鮮人に触れている。『聖書之研究』を講読していた朝鮮人は多かったし、帰国前に内村の集会に出席した者も何人かいた。内村の作品は朝鮮語に訳され、彼は朝鮮でも聖書についての権威と見なされていた。

朝鮮人と内村との友好関係は若い頃から始まり、互いに尊敬し合い、協力していた。ベル宛てに彼は書いている。「私たちの間には『人種問題』はありません。一部の英米人宣教師から受けた高慢で心無い態度から、私は『見下されている』人種をどのように扱うべきか学びました(1)」。朝鮮人青年のグループに講演し、キリスト教伝道という共通の目的に向かって協力し合うとき、人間はすべて本質的に兄弟であると強調した。『聖書之研究』を講読していたある朝鮮人は、内村の作品のすべてを「六次拝読」し、内村が日本人だと考えるとき、「小生の讐《あだ》の日本にでも先生在りて平和の日本、愛の日本にと変つて来るので御座います」と述べている[2]。このような例は稀であろう。かかる体験をしている内村が政府の政策を嫌い、「国を失った気の毒な朝鮮人を慰める手立てはない……朝鮮は日本に併合され、ポーランドのように呑み込まれた。この侮辱に耐えることは到底できないだろう[3]」と述べているのは驚くべきことではない。彼は朝鮮人の熱烈な信仰と愛国心を尊重した。講演でナショナリズムについて話すと、「手に汗《あせ》を握つて聞く者は朝鮮の学生」であった[4]。熱心に聴いていた学生の一人は帰国後「韓国のガンディー」と呼ばれた咸錫憲である[5]。

在朝鮮の日本植民地政府は内村の朝鮮訪問を望まなかった。彼は友人の招待を受けたが、現地で歓迎されないだろうとの情報を日本政府筋から得た。このことは彼が朝鮮で尊敬され、影響力を持っていた証拠である。内村他、開けた考えを持つ彼の同僚にとって、中国と朝鮮はアフリカ同様、日本がキリスト教の兄弟愛の精神を示すべき地域であった。日本は財力があり、そのような援助をする義務があると彼らは考えた。

アジアで内村の注目を引いたのは朝鮮だけではない。インドのタゴールやガンディーは茶の間の話題になっていて、西洋の伝統を受け入れながらも古来の伝統を持つインドは慈善よりもむしろ尊敬の対象であった。

内村は哲学者ルドルフ・オイケン、アンリ・ベルグソン、バートランド・ラッセルら「新思想家」のリストにタゴールも含めていた。クリスマスにイエスを拝みに来た東方の博士らについて話したとき、彼はアジア人の方が西洋人よりもキリスト教をよく理解できると述べたある西洋人の預言を引き合いに出した。ここで「東洋人」と言われているのは必ずしも日本人ではない、「かの詩人タゴールの如きは実に東洋人の代表者の一人である、誰か知らんタゴールの代表したる精神が最も能《よ》くキリストを解する所の心に非ざるか[6]」と内村は述べる。一九一六年と一九二四年に日本で行なった講演で、タゴールはインドの精神的伝統が「アジア」に浸透していると語っているが、内村はいずれの訪問についても言及していない。日本の他の知識人指導者同様、インドの価値観を強調したタゴールの考えには同意しかねたのであろう。

内村はガンディーに対しては無条件の尊敬を表明し、タゴールよりも直接、人間の尊厳を主張していると信じた。特にガンディーの非暴力主義に魅力を感じた。ガンディーが六年の禁固刑を受け、釈放されたら再び無抵抗不服従を続けるつもりだと述べたことについて読み、ガンディーはいわゆるキリスト教国の権力に抗するのにキリスト教的方法を取っていると結んでいる。ガンディーの非暴力主義はクロムウェルやミルトンの党派心や暴力よりも遥かに気高い。内村は日本人がガンディーに匹敵するような行動を起こしてアジアの独立の強力な基盤を形作れるようにと祈るが、「誠に亜細亜の救主として神が遣り給へる人であらう」[7]ガンディーのような人物を日本が果たして生み出せるだろうかと考える。

タゴールやガンディーの言葉に内村は彼自身の声の響きを感じた。彼らは誇りをもって自らを「アジア人」と呼び、西洋の基準を受け入れてそれを自分のものとし、その上で西洋人に対して同等もしくは優越した立場を主張した。このような方法でガンディーはアジアを救うだろう。ガンディーが英国人を相手に抵抗したような方法で日本の支配者に抵抗できる朝鮮人はいないのだろうか。特に内村の朝鮮人の弟子たちの中に、ガンディーに鼓舞されてそのような行動を取る人物が出るようにと彼は願っている。

恵まれない国の人々に対する支援とアジア人を優先することはいずれも日本の特別な「使命」となる。世界史における日本の使命について内村は三〇年間考え続けてきたが、一九二〇年代半ばになると、同様の考えを持つ日本人の数は増えてきた。各地に散らばる西洋の植民地政策の犠牲者をひとつに結ぶ親愛の情を測ることは困難だが、一〇年後、日本の軍部指導者たちが大東亜共和圏への支持を取り付けるのには役立った。

＊　＊　＊

これまで特定の外国人に対する内村の態度を見てきたが、次にいわゆる「外人」（第二次世界大戦前に日本人が重要視していた外国人は彼らだけだった）全般について論じよう。日本人が国外に目を向けたときに関心を寄せていたのは欧米人だけだった。この背景をわきまえていることは、以下に論じる内村の態度を理解する上で不可欠である。

内村は若い頃外国人に対して取っていた態度を生涯最後の一〇年間、再び継続し、さらに強めた。彼は外国人と定期的に文通していたが、日本の他の知識人同様、西洋人一般には不信感を抱いていた。彼らに対する嫌悪感は事実に基づいていた。西洋人は日本の礼儀正しい社会的仕来りや日本人の業績を評価していない。内村は日本の美徳を彼らに教えるために英文雑誌を創刊したが、二年間試みた後、自分の「残る精力」を専ら和文雑誌に投じることにしている。

一九二〇年代、内村は最後の外国人友人――彼を信仰に導いたハリス監督――を失った。ハリスはまず日本で、次いで朝鮮でメソジスト教会監督に任命されたため、一九〇四年から一九一六年までは多忙であったが、内村は常に親しい関係にあった。あらゆる形の宗教的権威を嫌っていた内村に監督の装いは気に入らなかったかも知れないが、一九一六年にハリスが引退すると、内村の態度は変わった。ハリスは有名人になっていた。徳富猪一郎（蘇峰）は京城の英字新聞にハリスの引退記事を書いている。「六フィートの堂々たる体軀、頭は銀髪、心は天の喜びと人間愛に満ち、顔は暁のごとく輝き、悪魔もこの世も恐れず、平静に自信に満ちた足取りで歩く。これら全てに彼の人柄が表れている」(8)。

この堂々たるハリスの功績は日本でも公式に認められた。カリフォルニアの日本人に対して彼が行なった業績を記念して一八九八年に叙勲されているし、メソジスト教会監督として日本の朝鮮総督府を推奨したことが恐らく認められ、引退の年に再び叙勲された。数年後、彼ほど多くの勲章を天皇から授かった外国人はいないと噂されている。内村は恩師の見解に公の場で異議を唱えることはなかったが、普段は控えめな植村正久は、誤ったやり方で日本を誉める友人は要らないと、そっけないコメントを出して批判している。

引退後のハリスは、一〇年前、夫人の死を内村と共に嘆いた男やもめの姿とはすっかり変わり、『基督信徒の慰』出版直後に興味深い本だったと若き内村を励ましてくれた、かつての恩人に戻っていた。長年にわたり互いに尊敬し合っていたので、内村は一九一七年のあのどんよりした日、ルター講演の講演者紹介を彼に頼んだのであった。ハリスも軽井沢の宣教師たちに内村を誇らしげに紹介し、東京の自宅で開くパーティーには内村を招待していた。

一九二一年一月、ハリスは内村のロマ書論議の講演に出席して自らも短い話をし、すでに八〇歳近かったが、再び伝道活動に戻るつもりだと述べた。この願いは叶えられず、彼は四月に病に倒れ、翌月亡くなった。彼の死亡記事の中で内村はハリス夫妻を誉め、「彼らは教義や教会の権威によってではなく、愛と信頼によって私に影響を及ぼした」と述べている。数日後、内村は「目まいと震えと吐き気」がして寝込んだ。(9) 彼の精神的成長の最後の仲介者が世を去り、彼は寄る年波を感じた。

内村が長年付き合っていた別のアメリカ人の友人二人が訪ねてきた。一人はエルウィン時代の友人で精神科医のマーティン・バー。四月に来日して四か月間滞在し、精神病関係の施設を視察した。もう一人はデイヴィッド・ベルで、七月に息子を伴い、九日間滞在した。内村は二人を弟子たちに紹介し、共に昔を懐かしんだ。バーとベル親子は同じ船で帰国し、内村は長期に渡り文通を続けた温かい友情を嚙みしめた。ハリスはじめこれらアメリカ人とは、彼が外国人一般に示していた態度とはかけ離れた、稀に見る深い友情を分かち合っていた。

これらアメリカ人の親友とは対照的に、イギリス人に対して内村は何の共感も示していない。一九二二年、彼はベル宛てに、彼の唯一人のイギリス人の友人はJ・W・ロバートソン＝スコットだと述べている。ロバートソン＝スコットは内村が千葉県鳴浜の地主の元へ同行して紹介した人物で、地主階級ほか、田舎の優雅な暮らしに憧れる読者対象の雑誌 *Countryman*（『カントリーマン』）を創刊していた。田園生活への関心から日本に興味を持ち、第一次世界大戦中に訪日、帰国後出版された *The Foundations of Japan*（『日本の真髄』）は、その後ロナルド・ドアの農地改革に関する本が出るまで四〇年間、日本の農村に関する最も優れた著作であった。(10)

　ロバートソン＝スコットは紹介状をもらってきた何人かの日本人を訪ねた後に内村の元へ回されて来たが、二人は即座に友人になった。鳴浜へ共に旅した機会を利用して内村は、忍耐強く勤勉な農民が国の強制的近代化によってどんなに苦しめられているかを彼に語った。ロバートソン＝スコットは旅から戻り、日本人の友人から借りた表現を使って内村を「日本のカーライル」「イスラエルを悩ます者」（"troubler of Israel"）と評した。(11)一方、内村は相手を「開けた合理主義者、強靭な正直者」と考えた。(12)

　内村はアングロサクソン人の友人はほとんどいないと感じていたが、北ヨーロッパには大勢いた。『余は如何にして基督信徒となりし乎』の翻訳により、宗教に関心を持つ多くの知識人に認められていて、祐之はじめ日本人留学生たちは内村の名声により現地で温かい歓迎を受けていた。

　このような関係はウィルヘルム・グンデルトの業績によるところが大きい。彼が最初に独訳した『余は如何にして基督信徒となりし乎』は四万部から五万部売れ、これを基にさらに他の言語に訳された。内村とグンデルトは共同作業が終わった後も家族ぐるみで友人関係を保ち、グンデルトを通して「独逸《ドイツ》国民の美的半面を知らせられた」と一九二〇年に弟子に語っている。(13)

　グンデルトはチュービンゲン大学教授を内村の集会に紹介し、教授のコメントを流暢な日本語で通訳している。ヨーロッパに留学中の弟子は内村への手紙に、現地で思いもよらぬ援助を受けたと報じている。パリに留学していた学生から内村に届いた手紙によると、『代表的日本人』を数冊ソルボンヌの学長と政治家のクレマンソーに献じたところ、学長はこの作品を名だたる古典と呼び、クレマンソーは健康が許すなら日本に行って著者に会いたいと述べたという。別の日にシュヴァイツァーの本の出版者から来た手紙には、内村の英文エッセイ集『英和独語集』*Alone with God and Me* を読んだら「バツハの音楽を聞くやうであつた」とあった。(14)

内村はこうして著作を通じ、当時の最も活気に満ちたヨーロッパの学者と接触するようになったが、周囲の宣教師たちからは、すべての外国人が必ずしも優れているわけではないことを思い知らされていた。彼らの行為ばかりでなく、内村の怒りっぽい性格も災いして、一般の宣教師たちは内村の手にかかると必ず不愉快な思いをさせられた。内村は終始批判的で、彼らの言葉尻から即座に恩着せがましさを推測した。

宣教師とその信者たちは、内村がある意味で「反宣教師」であると考えていた。事実、この問題について既述した箇所からも、彼の反応が単純でないことはわかるだろう。内村は宣教師の家に招待されて泊まっている。その親切な行為から、このような宣教師は日本の牧師の間で「良い宣教師」ということになっていた。社交上の礼儀を守り、伝道という同じ使命を分かち合っていたからである。「良い宣教師」でない人たちは「悪い宣教師」とはされず、むしろ彼らが宣教師一般のステレオタイプになっていた。この先入観を考えれば、内村が年を重ねるにつれ示すようになった宣教師との関係の特徴がわかる。

内村の宣教師に対する反感は三つの点に基づいていた。まず彼らは日本とその文化を尊重しない。第二に彼らは日本語を学ばない。第三に彼らは信仰よりも教会と便宜上の利点を優先する。宣教師は日本の文化を尊重していないので、我々すべてを最も軽率な族《やから》と一からげにして考える。日曜の講演の後、聴衆の一人が内村と面会の約束を取り、金を要求する。それでその一日は彼にとって台無しになる。「説教師が高壇を降つて来るを待受けて、彼に金銭を強請する人の在るを思ふて情けなく感じた」[15]。日本人は皆、お人よしの宣教師から施しを求める族だと決め込まれてしまうのを恐れたからである。内村を訪れた宣教師が誰に頼って生計を立てているのかと尋ねたとき、彼が「第一に神に頼《たよ》り、第二に自己《おのれ》に頼《たよ》り、第三に国人に頼る」と答えると、宣教師はどうしてそのような信仰が東洋人に備わっているのかと不思議がる。キリスト教への改宗者が宣教師からの援助なしに伝道できるとは信じられなかったのである[16]。そのような考えは日本文化に対する無知をさらけ出していると内村は考えた。

その無知の元凶は宣教師が日本語を勉強する努力をほとんどしていないことだと内村は信じていた。「宣教師と国語」と題する英文随想に、彼は簡潔に述べている。

　余輩の知れる英米の宣教師にして、日本に留まる事或は二十年或は三十年或は四十年にして、而《し》かも今尚《な》ほ尋常賤しからざる日本語をさへ話し得ざる者がある、彼等は余輩との交際に於て恰《あた》かも英語は日本国の官語であるかの如くに、気儘《きまゝ》に且《かつ》何の恥づる所なくして彼等の手前勝手《てまえかつて》の英語を用ゐるのである、宣教師の日本語の読書力は殆《ほと》んど皆無である、彼等の中に邦語の新聞紙を読み得る者は百人中一人とはあるまい、而《しか》して日本文を以て普通の日本文学を読み得る者とては、余輩はその一人もあるを知らない、事実斯《かく》の如くであれば彼等宣教師が日本人を解し得ざるは敢て怪《あやし》むに足りない、彼等は其半生を此国に送りて今尚ほ我等の真《あか》の他人として存《のこ》るのである、宣教師が我が国語を軽んじて之を修得《しうとく》せんと努めざる其事が、彼等が真《まこと》の心を以て我等の霊魂を愛せざる何よりも確かなる証拠である。(17)

内村が宣教師に反対する第三の点は、最初の二点のもたらす結果である。日本人に共感を示さぬ人たちは、信仰そのものよりも自分の宗派の拡張をまず第一に考える。パウロは彼と他者との間の文化的差異を最小限に留めようと努力したが、日本に来ている宣教師はそうではない。彼らは我々に自分の宗教を変え、自分の習慣を捨て、親類縁者と戦えと迫る。それでいて彼ら自身の宗派を変えることはできない。(18) そして改宗者の数で自身の業績を判断する。

　この描写が少しオーバーながら充分根拠があることは、一九二六年夏の内村の活動を見ればわかる。彼は軽井沢の数マイル西に日本家屋を借り、一九一八年にここで講演をして大成功した。軽井沢は宣教師たちの避暑地として開発され、夏の数か月間は日本で恐らく最も国際的な社会になる。この頃、内村は読書と著作から解放される「休暇」を五回、軽井沢で取っていたことが日記に記されている。

そのような休暇の折、内村は聖公会宣教師ハンナ・リデル（一八五五―一九三二）を訪ねている。内村は彼女を「謙遜で賢い女性」、日本の二〇万人のハンセン病患者の「母」と呼び、彼女の事業に貢献できることを感謝している。ミス・リデルは「フローレンス・ナイチンゲールの範に倣って」一八九五年に九州のハンセン病患者の間で始めた仕事により、「日本の社会事業の歴史に不滅の名を残している」[19]。

三日後、内村はカナダ・メソジスト宣教師ダニエル・ノーマン（一八六四―一九四一、歴史家ハーバート・ノーマンの父）の依頼を受けて、軽井沢の「日本人教会」で講演をした。彼は二〇〇人を超える聴衆に向かってウィリアム・S・クラークの話をし、政府に雇われた平信徒の外国人の方が宣教師よりもよい伝道をしている、仮に宣教師が日本から去っても、キリスト教は栄えるだろう、と述べた。宣教師の依頼で講演をしながらそのような発言をしたのを後悔したが、事実は事実として述べざるを得なかったと後に日記に記している。

その後彼は家族のためにハイヤーを雇い、「宣教師並に東京人の夏の都なる」軽井沢の観光をしたが、「一同一度見た丈けで沢山である」と結んでいる[20]。一週間も経たぬうちに、関東大震災三周年記念礼拝のために彼は再び軽井沢に戻るが、道で出会ったイギリス人宣教師が彼を「子供扱ひにするを見て」怒り、「我等日本の信者は協力して是等の宣教師に一日も早く日本を去つて貰《もら》はねばならぬ。彼等が日本に在る間はキリストの聖名《みな》が汚さるゝのみである」と述べている[21]。

一週間後、アメリカ人メレル・ヴォーリズが内村を自宅に招待した。二〇世紀初期、ヴォーリズは結核で余命一年と医者から告げられ、本国での建築家の仕事を辞めて日本へ伝道に来た。日本で彼の健康は回復、日本人女性と結婚し、建築事務所を開き、アメリカの膏薬メンソレータムとハモンド・オルガン販売の収益を使ってキリスト教主義の近江兄弟社を設立した。内村はヴォーリズの仕事を称賛し、このようなアメリカ人もいることを銘記せよと読者に勧めている。内村の死から三〇年後、彼と内村との関係について質問されたヴォーリズは、内村から受取った手紙を即座に提供した。

内村がヴォーリズを訪ねた折、ヴォーリズは彼に、多くの外国人がキリスト教を捨て、仏教の方がよいと思っているので、日本人が外国人にキリスト教主義を勧めるべきだと語った。そのような状況の中で、「それにしても自国に基督教の崩れつゝあるを知らずして、我等に之を教へんと試みつゝある宣教師の心が解らない」と内村は考える。[22]

軽井沢を短期間訪れたこの五回の例から、内村が宣教師と協力しようと努めたときに体験した問題の様々な面が見えてくる。ハンナ・リデル、メレル・ヴォーリズ、ダニエル・ノーマンが「良い」宣教師であったことを確証する資料は多い。しかし、軽井沢は西洋人と日本人の教会を分けていた。ノーマンが集会を開いていた「日本人教会」について考えるとき、キリスト教が推奨するクリスチャン同士の兄弟関係に疑問を抱く。内村自身、宣教師が耳にしたくないようなことを口にしながら苛立っていた。そして彼が道で出会ったイギリス人宣教師の言動が何であったにせよ、その宣教師はステレオタイプの典型である。

こうした実例が示す宣教師およびその役割の混乱した状態が、内村の晩年を不愉快なものにしていた。内村は宣教師がなぜ日本に来たのか理解していなかった。彼らは神の召しに応えて志願し、伝道者として世界の果てに赴いた。一世紀を経た今日になって初めて、プロテスタント宣教運動の起源と原動力が歴史家から相応の注目を受けている。宣教師たちは神の名のもとに伝道しようとする信念を抱くと同時に、冒険も求めていた。映画、ラジオ、テレビ、Eメール、インターネットといった通信手段のない時代、彼らはエキゾチックな外国の様子を本国の後援者たちに書き送っていた。外国の任地で、彼らは長期間、孤独な闘いをしていた。軽井沢のような避暑地は宣教師の子供たちにとって、両親の故郷の田舎に帰ったような雰囲気であった。宣教師は肥料のようなものだと苦笑した宣教師もいる。少量を広く撒けば有益だが、固まると悪臭を放つというのだ。内村にとって「軽井沢の社会的雰囲気が全く馴染めないものであった」[23]理由は一つには、彼が宣教師のマイナス面と見ていたものがここに異常なほど集中していたためである。

宣教師と派遣先の国の牧師たちとの関係はさらに精査する必要がある。そのような研究は今日、政府が途上国に派遣する技術指導者の活動にも役立つことだろう。内村の言葉は自国の価値を外国に認めさせようと生涯努力した感受性強く気位の高い一人の男の態度を雄弁に語っている。軽井沢で会った宣教師たちに対する内村の不快感は、日本に住む西洋人への態度の一部であるのだが、このように力強く述べられることは滅多になかった。しかしながら、彼の真意は明らかで、彼の功績に相応しい尊敬を欧米のキリスト教徒からも得ることを切望していたのである。

＊　＊　＊

軽井沢で内村が示した外国人への反応は、その二年前から彼が心を傾けてきた二つの活動の結果出てきたものでもあった。一九二四年、彼はアジアからの移民を禁止したアメリカの新移民法に激しく抗議する日本側の運動に参加した。次いで一九二六年初め、彼は主として宣教師を読者対象とした英文雑誌を創刊する。この二つの活動は彼の外国人に対する最終的態度を形作った。

一九二四年の移民法は日本に対するアメリカの態度が変化したことを示し、日本は仰天した。日露戦争に勝利して以来、日本は西洋で高い評価を受けていたが、第一次世界大戦中日本が中国に迫った二一カ条の要求と数年後のロシアへの軍事介入は、こうした善意に水を差した。移民労働者に対する反対から、西海岸では日本が政治問題の対象になった。世界の他地域からの移民も、早急に対処せねばならぬ問題を引き起こしていた。アジア全域からの移民禁止を含むこの法律を熟慮した際、クーリッジ大統領が意識していたのは日本だけではなかった。

日本側の見方はもっと単純だった。急速な近代化によって西洋から認められた今の地位を継続できるだろうかと考えた。国際連盟における日本の高い地位は、この特別な役割を保証していた。内村の親友新渡戸稲造は国際連盟事務局次長に任命され、同連盟の中枢部でただ一人の非西洋人となった。新渡戸がジュネーヴで率先して取った行動は大きな影響を及ぼすと期待されたが[24]、結果は予測がつかなかった。米議会で移民法案が委員会と両院を経て可決されても、クーリッジ大統領が拒否権を発動するだろうと期待していたが、大統領はこの法律が引き起こすであろう結果を熟慮した末に署名し、かくして日本の望みは打ち壊された。内村は大統領の行為が「日本国の滅亡」の予兆かも知れぬと書いている[25]。

自分の反応が「愛国病[26]」の再発に過ぎぬかも知れぬと気づきながらも、内村は攻撃に立ち上がる。新聞記者たちは彼がクリスチャンとしてアメリカの決定を支持するものと考えて取材に来たが、彼らは間違っていた。続く数か月間、彼は移民法に関する論評を三二も発表している。そのほとんどは主要な新聞・雑誌に載った。内村が二五年前に勤めていた『万朝報』や、三〇年近く前に彼が辛辣な「時勢の観察」により初めて読者の注目を引いた『国民新聞』などである。徳富蘇峰の雑誌にも載り、長年それぞれ独自の道を歩んでいた二人が再び歩調を合わせることになった。内村は今や、徳富に「全然御同感であります」としている[27]。

論評の執筆に加え、内村は神学者で長老教会のリーダー植村正久や組合教会のリーダー小崎弘道と共に長時間にわたる委員会にも出席していた。小崎は内村がかつてYMCA講堂から追放されるきっかけとなった論争を心ならずも引き起こした人物である。この委員会で内村は初めて賀川豊彦に会ったようだが、他の二人は一八八三年、キリスト教界の若いリーダーたちと共に集合写真に納まって以来の知己であった。今回は信仰と国家への共通の関心から、教義上の差異は二の次になっていた。だがこの協力関係は、内村が夏期休暇を取って東京を去る前に終わっていた。秋に通常の日課に戻った時は、日本が米国から疎外された状況を残念な事実として受け入れていた。

最初の頃の論評や講演では、「永世不朽の和親」を宣言した一八五四年の日米修好条約を米国が破ったことを怒り、次いで日本のクリスチャンに米国への依頼心を捨てるようにと促している[28]。実際的方法としては、財政援助を拒否し、宣教師を国へ帰らせれば自立が可能だと説く。高望みはせず、海の資源などを活用し、少人数ながら世界史に甚大な影響を及ぼしたオランダやユダヤのような小国の例に倣うべきだ。そして日本人は「真の信仰」を世界に提供する使命を果たすべきだ。神道や仏教の伝統を持つ日本人は、ユダヤ人のように、有能な宗教的指導者になれる。つまり、日本は物質的利益を捨て、日本独特の精神的伝統を優先すべきだ、というのである。

こうした活動により、内村は再び論争の渦中に戻ることになった。米国の取った行動により、忠誠心の問題が再燃する。クリスチャンは善良な日本人になれるのか。内村とクリスチャンの同僚たちは、この問いが孕む問題をよく承知していた。

一般の新聞・雑誌は、クリスチャンは外国の援助と後押しを受けているという一般の考えを反映していた。クリスチャンはこの問題をはっきりさせなければならない。みずからを「クリスチャン」と称している人々の大部分は「拝米家」だということを内村は認識していた[29]。内村は自分がこのステレオタイプとは異なることを宣言せねばならず、今井館の外に次のようなポスターを日本語と英語で貼らねばならなかった。

Indignation over
American Injustice and Unfaithfulness !!
Not a sen of American
money in this Christian
house of worship
Uchimura Bible-Study Association.

米國の不義不信を憤ります。
此基督教の講堂には米國人の

金は一銭一厘も使うてありません。(30)

教会の指導者たちと共に共同宣言を作成しながら、内村は日ごろ沈着な植村がこの問題について彼以上に興奮しているので驚いた。

大部分の日本人にとって、物質的目標を引き下げることは、これまでの計画を断念することを意味した。知識人はこれを受け入れようとはせず、内村が物質的基準を下げる代わりに提唱した精神的向上には関心がなかった。彼の提案にはあまり反応がなかったが、論争の中心に再び登場して日本の国益を支持したため、彼の忠誠心を疑う者はいなくなった。

内村の最も影響力を持つ弟子の一人で米国事情の専門家の高木八尺は内村の考えに賛成せず、共同宣言を出すに当たって教会の他の指導者たちと協力したことに対してはさらに賛成しかねていた。内村は教会の指導者たちに受け入れられたので彼の考えも認められたと考えたが、高木はそうは思わなかった。高木は内村の教会批判に同感であったので、教会の指導者たちと協力することは彼の理想に反すると考えた。この明らかな矛盾は、内村にも次第に気がかりになっていく。

自身の取った行動にいかに対処すべきか思案して、内村はまず外国人に直接語りかけようと考え、六五歳にして英文月刊誌を創刊することにした。西洋人に日本をもっとよく知ってもらえば日本人の抱負を受け入れてもらえるだろうと考えたのである。説得力をもって日本人の見解を提示する能力があると定評のあった山縣五十雄に協力してもらうことにした。

＊　＊　＊

新しい雑誌は『ジャパン・クリスチャン・インテリジェンサー』（*The Japan Christian Intelligencer*）。移民法にクーリッジが署名してから二年近くが過ぎた一九二六年三月に創刊され、月刊誌として二四回刊行された。表紙は茶色、サイズは縦二三センチ横一五センチで全四四ページ。体裁も中身も真面目な論評雑誌であった。一部五〇銭、年購読料は五円。『聖書之研究』の六五パーセント増しの値段で決して安くなかった。制作費が嵩んだためと、読者の資力を見込んだ結果であろう。山縣との協力関係は一年で終わり、その後は内村が単独で編集し、装丁も変えた。一年目は一般的な内容だったが、内村単独になってからは思想を強調した。内容を吟味する前に、二人の編集者が最初に目指したものを検討しよう。

雑誌の中に言及されている内容から見ると、内村がこの雑誌を出すに至った動機は三つある。まず、外国人が実際のところ、日本をほとんど理解していないこと。それ以外の点では日本のよき友であっても、彼らは多くの過ちを犯している。内村を再臨運動に引き入れた『サンデー・スクール・タイムズ』の編集者もその一人だった。「彼は日本について軽率な書き方をするので我慢が出来ない。……間違った情報を祖国の人に与えていて、日本の公衆がこれに気づいたらひどい結果になるだろう[31]」。第二の動機は仏教界が一九二四年に広報誌『ヤング・イースト』を刊行し始め、鈴木大拙（一八七〇―一九六六）や姉崎正治（一八七三―一九四九）といった大御所が寄稿していたことである。この二人と鈴木の妻ビアトリスは、日本の仏教について英語で書いた最も権威ある著者として知られていた。『ヤング・イースト』は仏教界の権威筋と政府の援助を受け、世界中の指導者たちに無料で配布されていると内村は信じていた。「仏教が日本の唯一の宗教ではなく、キリスト教も信者数は及ばぬものの、仏教と同様に日本では強力であることを外国に知らせることなしにこのようなことが行なわれるのは我慢できない[32]」。第三で最も重要なのは、キリスト教がいわゆるキリスト教諸国で死に絶えていくのを内村は手をこまねいて見ていられなかったことである。「茲に全力を注ぎ我が生涯の最後の努力として、予《か》ねて学び置きし英文を以つて日本に在りて全世界に向つて簡短にして深遠なる神の子の福音を伝へんと欲する[33]」。

山縣五十雄は雑誌刊行に対する彼の目標を創刊号に記している。彼は一生涯スコットランド人ジェームズ・

マードックから習った英語を使い、後にマードックとの共著で三巻から成る『日本の歴史』(*History of Japan*) を出版した。彼は、勉学をおろそかにして教授たちを嘲笑し、日本語で書く記事の原稿料で快適な暮らしをしていたので、東京帝国大学を退学処分になったと記している。黒岩涙香は大学を退学させられるほど頭の切れる者なら優秀なジャーナリストになるだろうと考えて、彼を『万朝報』に雇った。山縣は出世して『万朝報』編集者になり、一九〇九年から一四年間、京城（一九一〇年以前は漢城）の英字新聞『ソウル・プレス』に勤めている。その間、発行部数を三倍に伸ばし、一九二一―二二年にはワシントン軍縮会議に出席する日本代表団に同行した。日本と西洋との関係改善に経験を積んでいたので、『ジャパン・クリスチャン・インテリジェンサー』を通して外国人に直接語りかけるという長年の夢を達成できると期待されていた。[34]

山縣はまた、内村の理想を高く評価していた。『万朝報』時代に始まった内村の助力がなかったら、彼は「今頃、投獄されているか、とっくに死刑になっていたかもしれない」[35]。内村が『万朝報』を去ってからは、彼はジャーナリズムの世界を内村に伝える窓口の役割を果たしていた。山縣の息子は、父と内村が個人的信仰についても親しく語り合っていたのを覚えている。一九二三年の大震災の一か月後、普段は元気な父親が内村と話し合った後、沈んだ様子で戻ってきた。家に入るや、妻に向かって、「やはり天罰だそうだ」と語った。[36]三年後の今、山縣は内村と共にクリスチャンとして「人類に対し、神のいと小さき兵士、感謝に満ちた僕にできる限りの奉仕をしたい」[37]と願った。

新しい雑誌の刊行を紹介するために神田の小さな事務所で開かれたパーティーには、日本の英文出版業に経験のある二五人の編集者が集まった。この業界は三〇年の歴史を持っていた。

『ジャパン・クリスチャン・インテリジェンサー』の創刊号が出ると、内村は「然し乍《なが》ら老年に及びて新たに雑誌を発行して家に孫が生れしに等しき喜びであることは事実である」と喜んだ。[38]健全な雑誌の様相を呈し、ライオン歯磨会社、三菱銀行、三越百貨店、漢方薬を扱う会社などの広告が載った。

太田雄三が指摘しているように、(39) 中味を内村の初期の英文記事と比べてみると、強調点が異なっているのがわかる。『万朝報』では日本の伝統的価値観を叩き、西洋化を促していた。新しい雑誌では日本が西洋より優れはせずとも少なくとも同等になっていると考え、「日本特有の基督教の信仰」を宣言し、日本の最善のものを紹介している。(40) 一年目は日本の美徳を紹介するものが多く見られるが、内村が単独で編集するようになってからはキリスト教に関するものがずっと詳しく書かれている。まず前半の内容から詳述しよう。

日本人の生活一般を紹介する記事には日本のタイプライター、日本の金魚、将棋、女性に開かれた職業など、西洋人に関心がありそうな様々なテーマが紹介されたが、もっと専門的なものもあった。正宗白鳥は「日本文学に及ぼしたキリスト教の影響」と題するエッセイの中で内村の文体を「簡素ながら迫力があり力強い」と推奨している。(41) 日本に特に関心を持った何人かの西洋人の短い伝記も連載された。長崎のオランダ商館付ドイツ人医師フィリップ・フランツ・フォン・シーボルト、(42) 日本の歴史を書いたジェームズ・マードック、ドイツの哲学者ルドルフ・オイケンなどである。山縣は恩師のマードックをラフカディオ・ハーンに準えた。「彼らの見る我々日本人はもはや浅薄な文明しか持たぬ劣った人種ではない(43)」。内村はオイケンについて「真の偉人らしく、ごくありふれたテーマを扱うのに優れている。……ベルグソンを読むと自分自身がより賢い人間になったように感じるが、オイケンを読んだ後は以前よりも善人に、より良いクリスチャンになったように感じる」と述べている。(44)

こうして称賛されている西洋の指導者たちもいるが、『ジャパン・クリスチャン・インテリジェンサー』全般としては西洋人に対する批判の方が称賛よりも多い。山縣は日本の木版画が西洋に及ぼした影響を次のように説明している。「派手な色合いと人目を引く大胆なデザインを施した昔の色刷り版画は、芸術文化において未だ発展途上にある人々には魅力がある。それゆえ、今日外国人に喜ばれ、以前は江戸のお土産として田舎の人々や子供に与えられたのだ。やがて外国人が雪舟のような偉大な画家の作品を評価する時代が到来するであろう(45)」。内村の西洋文明批判もこれに劣らず厳しい。「この文明、『西洋文明』はすでに我々の質素な東洋の家庭に大混乱をな野蛮人に」[46]。

起こし、家庭的な美徳を踏みつぶし、我々を彼ら同様の野蛮人にしてしまった。すなわち自分が生き延びて栄えるために他人を殺し、皮膚の色によって他の種族を排除し、自ら地球全体を所有する権利を平然と主張するような野蛮人に」[46]。

ジェームズ・マードックはオーストラリアから、一般に反日と見られているウィリアム・ヒューズ首相との三時間に渡る会見について長々と報告している。ヒューズは「日本人に驚くほど高い敬意を払っているが、しかし当然、カリフォルニアで〔日系移民をめぐって〕起こっているような問題を繰り返すのは避けているし、〔第一次世界大戦中日本が中国に出した〕二一カ条の要求などに不信感を抱いている」[47]。

カリフォルニア在住の弟子は、日系人が銃の所有を法律で禁じられているのをよいことに、田舎に住むアメリカ人が日系の農民から盗み取っている状況を報告して、一般に芳しくない米国事情をさらに印象付けた。防御手段を持たず、孤立している農民は特に収穫期に現金が入ると格好の餌食となったのである[48]。

このようにカリフォルニアの法律が日系人労働者に与えている明らかな差別行為の証拠を紹介する一方、内村はからかい半分の「アンクル・サムへの公開状」により、米国に対する自らの反論を披瀝している。「伯父」への親愛の情を述べたのち、内村はその恩着せがましい調子、予測できぬ反応、および人種偏見に基づく不公平な態度に対する嫌悪感を表明する。日本人が自らの立場を述べると、「伯父さん、あなたは時には叱責交じりに延々と教え続け、恩着せがましい態度を決して変えようとしない。私がこのような書き方をするのを好まないだろうが、書かずにいられようか。太平洋のこちら側の我々は、益々あなたと疎遠になっている」。まだまだ書きたいことは山ほどあるが控えよう、と述べて、「敬具、あなたの『ぶしつけな』甥、J.C.I. 編集長」と結んでいる[49]。

内村に快く賛同した人に、ウィリアム・エリオット・グリフィスがいた。明治初期、日本の田舎で教鞭を取り、その後、最も博識な日本通になった人物である。東京日米協会での講演で彼は述べる。「一部の政治家が日本人を恐れた結果、日本人を締め出す法律を通過させるに至った自分の祖国の行為を考えるとき、私は恥ずかしさに頭をうなだれます」[50]。のち、別の記事で彼は、内村の独立したキリスト教を支持している[51]。

こうしたテーマは日本の英字新聞雑誌にその後何年も継続して扱われることになる。『ジャパン・クリスチャン・インテリジェンサー』に載った西洋人に関する記事は技巧に優れ、西洋人読者に最も多くの情報を提供した。米国攻撃は多くの日本人の考えを表明している。

この段階で山縣は辞任した。一九二七年二月初め、内村は病床から起き上がり、和服姿で斎藤に付き添われ、『ジャパン・クリスチャン・インテリジェンサー』の小さな事務所に出かけて、五分間の儀式により雑誌の全権を握ることになった。雑誌は一年間で、内村と山縣が願ったほどの成功は収められなかった。外国商社から支持を得ようとの戦略は実を結ばず、日本の企業からの広告もほとんど取れなかった。最初二〇〇〇を数えた発行部数も九〇〇以下に減少する。全権を持つ内村は彼の発行している他の雑誌と事務所を統合し、一部五〇銭から二〇銭に引き下げ、ページ数も二四ページに縮小した。弟子の一人でのち内村全集第一版と第二版を編集することになる鈴木俊郎と共に編集に当たった。二人は「この世とその営みについての記事はできる限り減らし、あの世に関し、その内容とそこから得られる恵みについてできるだけ多く語る」方針を決めた[52]。印象深いのは、内村が自らの信仰について思い巡らしたものである。

信仰と思想

信仰は思考ではない。考えることが信仰ではない。信仰は存在そのものである。いかなる人間であるか、これすなわちその人の信仰である。思考は存在の一部、それも表面的な部分に過ぎぬ。……現代人は思考により神の真理を知り得ると考えるが、……信仰は精神の受動的活動、精神の上に神の強い力が働くよう委ねることである。受動的ではあるが、そこに働く神の力の故に、極めて能動的でもある。これが信仰のパラドクス。キリスト者は新たに創造された精神であって、信仰という特別な活動を発生させる。かくして信仰は思考より遥かに高次元のキリスト者の活動、慈悲心に富む行為を行なう全精神である。[53]

また使徒信条は「使徒たちの信条であって私のものではないが、私の信じることを明示している故に、……私の信仰の最良の表現、……私の内面的体験の簡潔な声明である」[54]。神については、「その存在の証拠を求めるのか。乾いた知性を満足させるような証拠は私は知らぬ。もし証拠があるとすれば、それは経験に基づくものであって、理論的なものではない。生命の源泉である神自身が、神により生きようとする人々にさらなる生命を与えることにより、その存在を証明している」[55]。キリストについては次のように述べる。

私の中にはいかなる友情も、聖なる神の友情をもってしても、取り去ることのできないあるものがある。それは精神的疾病、人間の力では消し去ることのできないものだと感じる。それを「罪」と呼ぶよう教えられたので、そう呼ぼう。……私はこの問題に対する実際的解決法を、神の子イエス・キリストの贖罪の死に見出した。……それ故、キリストが私の神なる救い主である。信仰により十字架に掛けられたキリストを見上げた時に体験したような、私の存在の徹底的変化をもたらすことのできる人は他に誰もいない。これを私は回心と呼ぶが、それはまさに奇蹟であった。[56]

典礼については、「私にとって形式は礼拝の助けになるどころか障害になる。……私は内面的に魂をもって神を礼拝し、外面的には普通の人間の行為により神に仕える。……これすなわち無教会主義のキリスト教である。消極的ではなく、積極的な信仰である。そうでなければ、日本人はこれを受け入れなかったであろう」[57]。

こうした簡潔な説明と毎月発行される『聖書之研究』中の文節に、内村の考えが気楽に、しかも包括的に表明されている。典礼に重きを置かず、行為に表れる内面の光を強調する無教会についての短いコメントは、彼の信仰の核心を最も端的に述べている。

自身の信仰について述べるほか、内村は日本土着の宗教を紹介している。「神道は最も純粋な形において、敬虔そのものである」[58]。それは「極めて単純な宗教で、その影響下で育った日本人は、『声だけで姿の見えぬ』エホバの神の礼拝から始まった宗教に、ごく自然に引きつけられる」[59]。神道とキリスト教は共通の要素を分かち合うが、仏教も同様である。神道と仏教はしばしば区別され、一方を信じれば他方を否定することになると思われがちだが、私の体験ではそうではない。いずれも深く平和主義で、「この最も重要な真理について合意している限り、他の差異は無きに等しい」。好戦的な西洋人はキリスト教を採用しながら、その最も重要な平和主義を押さえつけてしまった。「キリスト教は仏教の敵なのか。そうではない。キリスト教はこうした戦闘的な西洋人の不倶戴天の敵であって、仏陀と平和を愛する彼の弟子たちの敵ではない。キリスト教を戦闘的な西洋の代表に仕立て上げ、愛と無抵抗の宗教である仏教と敵対させることは、とんでもない誤りである」[60]。内村自身の信仰と日本の他の宗教に関するこうした説明には賛同せぬ者も多かったと思われるが、穏やかな表現ではっきりした見解を述べている。

読者の反応を求める論評もあり、その最たるものが宣教師および彼らを派遣した国々の政策に関するものである。内村の英語が「ショッキング」だと反応した読者に対し、彼は米国では遥かにずっとショッキングなことが横行していると返答している。例えばフォートワースのファンダメンタリストの説教者が自分の教会で一人の男性を銃で撃ち、翌日保証金を払って釈放され、六〇〇〇人の聴衆の前で講演をし、さらにニューヨークでの講演を依頼されている。「日本も良くないが、アメリカほど悪くはない」[61]。

宣教師が使う日本語もこれに劣らず「ショッキング」だった。「敬称があらゆる階級の男女に対して乱雑に使われる。宣教師が自分の妻を『奥さん』と呼び、教会員の妻を『愚妻』と呼んだりすれば、無思慮で下品だと責められても仕方がない。貴重な福音がこれほどぶざまな言葉で伝えられた例はなく、国民を容易に改宗させられないのも当然だ」(62)。内村はまた、日本人が宣教師の影響により、クリスチャンになるためには西洋人の真似をしなければならないと感じている傾向を、弟子の塚本虎二を通して嘆いている。ミッション・スクールの女子学生を見ればこれがよくわかる。「こうした日本のクリスチャンは思考、道徳的考え、行儀作法、果ては言語に至るまで、もはや日本人ではなく、半分アメリカ人になっている。柔和さを失っている彼女らは男性でも女性でもなく、いわば両性のヘルマプロディートス。アメリカの女性宣教師の真似をして、神から飾りとして特別に賜わった光沢ある黒髪を切り始めている」(63)。このように、通常は合理的に考えを述べる彼も、宣教師が対象になると、節度を欠いた表現をしている。

『ジャパン・クリスチャン・インテリジェンサー』の中で、宣教師の一人、学者肌のアーネスト・W・クレメントは問いかける。「あなたはなぜ、宣教師やアメリカ人に厳しい批判や激しい攻撃を浴びせなければならないのですか。彼らに欠点が無いというのではありません。ただ、そのような批判はあなたの議論の力を弱めるのではないかと思うのです。余りにも激しいので、強迫観念もしくは偏見ではないかと思われてしまいます」(64)。内村は直接返答していないが、クレメントは続く二点の寄稿文を出していて、F・B・クレイグという名の人物に次いで『ジャパン・クリスチャン・インテリジェンサー』に二番目に多く掲載された外国人となった。調子の穏やかな彼の忠言が敬意をもって受け留められたのである。

内村の記事について意見を寄せた他の二人のアメリカ人は、いずれも善意の批判であったようだが、これほどうまくいかなかった。YMCA所属のベテラン宣教師は内村が「精神的にドイツやスカンジナビアに見られるヨーロッパ大陸の敬虔主義の流れを汲んでいる」(65)と述べて、冷笑的な返答を受けているし、高齢の女性宣教師H・フランシス・パーメリーは、辛辣で混乱した文通に巻き込まれることとなった。二人の間に交わされた激論のやり取りを調べてみると、親分気取りの西洋人女性の亡霊がいかに内村を悩ませ続けたかがわかる。

＊　＊　＊

パーメリー（一八五二―一九三三）は一八七七年に日本に来た会衆派の宣教師で、一九二四年に引退し、メレル・ヴォーリズが住んでいた町で暮らしていた。(66) ミッション・ボード本部に彼女が書き送った手紙を見ると、「典型的な独身女性宣教師」で、「上司に日本人の見解を報告する」のが好きだった。キリスト教女性禁酒同盟のメンバーで、肺結核を患ったこともある。(67)

友人宅を訪問中、パーメリーは『ジャパン・クリスチャン・インテリジェンサー』に内村が書いた宗派についての記事を読んだ。互いに競い合う英米の数多くの宗派の中から選択せねばならぬ日本の改宗者の悩みを訴え、「宗派主義はキリスト教の精神そのものに反する」と結論づけて、「東洋の処女地には決して移植されぬよう願う」と結ぶ記事である。(68)

パーメリーは帰宅して、内村に葉書を送った。最近カナダやアメリカで進められている種々の異なった教会を統合させようとの動きを紹介し、数多くの宗派が競い合っているという内村の主張は「五〇年前には事実だったが」もはや存在しない、と述べた上で、「あなた自身も新しい宗派を作っていると思います。『内村教会』という名で、他教会を嫌うことを信条の一つとしている教会を」と加えている。(69)

内村はローマ字書きの日本語で「友だちでないことがよくわかりました」ので「雑誌の上で公けに議論する」以外「私はご返事を差し上げません」と返信し、(70) 彼女がなおも英語で個人的に文通すると、彼は今度は英語で、公けに返信の得られる公開状を送らない彼女を「卑怯者」と呼び、「ヒロインとして私の前に出て公けの場で戦おうとしないのはなぜですか」となじっている。(71)

続く三日間、内村は毎日彼女に手紙を送り、「米国女性は世界で最も女らしさを欠いた女性で、宣教師として、日本人と中国人の女らしさを非常に大きく破壊してしまった」、『聖書之研究』や『ジャパン・クリスチャン・インテリジェンサー』宛ての公開の返信を通して、世界中の読者対象に彼と彼の作品を貶す可能性もある、と述べている。[72] 五日後、彼は狂乱状態になり「思うに、あなた方高慢な米国女性は、偽善的に友だちと呼びながら実は心の底から軽蔑している相手から何と言われても、決して黙ろうとしない」と攻め、『ジャパン・クリスチャン・インテリジェンサー』の次号に彼が準備している記事のコピーを送ろうと書いている。この記事は、パーメリーが「私の雑誌のたった一つの記事だけを読んで私について大ざっぱな判断を下している」と苦情を述べ、「彼女は日本のクリスチャンに対して、特に私の年代のクリスチャンに対して、まるで子供を扱うように、彼女の身についている女教師スタイルで接するべきではない」と述べているものだった。[73]

パーメリーは返答する。「私はマタイによる福音書の勧告に従い、誤った考えと思われたものを正そうと願って、あなたに個人的に手紙を書いたのです」。内村は再び、公けの場で日本語で返答するようにと答える一方、二人を知っている木村清松に仲裁を依頼した。木村は再臨運動の折、内村と協力した人物である。木村がパーメリー宛てに「内村鑑三氏はあなたに対して大変お怒りです。一体、どうしたのですか。すぐに知らせてください」と書くと、[74] 彼女はこの「最も驚くべきこと」について彼女の側から説明し、なぜ内村が激怒して「主題と無関係な質問をいろいろとしてきたのだろうか」と尋ねた上、木村に仲裁を頼んで書く。「お手紙ありがとうございます。宗派の現状を別の角度から見て欲しいという私のささやかな願いに対し、あのように大騒ぎをする必要はないように思うのですが」。翌日、彼女は内村が二人の文通の内容を七〇〇人の聴衆の前で論議したと聞いて、二通目の手紙を木村に送った。その中味は内村に伝えられたかもしれない。

数日後、内村は木村の提案に従って「印刷したもの」を配布するのを止めようと彼に伝えているが、これは『ジャパン・クリスチャン・インテリジェンサー』のために準備し、当初の意図に反して出版を断念した記事のことであろう。安堵した木村はパーメリー宛てに書き送る。「大変な災難でしたね。内村氏がどういう人かご存知なかったのでしょうが、これでおわかりでしょう。今日、彼からとてもよい手紙が来ました」[75]。

晩年の内村の病的な不機嫌さを考えれば、このエピソードをよくある宗教上の誤解として皮肉っぽく片付けてしまうことも可能だろうが、それでは二人のやり取りの重要性を見逃すことになる。対話は内村の他の散文同様、読者を念頭に置いて書かれている。日本思想史の専門家、武田清子は、内村の手紙を読んでいると次第に興奮してくるという。武田の論評を分析した太田雄三によると、彼女は内村の姿勢を手放しで称賛しているが、太田自身はこれを「内村の最もいやな面」と考える。[76] 結局、この出来事は当事者と後の歴史家には意味があるが、宗教上の論争から見ると大して意味がないとの結論に達する。内村の立場をさらに詳述しよう。

内村とパーメリーはそれぞれ、クリスチャンとして相手を正さねばならぬと考え、その信念は議論を続けるうちにさらに強化された。パーメリーは三〇年前に内村と会っていることに全然気づいていなかった。内村はもはや駆け出しの著述家ではなく、経験と名声に支えられて自由にものを言える立場にあった。彼はパーメリーに「三〇年以上前に」[77]、もしくは「大阪で四〇年ばかり前に」[78] 会っていると記憶している。大阪だとすれば、恐らく一八九二―九三年、彼が教鞭を取っていた時であろう。彼を雇っていた学校の理事会は学校を破産させ、アメリカ人宣教師たちの援助によって救済されねばならなかった。[79] 当時内村は『余は如何にして基督信徒となりし乎』を執筆中で、数か月後、「宣教師に関する不快な観察は当然、彼らの気に入らない」と報じている。[80] こうした状況は、彼がパーメリーに対し、自分の人生の最も暗い時期に「苦闘している私に何一つしてくれなかった」と非難していることと符合する。[81] 彼の記憶にはこのように苦痛を伴う連想が刻み付けられていたのだが、彼女の方は彼を全く覚えていなかった。しかも「六七歳の男をまるでティーンエイジャーの少年のように」扱って手紙を出している。[82] 二人が前に会ったのが筆者の推測どおりだとすれば、内村は三〇歳代前半、パーメリーは四〇歳代半ばの時であろう。

七〇年を経た今日、彼らの手紙を比べてみると、次の結論に達する。初対面の時、駆け出しの著述家であった内村はアメリカの女性宣教師から不当に恩着せがましい扱いを受けたと感じた。老齢のパーメリーに内村が浴びせた激情は、初対面の記憶に加え、その後も女性の支配的な態度や、宣教師がしばしば改宗者に対して見せた冷淡な態度にうんざりしていた結果であろう。文通は終わったが、その影響は尾を引いた。『ジャパン・クリスチャン・インテリジェンサー』の次号には、翌月、第二号をもって雑誌の発行を中止する旨が発表された。唯一の理由は内村が「歴史が古く雑誌としても大きい『聖書之研究』に精力を集中させるため」とある。(83)最終号の最後には第二号の索引が載り、決定的な最後であることを感じさせた。『ジャパン・クリスチャン・インテリジェンサー』は資料館で眠ることになる。

パーメリーとの狂気じみた文通は、ラクダの背を折る最後の藁だった。『ジャパン・クリスチャン・インテリジェンサー』の発行部数は落ちていたが、読者層は立派なものだった。財政援助もあったようだし、印刷に回す原稿も充分あり、装丁が変わっていないところを見ると、編集上の援助もあったと思われる。内村は恐らく、努力に対して報われるものが少ないと感じたのであろう。

太田雄三によると、『ジャパン・クリスチャン・インテリジェンサー』はそもそも発刊当初から、真のキリスト教を西洋人に宣言し、より広い意味で彼らのために役立とうとする内村の目的を果たすことはできなかったという。いずれの目的も失敗に終わった。内村の考える「真のキリスト教」に西洋人の目を開かせることは、日本人に理解も同情も示さなかった西洋人が伝道に失敗したのと同様に「不可能な」ことであった。外国人への反感を次第に募らせつつ書かれた『ジャパン・クリスチャン・インテリジェンサー』は、内村の日本語が読めない日系アメリカ人のためには役立ち、日系人にアメリカへの批判感情を抱かせることになったかも知れないが、外国人のために役立とうという内村の目的は果たせなかった。(84)太田のこのような結論を理解するためには、さらに精査する必要がある。

太田は内村が相手を非難する言葉の調子を批判する。建設的なことは何も達成できず、単に「理不尽な人種偏見感情を引き起こす」だけだった。その結果、彼の記事は外国人との関係を改善するどころか悪化させ、一九三〇年代に主流となる不合理なナショナリズムを扇動することになった、というのである。この主張を否定することはできないが、日本の国際主義者が活躍していた当時の世界情勢の重要な事実を無視している。彼らは自分たちの行動の「恐ろしい結果」――『余は如何にして基督信徒となりし乎』に内村が使った表現――を知る由もなかった。彼らの言葉は第一次世界大戦後の新しい日本の自信を反映していた。大正デモクラシーの信奉者が同時期のドイツのリベラリスト同様、祖国愛と、他国から尊敬を得ればやがて最悪の不法行為も正当化されるだろうとの錯覚に基づいて選択を行なったことは、後世代の学者たちの周知の事実である。日米関係の専門家、高木八尺のように、この問題を認識していた者もいたが、日本の正しさを信じていた大多数は内村の言葉に浮かれ、危険に気づいていなかった。

太田の見解は内村と弟子たちの世界観の重要な盲点の一つを的確に指摘しているが、内村の言葉遣いが引き起こした予期せぬ結果を強調するだけでは、『ジャパン・クリスチャン・インテリジェンサー』を内村の背景に照らして評価する試みには大して役立たない。むしろ、多くの欠点にもかかわらず、『ジャパン・クリスチャン・インテリジェンサー』は日本が西洋に自国を説明しようとした試みの歴史の中に重要な位置を占めていて、内村と彼の仲間たちは英文ジャーナリストとして高度の能力を示していると結論づけるのが公平な評価であろう。同時に、彼らの考える真理に献身する余り、内村の弟子たち、特に内村自身は、節度ある議論の限界を大きく超えたため、最も忍耐強い読者以外、失う結果となった。外国語で書く者にとって、ニュアンスをもって説得力ある批判を行なうことは最も困難な課題であろう。この点、『ジャパン・クリスチャン・インテリジェンサー』の編集者たちにも限界があった。

ここで、『ジャパン・クリスチャン・インテリジェンサー』を内村の背景に照らしてよりよく理解するために、太田の議論のもう一つの点に戻ろう。内村のパーメリー攻撃を彼の「最も憎むべき面」と考え、武田清子に同意してパーメリーの手紙に対する内村の反応をほとんど「病的」としている太田は、理不尽な感情が徐々に内村の作品に影響を及ぼすようになったと指摘している。確かに内村は、サムライの背景を持つ者としてもクリスチャン・ジェントルマンとしても、相応しくないやり方で暴言を吐いている。内村独自のキリスト教解釈が彼に課す緊張感と、若い頃からの批判に対する敏感な反応とが重なり合った結果であろう。

批判に対する敏感な反応をまず調べてみると、パーメリーがアメリカ人女性であったのは不運だった。内村は彼女の批判に対し、西洋で教育を受けた彼の仲間が一様に嘆いていた、西洋の職業婦人の女らしさを欠いたステレオタイプを意識して反応したのである。独身女性宣教師は当時の西洋の女性運動の最先端を行く代表であった。そのため、パーメリーにとっては「きちんと礼儀をわきまえた手紙」と思われたものに、内村は若い頃、意志強固な女性に対して感じながらもあえて口にすることのできなかった毒舌を叩きつけた。今や大御所となっている晩年の内村のペンを通して、若き日の内村が気むずかしい母親や浮かれ騒ぐ最初の妻、そしてなかんずく、五〇年近く前のコネティカット・ヴァレーの女性宣教師協会の役員たちに対して鬱積していた癇癪が爆発したのである。この意味で、こうした無節操な反応を病的と特徴づけることもできるが、それだけで片付けてしまうと問題を正しい背景に照らして見ることはできない。

パーメリーは全く善意で文通を始めた。仲裁に入った木村清松に彼女が最初に送った手紙の中に、内村が新しい宗派を作り出していると述べた彼女の言葉を弁護している箇所があるが、その後の展開に照らして重要性を持つため、全文を引用しよう。「過去において新しい宗派が誕生したのはすべて、まさにこのようなやり方で起こったのです。創始者は自分に従う者たちに新しい名前を与えないかも知れませんが、彼の死後、誰かが率先して『我々は内村派だ』と言うかも知れません。内村鑑三教会という言葉を私はよく耳にします。彼自身には新しい宗派を作ろうというような意図は全くないでしょう。しかし、宗派を否定しながらも、無意識のうちに宗派を作っているのかも知れません」(85)。

パーメリーが彼女の考えを敷衍したこの言葉を木村が内村に伝えたか否かは定かでない。木村が問題全般に関して内村に書き送った手紙の中に含まれていたとすれば、内村が七〇〇人の聴衆の前でパーメリーについて話した数日後に届いたことだろう。講演の日の日記を見ると、彼が教会に関するパーメリーの見解について思い巡らしていたことがわかる。「塚本は馬太《マタイ》伝十六章一六―一八節に由り教会問題を論じた。実に痛快であつた。自分は序《ついで》に米国宣教師の此問題に関し自分に表せし反対を紹介した」[86]。次に出た一二月一〇日発行の『ジャパン・クリスチャン・インテリジェンサー』に、内村は上記塚本の講演の英語版を載せ、これを特に「私と宗派主義に関する私の記事を厳しく批判したミス・H・フランシス・パーメリーへの返答」と呼んでいる[87]。この記事にはイエスが使徒ペテロを「岩」と呼び、これを基にローマ・カトリック教会が自らを使徒の直接の後継者と主張していることが述べられていて、神と教会との関係を議論するのに最良のテキストとなっている。

塚本はこのテキストを使って、教会に対する内村の考えと一致する解答を展開させた。「キリスト不在の教会のメンバーになるよりは、教会のないクリスチャンのままでいたい。キリスト教会はキリストを信じる、生きた信仰の上に立たねばならぬ。『神にとっては選ばれた、尊い、生きた石』（ペテロの第一の手紙二章四節）の上に[88]」。塚本は聖書の箇所をペテロの手紙に移して、「主」を「生きた石」に置き換え、個々の信者を「霊的な家」に造り上げられる「生きた石」としている。この解釈は最初の比喩を継続させながら、イエスが残した言葉の性格を変えて、既成の教会に属さぬすべての信者を含んでいる。塚本は内村の立場を明解に要約しているが、『ジャパン・クリスチャン・インテリジェンサー』はこの号をもって廃刊が決まっていたので、議論をさらに展開したり詳述する機会はなかった。パーメリーは議論を続けるのを望まず、内村も相手がいなければ続けるわけにいかなかった。

ここにおいて、内村がなぜパーメリーとのやり取りで「病的」ともいえる状態になったのかが理解できる。支配的な女性への嫌悪感に加え、年齢に相応しい尊敬を受けるべきとの考えから、七〇歳代の高齢者は得てして、同様の激情を示す場合が多い。内村の場合、こうした人間的要求に加え、もう一つの問題があった。高齢になった今、自分が築いてきた業績が継続されるようにとの願望である。内村が無意識に教会を建てたいと願っているのではないかとのパーメリーの問いに、彼は痛い所を突かれる思いだった。自分より若い弟子の記事を使って自らの立場を表明したのは、内村が暗黙のうちに自分の年齢を認めていた証拠である。『ジャパン・クリスチャン・インテリジェンサー』の最終号を郵送したと記す日記に、彼は「より小なる雑誌の始末を付けてより大なる雑誌に善き終結《をわり》を与ふるの練習を為したの乎も知れない」と述べている。(89)

内村が自分と同一の見解と認めた塚本虎二の教会に関する記事は、どちらの雑誌にも掲載された。内村に最も近い同労者として、塚本は内村の引退後、師の業績を引き継ぐつもりだった。内村もその予想に魅力を感じていたが、これをめぐって内村の生涯の最後のドラマが展開する。弟子たちを巻き込むものだったので、まず晩年の内村に最も近かった弟子たちについて詳述した後、その後の悲劇を論じよう。

第一五章　愛弟子たちの離反（原題＝蝮の裔）

これまで内村との関係を論じてきた弟子たちは専ら地方在住者だった。それと対照的に第一次世界大戦の終了までに有能な新しい弟子の一群が東京に育ちつつあった。彼らの高い識見、献身、知能はコスモポリタン的で異質だった。彼らは内村の遺訓の継承者として有名になる。内村の終焉を語る前に、彼らの話をしよう。

これらの弟子を理解するために、まず「背教者」として内村が名指しで不快感を示した仲間たちを検討しよう。中でも有名なのは作家で、その名を挙げるとまるで二〇世紀初頭の日本文学者の人名録のようだ。彼らは成熟するにつれ内村に関心を失い、彼の元を去った。内村の初期の著作は彼らの純文学への興味をそそったが、彼の後期の救済と倫理への関心は彼らの個人的才能の発展を阻害するものと映った。「源氏物語は文学にあらず[1]」と断言する師におよそ作家を志す者がついて行けないのは良くわかる。だが、師との別離は辛かったと彼らの多くが回想している。代表例として二人を挙げよう。

有島武郎（一八七八―一九二三）と小山内薫（一八八一―一九二八）は二〇世紀初頭内村に師事したが、成熟と共に立ち去り、一九二三年、大震災の前に、内村に心理的衝撃を与えた。彼の元を立ち去った後の彼らの世俗化と時を同じくして起きた直後の首都破壊は、神が日本に堕落への戒め（「天譴」）を与え給うたのだと、内村は確信するに至った。

人気作家、有島武郎は一九二三年、人妻の波多野秋子（『婦人公論』記者）と（軽井沢の山荘で）情死した。内村はその事件に関する『万朝報』への記事「背教者としての有島武郎氏」で彼と有島との関係を述べている。札幌農学校の学生当時、有島は内村が創立に力を貸した教会の柱石だった。この時期の間に有島は学友、森本厚吉と共に英宣教師、スタンレイ・リヴィングストンの伝記を書いた。その躍動する文章は教会にリバイバルをもたらした。その教会は「札幌独立基督教会」と命名されている。内村の誌名『東京独立雑誌』に触発されてである。(2)

卒業後有島は上京し、内村に師事、『聖書之研究』に札幌独立教会に関する三論文を書く。(3) 更に米ハヴァフォード・カレッジに留学、そこから新渡戸夫人の兄に出した手紙は、宗教的熱心さの持続を示す。更に英国ロンドンに渡り研究を続ける。一九〇七年帰国、母校（札幌農学校から大学に昇格した東北帝国大学農科大学、後に北海道帝国大学農学部）の講師となる。しかし彼の目は往年の深い信仰の輝きを失っていた。内村の再三の求めにもかかわらず彼は戻らなかった。(4) 後年有島は、内村と決別した際に師の顔に浮かんだ寂しそうな顔を、終生忘れることが出来なかったと記している。(5) 有島の妻安子が若くして死んだ時、内村が「コスミック・ソロー（宇宙の苦悶）」と評した心の穴を有島は他の女性で埋めた。「率直な有島がやりそうなことだ」と内村は後に述べている。(6) これで内村が切望していた和解の可能性は永遠に断ち切られた。

有島が初期の信仰を捨てた時に内村が示した反応は、小山内薫の後年の著作で再び強められる。彼は有島と同じ頃内村門下に入った。小山内の劇場への深い関心は歴史が物語る。西洋戯曲の日本上演の企画に尽力し、ロシアの劇場を歴訪した。小説も書いている。内村に彼が初めて関心を持ったのはその『後世への最大遺物』を読んでからである。一九世紀末から二〇世紀初頭にかけて、旧制一高の学生として、彼は内村の夏期講座に三年間出席し、その感銘ぶりを『聖書之研究』に二回寄せている。小山内の最初の手紙に対して内村は「一人の霊魂を救ひ得ば百年の労も惜むべきにあらず、嗚呼基督教！　我は其宣伝者となりしを喜ぶ」(7)と付言している。翌年の小山内の手紙に対し内村は「今より余は君より多く学ぶ所あらん、余をして君を此所まで導くの器具とならしめ給ひし神に感謝す」と付け加えている。(8)

小山内は内村の家族同様になった。祐之と遊び、内村や祐之と旅行し、『聖書之研究』誌の編集まで手伝った。

東北への伝道旅行にも参加、ヘブル書の講義をした。斎藤宗次郎が下の部屋で彼を教会員に加えようとする宣教師たちと論戦中だった時である。小山内が熱心に内村の諸計画に参加したので、内村は小山内が引き続き伝道者の道を歩むことを期待した。だが、七年間の親交の後、大学卒業と共に小山内は去る。彼の『聖書之研究』の五回目、そして最後の寄稿はドストエフスキーの晩年に関するものだった。(9)

一九二三年の春、小山内は再び内村の関心を呼ぶ。彼の小説『背教者』の朝日新聞紙上での連載が始まったからだ。私小説の形だが、内村の下での小山内の体験を扱ったことが見え見えだった。内村は丁度キリストの生涯についてのシリーズ講話の最中だった。そして「豚に真珠」の講話をした当日の日記で、彼は多くの弟子たちが「犬」＝背教者となったことを嘆いている。「茲に犬と呼ばれし背教者である。彼等は背教を以て誇りとし、今は真珠以上の宝石を握れりと自信する。……我等は彼等を憎まない。時に彼等の為に祈る。然れども彼等に復《ふたた》び福音を説かない。彼等を彼等が選みし不信に委ぬる」と。(10)

一連の講話の最後で「ユダの裏切り」の際に内村はユダの行動を彼自身の弟子の背教になぞらえた。彼の言葉は小山内の事件に符合した。(11)内村は小山内の小説『背教者』を、八月三一日付けまではらはらしながら読んだ。丁度小山内が、彼のクリスチャンとしての奉仕生活がいかにして崩れ去ったかを説き始めたところだった。(12)その翌日、関東大震災の業火が東京を襲い、朝日新聞社屋は崩壊、小山内の続きの原稿は未掲載のまま灰になった。丁度内村が一番気にしていた件りだったので、今回の震災は神の怒りの現われだとする内村の確信は更に強まった。

最初強く内村への師事に惹き付けられ、後に去ると言うパターンは両者、さらに他の弟子の多くに共通である。内村の文章と毅然たる態度に惹き付けられるものの、彼の非合理的な信仰、リアリズム小説の嫌悪、行動への高圧的規範を受け入れられなくなるのだ。

こうして彼の下を去った弟子は多いが、内村自身が破門した者も何人かいる。この区別は重要だ。小山内の自伝によると、彼が「内村先生の門を潜ることが出來なくなつた」と告白する時、すぐ「破門せられたのではない」と付け加えている。[13]この語感の差は、主体性が弟子の側にあり、先生の不興が裁断を招いたのではないことを示す。内村は有島の自殺に同情した少数の者を追放した。[14]その際彼は彼らを呼んで話し合った。そして和解が不可能と見えた時、彼はそれぞれが遺恨を残さず己が道を行くようにと示唆した。日本で最も有名なカトリック教徒となり、一九四七年の新憲法下で最高裁判所長官となった田中耕太郎（一八九〇—一九七四）の場合がそうだった。

内村が実際に破門した弟子の数は僅かだが、その際の激烈な師の怒りは他の者の心を恐れで震え上がらせた。このカテゴリーに入る小山内と内村の接触を分析して見よう。それは一九二八年一二月、内村が病床でしきりに小山内のことを思い出していると聞いて、斎藤宗次郎が内村と小山内を逢わせようと欲したことに起因する。[15]ちょうどその直前にかつて小山内と同じ頃内村のところへ来ていた弟子がまた戻って来て洗礼を求めた。それを知った斎藤は衝動的に小山内への手紙を書き[16]〔訳者注　斎藤自身の記録では、弟子の洗礼云々でなく、花巻を既に引き払い、内村邸に起居していた彼が朝「アモス書」を読んだ直後天の声を聞いたかに感じて書いたとある〕、投函前に内村邸内の数人に見せた。その一人（内村の甥）が夕食の際に内村にその話をした。内村は怒ってその手紙を直ちに取り戻し、さらに一か月の謹慎——その間日曜集会への出席禁止——を斎藤に申し渡した。二日間かかって斎藤は築地小劇場にいた小山内を捜し当て、小山内は残念そうにその手紙を返し、さらに内村への丁寧な返事を斎藤に託した。そして彼が常に内村に対し恥を感じていること、ただし師の弟子だったことは一度も恥じていないことを語り、内村がまだ彼を疑っているかと尋ねた。

その二日後小山内は（動脈瘤による）心不全で急死したので、内村は手紙を取り戻したことについて沈思黙考せざるを得なかった。だが彼は、斎藤が後先も考えずに軽率な手紙を出したことをなおも怒り続け、今度は天皇陛下にも手紙を送りつけかねない奴だ、と当たり散らした。[17]

内村がまるで徳川時代の武士に対する刑罰のような「閉門蟄居」を齢五一歳もの弟子に課したことには微笑を禁じ得ない。しかも斎藤が懸命に小山内を捜し求めて手紙を取り戻した後にである。そして小山内の突然の死が、予期せぬ最後の別離につきものの悲しみを加えたのも確かである。ただし、内村は極めて異なる見方をしていた。彼が斎藤に言ったことの記録を残し、彼が欲する通りに言っているか否かを確かめるために、彼は正式の声明を書き取らせ、斎藤に読んで聞かせた。内村の要点は、手紙の内容はともかく、「いわんやつとに私に背いて長く敵たる位置に在る者に対し、相談なく発信したのは、私に対しても無礼の仕打ちである。[18]弟子は師の延長であり、師の代表とのみ心得て行動すべきだ。だから、それ以上のことをしようと考える者は、厳しい処罰を覚悟せねばならぬ」というものである。こうした（師の）拒絶の影に絶えず怯えながら生活することが師への忠誠心を持続させる者にとり心理的負担となった。この負担から逃れるには師の下を離れることしか途はなかった。

独立を宣言して師の下を去った有島と小山内はどちらも解放感を得なかった。彼らは師からの決別は、彼ら自身の「肉」の欲を抑え切れなかったからだと信じ込んでいた。有島はリヴィングストンの伝記の新版の序文に人生の一般的問題と「性欲問題」が彼をキリスト教から引き離したのだと書いている。[19]小山内は「失恋が内村の下へ導いたが、別の愛の躓きが彼の下を去らしめた」と書いている。斎藤は二〇年以上も後に「小山内がいつも内村の前で師への負い目を感じていた」と語っている。

これら二人の芸術家の弟子の作品と内村の関わりを回想すると、理想主義の若者が完璧主義のキリスト教倫理とその具現者である内村に惹かれながらその標準に達し得ない自分たちの不甲斐なさを恥じた図式がよくわかる。内村と別れた後に二人がそれぞれ成功した経歴を見ると、内村とあまり深くつき合うと、師の思想の延長線上では彼ら自身の大きな可能性を犠牲にせざるを得ないことを自分たちの人格の深みにおいて予感していたのではないか？　しかし、彼との絆がそう言わせなかったのだろうと窺わせる。記録上は内村が抱いた期待に彼らが応え得なかったために去ったとのみ記されている。彼らは斎藤のように師の下に残った忠実な弟子たちに自分たちの罪責感を語っている。

＊　＊　＊

広く宣伝された有島と小山内の離反は内村を離れた者たちの関心を惹いたが、残った者たちは控えめに若い職業人としてそれぞれの道を進み、やがて一九四五年の第二次世界大戦終了後に中央舞台に踊り出る生涯を踏み出した。彼らは内村の求めることは何でもしようとした。講演会場がＹＭＣＡから大日本私立衛生会講堂に変わった時、彼らは舞台設営のスタッフさながらに働いた。彼らは内村との関係で斎藤、石原、井口らの直弟子とは一線を画していた。後者の直弟子たちは日本文化と個人関係により伝統的、地方的な態度を示す。斎藤は理由も問わず、内村の命じるままに自分の部屋に蟄居した。自分のような立場の人間は権威ある者に無条件で服従すべきだと考えていたのだ。

弟子の第二グループは非常に異なる経験を共有する。極めて競争の激しい教育システムの中でトップを占めようと戦い抜いて来た若者たちだ。その経験から彼らは伝統的な社会倫理を基本線として受け入れつつも、西洋的批判思想の訓練を受けて、西洋言語での思想表現手段を合わせて身につけた。彼らを内村に紹介したのは親友の新渡戸である。新渡戸は二〇世紀初頭には旧制第一高等学校――東京帝国大学予備門の後身――校長を勤めていたが、個人道徳に深い関心を持ち、同じ傾向の若者を惹き付け、彼らを内村に託した。内村はこうして当時の日本の最も怜悧な若者たちの一群を弟子に持つに至った。

内村はこれらの若者を自己と同一視した。彼らの野心と生涯への期待がかつての彼自身のものと似ていたからだ。彼は彼らにそう言った。「諸君が来ることは、私に取って大問題である。私はともかく諸君の霊魂の父である」。もし諸君が私の教えに従えば大きな悦びだが、もし捨て去るなら、私は一生後悔する。彼らの可能性が自分を傷つけることになるのであれば、「さあ誰でもお出でなさいと門戸を広く開いて多くの人を呼び集めてその人々の霊魂の父となること」はできないから、という含みであった。[20] 前途有為の諸青年、若々しい精神の持ち主を指導するのは誠に荷が重い。まかり間違えば「蝮の卵を孵す」ことにもなり兼ねない。[21] これら高等教育を受け、世界的視野を持つ国民的リーダーたちは、第二次世界大戦後に日本を海外からの影響に開放する新組織の形成に貢献した。彼らは皆内村の薫陶に感謝し、それが彼らの生涯に決定的な役割を果たしたと認めている。

これらの個人の経歴と活動をさらに研究すると、内村のこの面での寄与ぶりがわかる。既に二件の研究例があり、どちらも内村の宗教的遺訓がその弟子にどう現われたかを取り扱っている。『内村鑑三を継承した人々』（藤田若雄[22]）は一三人の弟子たちの態度を、神の本性と彼らの信仰、更に一五年戦争（満州事変、日中戦争、太平洋戦争）との関わりで調べた。『キリスト教──日本的進路』（カルロ・カルダローラ[23]）は内村の伝統を継ぎつつも異なる方向へ進んだ二つの宗教グループの研究だが、両派のうち格段に重要なのは無教会グループである。

内村の弟子の面々の誰を挙げても今後の研究方向を指し示す。自らも内村の主要な弟子だった政池仁（一九〇〇─八五）がまとめた内村の伝記は、内村の衣鉢を継いで専任の伝道者になった者たちと公生涯に入った者たちとの二グループに分けている。

第二のグループの中には森戸辰男（一八八八─一九八四）、南原繁、高木八尺、矢内原忠雄ら戦後日本の教育制度改革に貢献した教育者がいる。官界に入り外交官になった前田多門（一八八四─一九六二）、鶴見祐輔（一八八五─一九七三）、澤田廉三（一八八八─一九七〇）らもいる。澤田は日本の初代国連代表（オブザーバー）を勤め、かつて一九二五年に新渡戸、高木、矢内原、鶴見らが設立に寄与した太平洋問題調査会の衣鉢を継ぐことになった。[24]

政池の挙げる専任伝道者のリストは前グループほど著名ではないが、江原万里（一八九〇─一九三三）、黒崎幸吉（一八八六─一九七〇）、鈴木俊郎（一九〇一─八二）、さらに前出の矢内原忠雄らがいる。専任伝道者とは言ってもそれだけでは生計を立てられないので、割りに合わない上に辛い世俗の職に就き、二兎を追わざるを得なかった。戦後日本の宗教的発展に関心のある向きは藤田の紹介する個々人についてそれぞれ研究するとよい。
一九二〇年代に三〇代後半から四〇代だった彼らは、内村の設立した独立福音主義の伝統をそれぞれ守り続けた。彼らは敬虔さを共有し、彼らの人格はその天性の資質と偉大な神の実在の前での畏敬との精妙な結合を示す。偉大な師、内村の本質――無教会主義――を自らのものとしようとの願望を共に持ち、それを追い続けたのだ。

＊　＊　＊

この十把一からげの人物像は、弟子たちを彼らと同年代の頃の内村と同じ発展段階にあるものとして扱って来た。しかし、彼ら自身の置かれていた状況には大きな違いがある。報復を恐れずクリスチャンになることは出来たが、内村が提示した新概念に周囲の社会はあまり理解を持たなかった。内村は前途が開け、成功するためにはキリスト教こそ不可欠の前提と思われる時代の社会に育った。日本には固有のキリスト教の伝統がなかったので、大志を抱く若い指導者たちは新知識の源泉を求めて海外に留学するほか、道がなかった。一九二〇年代までにこうした事情は一変した。内村のような指導者たちや彼の若き日の友人らのような福音主義者たちは、キリスト教を日本の諸宗教の中での代案として認めさせるに至っていた。同時に彼らは内村のような若者を夢中にさせた異国的な魅力を多分に定型化、温順化させていた。

日本にすでに存在したキリスト教と、性急で有能な若者たちへのその魅力との間の関係のこうした相違は問題だった。内村は弟子に対して精神的な父親ではあったが、日本的キリスト教についての彼の説得的な表現は、彼ら自身の持てる機会を規定し、制約した。彼が生涯の高みに近付くにつれて、周囲に良い助言者がいなくなった。内村がアマーストの学生だった時代には新島襄が助けてくれたが、内村が二九歳の時彼は亡くなった。かつて手紙で彼を慰め、助言した米国の友も今は別世界の人に近かった。だが、今や彼自身が弟子たちのさ中に教師、友人、指導者として立ち、誰も敢えて認めようとはしなかったが、競争者であり、彼らのさらなる成長への障害となる可能性があった。彼らの甘え切った依存は内村を困らせた。その弟子の一人、鈴木俊郎は内村の偉大さを「自由と激しい自律の良心」と形容している。[25]「もしきみたちがおれの真似をするなら、おれの独立を真似しろ」と内村が語ったと彼は回想している。[26]

だが、日本の師弟関係が育んだ従属性の絆と内村自身の支配的個性が、個人の自発性を妨げた。他方内村は、個人の尊厳に関する西洋思想に染まった背景の中で育ったこれらの若者たちに対して斎藤のような態度を取らせることは出来なかったが、同時に彼も若き伝道者たちもそれぞれ背景をなす思想から思い通りに抜け出すことは出来なかった。この問題は伝道者たちの成長につれてその生涯を特に複雑にする。

一九二〇年代を通じての内村の弟子への影響を論じるに当たり、数人が際立っている。石原兵永は内村に前後二〇年間仕えた書生としてすでにお馴染みである。ほか三人に藤井武、畔上賢造、塚本虎二がいる。

藤井武（一八八八—一九三〇）は一九〇九年東京帝国大学政治学科の学生の時、内村の門に入った。官界入りを目指していたのに、一九一一年卒業を前に転向して専門の伝道者として立とうと志した。しかし、先ず一〇年は実世界を経験すべきだとの内村の示唆に従い山形県庁に入るものの伝道の志やみ難く、わずか四年後同県理事官の時辞して内村の元に戻り、彼の助手として『聖書之研究』誌の編集を助ける。両者の協力関係は二人が相前後して死ぬまで終生続いた。

この期間に藤井は多くのものを書いた。ミルトンの『失楽園』を翻訳したり、聖書の注解をしたり、『聖書より見たる日本』などの題で当時の社会悪を、近代的なエレミヤの如く詩的攻撃文章で糾弾したりした。彼の著作は「当時の大学生たちに大きな影響を及ぼした」と史家、熊野義孝は評している。[27] 欧米ではあまり研究されていないが、これらの作品は大正デモクラシー時代の日本の文学と反政府感情の関係を知る良い資料になる。

藤井は後年の内村を論ずる際に登場する。両者の協力関係とそれが必然に招いた緊張の故にである。衰弱しつつあった内村の最後の講演は、藤井が一四年前内村の元に馳せ参じて数か月後に『聖書之研究』に書いた三回目の論文への回答であった。藤井は「単純なる福音」と題して論じた。贖罪の論理は神の愛にそぐわないと言うのである。イエスは人類の罪を贖い、彼らを救うために十字架の死を身に負われたとこの論理は説く。この論理は複雑過ぎる。神は「日夜」人を愛し、彼の元に来るのを待ち続けていると藤井は考えた[28]。

内村の不在中に藤井はこの原稿をまとめ、印刷屋に送った。内村は普段あらゆる原稿に目を通すのだが、この時は藤井の判断を信用してそれをしなかった。ゲラ刷りを読んで、内村は不快感を示した。両者は火鉢の両側に座って論じ合った。論争中に内村の着物の裾に火がつき、焦げて炭になるのも気付かぬ程の激論だった[29]。藤井が折れないことが明らかになったので、内村は「藤井君の茲に唱へらるる所と余の常に唱ふる所との間に多少（而かも最も重要なる）相違のあることは本誌の読者の直に認むる所なるべし。余は其相違の点に就て次号に述ぶる所あらんと欲する」と簡潔なコメントをつけて原稿はそのままにした[30]。

内村の回答は「神の忿怒と贖罪」と題するものだった。神は憤怒される。その怒りこそ実は「愛」のもう一つの様相なのだ。イエスの「宮浄め」の際の正しい怒りが父なる神の性格を示す。キリスト教の愛と浄土仏教の赦しとの違いは、この正しい愛の発露如何にある。神の怒りを知らずしてキリストの十字架上の死を理解することは出来ないと説く。「十字架に在りて罪と罪人とに対する神の態度の一変せしに由り罪人に真の悔改が起ると同時に其悔改に対して赦免の恩恵が窮りなく彼に臨むに至つたのである」。神は愛であるが、愛のみではない。救いが単純な信仰のみにかかっているなら便利だが、そうではない。そう内村は言う[31]。

この二つの立場は信仰そのものと同じように古くから存在する二つの対立する立場を反映している。神学校や図書館を遠く離れた若いキリスト教運動の中からこうした論議が生まれたとて驚くには当たらない。だが、ここで会話を中断しては、この意見交換の真の意義を無視することになる。内容自体よりもその外見の形式や手法が問題なのだ。これは内村が教義上の問題で助手の一人と公然一致しなかった最初の事例――師弟関係の厳しい倫理が許さぬ事態――だったのだ。大きな悲痛の原因だと、内村は論文の最後に付言している（訳者注　人の罪はみ子イエス・キリストの十字架の死という高価な犠牲なしには全能の神さえ贖い得なかった。ルターの「信仰のみ」を文字通り捕えると今日のクリスチャンも藤井流の誤解を犯しがちである。「善人猶もて往生す。いわんや悪人をや！」の親鸞流仏教の赦しにも「贖い」が欠けている」。

藤井はその後しばらく『聖書之研究』に寄稿しなかった。その代わり内村の講演を公式記録する書記となった。[32]四年後二人は倫理上の解釈を巡る意見相違のため正式に別れて、藤井は自分の雑誌を始めた。それから二年後彼は内村と和解し、また協力するようになった。彼は講演や『聖書之研究』への寄稿論文で、彼の贖罪に関する概念が如何にして内村のそれとほぼ一致するに至ったかを述べている。[33]彼は自分自身の雑誌で違う意見を自由に論じ得たが、『聖書之研究』においては一致させる必要を感じていたようだ。その結果としての周到な相互協力は両者間の意見差を互いに認め合っていた事実を反映している。

三人の伝道者のうち二人目は畔上賢造（一八八四―一九三八）で一九二〇年代に内村と緊密に協力した。詩的な洞察力と激しい剛直さを持つ藤井は内村といつも不一致を孕む状態で働いたが、より受容的な畔上は師ともっと寛ろいだ協力をしながら適当に座を外す術を心得ていた。

畔上は地方の質屋の家で育ち、中学生の時初めて内村の話を聞いた。東京に出て早稲田大学の学生になり、卒業後地方の英語教師を経て独立の伝道者になり、『聖書之研究』に時折寄稿していたが、一九一九年に内村の元に加わった。一年間東京の集会の教友誌編集を手伝い、[34]一九二三年には毎週の講演会で前座を勤めるに至った。一九二八年までには自分自身で聖書研究会を始めるに充分な素地を積み、[35]一九三八年早逝するまで独立伝道を続けた。内村の「ローマ人への手紙」に関する講義のノートを丹念に取り、それに加筆したものが出版されて今日残っている。畔上の白黒と決めつけない人柄は、互いに脅威なく内村に仕えることを可能にした。

藤井と内村が防衛的な心理障壁から別れるに至ったのに対して畔上は一定の距離を保っていたが、塚本虎二（一八八五―一九七三）はより積極的に関与し、内村の仕事との一体化を目指した。この関係は分析を要する。その結果が両人にとり重要だからだ。塚本の回想は絶えず宗教問題に関心を持つ有能で精力的な個人像を描き出す。一八八五年に生まれ、[36] 誇り高い軍人の伝統を持つ家庭に育った彼は、[37] 戦闘的無神論者だが、個人の罪の問題に関心を持つ若者として日露戦争中に東京に出て来たと語っている。[38] 彼は内村の著書、『キリスト教問答』を通じて初めて内村に出会う。本の中の広告を見て『聖書之研究』を知り、彼が初めて手にした号中に「恩恵の露、富士山頂に降り……」に始まる『初夢』（一九〇七年一月号）があった。一八年後『聖書之研究』三〇〇号記念の特集別冊で塚本はこの雑誌で自分の「天職」を知ったと締め括っている。[39] 塚本は一九〇九年旧制第一高等学校の学生時代に藤井らと共に内村の弟子となった。

一九二〇年代の半ばまでに塚本は『聖書之研究』を彼の信仰の源と認めるようになっていたが、彼は当時の日本で入手可能なキリスト教思想のバイキング料理とも言うべき教会のキリスト教にかなり接触した後で教会不信感を持ちながら内村の下に来た。九州での中学生時代にある聖公会宣教師に会い、受洗の希望を持ったが、その宣教師が急に帰国して日本を去ったので実現しなかった。塚本は後に内村からの受洗を欲したが、やがて内村が通常その礼典を執行しないことを知る。[40]

塚本は植村正久の教会の長老（斎藤秀三郎）の娘（園子、関東大震災で圧死）と結婚し、妻に導かれて教会の活動に積極的に参加するが、[41] そこで彼は神学生の一人が「日本的キリスト教」を排斥するのを聞いてショックを受ける。これらの言葉は彼の信仰が教会の他の者たちの信仰といかに違うかをまざまざと塚本に見せつけた。彼は洗礼を受けて牧師になろうとした当初の考えを後悔した。[42] こうした様々な回想は若者が教会について様々な疑いを持ったことを物語る。こうした状況が彼を内村の下へ導いたのだ。

結婚するまでに彼は卒業後一〇年経っていた。農商務省の血気盛んな若手官僚として大半の時間を過ごしていた。典型的な官僚として彼は楽々と権力の門を潜り、当時の流行に沿い装っていた。中産階級の価値観を疑いもせず受け入れていた彼は、料理屋で食べ残した物を間食用に持ち帰る内村の切り詰めた経済事情を知り、それを覚えていた[43]。内村が塚本に彼の外套を手渡しながらその出来栄えを褒めて、いくらかと尋ねた。塚本が一〇〇円と答えると、それでは良い筈だと内村は言った[44]。これは良心の呵責の一撃となって、塚本はいやしくも将来独立伝道者として献身を志す以上、以後師よりも良い衣服を身に纏うまいと決心した。

政府に奉職する間に塚本は次第にやる気を失いつつあった。大学時代には彼の傑出した語学の才能は、ドイツの詩人で哲学者カール・ヒルティの著作、更にダンテの『神曲』をさえ全部原語でそらんじる程だった[45]。農商務省に勤務するようになってからも、終日勤務の後、聖書理解を助けるためギリシャ語やヘブル語を勉強した。彼は内村との交流を続けて、一九一八年秋にはＹＭＣＡホールで彼と共同講演をした[46]。五年後三三歳の時、塚本は官職を辞し、内村の元で専従で働くようになる。彼の転職は朝日新聞が塚本と内村二人の写真つきの五段記事で報じたほど世間の注目を浴びた。この行動は塚本に前向きの使命感を与える。農商務省時代の七年間には決して全力投球の達成感は味わえなかったからである[47]。

官職を数か月前になげうった藤井と違い、塚本は新しい責任にはもっと準備を要すると考えて、鎌倉の自宅に籠もって更に研究をした。そこに留まって結婚し、二人の子供をもうけた。内村のグループに積極的に参加したが、それを進んでリードしようとはしなかった。彼は当時最大の二人のキリスト教指導者との接触を楽しんだ。妻の関係での植村正久と、自ら選んだ内村とである。この経験は塚本に、教会の神学は日本を救い得ない、新しい「日本のパウロ」、内村と共に自分自身の神学を形成しなければならぬと理解させた[48]。彼は研究のためドイツに旅立とうとしていた。丁度その時関東大震災が起き、妻は圧死した。

鎌倉付近の海浜での妻の火葬に出席した時、彼は静かな小声が「神は愛なり」と囁くのを聞いた。それが彼の信仰を再び奮い立たせた。外国に留学しなくても伝道は出来ると決心した彼は、内村の元へ行く。内村は両手を拡げて彼を迎え入れた[49]。塚本はもう四〇歳に近づいていた。

その知識と機知、更に内村の思想の説明において、塚本は全ての人を魅了した。塚本の合理的な精神はアガペー、聖餐、聖礼典、福音の権威の本質など、キリスト教信仰の基本問題にまで及んだ。彼の講演や論文は内村が言い残した問題をより明確にした。

塚本は内村の弟子たちに語学や文学も教えた。アウグスティヌスの『告白録』に始まるキリスト教古典の研究集会を毎週開始した。それはギリシャ語で新約聖書を読むクラスにまで発展した(50)。生徒らは福音書からパウロの書簡に進んだ。毎年塚本は新しい会合を始め、やがて一四グループ、総数四〇〇人以上に達した(51)。内村は教室を今井館に移すようにと示唆した(52)。二年後彼らがギリシャ語で新約聖書をそらんじるのを聞いて内村は一驚した(53)。塚本はさらにヘブル語での旧約聖書講読(54)、ラテン語でのダンテの『神曲』講読のクラスも始めた(55)。

塚本はますます彼の使命の重大さを自覚した。彼は、内村の仕事は世界のキリスト教に貢献するものだから協力すべきだと、生徒たちに教えた(56)。この運命的な出会いの確信を彼は何度も繰り返して語っている(57)。総理大臣候補が選ばれるためにはクリスチャンでなければならないと言う時代が弟子たちの生きている間に来るかも知れないと内村が説くに及んで、この確信はいや増した。塚本はその言葉を日付と共に聖書の表紙裏の余白に記している(58)。数週後内村は「自分は亜細亜はやはりキリストの純福音を以つて欧米に勝つべき事を信ずる」と日記に書いている(59)。

内村は自分自身の言葉の熱気に自ら酔うのを禁じ得なかった。塚本との週毎の面会を待ち切れず、妻静子には塚本は奥さんを亡くして独身なのだから精々ご馳走せよと命じた。「貴方は塚本さんが来ると目の色が変わるのね」と静子が冷やかすほどだった(60)。内村はベルへの手紙で「私はキリスト教伝道者が持ち得る最高の優秀な助手を三人も持っています」と誇らしげに書いている。「畔上は地方伝道に関心を持つ熱心な働き手だが、塚本は学があり、偉大な聖書学者で、全ての面で私を上回っている」と言うのだ(61)。

畔上を囲む昼食会の際に塚本は神学校的な組織を造ってはどうかと提案し、内村は同意した。「僕がソクラテスで、君等がプラトー、アリストテレスになるわけだね」と(62)。内村は塚本に個々の面接をして、誰を聖書研究会に入れるべきかを決めるように求めた。(63) 古い会員らは塚本に内村が述べる信仰の模範を見て喜んだ。彼らは塚本が内村の黄金の日々を確かなものとし、彼の後を継ぐことを密かに期待した。(64) 塚本は同意した。彼は、植村正久の遺訓を巡る弟子たちの後継者争いが如何に戦われたかを知っており、同じ問題が内村の場合にも起きるのを防ごうと望んでいた。(65) 内村は塚本の意図を理解していたかに見えた。(66)

塚本はますます忠誠に励む。一九二七年には満員の日曜集会を二つとも助けていた。内村の要求の下で自分自身の利害はもはや二の次だった。塚本はある女性と再婚しようとしたが、内村の反対にあって取り止めたと、弟子の一人は言っている。(67) なぜ内村が反対したのかは謎だが、誰もが結婚する当時の社会で塚本がそれまで同様、以後も独身を通したのは事実である。さらにこれに劣らず重要な他の例で、彼は内村の意思に無条件降伏したと述べている。塚本が自分の雑誌『無教会』を発刊しようと思い立った時、内村は当初賛成したのに、後でその題名が「反抗的でいけない」と言い出した。塚本が反論すると、内村は「では別れよう」とまで言った。塚本は藤井武を仲介人にして話し合ったが、内村は頑として譲らなかった。塚本はやむなく従ったが、「譲つて帰る省線電車の中で、熱涙がとめどなく湧き出た」と書いている。彼は自分の計画が「福音のため、そして先生のため」と、固く信じていたからである。(68) 彼は内村の周囲に影のように従った。師に終生奉仕するのがその義務と心得ていたためである。(69)

内村に変わらず服従することは容易ではなかった。塚本の目に内村はダンテの如く映った。多面性があり、巌のように堅い意思と溶けた鉄のように熱い心を合わせ持つ。(70) ある意味「巨人《ジャイアント》にしてまた大きな駄々っ子、赤ん坊」のようであった。(71) ある夜遅く、「仕方がないにも程があるよ、実際伝道ほどツマラヌものは無いよ」とこぼす内村の機嫌を取らねばならなかったことを彼は思い起こしている。「それなら先生は西園寺さんか、○○総理大臣か、○○博士の方がいいと思ひますか」と塚本が問うと、内村は「さう言へばさうだね。やつぱり自分が一番幸福だな」と認めた。(72)

内村は将来の両者の関係についても語り合った。ある時は塚本が独立すべきだと言い、別の時には今のまま自分の所にいてくれと言った。[73] 明確な、首尾一貫した結論は出なかった。塚本は自らの独立の必要性と、師への敬虔な従属との狭間で分裂した忠誠心に悩みつつ、孤立無援状態だった。

内村の方も当初の塚本への熱は冷めつつあった。塚本が可愛い、若い女性たちにもてるのが内村には煩わしかった。内村の弟子で学識もある山本泰次郎（一九〇〇―七九）は、塚本が一九二八年にYWCAの夏期学校の講演シリーズを終えて戻った時、自分が「救いは信仰のみから来る」と宣言したら女性たちが彼の周りに群がったと誇らしげに語ったのを覚えている。内村はこうした塚本の姿勢を商人のやり方になぞらえた。[74] また、別の場合に、塚本は美しい若い女性たちに対して、内村のように古めかしい口調では、罪について敢えて語ろうとしなかったと、山本は言っている。[75] 講演会に集う若い女性の数がどんどん増えるのを憂える記述が内村の日記にもある。[76] 彼は自分の提唱する「日本的キリスト教」の特質が主として男性間の成功にあることを知っていた。それ故、塚本のもたらした女性間の熱狂のためにそれが「米国式」と取られるのを危惧したのだ。[77] ともあれ若い女性たちを集会に引き付けたのは、内村の魅力的な弟子、塚本の爽やかな弁舌と洞察力ある答えに負うところ大であった。四人の助手の中で塚本は次第に頭角を現わし、その後継者と目されるに至った。

内村はこれら側近の協力者たちと仕事を続け、塚本のやり方にますます不安を感じつつ明らかに年老いて気難しく、且つむら気になって行く。表面的には役割に変わりがなく、六五歳の内村は他の仕事も続け、英字紙『ジャパン・クリスチャン・インテリジェンサー』を発刊もした。だが、寄る年波には勝てず、友人たちは世を去り、気力、体力も衰えて、彼は後継者問題を考えるようになった。

時間が経つにつれ内村とその直弟子たちとの関係は変化し、彼はますます彼らに頼るようになる。宗教人として彼は聖職者のように神を代表する。若い間は改革者、預言者として彼は楽々とそうした褒め言葉の課する重荷を負うて来たが、老年になるにつれ彼の役割は変化した。聖職者であり同時に人間であるという二つの役割を担ってきた彼は、老衰が顕著になるにつれ、かつてのように全知には見えなくなり、内なる人間性が他の人間たちとの素顔での接触を必要とするようになる。彼の信徒や弟子たちの役割が重要性を増し、彼らとだけ聖職者は寛いで助言を求め、悩みを共にする。他方、もしも彼の信徒が原理の問題で彼の指導に従わないならば、彼の元を去らねばならぬ。これは最優秀の弟子塚本を極めて困難な立場に追い込んだ。その能力の故に彼は重要な原理問題で師と往々意見を異にするに至るからだ。

どの宗教指導者の生涯にもありがちなこの特質は、日本の師弟関係には際立って現れる。弟子は師の業績と思想に忠実であり続けねばならぬと伝統が要求する。必ずしも弟子自身の創造性を窒息させないまでも、師が始めたものに調和して延長しながら注意深くラベルを貼らねばならぬのだ。この忠誠心の伝統が内村の場合には適正な継続に重大な問題を孕ませた。弟子が師を愛し、尊敬すればするほど師の思想の論理を守り、その組織を全うする重大な責任を彼は感じる。そしてもしそれに失敗すれば歪曲の罪に曝される。

内村と彼の弟子の関係の場合には特にこの複雑さが、伝統的な聖書の預言とその日常の出来事への関係を巡って現われる。内村は旧約聖書の預言者のように振る舞い、且つそう呼ばれることを必ずしも否定しなかった。神の権威を背にして語るかの如きこの能力を、後を継ぐ弟子の一体誰が真似ることを望み得ようか？

忠実な弟子が名付けた言葉を使えば、「近代日本の預言」を内村が語り出すに及んで、この問題はますます重要になる。一九二八年一二月、やがて明らかになる後継者問題が彼を悩ませていた正にその時、次のように彼は記している。「多分日本の今日並に将来に就ても預言は既に降つたのであらう。そして事が成つて後に日本人は預言者が彼等の内に居た事に気附くであらう。真の愛国者は政治経済の研究の外に預言の研究に深き注意を払ふべきである」(78)。この言葉の背後に如何なる考えがあったにせよ、気になる弟子はこれを内村自身への言及として読んだ。衣鉢を肩に負わされるかも知れない弟子は内村から出来るだけ多くを吸収しようと努めた。彼はそうする事によってのみ来るべき責任に備えることが出来たのだ。

＊　＊　＊

宗教的権威を持って語る内村の能力を如何に引き継ぐかが、彼のリーダーシップを継承する可能性を持つ候補者たちにとって重大な問題であったが、彼の伝統を如何に定義するかの難問は彼らをもっと悩ませた。どちらも彼らにとって重要な信仰と組織を示す独自性に関わるものだった。彼等は内村が教えた真理に精神性を負うていた。彼なくして誰に、何に、個々の弟子は信仰の拠り所を見出せばよいのか？　日曜集会や月刊誌『聖書之研究』はどうなるのか？　内村の弟子として残る彼ら自身が果たしてそれに代わるものを生み出せるのか？

師は弟子たちを少しも助けなかった。彼の伝統への定義の欠如は死後七〇年も続いている。内村の遺訓の最も系統的、包括的な研究者である山本泰次郎も敢えて厳密な定義をしようとはしなかった。内村の思想の核心を表すと彼が思う短い章句を選集するだけで満足した。当時も以後も受容された定義はない。しかし、内村の人生の晩年における様々な試みこそ彼の生涯の頂点をなすので、分析してみよう。

教会の代表者たちが内村をＹＭＣＡホールから追い出した時、彼らは彼の緩やかな定義の形容詞にもっと特定の意味を持たせた。無教会とは内村の集会に出席し、彼の雑誌を読む輩《やから》である。それは更に既成の教会の権威に反対する否定的な意味を持っていた。その時の内村の反応は、この決まり文句にほとんど挑戦するものではなかった。彼に従う者たちは師の回りに集まって、再臨の講演に必要な支持を与えるべく「柏木兄弟団」を結成した。彼らはすぐに師のために必要な新しい場所を見出した。内村は彼らを「我が党」と呼んだ。この緊密な結合の随行者たちは内村にとり明らかな利点だったが、彼はこの結束が（彼自身の反対する）「教会」に似たものになり始めていることにやがて気付いて、一九二一年末に「柏木兄弟団」の解散を歓迎する。「我等は自由主義者であつて団とか云ふ者には到底堪へないのである、……委員だとか、委員長だとか、団の利害だとか、其名誉だとか云ふ事が論議せらるゝに至つて我等はそれ丈け精神的に死んだのである」と、彼は日記に書いている。(79)解散を熟慮した弟子たちの委員会は別の理由を挙げている。「福音が制度となった時は死だ。我々は最後まで無教会である」と彼らの報告は述べる。[80] それに対し内村は答えている。「大なる重荷」が私の肩から下りた。「余は絶対的無教会主義者を以て余の一生を終るべきである」と。[81]

教会組織に伴うもの一切の明確な拒否は、他の全ての点で適切な呼び名だった無教会に対して否定的な連想を強めた。教会に関連する全ての属性を避けることにより彼らの組織はその理想に最も忠実であり続けると、弟子たちは結論した。内村はそうした一貫性を奨励し、復活節に相応しいテキストを得るために彼が「ローマ人への手紙」の講義の順序を変えたことを、自ら責めさえした。「復活祭なるが故に復活に就て述ぶると云ふが如きは天主教的であり又英国々教会的である、余も注意せざれば不知不識《しらずしらず》の間に詩人ワルヅワスと共に老いて教会化され易くなる」と。[82] 事実数人の弟子たちは内村が時折教会主催の会合に出席するのは本来の主義主張への「妥協」だとして彼の元を去った。[83]

無教会の「無」に最も多く依存する弟子は、内村が教会人たちと協力するのを見て、自分らのグループを他と区別する要素を失う前兆ではないかと真っ先に疑った。彼のそうした協力は重大な矛盾と見え、[84] 一部の弟子たちには（グループの）独自性への脅威だった。

彼の精神的遺産の継承への関心はいや増したが、何も発言されずにいるままに内村は誰を後継者にすべきかを思い巡らしていた。この問題は彼が五〇歳代半ばの頃、彼の講演会の組織を柏木兄弟団に委任した時に最初に起きた。彼の後継者問題への関心は一九一五年に彼がキリストの贖罪問題を巡り藤井と意見を異にした時に遡る。内村はそれが彼のリーダーシップへの挑戦であることをすぐ理解した。「では、もう始まったのだ」。彼は暫し考えて藤井への回答――「後継者問題」――を書いた。[85] 候補者選択の不手際により教会員たちの間に後継問題へ混乱を招くことをそれは非難している。特にカトリック教会は大きな過ちを犯した。我々はそうした問題に煩わさるべきでないと、彼は結論する。神が計らい給うと言うのだ。[86] なお最大の仕事を控えて、内村は数年間この問題を離れることが出来た。

一〇年後の一九二五年に長老派の指導者、植村正久が死んだ時この問題が再燃した。後継問題を巡って彼の教会が分裂したのである。有力な弟子に従う一派は別の教会を結成した。

植村は心臓発作による急逝の数時間前まで弟子たちの分裂傾向に心を痛めていたに違いないと内村は確信した[87]。内村は自分の主だった弟子たちを呼び集め、自分の死後は聖書研究集会を終了させよと指示した。会衆派の初期の歴史を学んだ彼は、その創始者たちの考えに倣い[88]、継続性を組織化しようとする試みは却って当初の信仰の精神を失わせ兼ねないと結論したようだ。その文で度々後継者問題に言及しているのは関心の増大を物語る。ゲッセマネのキリストに関する講話を書くに際して悩みながら、キリストの弟子たちの不実さを自分の弟子たちとの経験と比較している[89]。

約二年後の一九二七年八月、内村は「弟子を持つの不幸」を出版した。私は誰にも自分を先生と呼べと求めたことはない、と冒頭で述べる。私の弟子になろうとやって来た者たちに「余の宗教に在りては師は唯《ただ》一人キリストである。我等は皆な兄弟である」と言い続けた。「余は彼等が余を先生と呼ぶを許したのは先輩に対する敬語としてに過ぎない」。だが、多くの者は私の期待を失望させた。私の信仰を学ぼうとはせず、私の行動や思想の一要素を上塗りして「唯余の行為又は思想の一面に憧憬《あこが》れて浅慮にも一目散《いちもくさん》に走り来つて彼等の理想の偶像として余に縋《すが》りついたのである」。そして、ほんの少し学んだだけで私とキリスト教から立ち去ってしまった。もし彼らが次の明確な言葉を学んでいさえしたら、決して幻滅などしなかったであろうに！　キリストは「『然り、然り、否な、否な、此《これ》より過《すぐ》るは悪より出《いず》るなり』と云ひ（馬太伝《マタイ》五章卅七節）」、パウロは「『蓋《そは》我が誇る所を人に虚《むなし》くせられんよりは寧《むし》ろ死《しぬ》るは我に善事《よきこと》なれば也』と云ふ（コリント前書九章十五節）。是れ聖化されたる武士道であつて、余は此道に歩まんとして努むる者である。故に基督者《クリスチャン》であると雖も、英米流の基督者たる事は出来ないのである。余は神は愛なりと云ひて如何なる罪悪をも無条件にて赦《ゆる》せと云ふ所謂町人道徳を採用する事は出来ないのである。余は大抵の事は聖書や基督教に問ふまでもなく日本人の道徳に依て決する」[90]。

この論文は弟子たちが内村を追い込んだ窮地を示す。彼は先生と言う語の示す（弟子たちの）完全な従属感を離れて新たな（師の）役割を描こうと試みる。それから弟子たちは往々彼ら自身の理想像を師に投影し、その結果幻滅して去るのだと指摘する。彼は最後に師弟関係を強調する武士道倫理に訴えようとする。「弟子を持つの不幸」は畢竟、人に対する絶対的忠誠心の伝統的概念と、万人を超えた神への絶対的忠誠心のキリスト教的概念を区別する能力の無さにあると言うのである。内村の分析は預言的風格を帯びる。

関連する後継者問題と無教会の意味を未解答で残したまま、内村らは一九二八年彼の受洗五〇周年を祝う準備に入った。式典の一部をなす塚本の講演シリーズの一つに答えて、内村は特に後継者問題に言及した。「諸君に呉々も頼んでおくが、私の死後断じて内村教会を建てて呉れるな。塚本、畔上、石原と本山争いなどをしてはならない。そんなことを始めたなら、私はどんな方法かをもって、必ずこれを破って仕舞う」と[91]。

数週間後内村は東京を離れた。札幌独立教会の援助と愛する孫娘のマーちゃん（正子）や新しく生まれたその妹（桂子）に逢うためである。この旅行を機に後継者問題と無教会論争は最高潮に達する。彼は札幌独立教会の長老であるかつての同級生、宮部金吾と旧交を温めた。内村が自ら設立に参与したこの教会と彼とのその後の関係は、心の繋がりはあるものの緊密とは言えなかった。不敬事件の前夜、彼は脱退届けを出していた。約一〇年後の一九〇〇年に彼は宮部に新牧師（金沢常雄）を推薦すると共に会員籍を復活した。その直後に同教会の有島武郎や他の会員たちが彼に出した手紙は、内村が聖餐の必要性に反対する強い声明を出すきっかけとなる[92]。一九一四年、同教会の会員たちが新会堂建築の募金計画に内村を加えようとした時、彼は拒否している。「私は誰にも、特に米国のクリスチャンたちに寄付を求めるために自分の筆や口を用いる気はない」と[93]。一三年後彼の推薦牧師が辞任した時、約一年間経ても後任がみつからなかった。内村は二か月間の穴埋めを買って出た。「一人か二人の助手を連れ」、無報酬で伝道努力への献金はＯＫとの条件で[94]。

だが、同行する弟子を内村は一人も得られなかったと山本泰次郎は言う。誰も「教会」を助けようと欲しなかったからである。[95] 他の場合には喜んで援助が得られたのに、今回に限り誰も進み出なかったのには極めて重大な理由があるに相違ない。内村は単独で（但し妻静子と共に）行く決心をした。たまたま数年来にない猛暑、終日摂氏三二度以上の暑い夏に際会した。彼は教会員を含めて色々なグループの前で、牧師と言うより「助言者」として講話をした。彼は不一致に引き裂かれて教会の存続を危うくする委員会の延々と続く会議でも汗を流した。[96] 彼は『聖書之研究』誌の読者に自分は決して「教会的」にはならず、ただ友人として助言するために行ったのだと再確認した旨、日記に書いている。彼は、いわば「自縄自縛」、弟子たちの定義する彼自身の諸観念の虜であった。

疲れ切った内村が札幌での二か月から戻った時、後継問題を巡る彼の危惧を再燃させる新たなディレンマが待っていた。今回の問題は藤井を巡るものではなく、彼の最も忠実な従者、そのほとんど全てを師に捧げつつある、精力的で優秀な塚本が相手であった。

第一六章　〝無教会〟とは何か？

塚本虎二は彼の師、内村への敬虔な傾倒にもかかわらず、内村の最晩年の二年間、白熱した、いや、悪意にさえ満ちた論議の中に身を置いた。そのやり取りは理性的な議論から始まったが、やがて神学と人格が微妙に交錯し、罪悪感の伴う憎悪にまで変貌する。どちらの側にも相手は最も親しい積年の同志だった。だが、両者の対話は師の死で突然終わり、最後の論争に弟子が弁明する機会はもはやなかった。その結果、内村の遺訓全体と運動の進路に暗雲を投げかけた。

この問題は二つの相関展開の結果である。内村は老いてもなお、後継者を指名しなかった。彼の肉体と知力の衰えは誰の目にも明白だったし、二人の立派な候補者が控えていたのに。彼の死後新しい教派が出来ようとのH・フランシス・パーメリーの確信にも強いて反論しようとせず、植村正久の死後起きたような遺訓への論争を予防しようとはしたが、自らの健康の衰えと周囲の期待の渦中で敢えて誰かを指名しようとはしなかった。塚本との白熱した対話はこうした環境の中で起きていた。

「無教会」の概念がその中心だった。彼の去った今はその真意を確かめる術とてない。ある時点で自分の著作こそその教会だと彼は宣言している。彼と親しく接触した者たちは、著作物以上に彼の思想に触れている。だが、『聖書之研究』を読んでも、個人的接触も、「無教会とは何か？」について明確な説明を得られなかった。

内村が自分の遺訓の性格について直接述べなかったので、弟子たちは師の著作中から断片を継ぎ合わせて師の意図を図るしかなかった。こうした弟子の一人、山本泰次郎は内村の死の床に侍っていた書生だった。彼は後に内村の聖書注解全集や信仰著作全集を編纂、伝記も多く書き、内村の重要性を評価する主要な研究者になった。一九二〇年代半ばまでに内村の教会組織に対する考えを形成した三要素は、①日本を重視すること、②組織に優越する精神価値、③神の恩寵への揺るぎない確信、と山本は結論している。

米国の排日移民法通過（一九二四年四月）の数か月後に書かれた論文が、この決着した結論の①を示す。キリスト教は日本だけに関する神道と違い、普遍的信仰だと内村は説き起こす。キリスト教は、どの一国だけのものでもない。「日本的基督教と称して勿論基督教を変へて日本人の宗教と化した者ではない。……日本人を通うして顕はれたる基督教、それが日本的基督教である。……希臘《ギリシア》、羅馬《ローマ》、独逸、仏蘭西《フランス》、英吉利、亜米利加《アメリカ》、孰《いず》れも此世界的最大宗教に貢献する所があつた。今度は日本の順番である。……独逸が曾《かつ》て羅馬腐敗の後を受けて宗教改革の実を挙げしが如くに、日本は今や米国堕落の後を受けて、茲《ここ》に再び基督教復興の功を奏すべきである」(1)。

その前月に内村は書いている。「祈り求むる所は、日本に在りて、西洋に起りし基督教の教派を絶滅せん事であります」と(2)。ここに山本の強調する②のテーマに関する手掛かりがある。新しい、特に日本的なキリスト教の解釈は西洋世界の伝統的信仰の制度的増殖を排する。ここに、内村の言う「無教会主義のキリスト教」信仰がある(3)。

山本の定義する③の要素、〝神の確かな恩寵〟は、内村の「ピリピ人への手紙」一章六節、「あなたがたのうちに良いわざを始められたかたが、キリスト・イエスの日までにそれを完成して下さるにちがいないと、確信している」の聖書注解に如実に示されている。

神は一度び恩恵を下して之を取上げ給はず必ず終りまで之を継続して御救拯《たすけ》の目的を達し給ふと云ふのである。カルビン主義に云ふ所の「恩恵不動説」である。一たび神に選まれたる者は永久に棄られずとの信仰である。此信仰がなくして永久不抜の平安はない。人も悪魔も自分を神の恩恵の把握より引離すこと能《あた》はず、又自分の犯す罪さへも自分より救拯の特権を奪取する能はずとの信仰である。旧い信仰であつて近代人の不問に附する信仰であるが、然し此信仰こそ信者の依て頼む救拯の磐である。人は棄てゝも神は棄たまはない、教会は破門しても神は破門し給はない。自分で自分に呆れ果てゝ自暴自棄の失望に陥ゐるとも神は棄たまはないと云ふ信仰である。実に尊い有難い信仰である。そして是れ聖書が充分に保証して呉《く》れる信仰である。(4)

このポイントは他の二つと共に内村の意味するところだと山本は説明する。山本でさえ三〇年かかってこうした単純な定義に達したことは、内村の遺鉢をいかに継ごうかと摸索した塚本虎二が直面した問題を明らかにするのに役立つ。彼の試みは結果的に長い議論となった。

一九二八年の秋、その議論は最高潮に達した。対極に立つ二人の様々な論文を年代的に見れば後世の分析の土台になる。日本語の二つの特性が英語での議論を面倒にする。日本語には大文字と小文字の区別が無いし、単数、複数の区別も無い。だから「教会」という一語を取っても、文脈次第で英語では様々な意味に取れる。ある地域の一教会か、世界中のすべての教会か？　バプテスト教会、聖公会などと、教派の意に使われることもあるし、普遍的な教会全体を指す大きな概念の場合もある。日本語からの翻訳者はそれぞれのケースに合った表現を探すが、原語の含みを正確に伝えることはできない。日本語で曖昧さが残る表現は英語でも曖昧になるが、その曖昧さの中身は異なってくる。

「無教会」という言葉にはその後も同様な困難が伴う。第二次世界大戦後に内村の弟子たちが西洋人にそれを説明する際、ローマ字表記で最初の字を大文字にした。各教派を示すと同様にである。その結果、無教会ではとか、ルーテル派ではと言うことが可能になり、無教会というはっきりしたグループを指すこともできた。内村自身は無教会に属する人々とその中心思想を峻別し、前者を「無教会」、後者を「無教会主義」と呼んだ。つまり「我々は如何なる教会も必要としない」方針だと言うのである。塚本と内村の晩年の討論はこの「無教会主義」

を巡ってだが、時には両者の混同もある。主義主張とそれを信奉する人々の区別は難しいのだ。

こうした困難を念頭に起きながら無教会主義を巡る論争の推移を追おう。特に指摘のない限り、出典は『聖書之研究』である。

＊＊＊

一九二七年二月、塚本は「現代教会の不信」と題する論文を発表した。それは教会が合理化を通じ信仰を疎外し、遂には信仰を捨て去っていると確言している。(5) 数か月後の長い論文は礼拝を分析し、諸教会が既に新約聖書の精神から遠く離れ去っていると分析している。塚本は組織化された教会が礼拝を冒瀆していると考え、厳しく批判した。その中には日曜礼拝への固執は新約の精神に反しているという指摘もある。(6) 内村のグループこそ聖書の精神をほぼ正確に具現するものだとの意味である。

二か月後、内村は無教会主義と聖書は同じ精神から発していると日記に記している。「何にも既成教会に対し反旗を翻《ひるがへ》すのではない、真理其儘を主張するのである。無教会が解らずして福音は解らずと言ひ得る」と。(7) 三週間以内に内村は「無教会主義について」と題する論文を刊行する。そして「無教会主義が教会を攻撃している」との主張に反論する。「風はおのがままに吹く」（ヨハネによる福音書三章八節）を引用し、神の霊が時に教会の形を取ることはあるが、必ずしも教会主義になることはない。神と形が同一視され、さらに形が抑圧的になる時には霊は抵抗する。無教会主義はかかる場合に起こる主義であると説き、旧約の預言者エリヤやアモス、さらにルター、ミルトン、カーライル、トルストイら、組合教会やバプテスト教会の創始者たちもそうだった。「生ける信仰が硬化する時に教会に化するのである。教会は信仰の化石である。信者が最も懼《おそ》るゝ事は、彼の信仰が教会化せん事である」と断じる。(8) その翌月、内村は西洋の衰退と共に日本がキリスト教のリーダーシップを取るべきだとの使命を論じる。日本人には偉大な未来があると示唆し続けるが、その天命を如何に果たすべきかまでは詳しく触れていない(9)。ちょうどこの頃「内村の死後新教派が出来るだろう」との葉書がパーメリーから来て、彼はその論争に没頭せざるを得なくなる。

その後、塚本は「眞の教會」と題する論文を一月と二月に発表する。また彼は内村がパーメリーへの返信と称して英語で書いた論文を日本文に改める。自分は教会を愛する。しかし、現在の教会がキリストの期待されたものと違う姿を見る時、「ペンを持つ私の手はうちふるう」と確言する。「私は二千年の歴史的背景を有する現代教會を、（若し出來得べくんば）基督の體なる眞の教會なりと信じ度い。新教主義は始めて、無教会的キリスト教を通して、その眞に在るべき立場に置かれるのである。……斯くて始めて個人の信仰の絶対的自由と、眞の意味の合同せる唯一教會が實現するからである(10)」。

内村自身は一九二八年の三月から五月にかけて「教会問題に就て」において論じ続ける。上・中・下の三部、計六ページだが、この問題については最も長い声明だ。

> 教会問題で困つて居る人が沢山に有ると聞く、……私は此事を長く彼国に滞在した信者の日本人より聞いた。教会に出入しないから此人は不信者であらうと思ひ、親しく其人に接して見れば、謙遜なる忠実なる信者でありて、家庭に在りては祈り聖書を学び主イエスキリストの聖名《みな》を崇《あが》めて聖《きよ》き平安の生涯を送る者に度々出会すると云ふ。……然し乍《なが》ら教会問題をして今日の如くに困難ならしめし者は信者に非ずして教会其物である。……無教会主義者を打ち、攻め、誹るは容易である、然れども教会は自己を弁明する必要がある。
>
> ……私の考ふるに教会問題の中心は是れである。即ち
> 所謂基督教会は果してキリストの教会なる乎。
>
> ……基督教会はキリストの明白なる訓誡を守らんと欲して懸命に努力せず。……自己拡張を計らざる教会は何処《どこ》に在る乎《か》。教会が熱心を以つて従事する所謂《いわゆる》伝道なる者は多くは是れ自己拡張ではない乎。……教会としての理想の、

信者としての理想よりも遥かに低い事は何人も認めざるを得ない。……斯く云ひて私は教会を誹《そし》るのでない、何人も認むる明白なる真理を語るのである。……教会は地上に於けるキリストの代表者であれば、其大体の方針に於てキリストに倣《なら》はねばならぬ。……信者の教会に対する態度は教会のキリストに対する態度に由て決せらると。

内村の分析の頂点は彼自身の文章の詳細引用に値する。西洋人の誤れる教会観と日本の新しい役割との間の関係を強調するものである。

キリストの教会は彼の御心を心となす者であるに相違ない。……他の宗教を斃《たお》して己が宗教を以つて之に代はらんと欲し、他の教会の信者が己が教会に入来りたればとて凱歌《がいか》を揚ぐるやうな教会は、そんな教会は此世の教会であつて、キリストの教会でない事は最も明白である。……教会の悪事は既に使徒時代を以つて始つた。……キリストの福音を思想化したる時に、儀式化したる時に、文字化したる時に、制度化したる時に、今日米欧の所謂基督教国に現存する所の所謂基督教会が始つたのである。茲《ここ》に於てか我等日本に於てキリストの弟子と成りし者は、信仰の事に就ては米欧人に学ぶを廃《や》めて直《ただち》にキリストに学ばねばならぬ。**紀元一千九百二十八年を以てキリストの教会を初めて地上に実現せん為に祈り且《かつ》努力せねばならぬ。**……茲に新たに日本に於て教会ならぬ教会、……即ち世を愛し、相互を愛し、キリストと偕《とも》に十字架に釘《つ》けらるゝとも敢て厭《いと》はざる真の教会を起すの必要がある。……若し二人三人同信の友があれば相結んで「キリストの教会」たるべきである。……然れども若し友とすべき者他に一人もなければ自分一人でキリストの弟子たるべきである。[11]

続いて塚本は五、六、七月とカトリック教会の主張に反論した。問題は一六世紀すでに決着していると言うのである。彼はキェルケゴールを引用して、キリストを改変しようとした教会指導者たちの当初の失敗に注意を喚起した。キリストご自身は制度を無視したのに彼らはキリストを永遠に記念するために教会を設立したというのである。[12]

塚本がシリーズ最後の論文を仕上げた頃、内村は自らの受洗五〇周年の特別講演をした。その中で彼は「内村教会」の形成に対し警告した。[13] この争点には今や幕が降りた。パーメリーが手袋を投げつけてから数か月後、内村は自分を記念して如何なる組織も生じることはあり得ない旨を宣言したからである。

『聖書之研究』一九二八年九月号の原稿を印刷屋に回した内村は静子夫人と共に七月末、家族と会うため札幌へ向かった。畦上と塚本は『聖書之研究』の次号の準備と聖書研究会の指導のため東京に残った。内村が九月一八日戻った時、彼と塚本の間の意見の大きな隔たりの兆候が初めて表面化したので、ここで両者間の議論の状態を検討しておこう。

塚本は自分は何事でも論理的統一性に欠けたものは受け入れることが出来なかったと後で述べている。[14] そのため礼拝や当時の教会の双方に問題を見出した。いずれも教会組織に起因するというのである。内村は多分塚本の意見に触発されて、「無教会主義は決して否定的なものではない」と改めて否定し、「まことの教会は欧米に存在しなかったが、日本に創造される可能性は残っている」と確言した。彼は日本の果たすべき将来の役割について文章ではこう書いたが、それが果たしてどんなものか、彼自身の考えを具体的には述べなかった。「聖書の記述するキリストの生涯そのものがまことの教会だ」としただけである。よって塚本は、無教会主義についての彼自身の独自の定義への試みを休みなく、その知力で追求し続けた。

他の要素も塚本に影響したようだ。内村の不在は、この聡明な弟子がその能力を示す格好のチャンスだった。五十路半ばにして彼は常に頭を抑えられていた師からフリーハンドを得た。これは稀な好機だった。弟子たちは教会問題で頭を悩ましていたので、内村が創立を助けた札幌独立教会の援助に行くと言った時、誰もついて行こうとはしなかった。これまで、同行を求められるのは弟子として名誉だったが、今回は師が教会を援助するのは無教会主義の信条に反するのでは、との懸念を抱いていたのである。

教会問題はその暑い夏の間中、宙に浮いたままだった。内村の留守中、塚本は西日本への旅行に出掛けて戻った。旅行中塚本はセミナーで無教会主義についての自らの考えを披瀝し、それらの考えを長文の論文にまとめた。三号にわたり掲載されたこの三部作は題名通り「無教会主義とは何ぞや」と直接問いかける。印象的な声明で、初期の内村論文同様注目に値する。

無教会主義は文字通り「教会なきキリスト教」。教会に頼らずにキリストを信じ、そう告白する者は誰でも受け入れる。この考えの再導入こそ世界文明に対する日本の偉大な貢献である。キリストの死後間もなく諸教会が形成され、それぞれ真理の独占を図った。日光は誰の家にも入る。教会の形成は自分だけが日光を捕らえ、戸を閉めて閉じ込めようとする人の試みである。

多くの人々が我々の信仰を賞賛するが、なぜ我々が無教会主義の用語を使うかを理解しない。彼らは我々の聖書解釈を好むが、我々の教会攻撃を好まない。ある読者は我々が教会の諸悪を正すことを望むと書いて来た。我々はそれを正すことが出来ない。それが出来る方は神のみである。教会批判が我々の目的ではない。我々は教会の欠点を告発するだけだ。「彼らがキリストのみ名を汚せば、我々はますますキリストを信じる。マタイによる福音書二三章に明白だ。イエスはユダヤ人教師の〝律法主義〟を非難されたではないか。我々は教会の欠点の批判を止めてはいけない。無教会主義とは、人は信仰によってのみ救われることを単純に、誠実に、深く信じて、実行するだけだ」。この信仰は勿論プロテスタンティズムの基礎で、カトリック教会が四〇〇年前に改革を必要としたように、現今のプロテスタント教会が改革を必要としているからこそ、我々は新たにそれを確言するのだ。教会指導者たちは信仰を二の次にして教会の成功（教勢の拡大）を目指している。

この時点で塚本はあるミッション系学校の女子生徒からの哀れな手紙を紹介する。彼女は日曜日に内村の集会に出席したため「異教徒」と、宣教師の教師に責められているからだ。同じ日にこの宣教師の二つの会にも出ているのに。次に塚本は他の若い女性からの手紙を引用する。彼女が主の日を自宅で守り、聖書を学び、祈り、瞑想するのを宣教師が非難するというのだ。そこで塚本は総括する。「この二通の手紙が示すのはいわゆる〝宣教師的〟、外人伝道者に特有の態度だ。彼らにはキリストのメッセージは最大の問題ではない。それは生死に関わる問題ではないのだ。彼らにとり生死に関わる問題は〝教会〟、特に自分たちの教会が繁栄するか、衰えるかなのだ。我々は教会に対し相対的に自由な態度を取るので、事実その理由だけで彼らは我々を〝非福音的〟、〝非聖書的〟と呼ぶのだ」。

この三部作の最後で塚本は教会と個々の信徒との関係を取り扱う。教会員はその信仰の主な要素をカトリック教会から得る。そしてプロテスタントの基本信条と両立し得ないのにそれを維持していると説き起こし、特徴的なものとして以下を列記する。

一、教会派のクリスチャンは教会がパウロの時代既に存在したと指摘する。パウロはその教会のために熱心に働いた。塚本は続ける。無教会のクリスチャンも勿論、エクレジア（ギリシャ語で信者の緊密な結合体を意味する）を信じる。だが、彼らはさらに信じる。取るべき最善の道は、「純福音無き教會の信者たらんよりは、教會無き純福音的信者たらん」となることだと。キリストご自身が特定の教派を指定されたとしても、その教会における信仰が直ちに救いの必須条件となるのではない。信仰の形はそれが入る文化によって違う。柏木に来たり集い、自分たちのやり方で（キリストを）崇めようとする日本人たちになぜ反対するのか？

二、教会側の人々は我々を個人主義と批判する。キリスト教は「グループの信仰」だと言うのだ。我々の信仰は彼らには個人主義的、利己主義的に見えるが、それは誤りだ。教会信仰はその特異性、派閥性でもっと利己主義的だ。教会人は一教派を選ぶことにより自らを他教派から切り離している。

三、こう言うと、君たちのように信仰の巨人ならそうした考えの線を貫いてもよいが、平均的信者はどうする？　と問い返すだろう。彼らは君たちほど強くはないと。そう思う人々は教会に入り、残ればよい。教会は相対的に重要ではない。よしんばある人々を大いに助けても。我々はそれに対し単にそう主張するだけだ。キリストを信じること以上に重要なものはほかにない。我々全てが、一刻も早くそうならんことを！(15)

塚本は一九二八年秋に発表したこれらの考えを、一九三〇年の内村の死の直後に刊行した回想記で補足している。それによるとこれらの三部作は、その一つだけが内村との議論を経た上でこの形になったことを示す。当日の議論は内村の不興を買ったようで、それはなお続き、さらに増す。

　このやり取りの直接の証拠は塚本の回想記だけだが、内村の日記を合わせ読むと、次の結論が得られる。その年の九月一八日、内村は北海道で例年になく暑い夏を過ごしてから、妻と帰京した。旅行で疲れてはいたが、『聖書之研究』一〇月号の原稿に目を通そうとした。塚本は彼の三部作中一〇月号に載せる分を九月二二日に完成し、提示した。第二部の論文中六箇所の塚本の声明に対し内村はいかなる質問をしたかを回想記は示す。塚本の表現をより限定的、より精確にした上で内村は承認したと、塚本は回想記でそのコメントを引用している。

　塚本は教会人側の特定の非難に答えるべく自分の言葉を選んで構成した。だが、塚本の原文を読み内村が最終的に加えた二箇所の訂正は、塚本と内村、両者の重大な差異を示す。

　後で削除された部分で塚本は、たとえ信者に信仰心を失わせるとしても、日曜日の形式的礼拝には必ず出席すべきだとのある特定教会人の関心に言及している。彼らの信仰は私自身の信仰と完全に違う。「この問題は私にとりては実に私自身の死活問題である。何故ならば、若し私の信ずる所が誤りであつて、教会の信ずる所の方が正しくして、信仰のみでは不可であるならば、私の救は絶望であり、私がキリストを信ずる理由は消滅するからである」(附箋附無教会論)。これに内村はこう答えた。「Either–or とする迄の問題ではないと思ひます、今は三十年前とは大分に異ひます。今や教会と死を賭して争ふべき時ではなく、彼等の友となりて導いてやるべき時であると思ひます」。内村は塚本が原稿中に挿入した修辞的美辞麗句の箇所に言及している。「この故に、若し私の信ずる所が誤りであることが証明せらるるならば、私は即時に私の基督教的信仰を棄て、また私の伝道を廃抛すべきことを今日更《あらた》めて茲に天下に公言する」。これに対し内村はコメントする。「私と『聖研』とは今日まで無教会主義を第二問題として扱つて来たのであります。第一問題としてではありません、之を第一問題として扱ふ以上は、私共の陣容を変へずばならず、随分の大問題であります。君一人の説として提唱せらるるには異存はありませんが、私が之を裏書きするに至つては大いに考へねばなりません。篤と御推量を願ひます」(16)。

『聖書之研究』に印刷されたこの箇所のバージョンは内村の批判を塚本が受け入れたことを物語る。原文の徹底的な一般論は跡形もない。彼が言わんとしたことを載せる代わりに塚本は若い婦人たちから寄せられた前記二通の手紙をそのまま紹介した。当初の原稿の彼の誇張こそこれらの手紙への彼の偽らざる気持ちを示すと思われる。時間も迫り、内村の苦言もあって、塚本は自分の意見の発端となった手紙を載せたのである。

塚本の一〇月号用論文の完成と印刷所への原稿発送で多忙な日々の間に内村は、恐らく二六日に、この問題について「積極的無教会主義」と題する短い論文を同じ号に入れるために準備したようだ。その題名と内容は彼が塚本に対する回答として書いたものと思わせる。以下の引用は内村から見た両者、内村と塚本の考え方の差異を示す。

○無教会主義は私の信仰である。私が無教会信者であるは、或人がメソヂスト教会信者であり、或人がバプテスト教会信者であり、或人が聖公会信者であり、又或る他の人が組合教会信者であると同じである。是は私の便宜に適ひ、私の性質に合ひ、私の信仰を助くる主義であるからである。私は凡《すべ》ての人が私の如《ごと》くに無教会信者であらねばならぬとは信じない。私の無教会主義が私を救ふのであるとは思はない。私は教会問題は基督教の根本問題であるとは信じない。私は人に私の無教会信者である事を容《ゆる》して貰《もら》ひたいやうに、私は人が其欲する教会に入る事を容す。私は人が私の無教会信者たる事を攻撃するまでは、其人に対し攻撃の矢を放たない。私は「私は無教会信者である」と幾回も明言した、然《しか》し未《いま》だ曾《か》つて一回も人に向つて「汝《なんじ》、我と同じく無教会信者たれ」と勧告したる事はない積りである。……私は何よりもプロセライチズム（人を己が宗旨に引入れる事）を嫌ふ者であるから、自身此最大の罪悪を行はざらんと欲する。

○而已《のみ》ならず私は教会を助くるに躊躇《ちゅうちょ》しない。勿論《もちろん》其教会が私の無教会主義を尊重して呉《く》れる事を要求する。私は何《いず》れの教会にも長所美点の有る事を知る、故に其長所に循《したが》つて之を助けんと欲する。そして普通の紳士として教会に行いて私の無教会主義を唱へない。私は教会の信仰と私のそれとの間に存する共通の信仰に就て語る。それ故に私は縦令《たとえ》羅馬《ローマ》カトリク教会なりと雖《いえど》も其事業を助くる事が出来る、そして実際に助けた事がある積りである。其他……私が唯不審に堪へないのは、私に教会を助けさせる監督、宣教師牧師、伝道師等が極めて少数を除くの外は、私を助けんと欲せざるのみならず、彼等の多数が常に疑の眼を以つて私と私の仕事とを見る事である。私は此根性を教会的根性と称し、之を賎しめ、憤らざるを得ない。私は彼等に助けて貰ひたいからさう云《い》ふのではない、人間の道として彼等より之を要求するのである。私が彼等に対する真実に対し、私に対する彼等の真実を要求するのである。基督教は武士道以下であつてはならない。然るに教会の為《な》す所は往々にして武士道以下である。私はそれが故に屢々《しばしば》教会に対して憤慨を発するのである。(17)

塚本の三論文は、そのうち内村が直したのは二番目だが、両人の合意範囲を示す。内村は、不承不承同意を与えたものの、直ぐ後で彼自身の意図をもっとはっきり書き残している。彼は自分の教会攻撃は日本人に対する敬意の要求だと述べている。これを当時の日本人は、彼が日本人として外国人から尊敬されたいと願っていたと解釈したであろう。彼が教会人に申し出た協力を教会側が頑なに拒否したからこそ、教会に対して怒りを爆発させたというのである。

内村と塚本の立場の違いは些細に見えるが、塚本は次から次へと教会の負の資質を取り上げては「無教会」を定義しようとする。相手を激しく攻撃することによって自分の確信を強めようとする意図がそこに見える。この否定的な無教会解釈は、内村が何十年もの間彼自身の経験を通して発展させて来た考えと相反するものだった。それと同時に、教会に対して全般的には妥協的な言辞を与えながらその中に激しい批難口調を織り込むところは、内村の老人的な気分の変わり易さを示していて、塚本はこれと戦わねばならなかったことを示す。このやり取りをもって、両人の公開討議は終わった。

＊　＊　＊

塚本の計画した雑誌『無教会』の発行を内村がいつ拒否したのか、塚本自身は明らかにしていないが、他の証拠から見て塚本が「無教会とは何ぞや？」の論文を発表した直後らしい。最も重要なのは、塚本が別の雑誌を創刊したわけではないし、内村がほのめかすように、ただ勝手に独立してわが道を行ったわけでもないことである。彼は自分の信念を曲げて論文を修正し、雑誌発行の望みを放棄してまで内村の訓戒を受け入れた。精神的師へのひたむきな忠誠心からである。この時の両者の意見の違いは巧みにカムフラージュされたので、当人たちでさえ深層の感情の葛藤にまで気付かなかった。畔上賢造は内村の祝福の下で彼自身の集会を組織したのに、塚本はそうしようとしなかった。

二人が連れ立って公の場に現われた親密さが、両者間の関係と彼らの精神的遺産の未来についての懸念を覆い隠していたことは疑いない。内村は喉の障害を抱えていて、医師はその状態が心臓衰弱に関連があると見ていた。一九二九年初に彼は日当たりの良い保養地の逗子に引っ込んだ。伊藤一隆の死で内村は東京に戻り、自らの老いを考えざるを得なかった。伊藤と彼は札幌時代からの親友だった。YMCA理事会が内村の追放を論議した時、伊藤は内村側に立って弁護してくれた。数か月前には内村らと共にハリス宣教師の墓に花輪を捧げた仲間だった。伊藤の葬式後内村はやや回復して四月まで毎日曜日二回講演出来るまでになったが、また心臓が悪くなって塚本に主な講演を委ねた。七月には、軽井沢（沓掛）に移り、体力回復に努める。

塚本は教会問題の議論を更に推し進めようとはしなかった。一二月の論文「微温的信仰」で彼の断定を弁明はしたが。「信仰はその性質として当然に不安と不満と不足の感を伴ふ。之を伴ふが故に我等は益々神に求め、キリストに縋る。若し我等が充足と飽満とを感ぜんか、その時我等の信仰は既に凝結し化石したのである。……然るに之を地上の生活に於て既に享楽せんとするが教會主義である」[18]。自らの信仰を明らかに示すことで信仰を失わずにすむ、と彼は結ぶ。それ以上塚本は議論を進めなった。

塚本はこれ以上内村の教えを定義しようとしなかったし、内村もまた論点を明確にしなかった。その夏に内村は日記に記している。「後継者は自《みづ》から求めざるに既に二代も三代も出来た。有難い事である」[19]。数日経って内村は、その年の前半に彼の集会を助けた一八人を招き、愛餐会を主催した。

席上彼は特に塚本を賞賛した。「宗教法案」が成立した場合自分たちのグループが宗教団体として取り扱われるか？　それを確かめるために彼は塚本を文部省に派遣した。ここで塚本は永年の官僚時代の経験と〝つて〟を生かし、内村のグループは正式な組織を持たぬから宗教団体としては取り扱われないだろうとの回答を持ち帰ったので内村は喜んだ。「何《いず》れにしろ如斯《かくのごと》くにして教会と自分達との区別が判明して嬉しくある。善い乎《か》悪い乎は別問題として自分達は仏教の管長達と共に宗教家として扱はれたくない」[20]。自分の良い働きについてこうした師の賞賛の言葉を読んで塚本は彼の運営上の助けが無教会主義そのものの定義に役立ったとの確信をますます深めた[21]。

公の場では塚本を承認しながらも次第に気がかりになっていたことが、内村の書く多くの論文から窺える。外人向けに英語で書かれた一つ目の論文では「キリスト教主義の悪弊」という警句を使って教会を名指しし、「教会なきキリスト教こそ道であり、真理であり、命である」と結論する。「制度化している教会が汚れ切り悪臭を放っているからと言って、キリストと福音をなおざりにして良い筈がない。教会なきキリスト教こそ未来のキリスト教である。パトモスの預言者は言った。『私は神殿を見なかった』（ヨハネの黙示録二一・二二）」[22]と。この外人向けの声明は無教会の勝れた特性こそ将来重要だと論じているかに見えた。

二か月後に日本語で刊行された内村の次の論文は「私の基督教」を宣言している。その気難しい第一節は、師の考えに従おうとせず、逆に「其人達自身の信仰を私の信仰と認め、私が其人達の信仰を常に説いて居るやうに思ふ」弟子たちへの不平を鳴らしている。その鬱憤晴らしに続いて、内村は以下の四か条を彼の信仰の基本として述べている。以下それを要約し、紹介する。

一、キリスト教とはキリストの十字架を宣べ伝えることだ。主イエスは十字架に釘付けにされ、死に、復活された。彼を信じることによってのみ人は救われる。その観点からはキリスト教は狭く見える。だが、明白だからこそ狭く見えるのだ。

二、常識的な信仰は神が誰にも与えたもうた知識と正邪の感覚だ。神は十字架の恩寵に私を導くのにごく普通の手段を用いられた。ピューリタンのアメリカ人と良き日本人の父親である。キリスト教は理性の信仰だ。それがその人の良心を満足させるか否かはそれが真実か否かの問いへの答えになっている。私はこの方法に従った。倫理の終点が宗教で宗教の終点が十字架のキリスト教だ。

三、キリスト教の二元論は、もしそれがあるとすれば私の哲学の基礎だが、神と人、霊と肉、精神と物質だ。クリスチャンはこれら二者間の関係を説明しようとしない。彼らは肉を霊の流出として見ないし、霊を肉の本質とは見ない。彼らはその結合は不可知と信じる。「二元論は人が人の有する能力に限りあるを自覚する時に懐く彼の万物の見方である」。単一の哲学を信じる者は単一の倫理を持つ。善は悪（絶対善も絶対悪もない？）と。こうした立場を取るよりも私はパウロに同意する。人生の終わりにのみその説明が与えられるのだと。

四、信仰への動機は往々個人的不幸や悩みから生じる。「キリストを宇宙人生の中心と見て万物を完全に解釈する事が出来ると云ふのが真理である乎も知れない。基督教を学んで人の思想が全体に深くなり且つ美《うる》はしくなるは争はれぬ事実である。人が新思想獲得目的に基督教に来ればとて、彼を全然拒絶すべきでない」。世界を改善しようとしてキリスト教に入るのも悪い動機ではない。だが、前記のどの動機もキリスト教の核心に人を導くものではない。「基督教に入る唯一の正道は罪の観念である」。そしてみ子イエスを通して人間の罪を神が贖い賜うことだ。全ての偉大なクリスチャンがこの道を通って信仰に入った。我々はキリスト教を倫理的宗教と呼ぶ。人が倫理的問題を認める時にのみそれを理解出来るからだ。パウロのように、その罪から誰が自分を救ってくれるのかと呻く時にのみ人はキリスト教に入るのだ。[23]

これらの論文のほか多数の短い言及が、内村と塚本との間の関係に影響したらしい問題を扱っている。内村は日本風の階層的な上下関係よりも、むしろ教師も弟子も等しく「友人」である水平な関係が望ましいと繰り返し述べている。[24] 彼は福音を単なる文書に格下げする試みを恐れた。それでは信仰を殺す教会制度になってしまうからだ。[25] 歯止めのない研究は次第に信仰を失わせる。[26] そして無教会主義は恐らく再臨の時にのみ実現され得る不可能な理想の一つだと、最後に日記に記している。[27]

これらの断片を振り返ってみると、いずれも塚本の思想への回答と見ることが出来る。塚本は師に対するひたすらな忠誠心の故にそれらが自分に向けられたものと認識出来なかった。逆に、それらは老人の折々の随想と見なされた。それらの言及は塚本に関するものではなかったかも知れないが、時と所を離れた傍観者には内村の塚本批判の痕跡が見える。

内村がこれらの言葉を書いた時、塚本をその心中に考えていた何よりもの証拠は、塚本を畔上のように「独立」させようとした彼の決意に現われている。内村がこの言葉で意味したのは、塚本がもう内村にとらわれず、自由に自分の集会を持ち、思い通りの雑誌を出せば良いと言うものだった。内村の経歴、そして日本の近代史のためにそれが良かったかも知れぬが、師に一辺倒の塚本はそう受け取らなかった。塚本は後に回想している。そうしたら自分は幸福でなかったろう。私は自分のあらゆる行動が内村の望みに一致するようにしたかったのだと。内村は非常に矛盾したシグナルを出している。ある時彼は塚本の無教会主義解釈を褒め一貫した信仰だとまで言っている。塚本はその無教会論で「私共は態と般若の面を被つて、物の外形に許り注意して居る人共を逐散し、心の中を探る者を引付て茲に無教会なる大教会を建てやうと欲います」と言っている。[28] 内村の承認は師の目的を達しつつあるとの塚本の判断を確証するかに見えた。一九二九年初に内村はその喉の状態が彼を悩ませた時、塚本が自分の後継者として活動を続けるようにと、意思表示している。(29)師の目的に献身的な弟子として、これ以上はっきりした師の意思表示を期待出来ようか？

今にして思えば塚本の厳密な論理が彼を欺いたのだ。内村から自分の解釈を「一貫した信仰」と褒められ、般若の面を被って偉大な教会を築こうと欲したとの文章は一九六二年、実際の事件が起きた三〇年後に書かれた。しかも「偉大な教会を築こう」との件りを内村自身が書いたのは一九〇一年。彼が「無教会」の考えを初めて紹介した時だった。塚本の心にはこの件りは頗る重要と思われた。内村自身がその箇所を含む論文を「無教会論」と題したからである。論と銘打つからには論理的で熟慮した哲学的帰結に違いない。この題目の下で書かれたものは何でも塚本の思考過程に大きな尊敬の念を引き起こした筈だ。

実際には内村の考えは一九二九年までには一九〇一年の公式化より遥かに進んでいた。年老いて体力も衰え、死後の遺訓にあれこれ思い悩んでいた内村は、この問題への答えが整った論理的包括で与えられるとはもはや信じていなかった。仏教の学者たちが「般若の面」と考えていたものは、容易に作られたり被ったりできるものではなかった。解答が与えられるかのように振舞うこと自体が自らと他者への欺瞞である。不幸にも本人も他の弟子も知らぬうちに内村は、塚本からの決別を考えていたのである。

内村は「第三世代」と呼ぶ多くの非常に若い弟子たちとその可能性を語り合った。恐らく、公平な助言を期待してであろう。(30)山本泰次郎はその求めを受けたときに覚えた苦痛を記録している。一九二九年に彼は内村を助けるために軽井沢に近い避暑地（沓掛）へ行った。そして帰りの汽車に乗るため辞そうとした正にその時、内村は「塚本を独立させようと思うがどうか？」と尋ねた。山本は一応賛成したが、内村がその決意の実行についてさらに助けを求めようとすると、逃げるようにして駅に向かった。(31)両人共その決意実行の試みがもたらすであろう対決を恐れていたのである。

山本の証言は塚本問題が内村の最後の夏に彼の心を占めていた事実を物語る。山本は、聖書解釈と人生経験の基本的不一致が両者を離反させたことを知っていた。塚本はその感じるいかなる遺恨をも厳重に制御していた。塚本の原稿への内村の批判は塚本の過度で野放図な教会攻撃に対する相違を反映している。内村の秘められた感情は塚本の独善癖を嫌う方向へ向かう。塚本の論文「私は罪人の頭である」がその好例だ。この論文で塚本は自分がクリスチャンの全歴史を調べたが、遂に自分以上の罪人を発見出来なかったと述べている。[32] 内村は特に塚本が若い女性の悩みや求めに応えようとするのを忌み嫌い、「まるで商人だ」と評している。[33]

こうした先入観を持ちつつ内村は避暑地で読み書きしていたが、「手紙を読んだり書いたりするだけで疲れてしまう」と言って、講演はしなかった。弱り衰えてはいたが、東京へ戻ってからは旧約聖書講解に限定して講義をする決心をした。新約聖書講解だと論争が起きるのを懸念してである。

内村の東京での秋季講演の初回には（普段前講していた）塚本が何も語らなかったので、それを見てある教友から手紙が来た。「そろそろ引退して塚本に講壇を譲ってはどうか?」と。この手紙に内村は烈火の如く怒った。パーメリーの手紙同様に。彼はその教友を破門し、塚本の独立を決めた。

一〇月二〇日に塚本は彼自身の講義集会を開いた。そして一二月一日に内村は、塚本が月末に内村の集会や雑誌と離れて独立すると宣言した。内村は日記に書いた。「青年の時には老人より独立し、老年に入つて青年より独立す。独立は神に助けらるゝの途である」[34]と。山本泰次郎は悲しみを込めて書いている。その前の日曜日、内村と塚本は別々に講演を行い、一〇〇人以上が塚本のほうに集まった。そのほとんどは若い女性たちだったと。内村は更に日記で続ける。「残りしは老人、禿頭、田舎物、旧い贖罪信者、キリスト再臨翹望者である。故に塚本を失つた後の柏木は思想的には三四百年後戻りしたやうなものである。然し乍ら新人も救はざるべからず、旧人も救はれざるべからず。去りし者にも残りし者にも神の恩恵の裕かに加はらんことを祈る」[35]と。

クリスマス・パーティを最後に二人は別れ、塚本は自分の集会を持ち、やがて自分の雑誌『聖書の知識』を発刊する。経済的安定を得て、塚本は自らの思想を展開する。この明白な行動で内村は、後継者を巡る憶測に終止符を打つ。誰もいないのだ。塚本は独立した。内村は残った力を彼の精神的遺訓の強化に注ぐ。

数週間後彼は自分の死後は聖書研究会も雑誌も止めよと定める。彼は集会を「第三世代」と呼ぶ若い者の一人、若過ぎて後継者の候補とは見なされぬ者に委ね、年寄りで対象外の者たちが顧問会で彼を助けるようにした。

彼が選んだのは内村を一五年間助けて来たが、まだ三〇代半ばの石原兵永だった。石原は内村の申し出を受けた直後に味わった非常な孤独感と、それからギリシャ語を習いに塚本のところへ行ったことをその日記に記している。[36]その後の内村の病床からの賞賛は石原の心を昂揚させるよりも不安を引き起こした。[37]それと対照的に内村は満足していた。「殊に久しく極端なる無教会主義（自分の眼から見て）を唱ふる塚本の論文を自分主幹の雑誌に見るは随分と心苦しい事であつた。今や此事なく彼も自分も自由に其確信を述べ得るに至つて相互の幸福である」。[38]内村は畔上と塚本の独立に関して、以下のように『聖書之研究』の誌上で声明している。

謹告

此たび畔上塚本の両君が独立されましたに就ては、私は自今両君の行動並に唱道に就て責任を有ちません。是は正当の事でありまして、是でこそ本当の独立であります。今日までの師弟の関係が対等にまで進んだのであります。友義は依然として存します、然し各自独立であります。　内村鑑三[39]

内村の最後の独立行動、無教会主義からの決別は一九三〇年一月頃から始まったようだ。内村は無題の原稿を書いて、それが物議を醸すことを予想して他の未刊の原稿の中に秘め置き、若い弟子の山本泰次郎に「大切なものがあるから（死後）捜すように」と言い残した。[40]それは内村のそれまでの立場を最後に翻す内容だった。

内村はまた三月九日の日曜集会に「神の忿怒と贖罪」と題する彼の論文を声高く代読するようにと、病床から要求した。これが集会上彼の最後の声明になった。それは同時に塚本へ最後の回答になった。元々それは一九一六年藤井武の贖罪に関する論文に答えた旧稿だった。

内村がそれを読むように改めて要求したのは塚本が後継者になるのでは？　との推測を懸念してだった。内村はかつて藤井との思想の不一致をどう扱ったかを良く覚えていたが、多くの弟子たちはとうにそれを忘れていた(41)。彼の離婚の際と同様に、彼の心中深くを探り得る者だけがそれと知るやり方で言及したのである。

内村は病床を離れることがもう出来なかった。正月以来彼は一月中旬に一回だけ講義をした。彼は次第に衰弱した。雑誌の二月号に、彼の最後の英文原稿が載った。宮部金吾が札幌から彼を見舞いに来た。二月一四日に新聞は彼の重態を伝えた。三日後彼は「面会謝絶」の貼り紙を玄関に出した。内村は斎藤宗次郎に酸素補給薬を求めている。二〇年以上昔、斎藤が結核に掛かった時も内村はこの酸素補給薬を薦めているが、今回のメモが絶筆になった。斎藤は何とか調達、処方した。まるで、事実上の看護士だった。

札幌から祐之一家が見舞いに来ると聞いて内村は理髪師を呼び、孫の正子が驚かぬよう、延びた髪を刈らせた。三月二〇日には「塚本が立ち帰って呉れればおれの病気は治る。それまでは永久に治らぬ。……彼の事が自分の病気の原因なのである」と石原に語っている(42)。翌日彼は斎藤に口述で日記に最後の記入をさせた。

三月二六日彼の誕生日に一〇〇人もが集まった。数え年七〇歳の古希祝いである。内村自身は数尺離れて寝ていたが、祝い客に「万歳、感謝、満足、希望、進歩、正義、凡ての善き事……」とのメッセージを送った(43)。前月に「早春」と題して詠んだ古希を迎える漢詩を口ずさんでいたのかも知れない。

『初春』
北門立志十九秋　　挺身欲救国興民
中央奮闘半百歳　　古稀従児帰故山　　鑑三(44)

二日後の三月二八日、妻静子、息子祐之らの家族や弟子たちに看取られて、彼は静かに息を引き取った。例年になく早く桜が満開だったという。

クリスマスの最後の面会以来、日が経つにつれて、塚本は師内村との和解の必要を認めていた。当初彼は苦い思いをしていた。最後まで従って行こうと心に誓っていた師が、彼を裏切ったのだ。彼は「私は狂へる者の如くになつた。祈りて泣き、泣いて祈つた」。自分が余りにも傷ついたので内村に釈然としなかったが、「一、二度」門を叩きながら、「しかし、面会を得ずして、弾《はじ》かれる如き気持で帰つた」(45)。しかし、

三月二十六日の夜、急を聞いて私は自動車を飛ばせた。しかし門は冷たく閉ぢてあつた。翌二十七日の夜より二十八日の朝にかけて、私の心が不思議に動いた。私は如何なる障害をも乗り超えて先生に会ひ、詫を申入れようと覚悟した。私は、尚も自分の公明と正大を信じた。しかし私は先生の万一を懸念した。心に鞭うちつつ、祈りながら二十八日の朝先生を訪れた。しかし——二時間前に先生は既に神の許に召されてあつた。已んぬる哉。私の心は石となつた。涙すら出なかつた(46)。

終章　内村鑑三とその時代

内村の死の直後、書生の山本泰次郎は未刊の原稿に目を通し始めた。彼は念入りに調査した。内村自身が「特に大事なものが含まれている」と言ったからだが、それはすぐわかった。日付けは「一九三〇年一月」とのみ記され、僅か三段落の文章だった。無題だったが、後に「遺稿」として刊行された。この控えめな形にもかかわらず、それは死後二か月経って五五人の弟子たちが刊行した追想集中の白眉とされる。全集の編集に当たった息子の祐之自身がそう評価している。彼の父の言葉は内村の遺訓全体に暗雲を投げかけるものだった。

内村は先ず、彼が「無教会主義」を唱えた三〇年前は「教職と宣教師とが今より遥かに強い時」と指摘する。当時「無教会主義」を唱えて教会を批判することは「嘲けられ、譏《そし》られ、信者全躰より仲間はづれにされる事であつた」。しかし、彼の言う「無教会主義」とは彼の信仰の帰結であって、本質ではない、と彼は続ける。「十字架が第一主義であつて、無教会主義は第二又は第三主義であつた。……私は傲慢無礼の米欧宣教師を憎んだが未だ曾つて教会其物を憎んだ事はない積りである。……教会は腐つても、聖霊は未だ全く其内より去り給はない」。こうしたやや肯定的な言葉を述べるのは教会との和解を求めてではない。今日一般に呼ばれる〝無教会主義〟の信者ではない立場を明らかにするためだ。「私に弱い今日の教会を攻むるの勇気はない、私は残る僅少の生涯に於て一層高らかに十字架の福音を唱へるであらう[1]」。

彼がその時代の中で語り、占めて来た立場と一見矛盾し、前言を翻すかの如きこの件りは、その葬儀の立案から始まり、永く弟子たちを困惑させた。葬儀は二日後の日曜日午前一〇時から今井館で行われた。会場は満員で石原兵永が司会し、会衆に向かって主だった弟子たちが居並んだ。大勢の弔辞の中で藤井武のものが聴衆の琴線に触れた。内村の死で一つの時代が終わり、さらに偉大な日本の歴史の時代へ扉が開かれる、というものだった。ごく最近まで内村の後継者とみなされていた塚本虎二の姿はなく、壇上に並ぶ者も塚本自身も心の動揺を覚えていたことだろう。内村の主張に永年忠実に従ってきた塚本を招くべきか？　無視してよいのか？　葬儀委員会は遂に彼を招かなかった。

塚本自身葬儀への列席をためらったに違いない。顔を見せるべきか？　そこに連なる権利があるのか？　悔恨と疑念に苛まれながら塚本は会堂脇の軒下に座っていた。そこで彼は藤井の弔辞を聞いた。その中には明らかに彼に向けられたものもあり、「来たれ！　師に謝罪して和解せよ！」との呼び掛けだった。藤井に見えぬ場所にいた塚本は答えなかった。事件を回想して、塚本はなぜ自分が謝らねばならぬのか理解出来なかったのだと書いている。(2)だが、式後彼は棺を抱いて天国で師に謝ろうと約束したともいう。

内村がなぜ塚本を明らかに排斥したのか？　塚本は残りの生涯をこの疑念に耐えつつ過ごした。師の意図も、また忠実な弟子、藤井が何故塚本に一方的謝罪を求めたのか？　師の思想を述べ伝えただけなのにと彼は不思議だった。そう信じた彼は死ぬまで「無教会」の定義を追求し続けた。他の弟子たちにもこのディレンマは共通だった。

＊＊＊

内村の「遺稿」が示す言葉は会葬者の脳裏を離れなかった。この問題には、これまで詳述して来た彼の生涯の歩みをざっと概観した後で立ち返ることにしよう。

内村は当時の特権階級である武士の家に生まれた。出生地は江戸で、後に郷里高崎に移り住む。幕末の動乱のさ中、軍兵の往来を見て、多感な少年は胸に時代の変化をまざまざと印象付けた。父は経綸の才があり、新政府にも出仕したが、旧藩主への忠誠心を失わなかった。彼は旧体制に属する父の支配下で育ったが、英語という新しいコミュニケーション手段をマスターして新体制に進路を求めようと志した。

新政府の官僚は彼の才能を認め、彼が訓練を続けるのを寛容に支援した。札幌という厳しい辺境の地で、彼は天然資源の開発技術と一九世紀末の米国のそうした技術の基礎をなす思想的支柱を修めることに熱中した。それらを受け入れるには彼自身の世界観の根本的変革が必要だった。一八七七年一二月、祈りに満ちた熟慮の末、彼はW・S・クラークの綴った文書である「イエスを信ずる者の誓約」に署名した。クラークは札幌に荒削りの訓練センターを創設するに当たって最も影響力を及ぼしたアメリカ人である。クリスチャン学生の小グループに加わった内村は、すぐそのリーダーになる。彼は新しい信仰を真剣に守り、全力で学ぼうと努めた。同時に彼は通常の学業成績も優秀で、一八八一年の卒業式には総代として告別の辞を述べた。

水産学を専攻しつつ、キリスト教に入信した彼は、その生業にこの新しい人類観を導入しようと努める。一八八四年、妻タケより母の側に付いた破局的な結婚の後、彼は米国に逃れ、さらなる勉学を続けつつ、自らの罪を反芻した。彼はこの離婚についてほとんど自ら書いたり、語ったりしなかったので、弟子たちでさえ彼の死後長年知らなかったほどだ。フィラデルフィアとアマーストで米国の指導的知識人たちの庇護の下、彼はようやく落ち着きを取り戻し、二度目の学位を得て、一八八八年帰国する。同胞を聖書に導こうとの遠大な目標を携えて。

その内村は最初の試みに失敗する。学生たちに西洋的教育を施そうと地元有力者が設立した地方の学校に仮教頭として招聘されたのに、英語を教えるために無給で働いている宣教師たちが彼の権威を認めなかったのだ。その結果の摩擦こそ内村の生涯を予告するものだった。多くの日本人キリスト教指導者と違って、彼は宣教師たちから独立して活動し、冷然と彼等に自分の権威を認めさせようとしたからである。

内村は一二月に東京に戻り、しばらく様々な教職と翻訳で自活するが、一八九〇年に日本で最も令名ある第一高等中学校で英語と西洋文化を教える新しい職に就く。しかし、彼は僅か四か月で辞職する。明治天皇の親署のある「教育勅語」への敬礼が不充分だったとの〝不敬事件〟のためである。キリスト教信仰が日本人を伝統に違反させるとの危惧を抱いた右翼の標的にされたのだ。この騒動の最中、彼は肺炎で危うく死にかけ、心身共に疲労した二度目の妻加寿子は遂に他界した。

職を失った内村は彼を求める幾つかの地方学校で臨時の仕事に就きながら著作にエネルギーを注ぐ。一八九二年からキリスト教信仰と世界の歴史に関する多数の書物が生み出された。

一八九六年には彼の論文「時勢の観察」が全国的脚光を浴びる。（彼が義戦と信じた日清戦争が）政府の公言とはうらはらに、実際は欲戦——中国と朝鮮の国土と生活の収奪——だと糾弾したのだ。この論文は即座に成功し、大反響を起こす。筆者はこの草稿を準備中の二〇〇四年夏に『ニューヨーカー』誌が掲載した論文とその効果を思い出す。政府の政策立案者らが前年イラク攻撃のため国民を煽った際に公平無私でなかった、と批判する内容だった。

「時勢の観察」発表から六か月後の一八九七年初、内村は東京に呼び戻されて、改革派の新聞『万朝報』の英文欄主筆となる。この新聞紙上で彼は国際情勢に関する日本人の意見を英語で述べ、且つ、政府の対外政策を同僚と共に日本語で批判する。彼はこの国家的に重要で、かつ持続を約された地位を享受した。

同時に内村はより根本的な課題の解決に取り組んだ。『万朝報』の同僚の社会主義者たちは社会的不公正の解決を社会組織の改革に求めたが、彼は組みしなかった。社会的不公正の原因はむしろ個人の品性にあると、彼は考えた。世界を改良するには、社会組織を再編するより個人がその品性を完全にする途を取るべきだと論じた。この目的のため彼は一九〇〇年に新雑誌『聖書之研究』を創刊した。聖書の研究を通じて個人を改善するのが編集方針である。三年間彼はこの雑誌の育成と『万朝報』への寄稿を並行して続けたが、社主が政府に同調して対露主戦論に転向した折、同僚の編集者と共に非戦論を唱え、後者を退社した。より有効な発言の場に専心するためである。

『聖書之研究』と共に内村の第二期活動が始まった。彼独特のやり方で聖書を解釈し、西洋著者の研究を合わせ紹介するのが中心だった。クリスチャンとしての生活の喜びも論じ、読者の手紙も載せた。雑誌が続くうちに、定期購読者に対する内村の月刊通信の様相を帯びてくる。教会を組織しようとの意図はなかったが、『聖書之研究』の中に、内村に従う者たちの連帯感が生まれてきた。彼は家庭や生活の事情も紹介し、上京する者を泊めたりもした。時が経つにつれ読者は毎日曜日の朝、彼の家に集まり、講話を聴くようになった。時刻と形は教会の礼拝に似ていたが、彼の集会は伝統的礼拝というよりも讃美歌と祈祷つきの講話だった。

この毎週の集会には極めて知的で熱心な若者が多数やって来た。内村の生涯の友で第一高等学校校長だった新渡戸稲造の学生たちだった。研究指向の東京帝国大学に進む前に厳しい基礎訓練を施す学校である。新渡戸からの紹介状を持って内村と面接したが、必ずしも全員が入会を許されたわけではない。内村は当人の資質――熱心さと勤勉度――を見て納得しなければ受け入れなかった。入会の条件として内村は、自分の書いたものを全部読むように要求したと、ある会員は語っている。一九三〇年の内村の葬儀を執り行ったのは、こうして学生時代から内村を師と仰ぎ、二〇年間従って幹部になった者たちだった。

第一次世界大戦までの内村と彼等の関係は、儒教の師とその弟子たちの関係に似ている。学生は入門のために努力し、師が述べた内容を生涯掛けて遂行するために身を捧げる。だが、それは師弟が人格の交流を通じて互いに深く知り合う、静かで親密な関係だった。この寛いだ親密な関係が来るべき世界の週末から人類を救い得ぬことを認識してから、内村の生涯の第三期、最終階階が始まる。

第一次世界大戦の殺し合いは、それに居合わせた内村ら多くのクリスチャンに世界の終末とキリスト再臨が迫っていると予感させた。それまでの彼の聖書研究はスローペースで慎重だったが、今や出来るだけ多くの個々人に「貴方は救われているか?」と問い掛け、「イエス」の答えを引き出す必要性を、この信仰は強調した。一九世紀アメリカの福音熱が示すキャッチフレーズと同じである。聖書や典礼の知識は問わず、ただ信仰の強さが重視された。

数年来、内村は福音主義主唱者の一人で近所に住む中田重治を尊敬するようになっていた。たまたま付近で火事があり、学生たちを率いて共に消火に駆け付けた二人は、現場で出会った。キリスト再臨の接近に直面し、より直接的な福音伝道の必要を痛感していた内村は、マルティン・ルターが一五一七年に感じた緊急性とその対応を思い出した。彼はルターの宗教改革四〇〇年を記念して二千余の聴衆を集める会合を組織し、中田に彼と共に世界終末の接近を告げる連続講演をしようと持ち掛けた。

数か月後二人はそれぞれの道を歩み出す。内村は再臨は近付いているが、キリスト再来への個々人の過度な期待は往々心理的な〝再臨病〟症状を招くと警告もした。

こうして内村は再臨信仰のより非合理的な様相は避けたが、毎週の会合を自宅付近からもっと大勢の聴衆の集う東京都心の講堂に移したことは、彼の生涯の最終段階に特徴的である。彼を慕って集まった新渡戸の学生らは今や社会人の生涯を歩み出そうとしていた。彼らは皇居に面した通りの大ホール、丸の内の大日本私立衛生会大講堂に聖書研究の場所を移し、約七〇〇人の聴衆が会費を払って集まった。

自分自身、老境に入ったことを自覚した内村は、生涯にわたる聖書研究の結論をまとめ始める。一九二一年に彼はそれぞれ一年以上続く週毎のシリーズ講演を開始した。「キリストの生涯」、「ヨブ記」、パウロの「ローマ人への手紙」等である。これら長編を補足するものとして、聖書の他の箇所に関する小シリーズがある。一九二三年の関東大震災で過去四年間多数の聴衆を集めた大ホールが焼失、毎日曜の集会は内村の自宅に隣接したもっと狭い会場、今井館聖書講堂で朝夕二回、講演するようになるが、長期間シリーズ講演を続け、大聴衆を引き付けたのは内村の生涯のハイライトだった。

六五歳にもなると、老齢の衰えが顕著になる。優秀な助手、塚本虎二への依存度が増し、内村自身が彼を後継者と目するようになった。他に適切な表現がないので、内村の思想は〝無教会〟として知られ、彼自身も最初、

「如何なる宗派にも属さぬクリスチャン」として自分の状態を表すのにこの語を使っている。彼は次第に責任を塚本に移す。法科出の塚本は〝無教会〟の中心要素を定義しようと努めるが、師の内村自身さえ定義し得なかったこの試みは少々大胆過ぎた。

その間にある年輩の婦人宣教師が、求められもしないのに内村に提示した批評が、彼の心中にわだかまるようになった。「内村が死んだら、弟子たちはゆっくりと教会形成へ進み、やがて新教派が生まれるに違いない」との予言である。内村は彼女の予言を読んで不安になった。塚本が〝無教会〟の性格を定義しようと苦心し続けていたので、彼は塚本を〝独立〟させた。すなわち、塚本は自分自身の一連の講義を持ち、その所信を明らかにすべきだとの決定である。内村と塚本、どちらの指導者に付くか？　選択を集会出席者に委ねて四か月後に、内村は衰弱して死んだ。その結果、弟子たち全員は塚本に付くべきか、態度を決め兼ね、しかも遺稿で明らかにされた内村の〝無教会〟解釈を金科玉条と心得るに至った。組織や典礼に関わりなく、聖書にのみ基づいてキリスト教信徒の生活を送るのが誠実な道だというのである。

内村の棺を囲む弟子たちは泣きながらも懸念を拭えなかった。人間の制度よりも神に依存するこの伝統を師なくして果たして続けられるか、と。

＊　＊　＊

内村が世を去ってからは、弟子たちが彼の遺訓をいかに力強く世人に伝えるかの段階になる。死後七〇年経た現在、内村は近代日本の精神史における二つの貢献により評価されている。すなわち近代国家日本を留保条件付きで受容すること、およびキリスト教伝統に立つ無教会主義によって。

一九三一年から一九四五年にかけて日本の軍部が国家を破滅に導くにつれて、内村の留保は次第に現実味を帯び、預言化する。信仰の欠如がもたらす諸問題への警告だった。「内村の死で一つの時代が終わった」と藤井武は弔辞で述べ、その後の推移は藤井の正しさを証明した。彼が意図したのとは違った方向ではあったが。内村の死の翌年日本は満州（現中国東北部）を侵略し、政府の対外政策は正しいと信じようとする全国民をディレンマに追い込んだ。満州を略奪した日本陸軍の行動は明らかに国際正義への違反である。傀儡政権〝満州国〟は日本支配を強める手段に過ぎなかった。内村の親友、新渡戸稲造は不可能な呪縛の中に身を置いた。一九三三年の国際会議、バンフでの「太平洋問題調査会」で日本の行動を弁明するように政府が要請したからである。他国の代表は中国の権利が犯されたと信じていた。〝外人〟に日本の行動の正当性を説得しようとするこの試み――彼自身の信条とは異なる――は実を結ばずに、新渡戸は生涯を終えた。傷心の彼は数週間後、カナダ・ブリティッシュ・コロンビア州ビクトリアで客死する。

内村と新渡戸の双方に教えを受けた弟子の矢内原忠雄や高木八尺は、陸軍の満州侵略が進むにつれて目立った活動が出来なくなる。新渡戸の後を受けて東京大学で植民政策を講じていた矢内原は、「現地人民の利益を最優先する」との陸軍の主張を確かめるために満州を旅行したが、「実態は違う。侵略を正当化できない」と確信して帰国した。(3) 一九三〇年代の後半に中国本土の奥地にまで戦火が拡大するにつれ、軍の行動は自国が世界平和に寄与することを望んでいた人々の活動を無力化し、感覚を麻痺させるに至った。矢内原や高木は、あれほど好きだった東京から日帰りの富士山麓散策も止めてしまった。(4) 国の純潔の象徴とも見える富士山とは裏腹に、戦火にまみれた日本の現状は純潔から程遠い。彼らはこの悪夢のような状態からの解放を願ったが、決して独りぼっちではない。嵐が過ぎて同胞が正気に立ち返ることを願いつつ、じっと、ひたすら耐え忍んでいる日本人は少なくなかった。

こうした人々は一九四五年の終戦で新しい日本が始まった時、祈りが応えられたと思った。内村や新渡戸が定義した通り、国際的現実に即した国策の形成に初めて参画出来るようになったのだ。一九〇三年、日露開戦前夜に内村が展開した非戦論は、正しく同胞が気づくべき預言であったかに思えた。責任を痛感した彼の弟子たちは、内村の理想を保つ生活様式を制度化しようと決意した。第二次世界大戦への道を誰よりも反対した内村は、神意に反する行為の結果を予見していたのだと、彼らは思った。戦後一九四五―四七年に創設された（民主化の）諸制度はすでに確固と根を降ろしているので、死後七五年を経た今〔訳者注　原書出版時点〕、内村の説いた来るべき神の復讐は人々の記憶から日増しに薄れつつある。

一五年間の戦いで内村の戦争に対する態度の正しさが証明されたので、この彼の思想の様相は最も注目された。だが、それだけを強調すると彼の思想の遍歴を充分に反映していない。一九〇五年に日露戦争が終わるまでに、内村は戦争の馬鹿らしさは自明と悟った。彼は自己の生活の中で神意を実行する個々人の養成へと向かう。構成する個々人が公正に行動しない限り、社会は公正にならない。平和な世界を実現する手段への彼の力点は変わった。第二次世界大戦後蔓延した絶望感の中では、内村がかつて説いた〝非戦〟は彼の最も重要な貢献とされるが、彼自身が人生の最後の二五年で到達した思想は社会や政治の改革ではなく、個人の信仰と道徳の改革を強調するものだった。

この道徳を内村は聖書に発見し、聖書の倫理を自分らのものとせよと日本人に促した。だが、その論評を書いたペンと、それを解釈した頭脳は、聖書の各書を書き記した記者、それらを一つにまとめた編集者たちとは極めて異なる世界観から形成されていた。北東アジア諸国はキリスト教の神のような概念を未だかつて経験したことがない。人間を超え、その外にある方以外に世界の倫理の源泉を求めようとすれば、個々人の中にしか道はない。理想的人間はあらゆる美徳を一身に兼ね備える。日本に入ったキリスト教のメッセージは、人と神の間の関係について互いに対立する思想に対処せねばならなかった。

二五年以上にわたる内村の聖書注釈はこの問題が中心である。本書の第八、九、一二章はこれらの注釈が世界中で書かれた他の聖書注釈と並ぶものであることを示した。彼の注釈はキリスト教改宗者がその生涯において教義を完全に理解し、その発展に寄与し得るとの福音主義的キリスト教の理解を裏付けている。実際には思想史上ごく少数の改宗者しかこの目的に成功し得なかった。内村はその例外的な一人である。
だが、さらに彼の記録を精査すると、内村が果たして聖書を充分に理解していたか、疑う読者もいる。生涯にわたり南東アジアの諸宗教に関する教義研究を進め退任を目前に控えている、あるカナダのクリスチャンの教授は、内村が愛についてほとんど書いていない点に注目する[5]〔訳者注『内村鑑三所感集』（鈴木俊郎編、岩波書店）一八七ページの〝四大使徒の信仰〟〝新教会の顕出〟で彼は律法、訓練、信仰よりも愛を最高視している。前掲『所感集』二四四ページにある〝多読の害〟に「多見多聞、必ずしも学者を作らず」とある〕。その半面、行為を正すことを主張していると言うのだ。日本人の考え方に慣れている者には自らの信条の正しい表現法にこだわることこそ愛の本質だと見える。同じ言葉がある者にはキリスト教倫理の肯定、他の者には否定と、同時に受け取られる、この二分された意見にこそ、内村の思想研究の難しさがある。いかにして古き日本の倫理を聖書の述べる新しい倫理と関係付けるのか？

内村は新渡戸の先例に倣い伝統的倫理を武士道と呼ぶ。聖書の真理をこれら伝統的倫理に接ぎ木した結果、日本的キリスト教が生まれた。その結果である両価値観の雑種こそ、日本自身の伝統に付け加えるべき新世界の最善の思想とした。内村とプロテスタント改宗者の仲間が明治時代の日本に繁栄するキリスト教組織を打ち建てられたのは、伝統的日本の諸価値がキリスト教メッセージの基礎を用意したかに見えたからである。

だが、この日本人全体に共通な流儀とキリスト教信仰の相違こそ、内村とその有力な弟子、塚本虎二との間の関係に最後の悲劇を巻き起こしたのだ。塚本は新しい西洋伝統の研究においてもその取扱いにおいても極めて優秀だったが、いかに生きるべきかについては、旧来の日本的観念に縛られたままだった。彼にとり内村は理想的生活の権化で、伝統的日本に育った塚本は、師の教えを継ぎ、師に仕えようとひたすら努めた。

塚本、内村、その他大勢の指導者たちにとって、彼らがその中で行動していた新しい伝統と、彼らの行動を内で動かしている土着の伝統について明確な定義がないのが問題だった。新しいキリスト教概念は書物を通じて入って来た。その内容は論議可能なように明確に組織、かつ、提示されていた。それに反し、日本のクリスチャンたちがあるがままに受け入れ、日常生活の一部となっていた戒律は、組織的に提示されていなかった。彼らがその関係を言葉で表現しようと試みた時には、最も統制の取れない一般化に頼らざるを得なかった。新渡戸はその著『武士道』でこれらの概念の整理統合を試みた。日本人の価値観を外人に説明しようと英語で書いたのである。『武士道』は各国語で多数刊行された後、日本語に訳された。文部省は日本の倫理を定義するため、それをしばらく自国民と外人双方向けに使った。それは二〇〇三年から二〇〇四年にかけて突然、再びベストセラーとなったように、日本人自身への日本的なるものの定義としてしばしば蘇る。

こうして武士道は日本の倫理の特色をはっきり示すかに見えるが、日本人と外人が共に体験する実態とは次第に関連がなくなっている。W・T・ドゥ・バリらの日本の新儒教伝統の研究(6)が内村、塚本、新渡戸らの世界観を形成したアイディアに新しい光を投げかける。新渡戸の著作は明治時代に成長した個々人に影響した難問を彼がいかに受け取ったかを示す。内村や塚本もまた新しい人間観の普及とその自国の〝神〟との関連付けに全生涯を掛けた。同時に両人とも、自分たちが等しく尊敬する異なった伝統に縛られていると感じた。内村が衰弱しつつあった最後の議論で、双方が両伝統に忠実であろうと努めた。塚本は内村のアイディアの本質を保存・継続するために、それらを文書に〝冷凍〟しようとした。内村は塚本の公式化には不同意だったが、自ら反駁する力はもはや残っていなかった。

筆者は高木八尺が一九八四年に世を去る数か月前に彼と話し合い、内村と塚本の関係についての自分の研究結果を示した。高木は塚本と学生時代からの友人だから、何か言ってくれるだろうと期待したのだ。筆者は学生時代から彼を知っているが、彼は何も答えなかった。私が辞去する時、彼は戸口まで送ってくれたが、その際彼に特徴的な微笑を浮かべながら「もうそろそろ誰かが内村と塚本の関係にメスを入れて良い頃だ」と言った。ほかには何も言わなかったが、私は自分の結論に自信を得た。

弱って何も出来ない状態の中で内村はあらゆる宗教の究極の真理を再発見した。死に直面した人々は彼らを超えたもの、神と神意を理解することにより人生の内なるものを理解する。即ち信仰に安らぎを見出さざるを得ない。これを言葉で捕らえようとしても決して成功しない。それは各個人の体験の総決算から生じるものだから。各自の生き様を考える上でのあらゆる関心がその信仰形成に役立つ。そしてこれこそ単なる字句表現よりも当人の宗教を構成するのである。塚本は自らの背景と個性の故に、内村の言う事が理解出来なかった。師の内村の思いがけない〝無教会主義〟否定は、宗教的真理は各自の日常の信仰的行動のみから来るという事実を弟子に告げた。客観的、合理的定義を求める塚本の試みは失敗するほかなかった。

死後初めて明らかにされた内村の最終的立場は、彼の弟子がそれぞれ〝統合〟を試みる以外に選択余地がないというものだった。無教会が彼や彼女に何を意味するか？　自分で評価せねばならなかった。誰も自分が正しい定義の答えを持つと良心的に言えない。その結果、内村の死以來、無教会の意味を自分の言葉で定義しようとする試みは続いている。

どんな試みもまだこの問いに完全に答えられずにいる未完の実情を知れば、探求はより困難になる。内村の正統な後継者や団体はまだ現われていない。教会も形成されていない。キリスト教史上、宗派の無価値さを指摘し、すぐ新約時代に立ち帰れと叫んだ者は多い。だが、その結果、数年後には大抵何らかの教会を形成した。内村の死後、無教会はこの傾向に抵抗してきた。日本の宗教の中にいわゆる無教会とはっきり認められるものはあるが、解釈は様々で統一されていない。それぞれ師の周りに集い、聖書と人々の関心事との関係を研究する、多数の小集会のままである。内村の著作を尊敬するというだけで、集会群はつながっている。もし教会を持つとしたら、それは彼の著作自体であるとの内村の信念を確証する。

こうした諸事情の結果、「無教会とは何か?」との定義の問題は、答え無しで宙に浮いたまま、今や答えを求める必要を感じる者はごく少数である。一九五〇年代から六〇年代に内村の弟子が外人に説明するために用語の定義問題が急に浮上した。内村の弟子の名声と活動が、世界中のクリスチャンの注目を師の内村に引き付けた。世俗的に最も有名な弟子たちは田中耕太郎（文相、かつ新憲法下で二代目の最高裁判所長官）、南原繁（東大総長）、矢内原忠雄（同）らである。彼らが発展させた戦後の教育改革は内村の永年の熱望を反映したものでもある。この三人と他の弟子たちは外人の質問に答えるため無教会の定義が必要だった。カルロ・カルダローラ著『日本流キリスト教』(7) はその結果の解釈を秀逸に述べている。一九七九年同書が刊行されて以来の展開は、カルダローラが理解したよりも、もっと内村の最後の理解に近い線で運動が進みつつあることを示す。

こうして内村と塚本をあれほど苦しめた最後の別離は、宗教活動の理解の深化という目的に貢献する。内村の遺訓について何が言われようとも、それは新しい教派を生み出しはしなかった。もし塚本が一九二八年から二九年にかけて展開した議論の筋道を続けていたら、他の歴史的先例から見て、パーメリー女史が考えたように、きっと新教派が生まれていただろう。内村は結局、社会の思惑通り人々を格付けする、伝統的な日本人の態度を取らなかった。逆に信奉者たちからの独立を断言し、キリスト教の核心をなす価値観――神の目からは全信者が平等――を再確認した。社会の期待から独立とは言っても自分だけの特別扱いを主張するのではなく、原理としてそれを述べている。人間は祈りによってその内的なものを直接神に結び付けるだけでなく、それによって万人が彼らに加わり得るとの信仰を公言すべきだとする。

これまでの議論で内村の最後の日々がいかに彼の宗教的遺訓の進路を構成したかを示したが、彼の最終的反論は信奉者たちに対し、彼自身がかくも大きな代価を払って獲得した真理を、各自が自力で発見せねばとの刺激を与えた。無教会主義を巡る彼と塚本との対決は彼の遺訓の最重要箇所と思われるだろうが、決してそれだけではない。いわゆる〝東と西〟の関係、日本の近代化、宗教の個性などについてもまた、彼の生涯と著作は多くを教えてくれる。

＊　＊　＊

東と西の文化の関係については、ラドヤード・キプリングが一八九二年に出版した「東と西のバラード」から着手しよう。内村が〝不敬事件〟を起こしたのはその前年で、彼が再起中の時期に奇しくもこの本は出た。二〇世紀前半はこの越え難いギャップに蓋をして閉じ込めようとする時期だった。「おお、東は東、西は西。どちらも会うことはない」。だが、この詩をさらに読み進むと、キプリングは東と西が〝和解不能〟とは言っていない。続きはこうだ。

しかし、東もなければ西もない。国境も、人種も、出自も。二人の強者が、互いに地の果てからやって来て向かい合う時には。(8)

内村の世代の日本人にはキプリングの言う意味が良くわかった。彼らは日本を強国にしようと努力した。第二次世界大戦後にはアジアの他の人民もそれぞれ強くなった。キプリングの有名な第一句が要約、強調した大きな差異は、アジアで強者たちがますます互いに並び立ち、全ての個人が顔を合わせるに至った今は、奇妙にさえ聞こえる。内村はこうした展開を喜んだかも知れない。

聖書の重要なメッセージの一つが全人類が一体となる可能性、文化の差を超越した一致の主張であることを彼は理解していた。宣教師たちも色々な欠点にも拘わらず、この前提に従って行動した。もし彼らが人間の基本的一致と人間反応の類似性を信じていなかったら、地球を半周してわざわざやって来る理由はなかったろう。個人は回心によって周囲の束縛を超越し、事実上別人になると、彼らは教えた。改宗者は、それによって自分が変わり、新しい人として受け入れられることを期待して洗礼を受けた。（だが、実際には、）宣教師として訪れた者たちも、彼らが改宗させた者たちも、この変化に関する前提の通り行動することは難しかった。内村はエルウィンとアマーストで彼の会った敬虔なクリスチャンたちが、彼を信仰における新しい兄弟として受け入れぬことを感じて悩んだ。

内村の遺訓を学ぶと、成熟した彼がキリスト教の伝統全体を身に付け、その中で行動している幅広さに強い印象を受ける。彼の作品の大部分、事実上九割は日本語で書かれたので、言語の障壁のため他の世界には隠されている。有能な聖書学者でも、自身北東アジアで育ち、日本語で原文を読めない限り、比較は困難だ。だが、本書の記述に対する数少ない専門家たちの反応は、将来さらに詳しく比較が進めば、内村は聖書学の歴史で尊敬される地位を与えられようというものだ。

彼が死に際して北海道帝国大学（札幌農学校の後身）に遺贈した書籍を見ると、(9) この説は裏付けられる。これら約八〇〇冊の収集書はほとんどが英語で、スコットランドとイングランドの非国教派の影響を彼が強く受けたことを示す。フランス、ドイツの碩学の著作の英訳版もある。こうして彼の思想の源を辿ることが出来るが、同時に彼の統合の独創性も認められる。内村は西洋キリスト教学の伝統の中に易々と入り込みながらも、自ら学んだことを読者のニーズに適合させた。西洋伝統の外に立つ彼の利点が、同時に西洋読者を刺激する活力を彼の著作中に滲み込ませている。彼が偉大な東方の伝統を最も偉大な西方の伝統といかに結合させたかは、ほかに類がない。

日本人は大規模で系統的な哲学探究への従事能力に欠けると多くの日本人が信じている。カントやヘーゲルのように広範な解釈と名声に達し得た日本人はいない。だが、この事実は、一部の日本人が主張するように、推論の内的能力が欠けていることを必ずしも示していない。北東アジアの文化は教本を注釈する長い、強力な伝統を持つとは言える。儒学の古典が中心だ。これら古典の東アジア的分析の方が、西洋流の系統的哲学者たちのやり方よりも内村の手法に似ている。日本人はこの分野で特異な能力を持つのかも知れない。この問題には深入りせず、少なくとも聖書の注意深い注釈で内村は、典型的な日本人であるにもかかわらず、西洋の専門家に比肩し得るとだけ言っておこう。東と西はここで見事に共存している。

内村は日本の近代化の経験についても我々に多くを教えてくれる。〝近代化〟と言っても二一世紀初頭に使われる意味合いとは異なるので、歴史家はこの表現を使うのにためらいを覚えるが、一九六〇年代初め、一九世紀半ば以来の日本の経験を特徴付けるように見えた急速な変化が、盛んに研究対象になった。研究者たちはそれが急速、且つ計画的に改革を求めている経済的後発諸国に解決法を与えるのではと期待したのだ。

日本の発展について知見が増すにつれて驚くべき結論が出た。一九世紀半ばの日本人は、予想に反して、近代的西洋諸国にそう遅れてはいなかったのだ。一八六〇年に彼らは見掛けほど〝前近代的〟ではなかった。一九世紀の日本経済についてのこの新しい分析は、他国の研究者たちに日本の経験への興味を減殺したが、思想史の結論を大きく変えるものではない。

一九世紀末の日本人は自分たちが世界の指導的諸国より遅れていると思い込んでいた。客観的事実がその確信を支持するか否にかかわらずである。彼らの内なる劣等感の確信が行動を左右した。その伝統的前提がキリスト教主義で育った西洋人のそれと事実大きく異なる宗教の分野では特にそうだった。ユダヤ人の神の伝統と徳川時代の合理主義のそれとの間の差異は誰にもわかるだろう。社会の各信仰システムの効果を簡単に評価出来る方法はない。キリスト教の神とそれに関する観念が、実際に西洋列強に明白な優位を与えたか？　多くの外国人クリスチャンは彼らの信仰が成功に導いたと信じていて、何らかの反証例はごく稀だ。

内村と彼の仲間のキリスト教指導者たちが日本の近代化に対する自分たちの重要な役割を見たのはこの関連においてである。初めから内村は、日本人が世界のリーダーとして正当な地位を占めるのはクリスチャンとしてのみだと説いていた。第一次世界大戦後の一般的楽観論が、日本人は実際にこの指導的役割に達したと彼に確信させるに及んで、彼は指導者の責任論に向かう。これまでの劣等感からもっと不運な者に対する責任への緩やかな転換、それは多くの日本人の世俗思想家と同じコースである。

だが、神の前での謙遜の念がより大きい内村は、彼らから離れて身を置いた。彼らは日本人の義務と考えていたものの一部として、発展途上の人々のために様々な決定を行った。一方、内村は個人の尊厳を強調した。生涯の初期に、日本は西洋より遅れていると彼が信じていた頃から、外国人は信仰の兄弟に相応しい尊敬を日本人のクリスチャンに与えるべきだと彼は主張した。彼が日本はすでにリーダーになったと考えるようになってからも、自国を同様にリーダーにしようとする志を持つ他国の人々を敬意をもって扱った。彼の朝鮮人や中国人への行為は他の日本人、特に軍部の指導者とは違っていた。日本の体制がアジアの〝幼い兄弟〟の利益になるとの公約と彼らの行動は一致しなかった。

他のアジア人との個人的関係に対する内村の態度は違っていて、日本の世俗的な近代化の目的を反映していた。内村は伝統的な先生の役割に適応して、それをさらに自分の仕事に使い、随伴するリスクも甘受した。それは顕著だった。それほど顕著でないのは、同様に彼の信仰の根底にある、神のユニークな被造物としての各個人の尊重だった。

苺を栽培していた斎藤宗次郎の服装を〝まるで社会主義者だ〟と頭から非難したのがいささか横柄に見えるにしても、もっとほかの言い方で彼が外観を気にするように仕向ける術はあっただろうか。斎藤は日本の伝統の信奉者で、師に充分な敬意を払い、内村も日本的個人関係に即してそれに相応しい対応をしている。それと対照的に若い、衝動的な高橋ツサ子には違った反応を示している。彼女に何時間もかけて伝統的倫理に従うべきだと説くと共に、彼女が信仰を維持し、深めるようにと薦めている。古い制度の下で彼女が自由を得、家を離れて上京すると、内村は娘のように歓迎している。

最も重要なのは、内村が後に塚本に対してとった態度の変化である。彼は当初塚本の恐ろしい程の知力の発展を奨励した。畏敬の念でその成熟を眺め、自分の協力者として歓迎した。塚本は高齢の師への配慮を伝統的なやり方で熱心に続けていたのだから、内村は寛いで塚本の賛辞を楽しんでいることも出来ただろう。だが、内村自身の良心が塚本との関係を断ち切るべきだと彼に告げた時、彼は細心の注意を払って別離を準備した。彼は塚本を〝独立〟させ、集会の各会員に塚本か、内村かを選ぶように求めて、塚本の経済的安定を保証した。しかし塚本は追い出されたように感じた。総じて内村の行為は、難問を慎重、且つ巧みに処理したことを示してる。

これらの事例については様々な解釈が可能だ。だが、内村は人間関係の問題を大変注意して扱ったと言える。彼は先ず良心を育て、次にその良心の指示に従うようにと、弟子に薦めた。そしてそれぞれの人間を神の子仲間として扱うべく努力した。これらのやり方は当時の他の日本人たちと違っていて、伝統的日本の枠組みの中では稀な民主的模範例と彼の信奉者らには見えた。

一九四七年の新憲法施行から半世紀以上を経て、内村が育てた変化の結果が見られる。内村の子供時代の古き日本に最も必要だったのは、人格というものに対するこうした基本態度だった。こうした新しい態度を彼が奨励したことこそ、自国近代化への彼の最大の直接貢献になったと言えよう。

＊　＊　＊

最後に、日本への貢献以外に、宗教的生活に入ったことに伴う心理的意義の古典的研究対象として内村の生涯を見よう。内村は宗教的人間として生きようと努力した。

ある人間を宗教人として言及するのは平凡極まるが、この語は専ら敬虔さを指す。だが、宗教的な生活はもっと多くを包含する。畏敬と責任と感謝の念が最も重要な三特質である。宗教的な人は彼の運命を決する見えざる力の前に畏敬の念を持つ。台風の恐怖から妬む父のように振る舞う神の概念まで、どの場合にも個人は圧倒的な力に面して危惧を免れない。

宗教的な男女は、これらの力を宥め、それらと一体感を持つべく強い責任の念で応える。他人には理解不能な影響への責任感のため、宗教者は自身とその欲望に過度の関心を持つように見える。信心深い人は、大部分の人間の生活に特徴的な動物的豊穣をほとんど愉しまず、自分が真に悦ぶべきものを正当化すべきだと感じている。彼らは他人には聖人ぶって人の楽しみを邪魔する存在と映る。

だが、責任感が意味するかに見える自我の先入観にもかかわらず、宗教的な人間は生き生きとした感謝の念を示す。彼らは与えられた恵みに感謝する。宗教的関心の薄い者たちには恵みどころか、単なる幸運、または正しい生活への報酬としか思えないものを天恵として。しかし、信心深い者には畏敬、責任感と並んで、感謝が付きものだ。

こうした人格上の特性はそれを分かち持つ者に大きな負担を強いる。畏敬は恐れを、責任は不十分さを、感謝は見かけ上の未成熟を伴わずにいないからだ。信心深い人々はこれら矛盾した感情が生み出す緊張に対して心中の焦燥感を表す術をほとんど見出せない。信仰は理論的には緊張を制御させる筈だが、最も献身的な人間にさえ限度がある。往々人は、良い主張を弁護する時には、素直に自分の感情を表す。ＹＭＣＡ講堂から締め出された時の行動が、内村の生涯におけるこの一般論の最好例だ。弟子たちに支持され、東京都心のひときわ目立つ壇上の効果もあって、内村は普段の寛容さと全く異なる怒りをほとんど剝き出しにしながら、その感情はすぐに治まった。

周囲の者たちは気付かぬかも知れないが、信心深い者は知覚感覚も昂揚している。他人が気付かぬことを感じ取り、他人が認識しない刺激に基づいて行動し、他人が当然と思っていることに感謝を表明する。信心深い人々は他の我々よりも多感で経験豊かなのだ。そして彼らは滅多に現状に甘んじない。

この点で内村の息子、精神分析学者である祐之の言を思い出そう。当時日本ではまだ新しかった精神病理学の分野の指導者として、また著名人の息子として、祐之はしばしば、その父の分析を求められた。彼はこうした分析の才能や経験があったが、特に目立ついくつかの要素を挙げるにとどめた。その一つは注目に値する。父は周囲の事物や人々に極めて敏感だったと彼は言う。(10) つまり、彼は正しいと見えぬ状態の中に居たたまれなかったのだ。

祐之の深い単純明快な分析は、彼の父の複雑さがもたらす諸問題に答えている。内村自身の幼時の回想や彼の周囲の人々の回想からも、彼が若い頃の神々や後のキリスト教の神の畏敬を引き起こす託宣を真剣に受け取っていたことがわかる。彼は自分と会員に対し、常識が認めるよりずっと大きな責任感を持っていた。内村の研究は結局、畏敬と責任と感謝という三つの特質から受ける挑戦に日々答えるために掛けた生涯の記録である。彼は日本に住んでいたから、日本での信仰生活に特有な条件に直面した。だが、これらの問題自体、人知を超えた世界が要求するものを限られた人間のやり方で真剣に取り上げようとする個人が、どこでも直面した問題と似ている。内村は、他の多くの日本人同胞と違って、聖書の中にこの信仰生活を通じての指針を見出した。彼は自らを『天路歴程』の主人公クリスチャンと見なし、同様な問題に直面した者たちが書いた知恵の宝庫である聖書を読めと弟子に忠告した。

正しい生活への指針を与える書物を発見した内村は、ユダヤ・キリスト教信仰と彼自身の中国・日本的関心の伝統の間に類似したものを見出す。彼は突然日本を超えて拡大した世界に正しく対応しようとする同世代の人々を激励し、著作と行為を通して、人生の究極の要請へ彼のごとく真剣に立ち向かおうとする人々に刺激と教示を与えた。

内村の死後、社会は大きく変わった。世界のキリスト教界に起こった最大の変化は、重心の移動であろう。第二次世界大戦までは、〝キリスト教世界〟とはキリスト教が普及している諸国のことだった。クリスチャンたちは宣教師を派遣して世界中に教会を建設した。宣教師を派遣したキリスト教世界の人々は宣教師の活動を綿密に点検したが、宣教師たちが各〝布教地〟に建てた教会にはほとんど注目しなかった。敬虔なクリスチャンたちが布教地の諸教会に注意を払わないので、これらの教会はそれを生んだ母教会より重要度が低いように見えた。

二〇世紀後半にはその関係が変わった。多くの宣教師が、おそらく数では戦前以上に多くが、福音を海外に伝えたが、かつての宣教活動を燃え立たせた広範囲の熱狂を代表してはいなかった。戦後の宣教師たちは主に小グループに分かれ、彼ら自身の個人的信仰を伝えた。彼らは前世紀の宣教師団のように重要な支持組織の代表ではなかったし、母国の国際関係の尖兵でもなかった。

他方、布教地に建設された諸教会は、キリスト教世界の人口分布を変える域にまで成熟した。二〇〇四年には聖公会内の変化が、かつてキリスト教世界と呼ばれた地域で大々的に報じられた。それは同性愛問題に対するクリスチャンたちの意見の違いを詳しく述べたものだった。時が経つにつれて、アフリカなど布教地に誕生した教会の会員たちが、ヨーロッパや北アメリカの聖公会の〝ゲイ〟信者にどんどん与えられる容認に懸念を示すようになる。現地のアフリカ人司祭は教区民の心配を新聞発表に表明した。同性愛への恐れが一般的規範になっている地域では、キリスト教徒になる信仰の飛躍をした者は、同性愛恐怖症を軽視するキリスト教界指導者よりも聖書に、彼らの社会に一致する、もっと説得的な根拠を見出す。

ここはこの問題をさらに推し進める場ではないが、内村の経験がそれに関連があるとだけ言っておこう。内村は特に同性愛を論じてはいないが、日本のクリスチャンとして、彼と仲間のクリスチャンに関する倫理上の問題について態度を明らかにしたことがある。彼は教会の役割の問題について、多くの場合彼らと意見を異にした。彼はこの問題への意見を〝日本人〟として明らかにして、各々の社会の文化的規範を尊重するように育てられてきた誠実な人間が、キリスト教へと信仰の飛躍をする時に必ず存在する健康な緊張をそこに示している。内村はこれらの問題について雄弁に探求し、その結果を〝日本的キリスト教〟と呼んでいる。

幼児の文化的態度を新しい信仰と融合させようと試みた者は内村だけではない。宣教師が世界中に設立した新教会で他の大勢が同様の問題に直面した。だが、彼らは生まれ育った社会にそれぞれのやり方で、内村が宣言したのと同じ重要度のものを付け加えたか？　内村ほど徹底的に新旧の信仰問題に肉薄した者は他国にはほとんどいないだろうし、内村のように広範囲に、しかも早い時期にそこまで問題を分析した者は確かに先ずいない。これから出てくるかも知れないが、その暁には内村の体験の記録と照合できよう。

年譜

（　）は一般の重要な歴史的事件を示す。

一五四九　カトリック宣教師の渡来始まる。多数の日本人入信。これに対応して、当時の政権はおよそキリスト教に関わるものはすべて、これを排除しようとする。欧米列強の植民地支配への恐怖は、以後四百年にわたって続くことになる。

一八六一　内村鑑三、地方武士の家庭に生まれる。

一八六八　（明治維新）

一八七二　続く数年の間に、内村の家族は武士の家督を失い、家計は窮迫する。

一八七六　内村とその友新渡戸稲造は、東京の学校で英語を学び始める。

一八七八　政府、札幌農学校を設立。

一八八三　内村と友人たち、メソジスト監督教会の宣教師M・C・ハリスにより洗礼を受ける。

一八八四　第三回キリスト信徒協議会が東京で開催される。内村、札幌教会を代表して出席。

一八八五　内村、結婚・離婚。新渡戸と内村、アメリカで勉強を始める。

一八八七　内村、アマースト大学に入学。

一八八八　アマースト、内村に二つ目の学士号（理学士）の称号を与える。ハートフォード神学校に入学。

一八八九　内村、同校を退学して帰国。教職に就く。

明治政府、大日本帝国憲法発布。内村、加寿子と結婚。

一八九一―九二　高まりゆく国家権力との劇的対決の中で、内村は教育勅語拝礼を躊躇する。加寿子死す。内村、静と結婚。幾多の学校で教員を勤めたのち京都に落ち着き、作家活動に入る。

一八九三―九六　多くの著書の刊行により有名になり、独立する。（一一九―二〇頁の表を参照）

一八九四　娘ルツ子誕生。

（一八九四―九五　日清戦争）

一八九七　内村、東京に戻り、万朝報社の英文欄主筆となる。祐之誕生。

一八九八―一九〇〇　内村、評論誌『東京独立雑誌』を編集、発行。

一九〇〇―三〇　内村、『聖書之研究』を編集、発行。

一九〇一―〇二　内村、雑誌『無教会』を編集、発行。

一九〇三　内村、平和主義のため万朝報社を退社。自宅で週毎の聖書研究会を開催。

（一九〇四―〇五　日露戦争）

一九一二　（明治天皇崩御、その子大正天皇即位）　ルツ子死す。

（一九一四　第一次世界大戦勃発）

一九一七　内村、カトリック教会の権威に挑戦して宗教改革をもたらしたマルティン・ルターに敬意を表する記念講演。

一九一八―一九　内村、キリストの再臨に就いて日本国中に講演行脚。内村、東京聖書研究会を設立。

（一九一八　第一次世界大戦終わる）

（一九一九　ベルサイユ講和条約により欧州再編）

一九二三　（関東大震災、東京壊滅）　内村の講演会場・大日本私立衛生会講堂も焼失。

一九二五　祐之、北海道帝国大学助教授となり、ドイツへ留学。

一九二六　内村、『ジャパン・クリスチャン・インテリジェンサー』を編集、発行。

一九二七　祐之、帰国、家族と共に札幌へ。

一九二八　内村、上記『ジャパン・クリスチャン・インテリジェンサー』を終刊。

一九二九　第一回普通選挙に投票。受洗五十年を記念する。

一九三〇　内村、弟子たちが一宗派を成すことを恐れ、自らの集会と対抗することになるにもかかわらず、助手塚本に彼自らの集会を始めさせる。
内村、彼の信仰的伝統が継続することになるような、いかなる組織・団体をも否定して、死す。

（一九三一　日本軍、満州（元中国東北部）を制圧。かくして日本は第二次世界大戦への道を歩み始めることになる。）

注

緒言と謝辞

（1）George Sansom, *The Western World and Japan*（New York: Knopf, 1950）.

（2）Ibid., 489.

（3）Erik Erikson, *Young Man Luther*（New York: Norton, 1958）.『青年ルター』西平直訳（東京・みすず書房、一九五〇年）。

（4）Nobuya Bamba and John F. Howes, eds., *Pacifism in Japan: The Christian and Socialist Tradition*（Vancouver: UBC Press, 1979）.

序章

（1）全三・一六四（私訳による）。

（2）全四・二八〇。

（3）*Japan Times*, 一八九七年三月二二日付、一九九七年特別復刻版。

（4）『総合文庫総合目録』（東京・総合文庫総合目録刊行会、一九六二年）。

（5）Thomas Rimer からのEメール、二〇〇二年八月二三日。

（6）日本聖書協会、*The Bible in Japan*（東京・日本聖書協会、一九六四年）三―四。

（7）松本重治との会話、一九五八年。

（8）例えば、Susan C. Townsend, *Yanaihara Tadao and Japanese Colonial Policy*（Richmond, UK: Curzon, 2000）を参照。

（9）Donald Baker との会話、二〇〇二年八月一日。

（10）Herbert Allsopp との会話、二〇〇二年一〇月二七日。

第一章　明治のサムライ教育

（1）荒畑寒村『寒村自伝』（東京・論争社、一九六〇年）一三。
（2）山縣五十雄あての手紙、英文、一九〇四年二月一一日、全三七・一一。
（3）「退社に際し涙香兄に贈りし覚書」『万朝報』一九〇三年一〇月一二日、全一一・四三一。
（4）『余は如何にして基督信徒となりし乎』全三・一三。
（5）『余は如何にして基督信徒となりし乎』全三・八（私訳による）。
（6）同上。
（7）斎藤宗次郎「先生の誕生祝い」『ある日の内村鑑三先生』（東京・教文館、一九六四年）一九〇。
（8）斎藤宗次郎「『聖書之研究』三百号記念そのほか」『ある日の内村鑑三先生』一四七。
（9）鈴木俊郎「内村鑑三と父」『独立』三（一九四八年）六四。
（10）『余は如何にして基督信徒となりし乎』全三・九（私訳による）。
（11）宮部金吾あての手紙、英文、一八八一年一二月一五日、全三六・一九（私訳による）。
（12）『余は如何にして基督信徒となりし乎』全三・八（私訳による）。
（13）同上、九（私訳による）。
（14）和田洋一「内村鑑三、その弟妹、そして私」『キリスト教社会問題研究』五（一九六一年）二五。
（15）『余は如何にして基督信徒となりし乎』全三・九（私訳による）。
（16）斉藤宗次郎「幼少時代の先生」『ある日の内村鑑三先生』一〇一。
（17）政池仁『内村鑑三伝』（静岡・三一書店、一九五三年）七（教文館、一九七七年版では二九）。
（18）私あての個人的な手紙の中で、Howard Norman に対して語られたこととして、一九六三年八月六日。
（19）山本泰次郎『ベルに送った自叙伝的書翰』（東京・東海書房、一九四九年）一〇。
（20）宮部金吾『宮部金吾』（東京・私家版、一九三九年）二九。
（21）『余は如何にして基督信徒となりし乎』全三・一三（私訳による）。
（22）大島正健『クラーク先生とその弟子たち』（東京・新地書房、一九四八年）八九に引用。
（23）Marcia Van Mater からの手紙、英文、一九六三年八月一九日。

（24）「如何にして基督教は初めて札幌に伝はりしや」全二〇・四一九。

（25）逢坂信忢『クラーク先生評伝』（札幌・クラーク先生評伝刊行会、一九五六年）三一。

（26）大島正健『クラーク先生とその弟子たち』九一。

（27）同上、八九。下村虎太郎『精神史の一隅』（東京・弘文堂、一九四九年）一七〇。

（28）C. Northrup あての手紙、英文（仮名からの音訳）、「北海道帝国大学沿革史」四二―四三。横山春一『W・S・クラーク博士の足跡』（北海道空知郡江部乙町・北海道農民福音学校、一九四〇年）八―九に引用。

（29）「如何にして基督教は初めて札幌に伝はりしや」全二〇・四一五―一七。

（30）太田雄三『クラークの一年』（東京・昭和堂、一九七九年）一〇七、一三四―三六、一五七―五九。

（31）Albert Craig, *Personality in Japanese History* (Berkeley: University of California Press, 1970), 264.

（32）Ibid., 537。

（33）「黒田清隆伯逝く」『福音新報』二七二（一九〇〇年九月一二日）一九、一七六。

（34）*First Annual Report of Sapporo Agricultural College* (Tokei [sic]: n.p., 1877), 8–9.

（35）John Harrison は、その著 *Japan's Northern Frontier* (Gainesville: University of Florida Press, 1953), 88 に、農学校の食事はすべて洋風であったという趣旨のドイツ語の情報を引用している。この情報は恐らく印刷された報告書のたぐいによるものであろう。私は、現に学生として学校で食事をしていた宮部や新渡戸の記憶が信頼するに足るものと考える。それによると、学生個々の好みが学校の担当者をして、開拓使が本来計画していた厳格な制度を和らげるように働いたのではないかというのである。

（36）『余は如何にして基督信徒となりし乎』全三・一五―一六（私訳による）。

（37）「予の宗教的生涯の一斑」研二九（一九〇二年一二月）七、全一〇・四一八。

（38）『余は如何にして基督信徒となりし乎』全三・一六―一七（私訳による）。

（39）同上、全三・一四（私訳による）。

（40）"Uchimura Kanzô: A Study of the Post-Meiji Japanese Intelligentsia," in *Harvard Papers on Japan*, volume 1 (Cambridge, MA: Harvard University Press), 133.

（41）斎藤宗次郎「三時のお茶」『ある日の内村鑑三先生』二四三。

（42）「友誼の譎計　天長節の話」研一一五（一九〇九年一二月）四八一―八三、全一七・六四―六七。
（43）The Late Mrs. HARRIS. A REMINISCENCE.『万朝報』（一九〇九年一二月）、全一六・四八一。
（44）「理想の友人　故ハリス夫人」研一一三（一九〇九年一〇月）三八一、全一六・五〇一。（内村は日本語原文中に英語の My friend を入れている。）
（45）『余は如何にして基督信徒となりし乎』全三・一七（私訳による）。
（46）同上、全三・二〇（私訳による）。
（47）斎藤宗次郎「入信五十年」『ある日の内村鑑三先生』二〇九。
（48）政池仁『内村鑑三伝』三七一（教文館版では六二七）。
（49）内村からの新島襄あての手紙、英文、一八八五年七月一五日。Otis Cary, Jr.「内村の決断の夏　一八八五年」同志社大学『人文学』二四、一一五に所載。
（50）斎藤宗次郎「三村会」『ある日の内村鑑三先生』二五七。
（51）宮部金吾『宮部金吾』七七。
（52）同上。
（53）同上。
（54）新渡戸稲造あての手紙、英文、一八八〇年八月三日、全三六・六（私訳による）。
（55）山本泰次郎『宮部博士あての書簡による内村鑑三』（東京・東海書房、一九五二年）一。

第二章　駆け出しの官吏

（1）志賀重昂『志賀重昂全集』七・一―三、宮部金吾『宮部金吾』（東京・私家版、一九三九年）七二―七四に引用されている。
（2）斎藤宗次郎『ある日の内村鑑三先生』二五六。
（3）横山春一『W・S・クラーク博士の足跡』六五―六六。
（4）宮部金吾あての手紙、英文、一八八一年一二月一五日、全三六・一七（私訳による）。
（5）同上、一八八二年六月一五日、全三六・四二（私訳による）。

（6）同上、全三六・四三（私訳による）。
（7）『余は如何にして基督信徒となりし乎』全三・六五（私訳による）。
（8）藤田九三郎あての手紙、英文、一八八四年一月二七日、全三六・九五（私訳による）。
（9）佐波亘「吉田亀太郎の思い出」への注、『植村正久と其の時代』（東京・教文館、一九三八年）二・二六五所載。
（10）『六合雑誌』二（一八八三年六月三〇日）二二一―三一。
（11）「親愛なる札幌の兄弟たち」あての手紙、英文、一八八三年四月二二日、全三六・五五（私訳による）。
（12）宮部金吾あての手紙、英文、一八八三年クリスマス、全三六・八七（私訳による）。
（13）同上、一八八三年六月八日、全三六・六〇―六一（私訳による）。
（14）同上、一八八三年八月二一日、全三六・六六―六七（私訳による）。
（15）同上、全三六・六八（私訳による）。
（16）同上、全三六・六九（私訳による）。
（17）同上、全三六・七〇（私訳による）。
（18）同上、全三六・七一（私訳による）。
（19）同上、全三六・七三（私訳による）。
（20）森岡清美『地方小都市におけるキリスト教会の形式――上州安中教会の構造分析』（東京・日本キリスト教宣教研究所、一九五九年）一九。
（21）湯浅與三『基督にある自由を求めて――日本組合教会史』（東京・創文社、一九五八年）一三一。
（22）宮部金吾あての手紙、英文、一八八三年八月二一日、全三六・六六（私訳による）。
（23）同上、一八八三年クリスマス、全三六・八八―八九（私訳による）。
（24）大島正満『伊藤一隆と内村鑑三』（札幌・財団法人北水協会、一九六五年）二〇四。
（25）宮部金吾あての手紙、英文、一八八四年二月一八日、全三六・一〇〇（私訳による）。
（26）同上。
（27）同上、全三六・一〇一（私訳による）。
（28）同上。

(29) 同上、全三六・一〇二(私訳による)。
(30)『余は如何にして基督信徒となりし乎』全三・七三(私訳による)。
(31) Clara A. N. Whitney, *Clara's Diary: An American Girl in Meiji Japan* (New York: Kodansha International, 1979), 328.
(32) 宮部金吾あての手紙、英文、一八八四年三月三一日、全三六・一〇八(私訳による)。
(33) 同上、一八八四年一〇月二七日、全三六・一一四(私訳による)。
(34) 政池仁『内村鑑三伝』五〇(教文館版では八九)。
(35) 中沢洽樹『若き内村鑑三論——職業と結婚をめぐって』(東京・待晨堂書店、一九五八年)一六。
(36) 宮部金吾あての手紙、英文、一八八四年一〇月二七日、全三六・一一五(私訳による)。
(37)「聖書全部神言論」研二二〇(一九一八年一一月)五二三、全二四・三七八。
(38) 内村宣之あての手紙、一八八五年六月一四日、全三六・一六八。
(39) 同上。「過去の夏」全七・二三五に類似記事あり。
(40)『余は如何にして基督信徒となりし乎』全三・九五(私訳による)。
(41) 新渡戸稲造あての手紙、英文、一八八五年一月一九日、全三六・一三〇(私訳による)。
(42) 内村宣之あての手紙、一八八五年二月二二日、全三六・一三八。
(43) 新渡戸稲造あての手紙、英文、一八八五年一月一九日、全三六・一三〇(私訳による)。
(44) 同上、一八八五年三月一日、全三六・一三九(私訳による)。
(45)『余は如何にして基督信徒となりし乎』全三・八八(私訳による)。
(46) 同上、全三・一一五—一一六。
(47) Springfield, *Republican*, 8 December 1886, 6.
(48) 新島襄あての手紙、英文、一八八五年六月二七日、全三六・一七九(私訳による)。
(49) 新島襄、一八八五年五月七日の日記に掲載、Otis Cary, Jr. オーテス・ケーリ「内村の決断の夏　一八八五年」同志社大学『人文学』二四、一三〇に所載。
(50) 新島襄あての手紙、英文、一八八五年六月、全三六・一七七—八(私訳による)。
(51) 同上、一八八五年七月、全三六・一八四(私訳による)。

（52）内村への返事として書かれた日付なしの下書き、Cary Jr.「決断」一一七。私訳による。

（53）*Methodist Review*, Fifth Series, 68, 2（1886）, 56. 本論文については拙論 “Two Works by Uchimura Kanzô until Recently Unknown in Japan,” *Transactions of the International Conference of Orientalists in Japan*（Tokyo: n. p., 1958）, 3, 25–31〔「最近まで知られることのなかった内村鑑三の二論文」『国際東方学者会議紀要』三・二五—三一〕に詳細な論拠がある。

（54）内村宣之あての手紙、一八八五年八月九日、全三六・一八七—八八。

（55）全一・一一五（私訳による）。

（56）一八八五年八月、全三六・一九六。

（57）Cary, Jr.「決断」九五。

（58）Charles W. Cole からの手紙、一九六三年七月二二日。

（59）Claude Moore Fuess, *Amherst: The Story of a New England College*（Boston: Little, Brown, 1935）, 210.

（60）『流竄録』『国民の友』二四五（一八九四年一二月）、全三・七四。

（61）Otis Cary, Sr., “Death of Mr. Kanzô Uchimura,” *Misionary Herald* 127, 7（July 1930）, 200. 私訳による。

（62）「クリスマス夜話——私の信仰の先生」研三〇五（一九二五年一二月）五六〇、全二九・三四三。

（63）Springfield, *Republican*, 11 November 1885, 6.

（64）Ibid., 21 October 1885, 6.

（65）Fuess, *Amherst*, 225, 265.

（66）「読書余録」研一一三（一九〇九年一〇月）三八六—八七、全一六・五〇九。

（67）Richard Hofstadter, *Anti-Intellectualism in American Life*（New York: Knopf, 1963）, 172–95.

（68）David C. Bell あての手紙、英文、一八八八年六月二〇日、全三六・二九四（私訳による）。

（69）同上、一八八八年一一月二五日、全三六・三〇七—〇八（私訳による）。

（70）山路愛山『基督教評論』一四五—四六。小沢三郎『内村鑑三不敬事件』（東京・新教出版社、一九六一年）三三からの引用。

（71）Alfred Struthers あての手紙、英文、一八八九年六月一四日、全三六・三一五（私訳による）。

（72）Ryusaku Tsunoda, et al., *Sources of the Japanese Tradition*（New York: Columbia University Press, 1958）, 647.

(73) 宮部金吾あての手紙、英文、一八九一年一月八日、全三六・三一九（私訳による）。
(74) 「勅語奉読式」一二六〇（一八九一年一月四日）一一〇、小沢三郎『内村鑑三不敬事件』四九―五〇からの引用。
(75) David C. Bell あての手紙、英文、一八九一年三月六日、全三六・三三一―三三二（私訳による）。この手紙のより詳細な引用については Ryusaku Tsunoda. et al., *Sources*, 852–54 を見よ。
(76) Cary, Sr., "Death of Mr. Kanzô Uchimura," 290.

第三章　著述家の誕生

(1) David C. Bell あての手紙、英文、一八九一年三月六日、全三六・三三二（私訳による）。
(2) 鈴木範久『内村鑑三と其の時代』（東京・日本基督教団出版局、一九七五年）一四〇。
(3) 政池仁『内村鑑三伝』九九（教文館版では一九一）。
(4) David C. Bell あての手紙、英文、一八九一年八月、全三六・三四〇（私訳による）。
(5) 同上、全三六・三四一（私訳による）。
(6) 宮部金吾あての手紙、英文、一八九二年一月一七日、全三六・三五二（私訳による）。
(7) David C. Bell あての手紙、英文、一八九三年五月一三日、全三六・三七五。
(8) George Akita, "The Meiji Constitution in Practice: The First Diet," *Journal of Asian Studies* 22, 1 (November 1962), 34.
(9) 江原萬里「教育勅語満四〇年記念と内村鑑三先生」『聖書の真理』三九（一九三一年一月一日）二一―三〇、小沢三郎『不敬事件』四七。
(10) Otis Cary, Sr., *A History of Christianity in Japan*, 2 vols. (New York: F. H. Revell, 1909), 2, 242–43.
(11) 武田清子『人間観の相剋――近代日本の思想とキリスト教』（東京・弘文堂、一九五九年）一五七―五八からの引用。
(12) 『教育時論』二八五（一八九三年三月一五日）二、一七―八五。
(13) David C. Bell あての手紙、英文、一八九三年三月、全三六・三七二（私訳による）。
(14) この事件の詳細については、拙論 "Japanese Christians and American Missionaries," in Marius Jansen, ed., *Changing Japanese Attitudes toward Modernization* (Princeton, NJ: Princeton University Press, 1965), 355–56 を見よ。

(15)「文学博士井上哲次郎君に呈する公開状」全二・一三三。
(16) Isoh Yamagata, "Preacher of Loyalty Denounced as a Traitor," *JCI* 1, 9 (November 1926), 395.
(17) Alfred Struthers あての手紙、英文、一八八九年八月二〇日、全三六・三一七。
(18) 同上、一八九一年七月九日、全三六・三三九（私訳による）。
(19) David C. Bell あての手紙、英文、一八九三年五月一三日、全三六・三七六（私訳による）。
(20) 同上、一八九三年一二月一四日、全三六・三八六（私訳による）。
(21) 同上、一八九五年七月二四日、全三六・四二一（私訳による）。
(22)「『警世雑著』改版の自序」一九〇〇年五月五日、全三・二七一。
(23) 政池仁『内村鑑三伝』一一六（教文館版では二三一）。
(24) David C. Bell あての手紙、英文、一八九五年六月六日、全三六・四一六。
(25) Struthers あての手紙、英文、一八九二年一〇月一二日、全三六・三六二（私訳による）。
(26) David C. Bell あての手紙、英文、一八九六年四月一〇日、全三六・四四一。
(27) 新渡戸稲造あての手紙、英文、一八九五年六月一三日、全三六・四一八（私訳による）。
(28) David C. Bell あての手紙、英文、一八九六年四月一〇日、全三六・四四一（私訳による）。
(29) 同上、一八九三年六月二五日、全三六・三七九（私訳による）。
(30) Struthers あての手紙、英文、一八八九年六月一四日、全三六・三一四（私訳による）。
(31)『基督信徒の慰』全二・三―七五。
(32)『求安録』全二・一三四―二四九。
(33) 同上、全二・一三七。
(34) 同上、全二・二〇二。
(35) 同上、全二・二〇九。
(36)『基督信徒の慰』全二・四。
(37)『求安録』全二・一七六。
(38) 同上、全二・二〇二。

(39)『基督信徒の慰』全二・二五―二六。
(40) 同上、全二・二九、この句の日本語訳は、*The Imitation of Christ* (New York: Dunton, 1909), 5 の英訳から取られたものと思われる。この日付不明の作品は、さかのぼること四〇〇年のラテン語版の英語訳テキストを用いている。それは最初一八九三年に刊行されたが、その年は内村が『基督信徒の慰』を出版した年であった。
(41) 同上、全二・五八―九。
(42) 同上、全二・五―六。
(43) 同上、全二・二二―二三。
(44)『求安録』全二・一九六。
(45) 同上、全二・二四九、内村がこの引用をした文脈については、*Poetical Works of Alfred Lord Tennyson* (London: Macmillan, 1935), 261 をも参照せよ。なお原詩では and のあとに with がある。
(46) 正宗白鳥『内村鑑三』(東京・細川書店、一九五〇年)、八。
(47) 同上、一四。
(48) 正宗白鳥「何処へ」『現代日本文学全集一四　正宗白鳥』(東京・筑摩書房、一九五五年)二六。
(49)「キリスト信徒だった正宗白鳥」『朝日新聞』(東京)一九六二年一〇月三〇日(朝刊)一三。

第四章　自己と祖国の弁明

(1) 全三・一―一六四。
(2)『余は如何にして基督信徒となりし乎』全三・九〇。鈴木俊郎訳(岩波文庫、青一一九―二)一二四。
(3) 同上、全三・八〇。鈴木訳、一一一。
(4) 同上、全三・八八―八九。鈴木訳、一二二。
(5) David C. Bell あての手紙、英文、一八九三年一二月一四日、全三六・三八五(私訳による)。
(6)『余は如何にして基督信徒となりし乎』全三・六七。
(7) 同上、全三・七七(私訳による)。
(8) 同上、全三・九五(私訳による)。

（9）全二・二六三。
（10）Naomi Tamura, *The Japanese Bride* (New York : Harper and Brothers, 1893), ローマ字表記の著者名 Naomi は、西欧の読者には著者が女性であるかのような印象を与えるかも知れない。
（11）『余は如何にして基督信徒となりし乎』全三・七七（私訳による）。
（12）同上、全三・七八（私訳による）。
（13）『路得記』全二・二九七。
（14）『余は如何にして基督信徒となりし乎』全三・六七。
（15）全二・一八。
（16）全二・一七二、引用はよく知られた作品からのものではない。文体から一九世紀後期のアメリカ人のものと思われる。内村は恐らくアメリカ留学中にこれと出合い、その連想の特異なことから記憶していたのであろう。
（17）全二・一七三。
（18）マルコ一・二九―三一、ルカ四・三八―四〇。
（19）「家事の祝福」研二八六（一九二四年五月）二〇九―一二、全二七・三八五―九〇。
（20）『流竄録』全三・五二。
（21）石原兵永『身近に接した内村鑑三』（東京・山本書店、一九七二年）中、一九九。
（22）全三・一五、一七（私訳による）。
（23）全三・一四（私訳による）、回心の記事は、Ryusaku Tsunoda et al., *Sources of the Japanese Tradition*, 849–50 にも含まれている。
（24）大島正健『クラーク先生とその弟子たち』一三九、一一四―一一五頁に対向する写真。
（25）石原兵永『身近に接した内村鑑三』中、一九九。
（26）全三・一六九―二九七。
（27）同上、全三・二〇七（私訳による）。
（28）同上、全三・二五一。
（29）同上、全三・二九〇（私訳による）。

(30) 同上、全三・二九三（私訳による）。
(31) 「見聞二三」研四三（一九〇三年八月）四八一—八二、全一一・三六九。
(32) 『基督信徒の慰』全二・七四。
(33) "Bibliography of the Japanese Empire," IV: 1906–26 (London: E. Goldston, 1928), 502.
(34) "Japan: Its Mission," *Japan Daily Mail*, 5 February 1892. 全一・二四九（私訳による）。
(35) Charles F. Thwing, 日付けがなく、David C. Bell あての手紙の中にあると思われる、全三・三〇六—〇七（私訳による）。
(36) "The Diary of a Japanese Convert," *Critic* 755 (8 August 1896), 86.
(37) *Sunday School Times*, *Far East* 2, 6 (1897) に引用。
(38) "How a Heathen Became a Christian," *Independent*, 14 November 1895, 18.
(39) "The Story of a Japanese Convert," *Nation* 62 (18 May 1896), 420–21.
(40) 日記、一九二九年一一月二七日、研三五四（一九三〇年一月）二五、全三五・五二三。
(41) *Japan and the Japanese*『日本及日本人』全三・二二八（私訳による）。
(42) 同上、全三・二〇九（私訳による）。
(43) 同上、全三・二六一（私訳による）。
(44) 湊謙治『信の内村鑑三と力のニーチェ』（東京・警醒社、一九一八年）、一九。
(45) *Encyclopedia of the Social Sciences* (1950), 13, 395.
(46) Arnold Guyot, *The Earth and Man: Lectures on Comparative Physical Geography in its Relation to the History of Mankind* (Boston: Gould, Kendall, and Lincoln, 1849), 304.
(47) Ibid., flyleaf.（見返し）。
(48) Ibid., 308.
(49) Ibid., 305.
(50) 『地人論』（第一版では『地理学考』）全二・三五二—四八〇。
(51) 同上、全二・三六六。

（52） 同上、全二・四六八。多数の引用を含むより詳細な記述については、拙論 "Chijinron of Uchimura Kanzô," in *Transactions of the International Conference of Orientalists in Japan* 5（1960）, 116–26〔「内村鑑三の地人論」『国際東方学者会議紀要』五・一一六—二六〕を見よ。

（53） 同上、山・信四・九五。

（54） 同上、全二・四七九。

（55） 「コロムブス行績」全一・三一二〔後に「コロムブスと彼の功績」と改題、全二・七六—一二五〕。

（56） 同上。重要な語句の翻訳を伴なうこの評伝の詳細については、拙論 "Uchimura Kanzô on Christopher Columbus,"（*Japan Christian Quarterly* 26, 4（October 1960）, 239–45 所載）を見よ。

（57） 同上、全一・三二一—二二。

（58） George Sansom, *The Western World and Japan*（New York: Knopf, 1950）, 410.

（59） 全二・三〇七—五一、この表題の英訳名は内村自身がベルへの手紙（一八九四年一月三日、全三六・三九〇）の中で用いているもの。

（60） 全四・二四九—九四。

（61） 同上、全四・二七二。

（62） 同上、全四・二八〇。

（63） 同上、全四・二九〇。

（64） 『農本週報』四五（一九六二年一一月一六日）（東京・国立国会図書館）六。

（65） 正宗白鳥『内村鑑三』一五。

（66） Howard R. Burkle, "Uchimura Kanzô: Christian Transcendentalist," *Journal of the Humanities Division* 1（March 1962）160; この論考は、部分的に拙論 "Uchimura Kanzô on Christopher Columbus" への応答になっている。

（67） Frank B. Freidel, *The Splendid Little War*（Boston: Little Brown, 1958）3 に引用されている Theodore Roosevelt あての手紙。

（68） Ernest Young, "A study of Groups and Personalities in Japan Influencing the Events Leading to the Sino-Japanese War（1894–95）," *Papers on Japan* 2（1963）, 229–75.

(69) *Japan Weekend Mail*, 11 August 1894, 全二・三八—四八。
(70) 全三・四三（私訳による）。
(71) 同上、全三・四五—四六（私訳による）。
(72) 同上、全三・四七（私訳による）。
(73) 同上、全三・四七（私訳による）。
(74) 『国民之友』一八九五年六月一三日、全三・一六五。
(75) 同上、全三・一七一。
(76) 『国民之友』一八九六年八月一五日、全三・二三三。
(77) 同上、全三・二四二。
(78) 同上、全三・二五六。
(79) 同上、全三・二五七。
(80) 同上、全三・二五九。
(81) 一八九六年三月、全三六・四三五（私訳による）。
(82) 一八九六年九月、全三六・四四九（私訳による）。
(83) エレミヤ書一・六。
(84) 同上二〇・九。
(85) 同上四・六、内村は『余は如何にして基督信徒となりし乎』の中で言及している。山・信二・一〇二—〇三。
(86) Alfred Struthers あての手紙、英文、一八八八年七月一五日、全三六・二九七（私訳による）。
(87) David C. Bell あての手紙、英文、一八九六年九月、全三六・四四九。

第五章　新たな出発

(1) "The Non-Church Christian Movement in Japan," *Transactions of the Asiatic Society of Japan*, Third Series, 5 (1957), 133 参照。
(2) 伊藤正徳「創世から明治期」『日本新聞百年史』（一九六二年）二七七。

（3）「『帝国主義』に序す」『万朝報』一九〇一年四月一六日、全九・一一八。
（4）「「家庭雑誌」の発刊を祝して」『家庭雑誌』一（一九〇一年四月三日）、全一一・一九九。
（5）「新紀元の発刊を祝す」『新紀元』一（一九〇五年一一月一〇日）、全一三・四一三。
（6）David C. Bell あての手紙、英文、一九〇一年一一月八日、全三六・五〇六（私訳による）。
（7）"Impartiality,"『万朝報』一八九七年二月一七日、全四・七（私訳による）。
（8）"Advantages of English Language,"『万朝報』一八九七年六月一二日、全四・二〇七—〇八。
（9）"Thoughts and Reflections,"『万朝報』一八九八年三月二〇日、全五・三二〇（私訳による）。
（10）"The Queen of England,"『万朝報』一八九八年六月二二日、全四・二二三（私訳による）。
（11）"What We Can Do,"『万朝報』一八九七年二月一七日、全四・六（私訳による）。Isabella Bird's "Unbeaten Tracks in Japan" の中にこの趣旨の引用は見出し得ない。その地域への一つの言及は（volume 2, 3）、彼女はそこを訪れたことはないが、そこでは稲作は行われていないことをよく知っていた、ということである。
（12）"Marquis Itō,"『万朝報』一八九八年一月七日、全五・二二三（私訳による）。
（13）"Notes and Observations,"『万朝報』一八九七年四月三日、全四・九三（私訳による）。
（14）"Unreasonable Complaints,"『万朝報』一八九七年五月一四日、全四・一六一（私訳による）。
（15）"The Gospel of Your Sacred Majesty,"『万朝報』一八九七年一二月二三日、全五・二〇二（私訳による）。
（16）キリスト教回心者に関するこの点の更なる議論については、本書第三章注14掲上の拙論346ff. を見よ。
（17）「尚も基督教徒の俗的運動に就て」『東京独立雑誌』一八九九年三月、全六・四八一。
（18）「「利用」の語」『万朝報』一八九七年四月二日、全四・一二四。
（19）政池仁『内村鑑三伝』一三八（教文館版では二八二）。
（20）「二個の動物園」『万朝報』一九〇二年四月一七・二〇・二二日、全一〇・一二四—二五。
（21）「東京独立雑誌」『東京独立雑誌』一（一八九八年六月）、全六・四九四。
（22）「『小独立国』の現況」『東京独立雑誌』四四、（一八九九年九月二五日）、全七・四二五。
（23）「今日此頃」『東京独立雑誌』六一（一九〇〇年三月一五日）、全八・九三。
（24）「早熟の弊」『東京独立雑誌』五五（一九〇〇年一月一五日）、全八・二〇。

(25) 「『小独立国』の新年」『東京独立雑誌』五四（一九〇〇年一月五日）、全八・一一七。

(26) David C. Bell あての手紙、英文、一八九三年三月二九日、全三六・三七三（私訳による）。一八九三年五月一三日、全三六・三七七も参照。

(27) 同上、一八九七年一一月二〇日、全三六・四六六（私訳による）。

(28) Wilhelm Gundert との会話、一九六〇年一一月二四日。

(29) 「秋の初陣」『万朝報』一九〇〇年九月二七日、全八・二七六。

(30) 「宣言」研一（一九〇〇年九月）、全八・二八二。

(31) 「本誌の発行に就て」研二（一九〇〇年一〇月二七日）、全八・四七一。

(32) 『宗教座談』全八・一九一。

(33) 「今日の困難」（葉山夏期学校における講演）、一八九八年七月一一日、『東京独立雑誌』三五（一八九九年六月二五日）、全六・六六。

(34) 同上、全六・六六。

(35) 「海浜の祈祷」研一九（一九〇二年三月二〇日）一〇—一一、全一〇・七九。

(36) 「山岸壬吾を葬るの辞」研三四五（一九二九年四月）一七一、全三二・九三。

(37) 同上、全三二・九五。

(38) 「基督の神なる理由」『東京独立雑誌』四二（一八九九年九月五日）、全七・二五七—五八。

(39) 一九五四年現在の無教会運動の状況については、拙論 "The Non-Church Christian Movement of Japan," *Transactions of the Asiatic Society of Japan*, Third Series, 5 (December 1957), 119–37 参照。西欧諸言語によるその他の文献には、宣教師の伝道への影響にも言及している Raymond Jennings, *Jesus, Japan, and Uchimura Kanzô* (Tokyo: Kyobunkan, 1958) や、ヨーロッパの神学者ブルンナー（Emil Bruner）やティリケ（Helmut Thielicke）のコメントがある。ブルンナーは東京の国際基督教大学で一九五〇年代に二年間教えたが、その見聞は "Die Mukyokai-Bewegung in Japan" *Zwinglikalender* (Basel: Reinhardt, 1956) に記されている。ティリケは一九五八年に、禅とキリスト教の指導者にインタビューするために日本を訪れている。彼の *Voyage to the Far East*, trans. John W. Deberstein (Philadelphia: Fortress Press, 1962) 参照。中でも最も包括的な記述は Carlo Caldarola, *Christianity: the Japanese Way* (Leiden: Brill, 1979) である。

(40)『基督信徒の慰』全二・三六。
(41) 全八・一一九。
(42)「無教会論」『無教会』一（一九〇一年三月）、全九・七一。全編の訳は、Ryusaku Tsunoda et al., *Sources of the Japanese Tradition* (New York: Columbia University Press, 1958), 854–55 にある。
(43) 研一五二（一九一三年三月）一〇四、全一九・四一一。
(44)「失望と希望」研五三（一九〇三年四月）五一八—二〇、全一一・五八—五九。
(45)「基督信徒と社会改良」研一三（一九〇一年九月）五五、全九・三三六。
(46) 内村の平和主義の詳細については、拙論 "Uchimura Kanzô: The Bible and War," Nobuya Bamba and John Howes, eds., *Pacifism in Japan: The Christian and Socialist Tradition* (Vancouver: UBC Press, 1978), 91–122 を見よ。
(47)「自由伝道と自由政治」研三四（一九〇三年二月）、全一一・一三一。
(48)「基督教と世界歴史」研三二（一九〇三年一月）四五六、全一一・四三。
(49)「余の従事しつゝある社会改良事業」『万朝報』一九〇一年一二月一九日、全九・四六九。

第六章　ルターに導かれて

(1)「再臨信仰の実験」研二二二（一九一九年一月）三一—三二、全二四・四四四。
(2)「宗教改革の精神」研二〇八（一九一七年一一月）五〇六—一二、全二三・三八一。
(3) 石原兵永『身近に接した内村鑑三』上、二五一。
(4)「「宗教と現世」に付する自序」研一六八（一九一四年七月）三四九。少し改題して「「宗教と現世」自序」全二一・四。
(5) 宮部金吾あての手紙、一九一一年三月一四日、全三七・四〇九。
(6) David C. Bell あての手紙、英文、一九一四年六月一八日、全三八・九〇。
(7)「予と研究誌」研一〇〇（一九〇八年六月）、全一五・四九一。
(8) David C. Bell あての手紙、英文、一九一四年六月一八日、全三八・九〇。
(9) 雑誌『無教会』七（一九〇一年九月）一。全巻の写真復刻版がブリティッシュ・コロンビア大学図書館アジア館に保存されている。
(10)「天職発見の途」研一五九(一九一三年一〇月)、全二〇・一〇八。
(11)研一五九(一九一三年一〇月)五〇二―四。
(12)政池仁『内村鑑三伝』一六〇、一六二(教文館版では三一六)。
(13)斎藤宗次郎「金品授与の背後にあるもの」『ある日の内村鑑三先生』九二。
(14)池田福司あての手紙、一九〇四年三月二五日、全三七・一四。
(15)研一五三(一九一三年四月)一四九、全一九・四三四―四五。
(16)「独立五十年」研三三五(一九二八年六月)裏表紙見返し、全三一・一九七。
(17)「余の父の信仰」研八八(一九〇七年六月)三一一―一二、全一五・一〇八―〇九。
(18)「父死して感あり」研八七(一九〇七年五月)二二一、全一五・五九―六〇。
(19)内村祐之『わが歩みし精神医学の道』(東京・みすず書房、一九六八年)二四六。
(20)同上、三八三。
(21)「ルツ子の性格」研一四〇(一九一二年三月)一三四以下、全一九・五九―六〇。
(22)石原兵永あての手紙、英文、一九一五年七月三一日、石原兵永『身近に接した内村鑑三』上、一九二。
(23)植木良佐「内村先生の追憶」内村祐之編『内村鑑三追憶文集』(東京・聖書研究社、一九三一年)一二一。
(24)これらの引用は、関根正雄『内村鑑三』(東京・清水書院、一九六七年)一四二による。典拠の記載はない。
(25)大下あや『父海老名弾正』(東京・主婦之友社、一九七五年)八一。
(26)石原兵永『身近に接した内村鑑三』中、三一(該当箇所に記載がなく、出典不明)。
(27)「三たび信州に入るの記」研三(一九〇〇年一一月)二五九、全八・五〇〇―〇一。
(28)斎藤宗次郎「先生との初対面」『ある日の内村鑑三先生』一〇。
(29)植木良佐「内村先生の追憶」一二一―一三。
(30)石原兵永『身近に接した内村鑑三』上、一七六。
(31)「独立伝道の効果」研一〇八(一九〇九年四月)一〇九、全一六・二七八。
(32)「高価なる基督教」研一八三(一九一五年一〇月)四六三、全二一・四五二。

（33）「余の耐えられぬ事」研一一〇（一九〇九年六月）二四七―四八、全一六・四〇二―〇四。
（34）「真正の伝道」研八二（一九〇六年一二月）七二、全一四・三六五。
（35）「文士と神学者」研八一（一九〇六年一一月）六五三、全一四・三一九。
（36）「角筈だより」『無教会』一（一九〇一年三月）五、全九・七四。
（37）「無勢力の効力」研三五（一九〇三年三月）五八七、全一一・一四一。
（38）「人と協はざる事の幸福」研一三五（一九一一年一〇月）四一六―一七、全一八・二八七。
（39）「我が理想の人」研一〇一（一九〇九年七月）二五五、全一六・四一一。
（40）「故郷と人格」研一二二（一九一〇年七月）三三五―三六、全一七・二九八〔全集には『読売新聞』とある〕。
（41）研一三六、口絵。
（42）石原兵永『身近に接した内村鑑三』上、一二九。
（43）内村ルツ子（Ruth）「ルツ子のクリスマス」研一四九（一九一二年一二月）六〇〇―〇一。

第七章　弟子たち

（1）「感想録」研二四（一九〇二年八月）五二〇―二一、山・信一七・二四八。これは、澁谷浩「角筈時代の内村の集会論」『内村鑑三研究』二（一九七四年六月）五八―五九により注意を促された。
（2）「基督教と師弟の関係」研一（一九〇〇年九月）八、全八・二八七。
（3）「我は我たり」研一二〇（一九一〇年六月）一九四、全一七・二三五。
（4）「師は一人」研三四八（一九二九年七月）三〇八、全三二・一五七。
（5）「余の好む人物」研六六（一九〇五年八月）五六五、全一三・二五〇。
（6）矢内原忠雄、著者とのインタビュー、一九五四年。
（7）著者とのインタビュー、一九六七年六月二二日。
（8）村松定高、著者とのインタビュー、一九七八年一〇月六日。
（9）品川力「「内村鑑三文献目録」のことなど」『内村鑑三研究』三（一九七四年一二月）八三。
（10）鈴木範久『内村鑑三をめぐる作家たち』（東京・玉川大学出版部、一九八〇年）を見よ。

(11) 斎藤宗次郎『ある日の内村鑑三先生』二六五。
(12) 同上、八五。
(13) 斎藤宗次郎あての手紙、一九一〇年六月一八日、全三七・三五七。
(14) 山本泰次郎『内村鑑三――信仰・生涯・友情』(東京・東海大学出版会、一九六六年) 一八〇。
(15) 「高橋ツサ子」研一三八 (一九一二年一月) 四三、全一九・一二。
(16) 山本泰次郎『内村鑑三――信仰・生涯・友情』一八二。
(17) 斎藤宗次郎『ある日の内村鑑三先生』二三七。
(18) 高橋ツサ子あての手紙、一九〇九年三月一七日、全三七・二八一―八二。
(19) 文覚の文章の英訳は、Ryusaku Tsunoda (第二章注72) において読むことができる。
(20) 他に注記がない限り、石原に関する資料は彼の自伝から取られたものである。石原兵永『身近に接した内村鑑三』全三巻 (東京・山本書店、一九七一―七二年)。ここは中、一〇四―〇五。
(21) 「世界に於ける無教会主義」研一一三 (一九〇九年一〇月) 三五一、全一六・四九〇。
(22) 斎藤宗次郎あての手紙、一九〇九年六月二九日、全三七・二九四。木村孝三郎あての手紙、一九〇九年九月一一日、全三七・三〇七。
(23) 日記、一九二〇年八月七日、全三三・二七七。
(24) John F. Howes, *Tradition in Tradition: The Modernization of Japan* (New York: Macmillan, 1975), 86.
(25) 「「年賀状第一等」への付言」研一八六 (一九一六年一月) 七、全二二・四六九。
(26) 「教友会の設立」研六八 (一九〇五年一〇月) 七〇三、全一三・三八〇―八一。
(27) 木村孝三郎あての手紙、一九〇五年八月二七日、全三七・六三。
(28) 「教友会の設立」一九〇五年一〇月一〇日、全一三・三八〇。
(29) 政池仁『内村鑑三伝』二五九 (教文館版では四九六)。
(30) 「加賀の金沢」研一六七 (一九一四年六月) 二九六―九七、全二〇・四〇一。
(31) J. W. Robertson-Scott, *The Foundations of Japan* (London: J. Murray, 1922), 95.
(32) 「明石の会合」研一八五 (一九一五年一二月) 六一四―一六、全二二・一五一―五三。

(33) 同上。
(34) 「「宗教と現世」自序」（一九一四年五月二六日）全二一・四。
(35) 青木義雄あての手紙、一九一〇年七月六日、全三七・三六一。
(36) 同上、一九一四年五月二四日、全三八・八六。
(37) 斎藤宗次郎あての手紙、一九〇五年七月八日、全三七・五九。

第八章　キリスト教と聖書

(1) 「口啓き」『宗教座談』（一九〇〇年）、全八・一一七。
(2) 「真正の宗教」研六七（一九〇五年九月）六三〇―三二、全一三・二八八。
(3) 「教友会の設立」を見よ（第七章注26）。
(4) 「我が基督教」研八〇（一九〇六年一〇月）五九八、全一四・二八四。
(5) 『宗教座談』（一九〇〇年）全八・一一六―九九。
(6) 「神の単一」研一一二（一九〇九年九月）三一八―二一、全一六・四六七―七〇。
(7) 「夏と天然」研八九（一九〇七年七月）三一三、全一五・一一六。
(8) 「生活問題の解決」研一〇二（一九〇八年九月）四二二―二三、全一六・六六―六九。
(9) 「神癒に就いて」研七一（一九〇六年一月）一〇九―一八、全一四・二三―三一。
(10) 「最大の賜物」研四二（一九〇三年七月）三八二―八五、全一一・三〇二―〇三。
(11) 「如何にして聖霊を受けん乎」研一〇三（一九〇八年一〇月）四三八、全一六・八四―九一。
(12) 「現在のキリスト」研九九（一九〇八年五月）二一四、全一五・四四八。
(13) 「親心と神心」研九四（一九〇七年一二月）五七四、全一五・二七九。
(14) 「人命は何故に貴重なる乎」研八二（一九〇六年一二月）七一七、全一四・三七三。
(15) 「祈祷」研一三七（一九一一年一二月）四七一、全一八・三一九。
(16) 「聴かるゝ祈祷と聴かれざる祈祷」研一六〇（一九一三年一一月）五〇五―〇六、全二〇・一五五。
(17) 「祈祷の効力」研一六六（一九一四年五月）二一八―二四、全二〇・三五九―六五。

(18)「祈祷の人」研一三三（一九一一年八月）二八五—八八、全一八・一九九—二〇一。
(19)「三角形として見たる福音」研一四三（一九一二年六月）二四九、全一九・一三四—三五。
(20)「愛するの至福」研二〇七（一九一七年一〇月）四五七、全二三・三五八。
(21)「恩人の種類」研一八四（一九一五年一一月）五一二—一三、全二二・五。
(22)「援助の秘訣」研一二〇（一九一〇年六月）二三九、全一七・二六四—六五。
(23)「狭き広き愛」研八六（一九〇七年四月）一五八、全一五・八。
(24)「与うるの福祉」研四九（一九〇四年二月）二〇〇—〇五、全一二・四三—四四。
(25)「基督教と法律問題」研一一九（一九一〇年五月）一五九—六六、全一七・二一五—二四。
(26)「今世と来世」研一三四（一九一一年九月）三七〇—七一、全一八・二四九—五〇。
(27)「天国の律法」研一六六（一九一四年五月）一九七—二〇三、全二〇・三三六—四二。
(28)「純福音」研一七六（一九一五年三月）一〇三—〇四、全二一・二二七—二九。
(29)「宗教改革の精神」研二〇八（一九一七年一一月）五〇八—一一、全二三・三八三—八八。
(30)「自由意志に就て」研一九九（一九一七年二月）五一、全二三・一七一。
(31)「信仰と行為」研二〇九（一九一七年一二月）五六〇、全二三・四一六。
(32)「哲学と宗教」研二〇三（一九一七年六月）二六六、全二三・二五五。
(33)「光明の明日」研一九三（一九一六年八月）三四一—四二、全二二・三九六—九七。
(34)「救済の確信」研一九一（一九一六年六月）二四四、全二二・二三六。
(35)「終に彼を棄てる」研一八八（一九一六年三月）一〇〇、全二二・二〇五。
(36)「強烈の愛」研一八九（一九一六年四月）一四八、全二二・二三六。
(37)「信仰の統一」研一七七（一九一五年四月）一五九—六〇、全二一・二五八—六〇。
(38)「信仰の欠乏」研一七八（一九一五年五月）二五二、全二一・二九六。
(39)「僕の信仰」研一七九（一九一五年六月）二五六—五七、全二一・三〇九—一〇。
(40)「贖罪と復活」研一七二（一九一四年一一月）四九九—五〇二、全二一・一一五—一九。
(41)「信仰の強弱」研一七五（一九一五年二月）五五—六四、全二一・二〇三—一一。

(42)「聖書に所謂自由」研一六〇（一九一三年一一月）五一〇—一二、全二〇・一六〇—六二。
(43)「事業と信仰」研一五五（一九一三年六月）二五五、全二〇・六。
(44)「愛と信」研一三四（一九一一年九月）三六九、全一八・二四八。
(45)「合同」研一二五（一九一〇年一一月）裏見返し、全一八・一一。
(46)「赦さるべからざる罪」研一〇（一九〇一年六月）三〇二—〇九、全九・二一二—一七。
(47)「恩恵と罪」研一八三（一九一五年一〇月）四六二、全二一・四五一。
(48)「誰の功か」研九二（一九〇七年一〇月）五〇二—〇五、全一五・二二四—二七。
(49)「伝道師と其責任」研二九〇（一九二四年九月）四〇三、全二七・四二三。
(50)「豚に真珠」研二七七（一九二三年八月）三六三—六四、全二七・三五八。
(51)「伝道師と其責任」研二九〇（一九二四年九月）四〇三、全二七・四二三。「豚に真珠」研二七七（一九二三年八月）三六三—六四、全二七・三五九。
(52)「余輩の伝道方針」研一二四（一九一〇年一〇月）裏見返し、全一七・四三一。
(53)「教義と儀式」研一九三（一九一六年八月）三四三、全二二・三九七。
(54)「イエスのバプテスマ」研二七〇（一九二三年二月）一七—二〇、全二七・二六四—六八。
(55)「アブラハムの信仰」研一五九（一九一三年一〇月）四六九、全二〇・一一三。
(56)「真のバプテスマ」研一一七（一九一〇年二月）八五、全一七・一五二。
(57)「潔めらるること（三）バプテスマの意味」山・注一六・二一一。「潔めらるゝ事（一）バプテスマの意義」（一九二二年一一月六日）、全二六・二四一—四二。
(58)「パウロのバプテスマ問題」研二四五（一九二〇年一二月）五三四、山・注一二・三三—三四。全二五・五九七。「キリスト信者の分争」研二八（一九〇二年一一月）一五一—五二、山・注一一・三〇。全一〇・三五〇。
(59)「栄辱五十年」研三三五（一九二八年六月）二四二、全三一・一七〇—七一。
(60)「本誌の性質」研一（一九〇〇年九月）七—八、全八・二八六—八七。
(61)「『角筈聖書』の性質」研五五（一九〇四年八月）六四八、全一二・二七三—七五。
(62)土肥昭夫『内村鑑三』人と思想シリーズ（東京・日本基督教団出版部、一九六二年）、一八六—二〇〇。

(63)「聖書は果たして神の言なる乎」研四八（一九〇四年一月）一四四、全一二・八。
(64)「約翰伝は何を教ゆる乎」研一七〇（一九一四年九月）四〇六―〇九、全二一・六六―六九。
(65)「高等批判に就て」研一〇二（一九〇八年九月）四〇二、全一六・五九。
(66)「聖書は如何なる意味に於て神の言辞なる耶」研二〇（一九〇二年四月）一七六、全一〇・一四七。
(67)「聖書全部神言論」研二二〇（一九一八年一一月）五一九、全二四・三六七、三七四。
(68)「信仰復興（リバイバル）の真偽」研二三五（一九二〇年二月）八八―八九、全二五・二七〇―七三。
(69)「聖書は果たして神の言なる乎」（注63）、全一二・一〇。
(70)「五十年前の信仰」研三三五（一九二八年六月）二六四、全三一・一九二。
(71)「聖書と科学」研四八（一九〇四年一月）一四六、全一二・一〇。
(72) **David C. Bell** あての手紙、英文、一九二二年六月二一日、全三九・二九（私訳による）。
(73) 同上、一九二三年一一月一一日、全三九・五八―五九（私訳による）。
(74)「宇宙の制御」研二八六（一九二四年五月）二一三―一六、全二七・三九〇―九五。

第九章　組織と個人

(1)「雨中閑話」研六五（一九〇五年七月）五〇〇、全一三・二一六。
(2)「単独の勢力」研三三一（一九二八年二月）七六、全三一・一〇五。
(3)「平和実現の夢」研三三二（一九二八年三月）一一六、全三一・三八。
(4)「野の試誘（上）」研二七〇（一九二三年一月）一二―一三、全二七・二七〇。
(5)「伝道の開始」研二七一（一九二三年二月）六九、全二七・二八一。
(6)「教会者と預言者」研一五二（一九一三年三月）一〇四―〇七、全一九・四一一。
(7)「救世軍克己週間寄附金勧誘に付き山室軍平に贈りし書翰」研一四二（一九一二年五月）二四六、全一九・一三一。
(8)「日米両国の組合教会」研六四（一九〇五年六月）三九八、全一三・一六四。
(9)「プロテスタント主義」研一一二（一九〇九年九月）三〇二―〇三、全一六・四三一。
(10)「真の教会」研一三四（一九一一年九月）裏表紙、全一八・二五八。

（11）「愛の会合」「教会と家庭」研一二三（一九一〇年九月）三三八―三九、全一七・三三四―三五。

（12）「愛の至高」研一二三（一九一〇年九月）三三九、全一七・三三四。

（13）「「基督教と教会」への付言」研一六四（一九一四年三月）一三四、全二〇・四〇七。

（14）「四福音書」研一三一（一九一一年六月）一九二、全一八・一三九。

（15）「青年に告ぐ」研三九（一九〇三年五月）二四八―五〇、全一一・二四六―五二〔本文は引用ではなく、全一一・二四九―五一までの要約〕。

（16）「予が見たる二宮尊徳翁」研五四（一九〇四年七月）五八三、全一二・二三五。『代表的日本人』全三・二二八―四九も見よ。

（17）「罪の本源」研三三一（一九二八年二月）六九、全三一・二五。

（18）「先駆者ヨハネ」研二六九（一九二二年一二月）五五六、全二七・二六三―六四。

（19）同上、全二七・二六四。

（20）日記、一九一九年四月二一日、研二二六（一九一九年五月）二三五、全三三・一〇〇。

（21）「如何にして偶像に対すべき乎」研一九四（一九一六年九月）四二四、全二二・四一三。

（22）「日本人の宗教心」研八二（一九〇六年一二月）七〇四、全一四・三六六。

（23）"Household of Faith,"研一八四（一九一五年一一月）五一一、全二一・三。

（24）「イエスを信ず」研一八六（一九一六年一月）三、全二二・一六五。

（25）「ユダヤ人の不信と人類の救（二）」研二六三（一九二二年六月）二一、全二六・三四五。

（26）「寧ろ儒者に倣うべし」研一八〇（一九一五年七月）三一八、全二一・三四八。

（27）「祈祷の決心」研四四（一九〇三年九月）五一四―一六、全一一・三九三―九四。

（28）「軍人の信仰」研二八五（一九二四年四月）一八三、マタイ八・五―一三、ルカ七・一―一〇、使徒一〇章の注解、全二七・三八四。

（29）「理想と実際」研三三三（一九二八年四月）一六一、全三一・四四。

（30）*Bushido, the Soul of Japan: An Exposition of Japanese Thought*, 10th ed.（New York: Young People's Missionary Movement of the United States and Canada, 1909).〔邦訳『武士道』（佐藤全弘訳、教文館、二〇〇〇年）。〕

(31) "Bushido and Christianity," 研一八六（一九一六年一月）一、全二二・一六一。

第一〇章　最後のチャンス

(1) 「祝すべき哉疾病」研一三九（一九一二年二月）五〇、全一九・三〇。
(2) 「「二月号反響」への付言」研一四一（一九一二年四月）一九四、全一九・四八九。
(3) 日記、一九二三年一月一二日、研二五九（一九二三年二月）九四、全三四・八。
(4) 「「宗教と現世」自序」（一九一四年五月二六日）、全二一・四。
(5) 石原兵永『身近に接した内村鑑三』上、六七。
(6) 同上、二三五。
(7) "Wars and Hope,"「戦乱と希望」研一七〇（一九一四年九月）四〇一、全二一・五九（私訳による）。
(8) 「欧州の大乱と基督教」研一七二（一九一四年一一月）五四三、「欧州の戦乱と基督教（改題）」全二一・一三四―一三五。
(9) David C. Bell あての手紙、英文、一九一六年八月一四日、全三八・二〇七（私訳による）。
(10) 同上、一九一七年四月一一日、全三八・二五〇（私訳による）。
(11) 「米国の参戦　平和主義者の大失望」研二〇二（一九一七年五月）、全二三・二三五。
(12) Arthur S. Peake, *Peake's Commentary on the Bible* (New York: T. Nelson, 1962) 451.
(13) 「平和の朝と戦争の夜」研二〇三（一九一七年六月）二七〇―七一、全二三・二六一―六二。
(14) 石原兵永『身近に接した内村鑑三』上、二四六。
(15) 「『帝国主義』に序す」『万朝報』一九〇一年四月一六日、全九・一一八。
(16) 宮部金吾あての手紙、一九一一年三月一四日、全三七・四〇九。
(17) David C. Bell あての手紙、英文、一九一六年一月一六日、全三八・一八一（私訳による）。
(18) 青木義雄あての手紙、一九一一年一月二六日、二月五日、全三七・三九五―九六。
(19) 同上、一九一一年二月五日、全三七・三九六。
(20) 斎藤梅吉あての手紙、一九一一年二月一二日、全三七・三九七―九八。

(21) David C. Bell あての手紙、英文、一九一一年三月一四日、全三七・四〇七—〇八（私訳による）。

(22) 「第弐百号」研二〇〇（一九一七年三月）九九、全二三・二〇二。

(23) David C. Bell あての手紙、英文、一九一六年一二月二九日、全三八・二三四（私訳による）。

(24) 布施常松あての手紙、一九一一年二月一七日、全三七・四〇二。

(25) 宮部金吾あての手紙、英文、一九一四年九月一日、全三八・九六（私訳による）。

(26) 「失敗の成功」研一九二（一九一六年七月）二九三—九五、全二二・三八五—八九。

(27) 「初夢」研八三（一九〇七年一月）三、全一四・四一〇—一一。E. R. Rhodes（元立教大学、東京）による英訳が、中沢生子『聖書とアメリカ・ルネサンスの作家たち』（東京・朝日出版社、一九七五年）二六〇に引用されている。

(28) 志賀重昂『志賀重昂全集』八・一七七、"Crossroads of Patriotism" (unpublished PhD dissertation, Princeton, 1967) 355 に引用されている。この優れた三輪の労作は私に志賀と内村の関係の重要性について最初に注意を喚起してくれた。

(29) 鈴木範久『内村鑑三とその時代——志賀重昂との比較』（東京・日本基督教団出版局、一九七五年）一三二。鈴木のこの優れた著作は前記三輪の論考を補足し、この部分の拙論に刺激を与えてくれた。

(30) 石原兵永『身近に接した内村鑑三』上、二四一。

(31) *A Century of Protestant Christianity in Japan* (Rutland, VT: Charles Tuttle, 1960), 181.

(32) 全三・九五。

(33) David C. Bell あての手紙、英文、一九一一年五月二八日、全三七・四二六—二七（私訳による）。

(34) 同上、一九一七年九月一九日、全三八・二七八（私訳による）。

(35) 布施常松あての手紙、一九一七年二月九日、全三八・二四三。

(36) 「若しルーテルが日本に生まれたならば？」研二〇七（一九一七年一〇月）四九五—九七、全二三・三六七—七〇。

(37) 「ルーテルの遺せし害毒」研二〇九（一九一七年一二月）五六八、全二三・四二五。

第一一章　キリストの再臨

(1) 内村祐之「遺稿」全三二・三四八。

(2) 「十人童女の譬喩」研二二七（一九一九年六月）二六一、全二五・一五。

（3）日記、一九二一年一〇月二六日、研二五七（一九二一年一二月）四六九、全三三・四四二。

（4）David C. Bell あての手紙、英文、一九一八年五月六日、全三八・三〇五（私訳による）。

（5）藤井武「軽井沢における先生」研二一八（一九一八年九月）四四九—五〇。

（6）David C. Bell あての手紙、英文、一九一八年一一月一九日、全三八・三三七（私訳による）。

（7）米田勇『中田重治伝』（東京・中田重治伝刊行会、一九五九年）二八八。

（8）「聖書と基督の再臨」研二二二（一九一九年一月）一七—二二、全二四・四二八—三二。

（9）「余がキリストの再臨に就て信ぜざる事共」研二一一（一九一八年二月）五三、全二四・四七。

（10）日記、一九二〇年九月二三日、研二四三（一九二〇年一〇月）、全三三・二九四。

（11）日記、一九一九年二月二日、研二二四（一九一九年三月）一四三、全三三・七四。

（12）David C. Bell あての手紙、英文、一九一六年一〇月二〇日、全三八・二二〇。

（13）「聖書の預言的研究」研二一〇（一九一八年一月）四、全二四・九。

（14）日記、一九一九年四月一一日、研二二六（一九一九年五月）二三三、全三三・九五。

（15）「タラントの譬話」『十字架の道』一七、研三〇四（一九二五年一一月）五〇六、全二九・一六〇。

（16）「信者の名実」研一〇八（一九〇九年四月）一一〇、全一六・二七八—七九。

（17）「米国人の総攻撃」研一一九（一九〇九年五月）一九一、全一七・二三二。

（18）日記、一九一九年二月一八日、研二二四（一九一九年三月）一四一—四二、全三三・七二。

（19）"Personal Notes," *JCI* 2, 1 (1927. 3) 21, 全三〇・二四〇—四一（私訳による）。

（20）日記、一九一九年三月一七日、研二二五（一九一九年四月）一九〇、全三三・八四—八五。これが本当に John Dewey かどうかは確かではない。というのも、内村は仮名で姓のみを用いているからである。V. N. Kobayashi はその著 *John Dewey in Japanese Educational Thought* (Ann Arbor: University of Michigan School of Education, 1964) の中で、Dewey の日本滞在はそれより八日前であったと言っている。John Dewey のそうした評判だけで、内村は彼の講演会に出向いたということではなかろうか。John Dewey, *Letters from China and Japan* (New York: Dutton, 1920), diary for 16 and 18 March 1919 も参照せよ。

（21）「宗教改革を迎へし国と之を斥けし国」研二〇七（一九一七年一〇月）五〇四、全二三・三七七—七八。

(22)「北海道訪問日記」研二一七（一九一八年八月）三九八、全二四・三〇一。
(23)日記、一九一九年三月一五日、研二三五（一九一九年四月）一八九―九〇、全三三・八三―八四。
(24)日記、一九一九年四月一一日、研二三六（一九一九年五月）二三三、全三三・九五。
(25)「天然詩人としての預言者ヱレミヤ」研一〇八（一九〇九年四月）一一三、全一六・二八一。
(26)「偽預言者とは何ぞや」研八八（一九〇七年六月）二七五、全一五・九二。
(27)「偽の預言者」研二〇三（一九一七年六月）二六八、全二三・二五八。
(28)「『よろづ短言』自序第二」一九〇八年五月一七日、全一五・四七一。
(29)日記、一九一九年四月一一日、研二三六（一九一九年五月）二三三、全三三・九五。
(30)「国家的罪悪と神の裁判」研二三三（一九一九年二月）七〇、全二四・四七〇。
(31)日記、一九一八年一〇月二二日、研一一〇（一九一八年一一月）五三〇、全三三・二三。
(32)日記、一九一九年一月一日、研二三三（一九一九年二月）八六、全三三・五三。
(33)日記、一九一九年四月五日、研二三六（一九一九年五月）二三一、全三三・九三。
(34)内村祐之『わが歩みし精神医学の道』（東京・みすず書房、一九六八年）一八二。
(35)日記、一九一九年四月四日に引用されている。研二三六（一九一九年五月）三三一、全三三・九二。
(36)David C. Bell あての手紙、英文、一九一八年一一月一九日、全三八・三三六（私訳による）。
(37)日記、一九一九年四月一八日、研二三六（一九一九年五月）二三五、全三三・九八。
(38)「教会の真偽」研一二九（一九一一年三月）九九、全一八・七五。
(39)「教会と救」研一二六（一九一〇年一二月）四八四、全一八・一六。
(40)David C. Bell あての手紙、英文、一九一一年二月一五日、全三七・四〇〇（私訳による）。
(41)石原兵永『身近に接した内村鑑三』上、二六七参照（雑誌『新人』の記事については、鈴木範久『内村鑑三日録10』二一一参照）。
(42)「神学評論」一九一九年一月。日記、一九一九年二月二〇日に引用されている。研二二四（一九一九年三月）一四二、全三三・七三。
(43)鈴木俊郎「人類最初の平和会議」『内村鑑三研究』五（一九七五年二月）一〇九。

(44) 「十人童女の譬喩」研二二七（一九一九年六月）二六〇、全二五・一四。

(45) 「パウロの復活論」研二二六（一九一九年五月）二〇四、全二四・五六四—六五。

(46) 「基督教界革正の必要」研二二七（一九一九年六月）二八四、全二五・四〇。

(47) 日記、一九一九年五月一四日、研二二七（一九一九年六月）二八一、全三三・一〇七。

(48) 「排斥日記」研二二七（一九一九年六月）裏表紙、全二五・四二—四三。

(49) 畔上賢造あての手紙、一九一八年五月一一日、全三八・三〇六。

(50) “Glorious Days,”「光明の日」研二二七（一九一六年六月）二四一、全二五・三—四。

(51) 「無教会論」『無教会』一（一九〇一年三月）一、全九・七一。

(52) George B. Bikle, Jr., *The New Jerusalem: Aspects of Utopianism in the Thought of Kagawa Toyohiko* (Tucson: University of Arizona Press, 1976).

(53) Norman Cousins との会話、一九七〇年頃。

第一二章　聖書と日本

(1) 鈴木俊郎へのインタビュー、一九七六年七月六日。

(2) 「『羅馬書の研究』に附する序」全二八・三五七。

(3) 「聴講注意録」研二一八（一九一八年九月）裏表紙、全二四・六〇五—〇六。

(4) 日記、一九二一年六月五日、全三三・三八九。

(5) 日記、一九二一年七月一六日、全三三・四〇四。

(6) 斎藤宗次郎『ある日の内村鑑三先生』二〇二。

(7) 山本泰次郎へのインタビュー、一九六七年六月二二日。

(8) 政池仁、石原兵永へのインタビュー、一九六七年七月一〇日。

(9) 斎藤宗次郎「入信五十年」『ある日の内村鑑三先生』二二五、一九二八年に言及。

(10) 「但以理書第一章之研究」研三二六（一九二〇年三月）一一六、全二五・二八四。

(11) 著者へのインタビューで、一九六七年六月二二日。

（12）「ヨブ再び口を啓く」研二四〇（一九二〇年七月）三二五、全二五・三九六。
（13）「神学者ビルダデ語る」研二四〇（一九二〇年七月）三三一、全二五・四〇二。
（14）「ヨブ終に贖主を認む」研二四四（一九〇二年一二月）五一〇、全二五・四五八。
（15）同上、五一三、全二五・四六〇。
（16）「ヨブの見神（一）」研二四五（一九二〇年一二月）五五一、全二五・四六七。
（17）「ヨブの終末」研二四六（一九二一年一月）三五、全二五・四九〇。
（18）日記、一九二〇年九月一九日、研二四三（一九二〇年一〇月）、全三三・二九三—九四。
（19）日記、一九二〇年一〇月一一日、研二四四（一九二〇年一一月）、全三三・三〇一。
（20）石原兵永『身近に接した内村鑑三』上、一一七。
（21）「エペソ伝道の成功」研三三三（一九二七年三月）二六一、全三〇・二八二。
（22）G. D. Findlay in *Peake's Commentary*, 817.
（23）Ibid., 818.
（24）Ibid.
（25）「律法の能力」研二五二（一九二一年七月）三〇四—一三、全二六・一五四、一五九—六四。
（26）「救の完成（二）」研二六〇（一九二二年三月）一一三—一四、全二六・二八三—八五。
（27）「ユダヤ人の不信と人類の救」研二六二（一九二二年五月）二二二—二四、全二六・三三六—三九。
（28）「政府と国家に対する義務」研二六六（一九二二年九月）四〇四—〇六、全二六・四〇五—〇八。
（29）「健全なる聖書研究」研八七（一九〇七年五月）二五五—五六、全一五・七五—七六。
（30）「イエスの殿潔め」研二九九（一九二五年六月）二五七、全二九・一〇四。
（31）「解説」山・注一・三〇三〔該当箇所がなく、出典不明〕。
（32）Canon Herbert O'Driscoll が、一九七〇年代に私に最初にこの言い方を示唆してくれた。
（33）二三、二四章の完全な要約あり。委細は Howes に連絡されたし。
（34）一九世紀ハンガリーの画家 Mihaly von Munkácsy の絵画「ピラトの前のキリスト」（一八八〇）。現在フィラデルフィア、ワナメーカー・コレクション所蔵。

(35) 「ピラトの前のキリスト」研三〇九（一九二六年四月）一六五―六八、全二九・一九二―九六。
(36) 「家庭の不幸」研三三七（一九二八年八月）三五七―五八、全三一・二一五―一七。
(37) 同上、全三一・二一六。
(38) 同上、全三一・二一七。
(39) 日記、一九二八年五月六日、研三三五（一九二八年六月）二八三、全三五・三一六。
(40) 全三・七七。
(41) 政池仁、石原兵永へのインタビュー、一九六七年七月一〇日。
(42) Darley Downs へのインタビュー、一九五五年。
(43) この区別の指摘については、私の同僚であった故 Keith Clifford に負っている。
(44) 関根正雄『内村鑑三』（東京・清水書院、一九六七年）一二三。
(45) 石原兵永『身近に接した内村鑑三』中、七四。
(46) インタビュー、一九六七年七月一〇日。
(47) *The Book of Job* (Cambridge, UK: Cambridge University Press, 1903).
(48) 日記、一九二三年八月四日、研二七八（一九二三年九月）四二七、全三四・二〇七。
(49) 石原兵永『身近に接した内村鑑三』中、三一八―一九。
(50) 同上、三二〇―二二。
(51) 日記、一九二三年九月四日、研二七九（一九二三年一〇月）四七五、全三四・二二九。

第一三章　賢者

(1) Shunkichi Akimoto, "Mr. Uchimura as Seen by a Gifted Writer," *JCI* 1, 1（一九二六年三月）36.
(2) 日記、一九二八年二月二〇日、研三三二（一九二八年三月）一四三、全三五・二八七。
(3) 内村祐之『内村・野球・精神医学』（東京・日本経済新聞社、一九七三年）七六。
(4) 同上。
(5) 内村祐之「家庭の人としての父内村」『内村・野球・精神医学』一九九。

（6）David C. Bell あての手紙、英文、一九二四年一〇月二〇日、全三九・一七八―七九（私訳による）。
（7）日記、一九二五年四月一五日、研二九八（一九二五年五月）二三八、全三四・四二九。
（8）「卓上談話」研三二二（一九二七年四月）二一八、全三〇・五三八。
（9）斎藤宗次郎『ある日の内村鑑三先生』二六〇。
（10）日記、一九二五年一〇月一四日、研三〇四（一九二五年一一月）五二五、全三四・四九三。
（11）「完全なる自由」研三二一（一九二七年四月）一六八―六九、全三〇・三三六―四〇。
（12）「キリスト教と愛国心」研二八八（一九二四年七月）三一五、全二八・三〇三。
（13）「武士道と基督教」研三三九（一九二八年一〇月）四五七、全三一・二九二―九三。
（14）同上、四五七―六〇、全三一・二九二―九七。
（15）「軍人の信仰」研二八五（一九二四年四月）一八四、全二七・三八五。
（16）「寧ろ儒者に倣うべし」研一八〇（一九一五年七月）三一五、全二一・三四六―四七。
（17）塚本虎二「頭をさげる先生」『内村鑑三と私』（東京・伊藤節書房、一九六一年）一四二―四三。
（18）日記、一九二八年一一月七日、研三四一（一九二八年一二月）五七二、全三五・三八二―八三。
（19）斎藤宗次郎『ある日の内村鑑三先生』二三三。
（20）同上、二〇九。
（21）同上、二一三。

第一四章　西洋批判

（1）David C. Bell あての手紙、英文、一九一七年四月一九日、全三八・二五三―五四（私訳による）。
（2）日記、一九二三年四月二六日、研二六三（一九二三年六月）二八一、全三四・四二。
（3）David C. Bell あての手紙、英文、一九一七年四月一七日、全三八・二五三（私訳による）。
（4）「回顧三十年」研三四四（一九二九年三月）一一五、全三二・五八。
（5）佐藤全弘「朝鮮問題と内村鑑三」『内村鑑三研究』五。この優れた論考は、内村について現代の研究の水準の高さを反映している。

（6）「ベツレヘムの星」研二三五（一九二〇年二月）八二、全二五・二六八―六九。
（7）日記、一九二八年一二月一日、研三四二（一九二九年一月）四二、全三五・三九一。
（8）"An Appreciation of Bishop Harris," *Japan Evangelist*, June 1916, 224に引用されている。
（9）David C. Bellあての手紙、英文、一九二一年六月六日、全三八・四八八（私訳による）。
（10）Ronald P. Dore, *Land Reform in Japan* (Oxford: Oxford University Press, 1959).〔ロナルド・ドーア『日本の農地改革』並木正吉・高木径子・蓮見音彦訳（東京・岩波書店、一九六五年）。〕
（11）J. W. Robertson-Scott, *The Foundation of Japan* (London: J. Murray, 1922), 90, 97.
（12）David C. Bellあての手紙、英文、一九一五年一月七日、全三八・一一九（私訳による）。
（13）日記、一九二〇年八月七日、研二四二（一九二〇年九月）四二九、全三三・二七七。
（14）A・アルバースからの手紙（仮名表記から字訳されたもの）。日記、一九二六年四月二八日、研三一一（一九二六年六月）二八二に引用されている、全三五・四六。
（15）日記、一九二三年五月二〇日、研二七五（一九二三年六月）二八七、全三四・一七九。
（16）「発行満一五年」研一八三（一九一五年一〇月）五〇九、全二一・四八〇。
（17）「宣教師と国語」研一九二（一九一六年七月）二九一、全二二・三八一―八二。英訳はわずかの修正あり。
（18）「無情の宣教師」研一〇一（一九〇八年八月）三二八、全一六・八。
（19）Cyril Powles, *Victorian Missionaries in Meiji Japan: The Shiba Sect: 1873–1900* (Toronto: University of Toronto-York University Joint Centre on Modern East Asia, 1987).
（20）日記、一九二六年八月二四日、研三一四（一九二六年九月）四三二、全三五・八八。
（21）日記、一九二六年九月一日、研三一五（一九二六年一〇月）四七五、全三五・九一―九二。
（22）日記、一九二六年九月九日、研三一五（一九二六年一〇月）四七六、全三五・九四。Voriesはまたその妻の家名である〝一柳〟をもっても知られる。
（23）神田もうどあての手紙、英文、一九二三年七月一〇日、全三九・九六。
（24）国際連盟における新渡戸の詳細については以下を参照。Thomas W. Burkman, "The Geneva Spirit," in John F. Howes, ed., *Nitobe Inazō, Japan's Bridge across the Pacific* (Boulder: Westview, 1995), 177–214.

(25) 日記、一九二四年五月二三日、研二八七（一九二四年六月）、全三四・三一二。
(26) 山縣五十雄あての手紙、英文、一九二四年五月二三日、全三九・一四八（私訳による）。
(27) 徳富蘇峰あての手紙、一九二四年五月二九日、全三九・一四八。
(28) 山本泰次郎『内村鑑三——信仰・生涯・友情』二五七、山・信二四—三三七、二五一。
(29) 徳富蘆花（健次郎）あての手紙、一九二四年八月一六日、全三九・一六八。
(30) 石原兵永『身近に接した内村鑑三』下、表紙扉。
(31) David C. Bell あての手紙、英文、一九二二年四月九日、全三九・一八（私訳による）。
(32) 同上、一九二六年八月二〇日、全三九・二六八（私訳による）。
(33) 日記、一九二六年一月二〇日、研三〇七（一九二六年二月）九五、全三五・九。
(34) "The Managing Editor," *JCI* 1, 1（一九二六年三月）8–11.
(35) Ibid., 8.
(36) 山縣三千雄『日本人と思想』（東京・創文社、一九七四）、一一五。
(37) 同上、一一一。
(38) 日記、一九二六年三月四日、研三〇九（一九二六年五月）一八七、全三五・二五。
(39) 太田雄三『内村鑑三　その世界主義と日本主義をめぐって』（東京・研究社、一九七七年）、二六二。
(40) 日記、一九二六年二月五日、研三〇八（一九二六年二月）一四〇、全三五・一五—六。
(41) Hakucho Masamune, "Christian Influence on Japanese Literature," *JCI* 1, 12（一九二七年二月）528–29.
(42) Kyohei Yamamoto, "Dr. Kure's Story of Siebold," *JCI* 1, 9（一九二六年一一月）383–89.
(43) Isoh Yamagata, "James Murdoch, the Historian of Japan," *JCI* 1, 8（一九二六年一〇月）345（私訳による）。
(44) "The Late Professor Eucken," *JCI* 1, 8（一九二六年一〇月）352, 全三〇・七九（私訳による）。
(45) Isoh Yamagata, "Japanese Influence on Western Arts," *JCI* 1, 10（一九二七年一月）487（私訳による）。
(46) "The Morning Cometh," *JCI* 1, 10（一九二六年一二月）408, 全三〇・一六四（私訳による）。
(47) "Letters from James Murdoch: Mr. Hughes and the Japanese," *JCI* 1, 9（一九二六年一一月）393（私訳による）。
(48) Charles T. Ohta, "Japanese in California," *JCI* 2, 3（一九二七年五月）65–67.

(49) "An Open Letter to Uncle Sam," *JCI* 1, 12（一九二七年二月）500–01, 全三〇・二二七—一八（私訳による)。
(50) Kyohei Yamamoto, "With Faith in Japan," *JCI* 1, 12（一九二七年二月）511–15（私訳による）.
(51) William E. Griffis, "Christianity in Japan," *JCI* 2, 8（一九二七年一〇月）168–72.
(52) "Change and Prospectus," *JCI* 1, 12（一九二七年二月）表見返し、全三〇・五一九（私訳による)。
(53) "Faith and Thinking," *JCI* 2, 2（一九二七年四月）25–26, 全三〇・三一八—一九（私訳による)。
(54) "Witnessing, not Teaching," *JCI* 2, 4（一九二七年六月）72, 全三〇・三五七（私訳による)。
(55) "Belief in God," *JCI* 1, 11（一九二七年一月）456, 全三〇・一九〇（私訳による)。
(56) "What I Think of Christ," *JCI* 1, 12（一九二七年二月）496–99, 全三〇・二一二—一四（私訳による)。
(57) "Spirits and Forms," *JCI* 1, 11（一九二七年一月）458–60, 全三〇・一九三—九五（私訳による)。
(58) "Note," *JCI* 2, 5（一九二七年七月）116,「'My Christian Grand Parents' By Hanso Terao への付言」全三〇・五一一（私訳による)。
(59) "Spirits and Forms," *JCI* 1, 11（一九二七年一月）460, 全三〇・一九五（私訳による)。
(60) "Christianity and Buddhism," *JCI* 1, 8（一九二六年一〇月）311, 全三〇・七四—七五（私訳による)。
(61) "The Most Shocking," *JCI* 1, 6（一九二六年八月）257, 全三〇・二七（私訳による)。
(62) "Observation on Christian Missionaries,"『万朝報』（一八九七年四月九日）全四・一〇二（私訳による)。
(63) Toraji Tsukamoto, "Eureka, or a Great Discovery," *JCI* 2, 1（一九二七年三月）13（私訳による）.
(64) E. W. Clement, "Evolution and Comparisons," *JCI* 1, 11（一九二七年一月）461.
(65) "Personal Notes," *JCI* 2, 1（一九二七年三月）20–21, 全三〇・二三九（私訳による)。
(66) 武田清子「内村鑑三の未公開書簡——"Sectarianism" をめぐっての Miss H. Frances Parmelee との論争」『アジア文化研究』六（東京・国際基督教大学、一九七二年一二月）一一一。この二人の手紙の交換について、私の注意を喚起してくれた太田雄三『内村鑑三——その世界主義と日本主義をめぐって』二八二—三〇六に感謝したい。
(67) Otis Cary, Jr. からの手紙、英文、一九七八年九月一五日。
(68) "Again about Sectarianism," *JCI* 2, 9（一九二七年一一月一〇日）190, 全三〇・四七八—七九（私訳による)。
(69) 武田清子「内村鑑三の未公開書簡——"Sectarianism" をめぐっての Miss H. Frances Parmelee との論争」『アジア文化

研究』六・一一七（私訳による）。
(70) 同上。
(71) 同上、一一八（私訳による）。
(72) 同上。
(73) "Correspondence with an American Missionary," 個人的に配布していたと思われる。同上、一二〇―一二一（私訳による）。
(74) 同上、一二四―一二五（私訳による）。
(75) 同上、一三一（私訳による）。
(76) 太田雄三『内村鑑三――その世界主義と日本主義をめぐって』二九一。
(77) 武田清子「内村鑑三の未公開書簡――"Sectarianism"をめぐってのMiss H. Frances Parmeleeとの論争」『アジア文化研究』六・一二一（私訳による）。
(78) 同上、一二五（私訳による）。
(79) David C. Bellあての手紙、英文、一八九三年三月二九日、全三六・三七〇―七一。
(80) 同上、一八九三年一二月一四日、全三六・三八五（私訳による）。
(81) H. Frances Parmeleeあての手紙、英文、一九二七年一二月二日、全三九・三三一（私訳による）。
(82) 武田清子「内村鑑三の未公開書簡――"Sectarianism"をめぐってのMiss H. Frances Parmeleeとの論争」『アジア文化研究』六・一二一（私訳による）。
(83) "On Discontinuation of This Magazine," *JCI* 2, 10（一九二七年一二月）裏表紙、全三〇・五二七（私訳による）。
(84) 太田雄三『内村鑑三――その世界主義と日本主義をめぐって』三〇六。
(85) 武田清子「内村鑑三の未公開書簡――"Sectarianism"をめぐってのMiss H. Frances Parmeleeとの論争」『アジア文化研究』六・一二七（私訳による）。
(86) 日記、一九二七年一二月四日、研三〇（一九二八年一月）四六、全三五・二六〇―六一。
(87) Toraji Tsukamoto, "The Rock on Which the Church Stands," *JCI* 2, 10（一九二七年一一月）216.〔'The Rock on Which the Church Stands' By Toraji Tsukamotoへの付言」全三〇・五一五（私訳による）参照。〕

(88) Ibid., 219 (私訳による).
(89) 日記、一九二八年二月一一日、研三三二(一九二八年三月)一四〇、全三五・二八三。

第一五章　愛弟子たちの離反(原題＝蝮の裔)

(1) 山本泰次郎『内村鑑三――信仰・生涯・友情』二六三に引用。
(2) 政池仁『内村鑑三伝』一六七(教文館版では三三一)。
(3) 『聖書之研究』第一四、一五、一六号、一九〇一年一〇―一二月。
(4) 「背教者としての有島武郎氏」『万朝報』一九二三年七月、全二七・五二六―三一。
(5) 山本泰次郎『内村鑑三――信仰・生涯・友情』二四七。
(6) 同上、二四八。
(7) 「講談会感想録への付言」研一二(一九〇一年八月)四六八、全九・五〇九。
(8) 「第三回角筈夏期講談会感想録への付言」研二四(一九〇二年八月)五〇九、全一〇・四四四。
(9) 小山内薫「ドストエフスキーの臨終」研八〇(一九〇六年一〇月)六三九―四〇。
(10) 「豚に真珠」研二七七(一九二三年八月)三六四、全二七・三五九。
(11) 「イエスの逮捕」研三〇八(一九二六年三月)一一四、全二九・一八五。
(12) 石原兵永『身近に接した内村鑑三』中、二九六に引用。
(13) 小山内薫「自伝」『小山内薫全集』八、七。
(14) 日記、一九二三年七月一〇日、研二七七(一九二三年八月)三八一、全三四・一九九。
(15) 石原兵永『身近に接した内村鑑三』下、二一〇。
(16) 斎藤宗次郎「小山内薫氏書簡事件」『ある日の内村鑑三先生』二三三。
(17) 石原兵永『身近に接した内村鑑三』下、二〇九―一六。
(18) 斎藤宗次郎『ある日の内村鑑三先生』二二五―二六。
(19) 山本泰次郎『内村鑑三――信仰・生涯・友情』二四七に引用。
(20) 矢内原忠雄「内村鑑三、一」『中央公論』一九四六年六月、土肥昭夫『内村鑑三』二二八に引用。

(21) 塚本虎二「先生に蝮の卵と言われた〝柏会〟」『追悼集内村鑑三先生』。『内村鑑三先生と私』（東京・伊藤節書房、一九六一年）八三に転載。
(22) 藤田若雄『内村鑑三を継承した人々』全二巻（東京・木鐸社、一九七七年）。
(23) Carlo Caldarola, *Christianity: The Japanese Way* (Leiden: E. J. Brill, 1979).
(24) 海老沢義道『斎藤惣一とＹＭＣＡ』（東京・日本ＹＭＣＡ同盟出版部、一九六五年）一〇五。
(25) 「偶像と偽預言者」同上、八〇。
(26) 鈴木俊郎「義ということと愛ということ」『内村鑑三の遺産』（東京・山本書店、一九六三年）一一九。
(27) Yoshitaka Kumano, "Poetic Christianity (II): Takeshi Fujii," *Japan Christian Quarterly* (Winter 1967), 33.
(28) 藤井武、研八八（一九一六年三月）一三二。
(29) 山本泰次郎『内村鑑三――信仰・生涯・友情』二三三。
(30) 同上、二三四―三五。
(31) 「神の忿努と贖罪」研一八九（一九一六年四月）一五九、全二二・二四二。
(32) 石原兵永『身近に接した内村鑑三』上、二四三。
(33) 「代贖を信ずるまで」研二六〇（一九二〇年三月）一〇二。
(34) 石原兵永『身近に接した内村鑑三』中、一二一―一三。
(35) 土肥昭夫『内村鑑三』二六一。
(36) 塚本虎二「私は罪人の首である」研三一〇（一九二六年五月）二〇五、第一版。塚本虎二『私の無教会主義』（東京・伊藤節書房、一九六二年）六二。
(37) 塚本虎二「結婚と信仰」研三一三（一九二六年八月）三四三。
(38) 塚本虎二「先生と共に五十年」『内村鑑三先生と私』二三四。
(39) 塚本虎二「研究誌と私」研三〇〇（一九二五年七月）附録一〇。
(40) 塚本虎二「現代教会の不信（私が教会に属せざる理由）」研三一九（一九二七年二月）五八。
(41) 塚本虎二「内村先生と私」『内村鑑三先生と私』一二一―一二。
(42) 同上。

(43) 塚本虎二「内村先生のことども」同上、五三―五四。
(44) 塚本虎二「沖に網を下せ」同上、一〇六。
(45) 山本泰次郎『内村鑑三――信仰・生涯・友情』二七〇。
(46) 日記、一九一八年一〇月六日、研二一九（一九一八年一一月）五二七、全三三・一七。
(47) 塚本虎二「二十五年前の朝日評」『内村鑑三先生と私』一四四―四五、写真は石原兵永『身近に接した内村鑑三』中、口絵。
(48) 塚本虎二「現代教会の不信（私が教会に属せざる理由）」研三一九（一九二七年二月）六〇―六一。
(49) 「柏木の騒動」山・日四・四一五。
(50) 石原兵永『身近に接した内村鑑三』下、八八。
(51) 同上、一〇五。
(52) 同上、一〇四―一〇五。
(53) 同上、一四一。
(54) 同上、一一八。
(55) 同上、一一五。
(56) 同上、一〇一。
(57) 同上、一〇七。
(58) 塚本虎二「小さき群」『内村鑑三先生と私』一三九。
(59) 日記、一九二八年一二月一日、研三四二（一九二九年一月）四二、全三五・三九一。
(60) 塚本虎二『内村鑑三先生と私』一〇以下。
(61) **David C. Bell** あての手紙、英文、一九二六年一一月三日、全三九・二八三（私訳による）。
(62) 石原兵永『身近に接した内村鑑三』下、九八。
(63) 山本泰次郎『内村鑑三――信仰・生涯・友情』二七一。
(64) 同上、二七二。
(65) 山本泰次郎へのインタビュー、一九六七年七月二三日。

(66) 山本泰次郎『内村鑑三――信仰・生涯・友情』二七二。
(67) 山本泰次郎へのインタビュー、一九六七年七月二九日。
(68) 塚本虎二「内村鑑三先生の死と私」『内村鑑三先生と私』一一。
(69) 同上、一〇。
(70) 塚本虎二「内村先生とダンテ」『内村鑑三先生と私』五〇。
(71) 同上。
(72) 塚本虎二「内村先生のことども」同上、五三。
(73) 塚本虎二「先生と共に五十年」同上、二三九。
(74) 「柏木の騒動」山・日四・四二〇。
(75) 同上、四一九。
(76) 日記、一九二八年一一月四日、研三四一（一九二八年一二月）五七一、全三五・三八一。
(77) 同上。
(78) 「イスラエルの救と世の終末」研三四一（一九二八年一二月）五五二、全三一・三三六。
(79) 日記、一九二一年一一月四日、研二五七（一九二一年一二月）五七一、全三三・四四五。
(80) 石原兵永『身近に接した内村鑑三』中、一九四―九五。
(81) 日記、一九二一年一二月五日、研二五八（一九二二年一月）四三、全三三・四五六。
(82) 日記、一九二一年三月二七日、研二五〇（一九二一年五月）二三三、全三三・三六四。
(83) 例えば、石原兵永『身近に接した内村鑑三』中、一一二を参照。
(84) 同上。
(85) 同上、上、二二四。
(86) 「後継者問題」研一九〇（一九一六年五月）一九六―九八、全二二・二六一―六四。
(87) 石原兵永『身近に接した内村鑑三』下、九二。
(88) 同上、八九。
(89) 日記、一九二五年一二月一三日、研三〇六（一九二六年一月）四五、全三四・五一六。「イエスの逮捕」研三〇八

（一九二六年三月）一一五―一一六、全二九・一八五も参照。
(90)「弟子を持つの不幸」研三三五（一九二七年八月）三六一―六四、全三〇・三九〇―九四。
(91) その他の事では、パーメリー事件が彼の心中になお鮮明であった。斎藤宗次郎『ある日の内村鑑三先生』二〇九。
(92) 政池仁『内村鑑三伝』一九八（教文館版では三三三）。
(93) 宮部金吾あての手紙、英文、一九一四年三月二八日、全三八・八三（私訳による）。
(94) 宮部金吾あての手紙、一九二八年六月二四日、全三九・三六九。
(95) 山・信二五・七七。
(96) 石原兵永『身近に接した内村鑑三』下、一六九―七六、山本泰次郎『内村鑑三――信仰・生涯・友情』九五〇―五二。

第一六章　〝無教会〟とは何か

(1)「日本的基督教に就て」研二九一（一九二四年一〇月）四三四、全二八・三八一―八二。
(2)「教派絶滅の途」研二九〇（一九二四年九月）裏見返し、全二八・三七五。
(3) "SPIRITS AND FORMS," *JCI* 1, 11（一九二七年一月）四五九、全三〇・一九五（私訳による）。
(4) 日記、一九二七年一月二日、研三一九（一九二七年二月）九一、全三五・一三七―三八。
(5) 塚本虎二「現代教会の不信」研三一九（一九二七年二月）六二―六四。
(6) 塚本虎二「真の礼拝とは何ぞや」（『インテリジェンサー』六月号（*JCI* 2, 4）所載の論文を自由に書き直したもの）、研三二三―四（一九二七年六―七月）二四三―四五、二九一―九八。
(7) 日記、一九二七年九月一日、研三二七（一九二七年一〇月）四七五、全三五・二二八。
(8)「無教会主義に就て」研三二七（一九二七年一〇月）四三四、全三〇・四三七―三八。
(9)「基督教と西洋文明」「基督教と東洋文明」「基督教と日本」研三二八（一九二七年一一月）四九七―五〇二、全三〇・四六〇―六八。
(10) 塚本虎二「人類は悉く救はるるか？（上）」研三三二（一九二八年三月）九九―一〇五。
(11)「教育問題に就て」研三三一―三四（一九二八年三―五月）一二三―三四、一七一―七二、二一九―二〇、全三一・

一二三―三〇。

(12) 塚本虎二「教権か聖霊か」研三三四（一九二八年五月）二〇一―〇八、「カトリック教か、新教か」研三三五（一九二八年六月）二五二―五六、「弟子はその師に勝る」研三三六（一九二八年七月）二九一―九八。

(13) 斎藤宗次郎『ある日の内村鑑三先生』二〇九も参照。

(14) 塚本虎二「内村先生・無教会主義・私」『内村鑑三先生と私』一―三。

(15) 塚本虎二「無教会主義とは何ぞや」研三三八―四〇（一九二八年九―一一月）三八七―九二、四四一―四六、四九一―九六。

(16) 塚本虎二「附箋附無教会論」『内村鑑三先生と私』二〇―二七。

(17) 「積極的無教会主義」研三三九（一九二八年一〇月）四三四、全三一・二八三―八四。

(18) 塚本虎二「微温的信仰」研三四二（一九二八年一二月）五三四―四〇。

(19) 日記、一九二九年六月一六日、研三四八（一九二九年七月）三三四、全三五・四六三。

(20) 同上、一九二九年二月二六日、研三四五（一九二九年四月）一八五、全三五・四二三。「無宗教無教会」研三四五（一九二九年四月）裏見返し、全三二・九七も参照。

(21) 例えば、日記、一九二九年六月九日、研三四八（一九二九年七月）三三二、全三五・四六一。

(22) 「教会なき基督教」研三四四（一九二九年三月）九七、全三二・五一（私訳による）。

(23) 「私の基督教」研三四六（一九二九年五月）二〇九―一六、全三二・一〇三―一四参照。

(24) 「弟子と友人」研三四七（一九二九年六月）二六八、全三二・一四四―四五。

(25) 「福音の律法化」研三四八（一九二九年七月）三〇七、全三二・一五五―五六。

(26) 「信仰第一」研三四九（一九二九年八月）三三八、全三二・一七〇―七一。

(27) 日記、一九二九年一〇月二四日、研三五二（一九二九年一一月）五二七―二八、全三五・五一〇。

(28) 「無教会論」『無教会』一（一九〇一年三月）、全九・七一。塚本虎二『内村鑑三先生と私』に引用。

(29) 塚本虎二「内村先生の死と私」『内村鑑三先生と私』一二。

(30) 政池仁へのインタビュー、一九六七年七月一〇日。

(31) 山本泰次郎『内村鑑三』七六。

（32）塚本虎二「私は罪人の首である」研三一〇（一九二六年五月）二〇一—〇八。
（33）山本泰次郎『内村鑑三』八三、『内村鑑三——信仰・生涯・友情』二七三。
（34）日記、一九二九年一二月一日、研三五四（一九三〇年一月）二七、全三五・五二四。
（35）日記、一九二九年一二月二二日、研三五四（一九三〇年一月）三一、全三五・五三一。
（36）石原兵永『身近に接した内村鑑三』下、二五七。
（37）同上、二六九。
（38）日記、一九三〇年一月一〇日、研三五五（一九三〇年二月）六一、全三五・五四〇。
（39）「謹告」研三五四（一九三〇年一月）三二、全三二・三五二。
（40）著者によるインタビュー、一九六七年七月二二日。
（41）藤井と塚本の場合の関連について私の注意を喚起してくれたことについては、一九六七年七月二二日の山本泰次郎へのインタビューに負っている。
（42）石原兵永『身近に接した内村鑑三』下、二八三。
（43）同上、二八九。
（44）同上、二七三。
（45）塚本虎二「内村先生の死と私」『内村鑑三先生と私』一三。
（46）同上、一四。

終章　内村鑑三とその時代

（1）内村祐之編『内村鑑三追憶文集』（東京・聖書研究社、一九三一年）一—三、全三二・三四七—四八に「私は無教会主義を…」として再録。
（2）塚本虎二「内村先生の死と私」『内村鑑三先生と私』一四。
（3）矢内原忠雄についての詳論は次の論考を参照。Fujita Wakao, "Yanaihara Tadao: Disciple of Uchimura Kanzô and Nitobe Inazô," in Nobuya Bamba and John F. Howes, eds., *Pacifism in Japan: The Christian and Socialist Tradition* (Kyoto: Minerva; Vancouver: UBC Press, 1979), 199–219. Susan C. Townsend, *Yanaihara Tadao and Japanese Colonial Policy: Redeeming*

Empire（Richmond, UK: Curzon, 2000）.

（4） 高木八尺との会話、一九五四年。

（5） Joseph Richardson との会話、一九八二年頃。

（6） William Theodore De Bary and Irene Bloom, eds., *Principle and Practicality: Essays in Neo-Confucianism and Practical Learning*（New York: Columbia University Press, 1979）, 特に 509–11 を参照。

（7） Carlo Caldarola, *Christianity: The Japanese Way*（Leiden: E. J. Brill, 1979）.

（8） Carig Raine, ed., *Rudyard Kipling: Selected Poetry*（New York: Penguin, 1992）, 101.

（9） *The Catalogue of Uchimura Library*（Sapporo: Hokkaido University Library, 1955）.（日本語版『内村文庫目録』。）

（10） 内村祐之「父の性格」『我歩みし精神医学の道』（東京・みすず書房、一九六八）一四六に引用。

参考文献

à Kempis, Thomas. *Imitation of Christ.* New York: E. P. Dutton, 1909.

Akita, George. "The Meiji Constitution in Practice: The First Diet." *Journal of Asian Studies* 22, 1 (November 1962).

Anchor Bible Dictionary. 6 vols. New York: Doubleday, 1992.

Arima Tatsuo. "Uchimura Kanzô: A Study of the Post-Meiji Japanese Intelligentsia." *Harvard Papers on Japan* 1 (1961).

———. *The Failure of Freedom: A Portrait of Modern Japanese Intellectuals.* Cambridge, MA: Harvard University Press, 1969.

Bamda Nobuya, and John F. Howes. *Pacifism in Japan: The Christian and Socialist Tradition.* Vancouver: UBC Press, 1978.

Bikle, George B. *The New Jerusalem: Aspects of Utopianism in the Thought of Kagawa Toyohiko.* Tucson: University of Arizona Press, 1976.

Caldarola, Carlo. *Christianity : The Japanese Way.* Leiden: E. J. Brill, 1979.

Cary, Otis, Sr. "Uchimura Kanzô: Uchimura, Neesima, and Amherst—Recently Discovered Correspondence." *Japan Quarterly* 3, 4 (October-December 1956).

———. *A History of Christianity in Japan.* 2 vols. New York: F. H. Revell, 1909.

———. "Death of Mr. Kanzô Uchimura." *Missionary Herald* 127, 7 (July 1930) : 290.

Collins, Michael, and Matthew A. Price. *The Story of Christianity: 2000 Years of Faith.* New York: DK Publishing, 1999.

Cosenza, Mario E., ed. *The Complete Journal of Townsend Harris, First American Consul and Minister to Japan.* Rutland, VT: Charles E Tuttle, 1959.

Craig, Albert. *Personality in Japanese History.* Berkeley: University of California Press, 1970.

Davidson, A. B. *The Book of Job*. Cambridge, UK: Cambridge University Press, 1903.

De Bary, William Theodore, and Irene Bloom, eds. *Principle and Practicality: Essays in Neo-Confucianism and Practical Learning*.New York: Columbia University Press, 1979.

Dewey, John. *Letters from China and Japan*. New York: Dutton, 1920.

deVos, George. "The Relation of Guilt toward Parents to Achievement and Arranged Marriage among the Japanese." *Psychiatry: Journal for the Study of Interpersonal Processes* 23, 3（August 1960）.

"The Diary of a Japanese Convert." *Critic* 755（8 August 1896）.

Dictionary of Christianity in America. Downers Grove, IL: Inter Varsity Press, 1990.

Encyclopedia of the Social Sciences. 15 vols. New York: Macmillan, 1950.

Erikson, Erik. *Young Man Luther*. New York: Norton, 1958.『青年ルター』西平直訳（東京・みすず書房、一九五六年）。

First Annual Report of Sapporo Agricultural College. Tokei[sic]: n. p., 1877.

Freidel, Frank B. *The Splendid Little War*. Boston: Little, Brown, 1958.

Fuess, Claude Moore. *Amherst: The Story of a New England College*. Boston: Little, Brown, 1935.

Guyot, Arnold. *The Earth and Man: Lectures on Comparative Physical Geography, in Its Relation to the History of Mankind.* Boston: Gould, Kendall, and Lincoln, 1849.

Harrison, John. *Japan's Northern Frontier*. Gainesville: University of Florida Press, 1953.

Hinnells, John R. *Who's Who of World Religions*. Toronto: Simon and Schuster, 1992.

Hofstadter, Richard. *Anti-Intellectualism in America Life*. New York: Knopf, 1963.

Hokkaido University Library. *The Catalogue of Uchimura Library*. Sapporo: Hokkaido University Library, 1955.〔同じ文献リストが収録された日本語版『内村文庫目録』（札幌・北海道大学附属図書館、一九五五年）の姉妹編。〕

"How a Heathen Became a Christian." *Independent* 14 November 1895.

Howes, John F. "The *Chijinron* of Uchimura Kanzô." *Transactions of the International Conference of Orientalists in Japan* 5（1960）.

———. "Japanese Christians and American Missionaries." In Marius Jansen, ed., *Changing Japanese Attitudes toward Modernization.* Princeton: Princeton University Press, 1965.

———. ed. *Nitobe Inazô, Japan's Bridge across the Pacific.* Boulder CO: Westview, 1995.

———. "The Non-Church Christian Movement in Japan." *Transactions of the Asiatic Society of Japan*, third series, 5（1957）.

———. *Tradition in Tradition: The Modernization of Japan.* New York: Macmillan, 1975.

———. "Two Works by Uchimura Kanzô until Recently Unknown in Japan." *Transactions of the International Conference of Orientalists in Japan* 3（1958）.

———. "Uchimura Kanzô on Christopher Columbus." *Japan Christian Quarterly* 26, 4（October 1960）.

Huffman, James L. *Modern Japan: An Encyclopedia of History, Culture, and Nationalism.* New York: Garland, 1998.

Hukuin Gakkou. "An Appreciation of Bishop Harris." *Japan Evangelist* June 1916.

Iglehart, Charles. *A Century of Protestant Christianity in Japan.* Rutland, VT: C.E. Tuttle, 1960.

International Christian University Library. *Catalogue: Kanzo Uchimura Memorial Collection, Second Enlarged and Revised Edition.* Tokyo: International Christian University Library, 1971.（一九九七年に第三版刊行。ＩＣＵのウェブサイトにて、オンラインの利用可能。）

Japan Bible Society. *The Bible in Japan*. Tokyo: Japan Bible Society, 1964.

Jenning, Raymond. *Jesus, Japan, and Uchimura Kanzô: A Brief Study of Non-Church Movement and Its Appropriateness to Japan.* Tokyo: Kyobunkan, 1958.

Kishimoto Hideo, ed. *Japanese Religion in the Meiji Era*, Translated and adapted by John F. Howes. Tokyo: Obunsha, 1956.

Methodist Review, fifth series, 68, 2（1886）.

Minear, Richard. *Japan's Past, Japan's Future: One Historian's Odyssey.* Lanham, MD: Rowman and Littlefield, 2001.

Missionary Herald 127, 7（July 1930）.

Miura Hiroshi. *The Life and Thought of Uchimura Kanzô, 1861–1930.* Grand Rapids: William B. Eerdmans, 1996.

Miwa Kimitada. "Crossroads of Patriotism in Imperial Japan Shiga Shigetaka, 1863–1927, Uchimura Kanzô, 1861–1930, and

Nitobe Inazô,1862–1933," Ph.D. dissertation, Princeton University, 1967.

Moore, Ray A. *Culture and Religion in Japanese-American Relations: Essays on Uchimura Kanzô, 1861–1930*. Ann Arbor: Center for Japanese Studies, University of Michigan, 1981.

Nachod, Oskar. *Bibliograhy of the Japanese Empire, IV, 1906–26.* London: E. Goldston, 1928.

Nitobe Inazo. *Bushido, the Soul of Japan: An Exposition of Japanese Thought.* 10th ed. New York: Young People's Missionary Movement of the United States and Canada, 1909.〔邦訳『武士道』(佐藤全弘訳、教文館、二〇〇〇年)。〕

Notehelfer, Fred G. *American Samurai: Captain L. L. Janes and Japan.* Princeton: Princeton University Press, 1985.

Peake, Arthur S. *Peake's Commentary on the Bible.* New York: T. Nelson, 1962.

Powles, Cyril. *Victorian Missionaries in Meiji Japan: The Shiba Sect: 1873–1900.* Toronto: University of Toronto-York University Joint Centre on Modern East Asia, 1987.

Robertson-Scott, J. W. *The Foundations of Japan.* London: J. Murray, 1922.

Sansom, George. *The Western World and Japan.* New York: Knopf, 1950.

Springfield *Republican* 11 (21 November 1885).

"The Story of a Japanese Convert." *Nation* 18 May 1896: 420–421.

The Sunday School Times. Quoted in *Far East* 2, 6 (1897).

Tamura Naomi (Naoomi). *The Japanese Bride.* New York: Harper and Brothers, 1893.

Thielicke, Helmut. *Voyage to the Far East.* Trans. John W. Doberstein. Philadelphia: Fortress Press, 1962.

Townsend, Susan C. *Yanaihara Tadao and Japanese Colonial Policy: Redeeming Empire.* Richmond, UK: Curzon, 2000.

Tsunoda Ryusaku et al. *Sources of Japanese Tradition.* New York: Columbia University Press, 1958.

Tyndale Bible Dictionary. Wheaton, IL: Tyndale, 2001.

Uchimura Kanzô. *Ji du tu de an wei.* Taiwan, Tainan: Jidujiao Chuandaohui, 1975.

———. *Yi ri yi sheng.* Taiwan, Taibei: Han wen shu dian, 1973.

Whitney, Clara A. N. *Clara's Diary: An American Girl in Meiji Japan.* New York: Kodansha International, 1979.

Young, Ernest P. "A Study of Groups and Personalities in Japan Influencing the Events Leading to the Sino-Japanese War（1894–95）." *Papers on Japan*, vol. 2, 229–75. Cambridge, MA: Harvard University East Asian Research Center, 1963.

Zondervan Pictorial Encyclopedia. Grand Rapids: Zondervan, 1980.

朝日新聞（東京）一九六二年一〇月三〇日朝刊。

阿部行蔵「内村鑑三とアメリカ国民性」、朝日新聞社編『アメリカの国民性』（東京・朝日新聞社、一九四六年）。

阿部行蔵『若き内村鑑三』（東京・中央公論社、一九四九年）。

荒畑寒村『寒村自伝』（東京・論争社、一九六〇年）。

井口喜源治記念館編『井口喜源治』（長野県穂高町・井口喜源治記念館、一九七六年）。

石氏純子「内村鑑三と日清戦争――義戦論から非戦論へ」『れきし』六（一九五七年）。

石倉啓一「内村鑑三――その言葉を中心に生き方を学ぶ　1―5」『望星』一〇・二―六（一九七九年）。

石原兵永『内村鑑三の思想と信仰』（東京・大水社、一九四八年）。

石原兵永「走るべき道程をはたして」『聖書の言』二九四（一九六〇年）。

石原兵永「イエスと生涯――内村鑑三先生の生涯」『聖書の言』三七八（一九六七年）。

石原兵永『身近に接した内村鑑三』全三巻（東京・山本書店、一九七一―七二年）。

石原兵永『忘れ得ぬ人々――内村鑑三をめぐって』（東京・キリスト教図書出版社、一九八二年）。

市河三喜「鑑三、稲造、天心の英文」『文芸春秋』二四・五（一九四六年）。

岩井忠熊「内村鑑三小論――そのナショナリズムと非戦論について」『立命館文学』九二（一九五三年）。

岩谷元輝「内村鑑三おぼえ書き」『人文研究』二七（一九六五年）。

岩谷元輝「内村鑑三おぼえ書き　3」『人文研究』三六（一九六七年）。

岩谷元輝『内村鑑三研究――その聖書注解に関する疑問』（東京・塩尻公明会、一九八三年）。

植村正久「黒田清隆伯逝く」『福音新報』二七二（一九〇〇年九月一二日）。

魚木忠一「内村鑑三と新島襄」『基督教研究』二八（一九五四年）。

内村美代子『晩年の父内村鑑三』(東京・教文館、一九八五年)。

内村祐之『鑑三、野球、精神医学』(東京・日本経済新聞社、一九七三年)。

内村祐之『わが歩みし精神医学の道』(東京・みすず書房、一九六八年)。

内村祐之編『内村鑑三追悼文集』(東京・聖書研究社、一九三一年)。

『内村鑑三研究』(東京・キリスト教夜間講座出版部、一九七三年)。

『内村鑑三全集』全二〇巻(東京・岩波書店、一九三二―三三年)。

『内村鑑三全集』全五七巻(東京・教文館、一九六〇―七三年。題目別に以下の四集より成る)。

「聖書注解」全一七巻、「信仰著作」全二五巻、「日記書簡」全八巻、「英文著作」全七巻。

『内村鑑三全集』全四〇巻(東京・岩波書店、一九八一―八四年)。

鵜沼裕子『近代日本のキリスト教思想家たち』(東京・日本キリスト教団出版局、一九八八年)。

海老沢義道『斎藤宗次郎とYMCA』(東京・日本YMCA同盟出版部、斎藤伝記念出版委員会、一九六五年)。

逢坂信忢『クラーク先生小伝』(札幌・クラーク先生小伝刊行会、一九五六年)。

大賀一郎「教育勅語と内村鑑三」『文芸春秋』二五・一(一九四七年)。

大島正健『クラーク先生とその弟子たち』(東京・新地書房、一九四八年)。

大島正満『水産界の先駆――伊藤一隆と内村鑑三』(札幌・財団法人北水協会、一九六五年)。

大下あや『父海老名弾正』(東京・主婦之友社、一九七五年)。

太田十三男『預言者としての内村鑑三』(京都・大翠書院、一九四八年)。

太田雄三『内村鑑三――その世界主義と日本主義をめぐって』(東京・研究社、一九七七年)。

太田雄三『クラークの一年』(東京・昭和堂、一九七九年)。

岡邦雄『内村鑑三』(東京・評論社、一九五一年)。

小山内薫『小山内薫全集』(京都・臨川書店、一九七五年)。

小沢三郎『内村鑑三不敬事件』(東京・新教出版社、一九六一年)。

小原信『評伝内村鑑三』(東京・中央公論社、一九七六年)。

小山湖南「太郎隠居小諸譚　10―14」『政界往来』三二・一〇―三三・二（一九六六年一〇月―一九六七年二月）。

カーライル・トマス（Carlyle, Thomas）、老田三郎訳『英雄崇拝論』（東京・岩波書店、一九八八年）。

亀井秀雄「内村鑑三――青春期の表現について」『文学』四七（一九七九年）。

亀井勝一郎『三人の先覚者』（東京・要書房、一九五〇年）。

亀井俊介『内村鑑三』（東京・中央公論社、一九七七年）。

木戸三子『内村鑑三――その教育哲学的考察』（東京・新人物往来社、一九八四年）。

教文館出版部編『現代に生きる内村鑑三』（東京・教文館、一九六六年）。

キリスト教学徒兄弟団編『近代日本とキリスト教――明治、大正・昭和』（東京・創文社、一九五六年）。

キリスト教学徒兄弟団編『近代日本とキリスト教――明治』（東京・創文社、一九五六年）。

キリスト教文化学会編『プロテスタント人物史――近代日本の文化形成』（東京・ヨルダン社、一九九〇年）。

近代思想研究会編『内村鑑三の言葉』（東京・新文学書房、一九七五年）。

黒崎幸吉『一つの教会』（京都・永遠の生命社、一九五三年）。

ケーリ・オーテス・Jr.（Otis, Cary, Jr.）、「内村の決断の夏――一八八五年――新島・内村の往復書簡にあらわれた近代日本思想の一断面」『人文學』二四（一九五六年）。

ケーリ・オーテス・Jr.（Otis, Cary, Jr.）、「続・内村鑑三と新島襄」『基督教研究』二八（一九五五年）。

『現代日本文学全集一四　正宗白鳥集』（東京・筑摩書房、一九五五年）。

小林忠雄『贖罪の信仰を求めて』（東京・けいせい舎、一九八二年）。

斎藤三恵子「日本的キリスト教を探る」『世代』六（一九六五年）。

斎藤宗次郎『花巻非戦論事件における内村鑑三先生』（東京・クリスチャン・ホーム社、一九五七年）。

斎藤宗次郎『ある日の内村鑑三先生』（東京・教文館、一九六四年）。

佐藤全弘「朝鮮問題と内村鑑三」『内村鑑三研究』五（一九七五年）。

佐波亘編『植村正久と其の時代』全五巻別巻三冊（東京・教文館、一九三七―七六年）。

品川力『内村鑑三研究文献目録』（東京・品川力、一九六七年）。

品川力『内村鑑三研究文献目録』（東京・明治文献、一九六八年）。

品川力『内村鑑三研究文献目録　増補版』（東京・荒竹、一九七七年）。

下村寅太郎「内村鑑三と北海道――明治精神史の一側面について」『基督教文化』三〇（一九四八年）。

下村寅太郎『精神史の一隅』（東京・弘文堂、一九四九年）。

新保祐司『内村鑑三』（東京・構想社、一九九〇年）。

鈴木範久「内村鑑三における人間苦の問題――その苦難観の変遷をたどって」『宗教研究』一七二（一九五七年）、九三―一一二。

鈴木範久『内村鑑三とその時代――志賀重昂との比較』（東京・日本キリスト教団出版局、一九七五年）。

鈴木範久『内村鑑三をめぐる作家たち』（東京・玉川大学出版部、一九八〇年）。

鈴木範久『内村鑑三』（東京・岩波書店、一九八四年）。

鈴木範久『内村鑑三談話』（東京・岩波書店、一九八四年）。

鈴木範久『内村鑑三日録』全一二冊（東京・教文館、一九九三―九九年）。

鈴木俊郎編「内村鑑三と父」『独立』三（一九四八年）。

鈴木俊郎編『内村鑑三追想集』（東京・淡路書房、一九四九年）。

鈴木俊郎編『内村鑑三の遺産』（東京・山本書店、一九六三年）。

鈴木俊郎編『内村鑑三とその時代』（東京・日本キリスト教団出版局、一九七五年）。

砂川万里『内村鑑三と新渡戸稲造――日本の代表的キリスト者』（東京・東海大学出版会、一九八二年）。

聖書之研究復刻版刊行会編『聖書之研究総目録』（東京・聖書之研究復刻版刊行会、一九七三年）。

関根正雄『内村鑑三』人と思想シリーズ（東京・清水書院、一九六七年）。

『総合文庫総合目録』（東京・総合文庫目録刊行会、一九六二年）。

『大日本百科事典』二二巻（東京・小学館、一九六八年）。

高木謙次編『回想　黒崎幸吉・光子』（東京・新教出版社、一九九一年）。

武田清子『人間観の相剋――近代日本の思想とキリスト教』（東京・弘文堂、一九五九年）。

田中耕太郎『生きてきた道』（東京・世界の日本社、一九五〇年）。

塚本虎二『内村鑑三先生と私』（東京・伊藤節書房、一九六一年）。

塚本虎二『私の無教会主義』（東京・伊藤節書房、一九六二年）。

土肥昭夫『内村鑑三』人と思想シリーズ（東京・日本基督教団出版部、一九六二年）。

富岡幸一郎『内村鑑三――偉大な罪人の生涯』（東京・リブロポート、一九八八年）。

中沢生子『聖書とアメリカ・ルネサンスの作家たち』（東京・朝日新聞社、一九七五年）。

中沢洽樹「無教会と伝統」、石原兵永編『無教会主義論集』三（静岡・三一書房、一九五三年）。

中沢洽樹『若き内村鑑三論』（東京・待晨堂、一九五八年）。

南原繁『国家と宗教』（東京・岩波書店、一九六六年）。

仁科惇『碌山――荻原守衛』（長野県池田町・柳沢書店、一九七三年）。

『日本キリスト教歴史大事典』（東京・教文館、一九八八年）。

日本近代史研究会編『画報日本近代の百年史』二―九巻（東京・三省堂、一九七七年）。

『日本新聞百年史』（東京・一九六一年）。

『農本週報』四五（一九六二年一一月一六日、東京・国立国会図書館）。

ノーマン・W・H・H（Norman, W. H. H.）「現代無教会主義の一研究」『神学研究』特集七（一九五八年）。

バード・イザベラ（Bird, Isabella）、時岡敬子訳『イザベラ・バードの日本紀行』（東京・講談社、二〇〇八年）。

ハウズ・J・F（Howes, John F.）「近代日本思想史のなぞ」『現代に生きる内村鑑三』（東京・教文館、一九六六年）。

長谷川周治『内村鑑三先生御遺墨帖解説』（東京・平和舎、一九四一年）。

比屋根安定「日本文学に影響を与えた基督教信仰――植村正久、内村鑑三、綱島梁川」『国文学　解釈と鑑賞』一三・六（一九四八年）。

藤田若雄『内村鑑三を継承した人々（上）――敗戦の神義論』（東京・木鐸社、一九七七年）

藤田若雄『内村鑑三を継承した人々（下）――十五年戦争と無教会二代目』（東京・木鐸社、一九七七年）。

藤本正高編『独立伝道者　畔上賢造』（東京・畔上賢造著作集刊行会、一九四二年）。

ブルンナー・エミール（Brunner, Emil）、新保満筆録『永遠と愛』（東京・新地書房、一九八九年）。

ベネディクト・ルース（Benedict, Ruth）、長谷川松治訳『菊と刀』（東京・社会思想社、一九六七年）。

政池仁「非戦論者内村鑑三」『伝記』二・九（一九四八年九／一〇月）。

政池仁「内村鑑三先生の最初の結婚」『聖書の日本』一五九（一九四九年九月）。

政池仁『内村鑑三伝』（静岡・三一書房、一九五三年）。

政池仁『内村鑑三　再増補改訂新版』（東京・教文館、一九七七年）。

正宗白鳥『内村鑑三』（東京・細川書店、一九五〇年）。

松田智雄「勇ましく高尚な生涯」『独立』一二（一九五〇年）。

湊謙治『「信」の内村鑑三と「力」のニイチェ』（東京・警醒社書房、一九一七年）。

宮部金吾『内村鑑三君小伝』（東京・独立堂書房、一九三二年）。

宮部金吾博士記念出版刊行会編『宮部金吾――伝記宮部金吾』（東京・岩波書店、一九五三年）。

無教会史研究会編著『無教会史1　第一期　生成の時代』（東京・新教出版社、一九九一年）。

無教会史研究会編著『無教会史2　継承の時代』（東京・新教出版社、一九九三年）。

無教会史研究会編著『無教会史3　連帯の時代』（東京・新教出版社、二〇〇二年）。

無教会史研究会編著『無教会史4　結集の時代』（東京・新教出版社、二〇〇三年）。

『無教会雑誌』（東京・聖書研究社、一九〇一―〇二年）。

武者小路実篤『自分の歩いた道』（東京・読売新聞、一九五六年）。

村上寅次「内村鑑三に於ける敬虔派の影響――国民教育とキリスト教」『文理論集』一・二（一九六〇年）。

森有正『内村鑑三』（東京・弘文社、一九五三年）。

森岡清美『地方諸都市に於けるキリスト教会の形成――上州安中教会の構造分析』（東京・日本キリスト教宣教研究所、一九五九年）。

八木一男『内村鑑三日曜日講演』（東京・キリスト教夜間講座出版部、一九六七年）。

矢内原忠雄『世の尊敬する人物』（東京・岩波書店、一九四〇年）。

矢内原忠雄『銀杏のおちば』(東京・東京大学出版会、一九五三年)。

矢内原忠雄『日本のゆくえ』(東京・東京大学出版会、一九五三年)。

矢内原忠雄『政治と人間』(東京・東京大学出版会、一九六〇年)。

山形和美「内村鑑三と外国文学」『専修大学論集』五(一九六七年)。

山縣三千雄『日本人と思想』(東京・創文社、一九七四年)。

山本泰次郎『内村鑑三――ベルに送った自叙伝的書簡』(東京・東海書房、一九四九年)。

山本泰次郎『内村鑑三――宮部博士あての書簡による』(東京・東海書房、一九五二年)。

山本泰次郎『内村鑑三』(東京・角川書店、一九五七年)。

山本泰次郎『内村鑑三――信仰、生涯、友情』(東京・東海大学出版会、一九六六年)。

山本泰次郎『内村鑑三とひとりの弟子――斎藤宗次郎あての書簡による』(東京・教文館、一九八一年)。

湯浅與三『キリストにある自由を求めて――日本組合教会史』(東京・創文社、一九五八年)。

横山春一『W・S・クラーク博士の足跡』(北海道空知郡江別・北海道農民福音学校、一九四〇年)。

米田勇『中田重治伝』(東京・中田重治伝刊行会、一九五九年)。

和田洋一「内村鑑三、その弟妹、そして私」『キリスト教社会問題研究』五(一九六一年)。

訳者あとがき

堤　稔子

本書の著者ジョン・ハウズ氏は一九八九年、私の本務校桜美林大学に国際学部が新設され、日本史担当の専任教授として赴任されて以来の知己である。特に英語教育ご専門のリン夫人とは、英語英米文学科の同僚として、ご退任まで親しくお交わりいただいた。原町田教会で開催された「シング・イン・メサイア」にご家族で参加してくださった懐かしい思い出もある。ご帰国後もバンクーバーのご自宅を何度かお訪ねした。桜美林と関係の深いオハイオ州のオーバリン大学はハウズ氏の母校でもあり、私が同僚といっしょに調査していた「戦前オーバリン大学に留学した日本人女性」の一人、大竹満洲子氏を親しくご存じだったこともあって、その情報を得るために伺ったこともある。

二〇〇五年、ハウズ氏はライフワークの本書 *Japan's Modern Prophet: Uchimura Kanzo, 1861–1930* を上梓された。惜しくもその直前に最愛のリン夫人が急逝されたのは痛恨の極みである。学術書として高い評価を受けた本書はその後、カナダ・カウンシルから「二〇〇五年中にカナダで出版された日本に関する英語で書かれた最高の図書」として賞を贈られた。

この本の邦訳を出すために翻訳者を紹介して欲しいとのご依頼を受けたのはその頃だったろうか。心当たりを捜してみたが、昨今の出版事情の中で四四五ページにものぼるこの大著を出せる見通しは暗く、引き受けてくださる方はみつからない。その旨お伝えしてお断りしようと考えていた矢先に、内村に個人的関心を持つ夫の堤佳辰から、もし私が引き受ければ手伝ってもいいとの申し出があった。そこで、プロの翻訳者としてではなく、友人としてなら試みてもよい旨お伝えした。本書の完成に内助の功を果たされた亡きリン夫人を追悼しつつ、ボランティアとしてお引き受けすることにしたのである。二人三脚は結局成らず、夫は内村関係の図書を買い込み、一七章中最後の三章に手を付けただけで、あとは私が仕上げる羽目になった。

始めてみるといろいろ問題が持ち上がった。最大の難関は、ハウズ氏が英訳された内村の著作からのおびただしい量の引用文である。内村の原書に戻すための資料は、手元にない。幸いバンクーバー在住の日本人女性、櫻井智恵氏が、ハウズ氏のご依頼により、彼の蔵書を基にその難作業を引き受けてくださった。感謝である。その他、日本の読者には必要のないような地理的・歴史的説明ほか数か所は著者の了解を得て省くことにしたため、章によっては脚注番号が原書とずれている。また、地名や人名の明らかな誤植は修正した。こうして一通り素訳は完成したものの、出版の当てはなく、今井館にデジタル版が置かれたとの連絡を受けて、私の役目はひとまず終わったものと安心し、別のプロジェクトに取りかかっていた。

ところが二〇一三年四月、ハウズ氏から久しぶりに受けた電話は、なんと東京の国際文化会館から。『近代日本の預言者』が教文館から出ることになったので、打ち合わせをしたい、との連絡である。カナダ・カウンシルからの賞金を当てて出版されるとのことであった。私にとってはまさに青天の霹靂。別のプロジェクトに追われていたものの、早速原稿を読み直して推敲を試みた。しかし、脚注を含め、細かいところまで仕上げるゆとりはなく、今井館の知久雅之氏はじめ、武藤陽一氏、教文館出版部の奈良部朋子氏ほか関係者にお手数をかけることになった。また日本で出版されるとなれば、内容によっては個人的に関わりのある読者も予想される。私の大学時代の級友、斎藤宗次郎氏の孫娘さんの田村(旧姓斎藤)眞生子さんには、関係のある箇所を一部修正していただいた。お世話になった以上の方々に、心からお礼を申し上げたい。

最後に、日本での出版を最後まで諦めずに実現にまで漕ぎつけられた著者ハウズ氏に祝辞を述べ、天国のリン夫人のお優しい笑顔を思い浮かべつつ、本書が国内で内村鑑三に対する理解をさらに深めることを祈願する次第である。

二〇一五年一一月三日記

索　引

太字は，該当ページの図版キャプションを参照。

あ行

か行

さ行

た行

な行

は行

ら行

著者略歴

J. F. ハウズ（John Forman Howes）

1924 年米国イリノイ州シカゴ生まれ。米国海軍東洋学研究所，オバーリン大学，コロンビア大学卒（Ph.D.）。東京大学（1953–56 年），京都大学（1956–60 年）留学。ブリティッシュ・コロンビア大学名誉教授。バンクーバー在住。専攻は日本近代史，特に内村鑑三，新渡戸稲造を中心に研究。第二次世界大戦後は GHQ にて通訳，翻訳などに従事。「国際文化会館」設立に貢献。旭日中綬章叙勲（2003 年），本書により「カナダ－日本文学賞」受賞（カナダ芸術家協会，2006 年）。

主な著書　*Pacifism in Japan* (*with Nobuya Bamba*)*: The Christian and Socialist Tradition*（Vancouver UBC Press and Minerva Press, Kyoto 1978）ほか。

訳者略歴

堤　稔子（つつみ・としこ）

1930 年横浜生まれ。東京女子大学，米国コロンビア大学（M.A.），ワシントン大学（University of Washington, Ph.D.）卒。桜美林大学名誉教授。日本カナダ文学会顧問，元会長。日本基督教団原町田教会会員。

主な著書　『カナダの文学と社会――その風土と文化の探究』（単著，こびあん書房，1995 年），『日本とカナダの比較文学的研究――さくらとかえで』（共著，文芸広場社，1985 年），『カナダを知るための 60 章』（共著，明石書店，2003 年）ほか。

訳書　ブラント，ナット『南北戦争を起こした町――奴隷解放とオーバリン大学』（共訳〔桜美林大学英語英米文学科訳〕，彩流社，1999 年）。

近代日本の預言者――内村鑑三、1861–1930年

2015 年 12 月 25 日　初版発行

訳　者　堤　稔子

発行者　渡部　満

発行所　株式会社　教文館

〒 104–0061　東京都中央区銀座 4–5–1　電話 03（3561）5549　FAX 03（5250）5107

URL　http://www.kyobunkwan.co.jp/publishing/

印刷所　平河工業社

配給元　日キ販　〒 162-0814 東京都新宿区新小川町 9-1

電話 03（3260）5670　FAX 03（3260）5637

ISBN 978–4–7642–7402–0